Pensionszusagen und ihre Dynamisierung auf lange Sicht

- Finanzielle Auswirkungen der Anpassung von Betriebsrenten mit einem Vergleich von Kapital- und Rentenleistungen im Beharrungszustand -

DISSERTATION

zur Erlangung des Grades
eines Doktors der Wirtschaftswissenschaft
der Rechts- und Wirtschaftswissenschaftlichen
Fakultät der Universität Bayreuth

vorgelegt von
Claudius Theurer
aus München

Dekan:	Prof. Dr. Dr. h.c. Wolfgang Gitter
Erstberichterstatter:	Prof. Dr. Jochen Sigloch
Zweitberichterstatter:	Prof. Dr. Heinz-Dieter Mathes

Tag der mündlichen Prüfung: 23. 01. 1995

Pensionszusagen und ihre Dynamisierung auf lange Sicht

Unternehmen und Steuern

Band 1: Lutz Schmidt
Maßgeblichkeitsprinzip und Einheitsbilanz
1994, 290 Seiten. DM 90,–
ISBN 3-7908-0751-6

Band 2: Klaus Henselmann
Erfolgsmessung und Steuerbelastung
1994, 265 Seiten. DM 85,–
ISBN 3-7908-0752-4

Band 3: Andreas Bertsch
Rechnungslegung von Konzernunternehmen
1995, 254 Seiten. DM 90,–
ISBN 3-7908-0842-3

Band 4: Alfred Krätzschmar
Alterssicherung und Besteuerung
Eine modellgestützte Analyse für Leibrenten
1995, 219 Seiten. DM 85,–
ISBN 3-7908-0889-X

Claudius Theurer

Pensionszusagen und ihre Dynamisierung auf lange Sicht

Finanzielle Auswirkungen der Anpassung von Betriebsrenten mit einem Vergleich von Kapital- und Rentenleistungen im Beharrungszustand

Mit 40 Abbildungen

Physica-Verlag
Ein Unternehmen
des Springer-Verlags

Reihenherausgeber
Prof. Dr. Jochen Sigloch, Universität Bayreuth

Autor
Dr. Claudius Theurer
Rechtsbeistand für die betriebliche
Altersversorgung
Ganzenmüllerstraße 35
D-80999 München

Die Deutsche Bibliothek - CIP-Einheitsaufnahme

Theurer, Claudius:
Pensionszusagen und ihre Dynamisierung auf lange Sicht : finanzielle Auswirkungen der Anpassung von Betriebsrenten mit einem Vergleich von Kapital- und Rentenleistungen im Beharrungszustand / Claudius Theurer. - Heidelberg : Physica-Verl., 1996
(Unternehmen und Steuern ; Bd. 5)
ISBN-13: 978-3-7908-0921-3 e-ISBN-13: 978-3-642-95927-1
DOI: 10.1007/978-3-642-95927-1

NE: GT

ISBN-13: 978-3-7908-0921-3

SPIN 10530667 88/2202-5 4 3 2 1 0 – Gedruckt auf säurefreiem Papier

Geleitwort

Die betriebliche Altersversorgung - Mitte des letzten Jahrhunderts noch vor Einführung der gesetzlichen Rentenversicherung von sozial engagierten Unternehmern aus der Taufe gehoben - hat für die Unternehmen eine überragende Bedeutung und nimmt als Finanzierungsquelle für die Arbeitnehmer einen festen Platz im Rahmen der "Drei-Säulen-Theorie der Alterssicherung" ein.

Beide Aspekte, der Finanzierungscharakter der Pensionsrückstellungen für das Unternehmen und der Versorgungscharakter für den Mitarbeiter, machen die Sonderstellung der betrieblichen Altersversorgung aus. Finanzierungs- und versorgungstechnische Argumente erhalten besonderes Gewicht, wenn die Pensionszusage direkt vom Unternehmen gewährt und durch Pensionsrückstellungen vorfinanziert wird. Hier agiert das Unternehmen gegenüber seinen Beschäftigten gleichsam als Selbstversicherer und hat in dieser Funktion dafür Sorge zu tragen, daß die oft nach dreißig und mehr Jahren fälligen Verpflichtungen auch eingelöst werden können.

Neben der Finanzierung der Basiszusage ist dem Arbeitgeber darüber hinaus durch § 16 Betriebsrentengesetz die Aufgabe übertragen worden, die späteren Rentenleistungen nach dem Eintritt des Versorgungsfalls nach billigem Ermessen kaufkraftstabil zu halten. Diese Forderung nach Inflationsausgleich ist im Betriebsrentengesetz zwar nur als Pflicht zur Anpassungsprüfung verankert, wurde aber im Zuge der Rechtsprechung des Bundesarbeitsgerichts im Ergebnis mehr oder weniger als vollständige Dynamisierungverpflichtung interpretiert. Dies hat in der Praxis für große Verunsicherung gesorgt und vielfach zu einem Rückzug aus der betrieblichen Altersversorgung geführt. Angesichts nicht abschätzbarer Dynamisierungslasten, die nach geltendem Bilanzrecht wegen des strikt ausgelegten Stichtagsprinzips nicht antizipierbar sind, war für viele der schleichende Übergang zum deckungslosen Zahlungsverfahren vorgezeichnet, ein Verfahren, das selbst auf gesamtwirtschaftlicher Ebene im Rahmen der gesetzlichen Rentenversicherung unter dem wohlklingenden, aber irreführenden Begriff des Generationenvertrags offenkundig kaum kalkulierbare finanzielle Risiken aufweist.

Vor diesem Hintergrund ist es für die Unternehmen von existentieller Bedeutung, Klarheit über die langfristigen finanzwirtschaftlichen Auswirkungen betrieblicher Direktzusagen und möglicher Einflüsse einer Dynamisierung laufender Pensionszahlungen zu gewinnen. Entsprechend dem Langfrist- und Dauercharakter solcher Versorgungswerke erscheint es geboten, die Entwicklung der finanziellen Zielgrößen im Gleichgewichtsmodell des Beharrungszustands aufzuzeigen. Besonderes Interesse gilt dabei den Fragen,

- wie sich die finanziellen Zielgrößen unter dem Einfluß unterschiedlicher Anpassungen entwikkeln,

- welche Wirkungen aus der Zusage einer "garantierten Rentenanpassung" zu erwarten sind und

- wie sich der Vorteilsvergleich zwischen Kapital- und Rentenzusage darstellt.

Geprüft werden diese Fragen im Rahmen eines in geeigneter Weise aufgebauten investitionstheoretischen Rechenmodells für anwartschaftsstatische und anwartschaftsdynamische Beginnrenten.

In der Arbeit, in der sich auf eindrucksvolle Weise der Kenntnisreichtum des Verfassers auf bilanzsteuerrechtlichem, arbeitsrechtlichem und investitionstheoretischem Gebiet mitteilt, weist Herr Theurer in gut strukturierter Form nach, daß das Schreckgespenst Dynamisierung - zumindest in seiner anwartschaftsstatischen Form - unter wahrscheinlichen Bedingungen mit dem Instrument der garantierten Anpassung beherrschbar wird. Nur bei extremen Datenkonstellationen, deren Eintreffen aber als sehr unwahrscheinlich beurteilt wird, erweist sich auch dieses Instrument als unzureichend. Diesem Lösungweg kommt künftig nach der nunmehr veröffentlichten Entscheidung des Bundesfinanzhofs (Urteil vom 17.05.1995 - I R 105/94) mit der steuerrechtlichen Anerkennung einer maßvollen garantierten Mindestanpassung der laufenden Renten eine gewichtige Rolle zu.

Die vorliegende Untersuchung öffnet sich dem Leser nicht von selbst. Sie will angesichts der überaus komplexen und schwierigen Materie erarbeitet werden und verspricht dann reichen Lohn. Sie betritt in weiten Bereichen - so z.B. bei der Untersuchung der Steuersatz-Invarianz der betrachteten Vorsteuer-Annuität innerhalb des relativen Beharrungszustands - wissenschaftliches Neuland und kann dazu beitragen, ein reales Problem unter den (noch) geltenden Bilanzierungsrestriktionen einer finanzwirtschaftlich tragbaren Lösung zuzuführen. Diese Einsicht kann als wesentliche Vorbedingung zur Sicherung des Fortbestands der betrieblichen Altersversorgung verstanden werden. Darüber hinaus ist die Arbeit auch geeignet, wertvolle Anstöße zur Weiterentwicklung überholter Bilanzkonventionen zu geben.

Bayreuth, im November 1995 — Jochen Sigloch

Inhaltsübersicht

Inhaltsverzeichnis

Verzeichnis häufig verwendeter Symbole

a	Überwälzungsfaktor
A_t bzw. A	zusagebedingter liquiditätswirksamer Aufwand der Periode t bzw. Niveauwert dazu
AA_t bzw. AA	Anzahl der aktiven Anwärter zum Ende der Periode t bzw. Niveauwert dazu
AR_t bzw. AR	Anzahl der Rentner zum Ende der Periode t bzw. Niveauwert dazu
AU_t bzw. AU	Anzahl der Ausgeschiedenen mit unverfallbarer Anwartschaft zum Ende der Periode t bzw. Niveauwert dazu
AW_t bzw. AW	Anzahl der Hinterbliebenen zum Ende der Periode t bzw. Niveauwert dazu
b	Wachstumsrate des Bestandsumfangs
B	Barwert
BS	Bestandsstruktur(matrix)
C_o bzw. $C_o(T)$	Kapitalwert bei unendlichem Planungshorizont bzw. bis zum Planungshorizont T
d	Trendsatz
d_A	Trendsatz für Beginnrenten
d_R	Trendsatz für laufende Renten
e	Einkommensteuerfaktor
E_t bzw. E	zusagebedingter Abzugsbetrag bei der Einheitsbewertung des Betriebsvermögens zum Beginn der Periode t bzw. Niveauwert dazu
EK_t bzw. EK	zusagebedingte Änderung des Eigenkapitalstands zum Ende der Periode t bzw. Niveauwert dazu (EK = V - R)
E( )	Erwartungswert (einer Zufallsvariablen)
f( )	Funktionssymbol
g	Wachstumsfaktor der Beginnrenten ($g = 1 + d_A$)
h	hinzuzurechnender Anteil von Dauerschuldzinsen bzw. von Dauerschulden bei der Gewerbesteuer
H	Hebesatz in Prozentpunkten

i	Kalkulationszinsfuß vor Steuern
i_o	Realzinssatz
i_s	Kalkulationszinsfuß nach Steuern
j	Indexvariable
k	Kirchensteuersatz bzw. Indexvariable
K	Indexsymbol für ein geschlossenes Kollektiv
l	Wachstumsfaktor für die Lohn- und Gehaltssumme
L_t	gesamte zusagebedingte Liquiditätsänderung zum Ende der Periode t
LG_t bzw. LG	Lohn- und Gehaltssummen der Periode t bzw. Niveauwert dazu
M_t bzw. M	Annuität zum Ende der Periode t bzw. Niveauwert dazu
μ	Meßgröße: die zur Niveaugröße der Annuität M gehörige Relativangabe in Einheiten der Lohn- und Gehaltssumme ($\mu = M/(LG(1 - t_1))$)
p	Inflationsrate
p_x	Überlebenswahrscheinlichkeit
P	Bestandsprojektionsmatrix
PL_t bzw. PL	zusagebedingte Periodenliquidität zum Ende der Periode t bzw. Niveauwert dazu
PS_t bzw. PS	PSVaG-Beitrag der Periode t bzw. Niveauwert dazu
q	Aufzinsungsfaktor ($q = 1 + i$)
q_s	steuerverkürzter Aufzinsungsfaktor ($q_s = 1 + i_s$)
q_x	Sterbewahrscheinlichkeit
r	Reallohn-Steigerungsfaktor
R_t bzw. R	Pensionsrückstellung zum Ende der Periode t bzw. Niveauwert dazu
RZ_t bzw. RZ	Rentenzahlungen der Periode t bzw. Niveauwert dazu
$s, s_e, \ldots$	Symbol für Steuersätze
t	Indexvariable für zeitliche Perioden
$t_1, t_2, \ldots$	Symbole für Multifaktoren
T	Planungshorizont

u	Indexvariable
U_t bzw. U	Zuführung zur Pensionsrückstellung zum Ende der Periode t bzw. Niveauwert dazu
v	Diskontierungsfaktor (v = 1/(1 + q))
V_t bzw. V	zusagebedingte Verminderung des Dauerschuldenstandes zum Ende der Periode t bzw. Niveauwert dazu
VK_t bzw. VK	zusagebedingter Verwaltungsaufwand der Periode t bzw. Niveauwert dazu
w	Wachstumfaktor des Bestandsumfangs (w = 1 + b)
${}_KW_t$	zusagebedingte Verminderung des Dauerschuldenstandes zum Ende der Periode t für ein geschlossenes Kollektiv K
x	Variable bzw. versicherungstechnisches Alter eines Mannes
X_t bzw. X	Symbol für finanzielle Größen der Periode t bzw. Niveaugröße dazu
y	Variable bzw. versicherungstechnisches Alter einer Frau
z	zentraler Dynamikfaktor ($z = q_s/g$)
z_A	Schlußalter für Aktive
z_R	Schlußalter für Rentner
Z_t	zusagebedingte Verminderung der Zinsbelastung zum Ende der Periode t
:=	"wird definiert als" (y := f(x) besagt: y wird definiert als Funktion von x)

Soweit im Text oder im Anhang zusätzliche Symbole oder Symbole mit abweichender Bedeutung Verwendung finden, werden sie dort unmittelbar erläutert.

Abkürzungsverzeichnis

a.A.	anderer Ansicht
a.a.O.	am angeführten Ort
ABA	Arbeitsgemeinschaft für betriebliche Altersversorgung e.V.
Abb.	Abbildung
Abs.	Absatz
Abschn.	Abschnitt
ADS	Adler/Düring/Schmaltz
a.F.	alte(r) Fassung
AG	Aktiengesellschaft bzw. Die Aktiengesellschaft (Zeitschrift)
a.G.	auf Gegenseitigkeit
AktG	Aktiengesetz
Anm.	Anmerkung
AnV	Angestelltenversicherung
AP	Arbeitsrechtliche Praxis, Nachschlagewerk des BAG
ArbGeb	Arbeitgeber
ArbGG	Arbeitsgerichtsgesetz
Arb.Gr.	Arbeitsrechtlicher Grundriß
ART	Allgemeiner rechtlicher Teil
Art.	Artikel
ArV	Arbeiterversicherung
ASID	Alterssicherung in Deutschland
Aufl.	Auflage
AVG	Angestelltenversicherungsgesetz
BAG	Bundesarbeitsgericht
BAGE	Endscheidungen des BAG
BB	Betriebs-Berater (Zeitschrift)
BBG	Bundesbeamtengesetz
BeamtVG	Gesetz über die Versorgung der Beamten und Richter in Bund und Ländern (Beamtenversorgungsgesetz)
Beil.	Beilage
BerlinFG	Gesetz zur Förderung der Berliner Wirtschaft (Berlinförderungsgesetz)
betr.	betreffend
BetrAV	Betriebliche Altersversorgung (Zeitschrift)
BetrAVG	Gesetz zur Verbesserung der betrieblichen Altersversorgung (Betriebsrentengesetz)
BewG	Bewertungsgesetz
BFH	Bundesfinanzhof
BFuP	Betriebswirtschaftliche Forschung und Praxis (Zeitschrift)
BGB	Bürgerliches Gesetzbuch
BGBl.	Bundesgesetzblatt
BGH	Bundesgerichtshof
BGHZ	Entscheidungen des BGH in Zivilsachen
BHZ	Beharrungszustand
BiRiLiG	Gesetz zur Durchführung der Vierten, Siebenten und Achten Richtlinie des Rates der Europäischen Gemeinschaften zur Koordinierung des Gesellschaftsrechts (Bilanzrichtlinien-Gesetz)
BMF	Bundesministerium der Finanzen
BR	Bundesrat
BRD	Bundesrepublik Deutschland

BRRG	Rahmengesetz zur Vereinheitlichung des Beamtenrechts (Beamtenrechtsrahmengesetz)
BS	Bestandsstruktur
BStBl.	Bundessteuerblatt
BT	Bundestag
Buchst.	Buchstabe
BVerfG	Bundesverfassungsgericht
BVerfGE	Entscheidungen des BVerfG
bzw.	beziehungsweise
ca.	circa
const	constans
c.p.	ceteris paribus
DAngVers	Die Angestellten-Versicherung (Zeitschrift)
DB	Der Betrieb (Zeitschrift)
DBW	Die Betriebswirtschaft (Zeitschrift)
ders.	derselbe
DGB	Deutscher Gewerkschaftsbund
DGVM	Deutsche Gesellschaft für Versicherungsmathematik
d.h.	das heißt
dies.	dieselben
Diff.	Differenz
Diss.	Dissertation
DM	Deutsche Mark
DRV	Deutsche Rentenversicherung (Zeitschrift)
DStR	Deutsches Steuerrecht (Zeitschrift)
DStZ	Deutsche Steuer-Zeitung (Zeitschrift)
DVFA	Deutsche Vereinigung für Finanzanalyse und Anlagenberatung
EAV	Eintrittsaltersverteilung
ebd.	ebenda
EDV	Elektronische Datenverarbeitung
EFG	Entscheidungen der Finanzgerichte (Zeitschrift)
EG	Europäische Gemeinschaft
EGHGB	Einführungsgesetz zum Handelsgesetzbuche
ErbbauVO	Verordnung über das Erbbaurecht
ErtrSt	Ertragssteuern
ESt	Einkommensteuer
EStG	Einkommensteuergesetz
EStR	Einkommensteuerrichtlinien
etc.	et cetera
EuGH	Europäischer Gerichtshof
e.V.	eingetragener Verein
evtl.	eventuell
EWG	Europäische Wirtschaftsgemeinschaft
f.	folgende
FamRZ	Zeitschrift für das gesamte Familienrecht
ff.	fortfolgende
FG	Finanzgericht

FGG	Gesetz über die Angelegenheiten der freiwilligen Gerichtsbarkeit
FN	Fußnote
FR	Finanzrundschau (Zeitschrift)
gem.	gemäß
GewErtrSt	Gewerbeertragsteuer
GewKapSt	Gewerbekapitalsteuer
GewSt	Gewerbesteuer
GewStG	Gewerbesteuergesetz
GG	Grundgesetz
ggf.	gegebenenfalls
Gl.	Gleichung
gl.A.	gleicher Ansicht
GmbH	Gesellschaft mit beschränkter Haftung
GmbHG	Gesetz betreffend die Gesellschaften mit beschränkter Haftung
GoB	Grundsätze ordnungsmäßiger Buchführung
GVG	Gerichtsverfassungsgesetz
HdV	Handwörterbuch der Versicherung
HdWW	Handwörterbuch der Wirtschaftswissenschaften
HEZG	Gesetz zur Neuordnung der Hinterbliebenenrenten sowie zur Anerkennung von Kindererziehungszeiten in der gesetzlichen Rentenversicherung (Hinterbliebenenrenten- und Erziehungszeitengesetz)
HF	Heubeck/Fischer
HFA	Hauptfachausschuß
HGB	Handelsgesetzbuch
HHR	Herrman/Heuer/Raupach
h.M.	herrschende Meinung
Hrsg.	Herausgeber
Hs.	Halbsatz
i.a.	im allgemeinen
i.d.F.	in der Fassung
i.d.R.	in der Regel
IDW	Institut der Wirtschaftsprüfer in Deutschland e.V.
i.S.	im Sinne
i.V.	in Verbindung
JbFfSt	Jahrbuch der Fachanwälte für Steuerrecht
KiSt	Kirchensteuer
KStG	Körperschaftsteuergesetz
LAG	Landesarbeitsgericht
lim	limes
MittAB	Mitteilungen aus der Arbeitsmarkt- und Berufsforschung (Zeitschrift)
m.w.N.	mit weiteren Nachweisen
NP	Nominalwertprinzip
Nr.	Nummer
NWB	Neue Wirtschaftsbriefe

o.a.	oben angeführt
OLG	Oberlandesgericht
o.O.	ohne Ortsangabe
o.V.	ohne Verfasser
p.a.	pro anno
PSV	Pensions-Sicherungs-Verein
PSVaG	Pensions-Sicherungs-Verein, Versicherungsverein auf Gegenseitigkeit
PublG	Gesetz über die Rechnungslegung von bestimmten Unternehmen und Konzernen
Randanm.	Randanmerkung
RdA	Recht der Arbeit (Zeitschrift)
rd.	rund
Rdnr.	Randnummer
RdNr.	Randnummer
RGBl.	Reichsgesetzblatt
RRG 1992	Gesetz zur Reform der gesetzlichen Rentenversicherung (Rentenreformgesetz 1992)
RT	Richttafeln
RVO	Reichsversicherungsordnung
Rz.	Randziffer
S.	Seite
SGB	Sozialgesetzbuch
sog.	sogenannt
St	Stellungnahme
StÄndG	Steueränderungsgesetz
StB	Der Steuerberater (Zeitschrift)
StbJb	Steuerberater-Jahrbuch
StEntlG	Steuerentlastungsgesetz
St.Gr.	Steuerrechtlicher Grundriß
StRefG	Steuerreformgesetz
StuW	Steuer und Wirtschaft (Zeitschrift)
SZ	Süddeutsche Zeitung
Tab.	Tabelle
Tz.	Textziffer
u.a.	unter anderem
u.s.w.	und so weiter
VAG	Gesetz über die Beaufsichtigung der privaten Versicherungsunternehmen (Versicherungsaufsichtsgesetz)
Verf.	Verfasser
VersW	Versicherungswirtschaft (Zeitschrift)
vgl.	vergleiche
v.H.	vom Hundert
VSt	Vermögensteuer
VStG	Vermögensteuergesetz
WiStA	Wirtschaft und Statistik (Zeitschrift)
WISU	Das Wirtschaftsstudium (Zeitschrift)

WP	Wirtschaftsprüfer
WPg	Die Wirtschaftsprüfung (Zeitschrift)
z.B.	zum Beispiel
ZfA	Zeitschrift für Arbeitsrecht
ZfB	Zeitschrift für Betriebswirtschaft
ZfbF	Zeitschrift für betriebswirtschaftliche Forschung
ZfhF	Zeitschrift für handelswissenschaftliche Forschung
ZGR	Zeitschrift für Unternehmens- und Gesellschaftsrecht
Ziff.	Ziffer

Verzeichnis der Abbildungen

Anwartschaftsdynamik (Abschnitt C.II.2)

Verzeichnis der Definitionen

Verzeichnis der Tabellen

Verzeichnis der Übersichten

A. Einleitung

I. Ausgangslage

1. Kritik an § 16 Betriebsrentengesetz

Die wohl am heftigsten diskutierte[1] Vorschrift des Gesetzes zur Verbesserung der betrieblichen Altersversorgung[2] vom 19. 12. 1974 ist dessen 16. Paragraph, der den 5. Abschnitt des arbeitsrechtlichen Gesetzesteiles unter der Überschrift "Anpassung" bildet; er enthält die Grundsatzentscheidung des Gesetzgebers zum Problem der Anpassung betrieblicher Versorgungsleistungen an die Geldentwertung mit folgendem Wortlaut:

"§ 16 Der Arbeitgeber hat alle drei Jahre eine Anpassung der laufenden Leistungen der betrieblichen Altersversorgung zu prüfen und hierüber nach billigem Ermessen zu entscheiden; dabei sind insbesondere die Belange des Versorgungsempfängers und die wirtschaftliche Lage des Arbeitgebers zu berücksichtigen."[3]

Hauptpunkte der im Schrifttum vorgetragenen Kritik waren die Rechtsunsicherheit[4], die sich aus der zu unbestimmt[5] empfundenen Formulierung dieser "verunglückten Norm des § 16 BetrAVG"[6] ergeben hatte, ferner die für die betroffenen Unternehmen aufgrund § 16 Betriebsrentengesetz zu erwartenden finanziellen Mehrbelastungen[7], durch die das mit der betrieblichen Altersversorgung verbundene Risiko[8] ausgeweitet wird. Den Gewerkschaften[9] hingegen ging § 16 BetrAVG nicht weit genug, sie forderten eine "Anpassung an die allgemeine Einkommensentwicklung"[10].

Die Ursachen für die heftige Auseinandersetzung mit § 16 BetrAVG, insbesondere mit seiner inzwischen erfolgten Auslegung durch die Arbeitsgerichte[11], dürften in der Diskrepanz zwischen sozialpolitischen Zielsetzungen einerseits und den tatsächlichen Besonderheiten der betrieblichen Altersversorgung andererseits zu finden sein. Zum besseren Verständnis des mit § 16 BetrAVG verbundenen komplexen Fragenkreises sollen die folgenden Ausführungen beitragen.

2. Sicherungsziele im Bereich der Alterssicherung

Die betriebliche Altersversorgung gehört zu jenem Teilbereich der sozialen Sicherheit, der mit

---

1) Vgl. dazu Höhne, G., in: Heubeck, G. / Höhne, G. / Paulsdorff, J. / Weinert, W., (Kommentar 1982), Rdnr. 17 zu § 16

2) BGBl. I 1974, S. 3610; geläufig ist die kürzere Bezeichnung "Betriebsrentengesetz" oder die Abkürzung "BetrAVG".

3) Vgl. ebd., S. 3616

4) Vgl. dazu statt vieler Höfer, R. / Abt, O., (Kommentar 1982), Rdnr. 2 bis 4 zu § 16

5) Zur hinreichenden Bestimmtheit von § 16 BetrAVG vgl. Blomeyer, W., in: Blomeyer, W. / Otto, K., (Kommentar 1984), Rdnr. 13 zu § 16

6) Vgl. Förster, W., (Anpassung 1980), S. 204

7) Vgl. Abschn. A.I.6

8) Vgl. hierzu beispielhaft Hartmann, W., (Direktversicherung 1980), S. 3; Hemmer, E., (Altersversorgung 1984), S. 37; Bäumer, A.P., (Sicherung 1985), S. 765

9) Vgl. Deutscher Gewerkschaftsbund, Bundesvorstand, Sozialpolitik (Hrsg.), (Programm 1980), S. 32

10) Vgl. Muhr, G., (Gewerkschaftliche Sicht 1980), S. 106

11) Vgl. dazu die Übersicht über die zu § 16 ergangenen BAG-Urteile bei Höhne, G., in: Heubeck, G. / Höhne, G. / Paulsdorff, J. / Weinert, W., (Kommentar 1982), Rdnr. 59 zu § 16

dem Begriff "Alterssicherung"[1] umschrieben wird und dessen Ziel gemeinhin[2] in der Einkommenssicherung nach dem Ausscheiden aus dem aktiven Erwerbsleben wegen Alters, Invalidität oder Tod gesehen wird.

Die Sachverständigenkommission Alterssicherungssysteme[3] – im folgenden kurz Kommission genannt – hat in ihrem Gutachten beim Vergleich der in der Bundesrepublik Deutschland historisch gewachsenen Institutionen zur Alterssicherung folgende Definition zugrundegelegt, die eine differenzierte sozialpolitische Zielsetzung beinhaltet:

> "Alterssicherungssysteme sind gesetzliche Regelungen und öffentliche Einrichtungen, die älteren Menschen eine ihrem Lebensstandard, ihrer Lebensleistung und ihren Bedürfnissen entsprechende Lebensgrundlage gewährleisten sollen."[4]

Demnach sollen die Versorgungsleistungen unter Berücksichtigung des Gesichtspunkts, daß die Bedürfnisse eines Versorgungsempfängers von denjenigen eines aktiv Erwerbstätigen abweichen können[5], eine leistungsorientierte[6] Komponente besitzen und am Lebensstandard orientiert sein, der meist an der Höhe "des Nettoarbeitseinkommens"[7] vor Eintritt des Versorgungsfalles gemessen wird.

In Übersicht 1 sind die im Gutachten der Kommission behandelten Systeme zusammengestellt, wobei der Vollständigkeit halber auch die Alterssicherungssysteme für Selbständige aufgenommen wurden, auf die im Rahmen dieser Untersuchung nicht weiter eingegangen wird.

Unter den Systemen für abhängig Beschäftigte besteht ein grundsätzlicher Unterschied zwischen der Regelsicherung der Beamten, Richter und Soldaten einerseits, die "ganzheitlich die Doppelfunktion einer Regel- und einer Zusatzsicherung erfüllt ('bifunktionales System')"[8], und der Regelsicherung der gesetzlichen Rentenversicherung der Arbeiter und Angestellten[9] andererseits, deren Leistungsniveau i.a. als nicht ausreichend angesehen[10] wird, und auf deren Ergän-

---

1) Zwischen den Begriffen "Altersversorgung", "Altersvorsorge" und "Alterssicherung" soll im folgenden nicht unterschieden werden, da sich die in den Begriffsfärbungen enthaltenen Unterschiede hier nicht weiter auswirken.

2) Vgl. hierzu etwa Heissmann, E., (Ruhegeldverpflichtungen 1967), S. 1; Höhne, G., (Handbuch 1968), S. 1; Schaub, G., in: Schaub, G. / Schusinski, E. / Ströer, H., (Altersvorsorge 1976), S. 1; Werner, G.-A. / Hagen, W., (Altersversorgung 1989), S. 11

3) Die Kommission wurde nach dem Beschluß der Bundesregierung vom 10. Juni 1981 gebildet, mit dem Auftrag, Möglichkeiten der Harmonisierung der bestehenden Alterssicherungssysteme sowie weitere Spezialfragen zu untersuchen. Vgl. Sachverständigenkommission Alterssicherungssysteme, (Vergleich 1983), S. 17 sowie S. 179 f.

4) Vgl. ebd., S. 19

5) Die Kommission spricht von einem "altersgemäße(n) Lebensstandard". Vgl. Sachverständigenkommission Alterssicherungssysteme, (Vergleich 1983), S. 141. Vgl. hierzu für den Fall der Beamtenversorgung kritisch: Thieme, W., (Über-/Unterversorgung 1978), S. 57 - 59; die Reduktion der Beamtenpension auf 75% der Aktivenbezüge scheint Thieme nur mit dem "Argument" der Tradition begründbar.

6) Hiermit ist insbesondere die Zeitkomponente gemeint: die Zieldiskussion der Kommission geht von einem "erfüllten Arbeitsleben" aus, das "nach etwa 40 - 45 Versicherungs- bzw. Dienstjahren" gegeben ist. Vgl. Sachverständigenkommission Alterssicherungssysteme, (Vergleich 1983), S. 141

7) Vgl. ebd., S. 141; vgl. auch Riedlbauer, E., (Altersversorgung 1975), S. 3

8) Vgl. Kolb, R. / Maydell, B. von / Schneider, H.-P. / Zacher, H.F., (Vergleich 1983), S. 27

9) Die knappschaftliche Rentenversicherung hingegen trägt bifunktionale Züge. Vgl. ebd., S. 25/28

10) Vgl. etwa Maydell, B. von, (Betriebliche Altersversorgung 1983), S. 248, der die sog. Versorgungslücke "beim Altersruhegeld zwischen 10 und 20 v.H. des letzten Bruttoarbeitsentgelts" und als rasch ansteigend "bei Arbeitsentgelten über der für die gesetzliche Rentenversicherung geltenden Beitragsbemessungsgrenze" angibt; ebenso Uebelhack, B., (Handbuch 1988 / 1991), S. 10

Übersicht 1: Alterssicherungssysteme[1] in der Bundesrepublik Deutschland

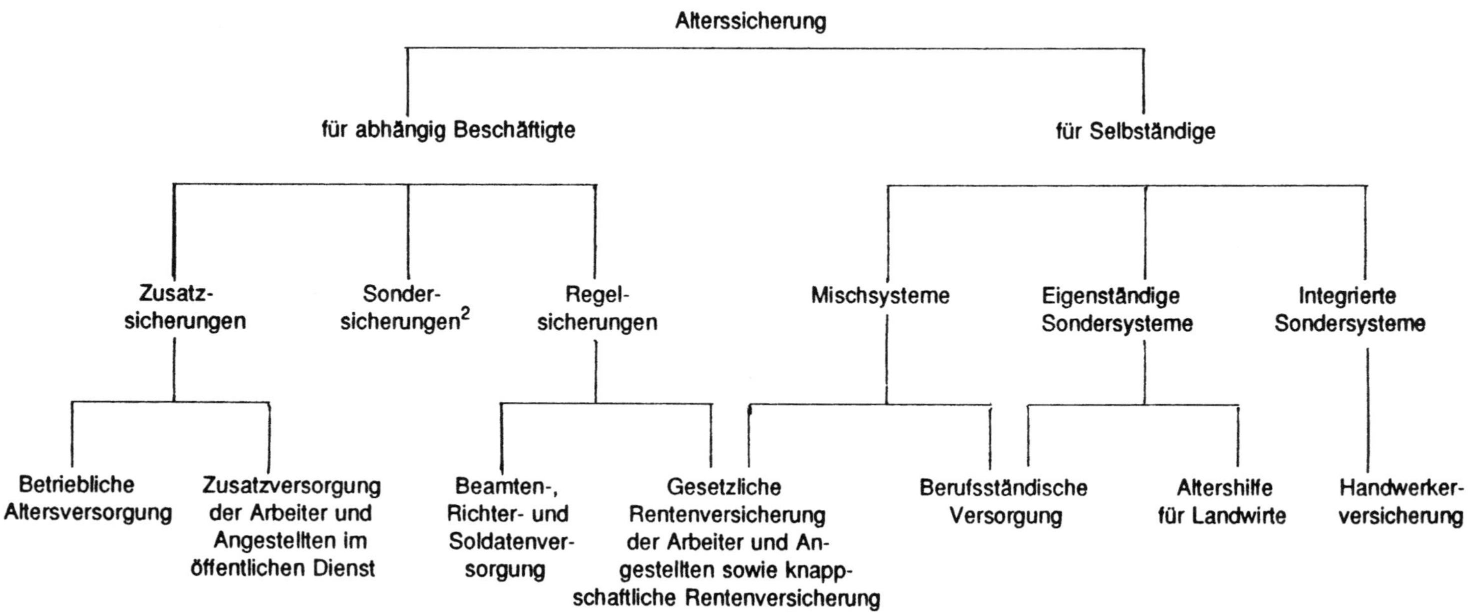

1) Die Begriffe sowie die grundsätzliche Ordnung der Übersicht sind entnommen aus Kolb, R. / Maydell, B. von / Schneider, H.-P. / Zacher, H. F., (Vergleich 1983), S. 25 - 27 sowie Kolb, R., (Vergleich 1983), S. 85 - 86

2) Hierunter fallen Sonderregelungen wie die Pflichtversicherung in berufsständischen Versorgungseinrichtungen, beamtenähnliche Versorgungen sowie die Hüttenknappschaftliche Zusatzversorgung und "Formen der eigenen Altersvorsorge"; vgl. dazu Kolb, R./Maydell, B. von/Schneider H.-P. / Zacher, H.F., (Vergleich 1983), S. 26 f.

zung die betriebliche Altersversorgung in der Privatwirtschaft sowie die Zusatzversorgung der Arbeiter und Angestellten im öffentlichen Dienst ausgerichtet sind.

Vielfach diente daher eine beamtenähnliche Versorgung als Ziel für eine wünschenswerte Gesamtversorgung aus der gesetzlichen Rentenversicherung der Arbeiter und Angestellten und einer Zusatzsicherung. Wurden etwa bis in die Mitte der siebziger Jahre 75% des Bruttoarbeitseinkommens als Ziel einer Gesamtversorgung angesehen[1], so stellt man in jüngerer Zeit zunehmend auf 70% - 90% des Nettoarbeitseinkommens[2] ab; damit soll der gestiegenen Abgabenbelastung der aktiven Arbeitnehmer[3] sowie der günstigen Besteuerung der "Renten aus der gesetzlichen Rentenversicherung mit dem Ertragsanteil"[4] Rechnung getragen und eine Überversorgung[5] vermieden werden.

Diese Zielvorstellung kann noch zeitlich präzisiert werden; hierzu scheint die Unterscheidung zwischen

- Beginnrenten
- laufenden Renten

nützlich zu sein. Um das Sicherungsziel der Aufrechterhaltung des im Arbeitsleben erreichten Lebensstandards - ggf. nach Abzug eines Abschlags für die verminderten Bedürfnisse[6] eines Pensionärs - zu erreichen, ist eine Anbindung der Höhe der Beginnrenten an die Höhe des in der Zeit vor dem Ausscheiden aus dem aktiven Status erreichten Einkommens erforderlich.

Um diesen Lebensstandard aufrecht zu erhalten, müssen die - dann - laufenden Renten zumindest kaufkraftstabil[7] bleiben.

Daneben besteht die Möglichkeit, auch die laufenden Renten an der Einkommensentwicklung vergleichbarer aktiver Arbeitnehmer zu orientieren.

Beide Möglichkeiten bringen jedoch im Hinblick auf die Finanzierbarkeit der Versorgungsleistungen eine nicht unerhebliche Problematik mit sich.

---

1) Vgl. anstelle vieler Riedlbauer, E., (Altersversorgung 1975), S. 3 und S. 33

2) Vgl. Trevisany, M., (Leistungsplangestaltung 1976), S. 39 f.; Heubeck, G., (Bevölkerungsentwicklung 1981), S. 101; Sachverständigenkommission Alterssicherungssysteme, (Vergleich 1983), S. 141; Förster, W., (Möglichkeiten 1992), S. 117

3) Vgl. Ahrend, P., (Tendenzen 1984), S. 16

4) Nach § 22 Nr. 1 Satz 3 Buchst. a EStG; vgl. den Beschluß des BVerfG vom 24.6.1992 – 1 BvR 459 / 87, 1 BvR 467 / 87 -, BStBl. II 1992, S. 774 - 778, mit der Entscheidungsformel: "Die dem Gesetzgeber für die Angleichung der Vorschriften über die steuerliche Behandlung von Renten und Ruhegehältern zur Verfügung stehende Zeit ist noch nicht abgelaufen (im Anschluß an BVerfGE 54, 11, BStBl II 1980, 545)."

5) Zur Problematik des Begriffs vgl. Maydell, B. von, (Über-/ Unterversorgung 1978), S. 25 f. und S. 30; zum Begriffsinhalt, seinen möglichen Ausprägungen und Ursachen vgl. ebd., S. 38 - 42

6) "Der Ruheständler hat eine geringere Steuerbelastung, keine Sozialversicherungsbeiträge und keine Aufwendungen zu einer weiteren Erwerbstätigkeit zu tragen." Vgl. Schaub, G., in: Schaub, G. / Schusinski, E. / Ströer, H., (Altersvorsorge 1989), S. 1

7) Vgl. Riedlbauer, E., (Altersversorgung 1975), S. 3

3. Das "(klassische) Problem der Dynamisierung betrieblicher Versorgungsleistungen"[1]

Die Tragweite dieses Problems wird ersichtlich durch einen Blick in die Abbildung 1 sowie die zugehörigen Anhänge 1 und 2.

Seit mehr als 40 Jahren ist in der Bundesrepublik Deutschland bis auf zwei Ausnahmen[2] ein andauernder, im Ausmaß freilich unterschiedlicher Anstieg des Preisniveaus[3] zu verzeichnen. Diese inflationäre[4] Entwicklung wurde begleitet von einem fast[5] ununterbrochenen, tendenziell erheblich stärkeren Anwachsen des Lohnniveaus: so stiegen die in Anhang 2 wiedergegebenen durchschnittlichen Bruttowochenverdienste in der Industrie im Zeitraum von 1950 bis 1991 um 1.195,9% auf das rund 13-fache ihres Ausgangsniveaus an.

Dem aus Anhang 1 ersichtlichen Anstieg des Preisniveaus entsprechen unmittelbar die Begriffe "Geldentwertung" oder "Kaufkraftschwund"[6]: wenn mit 334,85 DM des Jahres 1991 ebenso viele Waren[7] gekauft werden konnten wie mit 100,-- DM des Jahres 1950, so ergibt eine einfache Dreisatzrechnung, daß 100,-- DM des Jahres 1991 kaufkraftmäßig nur noch 29,86 DM des Jahres 1950 entsprechen, d.h. der Wert bzw. die Kaufkraft der 100,-- DM des Jahres 1950 ist bis 1991 um 70,14 DM oder gerade 70,14% des Ausgangswertes auf 29,86 DM abgesunken[8].

Hätten andererseits die 100,-- DM des Jahres 1950 auf den kaufkraftmäßig äquivalenten Nominalbetrag von 334,85 DM im Jahr 1991 mit prozentual gleichbleibenden Steigerungsraten anwachsen sollen, so wäre hierzu ein jährlicher Steigerungsfaktor von

$$(334{,}85 \text{ DM} / 100{,}\text{-- DM})^{1/41} = 1{,}029915$$

---

1) Vgl. Höhne, G., in: Heubeck, G. / Höhne, G. / Paulsdorff, J. / Weinert, W., (Kommentar 1982), Rdnr. 3 zu § 16

2) Im Jahre 1953 und 1986; vgl. Anhang 1

3) D a s Preisniveau gibt es nicht; erst durch die Festlegung eines Warenkorbs, also eines im Zeitablauf konstant gehaltenen Gütersortiments, entsteht das zugehörige Preisniveau durch Bewertung mit den Preisen der jeweiligen Periode. Veränderungen eines Preisniveaus können mit Hilfe von Preisindizes gemessen werden. Bekannt sind die Preisindizes für die Lebenshaltung, mit denen die Entwicklung desjenigen Preisniveaus gemessen wird, das der Sicht der (privaten) Verbraucher entspricht. Vgl. hierzu und zur Problematik der Indexwahl Krips, U., (Aussagefähigkeit 1980), VersW 1980, S. 184 f. und S. 242; Pohl, R., (Inflation 1981), S. 12 - 33, insbesondere S. 16; Issing, O., (Geldtheorie 1991), S. 173 - 178

4) "Inflation ist ein Prozeß andauernder Preisniveausteigerungen." Diesen "symptomorientierten Inflationsbegriff" legt Pohl zugrunde; vgl. Pohl, R., (Inflation 1981), S. 5. Ähnlich zum Inflationsbegriff auch Steinmann, G., (Inflationstheorie 1979), S. 13 - 15; Frisch, H., (Inflationstheorie 1980), S. 11 - 14; Heubes, J., (Inflationstheorie 1989), S. 1 f.

5) Nur im Jahr 1967 war der Lohnindex für die durchschnittlichen Bruttowochenverdienste in der Industrie (Basis 1985 = 100) mit 30,7 niedriger als im Vorjahr mit 30,9. Vgl. dazu die in Anhang 2 enthaltenen Indexzahlen

6) Der Wert oder anschaulicher die Kaufkraft einer Geldeinheit wird "durch den Kehrwert des allgemeinen Preisniveaus gemessen". Vgl. Steinmann, G., (Inflationstheorie 1979), S. 13; vgl. auch Issing, O., (Geldtheorie 1991), S. 173

7) Diese Aussage setzt einen fest gewählten Preisindex voraus; den angegebenen Zahlen liegt der in Abb. 1 verwendete Preisindex für die Gesamtlebenshaltung der 4-Personen-Haushalte von Arbeitern und Angestellten mit mittlerem Einkommen zugrunde, Basis 1985 = 100. Einzelheiten zu diesem Preisindex finden sich in Rasch, H.-G., (Neuberechnung 1990), WiSta 1990, S. 47 - 51

8) Hier scheint ein Hinweis auf die klarstellenden Ausführungen von Grossmann zu den Meßbegriffen der "Verteuerung" einerseits und der "Entwertung" andererseits angebracht: die beiden Begriffe sind die zwei verschiedenen Seiten ein und derselben Medaille. In diesem Beispiel bedeutet das: eine Verteuerung von 1950 bis 1991 um 234,85% auf letztendlich 334,85% bedeutet äquivalent eine Entwertung um 70,14% auf letztendlich 29,86% der ursprünglich betrachteten 100%. Vgl. Grossmann, R., (Dynamisierung 1972), BB 1972, S. 1195

Abb.1: Steigerung der Preise und Loehne in der BRD seit 1950

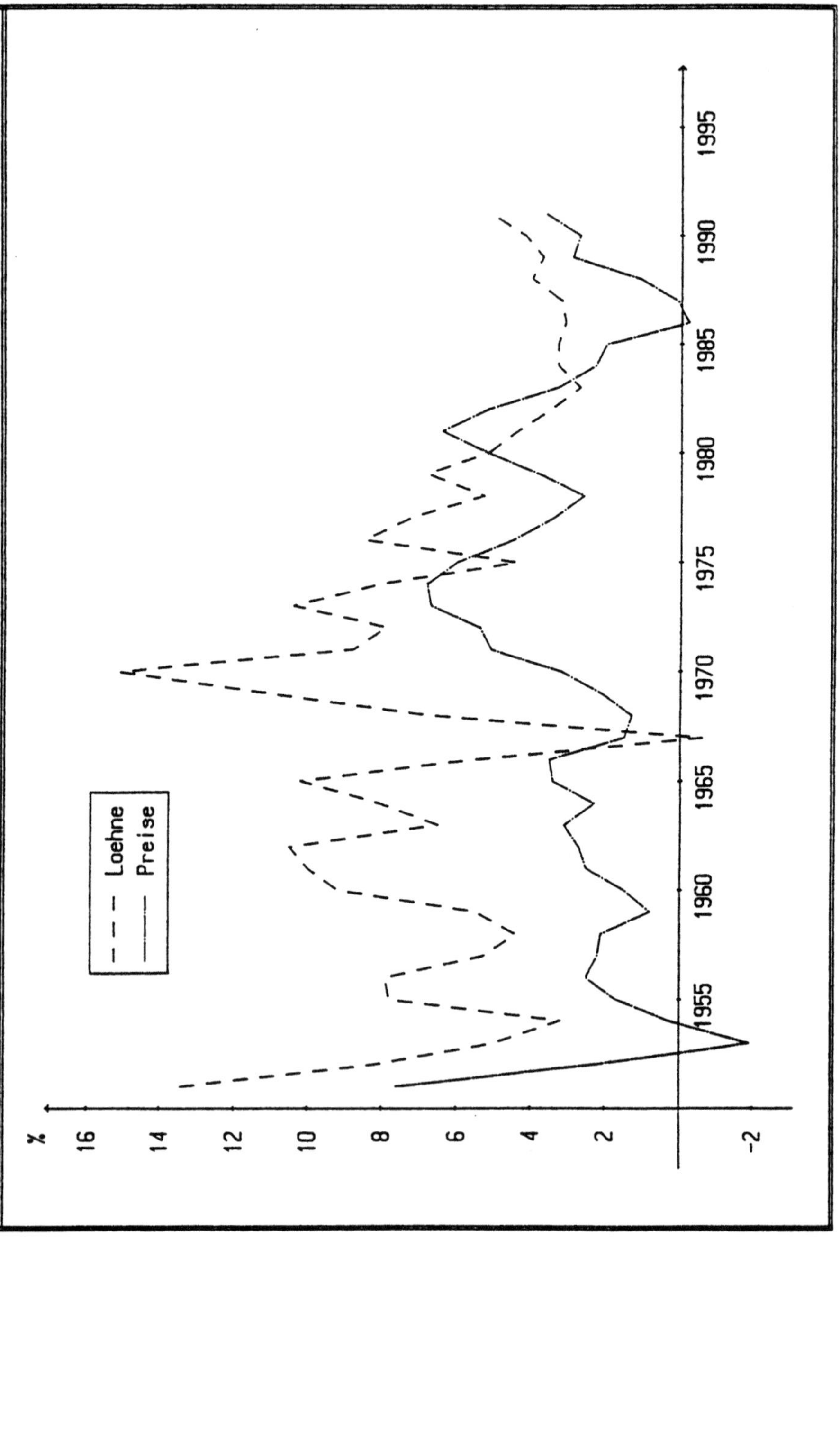

erforderlich gewesen, d.h. ein gleichbleibender Zinsfuß von ca. 3% p.a. hätte gerade den Kaufkraftschwund zwischen 1950 und 1991 ausgeglichen.

Beachtet man, daß gemäß geltendem Steuerrecht "Zinsen ... nach ihrem Nennwert"[1] ohne Berücksichtigung der Geldentwertung zur Einkommensteuer herangezogen[2] werden, so wird ersichtlich, welche Konsequenzen die Inflation bei Gültigkeit des Nominalwertprinzips[3] in Gestalt des Grundsatzes "Mark gleich Mark"[4] für den Besitz und die Werterhaltung von Geldvermögen bedeuten kann.

Die aus dem Nominalwertprinzip resultierenden Umverteilungseffekte[5] der Inflation - Schuldner werden begünstigt, Gläubiger benachteiligt - wirken sich im Ergebnis besonders gravierend bei langfristigen Geldschuldverhältnissen aus; typische Beispiele hierfür sind im privatrechtlichen Bereich Erbbaurechtsverträge[6], die oft über Generationen hinweg abgeschlossen werden, und eben Versorgungsansprüche, die meist erst mit dem Ableben des Versorgungsberechtigten oder sogar erst mit dem Tode der Hinterbliebenen enden.

Ein fester DM-Betrag, der seit 1950 in unveränderter Höhe als Rente gewährt wird, hat im Jahr 1991 mehr als zwei Drittel seiner Kaufkraft eingebüßt, was den Versorgungsempfänger durchaus in die vom Bundesarbeitsgericht angesprochenen "Nöte und Bedrängnisse"[7] bringen kann.

Andererseits zeigen die genannten Steigerungen, daß die Aufrechterhaltung der Kaufkraftstabilität und erst recht eine Anbindung des Versorgungsniveaus an die Einkommensentwicklung für die Versorgungsträger eine von der Größenordnung her nicht zu unterschätzende Aufgabe darstellt.

Unter den Alterssicherungssystemen für abhängig Beschäftigte sind sowohl die Versorgung der Beamten, Richter und Soldaten wie auch die gesetzliche Rentenversicherung und die Zusatzversorgung des öffentlichen Dienstes mehr oder minder unmittelbar[8] an der Brutto- bzw. Netto-

---

1) Die Entscheidungsformel im Beschluß des Ersten Senats des Bundesverfassungsgerichts vom 19. 12. 1978 - 1 BvR 335, 427, 811 / 76 - lautet: "Die Besteuerung der Zinsen aus Einlagen bei Kreditinstituten nach ihrem Nennwert für die Jahre 1971 bis 1974 verstieß nicht gegen Art. 3 Abs. 1 und Art. 14 GG."; vgl. BStBl. II 1979, S. 308

2) § 20 EStG i.V. mit § 2 Abs. 1 Nr. 5 EStG; nach Abzug der Werbungskosten (ggf. der Pauschbeträge gemäß § 9a Nr. 2 EStG) ist noch der "Sparer-Freibetrag" nach § 20 Abs. 4 EStG von den Einkünften aus Kapitalvermögen abziehbar. Durch die mit dem Zinsabschlaggesetz geplante "Verzehnfachung des Sparer-Freibetrags auf 6.000 / 12.000 DM (Alleinstehende/ Verheiratete)" wird auch das Problem der Geldentwertung bei den Einkünften aus Kapitalvermögen erheblich entschärft; vgl. BT-Drucksache 12 / 2736, S. 1

3) Hierunter versteht die Deutsche Bundesbank einen "Rechtsgrundsatz ..., daß eine Geldbetragsschuld stets zum Nennbetrag getilgt werden kann, auch wenn der Wert des Geldes seit Eingehung oder Entstehung der Verbindlichkeit gesunken ist." Vgl. Deutsche Bundesbank, (Gutachten 1977), S. 29

4) Vgl. ebd., S. 29

5) Vgl. dazu Heubes, J., (Inflationstheorie 1989), S. 136 - 144

6) Der Bundesgerichtshof hat für die Erhöhung des Erbbauzinses (vgl. § 9 der ErbbauVO vom 15. 1. 1919, RGBl. 1919, S. 72) bei Verträgen ohne Wertsicherungsklausel eine „Opfergrenze" entwickelt, die bei einer Entwertung von 3/5 oder 60% (äquivalent einer Verteuerung um 150% auf 250%) liegt; vgl. dazu mit weiteren Quellenangaben für die hierzu ergangene BGH- Rechtsprechung: BGH-Urteil vom 3. 5. 1985 - V ZR 23 / 84 -, BB 1985, S. 1694 - 1696, sowie Dürkes, W., (Wertsicherungsklauseln 1992), S. 330 - 386 und S. 669 - 672

7) Vgl. BAG-Urteil vom 30. 3. 1973 - 3 AZR 26 / 72 - (= AP Nr. 4 zu § 242 BGB Ruhegehalt), BB 1973, S. 522 - 525, unter B.IV.3 der Gründe

8) Vgl. Kolb, R. / Maydell, B. von / Schneider, H.-P. / Zacher, H.F., (Vergleich 1983), S. 64 - 67

Einkommensentwicklung[1] orientiert; dies gilt sowohl für die Beginnrenten wie auch für die laufenden Renten[2].

In der betrieblichen Altersversorgung für die Arbeitnehmer in der Privatwirtschaft ergibt sich sowohl für die Beginnrenten wie auch für die laufenden Leistungen ein recht unterschiedliches Bild[3]; das liegt zum einen daran, daß sich im Zuge der mehr als hundertjährigen Entwicklung[4] der betrieblichen Altersversorgung fünf verschiedene Gestaltungsformen[5] herausgebildet haben:

1) Pensionszusage[6]
2) Unterstützungkasse[7]
3) Pensionskasse[7]
4) Direktversicherung
5) Freiwillige Versicherung bzw. Höherversicherung in der gesetzlichen Rentenversicherung[8];

zum anderen ist es die Folge der vielfältigen Ausgestaltung betrieblicher Versorgungsleistungen innerhalb dieser Gestaltungsformen, als Ausdruck der Vertragsfreiheit in der betrieblichen Altersversorgung, die bis zum Inkrafttreten des Betriebsrentengesetzes "nur beim Bundesarbeitsgericht auf ihre Billigkeit hin kontrolliert wurde."[9]

Hinzu kommt, daß zwangsläufig die Größenordnung der Unternehmen mit betrieblicher Altersversorgung - das Spektrum reicht hier vom Kleinbetrieb bis zum Großunternehmen mit mehr als 5000 Arbeitnehmern - Unterschiede für die Art und Ausgestaltung der Versorgungsleistungen sowie für die Modalitäten ihrer Anpassung an Geldwert- oder Einkommensveränderungen mit sich bringt. In dieser Vielgestaltigkeit liegt aber gerade die Stärke der betrieblichen Altersversorgung; die Kommission hat dies in ihren Empfehlungen[10] wie folgt zum Ausdruck gebracht:

---

1) Seit dem 1.1.1985 ist in der Zusatzversorgung des öffentlichen Dienstes und seit dem 1.1.1992 ist in der gesetzlichen Rentenversicherung grundsätzlich die Entwicklung der Netto-Einkommen maßgebend. Vgl. Brunner, G., (Änderung 1984), BetrAV 1984, S. 141 - 144; Almsick, J. van, (Rentenanpassung 1992), DAngVers 1992, S. 229 - 231

2) Vgl. Kolb, R. / Maydell, B. von / Schneider, H.-P / Zacher, H.F., (Vergleich 1983), S. 65 f.; Einzelheiten finden sich bei Kolb, R., (Gesetzliche Rentenversicherung 1983), S. 41, S. 48 - 50; Schneider, H.-P., (Zusatzversorgung 1983), S. 237 f.; Zacher, H.F., (Beamtenversorgung 1983), S. 157, S. 164, S. 173; Bauer, U., (Handbuch 1988 / 1991), S. 44 - 54, S. 61 f.; Almsick, J. van, (Rentenanpassung 1992), DAngVers 1992, S. 231 - 239

3) Vgl. Abschn. B.I.3.4 und Abschn. B.I.4.5

4) Vgl. dazu Uebelhack, B., (Handbuch 1988 / 1991), S. 6 f.

5) Den Gestaltungsformen, auch Durchführungsformen oder Durchführungswege genannt, entsprechen die Träger der Versorgung, welche die Versorgungsleistungen erbringen: die Unternehmen selbst, Unterstützungskassen, Pensionskassen, Lebensversicherungsgesellschaften oder die gesetzliche Rentenversicherung. Vgl. Uebelhack, B., (Handbuch 1988 / 1991), S. 41 - 46

6) Synonyma sind "unmittelbare Versorgungszusage", "Direktzusage", "Ruhegeldzusage"; vgl. dazu Höhne, G., in: Heubeck, G. / Höhne, G. / Paulsdorff, J. / Weinert, W., (Kommentar 1982), Rdnr. 1 zu § 1; Blomeyer, W., in: Blomeyer, W. / Otto, K., (Kommentar 1984), Einleitung, Rdnr. 76; Höfer, R. / Reiners, S. / Wüst, H., (Kommentar 1992), ART, Rdnr. 93 und 121

7) Diese Versorgungsträger können betriebsbezogen oder überbetrieblich ausgerichtet sein; vgl. Haueisen, P., (Gestaltungsformen 1983), S. 4; Koenen, S., (Gestaltungsalternativen 1990), DB 1990, S. 1426

8) Eine Zusage auf die Entrichtung zusätzlicher Beiträge an die gesetzliche Rentenversicherung ist nach Ansicht von Blomeyer nicht zur betrieblichen Altersversorgung zu rechnen, da es an Versorgungsleistungen im Sinne des Betriebsrentengesetzes mangelt. Vgl. Blomeyer, W., in: Blomeyer, W. / Otto, K., (Kommentar 1984), Einleitung, Rdnr. 8 und 112

9) Vgl. Uebelhack, B., (Handbuch 1988 / 1991), S. 39

10) Vgl. Sachverständigenkommission Alterssicherungssysteme, (Vergleich 1983), S. 140 - 177

"Die betriebliche Altersversorgung in der Privatwirtschaft beruht auf freiwilliger vertraglicher Grundlage; sie trägt in der Vielfalt ihrer Gestaltungsformen den unterschiedlichen betrieblichen Gegebenheiten Rechnung."[1]

Ein für das Dynamisierungsproblem gewichtiger Unterschied zwischen der betrieblichen Altersversorgung in der Privatwirtschaft und den übrigen Alterssicherungssystemen für abhängig Beschäftigte dürfte in den Finanzierungsverfahren[2] dieser Systeme zu finden sein:

Die Versorgung der Beamten, Soldaten und Richter wird ohne besonderes Finanzierungsverfahren[3] unmittelbar aus den jeweiligen Haushaltsmitteln erbracht; die gesetzliche Rentenversicherung wird inzwischen[4] praktisch durch ein reines Umlageverfahren[5] finanziert, bei der Zusatzversorgung im öffentlichen Dienst werden die erforderlichen Mittel durch "Umlagen der den Zusatzversorgungseinrichtungen angeschlossenen Arbeitgeber und durch Vermögenserträge"[6] aufgebracht; in allen drei Fällen ist also der Umlagecharakter der Finanzierung der Versorgungsleistungen mehr oder minder stark ausgeprägt.

Demgegenüber überwiegt bei der betrieblichen Altersversorgung in der Privatwirtschaft das Kapitaldeckungsverfahren[7], nach dem die erforderlichen Mittel planmäßig vor[8] oder bei[9] Eintritt des Versorgungsfalles bereitgestellt werden. Am deutlichsten tritt das zutage beim Anwartschaftsdeckungsverfahren der Gestaltungsformen Direktversicherung und Pensionskasse, bei denen die Deckungsrücklagen nach einem vom Bundesaufsichtsamt für das Versicherungswesen genehmigten Geschäftsplan[10] anzusammeln sind.

Auch bei der Gestaltungsform Pensionszusage entspricht die in § 6a EStG konzipierte[11] Finanzierung durch Pensionsrückstellungen im Prinzip[12] gerade derjenigen, wie sie bei Lebensversicherungen und Pensionskassen anzuwenden ist. Allerdings ist aufgrund des bis zum Inkrafttreten des Bilanzrichtlinien-Gesetzes[13] geltenden Passivierungswahlrechtsrechts[14]

---

1) Vgl. ebd., S. 158
2) Vgl. hierzu ausführlich Sturm, M. / Forster, E. / Steinmüller, H., (Finanzierungsverfahren 1977), S. 1 - 17
3) Vgl. Zacher, H.F., (Beamtenversorgung 1983), S. 195
4) Vgl. Kolb, R., (Gesetzliche Rentenversicherung 1983), S. 27 f.
5) Vgl. ebd., S. 126; Genzke, J. / Wilhelm, U., (Finanzierung 1990), DAngVers 1990, S. 106 f.
6) Vgl. Schneider, H.-P., (Zusatzversorgung 1983), S. 241 und S. 228 f.; Bauer, U., (Handbuch 1988 / 1991), S. 7 - 12
7) Vgl. Sturm, M. / Forster, E. / Steinmüller, H., (Finanzierungsverfahren 1977), S. 11; Heubeck spricht von einem "Deckungsplan-Verfahren": vgl. Heubeck, G., (Handbuch 1988 / 1991), S. 67
8) In diesem Fall spricht man vom "Anwartschaftsdeckungsverfahren": vgl. Heubeck, G., (Handbuch 1988 / 1991), S. 68
9) In diesem Fall spricht man vom "Rentenwertdeckungsverfahren": vgl. ebd., S. 68
10) Vgl. § 11 VAG, BGBl. I 1983, S. 1264
11) Heubeck bezeichnet das in § 6a EStG vorgesehene Finanzierungsverfahren als "das typische Anwartschaftsdeckungsverfahren": vgl. Heubeck, G., (Handbuch 1988 / 1991), S. 68
12) Vgl. Abschn. B.I.2.2.2 sowie ausführlich Heubeck, G., (Handbuch 1988 / 1991), S. 38 f.
13) BGBl. I 1985, S. 2355; vgl. auch Abschn. B.I.2.2.2
14) Bis zum Beginn der achtziger Jahre war nach h.M. ein handelsrechtliches Wahlrecht für die Passivierung von Pensionsverpflichtungen gegeben; vgl. m.w.N. Haueisen, P., (Gestaltungsformen 1983), S. 15., sowie Hardes, W., (Bilanzpolitik 1984), S. 99 - 108. Dementsprechend beinhaltet § 6a EStG ein steuerrechtliches Passivierungswahlrecht; vgl. Binz, H.-B. / Vogel, H., (Passivierungspflicht 1984), BB 1984, S. 380. Seit dem Vergleich der AEG-Telefunken AG im Jahre 1982 wurde die Kritik am Passivierungswahlrecht immer massiver; Binz / Vogel kamen im Ergebnis zu einer handelsrechtlichen Passivierungspflicht: vgl. ebd., S. 379 - 381; gl. A. Thoma, H., (Rentenschulden 1983), DStR 1983, S. 97 - 100. Auch in der Wirtschaftspresse wurde zunehmend die gesetzliche Verankerung der Passivierungspflicht gefordert; vgl. statt vieler Berens, E., (Betriebsrenten-Loch 1985), SZ vom 1. / 2. 6. 1985, S. 31. Zu der bei fortgeltendem Passivierungswahlrecht für „Altzusagen" (vgl. Abschn.

damit zu rechnen, daß die Unternehmen die nach § 6a EStG möglichen steuerwirksamen Zuführungen zu den Pensionsrückstellungen nicht immer voll getätigt haben[1].

Am schwächsten ist das Kapitaldeckungsverfahren bei der Gestaltungsform der nicht rückgedeckten[2] Unterstützungskasse ausgeprägt, seitdem mit § 4d EStG 1975 für die Versorgungsanwartschaften steuerwirksam nur noch ein pauschal ermitteltes Reservepolster gebildet werden kann; bei Unterstützungskassen kann allerdings steuerwirksam ein mit einem gelockerten Nachholverbot verbundenes[3] Rentenwertdeckungsverfahren realisiert werden[4].

Es ist kein Zufall, daß das sozialpolitische Ziel einer Dynamisierung von Versorgungsleistungen in denjenigen Sicherungssystemen weitgehend erreicht zu sein scheint, in denen das Umlageverfahren vorherrscht; denn im Umlageverfahren ergibt sich "bei unveränderter Relation Beitragszahler : Rentenempfänger"[5] und mit Beiträgen, die prozentual vom Einkommen abhängen, in natürlicher Weise die Möglichkeit, die Renten an die Einkommensentwicklung anzubinden[5]. Einer Übertragung des aus dieser Sicht geeignet erscheinenden Umlagesystems auf die von den Unternehmen der Privatwirtschaft getragene betriebliche Altersversorgung stehen jedoch die folgenden Gesichtspunkte entgegen:

Eine reine Umlage bedeutet, daß die während einer Umlageperiode erforderlichen Versorgungsmittel von den Aktiven in der jeweiligen Umlageperiode aufgebracht werden müssen[6]. Die "Bereitschaft" der Aktiven zu dem hierfür nötigen Einkommensverzicht stellt der Staat dadurch sicher, daß die gesetzliche Rentenversicherung als Pflichtversicherungssystem ausgestaltet ist; ein Großteil der Neugeborenen des Jahres 1992 muß zwangsweise der "Solidargemeinschaft" der gesetzlichen Rentenversicherung beitreten, um die ab dem Jahr 2014 fällig werdenden Altersrentenansprüche der heute Vierzigjährigen mitzufinanzieren.

Dieser "Generationenvertrag" beruht also zwingend auf einem Pflichtversicherungssystem, welches sich ohne grundlegende Veränderung der derzeitigen Rechts- und Wirtschaftsordnung nicht auf die betriebliche Altersversorgung in der Privatwirtschaft übertragen lassen dürfte.

Hinzu kommen als mögliche Schwachpunkte eines Umlagesystems die Konjunkturanfälligkeit[7]; sowie die Abhängigkeit von der demographischen Entwicklung[7]; denn die langfristige Finanzierbarkeit eines Umlagesystems ist immer dann in Gefahr, wenn die Belastung der aktiven "Beitragszahler" einen zumutbaren Rahmen übersteigt. Genau diesem Problem sah[8] und sieht sich

---

B.I.2.2.2) nicht schlüssig überzeugenden Lösung dieses Problems durch das unter der Maxime der Steuerneutralität verabschiedete Bilanzrichtlinien-Gesetz vgl. Hartung, W., (Ansatzwahlrecht 1992), BB 1992, S. 1817 f.

1) Zum Ausmaß der in der BRD bestehenden Unterdeckung liegen bislang nicht einmal größenordnungsmäßig gesicherte Aussagen vor; vgl. m.w.N. Schulte, K.-W. (Deckungsgrad 1987), AG 1987, S. 201 - 204; ders., (Bilanzrecht 1989), BB 1989, S. 662

2) Vgl. dazu Schanz, T., (Risikobewältigung 1992), S. 43 - 52

3) Vgl. § 4d Abs. 1 Nr. 1 Buchst. a EStG

4) Diese Aussagen gelten unverändert auch nach der Änderung des § 4d EStG durch das StÄndG 1992 (BGBl. I 1992, S. 297); vgl. Förster, W., (Unterstützungskassen 1992), BetrAV 1992, S. 129

5) Vgl. Riedlbauer, E., (Altersversorgung 1975), S. 8. Umgekehrt müßte der Versuch, ein weite Bevölkerungskreise erfassendes Regelsicherungssystem mit dynamisch ausgestalteten Versorgungsleistungen über ein Kapitaldeckungsverfahren zu finanzieren, an der hiermit verbundenen enormen Kapitalbildung scheitern; vgl. ebd., S. 12; Becker, B., (Kapitalbildung 1981), S. 63 f.; Heubeck, G., (Bevölkerungsentwicklung 1981), S. 109

6) Vgl. Riedlbauer, E., (Altersversorgung 1975), S. 8

7) Vgl. Kolb, R., (Gesetzliche Rentenversicherung 1983), S. 115

8) Vgl. Lübeck, E., (Demografische Komponente 1983), DRV 1983, S. 139 - 147

die gesetzliche Rentenversicherung auch nach der Rentenreform[1] 1992 und nach der deutschen Wiedervereinigung aufgrund der zu erwartenden ungünstigen demographischen Entwicklung gegenüber[2].

Aber auch in den Unternehmen der Privatwirtschaft sind Entwicklungen denkbar, die dem demographischen Schrumpfungsprozeß der Gesamtbevölkerung in der BRD entsprechen: ein erheblicher Personalabbau oder im Extremfall die ordentliche Liquidation eines Unternehmens[3] können nur dann ohne Abwälzen der betrieblichen Versorgungslast auf die im Pensions-Sicherungs-Verein a.G. zusammengefaßte Solidargemeinschaft[4] aller Unternehmen mit betrieblicher Altersversorgung abgewickelt werden, wenn das erforderliche Deckungskapital in der Vergangenheit bereitgestellt wurde. So spricht sich auch Blomeyer für eine Stärkung des Kapitaldeckungsverfahrens in der betrieblichen Altersversorgung aus:

> "Der vorsichtig kalkulierende Unternehmer muß sich gezwungen sehen, die für spätere Leistungen erforderlichen Mittel rechtzeitig bereitzustellen, d.h. ein Kapital aufzubauen, das - nicht unähnlich den Lebensversicherungen - einen Deckungsstock bildet. Wer ihm davon abrät, handelt ebenso leichtsinnig, wie die Politiker, die die Leistungsverpflichtungen der gesetzlichen Rentenversicherung auf einen von ihnen erfundenen Generationenvertrag stützen. Die finanzielle Misere der Sozialversicherung sollte hier Warnung genug sein."[5]

4. § 16 Betriebsrentengesetz im Spannungsfeld politischer Zielkonflikte

Die Ausführungen von Blomeyer führen uns zurück zu der für die Unternehmen der Privatwirtschaft mit der Verabschiedung des § 16 Betriebsrentengesetz ausgelösten Problematik. Die Anpassung der laufenden betrieblichen Versorgungsleistungen an die Geldentwertung bedeutet zwangsläufig einen Schritt in die Richtung "Generationenvertrag im Betrieb"[6], sofern nicht die hierfür erforderlichen Deckungsmittel bis zum Eintritt des Versorgungsfalles angesammelt werden können. Letzteres ist jedoch nach geltendem Steuerrecht[7] für die Gestaltungsformen Pensionszusage und Unterstützungskasse ohne eine zusätzliche Rückdeckungsversicherung mit steuerlicher Wirkung nicht möglich.

Während die Einführung der Unverfallbarkeit im arbeitsrechtlichen Teil des Betriebsrentengesetzes steuerlich flankiert[8] wurde durch die Einführung des Teilwertprinzips in § 6a EStG 1975 anstelle des bis dahin gültigen Gegenwartswertprinzips[9], so scheint es bis heute an einer steuerrechtlichen Flankendeckung des § 16 Betriebsrentengesetz zu fehlen.

Im Gegenteil: im 2. Haushaltsstrukturgesetz 1982[10] wurde die Möglichkeit, mittels Pensionsrückstellungen steuerlich wirksam Deckungsmittel anzusammeln, durch Anhebung des in § 6a

---

1) Einen umfassenden Überblick über wissenschaftliche und politische Beiträge zur Strukturreform der gesetzlichen Rentenversicherung vermittelt die Materialauswahl von Hoffmann, T., (Reform/Revolution 1987)
2) Vgl. Barth, S. / Hain, W., (Vorausrechnungen 1991), DRV 1991, S. 724 - 726
3) Vgl. Blomeyer, W., (Geänderte Rahmenbedingungen 1984), S. 15
4) Vgl. Abschn. B.I.2.1.3
5) Vgl. Blomeyer, W., (Geänderte Rahmenbedingungen 1984), S. 8
6) Vgl. ebd., S. 8
7) Für die Pensionszusage vgl. § 6a Abs. 3 Nr. 1 EStG i.V. mit dem "Stichtagsprinzip" in Abschn. 41 Abs. 19 EStR; für die Unterstützungskasse vgl. § 4d Abs. 1 Nr. 1 Buchst. a und b EStG
8) Vgl. BT-Drucksache 7/1281, S. 39
9) Vgl. dazu Heubeck, G., (Handbuch 1988 / 1991), S. 38 - 42; vgl. auch Abschn. B.I.2.2.2
10) BGBl. I 1981, S. 1523

EStG enthaltenen Rechnungszinsfußes von 5,5% auf 6%[1] aus überwiegend fiskalpolitischen[2] Gründen nicht unerheblich[3] eingeschränkt.

Dies hat manche Stimme[4] im Schrifttum laut werden lassen mit der Vermutung, es sei den politisch Verantwortlichen nicht Ernst mit der immer wieder geäußerten Absicht, die weitere Ausbreitung der betrieblichen Altersversorgung zu fördern. Hier wird eine weitere Besonderheit der betrieblichen Altersversorgung in der Privatwirtschaft im Vergleich zu den übrigen Alterssicherungssystemen für abhängig Beschäftigte deutlich; sie besteht darin, daß nur ca. zwei Drittel[5] aller Arbeitnehmer in der Privatwirtschaft durch die betriebliche Altersversorgung begünstigt sind.

Vor der Verabschiedung des Betriebsrentengesetzes stand der Gesetzgeber daher vor einem sozialpolitischen Zielkonflikt; die angestrebten qualitativen Verbesserungen des Betriebsrentengesetzes bedeuteten für die Unternehmen mit betrieblicher Altersversorgung ein Belastungspaket, das einer weiteren quantitativen Ausbreitung der betrieblichen Altersversorgung auf den noch nicht erfaßten Kreis von Arbeitnehmern gefährlich werden konnte[6]. Eine Anbindung der laufenden Versorgungsleistungen an den Preisindex für die Lebenshaltung hatte jedoch zur Folge, daß das Belastungspaket, das aus der Einführung[7] der Unverfallbarkeit, der Insolvenzsicherung und der flexiblen Altersgrenze zu erwarten war, um ein Mehrfaches[8] höher ausfiel.

Dies war zusammen mit dem oben beschriebenen Strukturproblem der betrieblichen Altersversorgung für die Bundesregierung der Grund, auf die Anregung des Bundesrates[9], die Anpassung der betrieblichen Versorgungsleistungen in das Betriebsrentengesetz miteinzubeziehen, wie folgt zu antworten:

> "Der Entwurf regelt nicht die Frage der Anpassung betrieblicher Versorgungsleistungen an die wirtschaftliche Entwicklung. Insbesondere ist auch keine gesetzliche Anpassungsverpflichtung vorgesehen. Sie würde eine erhebliche Mehrbelastung mit sich bringen, die vor allem den lohnintensiven Klein- und Mittelbetrieben vielfach nicht zumutbar wäre und zu einer Verschlechterung ihrer Wettbewerbslage führte. Das mit einer solchen gesetzlichen

---

1) In Berlin(West) von 3,5% auf 4% (§ 13a BerlinFG)

2) Vgl. Uelner, A., (Steuerrecht 1984), S. 60

3) Heubeck schätzte langfristig für viele "Unternehmen eine Einschränkung der jährlichen steuerlichen Abzugsmöglichkeiten für die planmäßige Vorfinanzierung" um ca. 4% - 6%. Vgl. Heubeck, K., (Rechnungszins 1981), BB 1981, S. 1700

4) Vgl. etwa Bode, K.-J. / Grabner, E.R., (Manövriermasse 1981), DB 1981, S. 2078 f.; Ahrend, P., (Bewährungsproben 1983), S. 22 - 27; Heubeck, K., (Reform 1989), BB 1989, S. 710

5) Nach der amtlichen Statistik für das Jahr 1976 (bzw. 1973) hatten 65% (bzw. 60%) der Arbeitnehmer in der Privatwirtschaft Anwartschaften auf Leistungen der betrieblichen Altersversorgung; vgl. Berié, H., (Statistische Ergebnisse 1978), S. 135. Für den vergleichbaren, vom Statistischen Bundesamt zugrundegelegten Arbeitnehmerkreis kam Infratest für das Jahr 1982 auf einen Anteil von 60%, bei Erweiterung um Teilzeitbeschäftigte, Arbeitnehmer in Kleinstbetrieben und die Arbeitnehmer im Baugewerbe und in der Landwirtschaft stellte Infratest einen Insgesamtanteil von 56% fest. Vgl. Infratest Sozialforschung, (Betriebliche Altersversorgung 1983), S. 34 f.. Nach der aktuellsten, auf Bayern beschränkten Erhebung für das Jahresende 1988 ergab sich ein Anteil von 73%; vgl. Ahrend, P. / Förster, W. / Walkiewicz, N., (Situationsanalyse 1990), S. 59, Tab. 7

6) Vgl. Fenge, H., (Forumgespräch 1973), S. 3 f.

7) Vgl. Abschn. B.I.2.1.3

8) "Setzt man für die Unverfallbarkeit eine Zusatzbelastung von 10% bis 15% des bisher erforderlichen Aufwands an, für die Insolvenzsicherung 5% - 15%, für die vorgezogene Altersrente 12% - 20% - jeweils je nach Finanzierungsverfahren - und für die Dynamik nach Rentenbeginn je nach Index - ich nehme einmal 3 - 8% als jährlichen Anpassungssatz -, so erhält man bei Realisierung aller Wünsche eine Zusatzbelastung von m i n i m a l rd. 100% und m a x i m a l rd. 500% im Einzelfall (bzw. rd. 300% für Bestände)." Vgl. Heubeck, G., (Forumgespräch 1973), S. 12

9) Vgl. BT-Drucksache 7/1281, Anlage 2, S. 53

Verpflichtung verbundene ungewisse künftige Kostenrisiko würde zudem die Bereitschaft der Unternehmen zur Einrichtung weiterer betrieblicher Versorgungswerke erheblich einschränken und damit die angestrebte Ausbreitung der betrieblichen Altersversorgung auf die noch unversorgten Arbeitnehmer weitgehend verhindern."[1]

Dennoch[2] beschloß der zuständige Bundestags-Ausschuß für Arbeit und Sozialordnung "gleichsam in letzter Minute"[3], eine Bestimmung über die Anpassung betrieblicher Versorgungsleistungen an die Geldentwertung in das Betriebsrentengesetz aufzunehmen; die eingangs wiedergegebene Fassung des § 16 BetrAVG wurde erst bei der Verabschiedung des Gesetzes, dann aber in 3. Lesung einstimmig vom Bundestag beschlossen[4].

Damit hatte der Gesetzgeber ohne ausreichende[5] Untersuchung der mit der Anpassungsproblematik im Hinblick auf die Besonderheiten der betrieblichen Altersversorgung verbundenen Fragen eine - auch unter rechtsdogmatischen[6] Gesichtspunkten nicht klar ausformulierte - sozialpolitische Zielvorstellung in das Gesetz hineingenommen, und es den betroffenen Arbeitgebern und insbesondere den Arbeitsgerichten überlassen, dieses Ziel praktisch zu realisieren.

Das Bundesarbeitsgericht hat - im Ergebnis[7] - § 16 BetrAVG so ausgelegt, daß die laufenden betrieblichen Versorgungsleistungen alle drei Jahre grundsätzlich[8] entsprechend der Steigerung des Preisindex für die Gesamtlebenshaltung[9] anzupassen sind; diese "grundsätzliche" Anpassungspflicht wird mit dem Begriff "Quasi-Dynamisierung"[10] gekennzeichnet.

Ein entscheidender Schritt in die Richtung dieser Quasi-Dynamisierung war im Urteil des Bundesarbeitsgerichts vom 15. 9. 1977[11] enthalten, in dem das Bundesarbeitsgericht von der Zielvorstellung einer kaufkraftstabilen Gesamtversorgung aus Betriebsrente plus Rente aus der gesetzlichen Rentenversicherung abrückte und die isolierte Erhaltung der Kaufkraftstabilität der betrieblichen Versorgungsleistungen verlangte[12].

Das Ergebnis einer vom Bundesministerium für Arbeit und Sozialordnung in Auftrag gegebenen gutachtlichen Stellungnahme von Höfer sowie von fünf Erhebungen des Ifo-Instituts lassen den

---

1) Vgl. BT-Drucksache 7/1281, Anlage 3, S. 55

2) Nach Blomeyer liegt das Umschwenken des zuständigen Bundestags-Ausschusses zugunsten einer gesetzlichen Regelung des Anpassungsproblems in dem öffentlichen Hearing vom 13. 4. 1974 begründet. "Besonders eindrucksvoll hatte der damalige Vorsitzende des 3. BAG-Senats, Prof. Dr. Hermann Stumpf, auf die großen Nachteile des Fehlens einer Regelung hingewiesen". Vgl. Blomeyer, W., in: Blomeyer, W. / Otto, K., (Kommentar 1984), Rdnr. 4 zu § 16

3) Vgl. Höhne, G., in: Heubeck, G. / Höhne, G. / Paulsdorff, J. / Weinert, W., (Kommentar 1982), Rdnr. 11 zu § 16

4) Vgl. ebd., Rdnr. 12 zu § 16

5) Vgl. Leitherer, S., (§ 16 BetrAVG 1983), S. 12

6) Vgl. dazu Blomeyer, W., in: Blomeyer, W. / Otto, K., (Kommentar 1984), Rdnr. 7 zu § 16

7) Vgl. dazu Höhne, G., in: Heubeck, G. / Höhne, G. / Paulsdorff, J. / Weinert, W., (Kommentar 1982), Rdnr. 266 f. zu § 16

8) Zum Grundsatz und zu den Ausnahmen vgl. Abschn. B.I.4.3

9) Das BAG hat sich "zutreffend für den Preisindex für "Vier-Personen-Arbeitnehmer-Haushalte mit mittlerem Einkommen" entschieden". Vgl. Blomeyer, W., in: Blomeyer, W. / Otto, K., (Kommentar 1984), Rdnr. 141 zu § 16

10) Vgl. m.w.N. Leitherer, S., (§ 16 BetrAVG 1983), S. 28. Der Begriff "Quasi-Indexierung" drückt die Indexabhängigkeit unmittelbarer aus. Versteht man unter Dynamisierung im engeren Sinne eine automatische Indexanpassung, so sind die Begriffe identisch. Vgl. ebd., S. 27 f.

11) 3 AZR 654 / 76 - (= AP Nr. 5 zu § 16 BetrAVG), BB 1977, S. 1550 - 1554

12) Vgl. die ausführliche Kommentierung bei Blomeyer, W., in: Blomeyer, W. / Otto, K., (Kommentar 1984), Rdnr. 151 - 167 zu § 16

Schluß zu, daß negative Auswirkungen des genannten BAG-Urteils auf die Ausbreitung der betrieblichen Altersversorgung zumindest nicht auszuschließen sind[1]. Aus den Erhebungen des Ifo-Instituts geht jedoch auch hervor, daß die ungünstige wirtschaftliche Entwicklung seit Ende der siebziger Jahre zunehmend Gewicht erhielt für die feststellbare Zurückhaltung gegenüber der betrieblichen Altersversorgung.

Hinzu kommt eine Verschärfung der Rahmenbedingungen, die unmittelbar mit § 16 BetrAVG nichts zu tun hat: für die Unternehmen hat sich neben der o.a. Anhebung des Rechnungszinsfußes für die Berechnung der Pensionsrückstellungen auch der Verwaltungsaufwand durch Auskunftspflichten beim Versorgungsausgleich[2] und durch die Einbeziehung[3] der Betriebsrenten in die Krankenversicherung der Rentner erhöht.

Eine Ausweitung der Versorgungsverpflichtungen selbst sah man in der Rechtsprechung des Bundesarbeitsgerichts durch die Abkürzung der Fristen für die Unverfallbarkeit in den "Vorschaltzeiten"-Urteilen[4] sowie durch die Stärkung des Quasi-Rechtsanspruchs bei den Unterstützungskassen[5].

Daneben zog sich die Diskussion der mit Versorgungsverpflichtungen verbundenen Nachhaftungsproblematik[6] über Jahre hin; das Problem ist wohl auch durch die klärenden Urteile des Bundesgerichtshofs im Jahre 1983[7] bis heute noch nicht vollständig gelöst[8].

Der Vergleich der AEG-Telefunken AG im Jahre 1982 bedeutete eine ernste Belastungsprobe für das System der Insolvenzsicherung[9] und löste die bis heute nicht völlig abgeschlossene Diskussion zur Passivierungspflicht[10] aus.

Das Vorruhestandsgesetz[11] vom April 1984 brachte mit einer Ausweitung der gesetzlichen Unverfallbarkeit betrieblicher Versorgungsleistungen erneute Unruhe. Die Verunsicherung auf dem Gebiet der betrieblichen Altersversorgung seit der Verabschiedung des Betriebsrentengesetzes war so stark, daß sowohl die Sachverständigenkommission Alterssicherungssysteme als

---

1) Vgl. Höfer, R., (Gutachten 1978), S. 40 - 44, 49 und 102 f.; Ruppert, W., (Erhebungen 1985), S. 17 und 20; Ifo-Institut für Wirtschaftsforschung, (Fünftes Forschungsvorhaben 1990), S. 12, 15, 21, 24

2) Gemäß § 53b Abs. 2 FGG

3) Gesetz über die Anpassung der Renten der gesetzlichen Rentenversicherung im Jahr 1982 vom 1. 12. 1981, BGBl. I 1981, S. 1205, insbesondere S. 1206 f.

4) Vgl. hierzu ausführlich Blomeyer, W., in: Blomeyer, W. / Otto, K., (Kommentar 1984), Rdnr. 57 - 68 zu § 1; Höfer, R. / Reiners, S. / Wüst, H., (Kommentar 1992), ART, Rdnr. 607 - Rdnr. 611

5) Vgl. hierzu ausführlich Höfer, R. / Abt, O., (Kommentar 1982), Arb. Gr., Rdnr. 90 - 104; Höfer, R. / Reiners, S. / Wüst, H., (Kommentar 1992), ART, Rdnr. 103 - 106

6) Vgl. statt vieler m.w.N. Ahrend, P. / Rühmann, J., (Haftung 1982), S. 1759 - 1762

7) BGH-Urteile vom 19. 5. 1983 - II ZR 50 / 82 -, DB 1983, S. 1437 - 1440; - II ZR 49 / 82 -, DB 1983, S. 1440 - 1442; - II ZR 207 / 81 -, DB 1983, S. 1714. BGH-Beschluß vom 19. 5. 1983 - II ZR 129 / 81 -, DB 1983, S. 2096. Vgl. auch das BAG-Urteil vom 3. 5. 1983 - 3 AZR 1263 / 79 -, BB 1983, S. 1539 - 1542

8) Vgl. Ulmer, P., (Haftung 1983), BB 1983, S. 1865 - 1873. Der auf die Initiative von Ulmer zurückgehende Entwurf eines Nachhaftungsbegrenzungsgesetzes ruht derzeit aufgrund einer ablehnenden Stellungnahme des Bundesrates beim Rechtsausschuß des Deutschen Bundestages. Vgl. Funke, R., (Nachhaftungsbegrenzung 1992), DB 1992, S. 2177

9) Vgl. dazu ausführlich Paulsdorff, J., (Großschäden 1983), BetrAV 1983, S. 29 - 34

10) "Schließlich zwingen die strengen Übergangsvorschriften dazu, daß bereits gegen Ende des nächsten Jahrhunderts das volle Ausmaß der Pensionsverpflichtungen zu passivieren ist." Vgl. Hakelmacher, S., (Entsorgung 1988), WPg 1988, S. 105. Vgl. auch Hartung, W., (Ansatzwahlrecht 1992), BB 1992, S. 1817 f.

11) BGBl. I 1984, S. 601, insbesondere Art. 8, S. 607 f.

auch die Deutsche Bundesbank die Forderung nach langfristig verläßlichen Rahmenbedingungen[1] aufstellten.

Ab der Mitte der achtziger Jahre folgte die bis heute noch nicht abgeschlossene Realisierung des arbeitsrechtlichen Gleichbehandlungsgrundsatzes[2] bei der Hinterbliebenenversorgung[3], bei Teilzeitbeschäftigten[4] sowie bei den Altersgrenzen[5], womit teilweise Ausweitungen der Versorgungsverpflichtungen verbunden waren.

Die Anforderungen an die Rechtswirksamkeit von "ablösende(n) Betriebsvereinbarung(en)"[6] wurden verschärft. Der Versorgungsausgleich wurde erweitert und kann im Falle des verlängerten schuldrechtlichen Versorgungsausgleichs zu einer Leistungsausweitung führen[7]. Die Rentenreform 1992 in der gesetzlichen Rentenversicherung machte eine Anpassung betrieblicher Versorgungsregelungen erforderlich[8].

Im Zusammenhang mit der Rentenreform 1992 wies der Sozialbeirat des Deutschen Bundestages wiederum auf die stagnierende Situation in der betrieblichen Altersversorgung hin:

> "In den letzten Jahren ist keine Ausweitung der betrieblichen Altersversorgung festzustellen, bestenfalls eine Stagnation. Im Interesse eines ausreichenden Versorgungsniveaus im Alter ist es insbesondere wünschenswert, daß die betriebliche Altersversorgung in Zukunft auf weitere Arbeitnehmergruppen ausgedehnt wird. Der Gesetzgeber hat die Aufgabe, darauf zu achten, daß die von ihm (u.a. durch das Steuerrecht) gesetzten Rahmenbedingungen einen Ausbau der betrieblichen Altersversorgung nicht hemmen, sondern fördern. Ähnliches gilt auch für den Bereich der individuellen Altersvorsorge."[9]

Die wesentlichsten Steuerrechtsänderungen[10] bestanden in der mit dem Steuerreformgesetz 1990 vollzogenen Anhebung der Pauschalierungsgrenzen des § 40b EStG um 600 DM unter gleichzeitiger Anhebung des lohnsteuerlichen Pauschsteuersatzes von 10% auf 15%, wovon die Gestaltungsformen Direktversicherung und Pensionskassen betroffen waren[11], sowie in der mit dem Steueränderungsgesetz 1992 einhergegangenen "Neuregelung der Unterstützungskassenfinanzierung"[12], mit der der Gesetzgeber die Verhinderung "ungerechtfertigter steuerlicher Ge-

---

1) Vgl. Sachverständigenkommission Alterssicherungssysteme, (Vergleich 1983), S. 158; Deutsche Bundesbank, (Betriebliche Altersversorgung 1984), S. 37
2) Vgl. Griebeling, G., (Entwicklung 1992), BetrAV 1992, S. 148 - 152
3) Vgl. Ahrend, P., / Beucher, D. / Förster, W., (Hinterbliebenenversorgung 1985), DB 1985, Beilage Nr. 22; Hanau, P. / Preis, U., (Rückwirkung 1991), DB 1991, S. 1276 - 1278
4) Vgl. dazu ausführlich Lubnow, M., (Gleichbehandlung 1992), S. 273 - 294
5) Die Auswirkungen der aufgrund Art. 119 EWG-Vertrag vom EuGH bereits gefällten bzw. noch zu erwartenden Entscheidungen auf die betriebliche Altersversorgung in der BRD sind derzeit offen. Vgl. Griebeling, G., (Bestandsschutz 1992), S. 218 - 220
6) Vgl. Ahrend, P. / Förster, W. / Rühmann, J., (Betriebsvereinbarung 1987), DB 1987, Beilage Nr. 7; vgl. auch Griebeling, G., (Bestandsschutz 1992), S. 214 - 216
7) Vgl. Heubeck, K. / Uebelhack, B., (Versorgungsausgleich 1988), BetrAV 1988, S. 53 - 66, insbesondere S. 60 - 62
8) Vgl. ausführlich Förster, W. / Recktenwald, S. / Trevisany, M., (Auswirkungen 1990), BB 1990, Beilage Nr. 29
9) Vgl. die "Stellungnahme des Sozialbeirats zum Entwurf eines Gesetzes zur Reform der gesetzlichen Rentenversicherung", BT-Drucksache 11/4334 vom 12. 04. 1989, S. 12
10) Zu der Verunsicherung im Zusammenhang mit den steuerpolitischen Diskussionen vgl. beispielhaft Kruhl, A., (Procedere 1992), DB 1992, S. 649
11) Vgl. ausführlich Dernberger, M. / Förster, W. / Rößler, N., (Steuerreform 1988), DB 1988, S. 1125 - 1131
12) Vgl. Förster, W. / Heger, H.-J., (Neuregelung 1992), DStR 1992, S. 969 - 976

staltungsformen"[1] anstrebte, ohne gleichzeitig "die systembedingte Unterdeckung der Unterstützungskasse, gemessen an dem handelsrechtlichen Verpflichtungsumfang"[2] abzumildern.

Die von der ABA vorgeschlagene "verbesserte Vorausfinanzierungsmöglichkeit für Unterstützungskassen"[3] wurde im Steueränderungsgesetz 1992 ebensowenig aufgegriffen wie die übrigen "Anregungen zur Reform der Unternehmensbesteuerung"[3] der ABA, die eine Rückgängigmachung der "im Jahre 1982 erfolgte(n) Erhöhung des Rechnungszinsfußes für Pensionsrückstellungen von 5,5 auf 6%"[3], die Zulassung von "Rückstellungen für Anpassungsverpflichtungen nach § 16 BetrAVG"[3], ein gelockertes Nachholverbot "im Rahmen des § 6a EStG"[3] sowie eine Ausweitung der Pauschalierungsmöglichkeiten des § 40b EStG "im Falle einer Betriebsstillegung oder Betriebsaufgabe"[3] beinhalteten.

Angesichts der beschriebenen Entwicklung fallen die Gründe "für die Nichteinführung der betrieblichen Altersversorgung"[4], die bei der fünften Erhebung des Ifo-Instituts von den Unternehmen in der Industrie neben der ungünstigen wirtschaftlichen Entwicklung Mitte 1990 genannt wurden, nicht unbedingt überraschend aus:

> "Ein großes Hemmnis sind nach wie vor die von den Unternehmen befürchteten Kostenbelastungen der betrieblichen Altersversorgung, aber auch Fragen der Haftung. Aufgrund der bisherigen Entwicklung der gesetzlichen Bestimmungen und der Rechtsprechung, die nach Einschätzung der Befragten die Gestaltungsfreiheit einer an und für sich freiwilligen Leistung bisher schon stark einengten, wird mit weiteren Eingriffen zu Lasten der Flexibilität gerechnet. Insofern möchte man sich nicht längerfristig an risikoreiche finanzielle Belastungen gebunden sehen, die bei ungünstiger Wirtschaftslage das Überleben des Unternehmens gefährden könnten. Bemängelt wird außerdem die aus der Sicht der Befragten ungenügende steuerliche Förderung der betrieblichen Altersversorgung. Zusammenfassend läßt sich damit festhalten, daß es sich zum großen Teil um dieselben Ursachen handelt, die auch zu Leistungseinschränkungen geführt haben."[5]

5. Zusammenfassung

Nach dem vorangegangenen Überblick über das vielschichtige Umfeld der Dynamisierung betrieblicher Versorgungsleistungen läßt sich die Ausgangssituation wie folgt charakterisieren:

1) Die betriebliche Altersversorgung als Zusatzsicherungssystem zum Regelsicherungssystem der gesetzlichen Rentenversicherung steht im Spannungsfeld zwischen sozialpolitischer Zielsetzung einerseits und der wirtschaftlichen Leistungsfähigkeit der Unternehmen in der Privatwirtschaft andererseits.

2) Die komplexe Problematik des § 16 BetrAVG konnte im Laufe des Gesetzgebungsverfahrens nicht ausreichend untersucht werden.

3) Die Auslegung des § 16 BetrAVG durch das Bundesarbeitsgericht bedeutet im Ergebnis bisher eine Quasi-Dynamisierung, die den Besonderheiten der betrieblichen Altersversor-

---

1) Vgl. ebd., S. 971
2) Vgl. ebd., S. 976
3) Vgl. ABA-Arbeitsgemeinschaft für betriebliche Altersversorgung e.V., (Anregungen 1989), S. 1 - 3
4) Vgl. Ifo-Institut für Wirtschaftsforschung, (Fünftes Forschungsvorhaben 1990), S. 14 f.
5) Vgl. ebd., S. 15. Die Unternehmen im Handel gaben weitgehend dieselben Gründe für die Nichteinführung an; vgl. ebd., S. 24

gung nur bedingt Rechnung trägt; insbesondere stellt sie eine Übernahme des Prinzips des Generationenvertrags in die Sphäre des einzelnen Unternehmens dar.

4) Aus Unternehmenssicht wurde das sozialpolitische Doppelziel einer Anpassung betrieblicher Versorgungsleistungen und einer weiteren Ausbreitung der betrieblichen Altersversorgung von der Steuerpolitik bislang zumindest nicht ausreichend flankiert.

5) Es ist nicht auszuschließen, daß der Versuch des Gesetzgebers, das sozialpolitische Ziel der Anpassung betrieblicher Versorgungsleistungen an die Geldentwertung zu erreichen, das immer wieder betonte sozialpolitische Ziel einer weiteren Ausbreitung der betrieblichen Altersversorgung in Frage stellt.

6. Aussagen im Schrifttum

Aber auch die im Schrifttum bis zum Ende der siebziger Jahre zahlreich anzutreffenden[1] Aussagen zur Finanzierbarkeit der Dynamisierung betrieblicher Versorgungsleistungen sind insofern unvollständig, als in einseitiger Weise die Erhöhungen der Versorgungsleistungen selbst, die versicherungsmathematischen Barwerte dieser Erhöhungen oder die erhöhten Steuerbilanzwerte der Pensionsverpflichtungen betrachtet wurden.

Die - zumindest seit Anfang der siebziger Jahre für die Gestaltungsform der Pensionszusage unbestrittenen und im Schrifttum dargestellten[2] - steuerlichen Finanzierungseffekte wurden in die Belastungsanalysen zur Dynamisierung laufender betrieblicher Versorgungsleistungen bis zur

---

1) Diese beruhen, wenn man von den vom BAG schließlich verworfenen Obergrenzenmodellen mit einer Begrenzung der Gesamtversorgung aus der Betriebsrente und der Rente aus der gesetzlichen Rentenversicherung absieht, im wesentlichen auf drei unterschiedlichen Untersuchungen aus den Jahren 1970 bis 1973: auf die nach verschiedenen Unverfallbarkeitsregelungen differenzierten Ergebnisse von Lemitz, H.-G., (Auswirkungen 1970), DB 1970, S. 1553, nehmen Höfer, R. / Kemper, K., (Anpassung 1973), DB 1973, S. 137 f., Bezug; Fürer, B. / Förster, W. / Rössler, N., (Anpassung 1974), DB 1974, S. 778, beziehen sich auf die Ergebnisse von Rössler, N. / Förster, W. / Nowak, U., (Bewährung 1973), Sozialer Fortschritt 1973, S. 150. Die ausführlichste Untersuchung haben Heubeck, G. / Schröder, W., (Finanzielle Aspekte 1973), BB 1973, S. 755 - 760, vorgenommen. Auf diese Arbeit nehmen Bezug: Bode, K.-J. / Grabner, E.R., (Anpassung 1974), DB 1974, Beilage Nr. 1, S. 6 f.; Höhne, G. / Heubeck, G., (Anpassung 1975), S. 117 - 128; Förster, W., (Anpassung 1976), S. 76 f.; Bode, K.-J., (Auswirkungen 1978), BetrAV 1978, S. 2; Bode, K.-J. / Grabner, E.R., (Anpassung 1979), DB 1979, Beilage Nr. 16, S. 12. Ohne Hinweis auf das zugrunde liegende Rechenmodell hat sich Rössler, N., (Forumgespräch 1973), DB 1973, Beilage Nr. 2, S. 11 f., geäußert. Eine eigene Beispielsrechnung haben Schusinski, E. / Stifel, M., (Anpassung 1978), BB 1978, S. 159 f., aufgemacht. Heubeck, K., (Kosten 1979), BetrAV 1979, S. 103, ermittelte die langfristigen Mehrkosten aus Rentenzahlungen und Zuführungen zur Pensionsrückstellung für einen Musterbestand bei einer jährlichen Rentenanpassung um 3%.

2) Der im Zeitablauf erarbeitete Fortschritt bei der Begriffsbildung, den Zielkriterien sowie der Darstellung wird ersichtlich in: Unger, H., (Kosten 1954), BB 1954, S. 23 f.; Rudolph, K., (Sozialfonds 1956), DB 1956, S. 945 ff.; Endres, W., (Betriebswirtschaftlicher Standpunkt 1957), S. 27 ff.; Föcking, H.-D., (Langfristige Finanzierung 1960), S. 35 ff.; Weihrauch, H., (Pensionsrückstellungen 1962), S. 65 ff.; Hartmann, E., (Innerbetriebliche Altersversorgung 1966), S. 135 ff.; Lemitz, H.-G., (Selbstfinanzierung 1967), S. 39 ff.; Hoffmann, R., (Betriebliche Altersversorgung 1969), S. 119 ff.; Lauffer, H.-M., (Pensionsrückstellung 1969), S. 221 ff.; Weihrauch, H., (Finanzierungseffekt 1970), S. 331 ff.; Lukowsky, H. / Zühlke, K. / Rössler, N., (Betriebswirtschaftliche Effekte 1971), Bundesarbeitsblatt 1971, S. 594 ff.; Rössler, N. / Gassen, H., (Belastungen 1972), BB 1972, S. 126 ff.; Höfer, R., (Betriebliche Altersversorgung 1973), S. 18 ff. mit weiteren Literaturhinweisen auf S. 137

Verabschiedung des Betriebsrentengesetzes - soweit ersichtlich bis auf eine Ausnahme[1] - nicht miteinbezogen.

Den gemeinsamen Kern der genannten Vorsteueraussagen beschreibt Förster wie folgt:

> "Jede Form der Anpassung der Betriebsrenten führt zu Mehrbelastungen bei den Unternehmen. In fast allen Veröffentlichungen werden Mehrbelastungen durch einen Vergleich der Rentenzahlungen im sogenannten Beharrungszustand ohne und mit Berücksichtigung des Anpassungsvorhabens ermittelt. Unter Beharrungszustand wird ein theoretischer Zustand verstanden, den jedes Versorgungswerk bei rechnungsmäßigem Verlauf nach ein bis zwei Anwärtergenerationen mit genügender Genauigkeit erreicht. Er wird dadurch charakterisiert, daß sich sowohl Altersaufbau und Dienstaltersstruktur der Anwärter als auch das Verhältnis Anwärter : Rentner sowie die Verhältnisse von Rückstellungen und Renten zur Lohnsumme weitgehend stabilisiert haben. Er bietet sich für eine solche Betrachtungsweise an, weil unter normalen Verhältnissen das Verhältnis Anwärter zu Rentner seinen ungünstigen Stand erreicht hat. Zahlreiche Berechnungen haben ergeben, daß von allen gesetzlichen Reformen wie etwa die Unverfallbarkeit, flexible Altersgrenze, Insolvenzschutz und Anpassung der Betriebsrenten, die letztere zu den größten Mehrbelastungen führt.
>
> Die Mehrbelastungen für das Unternehmen hängen entscheidend von dem Ausmaß der Anpassungsverzögerung und von dem Umfang der Anpassung ab."[2]

Die "prozentuale Mehrbelastung an Renten im Beharrungszustand"[3] beträgt nach den Berechnungen von Heubeck / Schröder[4]

	mit einer jährlichen Anpassungsrate von			
	3%	5%	7%	7,5%
bei einer Anpassung nach jeweils 3 Jahren	40%	68%	97%	105%
bei jährlicher Anpassung	44%	76%	111%	120%.

Größenordnungsmäßig stimmen die übrigen[5] Aussagen zur Rentenbelastung im Beharrungszustand mit diesen Werten überein. Soweit die Steuerbilanzwerte der Pensionsverpflichtungen

---

1) Heubeck hatte bereits 1969 anhand von "Berechnungen, die mit einem repräsentativen Bestand aus der Stahlindustrie durchgeführt wurden", den aus den steuerlichen Finanzierungseffekten gedeckten Anteil an den Rentenzahlungen bei unterschiedlicher Dynamisierung der Beginnrenten und der laufenden Renten ermittelt. Vgl. Heubeck, G., (Neue Aspekte 1969), BB 1969, S. 413 f.

2) Vgl. Förster, W., (Anpassung 1976), S. 76

3) Vgl. Höfer, R. / Kemper, K., (Anpassung 1973), BB 1973, S. 137

4) Vgl. Heubeck, G. / Schröder, W., (Finanzielle Aspekte 1973),BB 1973, S. 758

5) Vgl. die erste FN dieses Abschn.; Schusinski / Stifel geben Werte an, die etwas niedriger liegen, was vermutlich auf dem mit 40 Jahren angesetzten Planungshorizont beruht.

untersucht wurden[1], konnte übereinstimmend ein deutlich geringerer Anstieg als bei den Renten-Mehrbelastungen verzeichnet werden.

Bei den im Schrifttum weniger zahlreich anzutreffenden Nachsteueraussagen zur Dynamisierung von Pensionszusagen findet man unterschiedliche Meß- bzw. Zielgrößen vor:

Im Jahr 1979 ermittelten Krebs / Rößler "durch eine betriebswirtschaftliche Nachsteuerbetrachtung"[2] den "langfristige(n) Kapitalmarktzins ... , der unter optimalen Voraussetzungen Belastungsneutralität herstellen würde, bei unterschiedlichen Verläufen"[2] zur Entwicklung des Personalbestands in einem Modellunternehmen.

Ahrend / Förster / Rössler haben im Jahre 1980 unter Bestätigung der Größenordnung für die Vorsteuergrößen festgestellt, daß sich der - ansonsten nicht näher beschriebene - "Nachsteueraufwand aus einer Pensionszusage ... beträchtlich, und zwar überproportional in Abhängigkeit von der Höhe der Anpassungsraten"[3] erhöht:

> "Wir haben diese Zusammenhänge für ein Modellunternehmen über einen Zeitraum von 50 Jahren untersucht und sind dabei zu folgenden Ergebnissen gelangt:
>
> Die Auswirkungen der Anpassung der laufenden Renten in einem Bestand sind in entscheidendem Maße abhängig von der Bestandsstruktur und dem Alter des Versorgungswerkes. Im sogenannten Beharrungszustand, d.h. nach einem Zeitraum von etwa 30 bis 50 Jahren, haben sich die Verhältnisse jedoch weitgehend stabilisiert, so daß die Auswirkungen für unterschiedliche Anpassungsraten auf Dauer sichtbar werden. In dem untersuchten Modellunternehmen haben sich die Rentenzahlungen bei einem Ausgleich der Lebenshaltungskostensteigerung im 3-Jahresrhythmus für einen Anstieg um 3%, 5% und 7% um 35%, 60% und 100% erhöht. Die Pensionsrückstellungen, bestehend aus Anwärter- und Rentnerrückstellungen, liegen im Beharrungszustand für diese Anpassungsraten um 20, 29 bzw. 46% über den Vergleichswerten ohne Anpassung laufender Renten. Der Nachsteueraufwand erhöht sich aufgrund der steuerlichen Beschränkungen in bezug auf die Vorausfinanzierung zukünftiger Rentenanpassungen bei einer voll ausgeglichenen Lebenshaltungskostensteigerung von 3% um mehr als das 3fache, bei 5% um mehr als das 9fache und bei 7% um mehr als das 24fache des Nachsteueraufwandes, wie er sich ohne die Anpassungsbestimmung des § 16 BetrAVG dargestellt hätte."[3]

Diese anhand einer Kollektivbetrachtung[4] gewonnenen, beeindruckenden Angaben zur Erhöhung des "Nachsteueraufwands" wurden durch die von Haueisen im Jahre 1983 durchgeführte Einzelbetrachtung[4] nicht bestätigt; im Endwert-Modell von Haueisen verschlechtern sich die

---

1) Vgl. Lemitz, H.-G., (Auswirkungen 1970), DB 1970, S. 1553; Rössler, N., (Forumgespräch 1973), DB 1973, Beilage Nr. 2, S. 11 f.; Heubeck, G. / Schröder, W., (Finanzielle Aspekte 1973), BB 1973, S. 756 f.

2) Vgl. Krebs, R. / Rößler, N., (Wirtschaftliche Randbedingungen 1979), S. 122 - 124. Bei konstantem Bestandsumfang und einem Gehaltstrend von 6% p.a. beträgt der "kritische Zins" 8,33% p.a. mit einer jährlichen Anpassung der laufenden Renten um 4%, und 7,49% mit einer Anpassung der laufenden Renten um 6% alle 3 Jahre; er steigt bei schrumpfender Beschäftigtenanzahl "durch Verzicht auf den Ersatz natürlicher Abgänge" um ca. 0,85% an, und fällt bei jährlich um 5% anwachsender Beschäftigtenanzahl um ca. 2,25%.

3) Vgl. Ahrend, P. / Förster, W. / Rössler, N., (Prüfstand 1980), BB 1980, Beilage Nr. 6, S. 12

4) Vgl. dazu ausführlich Abschn. B.II.2.2.3

"Eigenkapitalstände nach Rentenablauf"[1] bei einer jährlichen Rentenanpassung von 3%, 5% und 7% um 21%, 38% und 58%[2].

Der auf den Grundsatzüberlegungen von Strobel[3] beruhende Versuch von Sturm, systematisch langfristige Nachsteueraussagen zur Dynamisierungsfrage unter Verwendung eines inflationsabhängigen Kalkulationszinsfußes[4] zu erarbeiten, führte trotz der mit steigender Inflation anwachsenden Anpassungsbelastung im Steuerfall zu einer Verbesserung der Zielgröße "kritische Lohnquote einer Pensionszusage an ein offenes Kollektiv"[5].

Haegert schließlich behauptet anhand der Zielgröße "Barwert des in gleicher Kaufkraft gemessenen Zahlungsstroms" im Ergebnis deutliche Dynamisierungs-Vorteile für die Unternehmen:

> "Eine Geldentwertung führt bei einem Verzicht auf freiwillige Anpassungen direkt zugesagter Versorgungsrenten zu Inflationsgewinnen gegenüber dem Fiskus und den Versorgungsberechtigten, die den Aufwand für die Altersversorgung schon bei geringen Inflationsraten und einem Bruttoanlagezins von real 6% um bis zu 100% überkompensieren."[6]

Derart unterschiedliche Aussagen verlangen nach einer eingehenden Untersuchung der finanzwirtschaftlichen Auswirkungen der Dynamisierung von Betriebsrenten.

Daneben wurde in drei Arbeiten von Lemitz[7], Rauser[8] und Rhiel[9] die Frage untersucht, unter welchen Bedingungen die Erteilung einer Kapitalzusage anstelle der mit dem Anpassungsrisiko verbundenen Rentenzusagen bei Einbeziehung der steuerlichen Finanzierungseffekte vorteilhaft ist.

Während Lemitz und Rhiel bei fixiertem Fremdkapitalzins eine "kritische Anpassungsrate" ermittelten, bis zu der die Rentenzusage überlegen ist, berechnete Rauser bei einer Anpassung der laufenden Renten von jährlich 4% im Drei-Jahres-Rhythmus einen kritischen Fremdkapitalzins von 6,71%, der für die Vorteilhaftigkeit der Rentenzusage mindestens erforderlich ist, und stellte im Jahre 1981 fest:

> "Zumindest bei den derzeitigen Kapitalmarktverhältnissen ist damit ein Einmalkapitalbetrag im Rahmen der getroffenen Annahmen keine betriebswirtschaftlich attraktive Alternative zur laufenden Rentenzahlung."[10]

Zu den Auswirkungen höherer Rentenanpassungen ergänzte Rauser dieses Ergebnis um die Überlegung:

---

1) Vgl. Haueisen, P., (Gestaltungsformen 1983), S. 248, Tab. 43 für Anpassungssätze zwischen 0% und 10% im 1%-Abstand
2) Mit einem ESt-Satz von 56% betragen die Endwerte bei einer jährlichen Anpassung der laufenden Rente um 0%, 3%, 5% und 7% DM -4.920,61, -5.961,17, -6.794,47 und -7.760,56; mit dem verminderten ESt-Satz von 40% fällt die prozentuale Verschlechterung etwas niedriger aus. Vgl. ebd., Tab. 43
3) Vgl. Strobel, W., (Betriebsrenten 1978), ZfbF 1978, S. 71 ff.
4) Nach Maßgabe der Fisher-Hypothese mit einem Überwälzungsfaktor von Eins; vgl. Strobel, W., ebd., S. 78 sowie Sturm, N., (Betriebliche Altersrenten 1980), S. 245 - 247
5) Vgl. Sturm, N., (Betriebliche Altersrenten 1980), S. 371 - 375, insbesondere Tab. 14, S. 372
6) Vgl. Haegert, L., (Unternehmensfinanzierung 1987), S. 166 f.
7) Vgl. Lemitz, H.-G., (Durchführungswege 1978), BFuP 1978, S. 414 f.
8) Vgl. Rauser, K.-D., (Alternative 1981), BB 1981, S. 1287 - 1291
9) Vgl. Rhiel, R., (Prognoserechnungen 1987), WPg 1987, S. 605 - 610
10) Vgl. Rauser, K.-D., (Alternative 1981), BB 1981, S. 1290

"Wenn man davon ausgeht, daß sich höhere Inflationsraten vergleichsweise wirksamer in höheren Fremdkapitalzinsen niederschlagen, muß das Ergebnis der Untersuchung bei höherem Kaufkraftverlust - entgegen häufig anzutreffenden Befürchtungen - also keinesfalls korrigiert werden."[1]

Im Gegensatz dazu kam Rößler im Jahre 1987 ohne Beschreibung des zugrunde liegenden Rechenmodells anhand eines Schaubilds zu dem Ergebnis:

"Stellt man nun den betriebswirtschaftlichen Vorteilen von Rentenzahlungen den Nachteil der potentiellen Anpassungspflicht gegenüber ... , ergibt sich beispielsweise bei einer jährlichen Rentenanpassung von 0% ein Fremdkapitalzins von ungefähr 6,5%, bei einer Rentenanpassung von 3% ein Fremdkapitalzins von 8,5%, ab dem die Rentenzahlungen für das Unternehmen den Kapitalbeträgen überlegen sind. Da diese Konstellationen aber einem unrealistischen Realzins von 6,5% bzw. 5,5% entsprechen - dieser pendelte in Deutschland bisher langfristig zwischen 4% und 5% - muß man davon ausgehen, daß - 100prozentiger Ausgleich des Kaufkraftschwundes generell unterstellt - die Auszahlungsform der laufenden Renten grundsätzlich für das Unternehmen schlechter abschneidet."[2]

Daneben stellte Rhiel eine Beziehung zwischen dem nach § 6a EStG für die Berechnung der Pensionsrückstellungen anzusetzenden Rechnungszins und dem im Rechenmodell unterstellten Fremdkapitalzins her:

"Hinsichtlich der Eigenkapitalauswirkung ist eine Rentenzusage gegenüber der äquivalenten Kapitalzusage bei rechnungsmäßigem Risikoverlauf nur solange im Vorteil, als der Anpassungssatz p.a. für laufende Renten geringer ist als die Differenz zwischen Fremdkapitalzins und Rechnungszins plus einem Aufschlag von im Beispiel rd. 0,3%, der sich als Saldo von Gewerbesteuervorteilen und Verwaltungskostennachteilen (Verwaltungskosten + PSV-Beitrag) von Pensionsrückstellungen gegenüber anderweitigem Fremdkapital rechnerisch ergibt."[3]

Obwohl sich bei den Unternehmen in Industrie und Handel zwischen 1981 und 1984 der "Trend zu einmaligen Kapitalleistungen nicht verstärkt"[4] hat, kommt der Frage "Kapital- versus Rentenzusage" insofern eine besondere Bedeutung zu, als es sich hierbei um die Quantifizierung des nach Blomeyer für die dogmatische Einordnung des § 16 Betriebsrentengesetz ausschlaggebenden "Verrentungseffekts" bei Pensionszusagen handelt:

"Maßgeblich für den Gesetzgeber muß also der Verrentungseffekt gewesen sein, d.h. die Tatsache, daß der ArbGeb nicht sogleich das gesamte Deckungskapital auszuzahlen hat, sondern 'nur' einen geringfügigen Teil, die laufende Rente"[5].

---

1) Vgl. ebd., S. 1290
2) Vgl. Rößler, N., (Sicherungssysteme 1987), S. 64
3) Vgl. Rhiel, R., (Prognoserechnungen 1987), WPg 1987, S. 606
4) Vgl. Ruppert, W., (Erhebungen 1985), S. 20. "Nach 1981 haben lediglich rund 2%" der Unternehmen mit betrieblicher Altersversorgung in Industrie und Handel "die betriebliche Altersversorgung schwerpunktmäßig von laufenden Zahlungen auf einmalige umgestellt bzw. durch Zusage einmaliger Kapitalleistungen neu eingeführt." Vgl. ebd., S. 20 und S. 23
5) Vgl. Blomeyer, W., in: Blomeyer, W. / Otto, K., (Kommentar 1984), Rdnr. 9 zu § 16

7. Ziele der Untersuchung

In der vorliegenden Untersuchung soll daher auch versucht werden, diesen Verrentungseffekt systematisch mit den von der Investitionsrechnung bereitgestellten Mitteln zu quantifizieren; im Mittelpunkt der Untersuchung stehen die quantifizierbaren Auswirkungen einer Dynamisierung laufender betrieblicher Versorgungsleistungen in der Gestaltungsform der Pensionszusage. Dabei interessieren besonders die langfristig, auf Dauer zu erwartenden Ergebnisse.

Im einzelnen sollen Antworten auf die folgenden Fragen gesucht werden:

1) Welche Auswirkungen auf die finanziellen Zielgrößen haben die Unternehmen auf Dauer aus einer Anpassung der laufenden Renten zu erwarten im Falle einer

   a) Nullanpassung?

   b) Anpassung mit halbem Inflationsausgleich im Drei-Jahres-Rhythmus des § 16 BetrAVG?

   c) Anpassung mit vollem Inflationsausgleich im Drei-Jahres-Rhythmus des § 16 BetrAVG?

   d) Anpassung wie in Buchstabe c), jedoch begrenzt auf den Anstieg der Netto-Aktiveneinkommen?

2) Ist die zusätzliche Zusage einer "garantierten Rentenanpassung", also einer von vorneherein inflationsunabhängig zugesagten Mindestanpassung der laufenden Renten im Drei-Jahres-Rhythmus des § 16 BetrAVG für die Unternehmen vorteilhaft?

3) Unter welchen Bedingungen ist die Erteilung einer aus Unternehmenssicht gleichwertigen[1] Kapitalzusage anstelle einer Rentenzusage vorteilhaft?

Diese Fragen sollen sowohl für im Zeitablauf unverändert hohe, also statische Beginnrenten ("Anwartschaftsstatik") als auch für dynamisch an die Entwicklung der Brutto-Aktiveneinkommen gekoppelte Beginnrenten ("Anwartschaftsdynamik") untersucht werden.

Hierzu ist ein geeignetes Rechenmodell zu realisieren und auszuwerten.

II. Untersuchungskonzeption

1. Grundstruktur des Rechenmodells

Ausgangspunkt sei hier das von Blomeyer wie folgt charakterisierte "Grundproblem der betrieblichen Alterversorgung"[2]:

> "Die Eigenschaft der Langfristigkeit birgt eine permanente - und wohl nie zu beseitigende - Gefahr sowohl für den Arbeitgeber, d.h. denjenigen, der die Versorgung verspricht, als auch für den Arbeitnehmer, der dieses Versprechen erst sehr viel später realisieren kann. Wer heute verspricht, was er erst in ferner Zukunft zu leisten hat, macht sich nicht immer Gedanken über seine Leistungsmöglichkeiten; der Leichtsinn wird gefördert, die Kalkulier-

---

1) Vgl. dazu den Beginn von Abschn. C.II
2) Vgl. Blomeyer, W., (Geänderte Rahmenbedingungen 1984), S. 2

barkeit ist gering. Wenn nun außerdem in der Zeit zwischen der Zusage und der Leistung die rechtlichen Rahmenbedingungen verschärft werden und sich die wirtschaftlichen Leistungsmöglichkeiten des Versprechenden verringern, muß es zwangsläufig zu Kollisionen zwischen der juristischen Leistungspflicht und der wirtschaftlichen Leistungsfähigkeit kommen."

Sollen derartige Kollisionen vermieden werden, dann gilt es, sich über die langfristigen Konsequenzen der Erteilung von Pensionszusagen Klarheit zu verschaffen. Die Grundfrage aus der Sicht eines Unternehmens kann demnach folgendermaßen formuliert werden:

Wenn man ein Versorgungswerk mit einem System gleichgearteter Pensionszusagen gegenüber einem offenen Kollektiv[1] versorgungsberechtigter Personen als Teilsystem des Unternehmens begreift, dann muß von vorneherein untersucht werden, ob die Eigendynamik dieses Teilsystems im Zeitablauf die Größenordnung des finanziellen Systems im Unternehmen zu verlassen droht.

Unter Beachtung des besonderen Gewichts, das dem Langfrist-Aspekt hierbei zukommt, soll die Entwicklung finanzieller Zielgrößen im Modell des Beharrungszustands[2] aufgezeigt werden; das bedeutet die Betrachtung eines Unternehmens auf Dauer. Der Planungshorizont wird über alle Grenzen hinaus ausgedehnt.

Der Bezug des Teilsystems zu den übrigen Bereichen des Unternehmens, dem Restsystem, soll dabei durch die Betrachtung der Lohn- und Gehaltssumme des versorgungsberechtigten Personenkreises erfolgen; mit dieser vereinfachenden Modellannahme ist gleichzeitig die Betrachtung der weiteren Entwicklung des Restsystems ausgeschlossen.

Die Untersuchung beschränkt sich also auf eine Partialbetrachtung der versorgungsbedingten finanzwirtschaftlichen Größen unter Ausklammerung der übrigen Unternehmensbereiche, etwa der Entwicklung der Einkaufs- bzw. Verkaufsbedingungen, der Marktstellung des Unternehmens oder der Frage, ob zusätzliche versorgungsbedingte Belastungen über die Verkaufspreise weitergegeben werden können.

Das Rechenmodell wird bei fixierter Umweltsituation als "klassisches Partialmodell"[3] unter der Prämisse eines vollkommenen, unbeschränkten Kapitalmarkts konzipiert[4]; es spielt daher grundsätzlich keine Rolle, ob man Vermögens- oder Entnahmestreben als Zielsetzung unterstellt[5].

Die Finanzierung über Pensionsrückstellungen wird generell unter der Prämisse der alternativen Gewinnthesaurierung im isolierten Vorteilsvergleich bei unterstellter Fremdkapitalsubstitution untersucht[6].

Dazu wird das 1983 für die Rechtsform einer Kapitalgesellschaft entwickelte[7] abstrakte Rechenmodell unter Berücksichtigung der im Steuerentlastungsgesetz 1984 enthaltenen Veränderungen bei der Vermögensteuer[8] für die vorliegend untersuchte Rechtsform einer Personengesellschaft modifiziert. Die damit verbundene Eingrenzung des Untersuchungsfeldes ist insofern nicht

---

1) Vgl. dazu Abschn. B.I.2.1.4
2) Vgl. dazu ausführlich Abschn. B.II.3
3) Vgl. Schneider, D., (Investition 1992), S. 72 - 74
4) Vgl. dazu Abschn. B.II.1
5) Vgl. Schneider, D., ebd., S. 65 - 70; Kruschwitz, L., (Investititonsrechnung 1990), S. 80 - 85
6) Vgl. Abschn. B.II.1
7) Vgl. Theurer, C., (Gewerbesteuer 1983), BB 1983, S. 1718 - 1721
8) Vgl. Abschn. B.II.1.3.1

gravierend, als die Ergebnisse für die Rechtsform einer Kapitalgesellschaft aus einer Modifikation der im Rechenmodell verwendeten Steuer- und Multifaktoren[1] gewonnen werden können[2].

Die Prognose des zusagebedingten Zahlungsstroms beruht mit Ausnahme der Fortschreibung des versorgungsberechtigten Personenbestands auf der Vorgabe stationärer, d.h. im Zeitablauf gleichbleibender Größen bei Sicherheit[3].

Das biologische Risiko bei der Bestandsfortschreibung im Zeitablauf wird durch die Berechnung der Erwartungswerte auf der Basis stationärer Übergangswahrscheinlichkeiten sowie einer stationären Eintrittsaltersstruktur des Neuzugangs zum offenen Kollektiv der Versorgungsberechtigten und durch die Betrachtung von Relativangaben anstelle von absoluten (Summen-)Größen berücksichtigt[4].

Die betrachteten Umweltsituationen unterscheiden sich durch die Höhe der Inflationsraten, der Steigerungsraten der Bezüge sowie durch die Höhe des steuerverkürzten Kalkulationszinsfußes[5].

Der (Brutto-)Kalkulationszinsfuß wird grundsätzlich inflationsabhängig konzipiert[6]; zum Vergleich der Ergebnisse mit den vorliegenden Aussagen im Schrifttum wird auch der modifizierte Ansatz eines mit 8% fixierten inflationsunabhängigen Kalkulationszinsfußes untersucht.

2. Ablauf der Untersuchung

Das nachfolgende Kapitel B enthält die Entwicklung des Rechenmodells in drei Stufen.

Ausgangspunkt ist eine Beschreibung des Untersuchungsobjekts "Pensionszusagen und ihre Dynamisierung" in Abschnitt B.I. Nach einer Begriffsklärung[7] wird der arbeits-, handels- und steuerrechtliche Rahmen für Pensionszusagen erörtert[8], gefolgt von einer Beschreibung der möglichen inhaltlichen Ausgestaltung von Pensionszusagen[9].

Zur Dynamisierung von Pensionszusagen wird nach der Begriffsabgrenzung[10] sowie der Klärung der technischen Anpassungsmöglichkeiten[11] zunächst die arbeitsrechtliche Lage, insbesondere die gesetzliche Anpassungsregelung des § 16 BetrAVG in der Auslegung durch das BAG untersucht[12]. Eine Darstellung des Meinungsstands im Schrifttum zur Frage der Berücksichtigung von Anpassungsverpflichtungen bei der handelsrechtlichen Bewertung und eine Zu-

---

1) Vgl. zur Personengesellschaft Abschn. B.II.1.3.2 und zur Kapitalgesellschaft Theurer, C., ebd., S. 1719
2) Vgl. auch Haueisen, P., (Gestaltungsformen 1983), S. 8. Bei einer Einbeziehung der Belastungssphäre der Gesellschafter der Kapitalgesellschaft müßte allerdings geprüft werden, inwieweit ein verallgemeinerbarer Ansatz für die Erfassung der Doppelbelastung bei der Vermögensteuer möglich ist.
3) Vgl. Abschn. B.II.2.3 sowie Prämisse 19 in Abschn. B.III.1
4) Vgl. Abschn. B.II.2.2.2
5) Vgl. Abschn. B.III.3 sowie Abschn. C.I.1.4.2
6) Vgl. Abschn. B.III.3.5
7) Vgl. Abschn. B.I.1
8) Vgl. Abschn. B.I.2
9) Vgl. Abschn. B.I.3
10) Vgl. Abschn. B.I.4.1
11) Vgl. Abschn. B.I.4.2
12) Vgl. Abschn. B.I.4.3

sammenstellung der einschlägigen steuerrechtlichen Bestimmungen schließen sich an[1]. Ein Blick auf das bisherige Anpassungsverhalten der Unternehmen soll den Abschnitt B.I.4 abrunden[2].

In Abschnitt B.II werden die Möglichkeiten und Probleme einer modellmäßigen Erfassung der finanzwirtschaftlichen Auswirkungen von Pensionszusagen unter besonderer Berücksichtigung des Beharrungszustands diskutiert.

Unter Ausklammerung des Ansatz- und Prognoseproblems für die zusagebedingten Vorsteuergrößen wird zunächst ein abstraktes Rechenmodell mit zeitlich begrenztem Planungshorizont entwickelt, das mit Hilfe einer Rekursionsformel die Ermittlung des Endwerts im isolierten Vorteilsvergleich unter Einbeziehung der Steuerwirkungen in einer Personengesellschaft ermöglicht[3].

Es folgt eine Diskussion der Fragen, welche tatsächlichen oder vermuteten finanziellen Auswirkungen von Pensionszusagen im Rechenmodell berücksichtigt werden sollen, und welche Möglichkeiten zur Prognose der zusagebedingten Vorsteuergrößen bestehen[4].

Nach einer exakten Grundlegung zum "Beharrungszustand" werden dessen charakteristische Eigenschaften hergeleitet; mit einer Diskussion der Tauglichkeit eines Beharrungszustands-Modells wird der Abschnitt B.II abgeschlossen[5].

Abschnitt B.III enthält die Konstruktion des konkreten Rechenmodells. Nach einer präzisierenden Zusammenstellung der Prämissen[6] werden die konkrete Berechnung der Vorsteuergrößen[7], der Ansatz der Umweltsituationen[8] und die Berechnung der Nachsteuergrößen[9] im einzelnen beschrieben. Das Kapitel B endet mit der Festlegung eines "Grundmodells" sowie einer Zusammenstellung seiner Modifikationen, deren Einfluß auf die Ergebnisse überprüft werden soll[10].

Die Ergebnisse der Modellrechnungen werden in Kapitel C dargestellt und erläutert.

In Abschnitt C.I wird die unterschiedliche Dynamisierung von Rentenzusagen untersucht, und zwar zunächst in Abschnitt C.I.1 für den Fall statischer, im Zeitablauf gleichbleibender Beginnrenten (Anwartschaftsstatik). Nach einer eingehenden Diskussion der Resultate des Grundmodells sowie der Modifikation des Kalkulationszinsfußes[11] werden alternative Anpassungsmodi bei den laufenden Renten[12] und die Auswirkungen einer garantierten Rentenanpassung[13] betrachtet. Die weiteren Modifikationen des Grundmodells beschränken sich hier auf die beispielhafte Hinzunahme eines Ausgangsbestands und auf eine Modifikation des Einkommensteuer-Spitzensatzes[14].

---

1) Vgl. Abschn. B.I.4.4
2) Vgl. Abschn. B.I.4.5
3) Vgl. Abschn. B.II.1
4) Vgl. Abschn. B.II.2
5) Vgl. Abschn. B.II.3
6) Vgl. Abschn. B.III.1
7) Vgl. Abschn. B.III.2
8) Vgl. Abschn. B.III.3
9) Vgl. Abschn. B.III.4
10) Vgl. Abschn. B.III.5
11) Vgl. Abschn. C.I.1.1
12) Vgl. Abschn. C.I.1.2
13) Vgl. Abschn. C.I.1.3
14) Vgl. Abschn. C.I.1.4

Abschnitt C.I.1 wird abgerundet durch Überlegungen zum Ausmaß der Belastung durch die Anpassung der laufenden Renten[1] sowie zur inflationsbedingten Entwicklung der Ergebnisse[2].

Abschnitt C.I.2 mit dem Fall dynamischer, an die Entwicklung der Brutto-Aktiveneinkommen gekoppelter Beginnrenten (Anwartschaftsdynamik) hat grundsätzlich denselben Aufbau wie Abschnitt C.I.1; zusätzlich werden Gesichtspunkte zum Vergleich unterschiedlicher Umweltsituationen diskutiert[3], weitergehende Modifikationsmöglichkeiten aufgezeigt und allgemeingültige Zusammenhänge hergeleitet, die auch eine Überprüfung des Modellansatzes ermöglichen[4].

Ferner enthält Abschnitt C.I.2.4 die ausführlichen Modifikationen des Grundmodells mit den Schwerpunkten

- Bestands- und Bezügestruktur
- Bestandsfortschreibung
- Struktur der Pensionszusage
- Ansatz der gesamtwirtschaftlichen Rahmenbedingungen
- Ansatz der steuerlichen Rahmenbedingungen,

bei denen geprüft werden soll, in welchem Ausmaß und in welcher Richtung sich die Ergebnisse im Vergleich zum Grundmodell ändern. Dabei werden auch die Modifikationen bei Anwartschaftsstatik besprochen, soweit sie nicht in Abschnitt C.I.1.4 untersucht wurden.

Abschnitt C.II ist analog zu Abschnitt C.I aufgebaut und enthält die Ergebnisse des Vorteilsvergleichs zwischen Kapital- und Rentenzusage.

Kapitel D enthält eine Zusammenstellung der wichtigsten Ergebnisse und einen kurzen Ausblick auf die angesichts des politischen Umfelds im Jahre 1992 für möglich gehaltene künftige Entwicklung der rechtlichen Rahmenbedingungen. Es wird geprüft, ob sich aus den Ergebnissen der Modellrechnung Empfehlungen ableiten lassen.

---

1) Vgl. Abschn. C.I.1.5
2) Vgl. Abschn. C.I.1.6
3) Vgl. Abschn. C.I.2.1.3
4) Vgl. Abschn. C.I.2.1.5 bis C.I.2.1.7

B. Pensionszusagen und ihre Dynamisierung als Gegenstand der Investitionsrechnung

Das mehr als dreißig Jahre andauernde und tendenziell zunehmende Interesse[1] für die finanzwirtschaftlichen Auswirkungen von Pensionszusagen spiegelt die Bedeutung wider, die einer Entscheidung über die Einführung oder Änderung von Pensionszusagen zugemessen wird. Bei einer derartigen Entscheidung geht es "regelmäßig um viel Geld"[2], sie kann "nicht kurzfristig revidiert werden"[2], und sie hat "meistens Folgewirkungen für andere Planungsbereiche der Unternehmung"[2].

Der Investitionsrechnung kommt dabei die Aufgabe zu, die Entscheidungsfindung im quantifizierbaren Bereich des Entscheidungsfeldes zu erleichtern und zu verbessern; die hierbei gewonnenen Erkenntnisse und Methoden können auch für die nach einer getroffenen Entscheidung erforderliche weitere Planung und Kontrolle Verwendung finden.

Bevor jedoch in Abschnitt B.II diejenigen Gesichtspunkte und Besonderheiten herausgearbeitet werden können, die sich bei der Untersuchung des Entscheidungs-, Planungs- oder Kontrollobjekts "Pensionszusage" mit Hilfe der von der Investitionsrechnung bereitgestellten Mittel ergeben, ist im folgenden Abschnitt B.I eine solide Grundlage im Hinblick auf die rechtliche und inhaltliche Erscheinungsform von Pensionszusagen, insbesondere ihrer Dynamisierung zu erarbeiten. Dadurch sollen stillschweigend getroffene Annahmen, Unklarheiten und Mißverständnisse möglichst[3] vermieden werden.

I. Beschreibung von Pensionszusagen unter besonderer Berücksichtigung ihrer Dynamisierung

Angesichts der im Schrifttum vorliegenden umfassenden und detaillierten Darstellungen[4] der Gestaltungsform Pensionszusage genügt es, hier nur die für die Untersuchung erforderlichen Grundzüge darzustellen.

---

1) Vgl. Abschn. A.I.6

2) Die wörtlichen Zitate entstammen der Begründung der Bedeutung von Investitionsentscheidungen, die Kruschwitz an den Anfang seines ersten Teils gestellt hat; vgl. Kruschwitz, L., (Investitionsrechnung 1990), S. 1

3) So untersucht Biedendieck einen "Rechtsanspruch auf die Zinsleistung..., die das Unternehmen mit dem als Rückstellung ausgewiesenen Kapital erwirtschaftet"; dem Verf. ist in der Praxis noch keine Pensionszusage dieses Inhalts begegnet. Weiterhin definiert Biedendieck "Vertragsformen" durch die Angabe von Größen U_t, die einerseits als "unverfallbarer Leistungsanspruch im Zeitpunkt t" bezeichnet werden, in den formelhaften Darstellungen andererseits offenbar finanzmathematische Barwerte bedeuten. Mit einer ausführlichen Grundlegung wären diese Unklarheiten möglicherweise nicht entstanden. Vgl. Biedendieck, U., (Erfolgswirksamkeit 1984), ZfB 1984, S. 569 - 588, insbesondere S. 574

4) Eine ausführliche allgemeine Darstellung findet sich bei Heubeck, G., (Handbuch 1988 / 1991), Details können den Standardkommentaren zur betrieblichen Altersversorgung entnommen werden. Darstellungen mit arbeitsrechtlichem Schwerpunkt finden sich in Höfer, R. / Abt, O., (Kommentar 1982), insbesondere im Arb.Gr., S. 31 - 285; Heubeck, G. / Höhne, G. / Paulsdorff, J. / Weinert, W., (Kommentar 1982); Blomeyer, W., in : Blomeyer, W. / Otto, K., (Kommentar 1984), insbesondere: Einleitung, Rdnr. 138 - 417; Höfer, R. / Reiners, S. / Wüst, H., (Kommentar 1992). Darstellungen mit steuerrechtlichem Schwerpunkt finden sich in Rau, H.-G. / Heubeck, G. / Höhne, G., (Kommentar 1978), S. 212 - 411; Mittelbach, R., (Pensionsrückstellungen 1982); Höfer, R. / Abt, O., (Kommentar 1984), St.Gr., Rdnr. 14 - 89, und S. 320 - 498; Otto, K., in Blomeyer, W. / Otto, K., (Kommentar 1984), S. 1021 - 1145; Ahrend, P. / Förster, W. / Rößler, N., (Steuerrecht 1992), 2. Teil

1. Begriff und charakteristische Eigenschaften

Mangels einer Legaldefinition soll als Ausgangspunkt die Begründung des § 6a EStG im Regierungsentwurf des Betriebsrentengesetzes dienen; dort ist implizit die folgende Charakterisierung des Phänomens "Pensionszusage" enthalten:

> "Die Zusage eines Unternehmens, seinen Arbeitnehmern oder ihren Hinterbliebenen für das Alter oder für den Fall des Todes oder der Invalidität aus betrieblichen Mitteln eine Versorgung (Pension) zu gewähren, begründet eine betriebliche Verpflichtung (Pensionsverpflichtung), die wie jede andere betriebliche Verpflichtung nach allgemeinen bilanzrechtlichen Grundsätzen schon bei ihrer Entstehung und nicht erst bei ihrer späteren Erfüllung zu bilanzieren ist. Die Pensionsverpflichtung ist wegen der Abhängigkeit der Dauer der Pensionsleistungen von dem Leben des Pensionsberechtigten eine der Höhe nach ungewisse Verbindlichkeit. Sie kann deshalb in der Bilanz nur in Form einer Rückstellung (Pensionsrückstellung) ausgewiesen werden."[1]

Als Pensionszusage soll demnach das Versprechen des Unternehmens gelten, dem begünstigten Arbeitnehmer[2] ohne Zwischenschaltung eines weiteren Versorgungsträgers unmittelbar aus eigenen Mitteln Versorgungsleistungen (für Alter, Tod, Invalidität) zu gewähren. Im Gegensatz zu den rechtlichen "Dreiecksverhältnissen", die bei Hinzunahme eines anderen Versorgungsträgers bei den Gestaltungsformen Unterstützungskasse, Pensionskasse, und Direktversicherung entstehen, bedeutet die Pensionszusage e i n e Rechtsbeziehung zwischen dem begünstigten Arbeitnehmer und dem verpflichteten Unternehmen.

Charakteristisch für das Rechtsgeschäft "Pensionszusage" ist die zeitliche Komponente von Leistung und Gegenleistung: Die versprochenen Leistungen werden grundsätzlich erst nach Erfüllung[3] durch den Arbeitnehmer in Form seiner Betriebstreue bis zum Eintritt des Versorgungsfalles fällig, und zwar beim Eintritt der in der jeweiligen Pensionszusage vorgesehenen aufschiebenden Bedingungen, also nach Beendigung der sog. Anwartschaftsphase, wenn die bedingte Rechtsposition des Arbeitnehmers zum unbedingten Rentenanspruch erstarkt.

Im Falle der weitverbreiteten[4] Zusagen von lebenslänglichen Rentenleistungen ist zudem das Ende und damit die von der Bundesregierung oben erwähnte Dauer der Versorgungsleistungen mit dem ungewissen Todeszeitpunkt des begünstigten Arbeitnehmers oder seiner Hinterbliebenen verknüpft.

Damit hängen die künftig tatsächlich aus einer Pensionsverpflichtung resultierenden Zahlungsströme vom weiteren Schicksal des begünstigten Arbeitnehmers und ggf. seiner Hinterbliebenen sowie auf der anderen Seite vom weiteren Schicksal des verpflichteten Unternehmens ab. Beides wird beeinflußt durch die ungewisse gesamtwirtschaftliche und politische Entwicklung.

---

1) Vgl. BT-Drucksache 7/1281, S. 37

2) Für die vorliegende Untersuchung spielt es keine Rolle, daß nach § 6a Abs. 5 EStG auch andere Rechtsverhältnisse zwischen Pensionsberechtigtem und -verpflichtetem in Frage kommen; vgl. Rau, H.-G. in: Rau, H.-G. / Heubeck, G. / Höhne, G., (Kommentar 1978), Rdnr. 85 - 87 zu § 19 Nr. 3 BetrAVG (= § 6a EStG)

3) Falls der Arbeitnehmer vorzeitig, jedoch nach Ablauf der Unverfallbarkeitsfristen des § 1 Abs. 1 BetrAVG aus dem Unternehmen ausscheidet, also nur teilweise erfüllt hat, so bleibt ihm auch nur eine Anwartschaft auf entsprechende (= zeitanteilige) Teil-Leistungen des Unternehmens gemäß § 2 Abs. 1 BetrAVG aufrechterhalten.

4) Vgl. Abschn. B.I.3.3

Entscheidend für die Eigenart der hieraus folgenden Unsicherheit ist jedoch die langfristige Natur von Pensionszusagen, deren Abwicklung über mehrere Jahrzehnte dauern kann. Während bei kurzfristigen betrieblichen Vorgängen die rechtlichen, wirtschaftlichen und politischen Rahmenbedingungen überschaubar sind, muß eine langfristig angelegte Planung auch mögliche Veränderungen der Umweltbedingungen miteinbeziehen. Ausgangspunkt hierfür sind die im Planungszeitpunkt gültigen Rahmenbedingungen.

2. Rechtlicher Rahmen

Aus dem engen Zusammenhang der betrieblichen Altersversorgung mit dem zugrunde liegenden Arbeitsverhältnis[1] - dies gilt insbesondere für die Gestaltungsform Pensionszusage - ergibt sich die besondere Bedeutung des Arbeitsrechts. Die arbeitsrechtliche Gestaltung der Versorgungsverpflichtung bildet die Grundlage für deren handels- und steuerrechtliche Behandlung[2].

2.1 Arbeitsrechtliche Aspekte

2.1.1 Rechtscharakter

Der Rechtscharakter der betrieblichen Altersversorgung ist geprägt durch deren Doppelnatur, die in der Verbindung von Entgelt- und Versorgungscharakter besteht; der Entgeltcharakter bedeutet das gegenseitige Austauschverhältnis zwischen erbrachter Betriebstreue einerseits und Versorgungsleistung andererseits, während beim Versorgungscharakter der Versorgungszweck, verstanden von der Bedarfsseite aus der Sicht des zur Fürsorge verpflichteten Arbeitgebers, im Vordergrund steht. Zusätzlich zu dieser im Schrifttum "heute ganz allgemein"[3] anerkannten Doppelnatur der betrieblichen Altersversorgung hat Blomeyer[4] den Versicherungscharakter der betrieblichen Altersversorgung hervorgehoben, der insbesondere auf die Übernahme des Versorgungsrisikos durch den Arbeitgeber abstellt.

2.1.2 Allgemeine Rahmenbedingungen

Für die Ausgestaltung von betrieblichen Versorgungsleistungen gilt auch nach dem Inkrafttreten des Betriebsrentengesetzes der Grundsatz der Vertragsfreiheit[5]. "Der Grundsatz findet seine Grenzen im Grundgesetz, speziellen Gesetzen, Rechtsverordnungen, Tarifverträgen und Betriebsvereinbarungen."[6]

---

1) Vgl. Höfer, R. / Reiners, S. / Wüst, H., (Kommentar 1992), ART, Rdnr. 97 - 102
2) Dies tritt deutlich zutage bei der Wahl der Gestaltungsform; vgl. Werner, G.-A. / Hagen, W., (Altersversorgung 1989), S. 35 - 39
3) Vgl. hierzu m.w.N. Blomeyer, W., in: Blomeyer, W. / Otto, K., (Kommentar 1984), Einleitung, Rdnr. 117; vgl. auch Höfer, R. / Reiners, S. / Wüst, H., (Kommentar 1992), ART, Rdnr. 40 - 44
4) Vgl. Blomeyer, W., ebd., Rdnr. 130 - 134
5) Zu Einzelheiten vgl. Blomeyer, W., in: Blomeyer, W. / Otto, K., (Kommentar 1984), Einleitung, Rdnr. 207 - 221
6) Vgl. ebd., Rdnr. 207

Bedeutsame Grundrechte sind in Artikel 3 GG (Gleichbehandlung, Gleichberechtigung, Diskriminierungsverbot) und in Artikel 6 GG (Schutz von Ehe, Familie und nichtehelichen Kindern) enthalten. Zwingende gesetzliche Vorschriften sind in Teilen des BGB, im Betriebsverfassungsgesetz[1] und insbesondere im Betriebsrentengesetz als lex specialis zu finden. Ferner wird der Grundsatz der Vertragsfreiheit eingeschränkt durch "die durch richterliche Rechtsfortbildung entstandenen arbeitsrechtlichen Grundprinzipien"[2], etwa den Grundsatz der Gleichbehandlung oder den Grundsatz der betrieblichen Übung; bedeutsam sind hierfür auch das Arbeitnehmerschutzprinzip sowie Billigkeitsgesichtspunkte[3].

2.1.3 Rahmenbedingungen des Betriebsrentengesetzes

Der arbeitsrechtliche (erste) Teil des Betriebsrentengesetzes ist in sechs Abschnitte unterteilt:

1. Unverfallbarkeit:	§§	1-4	BetrAVG
2. Auszehrungsverbot:	§	5	BetrAVG
3. Altersgrenze:	§	6	BetrAVG
4. Insolvenzsicherung:	§§	7-15	BetrAVG
5. Anpassung:	§	16	BetrAVG
6. Geltungsbereich:	§§	17-18	BetrAVG

Die vertraglich nicht abdingbaren "Mindestnormen"[4] des Betriebsrentengesetzes beeinflussen die mit der Erteilung einer Pensionszusage verbundenen "zusagebedingten" Zahlungsströme; im unten[5] beschriebenen Rechenmodell wirken sich außer dem Untersuchungsobjekt "Anpassung" des § 16 BetrAVG unmittelbar die Unverfallbarkeit betrieblicher Versorgungsleistungen sowie die Insolvenzsicherung aus.

Die gesetzliche[6] Unverfallbarkeitsregelung bedeutet, daß der Arbeitnehmer, sobald er eine gewisse Mindestbetriebstreue erbracht hat, auch im Falle seines vorzeitigen Ausscheidens eine Anwartschaft auf einen Teil der in der Pensionszusage versprochenen Leistungen behält. Die erforderliche Mindest-Betriebstreue besteht in der Erfüllung der in § 1 Abs. 1 Satz 1 BetrAVG festgelegten Unverfallbarkeits-Fristen: ein begünstigter Arbeitnehmer

> "behält seine Anwartschaft, wenn sein Arbeitsverhältnis vor Eintritt des Versorgungsfalles endet, sofern in diesem Zeitpunkt der Arbeitnehmer mindestens das 35. Lebensjahr vollendet hat und
>
> - entweder die Versorgungszusage für ihn mindestens 10 Jahre bestanden hat
>
> - oder der Beginn der Betriebszugehörigkeit mindestens 12 Jahre zurückliegt und die Versorgungszusage für ihn mindestens 3 Jahre bestanden hat."[7]

---

1) Zur "Mitbestimmung des Betriebsrats" vgl. ausführlich Höfer, R. / Reiners, S. / Wüst, H., (Kommentar 1992), ART, Rdnr. 749 - 870
2) Vgl. Blomeyer, W., in: Blomeyer, W. / Otto, K., (Kommentar 1984), Einleitung, Rdnr. 214
3) Vgl. Höfer, R. / Reiners, S. / Wüst, H., (Kommentar 1992), ART, Rdnr. 507
4) Vgl. ebd., Rdnr. 1 - 4
5) Vgl. Abschn. B.III
6) Zur "richterrechtliche(n) Unverfallbarkeit" und zur Möglichkeit günstigerer vertraglicher Unverfallbarkeitsregelungen vgl. Höfer, R. / Reiners, S. / Wüst, H., (Kommentar 1992), § 1, Rdnr. 1289 - 1293
7) Vgl. BGBl. I 1974, S. 3610

Beim späteren Eintritt des Versorgungsfalles ist dann gemäß § 2 Abs. 1 BetrAVG zunächst diejenige Leistung festzustellen, die der Versorgungsberechtigte erhalten hätte, wenn der Arbeitnehmer nicht vorzeitig ausgeschieden wäre (sog. "Vollanspruch").

Den als unabdingbaren Mindestanspruch resultierenden Teilanspruch erhält man durch die zeitanteilige Kürzung des Vollanspruchs "pro rata temporis"; der Kürzungsfaktor, das sog. "m/n", ergibt sich als Verhältnis der tatsächlich abgeleisteten Betriebszugehörigkeit (m) im Zähler und der bis zum maßgeblichen Pensionierungsalter potentiell ableistbaren Betriebszugehörigkeit (n) im Nenner. Als Pensionierungsalter (Altersgrenze) ist das 65. Lebensjahr anzusetzen; falls in der Pensionszusage ein früheres Alter als feste Altersgrenze vorgesehen ist, dann ist diese Altersgrenze maßgeblich.

Wenn der Versorgungsfall vor Erreichen der Altersgrenze eintritt, also bei Invalidität oder Tod, dann ist als Obergrenze für den unverfallbaren Teilanspruch derjenige Vollanspruch vorgesehen, der sich beim fiktiven Eintritt des Versorgungsfalles im Zeitpunkt des früheren Ausscheidens ergeben hätte.

Wesentlich ist die in § 2 Abs. 5 BetrAVG enthaltene Festschreibung der im Zeitpunkt des Ausscheidens gültigen Pensionszusage und Leistungs-Bemessungsgrundlagen. "Bei bezügeabhängigen Regelungen ist damit die Gehaltsentwicklung nach dem Ausscheiden des Arbeitnehmers nicht zu berücksichtigen"[1].

Eine Abfindung oder eine Übertragung von unverfallbaren Anwartschaften ist innerhalb der Grenzen der §§ 3 und 4 BetrAVG möglich.

Ebenso wie die Unverfallbarkeit wirkt sich die in §§ 7-15 BetrAVG geregelte Insolvenzsicherung unmittelbar auf die zusagebedingten Zahlungsströme aus. Laufende Versorgungsleistungen und unverfallbare Anwartschaften sind nach § 7 Abs. 1 und 2 BetrAVG gegen eine Zahlungsunfähigkeit des Unternehmens abgesichert. Tritt einer der in § 7 Abs. 1 BetrAVG genannten Sicherungsfälle[2] ein, so erwerben die betroffenen Versorgungsempfänger bzw. Arbeitnehmer mit unverfallbarer Anwartschaft entsprechende Ansprüche bzw. Anwartschaften gegenüber dem Träger der Insolvenzsicherung; dies ist nach § 14 Abs. 1 BetrAVG der Pensions-Sicherungs-Verein Versicherungsverein auf Gegenseitigkeit (kurz: PSVaG).

Die nach dem in § 10 Abs. 2 BetrAVG vorgeschriebenen Finanzierungsverfahren[3] erforderlichen Mittel werden nach § 10 Abs. 3 BetrAVG durch Zwangsbeiträge[4] von allen Arbeitgebern mit betrieblicher Altersversorgung aufgebracht. Als Umlageschlüssel fungiert die in § 10 Abs. 3 BetrAVG festgelegte "Beitragsbemessungsgrundlage", die "auf den Schluß des Wirtschaftsjahres des Arbeitgebers, das im abgelaufenen Kalenderjahr geendet hat"[5], festzustellen ist. In der

---

1) Vgl. Ahrend, P. / Förster, W. / Rößler, N., (Steuerrecht 1992), 1. Teil, Rdnr. 415

2) Ausgehend vom Konkursfall sind in § 7 Abs. 1 Satz 3 Nr. 1 - 5 die Sicherungsfälle als spezielle Ausprägungen einer eingetretenen oder drohenden Insolvenz des Arbeitgebers abschließend aufgezählt. Vgl. Höfer, R. / Abt, O., (Kommentar 1982), Rdnr. 37 - 86 zu § 7; Paulsdorff, J., in: Heubeck, G. / Höhne, G. / Paulsdorff, J. / Weinert, W., (Kommentar 1982), Rdnr. 26 - 51 zu § 7

3) Das "Rentenwert-Umlage-Verfahren" oder "Kapitalwert-Umlage-Verfahren" ist dadurch charakterisiert, daß Anwartschaften nicht vorausfinanziert werden, während laufende und bei Eintritt des Versorgungsfalles neu einsetzende Versorgungsleistungen sowie deren erforderliche Erhöhungen durch einen Einmalbeitrag im Kalenderjahr ihres Anfalls durch Umlage voll auszufinanzieren sind; zudem sind Verwaltungskosten und ein gesetzlich vorgeschriebener Ausgleichsfonds zu berücksichtigen. Vgl. im einzelnen: Höfer, R. / Abt, O., (Kommentar 1982), Rdnr. 7 - 21 zu § 10; Paulsdorff, J., in: Heubeck, G. / Höhne, G. / Paulsdoff, J. / Weinert, W., (Kommentar 1982), Rdnr. 28 - 31 zu § 10

4) Vgl. Blomeyer, W., in: Blomeyer, W. / Otto, K., (Kommentar 1984), Rdnr. 42 zu § 10

5) Vgl. § 10 Abs. 3 Satz 1 BetrAVG

Beitragsbemessungsgrundlage werden nur die laufenden Versorgungsleistungen und die unverfallbaren Anwartschaften erfaßt.

Bei Pensionszusagen "ist Beitragsbemessungsgrundlage der Teilwert der Pensionsverpflichtung"[1] nach § 6a Abs. 3 EStG. Gemäß § 11 Abs. 2 BetrAVG ist die Höhe der Beitragsbemessungsgrundlage spätestens bis zum 30. 9. eines jeden Jahres dem PSVaG zu melden, bei Pensionszusagen "auf Grund eines versicherungsmathematischen Gutachtens"[2]. Der hierfür mit hoheitlicher Gewalt beliehene[3] PSVaG stellt für jedes Kalenderjahr einen einheitlichen Beitragssatz fest, dessen Anwendung auf die gemeldete Beitragsbemessungsgrundlage den zu entrichtenden Beitrag ergibt. "Auf die am Ende des Kalenderjahres fälligen Beiträge können Vorschüsse erhoben werden"[4].

Um den durch das Betriebsrentengesetz vorgegebenen Rahmen zu vervollständigen, seien noch genannt das Auszehrungsverbot des § 5 BetrAVG, in dem die Berücksichtigung[5] anderer (betriebsfremder) Versorgungsbezüge eingeschränkt wird, sowie die flexible Altersgrenze des § 6 BetrAVG, der dem Arbeitnehmer das Recht einräumt, ab dem Bezug einer Altersrente aus der gesetzlichen Rentenversicherung auch seine Betriebsrente vorzeitig abzurufen. § 6 BetrAVG regelt diesen Anspruch nur dem Grunde nach; zur Höhe der vorzeitigen betrieblichen Altersrente kann die Pensionszusage geeignete[6] Abschläge zum Ausgleich des früheren und damit längeren Rentenbezugs vorsehen.

2.1.4 Beginn, Änderung und Ende von Pensionszusagen

Das Betriebsrentengesetz hat die historisch gewachsenen Möglichkeiten zur rechtlichen Begründung von Pensionszusagen nicht eingeschränkt. Eine knappe Darstellung dieser Möglichkeiten soll die arbeitsrechtliche Grundlegung vervollständigen.

Ohne eine ausdrückliche Zusage oder ein (entsprechendes) stillschweigendes Verhalten des Unternehmens kann eine Pensionszusage nicht entstehen. In Übersicht 2 sind die unterschiedlichen Möglichkeiten zusammengestellt, mit denen eine Versorgungsverpflichtung begründet werden kann[7].

Zwischen der Einzelzusage, die auf den einzelnen Arbeitnehmer ausgerichtet ist, und der (vertraglichen) Gesamtzusage als Erklärung einer für den begünstigten Teil der Belegschaft einheitlich geregelten Versorgungsordnung steht die vertragliche Einheitsregelung, bei der die Pensionszusagen nach einheitlichen Grundsätzen, aber individuell erteilt werden. In allen drei

---

1) Vgl. § 10 Abs. 3 Satz 1 Nr. 1 BetrAVG
2) Vgl. § 11 Abs. 2 Satz 1 BetrAVG
3) Vgl. Blomeyer, W., in: Blomeyer, W. / Otto, K., (Kommentar 1984), Rdnr. 44 zu § 10
4) Vgl. § 10 Abs. 2 Satz 3 BetrAVG
5) Hierbei handelt es sich hauptsächlich um die Anrechnung oder die Begrenzung bei den sog. Gesamtversorgungsregelungen; vgl. Höhne, G., in: Heubeck, G. / Höhne, G. / Paulsdorff, J. / Weinert, W., (Kommentar 1982), Rdnr. 72 ff. zu § 2; Heubeck, G., (Handbuch 1988 / 1991), S. 14 - 17
6) Zu der mit § 6 BetrAVG verbundenen Kürzungs- bzw. Abschlagsfrage vgl. ausführlich Heubeck, G., in: Heubeck, G. / Höhne, G. / Paulsdorff, J. / Weinert, W., (Kommentar 1982), Rdnr. 101 -153 zu § 6 BetrAVG; Höhne, G., in: ebd., Rdnr. 1 - 89 zu § 6 BetrAVG; Höfer, R. / Reiners, S. / Wüst, H., (Kommentar 1992), § 6, Rdnr. 2611 - 2624, 2634 - 2657
7) Zu den sog. "Rechtsbegründungsakten" vgl. ausführlich Blomeyer, W., in: Blomeyer, W. / Otto, K., (Kommentar 1984), Einleitung, Rdnr. 138–206; Höfer, R. / Reiners, S. / Wüst, H., (Kommentar 1992), ART, Rdnr. 96 - 116

Übersicht 2: Verpflichtungsformen für Pensionszusagen

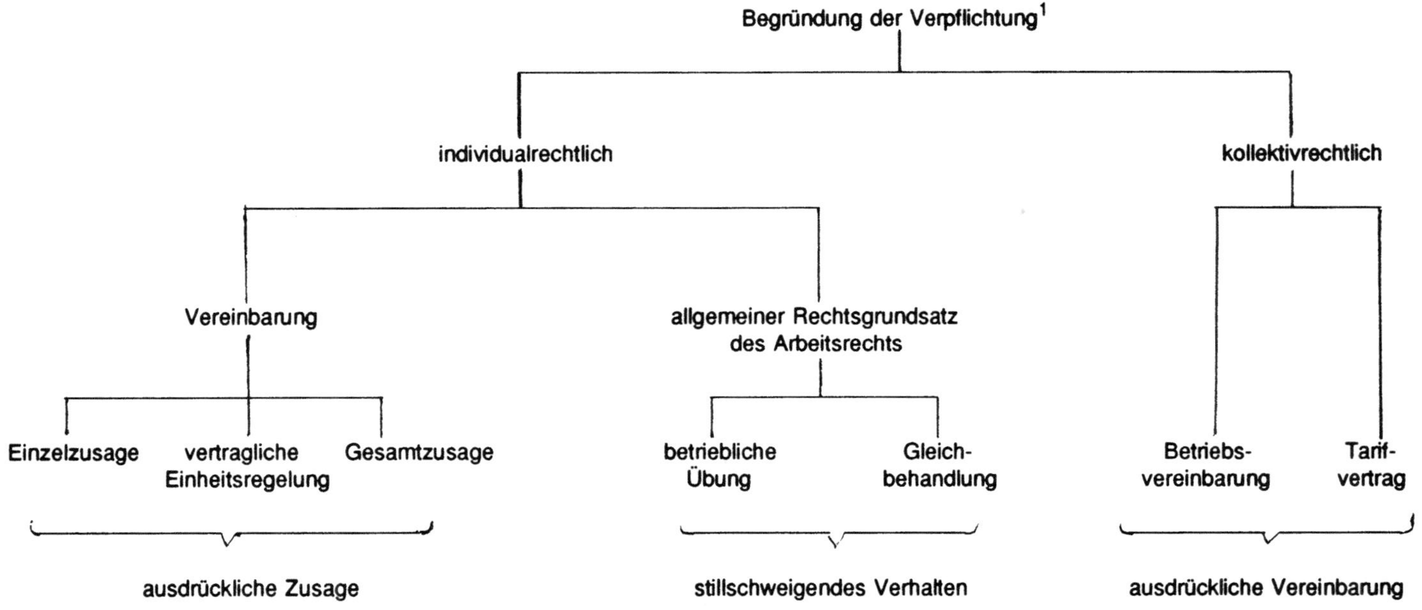

1) Neben den in der Übersicht enthaltenen Verpflichtungsformen werden noch die Begründung der Verpflichtung durch Besoldungsordnung oder Gesetz genannt, die jedoch in der Privatwirtschaft nicht häufig anzutreffen sind. Vgl. dazu Höhne, G., in: Heubeck, G. / Höhne, G. / Paulsdorff, J. / Weinert, W., (Kommentar 1982), Rdnr. 60 - 63 zu § 1

Fällen erteilt das Unternehmen eine ausdrückliche Zusage, die - ggf. stillschweigend - vom Arbeitnehmer angenommen werden kann.

Daneben kann sich das Unternehmen auch durch stillschweigendes Verhalten binden: durch die in § 1 Abs. 1 Satz 3 BetrAVG explizit aufgeführte "betriebliche Übung", die durch "regelmäßige Wiederholung gleichförmiger Verhaltensweisen im Betrieb"[1] entsteht, oder nach dem arbeitsrechtlichen Grundsatz der Gleichbehandlung, nach welchem (zum gleichen Zeitpunkt) aus der Gewährung von Versorgungsleistungen bzw. der Erteilung von Pensionszusagen an begünstigte Arbeitnehmer ein entsprechender Anspruch für vergleichbare, jedoch nicht begünstigte Arbeitnehmer entsteht.

Bei der Begründung von Pensionszusagen durch Betriebsvereinbarung, Vereinbarung nach dem Sprecherausschußgesetz oder Tarifvertrag ist zu beachten, welcher Personenkreis im Unternehmen von der getroffenen Kollektivvereinbarung erfaßt wird[2]. Abgesehen von echten Einzelzusagen wird regelmäßig ein nach sachlichen Kriterien abgrenzbarer Personenkreis, das sog. "Kollektiv"[3] der Versorgungsberechtigten, von der Versorgungsregelung betroffen. Ein "offenes Kollektiv" liegt vor, wenn auch die neueintretenden Arbeitnehmer automatisch zu dem begünstigten Mitarbeiterkreis gehören oder in ihn hineinwachsen; dagegen spricht man von einem "geschlossenen Kollektiv", wenn die Versorgungsregelung nur einen abgegrenzten, bereits vorhandenen Personalbestand ohne weitere Neuzugänge betrifft.

Der Übergang von einem offenen auf ein geschlossenenes Kollektiv ist durch die Schließung des Versorgungswerks auf einen bestimmten Stichtag möglich[4]. Umgekehrt können die neueintretenden Mitarbeiter jederzeit (wieder) in ein bestehendes oder neues Versorgungswerk miteinbezogen werden[5].

Die mit einer Pensionszusage verbundene Verpflichtung des Unternehmens endet auf ordentlichem Wege mit der Erfüllung dieser Verpflichtung: bei Kapitalzusagen erlischt die Verpflichtung des Unternehmens bei Erbringung des vereinbarten Kapitalbetrages im Versorgungsfall; bei Rentenzusagen ist die Verpflichtung des Unternehmens nach Eintritt des Versorgungsfalles entweder auflösend bedingt (bei lebenslänglichen Rentenzusagen) oder befristet (bei abgekürzten Rentenzusagen). Die Verpflichtung des Unternehmens endet entsprechend durch den Tod des Berechtigten bzw. seines Hinterbliebenen oder mit dem Ende des vereinbarten Zeitraums[6].

Eine Pensionsanwartschaft kann erlöschen, wenn der Eintritt des Versorgungsfalles unmöglich wird; Beispiele hierfür sind das Ausscheiden des begünstigten Arbeitnehmers vor Eintritt der Unverfallbarkeit oder der Tod des begünstigten Arbeitnehmers bei einer Pensionszusage ohne Hinterbliebenenversorgung.

Besondere Bedeutung kommt in der Praxis aufgrund des langfristigen Aspekts von Pensionsverpflichtungen der Frage zu, ob und inwieweit der Inhalt der Versorgungsverpflichtungen an die geänderten Verhältnisse einer unsicheren künftigen Entwicklung angepaßt werden kann. Leistungsverbesserungen sind aus arbeitsrechtlicher Sicht stets möglich; dagegen wird eine

---

1) Vgl. Blomeyer, W., ebd., Rdnr. 149
2) Vgl. dazu Höfer, R. / Reiners, S. / Wüst, H., (Kommentar 1992), ART, Rdnr. 230 - 286
3) Vgl. Höfer, R., (Betriebliche Altersversorgung 1973), S. 41
4) Vgl. Höfer, R. / Reiners, S. / Wüst, H., (Kommentar 1992), ART, Rdnr. 222 und 768
5) Die Entscheidung über die Einführung oder Schließung eines Versorgungswerks ist mitbestimmungsfrei. Vgl. ebd., Rdnr. 767
6) Vgl. hierzu Blomeyer, W., in: Blomeyer, W. / Otto, K., (Kommentar 1984), Einleitung, Rdnr. 384 - 390

Verschlechterung von bestehenden Pensionszusagen nur bei Hinzutreten gewichtiger Gründe möglich sein[1].

Ein einseitiger (Teil-)Widerruf von Pensionszusagen ist bei laufenden Renten normalerweise[2] nur noch möglich bei Vorliegen einer wirtschaftlichen Notlage[3] des Unternehmens oder bei schwerwiegenden Treuepflichtverletzungen[4] des Versorgungsberechtigten. Die Möglichkeiten für leistungseinschränkende Änderungen[5] bei Pensionsanwartschaften hängen nicht unerheblich von der Art des Rechtsbegründungsaktes ab[6].

Generell kommt der Besitzstandswahrung ein hohes Gewicht zu[7]. Verschlechternde Eingriffe werden begrenzt durch "das allgemeine Übermaßverbot, das Eingriffe in geschützte Rechtspositionen durch andere nur insoweit zuläßt, als die angestrebte Änderung erforderlich ist und als Mittel zu Erreichung des angestrebten Zieles auch verhältnismäßig ist"[8]. Ferner ist - je nach Rechtsbegründungsakt mehr oder minder stark ausgeprägt - die richterliche Inhalts- bzw. Billigkeitskontrolle[9] zu beachten.

Der mit dem Widerruf sowie verschlechternden Änderungen von Pensionszusagen zusammenhängende Fragenkreis wirkt sich im folgenden nicht weiter aus, da annahmegemäß der gesicherte Fortbestand des Unternehmens unterstellt wird; demnach sollen die Pensionsverpflichtungen auf dem oben beschriebenen ordentlichen Wege erfüllt werden.

2.2 Handels- und steuerrechtliche Aspekte

Die an arbeitsrechtlichen Grundsätzen zu messende Pensionsverpflichtung bildet den Ausgangspunkt für deren Beurteilung in Handels- und Steuerrecht.

2.2.1 Rechtscharakter

Eine Pensionszusage bedeutet als Versorgungsversprechen eine - bei Anwartschaften aufschiebend bedingte - Verbindlichkeit des verpflichteten Unternehmens. Die langfristige Natur von Pensionszusagen begründet deren Charakter als "Dauerrechtsverhältnis"[10].

---

1) Vgl. Feudner, B.W., (Widerruflichkeit 1984), DB 1984, S. 613 - 617; Schumann, H.-H., (Bestandskraft 1990), DB 1990, S. 2118 - 2122 und S. 2165 - 2170; Schaub, G., (Sicherung 1992), BB 1992, S. 1058 - 1062

2) Ausnahmen ergeben sich nur beim Vorliegen von „Jeweiligkeits- und Höchstbegrenzungsklauseln". Vgl. Schumann, H.-H., (Bestandskraft 1990), DB 1990, S. 2121

3) Nach § 7 Abs. 1 Satz 3 Nr. 5 BetrAVG löst das Vorliegen einer wirtschaftlichen Notlage die Einstandspflicht des PSVaG aus. Zu Einzelheiten aus diesem Fragenkomplex vgl. statt vieler Blomeyer, W., in: Blomeyer, W. / Otto, K., (Kommentar 1984), Rdnr. 66 - 103 zur Vorbemerkung § 7

4) Die Treuepflichtverletzung muß dabei so schwerwiegend sein, daß die Berufung auf die Pensionszusage einer unzulässigen Rechtsausübung gleichkommt. Vgl. Blomeyer, W., ebd., Einleitung, Rdnr. 357

5) Zu Einzelheiten vgl. Schulin, B., (Änderung 1984), DB 1984, Beilage Nr. 10; Höfer, R. / Reiners, S. / Wüst, H., (Kommentar 1992), ART, Rdnr. 291 - 346

6) Vgl. ausführlich Hanau, P. / Preis, U., (Altersversorgung 1992), S. 235 - 245

7) Vgl. Höfer, R. / Reiners, S. / Wüst, H., (Kommentar 1992); ART, Rdnr. 459 - 487

8) Vgl. Blomeyer, W., in: Blomeyer, W. / Otto, K., (Kommentar 1984), Einleitung, Rdnr. 366

9) Vgl. Blomeyer, W., ebd., Rdnr. 216 - 221; Höfer, R. / Reiners, S. / Wüst, H., (Kommentar 1992), ART, Rdnr. 488 - 502

10) Vgl. Wysocki, K. von, (Jahresabschluß 1988), BetrAV 1988, S. 237 f.

Wegen der in Abschnitt B.I.1 beschriebenen Unsicherheiten lassen sich Pensionszusagen als ungewisse Verbindlichkeiten[1] charakterisieren. Wird die Pensionszusage bei Beginn des Arbeitsverhältnisses erteilt, so kann sie in diesem Zeitpunkt als schwebendes Geschäft[2] angesehen werden, da beide Vertragspartner noch nicht geleistet haben[3].

Im Zeitablauf erbringt der betriebstreue Arbeitnehmer kontinuierlich seine Vorleistung, der Erfüllungsrückstand[4] des Arbeitgebers wächst entsprechend an. Der Charakter des schwebenden Geschäfts tritt damit immer mehr in den Hintergrund und verschwindet schließlich bei Eintritt des Versorgungsfalles; der Arbeitnehmer hat dann voll vorgeleistet. Der Eintritt des Versorgungsfalles bedeutet im Fall von Kapitalleistungen das Ende der Pensionsverpflichtung, während diese im Fall von Rentenleistungen als ungewisse Verbindlichkeit bis zum Ende der in der Pensionszusage vorgesehenen auflösenden Bedingungen weiterbesteht.

2.2.2 Handelsrechtliche Bestimmungen

Mit § 249 Abs. 1 Satz 1 HGB in der Fassung des am 1. Januar 1986 in Kraft getretenen "Bilanzrichtlinien-Gesetzes"[5] (BiRiLiG) ist "das generelle Passivierungsgebot"[6] für ungewisse Verbindlichkeiten, insbesondere also auch für Versorgungsverpflichtungen[7] erstmals gesetzlich verankert worden.

Die Passivierungspflicht erstreckt sich bei Pensionszusagen jedoch nicht auf die sog. Altzusagen, die dann vorliegen, "wenn der Pensionsberechtigte seinen Rechtsanspruch vor dem 1. Januar 1987 erworben hat oder sich ein vor diesem Zeitpunkt erworbener Rechtsanspuch nach dem 31. Dezember 1986 erhöht"[8]. Damit bleibt es für die Altzusagen weiterhin bei dem lange[9] umstrittenen Passivierungswahlrecht, das noch im WP-Handbuch 1985 / 86 wie folgt umschrieben war:

---

1) Vgl. Hauptfachausschuß des IDW, (Pensionsverpflichtungen 1988), WPg 1988, S. 403; Knobbe-Keuk, B., (Steuerrecht 1991), S. 108 f.

2) "Bis einer der Partner ganz oder zumindest teilweise seine Leistung erbracht hat, werden Verträge als "schwebende Geschäfte" betrachtet und nicht bilanziert". Vgl. Leffson, U., (GoB 1987), S. 262

3) Der Ansicht von Busch und Hardes, es handle sich bei einer Pensionszusage im Zusagezeitpunkt stets um ein schwebendes Geschäft, kann nur zugestimmt werden, wenn man unterstellt, die Pensionszusage würde ausschließlich für die künftigen Arbeitsleistungen erteilt. Falls eine Pensionszusage jedoch auch die bereits geleistete Betriebstreue honoriert, wofür die zeitratierliche Unverfallbarkeits-Regelung des § 2 BetrAVG spricht, so ist das Vorliegen eines schwebenden Geschäfts zweifelhaft. Vgl. Busch, F.W., (Bilanzierung 1976), S. 48; Hardes, W., (Bilanzpolitik 1984), S. 100

4) Vgl. Adler, H. / Düring, W. / Schmaltz, K., (ADS 1987), § 249, Tz. 57 f.

5) "Gesetz zur Durchführung der Vierten, Siebten und Achten Richtlinie des Rates der Europäischen Gemeinschaften zur Koordinierung des Gesellschaftsrechts (Bilanzrichtlinien-Gesetz - BiRiLiG)" vom 19. 12. 1985, BGBl. I 1985, S. 2355. Durch das BiRiLiG aufgehobene bzw. neu gefaßte Vorschriften des HGB, EGHGB und des AktG werden durch den Zusatz "alte(r) Fassung", kurz "a.F." gekennzeichnet.

6) Vgl. Höfer, R. / Lemitz, H.-G., (Neues Bilanzrecht 1986), BB 1986, S. 427

7) Vgl. ebd., S. 427; Ahrend, P. / Förster, W. / Rößler, N., (Bilanzrichtlinien-Gesetz 1986), DB 1986, Beilage Nr. 10, S. 4; Hahn, K., (Bewertung 1986), BB 1986, S. 1326; Heubeck, K., (Neues Bilanzrecht 1986), WPg 1986, S. 321

8) Vgl. Artikel 28 Abs. 1 Satz 1 EGHGB. Für die anderen Gestaltungsformen der betrieblichen Altersversorgung, also Unterstützungs- und Pensionskasse sowie Direktversicherung mit mittelbaren (Rest-)Verpflichtungen des Unternehmens schreibt Artikel 28 Abs. 1 Satz 2 EGHGB die Fortgeltung des Passivierungswahlrechts fest.

9) Vgl. m.w.N. Knobbe-Keuk, B., (Steuerrecht 1991), S. 109 f.; vgl. auch Döllerer, G., (Bilanzierung 1982), BB 1982, S. 779 f.

"Handelsrechtlich besteht nach herrschender Auffassung keine Verpflichtung, Rückstellungen für Pensionszusagen zu bilden, und zwar weder für Pensionsanwartschaften noch für bereits laufende Pensionen."[1]

Für die sog. Neuzusagen, also Pensionszusagen, die nach dem 31. Dezember 1986 erteilt wurden, besteht nach § 249 Abs. 1 HGB Passivierungspflicht[2]. Ob angesichts des generellen Passivierungsgebots für Neuzusagen handelsrechtliche Verteilungswahlrechte zulässig sind, ist bislang umstritten[3].

§ 249 Abs. 3 Satz 2 HGB enthält ein Auflösungsverbot für bereits gebildete Pensionsrückstellungen ohne entsprechende Minderung der Pensionsverpflichtung[4].

Bei der Auslegung von Gesetzen können, beim Fehlen von gesetzlichen Regelungen müssen die GoB[5] herangezogen werden. Gesetzliche Bestimmungen zur Bilanzierung, zur Bewertung und zum Ausweis von Pensionsverpflichtungen waren bisher in allgemeiner Form in den Rechnungslegungsvorschriften der §§ 38 bis 47a HGB a.F. sowie für Aktiengesellschaften in den §§ 148 bis 161 AktG a.F. zu finden[6]. Die wesentlichen Vorschriften sind durch das Bilanzrichtlinien-Gesetz präzisiert, teilweise erweitert und einheitlich für alle Kaufleute im Ersten Abschnitt des Dritten Buches des HGB zusammengefaßt worden.

Dazu kommen ergänzende Rechnungslegungsvorschriften für Kapitalgesellschaften im Zweiten Abschnitt des Dritten Buches des HGB, die - in Abhängigkeit von der Größenklasse der Kapitalgesellschaft[7] - einen gesonderten Ausweis[8] der Versorgungsverpflichtungen beinhalten, insbesondere die Angabe von "in der Bilanz nicht ausgewiesenen Rückstellungen für laufende Pensionen, Anwartschaften auf Pensionen und ähnliche Verpflichtungen"[9] in einem neu einge-

---

1) Vgl. IDW (Hrsg.), (WP-Handbuch 1985 / 86), Band I, S. 631. Im Anschluß an diese Feststellung des damaligen Istzustandes wurde vom IDW entgegen dem im Entwurf des BiRiLiG beibehaltenen Passivierungswahlrecht erneut die Passivierungspflicht de lege ferenda gefordert: vgl. m.w.N. ebd., S. 631

2) Vgl. dazu Pankow, M. / Pieger, J., in: Budde, W.D. / Clemm, H. / Pankow, M. / Sarx, M., (Bilanz-Kommentar 1990), § 249 HGB, Anm. 166

3) Vgl. m.w.N. ebd., § 249 HGB, Anm. 199

4) Vgl. Adler, H. / Düring, W. / Schmaltz, K., (ADS 1987), § 249, Tz. 239 - 241

5) § 238 Abs. 1 Satz 1 HGB (früher § 39 Abs. 1 HGB a.F.); vgl. auch Leffson, U., (GoB 1987), S. 26

6) Vgl. § 40 Abs. 2 HGB a.F. zum Wertansatz von Schulden, und im AktG a.F.: § 156 Abs. 2 und 4 zum Wertansatz von Rentenverpflichtungen und Rückstellungen; § 151 Abs. 1 bzw. § 157 Abs. 1 zum gesonderten Ausweis der Pensionsrückstellungen bzw. -zuführungen in der Bilanz bzw. in der Gewinn- und Verlustrechnung; § 160 Abs. 3 Nr. 9 zur Angabe der "Gesamtbezüge", also insbesondere auch der Pensionen, an ausgeschiedene Vorstandsmitglieder und deren Hinterbliebene im Geschäftsbericht; schließlich der nunmehr entfallene Vermerk im Jahresabschluß über die im Geschäftsjahr erfolgten und in den folgenden 5 Jahren zu erwartenden Zahlungen im Zusammenhang mit Versorgungsleistungen gemäß § 159 AktG a.F.

7) Vgl. § 267 HGB

8) In § 266 Abs. 3 HGB ist die Bilanzposition "Rückstellungen für Pensionen und ähnliche Verpflichtungen" gesondert vorgesehen; dies gilt nach § 275 Abs. 2 Nr. 6. Buchst. b HGB entsprechend für "soziale Abgaben und Aufwendungen für Altersversorgung und Unterstützung, davon für Altersversorgung" in der Gewinn- und Verlustrechnung, falls diese nach dem Gesamtkostenverfahren aufgestellt wird. § 285 Nr. 9 enthält erweiterte Pflichtangaben betr. aktive und ausgeschiedene Organmitglieder und deren Hinterbliebene im Anhang. Vgl. dazu auch Heubeck, K., (Neues Bilanzrecht 1986), WPg 1986, S. 322 f.

9) Vgl. Artikel 28 Abs. 2 EGHGB

führten Anhang[1] zur Bilanz und zur Gewinn- und Verlustrechnung; Einzelheiten sind in der Literatur[2] ausführlich besprochen.

Von den für alle Kaufleute geltenden Bestimmungen sind die Inventurvorschriften[3] der §§ 240 f. HGB sowie die sechs in § 252 HGB enthaltenen allgemeinen Bewertungsgrundsätze auch bei der Berücksichtigung von Pensionsverpflichtungen zu beachten. Hervorzuheben ist der nunmehr erstmals gesetzlich festgeschriebene Grundsatz der Stetigkeit, dem nach Ansicht von Höfer / Lemit[4] für die Ausübung der fortbestehenden Wahlrechte bei der Dotierung der Pensionsrückstellungen besonderes Gewicht zukommt.

Zur Bewertung von Pensionsverpflichtungen der Höhe nach bestimmt § 253 Abs. 1 Satz 2 HGB:

> "Verbindlichkeiten sind mit ihrem Rückzahlungsbetrag, Rentenverpflichtungen, für die eine Gegenleistung nicht mehr zu erwarten ist, zu ihrem Barwert und Rückstellungen nur in Höhe des Betrags anzusetzen, der nach vernünftiger kaufmännischer Beurteilung notwendig ist."

Diese Bewertungsvorgaben sind nicht sehr viel[5] konkreter als die bisher schon in § 156 AktG a.F. enthaltenen. Eine weitergehende gesetzliche Festlegung der Bewertungsmaßstäbe für Versorgungsverpflichtungen hielt der Rechtsausschuß des Deutschen Bundestages für nicht erforderlich, da "auf Grund der langjährigen Anwendung des § 6a EStG auch in der Handelsbilanz zumindest hinsichtlich der Untergrenze solcher Rückstellungen, auf die es hier besonders ankommt, Rechtsunsicherheit nicht besteht"[6]. Abgesehen von der wegen der künftigen Passivierungspflicht wichtigen Grundaussage

> "Handelsrechtliche Untergrenze der Pensionrückstellung = Teilwert gemäß § 6a EStG"

scheint freilich die Diskussion um einen den GoB entsprechenden Wertansatz in der Handelsbilanz nunmehr neu entfacht[7].

Auch die vor Inkrafttreten des Bilanzrichtlinien-Gesetzes zur Gesetzesauslegung herangezogenen GoB hatten im Schrifttum[8] nicht zu einer einheitlichen Meinungsbildung zur Bewertungs-

---

1) Vgl. §§ 284–288 HGB

2) Vgl. Ahrend, P. / Förster, W. / Rößler, N., (Bilanzrichtlinien-Gesetz 1986), DB 1986, Beilage Nr. 10, S. 3 - 10; Heubeck, K., (Neues Bilanzrecht 1986), WPg 1986, S. 321 - 324; Höfer, R. / Lemitz, H.-G., (Neues Bilanzrecht 1986), BB 1986, S. 426 f.; Wysocki, K. von, (Jahresabschluß 1988), BetrAV 1988, S. 237 - 243; Pankow, M. / Pieger, J., in: Budde, W.D. / Clemm, H. / Pankow, M. / Sarx, M., (Bilanz-Kommentar 1990), § 249 HGB, Anm. 256

3) Vgl. ebd., Anm. 169 - 171

4) Vgl. Höfer, R. / Lemitz, H.-G., (Neues Bilanzrecht 1986), BB 1986, S. 432 f.

5) Klargestellt ist nunmehr nur der Barwertansatz für "Rentenverpflichtungen, für die eine Gegenleistung nicht mehr zu erwarten ist"; vgl. Ahrend, P. / Förster, W. / Rößler, N., (Bilanzrichtlinien-Gesetz 1986), DB 1986, Beilage Nr. 10, S. 7; Heubeck, K., (Neues Bilanzrecht 1986), WPg 1986, S. 325

6) Vgl. BT-Drucksache 10/4268, S. 100

7) Vgl. die in Übersicht 6 in Abschn. B.I.4.4.2.2 zusammengestellte Literatur sowie Hauptfachausschuß des IDW, (Pensionsverpflichtungen 1988), WPg 1988, S. 404; Wysocki, K. von, (Jahresabschluß 1988), BetrAV 1988, S. 241 f.; Pankow, M. / Pieger, J., in: Budde, W.D. / Clemm, H. / Pankow, M. / Sarx, M., (Bilanz-Kommentar 1990), § 249 HGB, Anm. 195 - 205. Nach Muscheid hingegen „besteht zwischen der Bewertung der Rückstellungen nach geltendem und zukünftigem Recht kein materieller Unterschied" im Falle einer Aktiengesellschaft. Vgl. Muscheid, G., (Übergangsvorschriften 1986), BB 1986, S. 357 f.

8) Busch sieht in einer mit der Rückstellungsberechnung verbundenen Abzinsung der künftigen Versorgungsleistungen einen Verstoß gegen das Realisationsprinzip; vgl. Busch, F.W., (Bilanzierung

frage geführt. In der Praxis wird eine Bewertung nach den im WP-Handbuch enthaltenen Grundsätzen auch künftig nicht zu Beanstandungen führen:

> "Der für Pensionsverpflichtungen anzusetzende Betrag ist bei bereits laufenden Renten der nach versicherungsmathematischen Grundsätzen zu ermittelnde **Barwert** der noch zu erbringenden Leistungen (§ 253 Abs. 1 Satz 2 HGB; vgl. im einzelnen St / HFA 2 / 1988, Nr. 4). Eine jährliche Anpassung der Rückstellung für die laufenden Pensionen ist zulässig. Für die Ermittlung des Rückstellungsbetrages für Anwartschaften können sowohl das normale Teilwertverfahren, das (steuerlich nunmehr allein anerkannte) eingeschränkte **Teilwertverfahren**, als auch das **Gegenwartswertverfahren** zugrunde gelegt werden. Auch das Barwertverfahren kann angewandt werden, sofern nicht der Berechtigte noch zu einer Gegenleistung in Form einer künftigen Tätigkeit verpflichtet ist. Gegen die Anwendung versicherungsmathematischer Näherungsverfahren bestehen keine Bedenken, sofern sie nicht zu einer Überdotierung der Rückstellung führen. Der der Berechnung der Rückstellungen zugrunde zu legende Zinssatz wird im allgemeinen 3 vH nicht unterschreiten dürfen. Als Untergrenze für die Bewertung ist der eingeschränkte Teilwert nach § 6a EStG mit einem Rechnungszinsfuß von 6 vH anzusehen. Nach dem Vorsichtsprinzip (§ 252 Abs. 1 Nr. 4 HGB) kann ein höherer Wertansatz als mit dem versicherungsmathematisch berechneten Betrag notwendig sein (zB hohe Einzelzusagen an wenige Personen). Die angewandten Bewertungsmethoden sind grundsätzlich beizubehalten (§ 252 Abs. 1 Nr. 6 HGB)."[1]

Die Versicherungsmathematik kann als "Verbindung von mathematischer Statistik und Finanzmathematik"[2] aufgefaßt werden; folgerichtig läßt sich der versicherungsmathematische Barwert einer Pensionsverpflichtung bei gegebenen Rechnungsgrundlagen[3], bestehend aus Rechnungszins und biometrischen Wahrscheinlichkeiten, als der im betriebswirtschaftlichen Schrifttum[4] wohlbekannte Kapitalwert der mit ihren Eintrittswahrscheinlichkeiten gewichteten künftigen Pensionsleistungen darstellen[5].

Dabei besteht kein grundsätzlicher Unterschied zwischen dem Barwert einer bereits laufenden Pension und dem Barwert einer noch aufschiebend bedingten Pension, dem sog. Anwartschaftsbarwert.

Der Barwert wird als geeigneter Wertansatz angesehen, wenn seitens des Pensionsberechtigten keine künftigen Gegenleistungen mehr zu erwarten sind; dies ist regelmäßig der Fall nach Beendigung des Arbeitsverhältnisses unter Inanspruchnahme der Pensionsleistungen oder unter Aufrechterhaltung einer unverfallbaren Anwartschaft.

1976), S. 159 - 161; zustimmend: Leffson, U., (GoB 1987), S. 295 f., und Hardes, W., (Bilanzpolitik 1984), S. 127 - 135. Nach Strobel implizieren die GoB den Ansatz von "planungskongruenten Pensionsrückstellungen"; vgl. Strobel, W., (Betriebsrenten 1978), S. 87. Leffson gibt einem quantifizierbaren "vorsichtigen Wert" den Vorzug vor dem "arithmetischen Mittelwert", er räumt aber auch denkbare Gründe für "eine risikoneutrale Bilanzierung, d.h. zu Mittelwerten" ein; vgl. Leffson, U., (GoB 1987), S. 477 - 490

1) Vgl. IDW (Hrsg.), (WP-Handbuch 1992), Band I, S. 170 f., m.w.N. in hier nicht aufgeführten FN
2) Vgl. Isenbart, F. / Münzner, H., (Lebensversicherungsmathematik 1987), S. 9
3) Vgl. Adler, H. / Düring, W. / Schmaltz, K., (ADS 1987), § 253 HGB, Tz. 264 - 276. Einzelheiten finden sich auch bei Knepper, K.H., (Ausweis 1984), BB 1984, S. 467 f.; Heubeck, G., (Handbuch 1988 / 91), S. 29 - 32. Vgl. auch Abschn. B.II.2.2.1
4) Vgl. etwa Kruschwitz, L., (Investitionsrechnung 1990), S. 66
5) Vgl. zur Herleitung eines verallgemeinerten versicherungsmathematischen Ansatzes zur Bewertung ungewisser Verbindlichkeiten Neuburger, E., (Rückstellungen 1985), BB 1985, S. 768 - 774. Vgl. auch Neuburger, E., (Bewertung 1988), BB 1988, S. 173 - 177

Bei andauerndem Arbeitsverhältnis ist das schwebende Geschäft "Pensionszusage" nur teilerfüllt; diesem Gesichtspunkt tragen sowohl das Gegenwartswertverfahren wie auch das Teilwertverfahren[1] dadurch Rechnung, daß entsprechend dem in § 252 Abs. 1 Nr. 2 HGB enthaltenen Bewertungsgrundsatz der Fiktion "der Fortführung der Unternehmenstätigkeit" die vom Bewertungsstichtag bis zum Pensionierungsalter noch ausstehende künftige Arbeitsleistung in Form von fiktiven jährlich gleichbleibenden[2] Prämienzahlungen an das Unternehmen als "Selbstversicherer" berücksichtigt wird.

Die beiden Verfahren unterscheiden sich im versicherungsmathematischen Modellansatz des Finanzierungszeitraums[3]: beim Teilwertverfahren ist als Finanzierungsbeginn stets das Jahr, in dem das Arbeitsverhältnis begonnen hat, zugrunde zu legen, unabhängig davon, wann die Pensionszusage erteilt wird; dagegen ist beim Gegenwartswertverfahren das Jahr der jeweiligen Zusage, also der erstmaligen Pensionszusage und ggf. der später erfolgenden Änderungszusagen[4], als Finanzierungsbeginn anzusetzen. "Nur für den Fall, daß die Pensionszusage bereits bei Diensteintritt erteilt und während ihrer Laufzeit nicht erhöht wird, sind Gegenwartswert und Teilwert identisch."[5] Dagegen verschiebt sich bei Leistungserhöhungen die Ansammlung der Mittel mit dem Gegenwartswertverfahren im Vergleich zum Teilwertverfahren mehr auf das Ende des Finanzierungszeitraums.

Die klassische Lebensversicherungsmathematik kennt drei Haupt-Rechnungsgrundlagen[6]: neben dem Zins und den biometrischen Wahrscheinlichkeiten gehen die Kosten in Gestalt von Abschluß-, Inkasso- und laufenden Verwaltungskosten in die versicherungsmathematische Kalkulation ein. Im Zusammenhang mit Pensionszusagen entsprechen diesen Kosten die Beiträge an den PSVaG und die unter dem Sammelbegriff "Verwaltungskosten" zusammengefaßten zusagebedingten Aufwendungen, die mit der organisatorischen Abwicklung der Pensionszusage verbunden sind[7].

Wie die Antwort auf die Frage der Passivierbarkeit dieser Verpflichtungen nach dem durch das Bilanzrichtlinien-Gesetz geschaffenen neuen Recht lauten wird, ist derzeit noch nicht endgültig geklärt[8]. Aus dem Urteil des BFH vom 13. 11. 1991[9] zur Rückstellung für künftige Beiträge an

---

1) Gegenwartswert- und Teilwertverfahren sind besondere Formen des Anwartschaftsdeckungsverfahrens, die in der BRD gebräuchlich sind; sie lassen sich als Spezialfälle des von Heubeck als "Zeitwertverfahren" bezeichneten Modells darstellen. Vgl. mit weiteren, ausführlichen Einzelheiten Heubeck, G., (Handbuch 1988 / 1991), S. 32 - 58. Beispiele für die in den USA gebräuchlichen Bewertungsverfahren m.w.N. vgl. ebd., S. 72 - 74. Zur Bewertung im angelsächsischen Raum vgl. m.w.N. Gohdes, A.E., (Finanzierungsmethoden 1990), Blätter DGVM 1990, S. 337 - 350

2) Durch die Forderung der "gleichbleibenden" Jahresprämie ist deren Höhe für eine gegebene Pensionsverpflichtung bei vorgegebenem Finanzierungszeitraum unter Beachtung des versicherungsmathematischen Äquivalenzprinzips eindeutig bestimmt; letzteres besagt: "Barwert der rechnungsmäßigen Leistungen = Barwert der rechnungsmäßigen Gegenleistungen"; vgl. Isenbart, F. / Münzner, H., (Lebensversicherungsmathematik 1987), S. 26

3) Vgl. dazu Heubeck, G., (Handbuch 1988 / 1991), S. 36 f. und S. 40

4) Hierunter sollen sowohl ausdrückliche wie auch stillschweigende Veränderungen des Leistungsumfangs verstanden werden; letztere liegen z.B. bei einer gehaltsabhängigen Pensionszusage bei Gehaltsänderungen vor. Vgl. Adler, H. / Düring, W. / Schmaltz, K., (ADS 1987), § 253 HGB, Tz. 284

5) Vgl. ebd., Tz. 285

6) Vgl. Isenbart, F. / Münzner, H., (Lebensversicherungsmathematik 1987), S. 13 - 24

7) Vgl. Pankow, M. / Pieger, J., in: Budde, W.D. / Clemm, H. / Pankow, M. / Sarx, M.. (Bilanz-Kommentar 1990), § 249 HGB, Anm. 251

8) Vgl. m.w.N. zu den Verwaltungskosten: Adler, H. / Düring, W. / Schmaltz, K., (ADS 1987), § 249 HGB, Tz. 51; zu den PSVaG-Beiträgen: IDW (Hrsg.), (WP-Handbuch 1992), Band I, S. 162 f.

9) I R 102 / 88, BStBl. II 1992, S. 336 - 342

den PSVaG ergibt sich zwar, daß handelsrechtlich keine Passivierungspflicht besteht[1], aber es bleibt zweifelhaft, ob ein Passivierungswahlrecht gegeben ist, etwa bei einer Einordnung als Aufwandsrückstellung nach § 249 Abs. 2 HGB.

Die Finanzverwaltung hat die Passivierung künftiger zusagebedingter Verwaltungskosten sowie künftiger Beiträge an den PSVaG in der Steuerbilanz weder in der Vergangenheit[2] noch nach Inkrafttreten des neuen Handelsrechts[3] zugelassen; nach Ansicht der Finanzverwaltung mangelt es an der für den Ansatz in der Steuerbilanz erforderlichen[4] handelsrechtlichen Passivierungspflicht. Demzufolge wäre bei dem fortgeltenden handelsrechtlichen Passivierungswahlrecht für Altzusagen auch eine Rückstellung für Pensionsverpflichtungen in der Steuerbilanz ohne die gesetzliche Sondervorschrift des § 6a EStG nicht zulässig.

2.2.3 Steuerrechtliche Bestimmungen

Das Steuerrecht enthält zwei wesentliche gesetzliche Spezialvorschriften zur Berücksichtigung von Pensionszusagen bei den Ertrag- und Substanzsteuern[5] des verpflichteten Unternehmens[6]: der eben genannte § 6a EStG hat für den Ertragsteuerbereich[7] Vorrang vor der allgemeinen Bewertungsvorschrift des § 6 Abs. 1 Nr. 2 und 3 EStG; für den Substanzsteuerbereich[8] ist § 104 BewG als lex specialis maßgebend. Hierzu hat die Finanzverwaltung ihre Rechtsauffassung[9] in den Richtlinien und in zahlreichen Erlassen, Schreiben und Verfügungen unter Berücksichtigung der von den Finanzgerichten entschiedenen Zweifelsfragen niedergelegt[10].

---

1) A.A. Siepe, G., (Rückstellungen 1992), DB 1992, S. 2308 - 2310
2) Vgl. Höfer, R. / Abt, O., (Kommentar 1984), Rdnr. 42 und 44 zu § 6a EStG
3) Vgl. BMF-Schreiben vom 13. 3. 1987 - IV B 1 - S 2176 - 12 / 87, DB 1987, S. 716
4) Vgl. hierzu den Beschluß des Großen Senats des BFH vom 3. 2. 1969 - Gr.S. 2 / 68, BB 1969, S. 477 f.. Vgl. auch Knobbe-Keuk, B., (Steuerrecht 1991), S. 22
5) "Zu den Ertrag- und Substanzsteuern zählen die Einkommensteuer, die Körperschaftsteuer, die (zwei) Gewerbesteuer(n) nach Ertrag und Kapital, die Vermögensteuer, die Kirchensteuer, die vorübergehend erhobenen Lastenausgleichsabgaben und die Ergänzungsabgabe." Vgl. Rose, G., (Steuerbelastung 1973), S. 29
6) Zur steuerlichen Behandlung von Pensionszusagen beim Arbeitnehmer vgl. Scheffler, W., (Betriebliche Altersversorgung 1990), S. 199 - 201. Beim Vergleich verschiedener Gestaltungsformen der betrieblichen Altersversorgung kann die teilweise unterschiedliche steuerliche Behandlung beim Arbeitnehmer von erheblicher Bedeutung sein; vgl. dazu Haueisen, P., (Gestaltungsformen 1983), S. 25 f., S. 44 - 51 sowie S. 71 und 94 f.
7) § 6a EStG ist maßgebend für die Körperschaftsteuer nach § 7 Abs. 2 i.V. mit § 8 Abs. 1 KStG und für die Gewerbeertragsteuer nach § 7 GewStG. Eine Hinzurechnung von Pensionszahlungen nach § 8 Nr. 2 GewStG ist seit dem BFH-Urteil vom 18. 1. 1979 - IV R 194 / 74, BB 1979, S. 460 f., regelmäßig nicht vorzunehmen. Vgl. Sigloch, J. / Haueisen, P., (Vergleich 1983), DB 1983, S. 349, FN 5; Knobbe-Keuk, B., (Steuerrecht 1991), S. 680. Die Kirchensteuer schließlich ergibt sich überwiegend als Zuschlag zur Einkommensteuer: vgl. Meyer, C., (Kirchensteuerübersicht 1987), NWB 1987, Fach 12, S. 1299
8) § 104 BewG regelt den Abzug der Pensionsverpflichtungen bei der Einheitsbewertung des Betriebsvermögens und ist damit maßgebend für die Vermögensteuer aufgrund § 4 Abs. 1 VStG i.V. mit §§ 97, 114 BewG sowie für die Gewerbekapitalsteuer aufgrund § 12 Abs. 1 GewStG. Eine Hinzurechnung der Pensionsrückstellung nach § 12 Abs. 2 Nr. 1 GewStG entfällt; vgl. die vorangehende FN
9) Vgl. Tipke, K., (Steuerrecht 1987), S. 102
10) Eine umfassende Zusammenstellung findet sich in: ABA-Arbeitsgemeinschaft für betriebliche Altersversorgung e.V. (Hrsg.), (Handbuch 1988 / 92), Kapitel A. Steuerrecht. Vgl. auch Ahrend, P. / Förster, W., (Gesetz 1991), Anhang, S. 139 - 205

Seit der Neufassung[1] des § 104 BewG durch das Steuerentlastungsgesetz 1981[2] ist - von Ausnahmen[3] abgesehen - auch für die Substanzsteuern die zum Ende des dem Feststellungszeitpunkt[4] vorangegangenen Wirtschaftsjahres für die Steuerbilanz in Frage kommende Soll-Rückstellung[5] gemäß § 6a EStG als Obergrenze für den Abzug bei der Einheitsbewertung vorgesehen. Ab dem 1. 1. 1993 werden nach dem durch das Steueränderungsgesetz 1992[6] neu gefaßten § 109 BewG - von Ausnahmen[7] abgesehen - die Steuerbilanzwerte in die Vermögensaufstellung übernommen; demnach ist künftig die nach § 6a EStG gebildete Ist-Rückstellung[8] unmittelbar auch für den Bereich der Substanzsteuern maßgebend. Damit kommt dem § 6a EStG auch für die Substanzbesteuerung eine zentrale Bedeutung zu.

Für die Berücksichtigung von Pensionsverpflichtungen in der Steuerbilanz dem Grunde nach enthält § 6a Abs. 1 EStG besondere Voraussetzungen: die Pensionszusage muß einen Rechtsanspruch einräumen, sie muß schriftlich erteilt sein, und sie darf nur solche Widerrufsvorbehalte enthalten, bei denen ein (Teil-)Widerruf nur "unter Beachtung billigen Ermessens"[9] zulässig ist.

Für die Bewertung von Pensionsverpflichtungen in der Steuerbilanz der Höhe nach ist in § 6a Abs. 3 EStG wie beim Gegenwartswert- und Teilwertverfahren für laufende Renten und für unverfallbare Anwartschaften bereits ausgeschiedener Arbeitnehmer der versicherungsmathematische Barwert vorgesehen.

Für die Anwartschaften der aktiven Arbeitnehmer hingegen schreibt § 6a Abs. 3 EStG den von Heubeck[10] als "eingeschränkten Teilwert" bezeichneten Wertansatz vor; dieser entspricht dem Teilwertverfahren, ist jedoch zusätzlich durch eine pauschale Berücksichtigung der Fluktuation der Pensionsanwärter gekennzeichnet, derart, daß als frühester Zeitpunkt für den Beginn eines Arbeitsverhältnisses der Beginn desjenigen Wirtschaftsjahres fingiert wird, bis zu dessen Mitte der Pensionsanwärter das 30. Lebensjahr vollendet hat.

Daraus folgt unmittelbar: für Pensionsanwärter, die zu einem späteren Zeitpunkt in das Unternehmen eingetreten sind, ist der eingeschränkte Teilwert nach § 6a EStG identisch mit dem (vollen) Teilwert; für Pensionsanwärter, die zu einem früheren Zeitpunkt eingetreten sind, ist der eingeschränkte Teilwert nach § 6a EStG während der Anwartschaftszeit im Normalfall[11] stets niedriger als der (volle) Teilwert.

Die auch im Handelsrecht maßgebliche versicherungsmathematische Bewertungsmethode ist nach § 6a Abs. 3 Satz 3 EStG explizit für die Bewertung in der Steuerbilanz verbindlich. Darüber

---

1) Zur historischen Entwicklung sowie zu der bis 1980 gültigen Regelung vgl. Ahrend, P. / Förster, W. / Rößler, N., (Steuerrecht 1992), 2. Teil, Rdnr. 387 - 409
2) StEntlG 1981 vom 16. 8. 1980, BGBl. I 1981, S. 1381
3) Zu dem in § 104 Abs. 4 - 12 BewG enthaltenen Tabellenverfahren vgl. Ahrend, P. / Förster, W. / Rößler, N., (Steuerrecht 1992), 2. Teil, Rdnr. 425 - 432a
4) Vgl. § 106 Abs. 2 und 3 BewG
5) Unter dem Begriff "Soll-Rückstellung" soll der als Rückstellungsobergrenze in § 6a EStG vorgesehene Teilwert verstanden werden; es spielt also keine Rolle, ob aufgrund des Passivierungswahlrechts in der Steuerbilanz Fehlbeträge entstanden sind.
6) StÄndG vom 28. 2. 1992, BGBl. I 1992, S. 297
7) Vgl. § 104 BewG i.d.F. des StÄndG 1992
8) Vgl. Pinkos, E., (Auswirkungen 1992), DB 1992, S. 806; Wewers, O., (Einheitsbewertung 1992), DB 1992, S. 1800 und 1802
9) § 6a Abs. 1 Nr. 2 EStG
10) Zum Begriff und zu einem Vergleich zwischen dem "eingeschränkten" und dem „vollen" Teilwert vgl. Heubeck, G., (Handbuch 1988 / 1991), S. 38 f.
11) Falls die Anwartschaftsbarwerte der in der Pensionszusage vorgesehenen Leistungen mit dem Alter ansteigen. Vgl. auch Heubeck, G., ebd., S. 39

hinaus sind in § 6a EStG Einzelheiten festgeschrieben: der Rechnungszinsfuß ist auf 6% fixiert; zum Ansatz der Pensionsleistungen sind ein Stichtagsprinzip[1] für künftige Leistungen nach dem Bilanzstichtag sowie eine Wartezeitregelung[2] für vergangene Zeiten zwischen Dienstbeginn und späterem Zusagezeitpunkt in § 6a Abs. 3 Nr. 1 Satz 4 und 5 enthalten.

In § 6a EStG findet sich keine Bestimmung zum Ansatz der für die versicherungsmathematische Bewertung erforderlichen biometrischen Wahrscheinlichkeiten, die neben dem Rechnungszinsfuß die zweite Komponente der Rechnungsgrundlagen bilden.

Die "seit etwa 1948 überwiegend"[3] verwendeten Richttafeln für die Pensionsversicherung[4] von Dr. Heubeck / Dr. Fischer - üblicherweise mit HF abgekürzt - sind 1984 mit Zustimmung der Finanzverwaltung[5] durch die aktualisierten Richttafeln[6] von Dr. Klaus Heubeck - üblicherweise mit RT abgekürzt - abgelöst worden. Demnach wird der Ansatz der RT-Wahrscheinlichkeiten von der Finanzverwaltung grundsätzlich nicht beanstandet; die Verwendung anderer biometrischer Wahrscheinlichkeiten ist möglich, wenn deren Angemessenheit nachgewiesen werden kann[7].

§ 6a Abs. 4 EStG regelt[8] die im einzelnen Wirtschaftsjahr höchstmöglichen[9] Zuführungen zur Pensionsrückstellung, ferner Verteilungswahlrechte[10] sowie eine Lockerung des grundsätzlichen Nachholverbots[11].

§ 6a EStG wurde durch das Bilanzrichtlinien-Gesetz nicht geändert. Zu den Zweifelsfragen, die sich aus der grundsätzlichen Passivierungspflicht des § 249 Abs. 1 HGB und der Konzeption des § 6a EStG im Hinblick auf das bisherige handelsrechtliche Passivierungswahlrecht ergeben, kann auf Stuhrmann[12] verwiesen werden.

Die wesentlichen Gesichtspunkte zur Bildung von Pensionsrückstellungen nach § 6a EStG sind in Übersicht 3 zusammengestellt[13]. § 6a EStG wirkt als Bewertungsvorschrift über das Steuerrecht hinaus, da nach neuem Handelsrecht die Wertuntergrenze durch den Teilwert nach § 6a EStG gegeben ist, und da ferner die Beitragsbemessungsgrundlage für den PSVaG[14] zwingend nach § 6a Abs. 3 EStG zu berechnen ist.

---

1) Einzelheiten zu dieser für dynamische Pensionsverpflichtungen wichtigen Regelung sind in Abschn B.I.4.4.3.1 enthalten.
2) Zum Begriff der Wartezeit vgl. Abschn. B.I.3.2
3) Vgl. Stuhrmann, G., (Anmerkung 1984), BB 1984, S. 832
4) Vgl. Heubeck, G. / Fischer, K., (Hauptband Richttafeln 1959)
5) Vgl. BMF-Schreiben vom 9. 4. 1984 - IV B 1 - S 2176 - 42 / 84, BB 1984, S. 832
6) Vgl. Heubeck, K., (Richttafeln 1983)
7) Vgl. Heubeck, K. / Engbroks, H., (Übergang 1984), BB 1984, S. 1161
8) Zu Einzelheiten vgl. statt vieler Höfer, R. / Abt, O., (Kommentar 1984), Rdnr. 310 - 352 zu § 6a EStG
9) Mit dem steuerrechtlichen Passivierungswahlrecht ist das steuerrechtliche Nachholverbot verbunden; grundsätzlich dürfen früher unterlassene Zuführungen nicht in späteren Wirtschaftsjahren nachgeholt werden. Vgl. Heubeck, G., in: Rau, H.-G. / Heubeck, G. / Höhne, G., (Kommentar 1978), Rdnr. 515 zu § 19 Nr. 3 BetrAVG (= § 6a EStG)
10) Unter den im Gesetz beschriebenen Voraussetzungen darf die Maximalzuführung gedrittelt und mit je einem Drittel auf das betroffene und die beiden folgenden Wirtschaftsjahre verteilt werden.
11) Eine Nachholung ist in demjenigen Wirtschaftsjahr möglich, in dem der Versorgungsfall eintritt oder der Pensionsanwärter mit unverfallbarer Anwartschaft ausgeschieden ist.
12) Nach Stuhrmann kommt die in § 5 Abs. 1 EStG verankerte Maßgeblichkeit der Handelsbilanz für die Steuerbilanz in der Ansatzfrage voll zum Tragen. "Da § 5 Abs. 5 einen Bewertungsvorbehalt macht und § 6a EStG hinsichtlich der Bewertung der Verpflichtung in der Steuerbilanz eine eigenständige Regelung enthält, ist diese steuerrechtlich maßgebend." Vgl. m.w.N. Stuhrmann, G., (Steuerrechtliche Auswirkungen 1986), BB 1986, S. 2239 - 2242, insbesondere S. 2239 f.
13) Vgl. dazu die Abb. 2 in Schulte, K.-W., (Berichterstattung 1984), BB 1984, S. 2101
14) Vgl. Abschn. B.I.2.1.3

Übersicht 3: Schwerpunkte bei der Bildung von Pensionsrückstellungen gemäß § 6a EStG

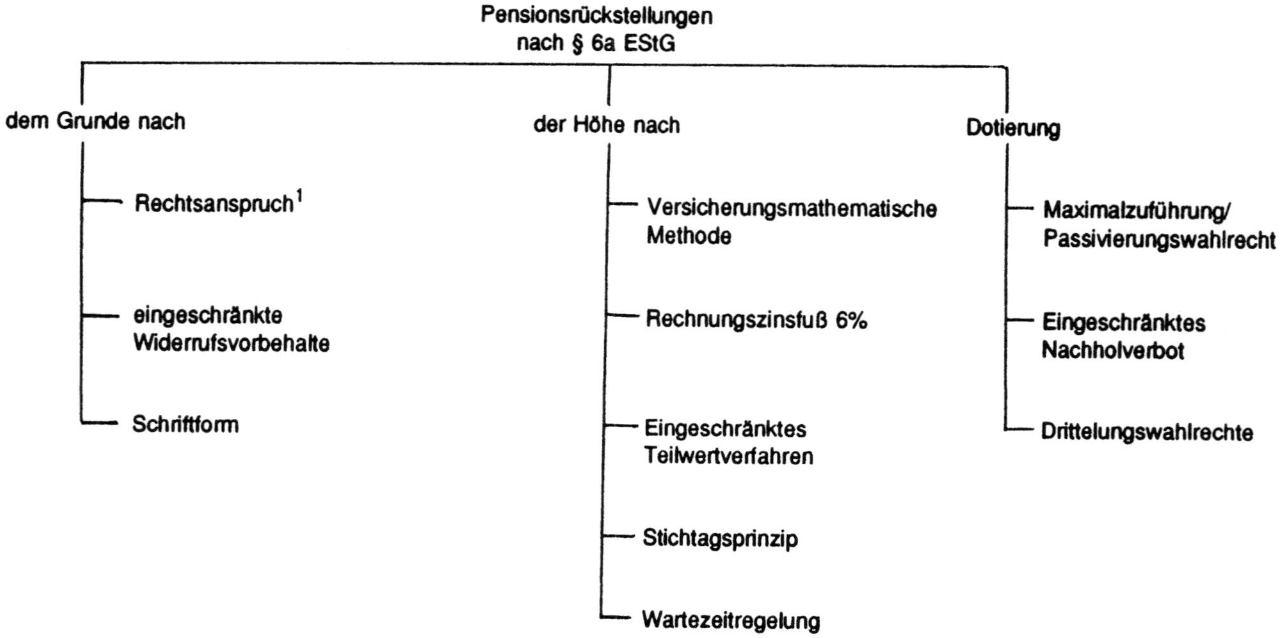

1) Aufgrund eines Dienstverhältnisses oder eines anderen Rechtsverhältnisses nach § 6a Abs. 5 EStG

Die weitreichende Bedeutung des § 6a EStG ergab sich freilich schon vor der Verabschiedung des Bilanzrichtlinien-Gesetzes durch seine Rückwirkung auf die Handelsbilanz; aus der nach § 5 Abs. 1 EStG gebotenen Maßgeblichkeit der Handelsbilanz[1] wird in der Praxis bei der Bewertung von Pensionsverpflichtungen vielfach eine Umkehrung der Maßgeblichkeit.

Eine von Schulte "durchgeführte empirische Untersuchung der Geschäftsberichte deutscher Aktiengesellschaften zeigt, daß die in der Handelsbilanz ausgewiesenen Pensionsrückstellungen nahezu ausschließlich nach dem Teilwertverfahren bewertet werden"[2], wobei aber nicht "unbedingt in allen Einzelheiten den steuerlichen Regelungen des § 6a EStG"[3] gefolgt wird.

Ferner geht aus einer weiteren, ebenfalls von Schulte durchgeführten empirischen Untersuchung der Geschäftsberichte von 94 großen[4] Aktiengesellschaften für das Geschäftsjahr 1982 bzw. 1981/82 hervor, daß 73 von 90 Unternehmen, also ca. 81%, die in Abschnitt A.I.4 genannte Erhöhung des steuerlichen Rechnungszinsfußes von 5,5% auf 6% bzw. von 3,5% auf 4% in Berlin(West) auch in der Handelsbilanz mitvollzogen haben[5]. Die am häufigsten angeführte Begründung hierfür ist die "angestrebte Identität zwischen handels- und steuerrechtlichen Wertansätzen"[6]. Die Aussagen von Schulte stimmen damit im Kern mit den Untersuchungsergebnissen von Held zum "Bilanzierungsverhalten deutscher Industrieaktiengesellschaften nach der Zinssatzänderung"[7] überein.

Wenn aber bereits bei den großen Aktiengesellschaften weit überwiegend die Umkehrung der Maßgeblichkeit zu beobachten ist, so scheint die Schlußfolgerung zulässig, daß bei kleineren Unternehmen mit entsprechend geringeren Möglichkeiten im Verwaltungs- bzw. Finanzbereich eher ein höherer Anteil die Umkehrung der Maßgeblichkeit praktiziert. Als Normalfall kann daher ein in der Handels- wie in der Steuerbilanz übereinstimmender Wertansatz gemäß § 6a EStG angesehen werden[8].

Auch wenn im Hinblick auf das neue Handelsrecht die These von Küting / Weber: "Der Anteil jener Unternehmen, der eine Handelsbilanz und eine Steuerbilanz aufstellt, wird erheblich zunehmen"[9] künftig bestätigt werden sollte, so bleibt abzuwarten, inwieweit bei der Bewertung von Pensionsverpflichtungen eine unterschiedliche Vorgehensweise in der Handelsbilanz und in der Steuerbilanz zu verzeichnen sein werden.

2.3 Zusammenfassung

Pensionszusagen sind Bestandteile der zugrundeliegenden Arbeitsverhältnisse; neben dem

---

1) Vgl. Knobbe-Keuk, B., (Steuerrecht 1991), S. 17 - 28; im Zusammenhang mit betrieblichen Versorgungsverpflichtungen vgl. m.w.N. Bullinger, M., (Einfluß 1991), DB 1991, S. 2397 - 2401

2) Schulte, K.-W., (Berichterstattung 1984), BB 1984, S. 2100

3) Schulte, K.-W., (Rechnungszinsfußerhöhung 1985), BB 1985, S. 703

4) Vgl. Schulte, K.-W., ebd., S. 704 f.

5) Vgl. Schulte, K.-W., ebd., S. 706 f.

6) Vgl. ebd., S. 708. Ein gewichtiges Argument dürfte der Aufwand für eine Doppelbewertung darstellen: vgl. dazu m.w.N. zur Umkehrung der Maßgeblichkeit bei Pensionsrückstellungen Hardes, W., (Bilanzpolitik 1984), S. 108 - 113, insbesondere S. 110; vgl. auch allgemeiner zur "Einheitsbilanz": Stollenwerk, A., (Steuerbilanzpolitik 1987), DB 1987, S. 1059

7) Vgl. Held, T., (Bilanzierungsverhalten 1985), ZfB 1985, S. 59 - 68, insbesondere S. 67

8) "Die meisten Steuerpflichtigen erstellen aus Vereinfachungsgründen eine Einheitsbilanz, die zugleich den steuerlichen und handelsrechtlichen Vorschriften Genüge leisten soll." Vgl. m.w.N. Henscheid, M., (Maßgeblichkeit 1992), BB 1992, S. 1247

9) Vgl. Küting, K. / Weber, C.-P., (Neues Bilanzrecht 1987), DB 1987, S. 6

konkreten Inhalt[1] der Pensionszusage sind für die tatsächliche künftige Inanspruchnahme des verpflichteten Unternehmens die arbeitsrechtlichen Rahmenbedingungen von Bedeutung, insbesondere die im Betriebsrentengesetz geregelte Unverfallbarkeit, flexible Altersgrenze, Insolvenzsicherung und Anpassung.

Dem Charakter der Pensionszusagen als langfristigen unsicheren Verpflichtungen trägt die handelsrechtliche Behandlung als ungewisse Verbindlichkeit Rechnung. Handelsrechtlich ist mit dem Inkrafttreten des Bilanzrichtlinien-Gesetzes die Passivierungspflicht für alle ab dem 1.1.1987 erteilten Pensionszusagen gegeben; für früher erteilte "Altzusagen" bleibt es auch künftig bei dem bisherigen Passivierungswahlrecht. Ein steuerrechtliches Bewertungsverfahren ist in § 6a EStG verankert; die besonderen Bewertungsvorschriften des § 6a EStG wurden bisher in der Praxis meist auch für die handelsrechtliche Bewertung übernommen.

Die unterschiedlichen rechtlichen Aspekte greifen in der Realität ineinander über und lassen sich oft nicht klar trennen. In Übersicht 4 wird versucht, die verschiedenen Gesichtspunkte und Zusammenhänge in wesentlichen Komponenten zusammenzustellen. Dabei soll auch die Wechselwirkung[2] der drei Rechtsgebiete einerseits und der gesamtwirtschaftlichen Lage andererseits angedeutet werden.

Für das einzelne Unternehmen sind regelmäßig[3] sowohl die gesamtwirtschaftliche wie auch die rechtliche Lage als nicht beeinflußbare Umweltbedingungen vorgegeben. Dagegen steht innerhalb des rechtlichen Rahmens, insbesondere unter Beachtung des Mitbestimmungsrechts[4], die Gestaltung des materiellen Inhalts von Pensionszusagen bei deren Einführung völlig und bei deren Änderung mit den genannten Einschränkungen[5] zur Disposition des Unternehmens.

3. *Inhaltliche Ausgestaltung von Pensionszusagen*

Während es für die Betrachtung von Pensionszusagen unter rechtlichen Gesichtspunkten fast[6] völlig ausreichte, von der abstrakten Definition der Pensionszusage als "Leistungsversprechen des Unternehmens für den Versorgungsfall" auszugehen, soll nunmehr die konkretere inhaltliche Ausgestaltung von Pensionszusagen untersucht werden.

---

1) Vgl. Abschn. B.I.3
2) Zum Einfluß rechtlicher Bestimmungen auf die wirtschaftliche Entwicklung und zur Rückwirkung der wirtschaftlichen Gegebenheiten auf die rechtlichen Rahmenbedingungen vgl. Fritzsche, H.-A., (Altersversorgung 1983), DB 1983, Beilage Nr. 3; Meilicke, H., (Kürzung 1983), BB 1983, S. 73 - 79; ders., (Versicherungsschutz 1983), DB 1983, S. 2197 - 2199; Sieg, K., (Alterssicherung 1984), BB 1984, S. 2013 - 2015
3) Ausnahmen mögen für sehr große Unternehmen in Frage kommen, denen volkswirtschaftliche Bedeutung zugemessen wird.
4) "Wegen der mitbestimmungsfreien Räume des Arbeitgebers steht dem Betriebsrat nur ein "Teilmitbestimmungsrecht" zu ... . Der Betriebsrat hat aber vor allem bei der Leistungsplangestaltung mitzubestimmen". Vgl. Höfer, R. / Reiners, S. / Wüst, H., (Kommentar 1992), ART, Rdnr. 798
5) Vgl. Abschn. B.I.2.1.4
6) Die Erwähnung des Begriffs "Wartezeit" in § 6a Abs. 3 EStG stellt einen Vorgriff auf die technischen Einzelheiten der Ausgestaltung von Pensionszusagen dar.

Übersicht 4: Pensionszusagen im Spannungsfeld des rechtlichen und wirtschaftlichen Rahmens

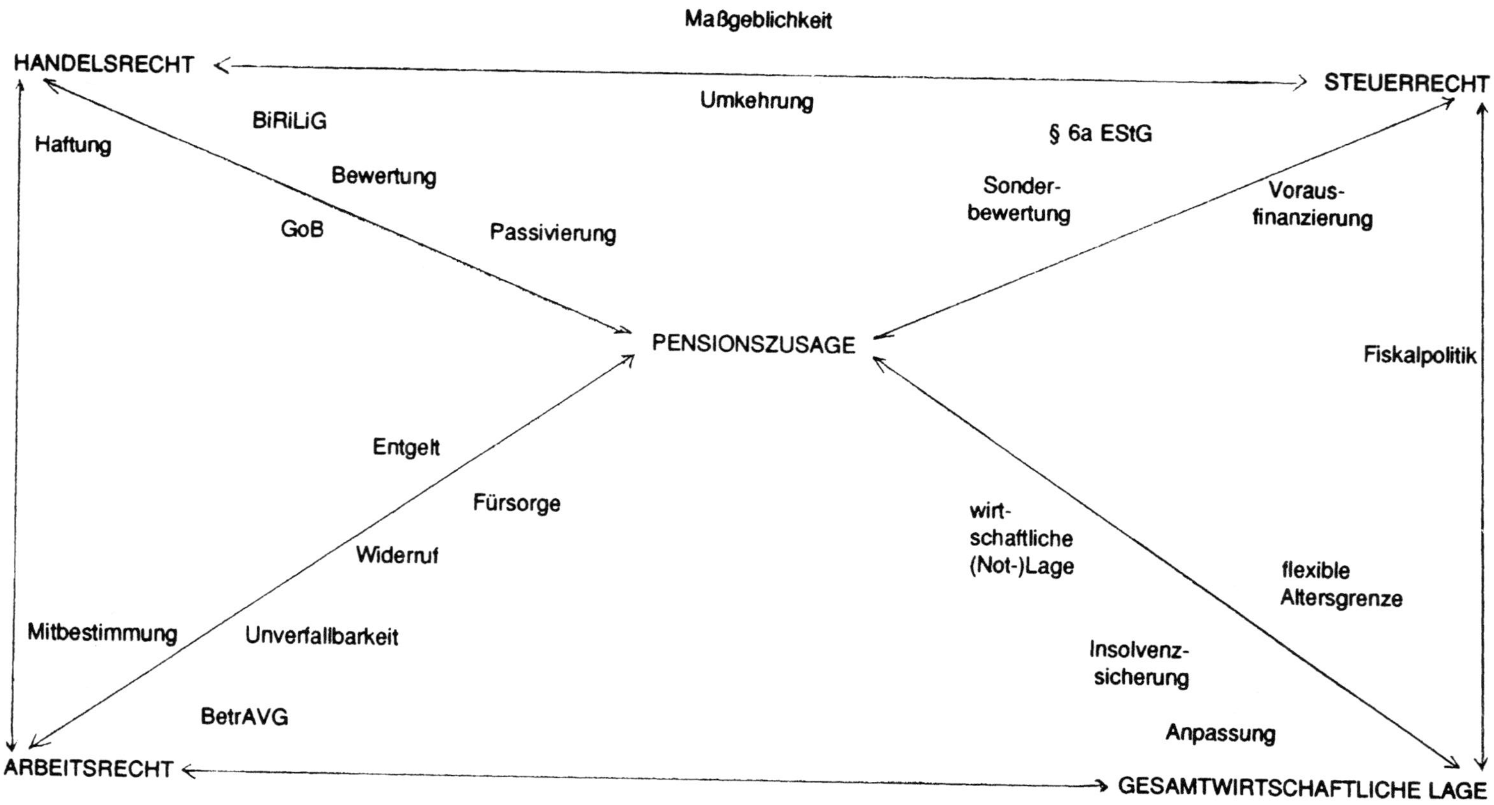

Dabei wird jedoch ein verminderter, auf die angestrebte Modellkonstruktion[1] ausgerichteter Abstraktionsgrad beibehalten werden; explizite Muster-Pensionszusagen finden sich im Schrifttum[2].

3.1 Kriterien der Leistungsgestaltung

Auch innerhalb der arbeitsrechtlichen Grenzen[3], insbesondere der Mindestnormen des Betriebsrentengesetzes, stehen dem Unternehmen beliebig viele Möglichkeiten zur konkreten Ausgestaltung von Pensionszusagen[4] offen.

Diese Vielfalt läßt sich mit Hilfe der folgenden Kriterien[5] ordnen:

- nach Leistungs a r t e n werden die Versorgungsleistungen unterteilt in

  - Alters-,
  - Invaliditäts-,
  - Hinterbliebenenleistungen.

- die Leistungs f o r m e n beinhalten zum einen den Leistungsgegenstand in Form von Geld-, Sach- oder Nutzungsleistungen, und zum anderen die zeitliche Komponente der Leistungen, deren extreme Erscheinungsformen die Renten bzw. Kapitalleistungen sind, und deren Zwischenstufen in abgekürzten Leibrenten bzw. Zeitrenten bestehen können.

- die Leistungs v o r a u s s e t z u n g e n enthalten Mindestbedingungen für die Gewährung von Versorgungsleistungen und für jede der vorgesehenen Leistungsarten die Bedingungen für den Eintritt des Versorgungsfalles, d.h. für das Entstehen des Anspruchs auf die jeweilige Leistungsart.

- schließlich bemißt sich die Leistungs h ö h e je nach Leistungsart und Leistungsform nach sog. Bemessungsgrundlagen; letztere können von der Dauer der Betriebszugehörigkeit abhängen, ebenso ist denkbar, daß die Bemessungsgrundlagen am letzten Einkommen bzw. an einem drei- oder fünfjährigen Durchschnitt des Einkommens vor Eintritt des Versorgungsfalles orientiert sind. Die Bemessungsgrundlage kann jedoch auch aus

---

1) Für ein investitionsrechnerisches Modell gilt ebenso wie für das der Teilwertberechnung zugrundeliegende Bewertungsmodell, daß gewisse Einzelheiten "wegen Geringfügigkeit (z.B. Wartezeit, Leistungswegfall wegen Treuepflichtverletzung, Wegfall der Witwenrente, wenn die Ehefrau mehr als 20 Jahre jünger ist als der Mann) zum Teil vernachlässigt werden." Vgl. Heubeck, G., (Handbuch 1988 / 1991), S. 28

2) Vgl. Werner, G.-A. / Hagen, W., (Altersversorgung 1989), S. 224 - 233; ABA-Arbeitsgemeinschaft für betriebliche Altersversorgung e.V. (Hrsg.), (Handbuch 1988 / 92), Kapitel E.II; Kemper, K. / Kisters-Kölkes, M., (Altersversorgung 1992), S. 25 - 114

3) Vgl. Abschn. B.I.2.1

4) Die Gestaltungsformen Pensionszusage und Unterstützungskasse sind hierbei durch eine höhere Flexibilität ausgezeichnet als die Gestaltungsformen Direktversicherung und Pensionskasse, deren Träger zusätzlich der Versicherungsaufsicht unterliegen.

5) Vgl. Kolb, R. / Maydell, B. von / Schneider, H.-P. / Zacher, H.F., (Vergleich 1983), S. 29 - 31; Blomeyer, W., in: Blomeyer, W. / Otto, K., (Kommentar 1984), Einleitung, Rdnr. 7 - 24, 224 - 253; Werner, G.-A. / Hagen, W., (Altersversorgung 1989), S. 197 - 207; Ahrend, P. / Förster, W. / Rößler, N., (Steuerrecht 1992), 1. Teil, Rdnr. 133 - 141; Höfer, R. / Reiners, S. / Wüst, H., (Kommentar 1992), ART, Rdnr. 15 - 33 und 503 - 748. Blomeyer verwendet den Begriff "Leistungsarten" für die hier beschriebenen Leistungsformen.

einem festen DM-Betrag bestehen, der sich im Zeitablauf nicht ändert. Typisierend wird hierbei unterschieden zwischen Versorgungsleistungen, bei denen das Leistungsprinzip dominiert und solchen, bei denen das Bedarfsprinzip im Vordergrund steht[1].

- mit den sog. Aufnahme-Voraussetzungen wird der Kreis der begünstigten Personen abgegrenzt.

Da die Aussagekraft eines Rechenmodells wesentlich von der Auswahl der inhaltlichen Ausgestaltung der Pensionszusagen abhängt, werden in den folgenden Abschnitten unter Beachtung der hierzu bis zur zweiten Hälfte der achtziger Jahre veröffentlichten[2] empirischen Untersuchungen[3] aus der Fülle der theoretisch denkbaren Möglichkeiten "typische", d.h. in der Praxis häufig anzutreffende Gestaltungen eines allgemeinen[4] Versorgungswerks herausgearbeitet werden; auf Besonderheiten bei den Pensionszusagen an Gesellschafter-Geschäftsführer oder Arbeitnehmer-Ehegatten[5] sowie bei den Versorgungsregelungen für Leitende Angestellte[6] wird nicht weiter eingegangen.

3.2 Leistungsarten und Leistungsvoraussetzungen bei Pensionszusagen

Zweckmäßigerweise unterscheidet man zwischen allgemeinen Leistungsvoraussetzungen, die für jede Leistungsart gelten, und den zu jeder Leistungsart gehörigen besonderen Leistungsvoraussetzungen. Für Altersleistungen besteht die spezielle Leistungsvoraussetzung in der Vollendung des in der Pensionszusage festgelegten Endalters (Altersgrenze).

In Anlehnung an die gesetzliche Rentenversicherung waren bis in die Mitte der siebziger Jahre die Altersgrenzen von 65 bzw. 60 Jahren für Männer bzw. Frauen überwiegend[7] anzutreffen. Seitdem mit § 6 BetrAVG die erstmals durch das Rentenreformgesetz vom 16. 10. 1972[8] eingeführte Vorverlegung der Altersgrenze[9] in der gesetzlichen Rentenversicherung unmittelbare Auswirkungen auf die betriebliche Altersversorgung hat, sind die Unternehmen mehr und mehr dazu übergegangen, von vorneherein den vorzeitigen Bezug von Altersrente in ihren Pensionszusagen zu berücksichtigen.

---

1) Vgl. Blomeyer, W., ebd., Rdnr. 247
2) Die 1990 erschienene detaillierte Erhebung zur betrieblichen Altersversorgung in Bayern im Jahre 1988 sowie die 1992 veröffentlichte "ASID '86" konnten für die Konzeption des Rechenmodells nicht mehr berücksichtigt werden; sie enthalten jedoch interessante Vergleichsergebnisse. Vgl. Ahrend, P. / Förster, W. / Walkiewicz, N., (Situationsanalyse 1990); Infratest Sozialforschung, (Alterssicherung 1986 / 92)
3) Details zur Leistungsgestaltung sind insbesondere in einer Zusatzbefragung zur betrieblichen Altersversorgung enthalten, die im Zusammenhang mit den von Infratest Sozialforschung vorgelegten Ergebnissen aus dem Forschungsprojekt "Grunddaten zur Entwicklung von Lebenslagen" vorgenommen wurde. Vgl. Frank, G., (Zusatzbefragung 1983), S. 8, 15 - 17
4) Die Gesamtbelegschaft oder zumindest eine größere Gruppe von Mitarbeitern soll von diesem "allgemeinen" Versorgungswerk erfaßt werden. Dabei spielt es für die vorliegende Untersuchung keine Rolle, ob es sich um eine vertragliche Einheitsregelung, eine Gesamtzusage oder eine durch Betriebsvereinbarung oder Tarifvertrag begründete Pensionszusage handelt.
5) Vgl. dazu Werner, G.-A. / Hagen, W., (Altersversorgung 1989), S. 179 - 196; Heubeck, K., (Geschäftsführer 1991), S. 36 - 38, 44 - 53, 69 - 75, 114 - 125
6) Vgl. m.w.N. Ahrend, P., (Merkmale 1980), S. 39, 46 f., 48 f., 54; Beratungs-GmbH für Altersversorgung Steuerberatungsgesellschaft Dr. Dr. Ernst Heissmann und Deutsches Institut für Betriebswirtschaft e.V. (Hrsg.), (Altersversorgung 1989)
7) Vgl. Sieber, R. / Schmahl, D., (Pensionspläne 1970), BB 1970, S. 539 f.
8) BGBl. I 1972, S. 1965
9) Vgl. § 1248 RVO, § 25 AVG

Nach den Berechnungen von Frank[1] sahen im Jahre 1980 / 81 94,5% der Pensionszusagen den Altersrentenbezug ab Alter 63 und 85,9% der Pensionszusagen ab Alter 60 "(wenngleich dann mit eingebauten Kürzungen)"[2] vor. Für die Modellrechnung wurde daher eine feste Altersgrenze[3] von 63 bzw. 60 Jahren für Männer bzw. Frauen festgelegt[4].

Vorzeitige, d.h. vor Erreichen der Altersgrenze einsetzende Leistungen an den begünstigten Arbeitnehmer sind meist[5] für den Fall des Eintritts der Invalidität vorgesehen. Der Begriff "Invalidität" ist auslegungsbedürftig[6], so daß in Pensionszusagen in aller Regel auf Begriffe wie Arbeitsunfähigkeit[7], Dienstunfähigkeit oder - in den meisten Fällen - Berufs- und/oder Erwerbsunfähigkeit im Sinne der gesetzlichen Rentenversicherung[8] Bezug genommen wird. Die speziellen Leistungsvoraussetzungen des Invaliditätsfalls sehen im Regelfall den Nachweis des in der Pensionszusage umschriebenen Leistungsfalles durch den begünstigten Arbeitnehmer vor.

Hinterbliebenenleistungen werden durch den Tod des Begünstigten ausgelöst. Der begünstigte Kreis der Hinterbliebenen ist in der Pensionszusage abzugrenzen; im Normalfall[9] werden die überlebende Witwe und/oder die hinterbliebenen Waisen begünstigt.

Auch bei Pensionszusagen wurden bis Mitte der achtziger Jahre Leistungen an den überlebenden Witwer - wenn überhaupt - meist in Anlehnung an die gesetzliche Rentenversicherung nur dann gewährt, wenn die verstorbene Ehefrau den Unterhalt der Familie überwiegend bestritten hatte[10]. Nachdem die dem Gesetzgeber vom Bundesverfassungsgericht im Jahr 1975[11] auferlegte Neuregelung der Hinterbliebenenversorgung in der gesetzlichen Rentenversicherung unter dem Gesichtspunkt der Gleichbehandlung von Mann und Frau im Jahre 1985[12] erfolgt

---

1) Vgl. Frank, G., (Zusatzbefragung 1983), S. 37 und Tabelle 12, S. 38a

2) Vgl. Frank G., ebd., S. 37

3) Diese Wahl der festen Altersgrenzen stellt auf das für die gesetzliche Rentenversicherung in § 1248 Abs. 1 RVO enthaltene flexible Altersruhegeld ab 63 Jahren sowie das in § 1248 Abs. 3 RVO vorgesehene vorgezogene Altersruhegeld ab 60 Jahren für Frauen ab. Nach dem Inkrafttreten des Rentenreformgesetzes 1992 würde man wohl eine einheitliche feste Altersgrenze für Männer und Frauen von 65 (oder 62) Jahren mit einem Abschlag bei vorzeitigem Bezug von Altersrente vorsehen. Zur Problematik unterschiedlicher Altersgrenzen für Männer und Frauen vgl. Griebeling, G., (Bestandsschutz 1992), S. 216 - 219

4) Damit kommen die mit § 6 BetrAVG zusammenhängenden Fragestellungen im Hinblick auf den unsicheren Zeitpunkt des Rentenbeginns und die davon abhängige Rentenhöhe nur begrenzt zum Tragen, da vorzeitige Fälle von Altersrente nur bei anerkannten Schwerbehinderten sowie bei Berufs- oder Erwerbsunfähigen nach § 1248 Abs. 1 RVO und bei Arbeitslosen unter den Bedingungen des § 1248 Abs. 2 RVO auftreten können.

5) Ansonsten handelt es sich um Abfindungszahlungen oder Übergangsgelder, bei denen es zweifelhaft ist, ob sie zur betrieblichen Altersversorgung zählen. Vgl. Höfer, R. / Abt, O., (Kommentar 1982), Arb.Gr., Rdnr. 20 f., 62; Blomeyer, W., in: Blomeyer, W. / Otto, K., (Kommentar 1984), Einleitung, Rdnr. 16

6) Vgl. Blomeyer, W., ebd., Rdnr. 229

7) Klarheit herrscht hier nur, sofern die präzisen Begriffe "Arbeitsunfähigkeit i.S. von § 182 RVO" oder die beamtenrechtliche "Dienstunfähigkeit i.S. von § 26 BRRG, § 42 BBG" verwendet werden. Falls nur von "Arbeitsunfähigkeit" oder "Dienstunfähigkeit" gesprochen wird, ist meist eine Auslegung des Begriffs erforderlich. Vgl. Blomeyer, W., ebd., Rdnr. 229

8) §§ 1246 f. RVO, §§ 23 f. AVG; ab 1. 1. 1992 §§ 43 f. SGB VI

9) Vgl. Höfer, R. / Abt, O., (Kommentar 1982), Arb.Gr., Rdnr. 297; Blomeyer, W., in: Blomeyer, W. / Otto, K., (Kommentar 1984), Einleitung, Rdnr. 232 f.

10) § 1266 RVO, § 43 AVG

11) Urteil vom 12. 3. 1975 - 1 BvL 15 / 71, 19 / 71, 32 / 73; 1 BvR 297 / 71, 315 / 71, 407 / 72, 37 / 73, DB 1975, S. 598 - 601

12) Gesetz zur Neuordnung der Hinterbliebenenrenten sowie zur Anerkennung von Kindererziehungszeiten in der gesetzlichen Rentenversicherung (Hinterbliebenenrenten- und Erziehungszeiten-Gesetz

war, mußten auch die Unternehmen mit betrieblicher Altersversorgung diesem Gesichtspunkt Rechnung tragen[1].

Als besondere Leistungsvoraussetzungen kommen bei Hinterbliebenenleistungen eine Mindestdauer der Ehe mit dem begünstigten Arbeitnehmer, etwa 5 oder 10 Jahre, oder ein bestimmtes Mindestalter des verstorbenen Arbeitnehmers oder seines hinterbliebenen Ehegatten in Frage. Häufig sind auch leistungsausschließende Klauseln anzutreffen, etwa Freitod-, Spätehen-, Getrennt-Lebens-, Scheidungs- und Wiederverheiratungsklauseln[2].

Alters-, Invaliditäts- und Hinterbliebenenleistungen können einzeln und kombiniert zugesagt werden. Die beiden amtlichen Erhebungen[3] aus dem Jahre 1973 und 1976 enthalten ebensowenig Angaben über die Verbreitung der Leistungsarten wie die aus der Arbeitskostenerhebung 1981 abgeleitete Auswertung von Kaukewitsch[4]. In der Auswertung von Sieber / Schmahl aus dem Jahr 1970 werden - allerdings für alle Gestaltungsformen der betrieblichen Altersversorgung - folgende Angaben[5] zur Verbreitung der Leistungsarten gemacht:

Altersleistungen:	100%
Invaliditätsleistungen:	80%
Witwenleistungen:	90%
Waisenleistungen:	ca. 50%

Die Auswertung von Frank war offenbar[6] auf die Teilgesamtheit der begünstigten Arbeitnehmer mit betrieblichen Altersleistungen beschränkt. Für die übrigen Leistungsarten wurden folgende Häufigkeiten[7] speziell für die Gestaltungsform Pensionszusage ermittelt:

Invaliditätsleistungen:	91,9%
Witwenleistungen:	87,5%
Waisenleistungen:	64,1%
Elternleistungen:	0,0%
Geschiedenenleistungen:	3,8%

Als Leistungsarten sollten demnach in einem nicht atypischen Modell Alters-, Invaliditäts-, Witwen/Witwer- und wohl auch Waisenleistungen Berücksichtigung finden; in der vorliegenden Arbeit wurde auf die Einbeziehung von Waisenleistungen verzichtet, da zum einen die formelmäßige Modellerweiterung die Klarheit der Darstellung beeinträchtigen würde und da zum anderen von der Größenordnung der Waisenleistungen her und im Hinblick auf das Untersuchungsobjekt "Anpassung von über Jahrzehnte hinweg laufenden Leistungen" eine grundsätzliche Änderung der Untersuchungsergebnisse nicht zu erwarten ist.

- HEZG) vom 11. 7. 1985, BGBl. I 1985, S. 1445

1) Vgl. ausführlich Ahrend, P. / Beucher, D. / Förster, W., (Hinterbliebenenversorgung 1985), DB 1985, Beilage Nr. 22; Hanau, P. / Preis, U., (Rückwirkung 1991), DB 1991, S. 1276 - 1278
2) Vgl. Blomeyer, W., in: Blomeyer, W. / Otto, K., (Kommentar 1984), Einleitung, Rdnr. 234; Höfer, R. / Reiners, S. / Wüst, H., (Kommentar 1992), ART, Rdnr. 649 - 663
3) Vgl. Berié, H. / Wiese, M., (Altersversorgung 1975), S. 173 - 180; Berié, H., (Statistische Ergebnisse 1978), S. 135 - 140, 179 - 181
4) Vgl. Kaukewitsch, P., (Verbreitung 1984), WiSta 1984, S. 705 - 714
5) Vgl. Sieber, R. / Schmahl, D., (Pensionspläne 1970), BB 1970, S. 539
6) Dies kann aus der Art der Fragestellung gefolgert werden: vgl. Frage 19 im Fragebogen der Zusatzerhebung, in: Frank, G., (Zusatzbefragung 1983), S. 60
7) Vgl. Tabelle 11a in: Frank, G., ebd., S. 38

Zusätzlich zu den speziellen Leistungsvoraussetzungen müssen noch die "allgemeinen", da für jede Leistungsart geltenden Leistungsvoraussetzungen erfüllt sein. Hierzu[1] zählt in der Regel die Erfüllung einer Wartezeit, die auch aus der Beamtenversorgung[2] und aus der gesetzlichen Rentenversicherung[3] bekannt ist. Die Wartezeit bedeutet eine für die Leistungsgewährung erforderliche Mindestbetriebszugehörigkeit; tritt der Versorgungsfall vor Ablauf der Wartezeit ein, so entsteht kein Anspruch auf Versorgungsleistungen. Üblich sind Wartezeiten zwischen 5 und 15 Jahren[4].

Wie eine vom Eintrittsalter abhängige, also variable Wartezeit wirkt die Leistungsvoraussetzung, bei der ein Leistungsanspruch nur entsteht, wenn der Versorgungsfall nach Vollendung eines bestimmten Lebensalters eintritt. Umgekehrt ist es möglich, die Wartezeit selbst erst ab der Vollendung eines bestimmten Lebensalters beginnen zu lassen. Falls beispielsweise eine 5-jährige Wartezeit frühestens mit der Vollendung des 25. Lebensjahres beginnt, so können Versorgungsleistungen frühestens aufgrund des Eintritts eines Versorgungsfalles nach Vollendung des 30. Lebensjahres ausgelöst werden. Die in diesem Beispiel erläuterte Regelung soll den Untersuchungen der Arbeit zugrunde gelegt werden.

Eine weitere, regelmäßig anzutreffende allgemeine Leistungsvoraussetzung ist die Bedingung, daß der begünstigte Arbeitnehmer bei Eintritt des Versorgungsfalles in den Diensten des zusagenden Unternehmens steht, zumindest[5] bis zur Erfüllung der Unverfallbarkeitsvoraussetzungen des § 1 BetrAVG. Nur selten verzichten die Unternehmen auf eine derartige Verfallklausel und sagen dem begünstigten Arbeitnehmer eine über die gesetzliche Mindestnorm hinausgehende vertragliche Unverfallbarkeit zu. Im folgenden soll daher stets vorausgesetzt werden, daß diejenigen Begünstigten, die vor Erfüllung der Fristen für die gesetzliche Unverfallbarkeit aus dem Unternehmen ausscheiden, ihre Pensionsanwartschaft verlieren.

3.3 Leistungsformen bei Pensionszusagen

Als Beispiele für Sachleistungen werden im Schrifttum[6] Bier- oder Kohledeputate genannt, als Beispiel für Nutzungsleistungen das Wohnrecht in einer Werkswohnung. Überwiegend[7] dürfte jedoch der Leistungsgegenstand von Pensionszusagen in Geldleistungen bestehen, die nicht zweckgebunden, etwa für Wohnungsmiete oder Krankenkassenbeiträge gewährt werden. Hiervon soll im folgenden ausgegangen werden.

---

1) Im Fall unterschiedlicher Wartezeiten für die verschiedenen Leistungsarten zählen die Wartezeiten zu den speziellen Leistungsvoraussetzungen.
2) § 4 BeamtVG sieht eine Wartezeit von 5 Jahren vor; sie gilt einheitlich für alle Leistungsarten.
3) Die gesetzliche Rentenversicherung kennt unterschiedliche Wartezeiten: sie betragen für Renten wegen Berufs- oder Erwerbsunfähigkeit oder wegen Vollendung des 65. Lebensjahres sowie für die Hinterbliebenenrenten 5 Jahre, für flexible und vorgezogene Altersrenten 35 bzw. 15 Jahre. Vgl. §§ 1246 Abs. 3, 1247 Abs. 3, 1248 Abs. 7, 1262 Abs. 2 RVO; ab 1.1.1992 § 50 SGB VI
4) Vgl. Sieber, R. / Schmahl, D., (Pensionspläne 1970), BB 1970, S. 539; Frank, G., (Zusatzbefragung 1983), S. 40
5) Sobald die Voraussetzungen für die Aufrechterhaltung der Anwartschaft gemäß § 1 BetrAVG erfüllt sind, ist eine weitergehende Verfallklausel unwirksam. Vgl. Höfer, R. / Abt, O., (Kommentar 1982), Rdnr. 4 zu § 1; Blomeyer, W., in: Blomeyer, W. / Otto, K., (Kommentar 1984), Einleitung, Rdnr. 227, und Rdnr. 5 zu § 1
6) Vgl. im einzelnen Höhne, G., in: Heubeck, G. / Höhne, G. / Paulsdorff, J. / Weinert, W., (Kommentar 1982), Rdnr. 13 zu § 1; Blomeyer, W., in: Blomeyer, W. / Otto, K., (Kommentar 1984), Einleitung, Rdnr. 9 und 242; Höfer, R. / Reiners, S. / Wüst, H., (Kommentar 1992), ART, Rdnr. 29 - 33
7) Vgl. Höfer, R. / Reiners, S. / Wüst, H., ebd., Rdnr. 25

Die zeitliche Komponente der Leistungsgewährung betrifft die Fragen, wann und in wievielen Teilbeträgen die Leistungen fällig werden, und bis wann sie gewährt werden sollen. Prinzipiell kann hierbei je nach der Leistungsart differenziert werden. Entsprechend dem Versorgungscharakter der betrieblichen Altersversorgung überwiegen wohl[1] bei Alters-, Invaliditäts- und Witwen-/Witwerleistungen die lebenslänglich gewährten periodisch wiederkehrenden Leistungen, ähnlich[2] der Leibrente im Sinne des § 759 BGB.

Die Renten werden häufig ab dem auf den Eintritt des Versorgungsfalles folgenden Monat gewährt und dann monatlich[3] fortlaufend bis zum Tode des Versorgungsberechtigten geleistet. Abgesehen von den Waisenrenten trifft man auch[4] abgekürzte Leibrenten[5] und - seltener - Zeitrenten[6] an.

Schließlich kann die Versorgungsleistung auch in einem einmaligen Kapitalbetrag bestehen, der oft - aus Gründen der lohnsteuerlichen Behandlung beim begünstigten Arbeitnehmer - über mehrere Kalenderjahre verteilt ausbezahlt wird.

Statistische Aussagen zur Verbreitung der lebenslänglichen und der abgekürzten Leibrenten bzw. der Zeitrenten sind dem Verfasser nicht bekannt; vielfach richten sich die Erhebungen auf das Merkmal Rentenleistungen versus Kapitalleistungen.

Nach den amtlichen Erhebungen[7] 1976 (1973) wurden im Gesamtbereich der betrieblichen Altersversorgung 92,9% (95,8%) der Leistungen in Form von Rentenzahlungen, und nur 7,1% (4,2%) der Leistungen in Form einer einmaligen Kapitalzahlung gewährt; für Bayern wurden 1988 94,0% bzw. 6,7% ermittelt[8]. In diesen Zahlen sind die bei der Gestaltungsform der Direktversicherung häufig auftretenden Kapitalzahlungen enthalten, so daß innerhalb der Gestaltungsform der Pensionszusage ein wesentlich niedrigerer Anteil der einmaligen Kapitalzahlungen vermutet werden muß[9].

Für die Modellberechnungen sollen einheitlich lebenslänglich laufende, monatlich vorschüssig zahlbare Renten oder einmalige Kapitalbeträge in den Pensionszusagen vorgesehen sein.

3.4 Leistungshöhe und Rentenformeln bei Pensionszusagen

Dieser Abschnitt dient der Auswahl von "Rentenformeln" für die Festlegung der Leistungshöhe bei Eintritt des Versorgungsfalles.

---

1) Vgl. Höfer, R. / Abt, O., (Kommentar 1982), Arb.Gr., Rdnr. 24; Blomeyer, W., in: Blomeyer, W. / Otto, K., (Kommentar 1984), Einleitung, Rdnr. 243; Heubeck, G., (Handbuch 1988 / 1991), S. 11; Ahrend, P. / Förster, W. / Rößler, N., (Steuerrecht 1992), 2. Teil, Rdnr. 6

2) Vgl. Blomeyer, W., ebd., Rdnr. 135; zur Abgrenzung von der Leibrente vgl. Ahrend, P. / Förster, W. / Rößler, N., ebd., Rdnr. 7

3) Die Auszahlung erfolgt vorschüssig oder nachschüssig, meist in Anlehnung an die Zahlungsweise der Aktivenbezüge.

4) Vgl. Höfer, R. / Abt, O., ebd., Rdnr. 28; Blomeyer, W., ebd., Rdnr. 243

5) Dabei werden die Leistungen bis zum Tode des Versorgungsberechtigten, höchstens jedoch bis zu einem von vornherein festgelegten Zeitpunkt gewährt.

6) Hier ist eine feste Zahlungsdauer unabhängig vom Leben des Versorgungsberechtigten vorgesehen; nach dem vorzeitigen Tod des Berechtigten werden die Leistungen entweder an einen vorher bestimmten Hinterbliebenen oder an seine Erben gewährt.

7) Vgl. Berié, H., (Statistische Ergebnisse 1978), Tab. 5 a, S. 138

8) Vgl. Ahrend, P. / Förster, W. / Walkiewicz, N., (Situationsanalyse 1990), S. 89, Tab. 21

9) Vgl. ebd., S. 90

Bei Erteilung einer Pensionszusage ist unsicher, wann welcher Versorgungsfall eintreten wird. Eine Berechnungsvorschrift, die für jeden potentiellen Versorgungsfall die Höhe der zugehörigen Beginnrente angibt, soll als Rentenformel[1] bezeichnet werden. Sofern[2] die Pensionszusage auch Bestimmungen über die Veränderungen der laufenden Renten nach Rentenbeginn enthält, sollen diese ebenfalls als Bestandteil der Rentenformel gelten.

Die Rentenformel steht als Kernpunkt einer Pensionszusage im Spannungsfeld zwischen den wünschenswerten Versorgungszielen einerseits und der langfristigen wirtschaftlichen Leistungsfähigkeit[3] des Unternehmens andererseits; der Grundsatz der Vertragsfreiheit ermöglicht es dem Unternehmen, gerade bei der konkreten Ausgestaltung der materiellen Leistungen die unternehmenseigenen Besonderheiten zu berücksichtigen.

Von der Zielsetzung her können Rentenformeln entweder mehr am Bedarfsprinzip oder stärker am Leistungsprinzip ausgerichtet[4] sein. Ziel des Bedarfsprinzips ist unter Betonung des Fürsorgecharakters der betrieblichen Altersversorgung die Deckung einer Versorgungslücke. Dabei kann freilich die Leistungsgerechtigkeit[5] leiden. Nach dem Leistungsprinzip sollen unter Betonung des Entgeltcharakters der betrieblichen Altersversorgung längere Betriebszugehörigkeiten und / oder höhere Bezüge auch zu höheren, zumindest gleich hohen Versorgungsleistungen führen.

Eine exakte Abgrenzung zwischen bedarfs- und leistungsorientierten Rentenformeln dürfte schwierig[6], wenn nicht unmöglich sein. Zweckmäßig scheint es, von folgender Einteilung auszugehen: von den eher bedarfsorientierten Gesamtversorgungszusagen, bei denen die Leistungen bei Eintritt des Versorgungsfalles mehr oder minder[7] unmittelbar von der Rente aus der gesetzlichen Rentenversicherung abhängen, lassen sich eindeutig diejenigen Rentenformeln abgrenzen, bei denen die Rente aus der gesetzlichen Rentenversicherung für die Höhe der Betriebsrente keine Rolle spielt. Hierbei werden als Hauptmerkmale für die Leistungsbezogenheit einer Rentenformel

- die Dienstzeitabhängigkeit der Beginnrenten, und
- die Bezügeabhängigkeit der Beginnrenten und ggf. der laufenden Renten

unterschieden[8].

---

1) Vgl. Heubeck, G., (Handbuch 1988 / 1991), S. 13, 17 f.

2) Dies dürfte eher die Ausnahme als die Regel sein; vgl. Abschn. B.I.4.5

3) Vgl. Zimmermann, J., (Versorgungsmodelle 1983), S. 109

4) Vgl. Höfer, R. / Abt, O., (Kommentar 1982), Arb.Gr., Rdnr. 327

5) "Für manche Arbeitnehmer - insbesondere für gewerbliche - bieten Gesamtversorgungszusagen, wie sich in der Vergangenheit oft gezeigt hat, viele Nachteile." Vgl. Schoden, M., (Betriebliche Altersversorgung 1986), Rdnr. 187 - 189

6) Das Leistungsniveau vieler im Ergebnis von der gesetzlichen Rentenversicherung unabhängiger Rentenformeln wird durch Überlegungen zur Höhe einer Versorgungslücke beeinflußt. Vgl. Heubeck, G., (Handbuch 1988 / 1991), S. 16 f.; Förster, W., (Möglichkeiten 1992), S. 116 f.

7) Unmittelbar am Bedarfsprinzip orientiert sind diejenigen Rentenformeln, bei denen eine als wünschenswert angesehene Gesamtversorgung (klassisches Beispiel hierfür: die Rentenformel der Beamten in § 14 BeamtVG) unter Anrechnung (= Abzug) der Leistungen der gesetzlichen Rentenversicherung zugesagt wird. Dagegen soll mit einer Limitierung der Gesamtversorgung eine mögliche Überversorgung vermieden werden, indem die - zunächst unabhängigen - betrieblichen Versorgungsleistungen erforderlichenfalls so weit gekürzt werden, daß eine vorgegebene Grenze der Gesamtversorgung nicht überschritten wird. Vgl. Heissmann, E., (Ruhegeldverpflichtungen 1967), S. 7 - 11; Heubeck, G., (Handbuch 1988 / 1991), S. 15 - 17

8) Auch die Begriffe "Zeitfaktor" bzw. "Entgeltfaktor" sind gebräuchlich: vgl. Kolb, R. / Maydell, B. von / Schneider, H.-P. / Zacher, H.F., (Vergleich 1983), S. 39 und 44

Der Prototyp einer dienstzeitunabhängigen Rentenformel besteht in der Zusage eines konstanten DM-Festbetrages (von z.B. 200 DM monatlich) oder eines Festprozentsatzes (von z. B. 10 %) der letzten[1] Bezüge sowohl für die Alters- wie auch für die Invaliditätsleistungen. Typische dienstzeitabhängige Rentenformeln liegen vor, wenn sich die Leistungshöhe für jedes Dienstjahr um Steigerungsbeträge erhöht (um z.B. 7 DM Monatsrente oder um z.B. 0,5% der letzten Monatsbezüge).

Dabei sind alle denkbaren Zwischenformen möglich, etwa die Zusage eines festen DM-Grundbetrages nach Ablauf der Wartezeit (von z.B. 50 DM monatlich), der sich für jedes weitere Dienstjahr um einen festen DM-Steigerungsbetrag erhöht (von z.B. 7 DM monatlich). Analog lassen sich Fest- und Steigerungsprozentsätze bei der Bemessungsgrundlage "letzte Bezüge" kombinieren.

Während die DM-Fest- bzw. Steigerungsbeträge im Zeitablauf unverändert bleiben, hängt die Leistungshöhe bei Bezugnahme auf die letzten Bezüge im Zeitablauf direkt von der Einkommensentwicklung ab; in diesem Fall spricht man von "halbdynamischen" Rentenformeln, wenn die Bindung an die Einkommensentwicklung nur während der Anwartschaftszeit gegeben ist. Orientieren sich die Leistungen auch während der Rentenlaufzeit an der Einkommensentwicklung, so spricht man von "volldynamischen"[2] Rentenformeln.

Im Gegensatz dazu sei eine ausschließlich auf festen DM-Beträgen beruhende Rentenformel als "statisch" bezeichnet. Um den Bezug zur Anwartschaftszeit deutlich zu machen, soll im weiteren anstatt von Halbdynamik bzw. Statik von "Anwartschaftsdynamik" bzw. "Anwartschaftsstatik" gesprochen werden; mit diesen Begriffen werden also nur die Beginnrenten charakterisiert.

Auch hinsichtlich des Kriteriums "Dynamik" gibt es alle denkbaren Zwischenstufen: so entfernt man sich von der Anwartschaftsdynamik, wenn an die Stelle der letzten Bezüge ein mehrere Jahre umfassender Durchschnitt der Jahresbezüge vor Eintritt des Versorgungsfalles als Bemessungsgrundlage der Leistungen tritt, im Extremfall die Durchschnittsbezüge während der gesamten Dienstzeit beim Unternehmen[3]. Ferner sind Kombinationen aus festen DM-Grundbeträgen und bezügeabhängigen, prozentualen Steigerungen denkbar - und umgekehrt[4].

In Übersicht 5 ist die Mannigfaltigkeit der Rentenformeln verdeutlicht, die sich aus den unterschiedlichen Kombinationsmöglichkeiten der Kriterien Dienstzeit-/Bezügeabhängigkeit bzw. Zeit-/ Entgeltfaktor ergibt.

Die bisher beschriebenen Rentenformeln gehören dem Typ der "leistungsorientierten" Zusagen an: die Pensionszusage stellt unmittelbar auf die zu erbringenden Leistungen ab. Hiervon werden

---

1) Exakter: der letzte Monatsbezug bzw. der Monatsdurchschnitt aus dem letzten Jahresbezug vor Eintritt des Versorgungsfalles; vgl. dazu Höfer, R. / Reiners, S. / Wüst, H., (Kommentar 1992), ART, Rdnr. 681 - 684

2) Vgl. Heubeck, G. in: Höhne, G. / Heubeck, G., (Anpassung 1975), S. 131; Riedlbauer, E., (Altersversorgung 1975), S. 19 und 59; Heubeck, G., (Handbuch 1988 / 91), S. 21. Statt "halbdynamisch" wird auch der Begriff „teildynamisch" verwendet: vgl. Höfer, R. / Abt, O., (Kommentar 1982), Arb.Gr., Rdnr. 321

3) Heubeck bezeichnet dies als „viertelautomatisches Prinzip": vgl. Heubeck, G., (Handbuch 1988 / 1991), S. 21. Gebräuchlicher ist die Bezeichnung „Karrieredurchschnittsplan": vgl. Förster, W., (Möglichkeiten 1992), S. 118 f.

4) Weitere bekannte Rentenformeln sind das sog. "Eckwertsystem" sowie das "Versorgungsgruppen-System"; vgl. dazu Förster, W., (Möglichkeiten 1992), S. 119 f.; Höfer, R. / Reiners, S. / Wüst, H., (Kommentar 1992), ART, Rdnr. 690 - 692

Übersicht 5: Faktoren der Leistungsbezogenheit von Rentenformeln

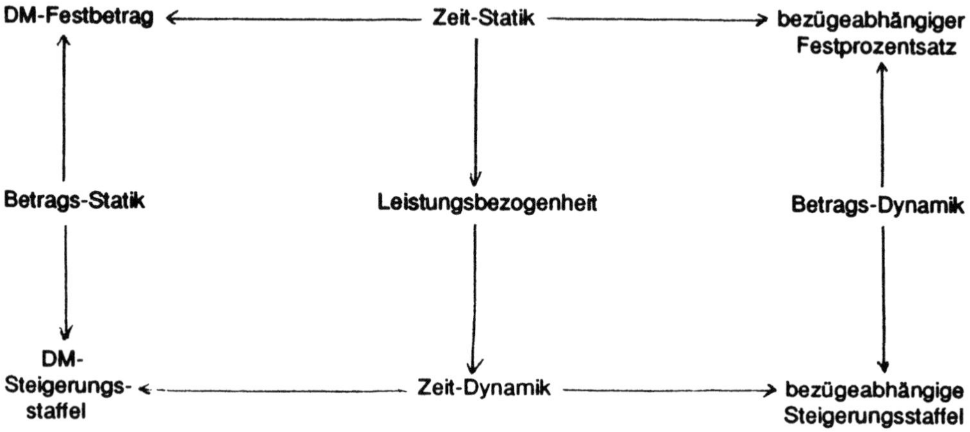

die "beitragsorientierten"[1] Zusagen unterschieden, bei denen anstelle der unmittelbaren Leistungsfestlegung in der Rentenformel diejenigen Beträge vorgegeben werden, aus denen sich erst durch versicherungsmathematische Verrentung die zugehörigen Leistungen ergeben. Unter Hinzunahme der jeweiligen Verrentungstabelle[2] können im Ergebnis auch die beitragsorientierten Zusagen als Variante der leistungsorientierten Zusagen angesehen[3] werden.

Zur Verbreitung der erst seit der zweiten Hälfte der siebziger Jahre verstärkt diskutierten beitragsorientierten Zusagen, Karrieredurchschnittspläne sowie Eckwertsysteme ergab erstmals die Erhebung für Bayern im Jahr 1988, daß bislang weniger als 9% der "erfaßten Unternehmen mit betrieblicher Altersversorgung"[4] derartige Rentenformeln eingeführt haben[4].

Obwohl die bisher durchgeführten Erhebungen zur Erfassung der Gestaltungsvielfalt von Rentenformeln innerhalb der betrieblichen Altersversorgung von der Fragestellung her nicht immer vergleichbar[5] sind, lassen sich zur Verbreitung der einzelnen charakteristischen Merkmale die folgenden, relativ groben Aussagen treffen: die Mehrzahl der Rentenformeln ist

---

1) Ursprünglich wurde auch der Begriff „kostenorientierte Versorgungszusagen" inhaltsgleich verwendet: vgl. Grabner, E.R., (Versorgungsbedarf 1978), DB 1978, S. 2073 - 2080; Grabner, E.R., (Kostenorientierte Direktzusagen 1979), DB 1979, S. 843 - 847; Bode, K.-J. / Grabner, E.R., (Beitragsorientierte Versorgungszusagen 1980), DB 1980, S. 2151 - 2158
2) Vgl. Bode, K.-J. / Grabner, E.R., ebd., S. 2153
3) Vgl. Neuburger, E., (Einkommenstrend 1979), BB 1979, S. 1463
4) Vgl. mit einer Beschreibung der "Leistungssysteme" Ahrend, P. / Förster, W. / Walkiewicz, N., (Situationsanalyse 1990), S. 77 - 83, insbesondere Tab. 16 und 17
5) Beispielsweise wurden in der Erhebung von Infratest Sozialforschung und in der zugehörigen Zusatzbefragung drei unterschiedliche Beschreibungen der Zusagetypen verwendet. Vgl. Infratest Sozialforschung, (Betriebliche Altersversorgung 1983), S. 17 i.V. mit S. 48; Frank, G., (Zusatzbefragung 1983), S. 50 bzw. S. 52 und S. 56

- nicht bezügeabhängig (vermutlich[1] mehr als 60%);
- dienstzeitabhängig (vermutlich[2] mehr als 60%);
- von der gesetzlichen Rentenversicherung unabhängig (vermutlich[3] mehr als 70%).

Dabei sind die jeweiligen Minderheiten ebenfalls nicht unwesentlich repräsentiert. Im Hinblick auf die vorgegebene Frage nach den Auswirkungen der Dynamisierung laufender Betriebsrenten scheint es daher zweckmäßig, die in Übersicht 5 enthaltenen "Eck-Rentenformeln" für Beginnrenten in die Untersuchung[4] mit einzubeziehen; kürzt man die dienstzeitunabhängigen Rentenformeln mit "Typ 1" und die durchgehend dienstzeitabhängigen Rentenformeln mit "Typ 2" ab, so ergeben sich vier Kombinationen:

$$\left.\begin{matrix}\text{Typ 1}\\ \text{Typ 2}\end{matrix}\right\} \times \left\{\begin{matrix}\text{Anwartschaftsstatik}\\ \text{Anwartschaftsdynamik.}\end{matrix}\right.$$

---

1) Die amtlichen Erhebungen 1976 (1973) ergaben einen Anteil der bezügeabhängigen Anwartschaften von 37,5% (37,5%). Vgl. Berié, H., (Statistische Ergebnisse 1978), S. 138, Tab. 5a. Die von Sieber / Schmahl 1970 beobachteten Häufigkeiten für bezügeabhängige Anwartschaften von mehr als 50% werden durch die Ergebnisse der von Infratest Sozialforschung im Sommer 1982 erhobenen Stichprobe unter 66-jährigen männlichen Rentnern nicht bestätigt, wonach mindestens 75% der erfaßten laufenden Renten auf Festbetragszusagen beruhten. Vgl. Sieber, R. / Schmahl, D., (Pensionspläne 1970), BB 1970, S. 540; Infratest Sozialforschung, (Betriebliche Altersversorgung 1983), S. 4 f. und S. 17

2) Nach Sieber / Schmahl waren 1970 mehr als 66% bzw. 68% der Rentenformeln für Anwartschaften von Angestellten bzw. Arbeitern dienstzeitabhängig. Vgl. Sieber R. / Schmahl D., (Pensionspläne 1970), BB 1970, S. 540. In diese Richtung deuten auch die Ergebnisse der vorgenannten Rentner-Stichprobe von Infratest Sozialforschung: diese ergab Anteile von 23% für dienstzeitunabhängige und von 52% für dienstzeitabhängige Festbetragszusagen sowie von 10% für die "Gehaltsabhängige Zusage" und von 6% für die "Gesamtversorgungszusage"; die verbleibenden 9% der Antworten enthielten "Keine Angabe zum Typ der Versorgungszusage". Vgl. Infratest Sozialforschung, (Betriebliche Altersversorgung 1983), S. 17. Zum Wortlaut der erfragten Zusagetypen vgl. ebd., S. 17

3) Sieber / Schmahl konstatierten für die Anwartschaften 1970 einen Anteil der Gesamtversorgungszusagen mit Anrechnung der Renten aus der gesetzlichen Rentenversicherung von 10% und einen Anteil der limitierten Gesamtversorgungszusagen von 20%. Vgl. Sieber, R. / Schmahl, D., (Pensionspläne 1970), BB 1970, S. 540. Der von Frank in der Zusatzbefragung zu der von Infratest Sozialforschung 1980 / 1981 durchgeführten Erhebung für Anwartschaften festgestellte hohe Anteil von knapp 40% für Gesamtversorgungszusagen könnte auf die Fragestellung zurückzuführen sein; nach der Definition der Zusagetypen in der Zusatzbefragung kann nicht ausgeschlossen werden, daß auch Zusagen mit einer Gesamt-Betriebsrente, die sich aus Rententeilen verschiedener Gestaltungsformen der betrieblichen Altersversorgung zusammensetzt, ohne jedoch von der gesetzlichen Rentenversicherung abzuhängen, als Gesamtversorgungszusagen qualifiziert wurden. Vgl. Frank, G., (Zusatzbefragung 1983), S. 8 und S. 30, Tabelle 4, sowie S. 56. Diese Vermutung wird bestätigt in Frank, G., (Betriebliche Altersversorgung 1985), S. 23. Nach der Erhebung für Bayern im Jahr 1988 hatten nur noch weniger als 8% der "erfaßten Unternehmen mit betrieblicher Altersversorgung" ein Gesamtversorgungssystem. Vgl. Ahrend, P. / Förster, W. / Walkiewicz, N., (Situationsanalyse 1990), S. 79 - 83

4) Allerdings soll auf eine unmittelbare Koppelung der Betriebsrente an die individuellen Bezüge verzichtet werden. Die Betrachtung von bezügeabhängigen Rentenformeln setzt die Vorgabe einer Bezüge-Struktur des begünstigten Belegschaftsteils voraus, womit den gewonnenen Aussagen nur noch ein beispielhafter Charakter zukommt. Es scheint daher sinnvoll, statt dessen eine Rentenformel zugrunde zu legen, deren Leistungen zwar nicht bezügeabhängig, aber dennoch an die Bezügedynamik gekoppelt sind.

Der Vollständigkeit halber sei noch erwähnt, daß die Pensionszusagen für jede der zugesagten Leistungsarten eine Berechnungsvorschrift enthalten müssen. Meistens[1] errechnet sich die Höhe der Alters- und Invaliditätsleistungen nach ein und derselben Berechnungsvorschrift, und die Hinterbliebenenleistungen ergeben sich durch Anwendung eines festen[2] Prozentsatzes auf die Leistung, die der begünstigte Arbeitnehmer bei seinem Ableben erhalten hat oder im Falle des Aktiventodes als Invalidenrente erhalten hätte. Hiervon soll im folgenden mit einem Witwen-/ Witwerrentensatz von 60% ausgegangen werden.

Zum Leistungsniveau in der betrieblichen Altersversorgung ergab die von Infratest Sozialforschung 1982[3] durchgeführte Erhebung bei laufenden Betriebsrenten der 66-jährigen Männer (bei kurzfristig laufenden Renten also) einen Durchschnittswert von monatlich 330 DM. Bei den überwiegend festgestellten bezügeunabhängigen Betriebsrenten lag demnach der Mittelwert bei monatlich 250 DM, während der Durchschnittsbetrag bei bezügeabhängigen Betriebsrenten über 700 DM lag[4]. Einmalige Kapitalbeträge ergaben einen Durchschnitt von 12.500 DM[5].

Für bereits länger laufende Betriebsrenten bei "Personen im Alter von 61 bis unter 80 Jahren"[6] ermittelte Infratest Sozialforschung eine Durchschnittsrente von monatlich 362/260/179 DM für Männer/Frauen/Witwen[7] sowie Mittelwerte bei einmaligen Kapitalbeträgen von 9.500/2.700 DM für Männer/Frauen[8].

Mit einer veränderten Abgrenzung des untersuchten Personenkreises[9] ergab die von Infratest Sozialforschung durchgeführte ASID' 86 eine Durchschnittsrente von monatlich 471/204/250 DM für Männer/Frauen/Witwen[9].

Die anhand von Rentenzusagen aufgezeigte Vielfalt bei der Leistungsgestaltung kann unschwer auf Kapitalzahlungen übertragen werden: eine einfache Verknüpfung zwischen Renten- und Kapitalzahlungen ergibt sich dadurch, daß bei vorgegebenen Rechnungsgrundlagen[10] der versicherungsmathematische Barwert von Rentenleistungen als adäquater[11] einmaliger Kapitalbetrag begriffen werden kann, womit Rentenleistungen kapitalisierbar sind bzw. umgekehrt ein Kapitalbetrag verrentet werden kann.

---

1) Dem Verf. sind - allerdings nicht als Regelfall - Zusagen bekannt, in denen für Invaliditäts- und/oder Hinterbliebenenleistungen unterschiedliche Rentenformeln vorgesehen sind. Als Beispiel können diejenigen Pensionszusagen dienen, bei denen sich die Höhe der Invaliditäts- und/oder Witwenleistung bei einer vorgegebenen Rentenformel für die Altersleistungen durch versicherungsmathematische Verrentung des Teilwertes nach § 6a EStG errechnet. Vgl. Heubeck, K., (Richttafeln 1983), S. 39

2) Häufig 50% oder 60% für die Witwenrente; andere Prozentsätze stellen nach der Erfahrung des Verf. die Ausnahme dar.

3) Vgl. Infratest Sozialforschung, (Betriebliche Altersversorgung 1983), Tabelle 6, S. 17

4) Vgl. ebd., S. 18

5) Vgl. ebd., Tabelle 8, S. 21

6) Vgl. ebd., S. 5

7) Vgl. ebd., Tabelle 5, S. 15

8) Vgl. ebd., Tabelle 8, S. 21

9) Vgl. Infratest Sozialforschung, (Alterssicherung 1986 / 92), S. 61 - 63

10) Vgl. dazu Abschn. C.II

11) Das bedeutet nicht, daß auch aus der Sicht des betroffenen Arbeitnehmers die unterschiedlichen Leistungen als gleichwertig beurteilt werden; letzteres scheint eher unwahrscheinlich angesichts steuerlicher Aspekte und individueller Präferenzen sowie finanzieller Gesichtspunkte beim betroffenen Arbeitnehmer. Vgl. ausführlich Sigloch, J. / Haueisen, P., (Vergleich 1983), DB 1983, S. 349-352. Anders als beim Vergleich unterschiedlicher Gestaltungsformen liefert diese "Vor-Steuer-Äquivalenz aus der Sicht des Unternehmens" den geeigneten Ansatzpunkt zur Quantifizierung des mit einer Rentenzusage verbundenen "Verrentungseffekts."

3.5 Zusammenfassung

Der Versuch, aus der Vielfalt inhaltlicher Ausgestaltungen von Pensionszusagen die jeweils nicht atypischen Ausprägungen auszuwählen, hat zu folgendem "kleinsten gemeinsamen Nenner" geführt:

Das unterstellte allgemeine Versorgungswerk sieht an Leistungen vor:

> Zugesagt sind lebenslängliche, monatlich vorschüssig zahlbare Alters-, Invaliden- und Witwen-/Witwerrenten. Die Höhe der Alters- und Invalidenrenten errechnet sich aus einer einheitlichen Rentenformel, der Witwen-/Witwerrentensatz beträgt 60%. Vorausgesetzt wird die Erfüllung einer frühestens mit der Vollendung des 25. Lebensjahres beginnenden Wartezeit von 5 Jahren. Altersgrenze ist das Alter 63/60 für Männer/Frauen.

Dabei werden als Rentenformeln für Alters- und Invalidenrenten betrachtet:

<u>Pensionszusage Typ 1:</u> dienstzeitunabhängig

bei Anwartschaftsstatik:
: die Beginnrente ergibt sich als fester DM-Betrag, der im Zeitablauf unverändert bleibt.

bei Anwartschaftsdynamik:
: die Beginnrente ergibt sich als Festprozentsatz aus einer an die Bezügedynamik gekoppelten Bemessungsgrundlage.

<u>Pensionszusage Typ 2:</u> dienstzeitabhängig

Für jedes bis zum Eintritt des Versorgungsfalles mindestens bis zur Hälfte abgeleistete Dienstjahr wird ein bestimmter "Geldbetrag" gewährt; Dienstjahre zählen hierbei frühestens ab dem vollendeten 25. Lebensjahr.

bei Anwartschaftsstatik:
: der "Geldbetrag" bestimmt sich als fester, im Zeitablauf unveränderter DM-Steigerungsbetrag.

bei Anwartschaftsdynamik:
: der "Geldbetrag" bestimmt sich als Steigerungs-Prozentsatz aus einer an die Bezügedynamik gekoppelten Bemessungsgrundlage.

Damit sind die betrachteten Leistungsarten, -formen und -voraussetzungen festgelegt. Die im Zeitablauf unveränderte oder anwachsende Leistungshöhe für Beginnrenten kann zahlenmäßig errechnet werden, sobald die DM-Beträge bzw. die Bezügedynamik und die zugehörige Bemessungsgrundlage konkretisiert werden.

Neben der Anwartschaftsdynamik steht die bisher ausgeklammerte Anpassung der laufenden Renten nach Rentenbeginn im Mittelpunkt des folgenden Abschnitts.

4. Dynamisierung bzw. Anpassung von Pensionszusagen

In den vergangenen zwanzig Jahren ist zum Thema Dynamisierung bzw. Anpassung von Pensionszusagen eine Fülle von Publikationen erschienen. Hier soll daher nur das benötigte Grundgerüst beschrieben werden; Einzelheiten finden sich im zahlreichen Schrifttum, insbesondere in den ausführlichen Kommentierungen der arbeitsrechtlichen Großkommentare zum Betriebsrentengesetz[1] sowie in zahlreichen Dissertationen mit juristischem Schwerpunkt[2].

4.1 Begriffsabgrenzung

Dem (übereinstimmenden) zweiten Leitsatz der - aus heutiger Sicht - richtungweisenden zwei Urteile des Bundesarbeitsgerichts zur "Ruhegelderhöhung wegen Geldentwertung" aus dem Jahr 1973 kann eine Definition des Begriffs "Dynamisierung" entnommen werden:

"2. Eine automatische Anpassung ihrer Bezüge - Dynamisierung - ergibt sich aus § 242 BGB für die Pensionäre zur Zeit nicht."[3]

Demnach wird mit "Dynamisierung" eine automatische Anpassung der Betriebsrenten bezeichnet; dies betont auch Leitherer: "Das BAG unterscheidet also zwischen der Dynamisierung als automatischer Steigerung und der Anpassung als unregelmäßiger, je nach Einzelfall vorzunehmender Steigerung."[4]

Dagegen hat Duve 1972 die Begriffe "Dynamisierung" und "Anpassung" noch inhaltsgleich verwendet:

> "Möchte man Renten an die wirtschaftliche Entwicklung anpassen, dynamisieren[1)], so hat man insbesondere drei Entscheidungen zu treffen: Zeitraum, Maßstab, und Methode der Anpassung sind zu bestimmen.
>
> ....
>
> 1) Der Begriff wird verwendet, da er gebräuchlich ist. In der Volkswirtschaftslehre bezieht sich das Begriffspaar Statik und Dynamik allerdings in der Regel auf Betrachtungsweisen, vgl. Ott, Dynamische Wirtschaftstheorie, S. 9 ff."[5]

Duve hat also, wie dies bis zur Mitte der siebziger Jahre allgemein üblich[6] war, "Dynamisierung" nicht im engen Sinn einer automatischen Anpassung gebraucht, sondern als Synonym für jede Art von Anpassung an die wirtschaftliche Entwicklung.

---

1) So haben sowohl Höhne wie auch Blomeyer ihrer Kommentierung von § 16 BetrAVG ein umfangreiches Literaturverzeichnis vorangestellt; Höhne hat in Rdnr. 59 zu § 16 BetrAVG 13 BAG- und 6 BGH-Urteile zu § 16 BetrAVG zusammengestellt. Vgl. Höhne, G., in: Heubeck, G. / Höhne, G. / Paulsdorff, J. / Weinert, W., (Kommentar 1982), S. 595 - 722; Blomeyer, W., in: Blomeyer, W. / Otto, K., (Kommentar 1984), S. 790 - 873; Höfer, R. / Reiners, S. / Wüst, H., (Kommentar 1992), S. 1089-1186
2) Vgl. etwa Duve, W.-H., (Dynamisierung 1972); Sonne, R., (Anpassung 1978); Leitherer, S., (§ 16 BetrAVG 1983); Stumpf, A., (Wirtschaftliche Lage 1985); Fischer, G., (Anpassungsentscheidung 1985); Bräuchle, G., (Anpassungsentscheidung 1987)
3) Vgl. BAG-Urteil vom 30. 3. 1973 - 3 AZR 26 / 72, BB 1973, S. 522–525; BAG-Urteil vom 30. 3. 1973 - 3 AZR 34 / 72, BB 1973, S. 705 f.
4) Vgl. Leitherer, S., (§ 16 BetrAVG 1983), S. 27 f.
5) Vgl. Duve, W.-H., (Dynamisierung 1972), S. 2
6) Vgl. etwa die Überschrift von Abschn. A.I.3

Sonne lehnt sich an die bei Schaub / Schusinski / Ströer[1] sowie bei Höfer / Kemper[2] verwendeten Begriffe an: "die vorweggenommene Anpassung, die Anpassung von Fall zu Fall, die Halbdynamik oder die Volldynamik"[3]. Im Fall der vorweggenommenen Anpassung ist bei der Festlegung der zugesagten Rentenhöhe "die zu erwartende Inflation der nächsten Jahre bereits mit berücksichtigt."[3] Die "Anpassung von Fall zu Fall" liegt "im freien Belieben des Arbeitgebers"[3] ohne Rechtsanspruch des Arbeitnehmers auf eine Anpassung. "Halbdynamik" bzw. "Volldynamik" bedeuten eine Koppelung der Beginnrente bzw. der Beginnrente sowie der laufenden Rente an die - individuelle oder allgemeine - Gehaltsentwicklung[4]. Obwohl diese "Begriffsklärung" von Sonne die wesentlichsten Anpassungsmöglichkeiten abdeckt, insbesondere die Bezügeabhängigkeit von Betriebsrenten, so scheint sie doch zu beispielhaft, zu wenig systematisch: neben der Gehaltsentwicklung gibt es andere Möglichkeiten, die Betriebsrenten an Bezugsgrößen anzubinden, die der wirtschaftlichen Entwicklung folgen.

Wenn man unter einer "automatischen Anpassung" eine Vorab-Bindung des Arbeitgebers versteht, die Pension an eine - wie auch immer geartete, allerdings rechtswirksam vereinbarte - Bezugsgröße anzupassen, dann scheint im Hinblick auf die durch das einzelne Unternehmen i.d.R. nicht beeinflußbare Entwicklung von Indexreihen der Begriff der "Indexierung" für eine Unterstreichung einer unternehmensfremden Automatik des Anpassungsvorgangs deutlicher als der Begriff der "Dynamisierung".

Im Schrifttum wurde seit der gesetzlichen Regelung des § 16 BetrAVG hauptsächlich die "Anpassung" betrieblicher Versorgungsleistungen besprochen. Dabei entwickelt sich der Begriff "Anpassung" zunehmend zu einer Kurzbezeichnung für die gesetzliche Anpassungsregelung des § 16 BetrAVG.

Zur Vermeidung von Unklarheiten scheint der Hinweis nützlich, daß die bei einer dienstzeitabhängigen Rentenformel aufgrund der zunehmenden Betriebszugehörigkeitsdauer erfolgenden Rentensteigerungen i.a. n i c h t zur Anpassung bzw. Dynamisierung der Betriebsrenten gehören; außer bei der vorweggenommenen Anpassung ergeben sich diese Rentensteigerungen unabhängig von der wirtschaftlichen Entwicklung und sind den individuellen Komponenten der Rentenformel zuzurechnen.

Zusammenfassend kann festgehalten werden, daß überwiegend im älteren Sprachgebrauch unter Dynamisierung jede Anpassung der Betriebsrenten an die wirtschaftliche Entwicklung verstanden wurde, im neueren Sprachgebrauch hingegen Indexierung oder Dynamisierung im engeren Sinn eine automatische Anpassung bedeuten, während mit Anpassung im engeren Sinn eine einzelfallbezogene, nicht ausschließlich unter dem Gesichtspunkt einer Indexentwicklung vorgenommene Anpassung, insbesondere eine Anpassung nach § 16 BetrAVG, bezeichnet wird. Im folgenden soll dem neueren Sprachgebrauch gefolgt werden; allerdings soll der Begriff der Anpassung als Oberbegriff beibehalten werden.

4.2 Technische Anpassungsmöglichkeiten

Bereits in der vorstehenden Begriffsabgrenzung wurden wesentliche Elemente einer möglichen Anpassung deutlich. Folgt man Duve[5], so läßt sich der Begriffsinhalt durch seine zeitliche

---

1) Vgl. Schaub, G. / Schusinski, E. / Ströer, H., (Altersvorsorge 1976), S. 85 und S. 201 ff.
2) Vgl. Höfer, R. / Kemper, K., (Anpassung 1973), DB 1973, S. 130
3) Vgl. Sonne, R., (Anpassung 1978), S. 58
4) Vgl. Sonne, R., ebd., S. 59
5) Vgl. Duve, W.-H., (Dynamisierung 1972), S. 2 - 9

Komponente sowie durch Maßstab und Methode der Anpassung beschreiben. Das entspricht der Frage: "Wie soll die Betriebsrente angepaßt werden, wann und um wieviel?"

4.2.1 Zeitliche Komponente der Anpassung

Hier ist zunächst eine Unterscheidung zwischen der Anwartschafts- und der Rentenphase möglich[1]. Jede dieser Phasen kann mehr als vierzig Jahre dauern; in derart langen Zeiträumen verschieben sich gesamtwirtschaftliche Relationen erfahrungsgemäß[2] nicht unerheblich. Da der Rentenbeginn eine natürliche Schnittstelle darstellt, ist mit dem Wechsel von der Anwartschafts- zur Rentenphase häufig ein Wechsel der Anpassungsmethode und/oder des Anpassungsmaßstabs verbunden.

Ferner kann nach dem zeitlichen Abstand aufeinander folgender Anpassungen unterschieden werden: regelmäßige Anpassungen können alljährlich oder im festen Abstand von mehreren Jahren erfolgen; im Gegensatz zu einem derartigen Anpassungsrhythmus werden unregelmäßige Anpassungen mit unterschiedlichem zeitlichen Abstand oder nach längeren Zeiträumen "von Fall zu Fall" vorgenommen. Unregelmäßige Anpassungen ergeben sich i.a. auch dann, wenn der Anpassungszeitpunkt von der Überschreitung eines Schwellenwertes des verwendeten Anpassungsmaßstabs abhängt.

4.2.2 Anpassungsziele und -maßstäbe

Zu in Frage kommenden Anpassungsmaßstäben hat sich das Bundesarbeitsgericht wie folgt geäußert:

> "3. Maßstab für den Umfang der Anpassung ist das Ausmaß der Verteuerung. Die Pensionäre können nicht verlangen, daß ihre Bezüge in demselben Umfang wie die Arbeitseinkommen der Aktiven oder wie die Renten aus der gesetzlichen Rentenversicherung gesteigert werden."[3]

In diesem (übereinstimmenden) dritten Leitsatz der bereits zitierten BAG-Urteile aus dem Jahr 1973 sind die beiden wesentlichsten Anpassungsziele bzw. korrespondierend Anpassungsmaßstäbe enthalten: unter Betonung des Versorgungscharakters der betrieblichen Altersversorgung kann aus der Unterhaltsfunktion von Versorgungsleistungen das Anpassungsziel des Teuerungsausgleichs hergeleitet werden[4]; aus dem Entgeltcharakter der betrieblichen Altersversorgung läßt sich über die Lohnersatzfunktion von Versorgungsleistungen das Ziel einer lohnorientierten Anpassung ableiten[5]. Eine Anbindung der Renten an die Entwicklung der Löhne und Gehälter kann als eine über den Teuerungsausgleich hinausgehende "Teilhabe am Produktivitätsfortschritt"[6] angesehen werden.

Die Bedeutung der Wahl des Anpassungsziels wird aus Anhang 1 und 2 deutlich: im Zeitraum von 1950 bis 1991 ist das Preisniveau "nur" um 234,8%, die durchschnittlichen Bruttowochenver-

---

1) Vgl. Duve, W.-H., (Dynamisierung 1972), S. 2 f.
2) Vgl. Dürkes, W., (Wertsicherungsklauseln 1992), S. 27 f.
3) Vgl. BAG-Urteil vom 30. 3. 1973 - 3 AZR 26 / 72, BB 1973, S. 522 - 525; BAG-Urteil vom 30. 3. 1973 - 3 AZR 34 / 72, BB 1973, S. 705 f.
4) Vgl. Leitherer, S., (§ 16 BetrAVG 1983), S. 58 f.
5) Vgl. Schulin, B., (Betriebsbezogene Dynamisierung 1979), ZfA 1979, S. 163 - 168; vgl. auch Leitherer, S., (§ 16 BetrAVG 1983), S. 59
6) Vgl. statt vieler m.w.N. Leitherer, S., (§ 16 BetrAVG 1983), S. 57

dienste in der Industrie sind hingegen um 1.195,9% gestiegen. Nach dem Sozialbericht 1990[1] sind die Brutto-Durchschnittsverdienste von 1950 bis 1990 um nominal 1.263% gestiegen, aber auch die Netto-Durchschnittsverdienste sind trotz der im Zeitablauf tendenziell ansteigenden Abgabenbelastung aus Lohnsteuer und Sozialbeiträgen von 1950 bis 1990 nominal um immerhin 959% gestiegen.

Die Entwicklung der Preise sowie der Löhne und Gehälter wird statistisch mit Hilfe von Indexreihen gemessen. Zu den mit der Anpassung von Betriebsrenten verbundenen Indexproblemen kann auf die ausführliche Darstellung von Kunz[2] verwiesen werden.

Hier sollte der Hinweis nicht fehlen, daß in der "langjährigen Entwicklung"[3] der für Anpassungszwecke verwendeten unterschiedlichen[4] Preisindizes für die Lebenshaltung "keine wesentlichen Unterschiede bestehen"[5].

Das Bundesarbeitsgericht hat sich für den "Preisindex für die Gesamtlebenshaltung von 4-Personen-Haushalten von Arbeitern und Angestellten mit mittlerem Einkommen" als Maßstab bei der Anpassungsprüfung nach § 16 BetrAVG entschieden[6]; dieser Preisindex soll daher im folgenden stets angesprochen werden, wenn von einem "Preisindex" ohne weitere Kennzeichnung die Rede ist. Zweckmäßigerweise soll auch die Entwicklung der "Teuerung" bzw. der "Inflation im engeren Sinn" mit Hilfe dieses Preisindexes gemessen werden.

Das Preisniveau oder das Niveau der Brutto- oder Netto-Einkommen bieten sich beim Anpassungsziel des Teuerungsausgleichs oder der lohnorientierten Anpassung in natürlicher Weise als Bezugsgrößen an. Daneben[7] kommen als Bezugsgrößen alle im zeitlichen Ablauf des Wirtschaftsprozesses auftretenden Entwicklungen von Nominalgrößen in Frage, z.B. die Entwicklung von Preisen für Einzelgüter, von speziellen Preisgruppen, von individuellen oder branchenbezogenen Gehältern, von Größen in fremder Währung oder von Börsenkursen.

Unter technischen Gesichtspunkten sind hier der Phantasie keine Grenzen gesetzt. Hinzu kommt noch, daß - bei fixierter Bezugsgröße - Anpassungen auch nur anteilig vorgenommen werden können; als Beispiel kann die "Hälftelungsmethode" dienen, bei der eine Anhebung der Versorgungsleistungen um die halbe Steigerungsrate der Bezugsgröße erfolgt. Schließlich gibt es auch Anpassungen, die an unternehmenseigene Entwicklungen anknüpfen, etwa eine An-

---

1) Die Tabelle IV-2 des Sozialberichts 1990 enthält die "Durchschnittsverdienste und Abzüge je beschäftigten Arbeitnehmer 1950 bis 1990"; vgl. BT-Drucksache 11/7527, S. 214

2) Vgl. Kunz, D., (Preisindizes 1975), BetrAV 1975, S. 71 - 76; technische und methodische Details finden sich auch in: Bayerisches Statistisches Landesamt (Hrsg.), (Preisindexzahlen 1982), S. 9 - 68

3) Vgl. m.w.N. Leitherer, S., (§ 16 BetrAVG 1983), S. 62 f.

4) "Preisindizes für die Lebenshaltung werden berechnet für
   1. alle privaten Haushalte,
   2. 4-Personen-Haushalte von Beamten und Angestellten mit höherem Einkommen,
   3. 4-Personen-Haushalte von Arbeitern und Angestellten mit mittlerem Einkommen,
   4. 2-Personen-Haushalte von Renten- und Sozialhilfeempfängern mit geringem Einkommen,
   5. die einfache Lebenshaltung eines Kindes."
   Vgl. Bayerisches Landesamt für Statistik und Datenverarbeitung (Hrsg.), (Statistische Berichte 1992), S. 42

5) Vgl. m.w.N. Leitherer, S., (§ 16 BetrAVG 1983), S. 62 f.

6) Vgl. BAG-Urteil vom 16. 12. 1976 - 3 AZR 795 / 75, AP Nr. 4 zu § 16 BetrAVG, BB 1977, S. 96 - 99; vgl. auch Leitherer, S., (§ 16 BetrAVG 1983), S. 62 f.; Sonne hält diese Entscheidung des BAG im Ergebnis für nicht überzeugend: vgl. m.w.N. Sonne, R., (Anpassung 1978), S. 292 - 297

7) Vgl. dazu mit ausführlichen Index-Tabellen Höhne, G., in: Heubeck, G. / Höhne, G. / Paulsdorff, J. / Weinert, W. (Kommentar 1982), Rdnr. 18 - 55 c zu § 16; vgl. auch Schaub, G., in: Schaub, G. / Schusinski, E. / Ströer, H., (Altersvorsorge 1989), S. 81 - 83

passung in Abhängigkeit von der Ertragslage des Unternehmens. Die Vielfalt der technischen Anpassungsmöglichkeiten wird allerdings durch rechtliche Schranken eingeengt, wobei die Methode der Anpassung eine wesentliche Rolle spielt.

4.2.3 Anpassungsmethoden und -grenzen

Duve unterscheidet "zwischen der vorweggenommenen und der nachträglichen Anpassung"[1]. Die im folgenden getroffene Unterscheidung nach dem Kriterium, ob eine vertragliche Vereinbarung zur Anpassung in der Pensionszusage enthalten ist oder nicht, bringt den steigenden Bindungsgrad des Arbeitgebers klarer zum Ausdruck; wenn man vorerst die Mindestnormen des Betriebsrentengesetzes ausklammert, so lassen sich die Anpassungsmethoden wie folgt einteilen:

Falls eine vertragliche Anpassungsvereinbarung nicht gegeben ist, kann der Arbeitgeber die Betriebsrenten nach freiem Ermessen, also von Fall zu Fall und nach einem beliebigen Maßstab erhöhen[2]; hierbei sind allerdings die stets zu beachtenden allgemeinen rechtlichen Rahmenbedingungen[3] einzuhalten.

Vertragliche Vereinbarungen zur Anpassung können bestehen in einer

a) Absichtserklärung[4] des Arbeitgebers für eine spätere Anpassungsprüfung ohne Rechtspflicht hierzu;

b) Dynamisierung der Betriebsrente unter Vorbehalt, wobei Anpassungsmaßstab und/ oder -zeitpunkte verbindlich festgelegt sein können, dem Arbeitgeber für die Festlegung der Anpassungshöhe aber noch ein Ermessensspielraum eingeräumt ist[5];

c) Indexierung der Betriebsrente, also einer rechtsverbindlichen Vorabbindung des Arbeitgebers an die künftigen Veränderungen einer Bezugsgröße; Maßstab und Zeitpunkte der Anpassung sind verbindlich festgelegt, die Anpassungshöhe hängt nur noch von der künftigen Entwicklung der Bezugsgröße ab;

d) vorweggenommenen Anpassung, bei der die Rentenformel die künftigen Rentenerhöhungen unabhängig von der tatsächlichen künftigen Entwicklung bereits enthält.

Die verschiedenen Gestaltungsformen können sich auf die Anwartschaftsphase und/oder Rentenphase beziehen; geeignete Kombinationen sind möglich.

Dem Fall c) der vorbehaltlosen Indexierung sind durch § 3 Währungsgesetz Grenzen[6] gesetzt; hier ist zu prüfen, ob es sich um eine genehmigungspflichtige Wertsicherungsklausel[7] oder um

---

1) Vgl. Duve, W.-H., (Dynamisierung 1972), S. 8
2) Höfer / Reiners / Wüst sprechen hier von einer "freiwilligen Anpassung"; vgl. Höfer, R. / Reiners, S. / Wüst, H., (Kommentar 1992), § 16, Rdnr. 3626 - 3631
3) Vgl. Abschn. B.I.2.1.2; vgl. auch Blomeyer, W., in: Blomeyer, W. / Otto, K., (Kommentar 1984), Rdnr. 244 - 256 zu § 16
4) In diesem Zusammenhang wird auch der Begriff der "Loyalitätsklausel" gebraucht; vgl. Heissmann, E., (Ruhegeldverpflichtungen 1967), S. 117; Höfer, R. / Reiners,S. / Wüst, H., (Kommentar 1992), § 16, Rdnr. 3638 f.
5) Duve spricht hier von einer "mittelbar rechtsgeschäftlich vereinbarten Bindung an eine Bezugsgröße"; vgl. Duve, W.-H., (Dynamisierung 1972), S. 8 f.
6) Vgl. dazu ausführlich Dürkes, W., (Wertsicherungsklauseln 1992), S. 43 - 80
7) "Wertsicherungsklauseln sind dann gegeben, wenn die Höhe der zu zahlenden Versorgung von dem Wert andersartiger Güter oder Leistungen abhängig sein soll." Vgl. Schaub, G., in: Schaub, G. / Schusinski, E. / Ströer, H., (Altersvorsorge 1989), S. 81

eine genehmigungsfreie Spannenklausel[1] handelt. "Ist zweifelhaft, ob eine Genehmigung der Bundesbank notwendig ist, kann ein Negativtest beantragt werden."[2]

Für Pensionszusagen kann festgehalten werden, daß eine Indexierung der Betriebsrenten sowie der Anwartschaften hierauf mit den individuellen Bezügen des einzelnen Arbeitnehmers oder mit den Durchschnittsbezügen vergleichbarer Arbeitnehmer den genehmigungsfreien Spannenklauseln zuzurechnen ist; dagegen ist eine (vorbehaltlose) Indexierung am Preisindex für die Lebenshaltung genehmigungspflichtig.

Auf den Fall d) der vorweggenommenen Anpassung wird unter steuerrechtlichen Aspekten in Abschnitt B.I.4.4.2 noch näher einzugehen sein.

Ausgeklammert waren bisher die Mindestnormen des Betriebsrentengesetzes. Außer dem insbesondere für die - hier nicht weiter untersuchten - Gesamtversorgungszusagen wichtigen Auszehrungsverbot des § 5 BetrAVG spielt im Fall einer Anwartschaftsdynamik die Vorschrift des § 2 Abs. 5 BetrAVG eine wesentliche Rolle für diejenigen Mitarbeiter, die vor Eintritt des Versorgungsfalles mit einer unverfallbaren Anwartschaft ausscheiden; für die Ermittlung des unabdingbaren Mindestanspruchs gemäß § 2 Abs. 1 BetrAVG "bleiben Veränderungen der Versorgungsregelung und der Bemessungsgrundlagen für die Leistung der betrieblichen Altersversorgung, soweit sie nach dem Ausscheiden des Arbeitnehmers eintreten, außer Betracht"[3]. Damit bleiben die späteren Beginnrenten auf das Leistungsniveau im Zeitpunkt des Ausscheidens eingefroren[4].

Für die laufenden Renten bedeutet die im folgenden Abschnitt beschriebene Regelung des § 16 BetrAVG eine von der Existenz oder Ausgestaltung einer vertraglichen Anpassungsregelung unabhängige Untergrenze der Anpassung.

4.3 Die Mindestnorm des § 16 BetrAVG

§ 16 BetrAVG geht auf § 242 BGB zurück[5]: Treu und Glauben gebieten entgegen dem fortgeltenden Nominalwertprinzip[6] die Anpassung der Betriebsrenten an die Entwicklung des Geldwerts. Nach den richtungweisenden Urteilen des Bundesarbeitsgerichts vom 30. 3. 1973[7],

---

1) "Spannenklauseln sind dagegen solche, die die Versorgungsverpflichtung des Arbeitgebers durch die Verknüpfung mit gleichartigen Leistungen, also Beamten- oder Angestellten-Gehältern und Pensionen sowie Renten der Sozialversicherung gegen den Geldwertschwund sichern." Und: "Spannenklauseln sind ohne Genehmigung der Bundesbank wirksam, sofern die Gleichläufigkeit gewährleistet ist." Vgl. Schaub, G., ebd., S. 81 f.

2) Vgl. Schaub, G., ebd., S. 82. Zum Genehmigungsverfahren und den Rechtsfolgen einer erfolgten oder verweigerten Genehmigung vgl. Dürkes, W., (Wertsicherungsklauseln 1992), S. 541 - 557

3) § 2 Abs. 5 Satz 1 BetrAVG

4) Zu Einzelheiten vgl. etwa Höhne, G., in: Heubeck, G. / Höhne, G. / Paulsdorff, J. / Weinert, W., (Kommentar 1982), Rdnr. 377 - 435 zu § 2 BetrAVG. Dies ist der Grund für die Wertung bezügeabhängiger Pensionszusagen im Versorgungsausgleich durch den BGH: "Anrechte der privaten betrieblichen Altersversorgung, die im Anwartschaftsstadium aufgrund ihrer Koppelung an die tarifliche Lohnentwicklung an sich als dynamisch anzusehen sind, deren Dynamik aber bei einem vorzeitigen Ausscheiden aus dem Beschäftigungsverhältnis endet, sind nur mit ihrem statischen Wert in den öffentlich-rechtlichen Versorgungsausgleich einzubeziehen." Vgl. BGH-Beschluß vom 12. 4. 1989 - IV b ZB 146 / 86, FamRZ 1989, S. 844 - 847, insbesondere S. 844

5) Die vorgesetzliche Rechtsprechung des BAG sowie des BGH zur Anpassungsfrage berief sich auf § 242 BGB: vgl. Blomeyer, W., in: Blomeyer, W. / Otto, K., (Kommentar 1984), Rdnr. 7 zu § 16

6) Vgl. dazu Höfer, R. / Reiners, S. / Wüst, H., (Kommentar 1992), § 16, Rdnr. 3378 - 3380

7) Vgl. den Beginn von Abschn. B.I.4.1

denen sich der Bundesgerichtshof mit Urteil vom 28. 5. 1973[1] "für Vorstands- und Geschäftsführerpensionen angeschlossen"[2] hatte, war eine Verhandlungspflicht des Arbeitgebers zu einer Rentenanpassung auch ohne vertragliche Anpassungsklausel jedenfalls dann gegeben, wenn der Anstieg der Teuerung eine Opfergrenze von 40% überstiegen hatte.

Der Gesetzgeber ist im Ergebnis über die vorgesetzliche Rechtsprechung hinausgegangen und hat 1974 den nunmehrigen § 16 BetrAVG gesetzlich festgeschrieben; das Bundesarbeitsgericht hat seither die Fülle der mit § 16 BetrAVG verbundenen Auslegungsfragen weitgehend[3] geklärt:

4.3.1 Grundsatz

In § 16 BetrAVG sind für den Arbeitgeber explizit ein Drei-Jahres-Turnus für eine Anpassungsprüfung der laufenden Leistungen sowie[4] eine Anpassungsentscheidung nach billigem Ermessen[5] enthalten. Anpassungskriterien sind "insbesondere die Belange des Versorgungsempfängers und die wirtschaftliche Lage des Arbeitgebers"[6]. Zumindest das erstgenannte Kriterium ist heute hinreichend konkretisiert: Nach der Rechtsprechung des Bundesarbeitsgerichts erfordern die Belange des Versorgungsempfängers grundsätzlich den vollen Ausgleich des Kaufkraftverlustes "infolge der Teuerung"[7].

Anpassungsmaßstab ist der oben[8] bereits genannte Preisindex für die Lebenshaltung; "auf die wirtschaftlichen Verhältnisse des Pensionärs"[9], also auch auf eine eventuelle Bedürftigkeit, kommt es grundsätzlich[9] nicht an.

Die Anpassungszeitpunkte ergeben sich im Drei-Jahres-Rhythmus ab dem Zeitpunkt des Rentenbeginns, der auch den Beginn des Anpassungzeitraums[10] markiert: der Anwartschaftszeitraum bleibt unberücksichtigt, § 16 BetrAVG erstreckt sich nur auf die laufenden Leistungen ab Rentenbeginn. "Der Arbeitgeber kann die in einem Jahr fälligen Anpassungsprüfungen gebündelt zu einem bestimmten Zeitpunkt innerhalb oder am Ende des Jahres vornehmen."[11]

Der Drei-Jahres-Rhythmus wird bei einer laufenden Leistung nicht unterbrochen durch einen Wechsel der Leistungsart, etwa beim Übergang von einer Invaliden- auf eine Altersrente oder

---

1) II ZR 58 / 71, BB 1973, S. 996 - 998
2) Vgl. Blomeyer, W., in: Blomeyer, W. / Otto, K., (Kommentar 1984), Rdnr. 3 zu § 16
3) Vgl. Höhne, G., in: Heubeck, G. / Höhne, G. / Paulsdorff, J. / Weinert, W., (Kommentar 1982), Rdnr. 268 zu § 16; Höfer, R. / Reiners, S. / Wüst, H., (Kommentar 1992), § 16, Rdnr. 3377
4) "Die Unterscheidung zwischen Prüfung und Entscheidung ist offenbar nur eine gedankliche; jede Entscheidung über eine Anpassung der Renten setzt voraus, daß Notwendigkeit und Umfang der Anpassung vorab geprüft werden (ebenso Höhne, § 16 Rdnr. 89)." Vgl. Blomeyer, W., in: Blomeyer, W. / Otto, K., (Kommentar 1984), Rdnr. 89 zu § 16
5) Nach h.M. bedeutet dies einen eingeschränkten Handlungsspielraum für den Arbeitgeber: "Die Billigkeit bestimmt demnach Inhalt und Grenzen des Ermessens... ". Vgl. m.w.N. Leitherer, S., (§ 16 BetrAVG 1983), S. 41 - 43
6) § 16 BetrAVG. Vgl. dazu Fischer, G., (Anpassungsentscheidung 1985), S. 38 - 42
7) Vgl. VI.1. der Gründe im BAG-Urteil vom 16. 12. 1976 - 3 AZR 795 / 75, BB 1977, S. 96 - 99, insbesondere S. 98
8) Vgl. Abschn. B.I.4.2.2
9) Vgl. Höhne, G., in: Heubeck, G. / Höhne, G. / Paulsdorff, J. / Weinert, W., (Kommentar 1982), Rdnr. 106 - 107, insbesondere 106c zu § 16
10) Dies ist "Herrschende Rechtsprechung und herrschende Meinung"; vgl. m.w.N. Leitherer, S., (§ 16 BetrAVG 1983), S. 68 - 71
11) Vgl. den ersten Leitsatz des BAG-Urteils vom 28. 4. 1992 - 3 AZR 142 / 91 in Anhang 4 unter M.

von einer Altersrente auf die anschließenden Hinterbliebenenrenten[1]. Der Drei-Jahres-Turnus ist unabhängig von einer "Opfergrenze"[2] als auslösendem Moment für eine Anpassung; durch eine starke bzw. schwache Entwicklung der Teuerung wird der dreijährige Anpassungszeitraum nicht verkürzt bzw. verlängert.

Bei der Ermittlung des Anpassungsbedarfs ist ein Abschlag für eine "normale Geldentwertung"[3] ebensowenig zulässig wie eine Berücksichtigung der Gesamtversorgung[4] unter Einschluß insbesondere der Renten aus der gesetzlichen Rentenversicherung oder die Korrektur einer möglichen Überversorgung[5] mittels der im Schrifttum vorgeschlagenen Modelle der absoluten[6] oder relativen[7] Obergrenze.

Ob aus § 16 BetrAVG im Falle einer Deflation auch eine Absenkung der Betriebsrenten abgeleitet werden könnte, scheint im Hinblick auf den Arbeitnehmerschutzgedanken der Vorschrift zweifelhaft[8].

Zusammenfassend erfordern es die Belange des Versorgungsempfängers grundsätzlich, daß die Betriebsrente isoliert - ohne Einbeziehung anderer Versorgungen - im Drei-Jahres-Turnus ab Rentenbeginn an die volle Entwicklung des Preisindex für die Lebenshaltung anzupassen ist.

4.3.2 Ausnahmen

Der Gesetzgeber hat den Belangen des Versorgungsempfängers die "wirtschaftliche Lage des Arbeitgebers"[9] gegenübergestellt[10]. "Bei dem Merkmal der 'wirtschaftlichen Lage' handelt es sich um einen unbestimmten Rechtsbegriff. Er ist folglich auszufüllen."[11] Dieser Prozeß ist bisher nicht abgeschlossen; Rechtsprechung und Schrifttum haben allerdings schon wesentliche Konturen dieses Kriteriums herausgearbeitet:

---

1) Vgl. Höfer, R. / Reiners, S. / Wüst, H., (Kommentar 1992), § 16, Rdnr. 3435 - 3437
2) Vgl. etwa Blomeyer, W., in: Blomeyer, W. / Otto, K., (Kommentar 1984), Rdnr. 85 und 146 - 150 zu § 16
3) Vgl. etwa Blomeyer, W., ebd., Rdnr. 145 zu § 16
4) Vgl. statt vieler m.w.N. Blomeyer, W., ebd., Rdnr. 151 - 167 zu § 16
5) Vgl. Blomeyer, W., ebd., Rdnr. 168 - 176 zu § 16
6) Als Obergrenze für die Gesamtversorgung dient hierbei das Nettoeinkommen eines vergleichbaren aktiven Arbeitnehmers. Vgl. m.w.N. Blomeyer, W., ebd., Rdnr. 169 - 172 zu § 16; vgl. kritisch Höfer, R. / Abt, O., (Kommentar 1982), Rdnr. 126 - 129 zu § 16
7) Als Obergrenze für die Gesamtversorgung dient hierbei der mit Hilfe des individuellen Versorgungsgrades bei Rentenbeginn ermittelte aktuelle Versorgungsbedarf. Der Versorgungsgrad errechnet sich aus dem Verhältnis des Netto-Gesamtrenteneinkommens zum Netto-Aktiveneinkommen. Vgl. ausführlich Höfer, R. / Abt, O., ebd., Rdnr. 130 - 149 zu § 16; vgl. auch Blomeyer, W., in: Blomeyer, W. / Otto, K., (Kommentar 1984), Rdnr. 173 - 176 zu § 16
8) Ablehnend Leitherer, S., (§ 16 BetrAVG 1983), S. 26 f.; a.A. Meilicke, H., (Kürzung 1983), BB 1983, S. 73 - 79. Vgl. auch Fischer, G., (Anpassungsentscheidung 1985), S. 162 f.; Doyé, T., (Kürzung 1989), BB 1989, S. 155 f.
9) Zum Begriff vgl. die Meinungen von Heinen, E.; Kleffel, A.; Saage, G.; Stumpf, H.; in: o.V., (Meinungsspiegel 1980), BFuP 1980, S. 556 - 574; ferner ausführlich Stumpf, A., (Wirtschaftliche Lage 1985), S. 16 - 30; Bräuchle, G., (Anpassungsentscheidung 1987), S. 129 f.
10) "Der Gesetzeswortlaut deutet auf einen nicht abschließenden Charakter der angegebenen Kriterien hin ('insbes.'). Offen bleibt, ob neben den genannten Interessen des ArbGeb und des Versorgungsempfängers weitere Interessen zu berücksichtigen sind, etwa die der aktiven Belegschaft, des Konzerns und der Allgemeinheit. Rechtsprechung und Literatur haben hierzu maßgeblich noch nicht Stellung genommen." Vgl. Blomeyer, W., in: Blomeyer, W. / Otto, K., (Kommentar 1984), Rdnr. 128 zu § 16
11) Vgl. Höfer, R. / Reiners, S. / Wüst, H., (Kommentar 1992), § 16, Rdnr. 3535

Ausgangspunkt für die detaillierte "Stellungnahme der ABA zur wirtschaftlichen Lage des Arbeitgebers"[1] aus dem Jahre 1980 waren neben den im Schrifttum vorliegenden[2] Ansätzen die bis dahin vom Bundesarbeitsgericht hierzu getroffenen Aussagen[3], die - vereinfacht - einen Vorrang des dauernden Unternehmensfortbestandes vor dem Anpassungsbegehren der Betriebsrentner beinhalteten.

Kernpunkte des von Heubeck / Rössler / Sauerberg ausführlich erläuterten[4] ABA-Modells sind eine auf dem Vergleich betriebswirtschaftlicher Kennzahlen beruhende qualitative Beurteilung der Ertrags- und Vermögenslage während des Anpassungszeitraums sowie eine Substanzerhaltungsrechnung zur quantitativen Ermittlung eines "realen, d.h. um die Inflationsrate bereinigten"[5] Gewinns, der "zur Finanzierung von Investitionen, zu Ausschüttungen (angemessene Mindestverzinsung des Eigenkapitals) sowie zur Anpassung der laufenden Renten"[6] verwendet werden kann.

"Zu ähnlichen Ergebnissen kommen auch Höfer / Abt (§ 16 RdNr. 178 ff.)."[7]

Blomeyer[8] hingegen stellt den "Verrentungseffekt" in den Mittelpunkt der Überlegung: "Maßgeblich für den Gesetzgeber muß also der Verrentungseffekt gewesen sein, d.h. die Tatsache, daß der ArbGeb nicht sogleich das gesamte Deckungskapital auszuzahlen hat, sondern 'nur' einen geringfügigen Teil, die laufende Rente"[9]. Folgerichtig stehen für Blomeyer die auf das Deckungskapital entfallenden Gewinnanteile für die Anpassung zur Verfügung, wobei der Gewinn als Ertrag aus den in Form von Eigenkapital und Deckungskapital eingesetzten Mitteln verstanden wird[10].

Die Rechtsprechung hat auf die bislang im Schrifttum vorgetragenen Vorschläge mit sichtlicher Zurückhaltung reagiert. Das Bundesarbeitsgericht[11] beurteilte das "aus der Sicht der Betriebswirtschaft"[12] vorliegende ABA-Modell zweifelnd: "Das Modell erscheint - jedenfalls für die juristische Praxis - kompliziert, aufwendig und schwer durchschaubar."[13] Auch der Ansatz von Blomeyer wurde nur bedingt aufgegriffen[13]. In diesem ausführlichen BAG-Urteil

---

1) Vgl. ABA-Arbeitsgemeinschaft für betriebliche Altersversorgung e.V., (Wirtschaftliche Lage 1980), BetrAV 1980, S. 156 - 163
2) Vgl. insbesondere Ahrend, P. / Förster, W. / Rössler, N., (Anpassung 1978), BB 1978, Beilage Nr. 3, S. 8 - 10
3) Vgl. dazu den Auszug aus der oben genannten ABA-Stellungnahme in Anhang 3; vgl. auch ausführlicher hierzu Förster, W., (Anpassung 1980), S. 214 - 216
4) Vgl. Heubeck, K. / Rössler, N. / Sauerberg, W., (Wirtschaftliche Lage 1980), BB 1980, Beil. Nr. 13
5) Vgl. Heubeck, K. / Rössler, N. / Sauerberg, W., ebd., S. 7
6) Vgl. ABA-Arbeitsgemeinschaft für betriebliche Altersversorgung e.V., (Wirtschaftliche Lage 1980), BetrAV 1980, S. 157
7) Vgl. Blomeyer, W., in: Blomeyer, W. / Otto, K., (Kommentar 1984), Rdnr. 198 zu § 16. Allerdings scheint es zweifelhaft, ob Höfer / Abt mit dieser Wertung Blomeyers einverstanden wären.
8) Vgl. Blomeyer, W., (Wirtschaftliche Lage 1983), RdA 1983, S. 154 f.
9) Vgl. Blomeyer, W., in: Blomeyer, W. / Otto, K., (Kommentar 1984), Rdnr. 9 zu § 16
10) Vgl. im einzelnen Blomeyer, W., ebd., Rdnr. 199 - 213 zu § 16; vgl. auch Stumpf, A., (Wirtschaftliche Lage 1985), S. 153 - 161; ablehnend: Bräuchle, G., (Anpassungsentscheidung 1987), S. 222 - 225
11) Vgl. BAG-Urteil vom 23. 4. 1985 - 3 AZR 156 / 83, DB 1985, S. 1642 - 1645
12) Vgl. ebd. unter II.3.b) der Gründe, DB 1985, S. 1643 f.
13) Vgl. ebd. unter II.3.a) der Gründe, DB 1985, S. 1643

zur wirtschaftlichen Lage[1] wurde vor allem auch eine "Prognose, wie sie der Betriebswirtschaftslehre nicht fremd ist ..."[2], gefordert.

Heubeck[3] und Rössler[4] haben auf der ABA-Jahrestagung 1986 ein "aktualisiertes ABA-Modell"[5] vorgestellt, das insbesondere dieser BAG-Forderung Rechnung trägt. Das BAG hat dazu bisher - soweit ersichtlich - noch nicht ausdrücklich Stellung genommen.

Die Arbeitsgerichte haben sich dem mit der wirtschaftlichen Lage zusammenhängenden Fragenkreis sehr behutsam genähert; dies wird aus den in Anhang 4 zusammengestellten diesbezüglichen Äußerungen aus zehn seit 1981 ergangenen LAG- bzw. BAG-Urteilen deutlich, die nicht ohne Qualitätsverlust hätten exzerpiert werden können[6]. Hier kann festgehalten werden, daß die zentralen Fragen zur Substanzerhaltung bzw. zum Wertzuwachs des Unternehmens, zur Wertung der Pensionsrückstellungen - Vorteile oder Belastung, insbesondere durch die auf die Anpassung entfallende Zuführung?[7] - sowie zum Stellenwert einer angemessenen Eigenkapitalverzinsung und der Bedeutung des Investitionsbedarfs bislang noch offen sind[8].

Das Bundesarbeitsgericht hatte allerdings angesichts der Problematik dieses Fragenkreises zwei "Faustregeln"[9] zum Kriterium der wirtschaftlichen Lage gebilligt:

– das Hälftelungsprinzip für Altrenten[10], und
– die "reallohnbezogene Obergrenze"[11].

Das Hälftelungsprinzip beinhaltet den halben anstelle des vollen Teuerungsausgleichs. Das Bundesarbeitsgericht hatte im Urteil vom 15. 9. 1977[12] unter Berücksichtigung der besonderen Umstände[13] bei der ersten Anpassung nach § 16 BetrAVG für alle "Altrenten" mit Rentenbeginn am 1. 1. 1972 oder früher das Hälftelungsprinzip für die Erstanpassung zum 1. 1. 1975 - und nur für diese[14] - akzeptiert. Da die "Überlegungen für Gesetzesänderungen zur betrieblichen Altersversorgung"[15] der Bundesvereinigung der Deutschen Arbeitgeberverbände auch die Forderung nach einer gesetzlichen Verankerung des Hälftelungsprinzips als zu-

---

1) Vgl. BAG-Urteil vom 23. 4. 1985 - 3 AZR 156 / 83, DB 1985, S. 1642 - 1645; die Leitsätze des Urteils sind in Anhang 4 unter E. im Wortlaut enthalten; vgl. auch die ausführliche Urteilsbesprechung durch Förster, W., (Wirtschaftliche Lage 1985), BB 1985, S. 2051 - 2055
2) Vgl. ebd. unter II.3.a) der Gründe, DB 1985, S. 1643
3) Vgl. Heubeck, K., (Wirtschaftliche Lage 1986), BetrAV 1986, S. 94 - 97
4) Vgl. Rössler, N., (Wirtschaftliche Lage 1986), BetrAV 1986, S. 98 - 101
5) Das "ABA-Modell von 1987" wurde zusammen mit einer aktualisierten "Stellungnahme der ABA zur Berücksichtigung der wirtschaftlichen Lage des Arbeitgebers im Rahmen der Anpassungsprüfung nach § 16 BetrAVG" in geschlossener Form veröffentlicht in: Heubeck, K. / Löcherbach, G. / Rößler, N., (Wirtschaftliche Lage 1987), BB 1987, Beilage Nr. 3, insbesondere S. 15 f.
6) Vgl. Anhang 4 unter A. bis F., H., J., M. und N.
7) Vgl. Förster, W., (Wirtschaftliche Lage 1985), BB 1985, S. 2054
8) Vgl. auch ausführlich Stumpf, A., (Wirtschaftliche Lage 1985), S. 107 - 138; Höfer, R. / Reiners. S. / Wüst, H., (Kommentar 1992), § 16, Rdnr. 3535 - 3592
9) Vgl. Dieterich, T., (Rechtsprechung 1985), BetrAV 1985, S. 86
10) Vgl. ausführlich Höhne, G., in: Heubeck, G. / Höhne, G. / Paulsdorff, J. / Weinert, W., (Kommentar 1982), Rdnr. 139 - 145 und 201 - 204b zu § 16
11) Vgl. Dieterich, T., (Rechtsprechung 1985), BetrAV 1985, S. 86
12) Vgl. BAG-Urteil vom 15. 9. 1977 - 3 AZR 654 / 76 unter C.II. der Gründe, BB 1977, S. 1550 - 554, insbesondere S. 1554
13) Vgl. ebd., unter C.I. der Gründe
14) Vgl. BAG-Urteil vom 17. 1. 1980 - 3 AZR 614 / 78 unter B.I.2 der Gründe, BB 1980, S. 263 f.
15) Vgl. Bundesvereinigung der Deutschen Arbeitgeberverbände (Hrsg.), (Gesetzesänderungen 1984), insbesondere S. 6 - 10

sätzlicher Anpassungsbegrenzung[1] beinhalten, sollen in Kapitel C auch die quantifizierbaren Auswirkungen der "Hälftelung" untersucht werden.

Die zweite vom Bundesarbeitsgericht zugelassene Faustregel ist die Begrenzung der Anpassung auf die zugehörige Entwicklung der Netto-Aktiveneinkommen[2]. Diese hat das Bundesarbeitsgericht als pauschalen Indikator für die wirtschaftliche Lage des Arbeitgebers gebilligt[3]. Zu der hierfür erforderlichen Ermittlung der Höhe des Netto-Einkommensanstiegs hat das Bundesarbeitsgericht Hinweise[4] gegeben, wonach ein "pauschaliertes Berechnungsverfahren"[5] mit typisierender Betrachtungsweise angebracht scheint. Ein entsprechendes Modell wurde von Bode / Grabner vorgestellt[5] und weiterentwickelt[6]; wesentliche Einzelheiten hieraus wurden auf das unten[7] beschriebene Rechenmodell übertragen.

4.3.3 Ergänzende Aspekte

Neben den weiterhin offenen Fragen zur wirtschaftlichen Lage des Arbeitgebers bestand bis 1992 noch eine bedeutende Unklarheit: das "Problem der Nachholung"[8] von in früheren Anpassungszeiträumen zulässigerweise unterlassenen Anpassungen. Das Problem besteht nicht für die fortgeltende[9] Hälftelung der Altrenten für die Zeit bis 1. 1. 1975; wenn jedoch bei einer späteren Anpassungsprüfung die wirtschaftliche Lage den vollen Teuerungsausgleich nicht zugelassen hatte, so erhebt sich die Frage nach dem "streitbeendenden Charakter" der Anpassungsentscheidung des Arbeitgebers.

Die Aussage Blomeyers: "Das BAG hat noch nicht ausdrücklich Stellung genommen."[10] galt bis Anfang 1992. Im Schrifttum waren unterschiedliche Meinungen anzutreffen[11].

Mit dem Urteil des LAG Hamm vom 29. 8. 1989[12] schien die Frage dahingehend entschieden, daß es n i c h t erforderlich sei, "länger als drei Jahre zurückliegende Zeiträume, in

---

1) Es geht hierbei nicht um eine Indexierung mit dem halben Preisindex, vielmehr soll die wirtschaftliche Lage des Arbeitgebers nach wie vor berücksichtigt werden. Vgl. ebd., S. 9; vgl. auch Hemmer, E., (Altersversorgung 1984), S. 38

2) Vgl. BAG-Urteil vom 11. 8. 1981 - 3 AZR 395 / 80, DB 1981, S. 2331 - 2333. Wegen der Bedeutung dieses Urteils für die Praxis sind die Leitsätze sowie der die reallohnbezogene Obergrenze betreffende Auszug aus den Gründen in Anhang 5 im Wortlaut wiedergegeben.

3) Vgl. Dieterich, T., (Rechtsprechung 1985), BetrAV 1985, S. 86

4) Vgl. Anhang 5, Blatt 3

5) Vgl. Bode, K.-J. / Grabner, E.R., (Netto-Einkommensanstieg 1983), DB 1983, S. 2360 - 2362, insbesondere S. 2360

6) Vgl. zuletzt dies., (Teuerungsanpassung 1992), DB 1992, S. 323 f.

7) Vgl. Abschn. B.III.3.3

8) Vgl. Blomeyer, W., in: Blomeyer, W. / Otto, K., (Kommentar 1984), S. 822

9) Vgl. Höfer, R. / Reiners, S. / Wüst, H., (Kommentar 1992), § 16, Rdnr. 3511 - 3514, sowie die unter Ziffer 3 der Leitsätze des BAG-Urteils vom 28.4.1992 - 3 AZR 356 / 91 in Anhang 4 unter O. enthaltenen Aussagen

10) Vgl. Blomeyer, W., in: Blomeyer, W. / Otto, K., (Kommentar 1984), Rdnr. 104 zu § 16

11) Vgl. Leitherer, S., (§ 16 BetrAVG 1983), S. 71 - 74; Stumpf, A., (Wirtschaftliche Lage 1985), Seite 172 - 179; Fischer, G., (Anpassungsentscheidung 1985), S. 148 - 152. Eine Übersicht zum Schrifttum mit einem eigenen Ansatz ist bei Blomeyer zu finden: vgl. Blomeyer, W., in: Blomeyer, W. / Otto, K., (Kommentar 1984), Rdnr. 102 - 109 zu § 16. Vgl. auch Höfer, R. / Reiners, S. / Wüst, H., (Kommentar 1992), § 16, Rdnr. 3503 - 3508

12) "6 Sa 294 / 89; rechtskräftig (Nichtzulassungsbeschwerde zurückgewiesen)" (!); vgl. BB 1990, S. 1131 - 1133. Die Leitsätze sind in Anhang 4 unter K. wiedergegeben.

denen kein voller Ausgleich der indexierten Steigerung der Lebenshaltungskosten erfolgt ist, zu berücksichtigen."[1]

Dagegen konstatierte das Bundesarbeitsgericht in drei Urteilen vom 28. 4. 1992 das Erfordernis einer "nachholenden Anpassung"[2], womit bei jeder Anpassungsprüfung grundsätzlich der Kaufkraftverlust seit Rentenbeginn und nicht nur seit dem letzten Prüfungszeitraum den Anpassungsbedarf bestimmen soll.

Auch wenn das BAG ausdrücklich auf die Bedeutung der wirtschaftlichen Lage des Arbeitgebers insbesondere bei der nachholenden Anpassung hingewiesen hat[3], im Ergebnis dürfte die nachholende Anpassung einen weiteren Schritt in die Richtung einer Indexierung[4] der Betriebsrenten bedeuten. Denn ein einmal - aus welchem Grund auch immer - unterbliebener Ausgleich des vollen Kaufkraftverlustes erhöht bei jeder Folgeprüfung den Anpassungsbedarf, solange nicht ein Ausgleich bis zum Stand des Preisindex für die Gesamtlebenshaltung erfolgt. Die mit den jüngsten Entscheidungen des BAG zur nachholenden Anpassung entstandene Rechtslage ist bei der Interpretation der Modellrechnungen zu berücksichtigen[5].

Es bleibt abzuwarten, ob das Bundesarbeitsgericht die im Urteil des LAG Hamm vom 19. 3. 1991[6] enthaltene Entscheidung zum Lauf der Verjährung im Zusammenhang mit der Anpassungsentscheidung des Arbeitgebers bestätigen wird.

Weitgehend geklärt scheinen aus heutiger Sicht die folgenden Fragen:

Zur Anpassung in Konzernunternehmen hat das Bundesarbeitsgericht zwischenzeitlich[7] entschieden, daß es dann auf die wirtschaftliche Lage im Konzern ankommen kann, wenn "eine enge wirtschaftliche Verknüpfung der Unternehmen"[8] gegeben ist.

Ferner hat das Bundesarbeitsgericht eine Verpflichtung des Pensions-Sicherungs-Vereins, die von ihm zu zahlenden Betriebsrenten nach § 16 BetrAVG anzupassen, grundsätzlich verneint[9]; allerdings ist eine Anpassungsklausel als vertraglicher Bestandteil der Pensionszusage "auch vom Träger der gesetzlichen Insolvenzsicherung zu beachten"[10].

---

1) Vgl. ebd., S. 1131, sowie Anhang 4 unter K.
2) Vgl. die Leitsätze in Anhang 4 unter M. bis O.
3) Da im Fall der nachholenden Anpassung "die Gefahr besteht, daß der Anpassungsstau den wirtschaftlich wieder gestärkten Arbeitgeber überfordert, ist seine Leistungsfähigkeit besonders sorgfältig zu prüfen." Vgl. Anhang 4 unter M., Ziffer 4 der Leitsätze
4) Es bleibt abzuwarten, ob dieser weitere Schritt zur Indexierung der Betriebsrenten den Gesetzgeber dazu bewegt, die mit § 16 BetrAVG 1975 an das BAG "delegierte" Aufgabe der Rechts-Setzung durch eine Präzisierung des § 16 BetrAVG wieder selbst wahrzunehmen. Vgl. dazu Maydell, B. von, (Rechtsprechung 1990), BetrAV 1990, S. 151 - 156, insbesondere S. 154 f.
5) Vgl. Abschn. B.III.3.4
6) "6 Sa 697 / 89; rechtskräftig"; vgl. BB 1991, S. 1126. Die Leitsätze sind in Anhang 4 unter L. wiedergegeben.
7) Vgl. die in Anhang 4 unter A., J. und N. aufgeführten Leitsätze. Vgl. auch Höfer, R. / Reiners, S. / Wüst, H., (Kommentar 1992), § 16, Rdnr. 3585 - 3592
8) Vgl. Anhang 4 unter J., Ziffer 3 der Leitsätze, und unter N., Ziffer 3 der Leitsätze
9) Vgl. BAG-Urteil vom 22. 3. 1983 - 3 AZR 574 / 81, DB 1983, S. 1982 f.; unter 1.c) der Gründe räumt das Gericht unter Hinweis auf die Grundsätze von Treu und Glauben ein, "daß Inflationsraten vorstellbar sind, die eine so große Not verursachen, daß auch der Träger der Insolvenzsicherung daran nicht mehr vorbeigehen könnte."
10) Vgl. ebd. unter 2.a) der Gründe; vgl. auch BAG-Urteil vom 30. 8. 1979 - 3 AZR 381 / 78, DB 1979, S. 2330 f. sowie das BAG-Urteil vom 3. 2. 1987 - 3 AZR 330 / 85, DB 1987, S. 2046, dessen Leitsätze in Anhang 4 unter I. wiedergegeben sind.

Zum Versorgungsausgleich hat der Bundesgerichtshof im Beschluß vom 18. 9. 1985[1] entschieden, daß unter Beachtung des Kriteriums der wirtschaftlichen Lage des Arbeitgebers § 16 BetrAVG nicht ausreicht, um die Anwartschaften auf die "betriebliche Altersversorgung als im Leistungsstadium volldynamisch zu bewerten."[2] Vielmehr ist eine Pensionsanwartschaft, bei der die laufenden Leistungen ausschließlich nach Maßgabe von § 16 BetrAVG anzupassen sind, im Versorgungsausgleich "wie eine in vollem Umfang statische Versorgungsanwartschaft"[3] zu bewerten. Der Bundesgerichtshof hat dieses Ergebnis mehrfach[4] bestätigt.

Damit wirkt sich § 16 BetrAVG auf die für die betroffenen Arbeitnehmer bedeutsame Bewertung betrieblicher Versorgungsleistungen im Versorgungsausgleich nicht aus; die Bewertung erfolgt so, als gäbe es § 16 BetrAVG nicht. Dagegen können vertraglich dynamisierte Betriebsrenten als teil- oder volldynamisch gewertet werden, wenn die Dynamik nicht "verfallbar i.S. von § 1587a II Nr. 3 S. 3 BGB ist."[5]

Diese Zusammenstellung verschiedenartiger Aspekte zu § 16 BetrAVG wird abgerundet durch zwei wesentliche arbeitsrechtliche Anmerkungen:

Zum einen erstreckt sich das Mitbestimmungsrecht des Betriebsrats nach h.M.[6] nicht auf Ruhestandsverhältnisse; auch ein Informationsrecht im Rahmen allgemeiner Aufgaben des Betriebsrats wird von Blomeyer[7] für den Kreis der Betriebsrentner verneint.

Zum anderen bietet § 17 Abs. 3 Satz 1 BetrAVG den Tarifpartnern die Möglichkeit, von der ansonsten in der Privatwirtschaft[8] unabdingbaren Mindestnorm des § 16 BetrAVG abzuweichen[9]. Hier schließt sich nun die Frage an, ob und wie die Anpassung von Betriebsrenten bei der Bewertung der Pensionsrückstellungen zu berücksichtigen ist.

4.4 Anpassung und Pensionsrückstellungen

Vor der Untersuchung der handels- und steuerrechtlichen Gesichtspunkte zur Anpassung er-

---

1) Vgl. BGH-Beschluß vom 18. 9. 1985 - IV b ZB 15 / 85, FamRZ 1985, S. 1235 f., unter II.2.c) der Gründe
2) Vgl. ebd., S. 1236. "Volldynamisch ist eine Versorgung dann, wenn sie sowohl im Anwartschaftsstadium als auch im Leistungsstadium regelmäßig der allgemeinen Einkommensentwicklung angepaßt wird, ... ". Vgl. m.w.N. BGH-Beschluß vom 10. 7. 1985 - IV b ZB 836 / 80, FamRZ 1985, S. 1119 - 1123, unter II.B.4. der Gründe, S. 1120
3) Vgl. BGH-Beschluß vom 18. 9. 1985 - IV b ZB 15 / 85, FamRZ 1985, S. 1236
4) Vgl. BGH-Beschluß vom 9. 7. 1986 - IV b ZB 32 / 83, FamRZ 1986, S. 976 - 978, unter II.2. der Gründe, S. 978; BGH-Beschluß vom 12. 4. 1989 - IV b ZB 146 / 86, FamRZ 1989, S. 844 - 847, unter II.1.a) der Gründe
5) Vgl. m.w.N. OLG Celle, Beschluß vom 17. 10. 1984 - 18 UF 163 / 83, FamRZ 1985, S. 297 f.; zur Teildynamik im Versorgungsausgleich vgl. auch Löffler, F. / Theurer, C., (Teildynamische Versorgungen 1981), FamRZ 1981, S. 8 - 12; Heubeck, K. / Zimmermann, S., (Ausgleich 1981), BB 1981, S. 1225 - 1232; Ellger, W. / Glockner, R., (Versorgungsausgleich 1984), FamRZ 1984, S. 733 - 736
6) Vgl. statt vieler m.w.N. Blomeyer, W., in: Blomeyer, W. / Otto, K., (Kommentar 1984), Einleitung, Rdnr. 192 sowie Rdnr. 257 - 266 zu § 16
7) Vgl. ebd., Rdnr. 265 f. zu § 16
8) § 16 BetrAVG "findet grundsätzlich auf alle ArbGeb Anwendung ... . Ausgenommen sind jedoch weitgehend die ArbGeb des öffentlichen Rechts (öffentlicher Dienst, soweit er unter die Regelung des § 18 Abs. 1 S. 1 fällt)." Vgl. Blomeyer, W., ebd., Rdnr. 21 zu § 16
9) Zu dieser "Tarifdispositivität" vgl. Höfer, R. / Reiners, S. / Wüst, H., (Kommentar 1992), § 16, Rdnr. 3383 - 3385

scheint es sinnvoll, auf den Zusammenhang zwischen dem Rechnungszins und einem dynamischen Trend kurz einzugehen:

4.4.1 Vorbemerkung: die Verknüpfung von Zins und Trend

Bei der Barwertberechnung[1] einer indexierten Rentenverpflichtung wirken sich der zur Diskontierung verwendete Zins und der mit einer steigenden Indexentwicklung verbundene Trend gegenläufig aus. Unter einem Trend soll hier eine mittlere Indexentwicklung verstanden werden: der Trend ist für einen vergangenen Zeitabschnitt berechenbar und für die Zukunft schätzbar; bekannte Repräsentanten sind der Einkommenstrend und der Inflationstrend, die zu den in Abbildung 1 dargestellten Indexreihen[2] gehören. An folgendem Beispiel kann das Zusammenwirken von Zins und Trend erläutert werden:

> Zu ermitteln sei der Barwert eines rechtswirksam mit dem Preisindex wertgesicherten, nach Ablauf eines Jahres zahlbaren Betrages von 10.000 Geldeinheiten; der Zinsfuß[3] soll 5,5% betragen, die voraussichtliche Inflationsrate wird mit 3% geschätzt.

Mit den Bezeichnungen

i	:= 0,055	für den Zinssatz
d	:= 0,03	für den Trendsatz (hier: Inflationssatz)
B	:=	Barwert der Verpflichtung in Geldeinheiten

folgt:

$$(1)\quad 10.000\,(1 + 0{,}03) / (1 + 0{,}055) = 9.763 \quad \Longleftrightarrow$$
$$(2)\quad 10.000\,(1 + d) / (1 + i) = B \quad \Longleftrightarrow$$
$$(3)\quad 1\,(1 + d) / (1 + i) = B / 10.000$$[4]

Wesentlich ist nun, daß es genau einen "realen", d.h. inflationsbereinigten Zinssatz i_o gibt, der zu der n i c h t wertgesicherten Zahlungsverpflichtung von 10.000 Geldeinheiten den gleichen Barwert liefert wie die wertgesicherte Zahlungsverpflichtung beim Zinssatz i; dies folgt aus

$$(4)\quad 10.000\,(1 + 0) / (1 + i_o) = B$$

durch Gleichsetzen mit (2):

$$(5)\quad 1 / (1 + i_o) = (1 + d) / (1 + i) \quad \Longleftrightarrow$$

$$(6)\quad i_o = (i - d) / (1 + d) = (0{,}055 - 0{,}03) / 1{,}03 = 0{,}024272$$

---

1) Vgl. Abschn. B.I.2.2.2

2) Vgl. Anhang 1 und 2

3) Mit dem Zinsfuß oder der Zinsrate von 5,5% ist der Zinssatz "i = 0,055" äquivalent; hierzu gehören der Zinsfaktor oder Aufzinsungsfaktor q:=1+i sowie der Diskontierungsfaktor oder Abzinsungsfaktor v:=1 / q=1 / (1+i). Vgl. Nicolas, M., (Finanzmathematik 1959), S. 9 - 11, 33 - 40. Analog soll von Trend- bzw. Inflationsraten, -sätzen und -faktoren gesprochen werden.

4) B / 10.000 stellt damit den Barwert der auf eine Geldeinheit normierten Verpflichtung dar.

Der Realzinssatz i_0 beträgt also im Beispiel 2,4272%.

Unter der Annahme eines künftig gleichbleibenden Zins- und Trendsatzes läßt sich das auf eine Periode begrenzte Beispiel auch auf die Barwertberechnung bei Zahlungsströmen mit mehreren Perioden verallgemeinern[1]; unabhängig von der Anzahl der Perioden gilt bei vorgegebener Zahlungsdauer für den Barwert B(.,.), aufgefaßt als Funktion mit den Argumenten Zins und Trend wie im Beispiel

(7) $B(i_0,0) = B(i,d)$,

wobei i_0, i und d gemäß Gleichung (5) respektive (6) miteinander verknüpft sind.

Aus der Bestimmungsgleichung (6) für i_0 folgt unmittelbar: für kleines d ist der "reale" Zinssatz i_0 etwa gleich der Differenz aus dem "nominalen" Zinssatz i und dem Trendsatz d. Falls der Trend den Nominalzins übersteigt, ergibt sich - mit negativem i_0 - per Saldo sogar ein realer Aufzinsungseffekt.

Umgekehrt gehört zu jedem Realzinssatz i_0 eine ganze Schar von gemäß Gleichung (6) kombinierbaren Nominalzins- und Trendsätzen. So kann ein Realzinsfuß von 4,5% etwa aus einem Nominalzinsfuß von 8% und einer Trendrate von 3,35% kombiniert werden, ebensogut auch aus einem Nominalzinsfuß von 6% und einer Trendrate von 1,44%. Es gibt beliebig viele Möglichkeiten, einen fest vorgegebenen Rechnungszins in einer Rechnung, die explizit keinen Trend berücksichtigt, als Kombination aus Nominalzins und Trend zu interpretieren.

In Tabelle 1 sind ganzzahlige Nominalzinsfüße und Trendraten gemäß Gleichung (6) kombiniert zu den resultierenden Realzinsfüßen.

Aus diesen Überlegungen wird klar, daß eine Diskussion über die bilanzielle Berücksichtigung von Trendgrößen nicht isoliert von der Zinsfrage geführt werden kann.

4.4.2 Handelsrechtliche Aspekte der Anpassung von Betriebsrenten

Soweit die Höhe der Pensionsleistungen ohne zusätzliche Vorbehalte[2] von einer künftigen Indexentwicklung abhängt, bedeutet dies eine zusätzliche "ökonomische" Ungewißheitskomponente.

Fraglich ist die Bilanzierung dieser indexabhängigen künftigen Rentenanpassungen als Spezialfall ungewisser künftiger Kostensteigerungen.

Die technische Seite einer Einbeziehung trendmäßiger Erwartungen kann prinzipiell als gelöst angesehen werden: im Jahr 1969 erläuterte die Fachvereinigung Mathematische Sachverständige der ABA-Arbeitsgemeinschaft für betriebliche Altersversorgung e.V. in Beantwortung einer offiziellen Anfrage des Bundesfinanzministers zu den "anerkannten Regeln der Versicherungsmathematik"[3] in Teil "I. Versicherungsmathematische Grundzusammenhänge"[4]:

---

1) Eine exakte Herleitung findet sich etwa bei Jäkel, H.K., (Wertsicherungsklauseln 1980), BetrAV 1980, S. 105 f.

2) Damit hat man den Fall einer "Indexierung der Betriebsrente": vgl. Abschnitt B.I.4.2.3

3) Vgl. Fachvereinigung Mathematische Sachverständige der ABA-Arbeitsgemeinschaft für Betriebliche Altersversorgung e.V., (Bewertung 1969), BetrAV 1969, S. 70

4) Vgl. ebd., S. 71

Tabelle 1: Realzinsfüße in Abhängigkeit von Nominalzins und Trend

Realzins in %								
Bei einem Nominalzinsfuß (%) von	bei einer Trendrate (%) von							
	1,0	2,0	3,0	4,0	5,0	6,0	7,0	8,0
0,0	- 1,0	- 2,0	- 2,9	- 3,8	- 4,8	- 5,7	- 6,5	- 7,4
1,0	0,0	- 1,0	- 1,9	- 2,9	- 3,8	- 4,7	- 5,6	- 6,5
2,0	1,0	0,0	- 1,0	- 1,9	- 2,9	- 3,8	- 4,7	- 5,6
3,0	2,0	1,0	0,0	- 1,0	- 1,9	- 2,8	- 3,7	- 4,6
4,0	3,0	2,0	1,0	0,0	- 1,0	- 1,9	- 2,8	- 3,7
5,0	4,0	2,9	1,9	1,0	0,0	- 0,9	- 1,9	- 2,8
6,0	5,0	3,9	2,9	1,9	1,0	0,0	- 0,9	- 1,9
7,0	5,9	4,9	3,9	2,9	1,9	0,9	0,0	- 0,9
8,0	6,9	5,9	4,9	3,8	2,9	1,9	0,9	0,0
9,0	7,9	6,9	5,8	4,8	3,8	2,8	1,9	0,9
10,0	8,9	7,8	6,8	5,8	4,8	3,8	2,8	1,9

> "Schließlich gehört es zu den Aufgaben der Versicherungsmathematik, die langfristigen Entwicklungstendenzen (T r e n d) der den Wertansatz beeinflußenden Faktoren zu berücksichtigen."[1]

Neben den

> "klassischen biometrischen Wahrscheinlichkeiten ..... ist auch die Berücksichtigung von anderen Faktoren, z.B. Einkommens- und Rententrend in exakter Weise möglich. So werden seit Jahren in den USA nach der versicherungsmathematischen Methode Mittelwerte für den Lohntrend bei der Bewertung von Pensionsleistungen in die Berechnung einbezogen."[2]

Näher wird dann in Teil "III. Gesamtbetrachtung"[3] auf den "Karrieretrend"[4] und auf den "säkulare(n) Einkommenstrend (Säkulartrend)"[4] eingegangen: im Ergebnis

> "kann das Wirksamwerden eines Säkulartrends als so weitgehend gesichert gelten, daß dieser Trend nach den anerkannten Regeln der Versicherungsmathematik g r u n d -

1) Vgl. ebd., S. 71
2) Vgl. ebd., S. 71; auf die Aufzählung der "klassischen biometrischen Wahrscheinlichkeiten" wurde hier verzichtet.
3) Vgl. ebd., S. 75
4) Vgl. ebd., S. 76

s ä t z l i c h z u b e r ü c k s i c h t i g e n ist. Hinsichtlich der Höhe läßt sich zumindest soviel sagen, daß ein Satz von weniger als 3,5% unrealistisch wäre."[1]

Folgerichtig wird im Falle bezüge- oder auch inflationsabhängiger Versorgungsleistungen der künftig erwarteten Trendentwicklung sowohl bei der Unternehmensbewertung[2] als auch im Planungsbereich[3] Rechnung getragen. Dies bedeutet freilich noch nicht, daß eine Trendberücksichtigung auch in der Handelsbilanz mit deren unterschiedlichen Zweck- und Zielsetzungen[4] zulässig oder sogar geboten ist. Die - nicht zuletzt durch die Rechtsprechung des Bundesfinanzhofs[5] geprägte - Rechtslage kann wie folgt skizziert werden:

4.4.2.1 Rechtslage

Bereits eingetretene und nach Zeitpunkt sowie Umfang rechtsverbindlich zugesagte künftige Leistungsänderungen sind bei der bilanziellen Erfassung der Pensionsverpflichtungen nach dem in § 252 Abs. 1 Nr. 3 und 4 HGB für die Bewertung enthaltenen Stichtagsprinzip zu berücksichtigen. Anders sind dagegen - sieht man von Abgrenzungsfragen bei "wertaufhellenden und wertbeeinflussenden Tatsachen"[6] für den Zeitraum zwischen Stichtag und Bilanzaufstellung ab - ungewisse künftige Leistungsänderungen zu behandeln; entgegen den im Schrifttum wiederholt[7] erhobenen Forderungen nach einer Einbeziehung geschätzter Trendentwicklungen ist es bisher nach ständiger BFH-Rechtsprechung aufgrund des Nominalwert- sowie des

---

1) Vgl. ebd., S. 76

2) Vgl. Kleylein, D., (Unternehmensveräußerungen 1981), DB 1981, S. 857; Heubeck, K. / Löcherbach, G., (Unternehmensbewertung 1982), DB 1982, S. 917; Lemitz, H.-G., (Bewertung 1982), BB 1982, Beilage Nr. 8, S. 8; Hieber, O.L., (Unternehmenswert 1986), S. 266 - 268; Dörner, W., (Unternehmensbewertung 1992), S. 79 - 81. Lemitz betont die Notwendigkeit einer Differenzierung danach, ob das jeweilige Konzept der vorzunehmenden Unternehmensbewertung eine Berücksichtigung künftiger Kosten- und Erlösveränderungen vorsieht oder nicht.

3) Für den Bereich der gesetzlichen Rentenversicherung hat die Bundesregierung kraft Gesetzes (§ 154 SGB VI) in dem alljährlich vorzulegenden Rentenversicherungsbericht auch eine Vorausschätzung "der Einnahmen und Ausgaben, der Schwankungsreserve sowie des jeweils erforderlichen Beitragssatzes in den künftigen 15 Kalenderjahren" vorzunehmen: vgl. BT- Drucksache 12 / 3111, S. 1, 6 - 8, 38 - 62; für den Bereich der betrieblichen Altersversorgung vgl. Höfer, R., (Betriebliche Altersversorgung 1973), S. 82; Lemitz, H.-G., (Durchführungswege 1978), BFuP 1978, S. 406; Gassen, H., (Prognoserechnungen 1980), S. 391; für den Bereich der privaten Lebensversicherung sowie berufsständischer Versorgungswerke vgl. Bayerische Versicherungskammer (Hrsg.), (Rechnungsgrundlagen 1979), S. 36 - 42

4) Vgl. dazu Busse von Colbe, W., (Bewertung 1984), S. 40 f. und S. 52 f.; Baetge, J., (GoB 1986), S. 3 - 5; Leffson, U., (Gob 1987), S. 28 - 30 und 35 - 63

5) "Kraft der Rechtsprechung des Bundesfinanzhofs haben wir heute ein im wesentlichen ausgewogenes System von handelsrechtlichen Grundsätzen ordnungsmäßiger Buchführung"; vgl. Moxter, A., (Rückstellungsbilanzierung 1982), BB 1982, S. 2084

6) Vgl. m.w.N. IDW (Hrsg.), (WP-Handbuch 1992), Band I, S. 185 f.

7) Vgl. zum alten Handelsrecht etwa Hirte, E., (Langfristige Rückstellungen 1971), DB 1971, S. 1313 - 1316; ders., (Stichtagsprinzip 1975), DB 1975, S. 522 - 524; Eifler, G., (Rückstellungen 1976), S. 70 f.; Nehm, H., (Sozialverpflichtungen 1984), DB 1984, S. 952; Strobl, E., (Bewertung 1984), S. 214 und 218; Perlet, H., (Rückstellungen 1986), S. 117 - 136. Teilweise wird die handelsrechtliche Passivierungsfähigkeit trendbedingter künftiger Rentenerhöhungen mehr oder minder stillschweigend vorausgesetzt: vgl. etwa Heubeck, G., (Handbuch 1988 / 1991), S. 47; vgl. auch Höfer, R. / Abt, O., (Kommentar 1984), Rdnr. 226 zu § 6a EStG. Zum neuen Handelsrecht vgl. nachfolgend Abschn. B.I.4.4.2.2

Stichtagsprinzips[1] weder handels- noch steuerrechtlich[2] zulässig, künftig "zu erwartende Kostensteigerungen"[3] gewinnmindernd[4] zu berücksichtigen. "Nach der Rechtsprechung sind für die Bemessung von Rückstellungen die Preisverhältnisse am Bilanzstichtag maßgebend."[5] Auch in dem zur Passivierungspflicht von Jubiläumszuwendungen ergangenen Urteil[6] bestätigt der BFH seinen Standpunkt:

> "Es können daher bei gehaltsabhängigen Zuwendungen weder erwartete Gehaltssteigerungen noch bei Sachzuwendungen erwartete Preissteigerungen berücksichtigt werden."[6]

Für Handels- und Steuerbilanz, also für die "Bilanz im Rechtssinne"[7], ist demnach von einem Verbot der Berücksichtigung ungewisser künftiger Kostensteigerungen bei der Rückstellungsbildung auszugehen.

4.4.2.2 Meinungen im Schrifttum

Dagegen mehrten sich im Schrifttum der achtziger Jahre Zweifelsstimmen, ob aus dem Nominalwert-[8] und/oder dem Stichtagsprinzip[9] nach dem bis 1986 geltenden Handelsrecht ein derartiges Verbot gefolgert werden könne. Zum neuen Handelsrecht enthält Übersicht 6 eine Zusammenstellung der in der Diskussion zum Bilanzrichtlinien-Gesetz vorzufindenden Aussagen zur Trendberücksichtigung bei der Bewertung von Pensionsrückstellungen in der Handelsbilanz; es sind unterschiedliche Haltungen festzustellen, konsequent ablehnend äußern sich jedoch nur Förschle / Klein[10].

---

1) Vgl. m.w.N. Strobl, E., (Bewertung 1984), S. 205

2) Zur Kompetenz des BFH in handelsrechtlichen Fragen vgl. Beisse, H., (Handelsbilanzrecht 1980), BB 1980, S. 646; kritisch: Schneider, D., (Bilanzrechtsprechung 1980), BB 1980, S. 1225 - 1232. Vgl. auch Eibelshäuser, M., (Rückstellungsbildung 1987), BB 1987, S. 860; Breidenbach, B., (Verstoß 1992), DB 1992, S. 2203

3) Vgl. "zur Berechnung von Garantierückstellungen bei mehrjähriger Garantiefrist" das BFH-Urteil vom 7. 10. 1982 - IV R 39 / 80, BStBl. II 1983, S. 104 - 106, insbesondere S. 106

4) Das Unternehmen kann selbstverständlich (freie) Rücklagen hierfür bilden. Vgl. dazu das zum Problemkreis der Substanzerhaltung ergangene BFH-Urteil vom 17. 1. 1980 - IV R 156 / 77, BStBl. II 1980, S. 434 f.; zur Substanzerhaltung nach altem Handelsrecht vgl. auch Mellwig, W., (Bilanzrechtsprechung 1983), BB 1983, FN 32 auf S. 1617 f.; Maul sieht in den Aufwandsrückstellungen nach neuem Handelsrecht eine Möglichkeit zur Substanzerhaltung: vgl. Maul, K.-H., (Aufwandsrückstellungen 1986), BB 1986, S. 634; ablehnend hierzu: Siegel, T., (Aufwandsrückstellungen 1986), BB 1986, S. 841 - 843; Coenenberg, A.G., (Aufwandsrückstellungen 1986), BB 1986, S. 910 f.; m.w.N. Adler, H. / Düring, W. / Schmaltz, K., (ADS 1987), § 249, Tz. 203 - 205

5) Vgl. m.w.N. BFH-Urteil vom 7. 10. 1982 - IV R 39 / 80, BStBl. II 1983, S. 106

6) Vgl. BFH-Urteil vom 5. 2. 1987 - IV R 81 / 84, BStBl. II 1987, S. 845 - 848, insbesondere S. 848. Vgl. bestätigend auch das jüngst zur Bewertung von Urlaubsrückstellungen ergangene BFH-Urteil vom 8. 7. 1992 - XI R 50 / 89, BStBl. II 1992, S. 910 - 912, unter II.1 der Gründe, S. 911

7) Vgl. Döllerer, G., (Bilanz 1979 / 80), JbFfSt 1979 / 80, S. 195 - 208, insbesondere S. 195

8) Vgl. Herrmann, C. / Heuer, G. / Raupach, A., (HHR 1950 / 92), Anm. 71 zu § 6 EStG unter Verweis auf die folgenden Fundstellen: Adler, H. / Düring, W. / Schmaltz, K., (ADS 1968 / 71), Rz. 143 und 164 zu § 152 AktG; Strobl, E., (Bewertung 1984), S. 207; Knobbe-Keuk, B., (Steuerrecht 1985), S. 102; Woerner, L., (Dauerschuldverhältnisse 1984 / 85), StbJb 1984 / 85, S. 197. Vgl. ferner Perlet, H., (Rückstellungen 1986), S. 129 - 136

9) Vgl. Herrmann, C. / Heuer, G. / Raupach, A., (HHR 1950 / 92), Anm. 85 zu § 6 EStG; Perlet, H., (Rückstellungen 1986), S. 124 - 129

10) Vgl. Förschle, G. / Klein, H.-G., (Bilanzierung 1987), DB 1987, S. 345 f.

Eine deutliche Mehrheit[1] spricht sich - meist unter Hinweis auf das Vorsichtsprinzip und/oder das Imparitätsprinzip, oder mit der Begründung einer periodengerechten Aufwandsverteilung - für eine Trendberücksichtigung aus, zumindest implizit über einen verminderten Rechnungszins[2]. Auch der Hauptfachausschuß des IDW schließt eine Berücksichtigung von "trendbedingten Wertänderungen"[3] im Zusammenhang mit dem Ansatz des Rechnungszinses nicht aus.

Dies mag insofern überraschen, als man davon ausgehen kann, daß der handelsrechtliche Rahmen für die Frage einer Trendberücksichtigung durch das Bilanzrichtlinien-Gesetz nicht geändert wurde; der Gesetzgeber wollte das "Verbot der Berücksichtigung inflationärer Entwicklungen"[4] mit dem Bilanzrichtlinien-Gesetz ausdrücklich[5] nicht aufheben. Der Rechtsausschuß des Deutschen Bundestages hat zudem auf die weitreichende Kontinuität des neuen Rechts hingewiesen:

> "Im Ersten Abschnitt wird grundsätzlich nur das schon bisher für alle Kaufleute geltende Recht übernommen."[6]

Die wesentliche Neuerung des Bilanzrichtlinien-Gesetzes für Pensionsverpflichtungen besteht jedoch in der Kodifizierung der Passivierungspflicht für Neuzusagen[7]; damit ist nach Strobl "ernsthaft zu prüfen, ob künftige mögliche oder wahrscheinliche Erhöhungen der Versorgungsanwartschaften aufgrund von Lohnerhöhungen nicht zwingend bei der Bewertung berücksichtigt werden müssen."[8] Strobl argumentiert mit dem Vorsichts- und Imparitätsprinzip. Beachtenswert erscheinen hierzu die Ausführungen von Döllerer:

> "Die Einrechnung aller erwarteten künftigen Kostensteigerungen in den Betrag der Rückstellung wird häufig mit § 156 Abs. 4 AktG begründet. Dort heißt es: 'Rückstellungen sind nur in der Höhe des Betrages anzusetzen, der nach vernünftiger kaufmännischer Beurteilung notwendig ist.' So einleuchtend diese Beweisführung auf den ersten Blick zu sein scheint, erweist sie sich doch bei näherer Prüfung als unrichtig. § 156 Abs. 4 AktG betrifft nämlich nur die Tatfrage, aber nicht die Rechtsfrage. Eine Rechtsfrage ist es, ob künftige Lohnerhöhungen in die Bewertung der Rückstellungen eingerechnet werden dürfen und müssen. Dazu sagt § 156 Abs. 4 AktG gar nichts. Sollte die Rechtsfrage in dem Sinne zu beantworten sein, daß die künftigen Lohnerhöhungen einzurechnen sind, stellt sich die Tatfrage, welchen Umfang diese künftigen Lohnerhöhungen voraussichtlich haben werden. Hier erst greift § 156 Abs. 4 AktG ein. Bei der Entscheidung der Tatfrage soll weder leichtfertiges noch überängstliches Denken maßgebend sein, sondern eben die vernünftige kaumännische Beurteilung. Die Vorschrift geht

---

1) Jedoch: "Die Argumente entscheiden, nicht die Anzahl derer, die sie vertreten. Eine Minderheitsmeinung kann den Ausschlag geben." Vgl. Beisse, H., (Verhältnis 1984), StuW 1984, S. 14 unter Hinweis auf Beisse, H., (Handelsbilanzrecht 1980), BB 1980, S. 644 sowie Schneider, D., (Bilanzrechtspechung 1980), BB 1980, S. 1226

2) Vgl. Abschn. B.I.4.4.1

3) Vgl. Hauptfachausschuß des IDW, (Pensionsverpflichtungen 1988), WPg 1988, S. 404. Vgl. dazu auch die "Erläuterungen" bei Luik, H. (Pensionsverpflichtungen 1987), WPg 1987, S. 739 f.; Höfer, R., (Pensionsverpflichtungen 1988), WPg 1988, S. 555 f.; Wysocki, K. von, (Jahresabschluß 1988), BetrAV 1988, S. 242

4) Vgl. m.w.N. Lemitz, H.-G., (Ausweis 1981), DB 1981, S. 2241

5) Vgl. die - allerdings im Zusammenhang mit dem Substanzerhaltungsproblem ergangene - Protokollerklärung der Bundesregierung zu Art. 33 der 4. EG-Richtlinie aus dem Jahr 1978, deren Wortlaut abgedruckt ist in: IDW (Hrsg.), (WP-Handbuch 1985 / 86), Band II, S. 69, FN 190d

6) Vgl. BT-Drucksache 10/4268, S. 95

7) Vgl. Abschn. B.I.2.2.2

8) Vgl. Strobl, E., (Bewertung 1984), S. 207

Übersicht 6: Berücksichtigung künftiger Trendentwicklungen bei der Bewertung von Pensionsrückstellungen in der Handelsbilanz nach dem Bilanzrichtlinien-Gesetz

Verfasser	Trendberücksichtigung			
	explizit			implizit im Rechnungszins
in der Reihenfolge des Erscheinens	Trend ohne weitere Spezifikation	Lohn- und Gehaltstrend	Anpassung nach § 16 BetrAVG/ Inflation	
Heubeck, K.[1]	ja	-	-	-
Lemitz, H.-G.[2]	-	nein	nein	nicht ganz ausgeschlossen
Ahrend, P.[3]	-	ja	ja	-
Knepper, K.H.[4]	-	-	-	ja
Dinter, H.[5]	-	-	-	ja
Höfer, R. / Lemitz, H.-G.[6]	-	-	-	nicht ausgeschlossen
Ahrend, P./ Förster, W./ Rößler, N.[7]	-	-	nicht ganz ausgeschlossen	ja
Heubeck, K.[8]	-	ja	ja	ja
Ahrend, P.[9]	wohl ja	wohl ja	wohl ja	ja
Biener, H./ Berneke, W.[10]	zweifelnd	-	-	-
Richter, G.[11]	wohl ja	ja	ja	ja
Förschle, G./ Klein, H.-G.[12]	nein	nein	nein	nein

---

1) (4. EG-Richtlinie 1980), BetrAV 1980, S. 255
2) (Ausweis 1981), DB 1981, S. 2240 f. und 2243 f.
3) (Bewertung 1983), DStZ 1983, S. 339
4) (Ausweis 1984), BB 1984, S. 468
5) (Bewertung 1986), BetrAV 1986, S. 120 f.
6) (Neues Bilanzrecht 1986), BB 1986, S. 431
7) (Bilanzrichtlinien-Gesetz 1986), DB 1986, Beilage Nr. 10, S. 8
8) (Neues Bilanzrecht 1986), WPg 1986, S. 357 - 360 und 363
9) (Bilanzrichtlinien-Gesetz 1986), WPg 1986, S. 583
10) (Bilanzrichtlinien-Gesetz 1986), S. 99
11) (Wertansatz 1986), BB 1986, S. 2164 f.
12) (Bilanzierung 1987), DB 1987, S. 345 f.

von einem Spielraum aus, der - wie auch sonst bei Bewertungen - auszufüllen ist. Einen solchen Spielraum gibt es bei der Antwort auf Tatfragen, es gibt ihn aber nicht bei der Antwort auf Rechtsfragen."[1]

4.4.2.3 Eigene Hinweise

Für eine umfassende Prüfung der umstrittenen Frage ist hier kein Raum; jedoch sollen wenigstens die wichtigsten Gesichtspunkte angesprochen werden, die bei einem Lösungsversuch eingehend untersucht werden müßten:

1. Das Nominalwertprinzip[2] wäre im Hinblick auf seine zeitliche und seine inhaltliche Komponente präzise abzugrenzen:

   Die "technische Regel"[3] "Mark = Mark" erhält ihre Bedeutung erst durch eine zeitliche Präzisierung: es scheint zweifelhaft, ob - wie Strobl und Perlet annehmen[4] - bei der gegenwärtigen Bilanzierung von Rückstellungen der künftige Erfüllungszeitpunkt für die Anwendung des "Mark = Mark"-Prinzips maßgeblich ist. Nur in diesem Fall würde die Einrechnung künftiger Preissteigerungen nicht eine nach dem Nominalwertprinzip verbotene Valorisierung bedeuten. Denn wenn man mit Beisse[5] das Nominalwertprinzip als Rechtsanwendungsgrundsatz begreift, so stellt sich die Frage, ob nicht im Hinblick auf die gegenwärtigen Rechtsfolgen[6], die aus der Rechtshandlung "Aufstellung der Handelsbilanz" resultieren, der Zeitpunkt dieser Rechtshandlung maßgeblich ist für die Anwendung des Prinzips "Mark = Mark". Dies würde aber gerade die vom Bundesfinanzhof in ständiger Rechtsprechung gefestigte Auslegung des Stichtagsprinzips bedeuten: maßgebend sind die Preisverhältnisse am Bilanzstichtag.

   Die inhaltliche Komponente des Nominalwertprinzips betrifft die Frage, ob nur inflations-

---

1) Vgl. Döllerer, G., (Rechtsprechung 1984), ZGR 1984, S. 432 f.; entsprechend zum neuen Handelsrecht: Döllerer, G., (Bilanzrichtlinien-Gesetz 1987), BB 1987, Beilage Nr. 12, S. 11

2) "Das NP bedeutet somit das Verbot, ohne besondere gesetzliche oder vertragliche Grundlage Geldnennbeträge nach Maßgabe eines Geldentwertungskoeffizienten in Kaufkrafteinheiten umzurechnen oder sonstwie im Hinblick auf die innerstaatliche Geldentwertung früher statuierte Beträge aufzuwerten oder spätere Daten abzuwerten (Valorisierung)." Vgl. Beisse, H., (Nominalwertprinzip 1975), FR 1975, S. 475

3) "Die inhaltliche Aussage des Nennwertprinzips als technische Regel (Mark = Mark-Prinzip) ist nichts anderes als die rechtliche Maßgeblichkeit der festgelegten Nennbeträge (Währungseinheiten), d.h. die in Rechtsgeschäften, Verträgen, Bilanzen ausgewiesenen Nennbeträge sind unbedingt verbindlich, und zwar auch dann, wenn sich seit ihrer Festlegung die Kaufkraft der entsprechenden Geldsummen verändert hat." Vgl. Strobl, E., (Bewertung 1984), S. 212, die hierzu auf Beisse verweist: Beisse, H., ebd., S. 475

4) "Aus dem Inhalt des Nominalwertprinzips als technische Regel (Mark = Mark-Prinzip) ergeben sich für die Bewertung von Rückstellungen keine Auswirkungen, da die Bilanz in DM aufzustellen ist und keine Umrechnungen nach Kaufkraftmaßstäben stattfinden." Vgl. Strobl, E., ebd., S. 212. "Maßgebend für die Bewertung der Schadenrückstellungen ist auch bei Vorwegnahme künftiger Preissteigerungen der Nominalbetrag im Zeitpunkt der Erfüllung. Eine Umrechnung in Kaufkrafteinheiten findet nicht statt." Vgl. Perlet, H., (Rückstellungen 1986), S. 133. Vgl. hierzu auch Eifler, G., (Rückstellungen 1976), S. 137 f.

5) Vgl. Beisse, H., (Nominalwertprinzip 1975), FR 1975, S. 476

6) Der "Satz, daß nicht nur aus einer bereits eingetretenen, sondern auch aus einer künftigen, bloß erwarteten, ja sogar für wahrscheinlich gehaltenen Geldentwertung keine gegenwärtigen rechtlichen Folgerungen gezogen werden dürfen" dient Beisse als Beispiel für die Ableitung von Aussagen aus dem als Axiom verstandenen Nominalwertprinzip. Vgl. Beisse, H., ebd., S. 475

bedingte Wertänderungen vom Nominalwertprinzip erfaßt werden[1]. Fraglich ist, ob auch andere Veränderungen des gesamtwirtschaftlichen Wertgefüges vom Nominalwertprinzip erfaßt werden, etwa Veränderungen der Produktivität oder des Zinsniveaus. Möglicherweise spielt es hierfür eine Rolle, daß Löhne und Gehälter sowie der Zins auch als Preise aufgefaßt werden können.

2. Ein weiterer Gesichtspunkt ist die Frage, ob künftige trendbedingte Kostensteigerungen ganz oder teilweise den bereits abgelaufenen Perioden zugerechnet werden können oder müssen[2]. Der Zusammenhang dieser Frage mit der Notwendigkeit der "wirtschaftlichen Verursachung" in der neueren[3] Rechtsprechung des Bundesfinanzhofs wäre zu klären. Hierzu gehört auch die Frage, welche Bedeutung der einschränkenden Nebenbedingung: "..., die bis zum Abschlußstichtag entstanden sind,..." in § 252 Abs. 1 Nr. 4 HGB[4] zuzumessen sein wird.

3. Es wäre zu prüfen, ob eine "Bilanzierung auf Basis von Anschaffungskosten"[5] mit der Einbeziehung künftiger trendbedingter Kostensteigerungen vereinbar ist, oder ob damit nicht auch ein neues Bilanzierungskonzept erforderlich wird[6]. Hierbei wäre auch die Bedeutung zu klären, die dem Objektivierungserfordernis[7] zukommmt, wobei die Länge der in Frage kommenden Zeiträume eine wesentliche Rolle spielen dürfte[8].

---

1) Vgl. dazu ausführlicher Lemitz, H.-G., (Ausweis 1981), DB 1981, S. 2240 f.; vgl. auch Döllerer, G., (Rechtsprechung 1984), ZGR 1984, S. 632

2) Vgl. zum Verursachungsprinzip Döllerer, G., (Grenzen 1977 / 78) StbJb 1977 / 78, S. 140 f. und 151; vgl. zur Abgrenzung der Zeit und der Sache nach: Baetge, J., (GoB 1986), DB 1986, Beilage Nr. 26, S. 11 f.; vgl. zu "Künftige Preissteigerungen als werterhellende Tatsachen": Perlet, H., (Rückstellungen 1986), S. 127 f.; allerdings scheint die Schlußfolgerung von Perlet etwas weitgehend: "Solange Inflation herrscht, besteht zwischen gegenwärtigen und künftigen Preissteigerungen insofern ein wesentlicher Zusammenhang, als die künftige Inflation die Folge der gegenwärtigen Preissteigerungen ist. Künftige Preissteigerungen sind mit anderen Worten durch die am Bilanzstichtag herrschenden Preisverhältnisse wirtschaftlich bereits verursacht."

3) Vgl. speziell zu Pensionszusagen das BFH-Urteil vom 28. 10. 1981 - I R 100 / 78, BStBl. II 1982, S. 126 - 128: "Der Aufwand aus einer mögl. Erhöhung der Pensionsanwartschaften infolge eines säkularen Trends zu künftig steigenden Löhnen ist in dem Jahr der Zuführung zur Pensionsrückstellung noch nicht wirtschaftlich verursacht, solange eine Lohnerhöhung noch nicht stattgefunden hat." Aus dem Zusammenhang geht nicht klar hervor, inwieweit der BFH dieser Feststellung auch handelsrechtliche Bedeutung beimißt. Allgemeiner zur wirtschaftlichen Verursachung vgl. Mellwig, W., (Bilanzrechtsprechung 1983), BB 1983, Seite 1613 f.; Eibelshäuser, M., (Rückstellungsbildung 1987), BB 1987, S. 861 f.; Bordewin, A., (Bewertung 1992), DB 1992, S. 1535

4) "4. Es ist vorsichtig zu bewerten, namentlich sind alle vorhersehbaren Risiken und Verluste, die bis zum Abschlußstichtag entstanden sind, zu berücksichtigen, selbst wenn diese erst zwischen dem Abschlußstichtag und dem Tag der Aufstellung des Jahresabschlusses bekanntgeworden sind; Gewinne sind nur zu berücksichtigen, wenn sie am Abschlußstichtag realisiert sind." Vgl. dazu Christiansen, A., Esser, K. und Günkel, M., in: o.V., (Aktuelle Fragen 1986 / 87), JbFfSt 1986 / 87, S. 89 und S. 91 f.

5) Vgl. Busse von Colbe, W., (Bewertung 1984), S. 53

6) Vgl. ebd., S. 50 - 52; vgl. im Zusammenhang mit Pensionsverpflichtungen Lemitz, H.-G., (Ausweis 1981), DB 1981, S. 2241 f.

7) Vgl. Eifler, G., (Rückstellungen 1976), S. 73 - 102; Friederich, H., (Schwebende Geschäfte 1976), S. 54 f.; Hüttemann, U., (Verbindlichkeiten 1976), S. 125 - 127; Moxter, A., (Rückstellungskriterien 1979), BB 1979, S. 436; Mellwig, W., (Bilanzrechtsprechung 1983), BB 1983, S. 1614; Busse von Colbe, W., (Bewertung 1984), S. 48 - 51; Baetge, J., (GoB 1986), S. 6 - 9; Perlet, H., (Rückstellungen 1986), S. 128 f.; Leffson, U., (GoB 1987), S. 81 - 84 und S. 474 f.; Groh, M., (Gemeinsamkeiten 1988), BB 1988, S. 29 f.; Kamman, E., (Stichtagsprinzip 1988), S. 112 - 119

8) Vgl. Bordewin, A., (Drohende Verluste 1974), BB 1974, S. 976; Lindeiner-Wildau, H.-C. von, (Wertsicherungsklausel 1977), DB 1977, S. 134; Tautorus, G., (Rückstellungen 1977), WPg 1977, S. 322; Pfleger, G., (Bilanzierungsprobleme 1981), DB 1981, S. 1687 f.; Woerner, L., (Dauerschuld-

4. Die vorangehenden Fragen betreffen nicht nur den hier besonders interessierenden Fall der Pensionsrückstellungen, also extrem langfristige Dauerrechtsverhältnisse, sie können in gleicher Weise für andere Rückstellungen formuliert werden, etwa bei anderen ungewissen Verbindlichkeiten, auch bei drohenden Verlusten aus schwebenden Geschäften oder bei Garantieverpflichtungen. Insofern wäre zu prüfen, ob die Unterschiede oder Gemeinsamkeiten in der Problemstruktur eine differenzierte oder eine einheitliche Behandlung künftiger trendbedingter Kostensteigerungen verlangen[1].

5. Im hier besonders interessierenden Fall von Pensionsrückstellungen wird auch der arbeitsrechtliche Bindungsgrad des Arbeitgebers eine Rolle spielen: eine bilanzielle Berücksichtigung künftiger Anpassungen nach § 249 Abs. 1 HGB dürfte nur insoweit in Frage kommen, als die Anpassungsvereinbarung[2] eine (ungewisse) Verbindlichkeit begründen kann. Es wäre zu prüfen, welche Bedeutung ein eventueller Ermessensspielraums des Arbeitgebers hierfür hat[3]. Bei Pensionszusagen, die für die Anwartschaftszeit trendbedingte Erhöhungen der Versorgungsleistungen vorsehen, sind zwei gegenläufige arbeitsrechtliche Gesichtspunkte zu beachten:

   Zum einen entfällt die weitere Anwartschaftsdynamik für eine unverfallbare Anwartschaft ab dem vorzeitigen Ausscheiden des Arbeitnehmers gemäß § 2 Abs. 5 BetrAVG[4]; zum anderen unterliegt bei den weiterhin aktiven Arbeitnehmern die Anwartschaftsdynamik, die durch die erbrachte Betriebszugehörigkeit anteilig erdient ist, nach der Arbeitsrechtsprechung[5] einem erhöhten Rechtsschutz. Diese beiden Gesichtspunkte könnten für die bilanzielle Berücksichtigung der Anwartschaftsdynamik bedeutsam sein[6].

   Eine Anpassung der laufenden Renten nach § 16 BetrAVG kann vom Arbeitgeber bei entsprechender wirtschaftlicher Lage, die nicht zuletzt auch von der künftigen Gewinnsituation[7] abhängt, verweigert werden[8]. Unter diesem Aspekt wäre auch die von Esser[9] im Hinblick auf den Drei-Jahres-Turnus der Anpassung nach § 16 BetrAVG vertretene Auffassung, es "müßten in den beiden Jahren zwischen zwei Anpasssungsterminen Rückstellungen gebildet werden, durch die der Anpassungseinfluß im jeweils

---

verhältnisse 1984 / 85), StbJb 1984 / 85, S. 198; Perlet, H., (Rückstellungen 1986), S. 128 f.; Forster, J., (Renten 1987), SZ 1987 Nr. 141, S. 4; Kamman, E., (Stichtagsprinzip 1988), S. 350 - 353

1) Vgl. Strobl, E., (Bewertung 1984), S. 195 - 218; Herzig, N., (Rückstellungen 1985 / 86), StbJb 1985 / 86, S. 72 - 111; Groh, M., (Gemeinsamkeiten 1988), BB 1988, S. 27 - 33
2) Vgl. hierzu die Einteilung der Anpassungsvereinbarungen in Abschn. B.I.4.2.3
3) Möglicherweise lassen sich Überlegungen aus dem Bereich der Rückstellungen für Gewährleistungen ohne rechtliche Verpflichtung übertragen; vgl. Adler, H. / Düring, W. / Schmaltz, K., (ADS 1987), § 249, Tz. 53 - 56, 125 - 128
4) Vgl. Abschn. B.I.4.2.3
5) Vgl. zur Problematik der ablösenden Betriebsvereinbarung den Beschluß des Großen Senats des BAG von 16. 9. 1986 - GS 1 / 82, BB 1987, S. 265 - 272, insbesondere S. 270 unter C.II.5 der Gründe. Vgl. auch das BAG-Urteil vom 17. 3. 1987 - 3 AZR 64 / 84, DB 1987, S. 1639 - 1641
6) Vgl. Heubeck, K., (Neues Bilanzrecht 1986), WPg 1986 S. 359
7) Zum Problemkreis der Rückstellungsbildung bei gewinnabhängigen Verpflichtungen vgl. Heibel, R., (Erfolgsabhängige Verpflichtungen 1981), BB 1981, S. 2042 - 2048; Jakob, W., (Haftungslose Verbindlichkeiten 1986), BB 1986, S. 972 - 983; Schwarz R., (Gewinnabhängige Verbindlichkeiten 1986), BB 1986, S. 1608 - 1612; zur Bedeutung des Gewinns im Zusammenhang mit der wirtschaftlichen Lage des Arbeitgebers i.S. von § 16 BetrAVG vgl. Stumpf, A., (Wirtschaftliche Lage 1985), S. 100 - 107 und S. 135 - 138
8) Vgl. Abschn. B.I.4.3.2
9) Vgl. Esser, K., in: Herzig, N. / Esser, K., (Erfüllungsrückstände 1985), DB 1985, S. 1303

3. Jahr 'angespart', also auf das Jahr der wirtschaftlichen Verursachung verteilt wird", noch näher zu untersuchen.

Denn die nach Ablauf des dritten Jahres zu treffende Anpassungsentscheidung des Arbeitgebers hängt eben nicht nur von der Entwicklung des Preisindex in der Vergangenheit ab, sondern auch von einer Prognose seiner künftigen wirtschaftlichen Lage in den Jahren nach der Anpassungsentscheidung[1]. Hierdurch unterscheidet sich die Anpassungsverpflichtung gemäß § 16 BetrAVG von einer Wertsicherungsklausel[2] ohne Ermessensspielraum. In diesem Zusammenhang wäre auch die Berücksichtigung einer künftig notwendigen nachholenden Anpassung[3] zu prüfen.

Aus dieser Zusammenstellung wesentlicher Zweifelsfragen geht klar hervor, wie sehr die Frage nach der Einbeziehung trendbedingter künftiger Kostensteigerungen im Schrifttum umstritten ist. Auch zum Problemkreis der Abzinsung langfristiger (ungewisser) Verbindlichkeiten hat sich bisher eine herrschende Meinung nicht herausgebildet[4]. Darauf ist hier wegen des gesetzlichen Abzinsungsgebotes für Rentenverpflichtungen[5] nicht weiter einzugehen.

Bemerkenswert erscheint allerdings der Fall einer Überschneidung der beiden Problemkreise: vielfach[6] wird eine implizite Berücksichtigung trendbedingter Kostensteigerungen durch einen reduzierten Zinsfuß bejaht, obwohl eine explizite Berücksichtigung abgelehnt oder nicht erwo-

---

1) Vgl. das BAG-Urteil vom 23. 4. 1985 - 3 AZR 156 / 83, dessen Leitsätze unter E. in Anhang 4 wiedergegeben sind.

2) Vgl. ausführl. Lindeiner-Wildau, H.-C. von, (Wertsicherungsklausel 1977), DB 1977, S. 132 - 135

3) Vgl. Abschn. B.I.4.3.3

4) Vgl. dazu Herrmann, C. / Heuer, G. / Raupach, A., (HHR 1950 / 92), § 6 Anm. 85, 1126, 1152 - 1154, 1156; Adler, H. / Düring, W. / Schmaltz, K., (ADS 1968 / 71), § 156, Tz. 14; Hirte, E.,(Langfristige Rückstellungen 1971), DB 1971, S. 1315 f., Eifler, G., (Rückstellungen 1976), S. 72 f. und S. 120 f.; Friederich, H., (Schwebende Geschäfte 1976), S. 73 f.; Hüttemann, U., (Verbindlichkeiten 1976), S. 62 f., 78 - 81, 109 - 112, 117 - 121; Busch, F.W., (Bilanzierung 1976), S. 140 - 163; Pfleger, G., (Bilanzierungsprobleme 1981), DB 1981, S. 1688; ausführlich m.w.N. Clemm, H., (Verzinslichkeit 1984), S. 233 - 239; Strobl, E., (Bewertung 1984), S. 206 f., 217 f.; ausführlich m.w.N. Moxter, A., (Fremdkapitalbewertung 1984), WPg 1984, S. 401 - 408; Herzig, N., (Rückstellungen 1985 / 86), StBJb 1985 / 86, S. 87 - 89, 102; Moxter, A., (Bilanzrechtsprechung 1986), WPg 1986, S. 175; ausführlich m.w.N. Perlet, H., (Rückstellungen 1986), S. 137 - 156; Leffson, U., (GoB 1987), S. 295 f.; Becker, H., (Jubiläumszuwendungen 1987), DB 1987, S. 855 f.; Eibelshäuser, M., (Rückstellungsbildung 1987), BB 1987, S. 863; Höfer, R., (Jubiläumsgelder 1987), BB 1987, S. 998; Döllerer, G., (Bilanzrichtlinien-Gesetz 1987), BB 1987, Beilage Nr. 12, S. 10 f.; Jacobs, O.H., (Rückstellungen 1988), DStR 1988, S. 243 -247; Groh, M., (Abzinsung 1988), BB 1988, S. 1919 - 1921; Küting, K., (Jubiläumszuwendungen 1988), BB 1988, S. 2285 f.; Böcking, H.-J., (Verzinslichkeit 1988); Kupsch, P., (Rückstellungen 1989), DB 1989, S. 60 - 62; Hartung, W., (Jubiläumsrückstellungen 1989), BB 1989, S. 740 - 744; Naumann, K.-P., (Bewertung 1989), S. 280 - 301; Schroeder, K.U., (Abzinsung 1990); ausführlich m.w.N. Jäger, B., (Abzinsungsproblematik 1992), WPg 1992, S. 557 - 570. Im Zusammenhang mit Jubiläumszuwendungen und Gratifikationen vgl. auch BFH-Urteil vom 5. 2. 1987 - IV R 81 / 84, BStBl. II 1987, S. 845 - 848; ausführlicher m.w.N. BFH-Urteil vom 7. 7. 1983 - IV R 47 / 80, BStBl. II 1983, S. 754 f.

5) § 156 Abs. 2 AktG a.F.; § 253 Abs. 1 Satz 2 HGB. Gegen das Abzinsungsgebot für Rentenverpflichtungen: Böcking, H.-J., (Verzinslichkeit 1988), S. 272 - 280; wohl auch Schroeder, K.U., (Abzinsung 1990), S. 65 - 69

6) Vgl. die Spalte "Trendberücksichtigung implizit im Rechnungszinsfuß" in Übersicht 6. Vgl. auch das BFH-Urteil vom 20. 11. 1969 - IV R 22 / 68, BStBl. II 1970, S. 309; Moxter, A., (Fremdkapitalbewertung 1984), WPg 1984, S. 403; Hauptfachausschuß des IDW, (Pensionsverpflichtungen 1988), WPg 1988, S. 404; Hartung, W., (Jubiläumsrückstellungen 1989), BB 1989, S. 743; Pankow, M. / Pieger, J., in: Budde, W.D. / Clemm, H. / Pankow, M. / Sarx, M., (Bilanz-Kommentar 1990), § 249, Anm. 203

gen wird. Nun bietet sich zwar einerseits die implizite Trendberücksichtigung angesichts der in der Vorbemerkung[1] aufgezeigten engen Verknüpfung von Zins und Trend "in natürlicher Weise" an; andererseits kann diese "technische" Saldierung erst dann begründet und gerechtfertigt werden, wenn die Grundsatzfragen sowohl der Trend- wie auch der Zinsberücksichtigung isoliert beantwortet sind[2].

Dies ist - wie aufgezeigt - derzeit nicht der Fall. Jedenfalls läßt der im WP-Handbuch sowie bei Adler/Düring/Schmaltz früher[3] und heute[4] genannte Regel-Mindestzinsfuß von 3% den Schluß zu, daß eine implizite Trendberücksichtigung bei der Bewertung von Pensionsrückstellungen nach wie vor nicht ausgeschlossen ist.

Unabhängig von der künftigen Entwicklung dieses Fragenkreises verbleibt die Frage, ob die Unternehmen künftig von der bisher überwiegend praktizierten Umkehrung der Maßgeblichkeit abrücken werden[5]. Im folgenden soll daher trotz der neu entfachten Diskussion über die handelsrechtliche Berücksichtigung von Zins- und Trendsätzen der bisherige Normalfall eines in Handels- und Steuerbilanz übereinstimmenden Wertansatzes beibehalten werden. Im steuerlichen Bereich ist der Umfang der Zweifelsfragen erheblich geringer:

4.4.3 Steuerrechtliche Bestimmungen zur Anpassung von Betriebsrenten

4.4.3.1 Rechtslage

§ 6a Abs. 3 Nr. 1 EStG enthält eine verbale Umschreibung der versicherungsmathematischen Teilwertformel für die steuerliche Bewertung der Pensionsanwartschaften von aktiven Mitarbeitern; das im 2. Halbsatz von Satz 2 zur Teilwertberechnung formulierte Stichtagsprinzip[6]: "die künftigen Pensionsleistungen sind dabei mit dem Betrag anzusetzen, der sich nach den Verhältnissen am Bilanzstichtag ergibt." wird ergänzt durch Satz 4:

> "Erhöhungen oder Verminderungen der Pensionsleistungen nach dem Schluß des Wirtschaftsjahres, die hinsichtlich des Zeitpunkts ihres Wirksamwerdens oder ihres Umfangs ungewiß sind, sind bei der Berechnung des Barwerts der künftigen Pensionsleistungen und der Jahresbeiträge erst zu berücksichtigen, wenn sie eingetreten sind."

"Nummer 1 Satz 4 gilt sinngemäß"[7] für die steuerliche Bewertung der unverfallbaren Anwartschaften ausgeschiedener Mitarbeiter und der bereits laufenden Pensionsverpflichtungen.

---

1) Vgl. Abschn. B.I.4.4.1
2) Vgl. zu wertgesicherten Rentenverbindlichkeiten: Herrmann, C. / Heuer, G. / Raupach, A., (HHR 1950 / 92), § 6 Anm. 1178. Gegen eine implizite Trendberücksichtigung bei der Abzinsung sprechen sich neben Förschle / Klein in Übersicht 6 aus: Perlet, H., (Rückstellungen 1986), S. 157 - 160; Naumann, K.-P., (Bewertung 1989), S. 300; Schroeder, K.U., (Abzinsung 1990), S. 95 - 97, 119 - 121. Vgl. auch Böcking, H.-J., (Verzinslichkeit 1988), S. 257
3) Vgl. Adler, H. / Düring, W. / Schmaltz, K., (ADS 1968 / 71), § 156 Tz. 58; IDW (Hrsg.), (WP-Handbuch 1985 / 86), Band I, S. 635, und Band II, S. 65
4) Vgl. Adler, H. / Düring, W. / Schmaltz, K., (ADS 1987), § 253 HGB, Tz. 265; IDW (Hrsg.), (WP-Handbuch 1992), Band I, S. 171
5) Vgl. das Ende von Abschn. B.I.2.2.3
6) Vgl. Abschn. 41 Abs. 19 EStR. Nach Christiansen kann daraus "ein allgemeiner Bewertungsgrundsatz abgeleitet werden." Vgl. Christiansen, A., in: o.V. (Aktuelle Fragen 1986 / 87), JbFfSt 1986 / 87, S. 89
7) § 6a Abs. 3 Nr. 2, 2. Hs. EStG

Damit ist die Einbeziehung ungewisser künftiger Kostensteigerungen für die Bewertung von Pensionsverpflichtungen in der Steuerbilanz de lege lata klar ausgeschlossen[1]. Insbesondere im Hinblick auf die mit § 16 BetrAVG verbundene Anpassungsverpflichtung wurde in der Literatur wiederholt[2] vorgeschlagen, de lege ferenda eine Berücksichtigung dieser ungewissen künftigen Anpassungen bei der Rückstellungsberechnung für die Steuerbilanz zuzulassen.

Soweit künftige Änderungen der Pensionsleistungen am Bilanzstichtag dem Grunde und der Höhe nach feststehen, sind sie bei der Teilwertberechnung zwingend[3] zu berücksichtigen; ein bekanntes Beispiel[4] hierfür sind die in dienstzeitabhängigen Rentenformeln enthaltenen DM-Betrags- oder Prozentsatzsteigerungen, die auf die nach dem Bilanzstichtag noch abzuleistende Dienstzeit des Mitarbeiters entfallen.

Abgrenzungsprobleme können sich jedoch im Fall der "vorweggenommenen Anpassung"[5] ergeben:

4.4.3.2 Das Nürnberger Verfahren

Unter der Bezeichnung "Nürnberger Verfahren"[6] ist die Zusage überhöhter Festbeträge bekannt geworden: in Gestalt von festen DM-Nennbeträgen waren Altersrenten zugesagt worden, deren Höhe unter Vorweg-Einrechnung des bis zum Erreichen der Altersgrenze erwarteten[7] Bezügetrends ermittelt worden war. Für jüngere Mitarbeiter führte diese Trendberücksichtigung zu Altersrenten, die "erheblich über den Aktivbezügen im Zeitpunkt der Pensionszusage"[8] lagen, mit der - gewinnmindernden - Folge entsprechend hoher Anfangsrückstellungen in der Steuerbilanz.

---

1) Zu künftigen Rentenanpassungen gemäß § 16 BetrAVG vgl. das (rechtskräftige) Urteil des FG Hamburg vom 26. 2. 1988 - II 224 / 85, EFG 1988, S. 407 - 409, sowie das (nicht rechtskräftige) Urteil des FG Hamburg vom 24. 1. 1990 - II 87 / 87, BB 1990, S. 746 - 750, insbesondere S. 746 f. und S. 750

2) Vgl. Höfer, R., (Gutachten 1978), S. 157 f.; Bode, K.-J. / Grabner, E.R., (Manövriermasse 1981), DB 1981, S. 2079; Ahrend, P., (Steuerliche Anreize 1986), BetrAV 1986, S. 128; Heubeck, K., (Auswirkungen 1986 / 87), StbJb 1986 / 87, S. 251 f.; Ahrend, P., (Fachausschuß Steuerrecht 1987), BetrAV 1987, S. 120; ders., (Zukunftsperspektiven 1987), VersW 1987, S. 1048 f.; Heubeck, K., (Handbuch 1988 / 91), S. 35 f.; ders., (Reform 1989), BB 1989, S. 710

3) Vgl. Heubeck, G., in: Rau, H.-G. / Heubeck, G. / Höhne, G., (Kommentar 1978), Rdnr. 318 - 322 zu § 6a EStG; Höfer, R. / Abt, O., (Kommentar 1984), Rdnr. 178 zu § 6a EStG; Ahrend, P. / Förster, W. / Rößler, N., (Steuerrecht 1992), 2. Teil, Rdnr. 242 - 247; a.A. Otto, K., in: Blomeyer, W. / Otto, K., (Kommentar 1984), Steuerrecht A, Rdnr. 330. Nach Otto „sind Leistungsminderungen, die zum Bilanzstichtag gewiß sind, erst dann zu berücksichtigen, wenn sie eingetreten sind." Otto begründet diese bemerkenswerte Ansicht mit dem Imparitätsprinzip.

4) Weitere Einzelheiten und Abgrenzungsfragen können den in der vorstehenden FN aufgeführten Kommentarstellen entnommen werden.

5) Vgl. die Einteilung der vertraglichen Anpassungsvereinbarungen in Abschn. B.I.4.2.3

6) Der Ausdruck wurde von Heubeck im Rahmen einer Analyse des Urteils des FG Nürnberg vom 15. 5. 1973 - V 94 / 71, BetrAV 1974, S. 91 f., vorgeschlagen. Vgl. Heubeck, G., (Nürnberger Verfahren 1974), BB 1974, S. 362

7) Die Sprungklage beim FG Nürnberg (vgl. die vorstehende FN) wurde vom Arbeitgeber auch damit begründet: „Als vorausschauender Unternehmer habe er bei den Pensionszusagen die steigenden Löhne und die Geldentwertung berücksichtigt und auf dieser Grundlage feste Ruhegelder zugesagt, um eine Auszehrung zu verhindern." Vgl. die Darstellung des Sachverhalts im zugehörigen BFH-Urteil vom 13. 11. 1975 - IV R 170 / 73, BStBl. II 1976, S. 143. Vgl. auch Labus, O., (Anmerkung 1976), BB 1976, S. 300

8) Vgl. ebd., BStBl. II 1976, S. 144, unter B)1.2 der Gründe

Die Finanzverwaltung bezweifelte die Ernsthaftigkeit derartiger Zusagen und vermutete einen "Mißbrauch von Formen und Gestaltungsmöglichkeiten des bürgerlichen Rechts"[1]; Heubeck wies nach, daß eine "mißbräuchliche Anwendung der versicherungsmathematischen Methode bei der Rückstellungsberechnung" vorliegt, "wenn bei einer die künftige Steigerung des Arbeitsentgeltes offensichtlich bereits berücksichtigenden Pensionszusage diese Steigerung im "Jahresbetrag" (nach § 6a EStG) unberücksichtigt bleibt und mit einem konstanten Jahresbetrag gerechnet wird."[2]

Der Bundesfinanzhof beurteilte 1975 diese Pensionszusagen "ihrem wirtschaftlichen Gehalt nach gleichwertig"[3] mit bezügeabhängigen Zusagen und schränkte die steuerliche Rückstellungsmöglichkeit in seinem zweiten Leitsatz entsprechend ein:

"2. Sind Versorgungsbezüge in Höhe eines festen Betrages zugesagt, der wegen der Annahme eines ansteigenden säkularen Einkommenstrends im Verhältnis zu den Aktivbezügen am Bilanzstichtag überhöht ist, so sind die nach § 6a EStG zulässigen Rückstellungen für Pensionsanwartschaften so zu ermitteln, wie wenn Versorgungsbezüge in Höhe eines angemessenen Prozentsatzes der jeweiligen letzten Aktivbezüge (oben zu 1.) zugesagt worden wären."[4]

Einen genauen Prozentsatz[5] wollte der BFH bewußt nicht festlegen, jedoch gab er hierzu den Hinweis, "daß die betriebliche Altersversorgung grundsätzlich nur dazu bestimmt ist, eine nach der gesetzlichen Rentenversicherung verbleibende Versorgungslücke von etwa 20 bis 30 v.H. der letzten Aktivbezüge zu schließen"[6]. Im Schrifttum wurde daher mehrfach[7] die Auffassung vertreten, daß ein Pensionsbetrag dann nicht als überhöht anzusehen ist, wenn die Gesamtversorgung einschließlich der Rente aus der gesetzlichen Rentenversicherung 75% der Aktivbezüge am Bilanzstichtag nicht übersteigt.

---

1) Vgl. die Darstellung des Sachverhalts im Urteil des FG Nürnberg vom 16.5.1975 - III 7/73, BetrAV 1976, S. 21; zustimmend Rau, H.-G., (Steuerrechtliche Vorschriften 1974), BB 1974, S. 1084

2) Vgl. Heubeck, G., (Nürnberger Verfahren 1974), BB 1974, S. 362 - 364, insbesondere S. 364. Zur versicherungsmathematischen Teilwert-Definition in § 6a Abs. 3 EStG seit 1975 sei angemerkt, daß die gesetzliche Forderung "betragsmäßig gleichbleibender Jahresbeträge" vom Konzept eines im Zeitablauf gleichbleibenden Werteniveaus ausgeht: die Werteverhältnisse vom Bilanzstichtag werden durch Projektion in die Zukunft und durch Rückprojektion in die Vergangenheit auf die gesamte Anwartschaftsphase übertragen. Vgl. Neuburger, E., (Einkommenstrend 1979), BB 1979, S. 1464 f.; Höfer, R. / Abt, O., (Kommentar 1984), Rdnr. 167 - 193 zu § 6a EStG

3) Vgl. BFH-Urteil vom 13. 11. 1975 - IV R 170 / 73, BStBl. II 1976, S. 148. Maßgebend hierfür war die Überlegung des BFH, daß der Arbeitgeber entweder nach allgemeinen Rechtsgrundsätzen oder aufgrund der nach Auffassung der Finanzverwaltung steuerlich unschädlichen Widerrufsvorbehalte unter Beachtung billigen Ermessens „begründete Aussicht hätte, eine Reduzierung der zugesagten Versorgungsleistungen auf eine angemessene und übliche Höhe durchzusetzen, wenn die von ihm erwarteten allgemeinen Lohnerhöhungen nicht eintreten." Vgl. ebd., S. 146 - 148

4) Der erste Leitsatz beinhaltet das in § 6a EStG 1967 noch nicht expressis verbis enthaltene Stichtagsprinzip für bezügeabhängige Pensionszusagen. Vgl. ebd., S. 142

5) In der Vorinstanz hatte das FG Nürnberg „rund das Eineinhalbfache der bei der Zusage erzielten aktiven Bezüge" als Obergrenze genannt: vgl. Urteil vom 15. 5. 1973 - V 94 / 71, BetrAV 1974, S. 92. In dem rechtskräftigen Urteil des FG Nürnberg vom 16. 5. 1975 - III 7 / 73 wurde „im Höchstfall ein Satz von 80 v.H. des Aktivgehalts" als Obergrenze angesehen; vgl. BetrAV 1976, S. 22. Vgl. auch Sauer, O., (Fester Nennbetrag 1975), BB 1975, S. 1475 f.

6) Vgl. BFH-Urteil vom 13. 11. 1975 - IV R 170 / 73, BStBl. II 1976, S. 148. Auch im Urteil vom 28. 10. 1981 - I R 100 / 78 beschränkt sich der BFH auf die Forderung "eines angemessenen Vomhundertsatzes der jeweiligen letzten Aktivbezüge". Vgl. BStBl. II 1982, S. 128

7) Vgl. Heubeck, G., in: Rau, H.-G. / Heubeck, G. / Höhne, G., (Kommentar 1978), Rdnr. 340 zu § 6a EStG; Höfer, R. / Abt. O., (Kommentar 1984), Rdnr. 196 zu § 6a EStG

Nun schließt § 6a EStG die Berücksichtigung hoher Festbeträge bei der Rückstellungsbildung keineswegs aus, soweit diese als angemessen[1], d.h. nicht überhöht anzusehen sind. Hierfür eine allgemeingültige Grenze anzugeben, dürfte allerdings problematisch sein[2]. Daß in den von der Rechtsprechung entschiedenen Fällen[3] überhöhte Festbeträge vorlagen, wird man mit Höfer / Abt klar bejahen können, "denn ein Unternehmen würde sicherlich keine Versorgungsleistungen zusagen, die die Aktivenbezüge übersteigen, wenn es sie in Kürze erbringen müßte."[4] Für die Grauzone der möglichen Zweifelsfälle kann neben den bereits genannten Kriterien der Gesamtversorgung und der Aktivenbezüge auch die Relation der für vorzeitige Versorgungsfälle vorgesehenen Invaliden- und Hinterbliebenenleistungen zu den Altersleistungen eine Rolle spielen[5]; sofern bereits laufende Renten gezahlt werden, können aus dem Beginnrenten-Niveau der jüngeren Vergangenheit Schlüsse gezogen werden. Letzlich wird es stets nur auf "den rechtlichen und wirtschaftlichen Gehalt einer Pensionszusage, so wie er sich aus den Umständen des Einzelfalles erschließt"[6], ankommen können.

Das Nürnberger Verfahren markiert einen Extremfall; über seiner eingehenden Untersuchung darf nicht übersehen werden, daß die große Masse[7] der Normalfälle bei den Festbetragszusagen im Hinblick auf die Rückstellungsbildung nach § 6a EStG keinerlei Probleme aufwirft.

Während in diesem Abschnitt die Anwartschaftsphase im Mittelpunkt der Überlegungen stand, betrifft der folgende Abschnitt die Rentenphase:

4.4.3.3 Die garantierte Anpassung

Das in § 16 BetrAVG enthaltene Gebot, die laufenden Renten grundsätzlich kaufkraftstabil zu erhalten, bürdet dem Unternehmen mit Pensionszusagen zwar das ganze Risiko der künftigen Geldentwertung auf, reicht jedoch wegen der Ungewißheit der künftigen Anpassungsverpflichtungen nicht aus, um nach § 6a EStG Rückstellungen mit steuerlicher Wirkung zu bilden.

Hierzu wurde im Schrifttum[8] die "garantierte Anpassung" der laufenden Renten vorgeschlagen: die Rentenformel wird ergänzt um einen Zusatz, in dem Mindest-Erhöhungen der Rente während deren Laufzeit dem Grunde und der Höhe nach vorab festgelegt werden. Soweit die Mindestnorm des § 16 BetrAVG eine höhere Anpassung erfordert, greift diese höhere Anpas-

---

1) Mit der Kurzform "angemessene = nicht überhöhte Festbeträge" soll ausgedrückt werden, daß es hier von der Höhe der Festbeträge abhängt, ob das Rechtsgeschäft Pensionszusage als "angemessene rechtliche Gestaltung" zu beurteilen ist. Vgl. Tipke, K., (Steuerrecht 1987), S. 128 - 130

2) Vgl. zur "Problematik der Obergrenze" Heubeck, G., (Nürnberger Verfahren 1974), BB 1974, S. 363; Neuburger, E., (Einkommenstrend 1979), BB 1979, S. 1463 f.; Höfer, R. / Abt, O., (Kommentar 1984), Rdnr. 195 f. zu § 6a EStG; unklar: Otto, K., in: Blomeyer, W. / Otto, K., (Kommentar 1984), Steuerrecht A, Rdnr. 337 f.

3) FG Nürnberg, Urteil vom 15. 5. 1973 - V 94 / 71, BetrAV 1974, S. 91 f. sowie Urteil vom 16. 5. 1975 - III 7 / 73, BetrAV 1976, S. 21 f.; BFH-Urteil vom 13. 11. 1975 - IV R 170 / 73, BStBl. II 1976, S. 142 - 150; BFH-Urteil vom 28. 10. 1981 - I R 100 / 78, BStBl. II 1982, S. 126 - 128

4) Vgl. Höfer, R. / Abt, O., (Kommentar 1984), Rdnr. 195 zu § 6a EStG

5) Vgl. ebd., Rdnr. 196 zu § 6a EStG

6) Vgl. BFH-Urteil vom 13. 11. 1975 - IV R 170 / 73, BStBl. II 1976, S. 148, unter B)3.4 der Gründe

7) Nach der Infratest-Erhebung 1980 / 81 lagen 80% aller laufenden Rentenzahlungen unter monatlich 400 DM; für die tendenziell niedrigeren Festbetragszusagen dürfte dieser Anteil eher höher sein. Vgl. Infratest-Sozialforschung, (Betriebliche Altersversorgung 1983), Tabelle 5, S. 15

8) Vgl. Grabner, E.R., (Kostenorientierte Direktzusage 1979), DB 1979, S. 844; Ahrend, P. / Förster, W. / Rössler, N., (Prüfstand 1980), BB 1980, Beilage Nr. 6, S. 13 f.; Neuburger, E., (Anpassung 1980), BB 1980, S. 1646

sung, ansonsten erfolgt die vertraglich garantierte Mindestanpassung. Als Muster kann die folgende Formulierung dienen:

"Wir verpflichten uns, gemäß § 16 Betriebsrentengesetz alle drei Jahre eine Anpassung der laufenden Leistungen zu prüfen und hierüber nach billigem Ermessen zu entscheiden; dabei werden insbesondere die Belange des Versorgungsempfängers und die wirtschaftliche Lage des Unternehmens berücksichtigt.

Zum Ausgleich des Kaufkraftschwundes garantieren wir jedoch, die laufende Rente ab Rentenbeginn - unabhängig von der tatsächlichen Entwicklung der Kaufkraft - alle drei Jahre[1] jeweils um mindestens x% zu erhöhen. Diese Rentenanpassungen werden auf evtl. gemäß § 16 Betriebsrentengesetz erfolgende Anpassungen angerechnet."

Wesentlich ist hierbei die unmißverständliche Zweckbestimmung der garantierten Erhöhungen: sie erfolgen zum Ausgleich des Kaufkraftschwundes und können daher mit der nach § 16 BetrAVG erforderlichen Anpassung verrechnet werden[2]. Zum anderen ist der Hinweis erforderlich, daß die garantierten Erhöhungen nicht von der künftigen Kaufkraftentwicklung abhängen; damit entfällt für den Arbeitgeber die Möglichkeit, mit dem Argument einer wider Erwarten verlaufenden tatsächlichen Kaufkraftentwicklung die garantierte Rentenerhöhung zu verweigern.

Von den Auswirkungen der garantierten Anpassung interessiert hier der steuerrechtliche Aspekt. Rechtsprechung hierzu liegt - soweit ersichtlich - nicht vor. Im Schrifttum wird die Berücksichtigung einer garantierten Anpassung bei der Rückstellungsbildung nach § 6a EStG einhellig[3] bejaht. Zustimmend hat sich auch die Finanzverwaltung geäußert: in einem Vortrag über die Ergebnisse einer Besprechung der Fachprüfer für betriebliche Altersversorgung vom 16. bis 20. Mai 1983 besprach Thümmler auch den Fall einer Pensionszusage mit einer vertraglichen Rentensteigerung um einen festen Prozentsatz, im Beispiel um 3% jährlich:

"Die vertraglich festgelegten Rentensteigerungen sind bei der Ermittlung des Teilwerts zu berücksichtigen; denn sie stehen dem Grunde und der Höhe nach und zeitlich fest (§ 6a Abs. 3 EStG)."[4]

Demnach kann festgehalten werden, daß an der steuerlichen Anerkennung einer garantierten Anpassung grundsätzlich keine Zweifel bestehen. Selbstverständlich können auch hier Abgrenzungsprobleme auftreten. Ebenso wie bei der Zusage überhöhter Festbeträge wird eine unangemessene Gestaltung, etwa die Wahl eines extremen Anpassungssatzes dazu führen, daß eine garantierte Anpassung, soweit sie "wegen der Annahme eines ansteigenden säku-

1) Zweckmäßigerweise übernimmt man den Drei-Jahres-Turnus aus § 16 BetrAVG auch für die garantierte Anpassung. Statt "alle drei Jahre" kann auch "jedes Jahr" formuliert werden, was jedoch eine Mehrbelastung bedeutet. Vgl. Abschnitt C.I.1.2

2) Man könnte sonst auf den Gedanken kommen, eine Anpassung nach § 16 BetrAVG für die durch die garantierte Anpassung festgelegten Erhöhungen zu fordern, also eine "Anpassung auf die Anpassung". Zur Verrechenbarkeit vgl. m.w.N. Blomeyer, W., in : Blomeyer, W. / Otto, K., (Kommentar 1984), Rdnr. 241 zu § 16

3) Vgl. Heubeck, G., in : Rau, H.-G. / Heubeck, G. / Höhne, G., (Kommentar 1978), Rdnr. 324 zu § 6a EStG; Ahrend, P. / Förster, W. / Rössler, N., (Prüfstand 1980), BB 1980, Beilage Nr. 6, S. 13f; Neuburger, E., (Anpassung 1980), BB 1980, S. 1646; Bode, K.-J. / Grabner, E.R., (Beitragsorientierte Versorgungszusagen 1980), DB 1980, S. 2157 f.; Höfer, R. / Abt, O., (Kommentar 1984), Rdnr. 178 zu § 6a EStG; Ahrend, P. / Förster, W. / Rößler, N., (Steuerrecht 1992), 2. Teil, Rdnr. 243

4) Vgl. Thümmler, H., (Betriebsprüfung 1984), BetrAV 1984, S. 168 f.

laren"[1] Inflationstrends als überhöht anzusehen ist, bei der Rückstellungsberechnung nach § 6a EStG unberücksichtigt bleibt. Die Frage der Angemessenheit einer garantierten Anpassung wurde in der Literatur bisher nicht näher untersucht[2]. Hier wird folgendes Verfahren vorgeschlagen:

Um eine Verbindung zwischen der Pensionszusage mit garantierter Anpassung und dem Werteniveau des jeweiligen Bilanzstichtages herzustellen, bietet sich im Fall einer laufenden Rente in natürlicher Weise die zur Frage stehende Rückstellung selbst als Ausgangspunkt: der Rückstellungsbetrag, der sich bei Berücksichtigung der garantierten Anpassung errechnet, kann versicherungsmathematisch äquivalent verrentet werden in eine fiktive gleichbleibende Rente ohne künftige Steigerungen. Soweit diese fiktive Rente am Bilanzstichtag angemessen, also nicht überhöht ist, soweit kann die garantierte Anpassung in der Steuerbilanz berücksichtigt werden. Damit hat man die Frage nach der Angemessenheit einer garantierten Anpassung reduziert auf die im vorigen Abschnitt besprochene Frage nach der Angemessenheit eines Festbetrags; mit den hierfür verfügbaren Kriterien[3] kann je nach den Umständen des Einzelfalles eine Antwort auf die Frage nach der Angemessenheit einer garantierten Anpassung gefunden werden.

Eine formale Darstellung macht die Zusammenhänge klar und läßt eine Erweiterung des Verfahrens auf den Fall der Anwartschaften auf Renten mit garantierter Anpassung zu: zu einem fixierten Bilanzstichtag wird bei einer laufenden Rente zunächst die fragliche Rückstellung ${}_gR$ aus dem Jahres-Rentenzahlbetrag RZ durch Multiplikation mit dem Barwertfaktor[4] ${}_ga_x$ errechnet, in den die garantierte Anpassung eingerechnet ist:

$$(8) \qquad {}_gR \;=\; {}_ga_x\, RZ$$

${}_gR$ kann dann als Rückstellung für eine fiktive gleichbleibende Rente RZ_f interpretiert werden, die mit dem Barwertfaktor a_x ohne Einschluß der garantierten Anpassung berechnet ist:

$$(9) \qquad {}_gR \;=\; a_x\, RZ_f$$

Aus Gleichung (8) und (9) kann RZ_f ermittelt werden:

$$(10) \qquad RZ_f \;=\; RZ\,({}_ga_x \,/\, a_x)$$

Soweit die um den Korrekturfaktor ${}_ga_x \,/\, a_x$ erhöhten Rentenzahlungen angemessen sind, kann die garantierte Anpassung nach § 6a EStG in die Rückstellung eingerechnet werden.

Zur Erweiterung des Verfahrens von laufenden Renten auf Anwartschaften ist es nützlich, den Korrekturfaktor auf andere Weise herzuleiten und geeignet zu verallgemeinern. Hierzu werde die Rückstellung für dieselbe Pensionszusage, jedoch ohne Berücksichtigung der garantierten Anpassung, mit R bezeichnet; dann gilt im Fall der laufenden Rente:

---

1) Vgl. den 2. Leitsatz des BFH-Urteils vom 13. 11. 1975 im vorhergehenden Abschn. B.I.4.4.3.2

2) Auch Bode / Grabner gehen in ihren Ausführungen zur Angemessenheitsprüfung nicht näher auf die vorgeschlagene garantierte Anpassung ein: vgl. Bode, K.-J. / Grabner, E.R., (Beitragsorientierte Versorgungszusagen 1980), DB 1980, S. 2157 f.

3) Vgl. Abschnitt B.I.4.4.3.2

4) Zur Bezeichnungsweise: der Index g soll die eingerechnete garantierte Anpassung ausdrücken, der Index f bezeichne eine fiktive äquivalente Größe; x sei das versicherungstechnische Alter des Rentenberechtigten zum fixierten Bilanzstichtag; auf eine Kennzeichnung im Hinblick auf eine unterjährige Zahlungsweise wird aus Gründen der besseren Übersicht verzichtet.

(11) $R = a_x RZ$

Das Verhältnis der Rückstellungen mit und ohne garantierte Anpassung liefert nun gerade wieder den gewünschten Korrekturfaktor:

(12) $_gR / R = (_ga_x RZ) / (a_x RZ)$

$= {}_ga_x / a_x$

Analog zu Gleichung (12) ist nun auch aus den Anwartschafts-Rückstellungen mit und ohne garantierte Anpassung ein Korrekturfaktor berechenbar, mit dessen Hilfe ein fiktives höheres Beginnrenten-Niveau mit gleichbleibenden laufenden Leistungen zum Zweck einer Angemessenheitsprüfung ermittelt werden kann.

Als Beispiel sei die Rückstellung für eine Beginnrente an einen 63-jährigen Pensionär mit einem Jahresbetrag von 3.000 DM unter Einschluß einer 60%-igen Witwenrenten-Anwartschaft betrachtet. Der Barwertfaktor unter Berücksichtigung einer garantierten Anpassung von 6,1208%[1] im Drei-Jahres-Rhythmus beträgt[2] 13,4529, der Barwertfaktor ohne garantierte Anpassung beträgt 11,4479:

(13) $_gR$ = 3.000 DM x 13,4529
= 40.359 DM

(14) R = 3.000 DM x 11,4479
= 34.344 DM

Der Korrekturfaktor errechnet sich zu

(15) $_gR / R$ = 40.359 DM / 34.344 DM
= 1,175;

die fiktive gleichbleibende Jahresrente für eine Angemessenheitsprüfung beträgt demnach 3.525 DM. Der Korrekturfaktor gibt zugleich die rückstellungsmäßige Auswirkung der garantierten Anpassung von jährlich 2%, wirksam im Drei-Jahres-Rhythmus an: die Rückstellung erhöht sich hierdurch um 17,5%. Gleichzeitig kann diese Steigerung als Ausmaß der versicherungsmathematischen Belastungserhöhung durch § 16 BetrAVG bei einer gleichbleibenden Inflationsrate von jährlich 2% interpretiert werden.

Das Beispiel verdeutlicht, wie empfindlich die Pensionsrückstellung auf die Zusage einer garantierten Anpassung reagiert; die Rückstellung spiegelt das Ausmaß der künftigen Belastungen wieder. Im Schrifttum findet man daher häufig[3] den Hinweis, den Anpassungssatz für die garantierte Anpassung vorsichtig zu wählen. Wie bei der Erteilung einer (neuen) Pensionszusage ist auch bei der Zusage einer garantierten Anpassung zu prüfen, ob die Rentenzahlungen vom Unternehmen künftig auf Dauer erbracht werden können.

---

1) Der Prozentsatz ist das Ergebnis einer jährlichen Anpassung von 2% nach drei Jahren: 1,02 x 1,02 x 1,02 = 1,061208

2) Vgl. die Tab. in Anhang 9, Blatt 16

3) Vgl. Ahrend, P. / Förster, W. / Rössler, N., (Prüfstand 1980), BB 1980, Beilage Nr. 6, S. 14; Neuburger, E., (Anpassung 1980), BB 1980, S. 1646; Höfer, R. / Abt, O., (Kommentar 1982), Rdnr. 209 f. zu § 16

Die vorangegangenen Überlegungen zu künftigen Anpassungen werden abgerundet durch einen Blick auf die von den Unternehmen bisher tatsächlich vorgenommenen Anpassungen:

4.5 Anpassung von Betriebsrenten in der Vergangenheit

Für die Zeit vor dem Inkrafttreten des Betriebsrentengesetzes ist bei Höhne / Heubeck[1] eine Zusammenfassung der Ergebnisse von sechs "Erhebungen zur Dynamisierung von Betriebsrenten"[2] aus den Jahren 1963 bis 1974 enthalten. Demnach war in 40 - 75% der Fälle "für die betrieblichen Pensionen während ihrer Laufzeit überhaupt eine Anpassung erfolgt oder vorgesehen"[3]. Unter den Renten mit Anpassung erfolgte grob ein Drittel der Anpassungen automatisch bzw. regelmäßig bzw. aufgrund von vertraglich vereinbarten Anpassungsklauseln[4]. Soweit bestimmte Anpassungsmaßstäbe verwendet wurden, orientierte sich die Anpassung überwiegend an der Kaufkraftentwicklung oder an der Entwicklung der Löhne und Gehälter, teilweise auch an den Steigerungen in der gesetzlichen Rentenversicherung. Mit wachsender Unternehmensgröße stieg tendenziell die Häufigkeit der vorgenommenen oder vorgesehenen Anpassungen[5].

Nach den amtlichen Erhebungen 1976 (1973) hatten von 100 Unternehmen mit bereits laufenden Leistungen die Höhe der laufenden Leistungen dynamisiert[6]:

alljährlich:	4,7	(4,8)
alle zwei Jahre:	1,3	(1,4)
alle drei Jahre:	4,6	(18,5)
in anderen Abständen:	20,6	
nicht:	68,8	(75,3)
	100,0	(100,0)

Durch die amtlichen Erhebungen wurde das bei Höhne / Heubeck konstatierte Ergebnis einer wachsenden Anpassungshäufigkeit mit zunehmender Unternehmensgröße klar bestätigt. Daraus kann gefolgert werden[7], daß der Anteil der laufenden Leistungen, die angepaßt worden waren, nicht unerheblich[8] über dem Anteil der Unternehmen liegt, die angepaßt hatten.

---

1) Vgl. Höhne, G. / Heubeck, G., (Anpassung 1975), S. 161 - 165
2) Vgl. ebd., S. 161. „Wenn auch die Voraussetzungen der einzelnen Untersuchungen sehr unterschiedlich und die Ergebnisse unter meist verschiedenen Prämissen zustande gekommen sind, lassen sich doch zu einigen Fragen vergleichbare Zahlen angeben." Vgl. ebd., S. 162
3) Vgl. ebd., S. 162. Die Angaben sind nicht aufgegliedert nach den Gestaltungsformen der betrieblichen Altersversorgung, betreffen also neben der Pensionszusage auch Unterstützungs- und Pensionskassen sowie die Direktversicherung.
4) Die einzelnen Erhebungen betrachteten hierzu unterschiedliche Aspekte; vgl. ebd. S. 163
5) Vgl. Höhne, G. / Heubeck, G., (Anpassung 1975), S. 164
6) Vgl. Berié, H., (Statistische Ergebnisse 1978), S. 138, Tab. 4
7) Vgl. Berié, H. / Wiese, M., (Altersversorgung 1975), BetrAV 1975, S. 175
8) Während der Anteil der Unternehmen mit jährlicher Anwartschaftsdynamisierung nur 11,8% (12,2%) betrug, lag der Anteil der Rentenanwartschaften in Höhe eines "Prozentsatzes des Monatsverdienstes", bei denen insbesondere eine jährliche Anpassung unterstellt werden kann, bei immerhin 37,1% (37,3%). Vgl. Berié, H., (Statistische Ergebnisse 1978), S. 138, Tab. 4 und Tab. 5a. In der Erhebung 1976 hatte man für eine Präzisierung dieses Zusammenhangs gesorgt, "indem die Unternehmen mit bezügeabhängigen Leistungen ausdrücklich gebeten wurden, sich den anpassenden Unternehmen zuzurechnen." Vgl. Ahrend, P. / Dorow, S., (Betriebliche Altersversorgung 1978), DB 1978, Beilage Nr. 19, S. 4

"In den Ergebnissen der Erhebung für das Jahr 1976 wurde zusätzlich ausgewiesen, daß 7% der Unternehmen mit zugesagten laufenden Leistungen Rentenanpassungen nach bestimmten Maßstäben aufgrund eingegangener Verpflichtung vornehmen."[1] Dieser Anteil dürfte nach Höhne[2] im Hinblick auf den wesentlich niedrigeren Anteil von unter 1% der vom PSVaG übernommenen Renten mit vertraglicher Anpassung überhöht scheinen.

Zumindest bei der zweiten, 1977 durchgeführten amtlichen Erhebung zum Stand der betrieblichen Altersversorgung Ende 1976 mag der Anteil der Unternehmen, die noch keinerlei Anpassung vorgenommen hatten, mit mehr als zwei Drittel überraschend hoch erscheinen; seit dem Inkrafttreten des § 16 BetrAVG waren immerhin schon zwei Jahre verstrichen. Die abwartende Haltung der Unternehmen wird jedoch angesichts der mit § 16 verbundenen zahlreichen Zweifelsfragen verständlich; erst am 1. 7. 1976 hatte das Bundesarbeitsgericht[3] den zeitlichen Geltungsbereich geklärt, wonach grundsätzlich[4] der 1. 1. 1975 als erster Anpassungsstichtag anzusehen war. Bis zur Veröffentlichung dieser Urteile konnten die Unternehmen "nach allgemeiner Rechtsauffassung .... davon ausgehen, daß die erste Anpassungsprüfung erst nach 1977 durchzuführen sei."[5]

Für die Zeit nach Inkrafttreten des Betriebsrentengesetzes enthält nach der amtlichen Erhebung 1976 zunächst die Erhebung von Infratest Sozialforschung aus dem Jahre 1982 Ergebnisse zur Häufigkeit der Anpassung laufender Leistungen: aus einer Teilgesamtheit mit der "Basis: 66-jährige Männer, die seit mindestens zwei Jahren Betriebsrente beziehen"[6], wurden folgende Häufigkeiten ermittelt:

"Die Betriebsrente wurde zuletzt erhöht im Zeitraum ...

1980 - 1982	51%
1979 und früher	14%
Keine Angabe bzw. keine Erhöhung	35%"
Summe:	100%"[6]

Mit einer veränderten Abgrenzung des untersuchten Personenkreises[7] führte die ebenfalls von Infratest Sozialforschung in den Jahren 1986 und 1987[8] durchgeführte ASID' 86 zu den folgenden Häufigkeiten:

"Davon:	Männer %	Frauen %
Mit unregelmäßiger Anpassung	22	19
Mit regelmäßiger Anpassung	25	26
Ohne Anpassung	51	53
Keine Angabe	2	2
Summe	100	100"[9]

---

1) Vgl. ebd., S. 5

2) Vgl. Höhne, G., in: Heubeck, G. / Höhne, G. / Paulsdorff, J. / Weinert, W., (Kommentar 1982), Rdnr. 65 und 225 zu § 16

3) BAG-Urteile vom 1. 7. 1976 - 3 AZR 791 / 75 - (= AP Nr. 1 zu § 16 BetrAVG), DB 1976, S. 1435 - 1437; sowie - 3 AZR 37 / 76 - (= AP Nr. 2 zu § 16 BetrAVG), DB 1976, S. 1724 f.

4) Zu Einzelheiten vgl. Höhne, G., in: Heubeck, G. / Höhne, G. / Paulsdorff, J. / Weinert, W., (Kommentar 1982), Rdnr. 250 - 258 zu § 16

5) Vgl. Ahrend, P. / Dorow, S., (Betriebliche Altersversorgung 1978), DB 1978, Beilage Nr. 19, S. 4

6) Vgl. Infratest Sozialforschung, (Betriebliche Altersversorgung 1983), S. 19, Tab. 7

7) Vgl. Infratest Sozialforschung, (Alterssicherung 1986 / 92), S. 61 f.

8) Vgl. ebd., S. 9

9) Vgl. ebd., S. 171, Tab. 7-6

"Die durchschnittliche Anhebung pro Betriebsrentenempfänger mit einer Anhebung bei der letzten Betriebsrentenanpassung liegt bei den Männern bei 2,7%, bei den Frauen bei 1,3%"[1].

Die Erhebungen von Infratest Sozialforschung beruhten auf einer Befragung der Betriebsrentenempfänger[2]; die für Bayern im Jahre 1988 durchgeführte Erhebung beruhte auf einer Befragung der Unternehmen[3] und ergab die folgenden Häufigkeiten "in v.H. der Unternehmen / der dort versorgten Rentner"[4]:

Anpassungsmodus	Unternehmen	betroffene Rentner
nach § 16	25,2	70,2
besser als § 16	7,6	3,2
schlechter als § 16	12,7	17,2
keine Anpassung	54,5	9,4

Angesichts der offensichtlichen Unverträglichkeit der Ergebnisse zur Häufigkeit der Betriebsrentner, deren Betriebsrente bisher nicht angepaßt wurde, kann man gespannt auf die Ergebnisse der dritten "amtlichen"[5] Erhebung warten, die auf einer Befragung der Unternehmen in den Jahren 1990 und 1991 beruhen wird[6].

Anstelle des noch nicht hinreichend gesicherten bisherigen Anpassungs-Ists kann wenigstens das grundsätzliche Anpassungs-Soll angegeben werden. In Tabelle 2 ist die Entwicklung des inflationsbedingten Anpassungsbedarfs zusammengestellt, den die Belange des Versorgungsempfängers im gesetzlichen Drei-Jahres-Turnus grundsätzlich[7] erfordern.

Im Zeitraum von 1981 bis 1985 dürfte allerdings der geringere Anstieg der Netto-Aktiveneinkommen[8] in vielen Unternehmen zu einem verminderten Anpassungsbedarf geführt haben, soweit die wirtschaftliche Lage ansonsten eine Anpassung zuließ. Nach den aktuellen Entscheidungen des Bundesarbeitsgerichts zur "nachholenden Anpassung"[9] ergibt sich allerdings für künftige Anpassungsprüfungen ein erhöhter Anpassungsbedarf, soweit in der Vergangenheit eine volle Anpassung unterblieben ist.

---

1) Vgl. ebd., S. 170
2) Vgl. ebd., S. 9 f.
3) Vgl. Ahrend, P. / Förster, W. / Walkiewicz, N., (Situationsanalyse 1990), S. 40 - 45
4) Vgl. ebd., S. 101, Tab. 28
5) Vgl. die "Dritte Verordnung zur Durchführung einer Bundesstatistik über Art und Umfang der betrieblichen Altersversorgung", BR-Drucksache 330/90
6) Vgl. ebd., S. 1
7) Vgl. Abschn. B.I.4.3.1
8) Vgl. dazu Abb. 1 und Abschn. B.I.4.3.2
9) Vgl. Abschn. B.I.4.3.3

Tabelle 2: Der grundsätzliche[1] Anpassungsbedarf nach dem Preisindex der Gesamtlebenshaltung[2] im Zeitraum von 1975 bis 1992

Stichtag der Anpassungsprüfung	Zugehöriger Anstieg des Preisindex der Gesamtlebenshaltung in den vorangegangenen drei Jahren	Zugehöriger mittlerer jährlicher Anstieg
01. 01. 1975	20,1 %	6,3 %
01. 01. 1976	20,8 %	6,5 %
01. 01. 1977	18,4 %	5,8 %
01. 01. 1978	14,6 %	4,6 %
01. 01. 1979	10,8 %	3,5 %
01. 01. 1980	10,1 %	3,2 %
01. 01. 1981	12,0 %	3,9 %
01. 01. 1982	16,2 %	5,1 %
01. 01. 1983	17,8 %	5,6 %
01. 01. 1984	15,7 %	5,0 %
01. 01. 1985	11,2 %	3,6 %
01. 01. 1986	7,9 %	2,6 %
01. 01. 1987	4,2 %	1,4 %
01. 01. 1988	1,9 %	0,6 %
01. 01. 1989	1,0 %	0,3 %
01. 01. 1990	4,1 %	1,4 %
01. 01. 1991	6,8 %	2,2 %
01. 01. 1992	9,4 %	3,0 %

4.6 Zusammenfassung

Unter der Dynamisierung bzw. Anpassung von Betriebsrenten versteht man deren Anpassung an die gesamtwirtschaftliche Entwicklung, die mit Hilfe geeigneter Indexreihen gemessen werden kann. Hauptziele der Anpassung sind der Inflationsausgleich und die Teilhabe an der Einkommensentwicklung. Anpassungen können - meist unterschiedlich während der Anwartschafts- und der Rentenphase - in regelmäßigen Abständen oder von Fall zu Fall, automatisch oder freiwillig vorgenommen werden. Der Grundsatz der Vertragsfreiheit wird ggf. durch § 3 Währungsgesetz, für die laufenden Leistungen jedenfalls durch die Mindestnorm des § 16 BetrAVG begrenzt.

---

1) Ohne Berücksichtigung der vom BAG für die Zeit vor dem 1. 1. 1975 zugelassenen Hälftelung. Vgl. Abschn. B.I.4.3.2

2) Preisindex für die Gesamtlebenshaltung der 4-Personen-Haushalte von Arbeitern und Angestellten mit mittlerem Einkommen (Basis 1985 = 100); die angegebenen Steigerungsraten sind unmittelbar aus der in Anhang 1 enthaltenen Indexreihe auf der Basis von Jahresdurchschnittswerten errechnet.

Nach der Rechtsprechung des Bundesarbeitsgerichts erfordert § 16 BetrAVG grundsätzlich den vollen Ausgleich des Kaufkraftschwundes ab Rentenbeginn im gesetzlich bestimmten Drei-Jahres-Turnus. Geringere Rentenanpassungen kommen ausnahmsweise in Frage, wenn die wirtschaftliche Lage des Arbeitgebers einen vollen Inflationsausgleich nicht zuläßt; dies wird pauschal dann angenommen, wenn die Nettoeinkommen der aktiven Arbeitnehmer weniger stark gestiegen sind als die Inflation (reallohnbezogene Obergrenze). In der Vergangenheit ganz oder teilweise unterlassene Anpassungen erhöhen grundsätzlich den künftigen Anpassungsbedarf (nachholende Anpassung). Der PSVaG ist zu einer Anpassung der laufenden Leistungen nur verpflichtet, wenn die Anpassung vertraglich vereinbart ist.

Die Berücksichtigung künftiger ungewisser Anpassungen bei der Berechnung der Pensionsrückstellungen in der Handelsbilanz ist im Schrifttum heftig umstritten; insbesondere nach neuem Handelsrecht wird eine Einrechnung der als Folge eines säkularen Einkommmens- oder Inflationstrends zu erwartenden künftigen Anpassungen vielfach bejaht, meist implizit durch einen verminderten Rechnungszins. Nach ständiger BFH-Rechtsprechung ist die Einbeziehung künftiger ungewisser Kostensteigerungen in die Rückstellungsbewertung für Handels- und Steuerbilanz ausgeschlossen. Für die Pensionsrückstellungen in der Steuerbilanz enthält § 6a Abs. 3 EStG ein klares Verbot der Einbeziehung künftiger ungewisser Werteveränderungen.

Soweit künftige Anpassungen dem Grunde und der Höhe nach feststehen, sind sie sowohl in der Handels- wie in der Steuerbilanz zu berücksichtigen. Die Zusage hoher Festbeträge kann zu Abgrenzungsproblemen führen (Nürnberger Verfahren). Mit einer vorsichtigen garantierten Anpassung der laufenden Leistungen kann wenigstens ein Teil der mit § 16 BetrAVG verbundenen Anpassungsverpflichtungen steuerwirksam vorausfinanziert werden.

Statistisch gesicherte Schlußfolgerungen zum bisherigen Anpassungsverhalten der Unternehmen dem Grunde und der Höhe nach lassen sich aus den vorliegenden Erhebungen nur bedingt herleiten.

Damit wird die Beschreibung des Untersuchungsobjekts "Dynamisierung von Pensionszusagen" abgeschlossen; nachfolgend geht es um die modellmäßige Erfassung dieses Untersuchungsobjekts.

II. Investitionsrechnerische Erfassung von Pensionszusagen und ihrer Dynamisierung

Die im Schrifttum vorliegenden[1] Modellrechnungen zur Erfassung der finanzwirtschaftlichen Auswirkungen von Pensionszusagen scheinen vielfach[2] nicht vergleichbar. Um eine Diskussion der unterschiedlichen Modelle im Hinblick auf den Ansatz der Steuerwirkungen zu erleichtern, soll zunächst ein insofern abstraktes Rechenmodell entwickelt werden, als die anschließend zu besprechende Prognose der Vorsteuergrößen ausgeklammert bleibt. Der Beharrungszustand wird als Prognose-Grenzwert eingeführt und als Gleichgewichtsmodell interpretiert, womit die im nächsten Abschnitt B.III enthaltene Konstruktion des konkreten eigenen Rechenmodells möglich wird.

1. Herleitung eines abstrakten Rechenmodells

Ziel dieses Rechenmodells ist die formale Erfassung der durch Pensionszusagen ausgelösten finanzwirtschaftlichen Größen. Diese "zusagebedingten" Veränderungen der künftigen Zahlungsströme ergeben sich aus einem hypothetischen Vergleich derjenigen Zahlungsströme, die im Unternehmen künftig mit bzw. ohne[3] Pensionszusage resultieren.

Die Herleitung des Rechenmodells lehnt sich eng, teilweise wörtlich an die "Herleitung eines rekursiven Grundmodells durch formale Darstellung der finanzwirtschaftlichen Auswirkungen von Pensionszusagen"[4] an, die zum Zweck einer Untersuchung der zusagebedingten Auswirkungen der seit 1983 veränderten gewerbesteuerlichen Hinzurechnungsvorschriften im Falle einer Kapitalgesellschaft vorgenommen[5] wurde. Die folgende Herleitung erfolgt für den in dieser Untersuchung unterstellten Fall einer Personengesellschaft unter Berücksichtigung der zwischenzeitlich veränderten[6] steuerrechtlichen Lage bei der Vermögensteuer. Dabei kann das Rechenmodell wahlweise als Endwert- oder als Entnahmemodell[7] konzipiert werden. Zunächst wird als gemeinsames Ziel aller Gesellschafter und damit als Unternehmensziel die "Maximierung des Vermögens am Planungshorizont"[8] unterstellt.

1) Vgl. Abschn. A.I.6 sowie B.II.1.6.2
2) Vgl. Haueisen, P., (Gestaltungsformen 1983), S. 57 - 77; Schanz, T., (Risikobewältigung 1992), S. 170 - 177. Vgl. auch Abschn. B.II.1.6.2
3) Sturm spricht von der "Pensionsalternative" bzw. "Nullalternative" als Handlungsalternativen bei der "Betriebsrentenentscheidung". Vgl. Sturm, N., (Betriebliche Altersrenten 1980), S. 5
4) Vgl. Theurer, C., (Gewerbesteuer 1983), BB 1983, S. 1718 - 1721
5) Ausgangspunkt für die Entwicklung des Formelwerks waren die im Rechenmodell von Höfer beschriebenen, rekursiv verknüpften Liquiditätsveränderungen. Vgl. Höfer, R., (Betriebliche Altersversorgung 1973), S. 150
6) Der mit dem StEntlG 1984 vom 22. 12. 1983 (BGBl. I 1983, S. 1583) neu eingefügte § 117a BewG enthält in Abs. 1 für den Ansatz des inländischen Betriebsvermögens bei der Ermittlung des Gesamtvermögens (§ 124 BewG) ab 1. 1. 1984 neben einem Freibetrag von 125.000 DM einen generellen Abschlag von 25%. Der Freibetrag wurde mit dem StÄndG 1992 vom 25. 2. 1992 (BGBl. I 1992, S. 297) auf 500.000 DM ab dem 1. 1. 1993 erhöht.
7) Vgl. Kruschwitz, L., (Investitionsrechnung 1990), S. 12 - 15; Schneider, D., (Investition 1992), Seite 65 f.
8) Vgl. Schneider, D., (Investition 1992), S. 65. Vgl. auch Haueisen, P., (Gestaltungsformen 1983), S. 78 - 81

1.1 Ausgangssituation und Vorgabe wesentlicher Prämissen

Die formale Darstellung des zusagebedingten Zahlungsstroms in einem vorgegebenen Planungszeitraum mit den Planperioden t = 0, 1, 2, ..., T kann ohne detaillierte Festlegung von Einzelheiten in einem allgemein gehaltenen Modell-Rahmen[1] erfolgen:

1.1.1 Ausgangssituation des Rechenmodells

Hierzu ist erforderlich die Vorgabe

- der geplanten oder bestehenden Pensionszusage,
- des durch die Pensionszusage begünstigten Mitarbeiterkreises sowie dessen Entwicklung im Planungszeitraum,
- von Art und Zeitpunkt der Anpassung der laufenden Renten im Planungszeitraum,
- der Entwicklung der Bezügedynamik im Falle einer bezügeabhängigen Pensionszusage.

Damit können die unmittelbar aus der Pensionsverpflichtung resultierenden Belastungen durch Rentenzahlungen ermittelt werden. Zur Erfassung der mittelbar aus der Bildung einer Pensionsrückstellung in der Handels- und Steuerbilanz resultierenden Auswirkungen sowie der Höhe der Beiträge an den PSVaG sind ferner vorzugeben

- die Bewertung[2] in Handels- und Steuerbilanz,
- die Entwicklung des PSVaG-Beitragssatzes im Planungszeitraum,
- die von der Rechtsform des Unternehmens abhängigen Steuerdaten (Steuersätze, Hebesatz).

1.1.2 Grundprämissen

Für die Erfassung der finanzwirtschaftlichen Auswirkungen der Pensionszusage sind zusätzliche Annahmen zu treffen.

Die wichtigsten Prämissen lassen sich in Anlehnung an Lemitz[3] und Haueisen[4] in prägnanter Form wie folgt darstellen:

Prämisse 1: "Fortgeltende derzeitige Rechtslage"[5];

---

1) Beispiele für konkreter vorgegebene Modell-Situationen finden sich etwa bei Höfer, R., (Betriebliche Altersversorgung 1973), S. 79 - 86; Lemitz, H.-G., (Durchführungswege 1978), BFuP 1978, S. 401 - 408

2) Vgl. Abschn. B.I.2.2

3) Vgl. Lemitz, H.-G., (Durchführungswege 1978), S. 403 - 405

4) Vgl. Haueisen, P., (Gestaltungsformen 1983), S. 83 - 94

5) Vgl. Lemitz, H.-G., ebd., S. 403

Prämisse 2: Steuerwirksamkeit der zusagebedingten Möglichkeiten der Steuerstundung[1] und der Steuerersparnis[1];

Prämisse 3: Alternative Gewinnthesaurierung[2] des zusagebedingten Aufwands;

Prämisse 4: Substitution von / durch Fremdkapital, keine Akkumulation der zugesagebedingt verfügbaren Mittel[3].

Die in Prämisse 2 unterstellte "Steuerwirksamkeit" läßt sich genauer unterteilen in die Prämisse 2a), wonach annahmegemäß "den steuerlich nutzbaren Aufwendungen und Schuldposten jeweils verrechenbare Erträge bzw. Vermögensposten gegenüberstehen"[4], und in die Prämisse 2b), wonach annahmegemäß diese Möglichkeiten auch wahrgenommen werden, also nicht etwa mögliche Zuführungen zur Pensionsrückstellung unter Ausnutzung des derzeit für Altzusagen noch[5] geltenden Passivierungswahlrechts nur teilweise oder gar nicht vorgenommen werden.

Mit Prämisse 3 wird sichergestellt, daß die von den Gesellschaftern mindestens gewünschten Entnahmen durch die zusagebedingten Ertragsveränderungen auch auf die Dauer nicht tangiert werden[6].

Die Substitutionsprämisse besagt, daß zusagebedingte zusätzliche liquide Mittel zur Verminderung von Fremdkapital, zusagebedingte benötigte liquide Mittel durch Aufnahme von Fremdkapital beschafft werden, wobei ein entsprechender Fremdkapitalstand bzw. ein entsprechendes Kreditvolumen vorausgesetzt wird[7].

Ein wichtiger Grund für die Annahme der Fremdkapitalsubstitution liegt in der gewerbesteuerlichen[8] Behandlung von Dauerschulden und Dauerschuldzinsen; mit der Substitutionsprämisse soll sichergestellt werden, daß der Dauerschuldenbereich nicht verlassen wird, unabhängig davon, ob zusätzliche zusagebedingte liquide Mittel zur Verfügung stehen oder benötigt werden.

Daneben weist die Prämisse der Fremdkapitalsubstitution die Richtung für die Wahl eines Vergleichsmaßstabs für die finanzwirtschaftlichen Auswirkungen von Pensionszusagen: diese

---

1) Vgl. dazu Haueisen, P., ebd., S. 27 f.

2) Lemitz begründet diese Prämisse "aus der grundsätzlichen Notwendigkeit teilweiser betrieblicher Selbstfinanzierung": vgl. Lemitz, H.-G., ebd., S. 404. Haueisen bezeichnet diese Prämisse schärfer als "Partielle Ausschüttungsverzichtsbereitschaft seitens der Gesellschafter": vgl. Haueisen, P., ebd., S. 88

3) Vgl. zur Ablehnung des Akkumulationsmodells Abschn. B.II.1.4.4

4) Vgl. Lemitz, H.-G., ebd., S. 403; vgl. auch Höfer, R., (Betriebliche Altersversorgung 1973), S. 19; Haueisen, P., (Gestaltungsformen 1983), S. 84. Insbesondere werden eventuelle Freibeträge als anderweitig bereits ausgeschöpft angenommen.

5) Vgl. Abschn. B.I.2.2.2

6) Die in einer Personengesellschaft grundsätzlich gegebenen Entnahmemöglichkeiten können kurz- oder mittelfristig auch für denjenigen Liquiditätsteil wahrgenommen werden, der auf den zum zusagebedingten Aufwand gehörigen alternativen Gewinn nach Ertragsteuern entfällt; auf lange Sicht jedoch könnte diese Entnahme der ertragsmäßig nicht gedeckten Liquidität zu einer problematisch erscheinenden Unterdeckung der Kapitalkonten führen. Ansonsten würde es ausreichen, anstelle der weitergehenden Prämisse 3 nur eine zusagebedingte Änderung der Entnahmen auszuschließen.

7) Vgl. Höfer, R. (Betriebliche Altersversorgung 1973), S. 27 f.; Lemitz, H.-G., (Durchführungswege 1978), S. 405; Haueisen, P., (Gestaltungsformen 1983), S. 91 - 94

8) Vgl. Abschn. B.II.1.4.2

werden an den alternativen Möglichkeiten der langfristigen Fremdfinanzierung gemessen[1]. Mehr oder weniger stillschweigend ist damit auch eine "ceteris-paribus-Annahme" für den Investitionsbereich verbunden[2].

Aus der Formulierung von Prämisse 4, der "Substitutions-Prämisse im weiteren Sinne", kann zwar auf die Annahme eines unbeschränkten[3], nicht jedoch auf die Annahme eines vollkommenen[4] Kapitalmarkts geschlossen werden. Eine entsprechende Ergänzung des Prämissensystems wird erreicht, wenn man expressis verbis die starke

Prämisse 5: Vollkommener, unbeschränkter Kapitalmarkt

hinzunimmt, die mit Prämisse 4 zu einer "Substitutions-Prämisse im engeren Sinne" zusammengefaßt werden kann:

Prämisse 6: Fremdkapitalsubstitution bei vollkommenem, unbeschränktem Kapitalmarkt.

Mit diesen Annahmen können nachfolgend auch die zusagebedingten Steuerwirkungen explizit angegeben werden.

1.2 Vorsteuergrößen innerhalb der einzelnen Perioden

Mit einer geeigneten Zusammenfassung[5] der unterjährig anfallenden Ein- bzw. Auszahlungen auf einen gemeinsamen Zeitpunkt, etwa auf das Periodenende[6], lassen sich für jede Planungsperiode t die folgenden zusagebedingten, stets über den betroffenen Personalbestand aufsummierten Gesamtgrößen vor Einbeziehung von Steuerwirkungen angeben:

Def. 1) $A_t :=$ zusagebedingter liquiditäts- und steuerwirksamer Aufwand der Periode t vor Steuern, also $RZ_t :=$ Rentenzahlungen, $PS_t :=$ Insolvenzsicherungsbeitrag[7] und $VK_t :=$ verwaltungsbedingter Aufwand einschließlich arbeitsrechtlicher Beratung und versicherungsmathematischer Gutachten[8];

Def. 2) $U_t :=$ zusagebedingter liquiditäts u n wirksamer, jedoch steuerwirksamer Aufwand der Periode t, derzeit[9] also die nach § 6a EStG mögliche Zuführung zur Pensionsrückstellung in der Steuerbilanz; negatives U_t bedeutet einen entsprechenden Ertrag im Falle einer Auflösung der Pensionsrückstellung;

---

1) Vgl. Abschn. B.II.1.4.4
2) Eine zusagebedingte Änderung des Investitionsprogramms wird ausgeschlossen. Vgl. Drukarczyk, J., (Finanzierung 1993), S. 516
3) "Kein Finanzierungslimit"; vgl. Kruschwitz, L., (Investitionsrechnung 1990), S. 55
4) "Soll-Zins = Haben-Zins"; vgl. ebd., S. 55
5) Vgl. dazu Haueisen, P., ebd., S. 84 f.
6) Der Einfachheit halber sei eine Periode als mit dem Kalenderjahr übereinstimmendes Wirtschaftsjahr des Unternehmens angenommen, so daß die Perioden auch mit dem steuerlichen Erhebungs- bzw. Veranlagungszeitraum zusammenfallen. Vgl. auch Haueisen, P., ebd., S. 84 f.
7) Vgl. Abschn. B.I.2.1.3
8) Vgl. Sigloch, J. / Haueisen, P., (Vergleich 1983), DB 1983, S. 353, sowie ausführlich Haueisen, P., (Gestaltungsformen 1983), S. 21
9) Vgl. das Ende von Abschn. B.I.2.2.2

Def. 3) E_t := zusagebedingter Abzugsbetrag[1] bei der Einheitsbewertung des Betriebsvermögens zum Beginn der Periode t.

Die Ermittlung von A_t, U_t und E_t beruht insbesondere auf der Gültigkeit von Prämisse 1 (fortgeltende Rechtslage); nach Prämisse 2 (Steuerwirksamkeit) stellen die U_t die nach § 6a Abs. 4 Satz 1 EStG steuerlich maximal zulässige Zuführung ohne Berücksichtigung eines Passivierungs- oder Verteilungswahlrechts dar.

Prämisse 3 (alternative Gewinnthesaurierung) wirkt sich in der Definition von U_t insofern aus, als nur eine steuerwirksame Passivierung der Verpflichtungen miteinbezogen wird. Falls etwa in der Handelsbilanz höhere Zuführungen vorgenommen werden, so wirkt sich dies für den U_t übersteigenden Teil liquiditätsmäßig wie die alternativ unterstellte Thesaurierung dieses Betrages aus. Dies gilt ebenso, falls in der Handelsbilanz steuerlich nicht anerkannte Rückstellungen für künftige Insolvenzsicherungsbeiträge oder für Verwaltungskosten gebildet werden. Mit Prämisse 3 kann eine zusagebedingte Liquiditätswirkung also nur von U_t ausgehen.

Liquiditätswirksam ist der "Baraufwand" A_t; die Größen U_t und E_t lösen durch die Veränderung steuerlicher Bemessungsgrundlagen - ebenso wie A_t - weitere Liquiditätswirkungen aus:

1.3 Nachsteuergrößen innerhalb der einzelnen Perioden

Die durch A_t, U_t sowie E_t in der Periode t ausgelösten Steuerwirkungen, die annahmegemäß ebenfalls am Ende des Kalenderjahres liquiditätswirksam werden sollen[2], lassen sich einfach mit Hilfe des durch die Teilsteuerrechnung[3] bereitgestellten Instrumentariums erfassen und darstellen:

1.3.1 Formale Anwendung der Teilsteuerrechnung

Gemäß Prämisse 3 werden die in Übersicht 7 enthaltenen Bemessungsgrundlagenteile für den hier unterstellten Fall einer Personengesellschaft[4] berührt.

Die vermögensteuerlichen Modifikationen M_{vu} dienen hierbei nur dazu, die "Kürzung des Betriebsvermögens-Ansatzes beim Gesamtvermögen um einen Freibetrag und 25% des Restes des Einheitswerts bzw. Einheitswerts-Anteils (§ 117a BewG, Übergangsregelung § 124 BewG)"[5] zu berücksichtigen. Es wird sich daher als zweckmäßig herausstellen, dieser Neuerung durch

---

1) Vgl. den Beginn von Abschn. B.I.2.2.3

2) Vgl. den Beginn von Abschn. B.II.1.2

3) Vgl. dazu die Monographie von Rose: Rose, G., (Steuerbelastung 1973), sowie Rose, G., (Teilsteuerrechnung 1979), BFuP 1979, S. 293 - 324

4) Exakter: diese Personengesellschaft soll zur Klasse der gewerblichen "Personenunternehmungen, deren Inhaber ausschließlich natürliche Personen sind", gehören. Vgl. Rose, G., (Teilsteuersätze 1984), DB 1984, S. 16; ders., (Steuerbelastung 1973), S. 118 - 127

5) Vgl. Rose, G., (Teilsteuersätze 1984), DB 1984, S. 16

Übersicht 7: Betroffene Bemessungsgrundlagenteile[1]

Bemessungsgrundlagenteil	Symbol[2]
Reinertrag[3]	R
Gewerbeertragsteuerliche Modifikationen[4]	M_{ge}
Unternehmenseigenes Betriebsvermögen und bewertungsrechtliche Modifikationen hierzu[5]	$B_u + M_{bu}$
Gewerbekapitalsteuerliche Modifikationen[6]	M_{gku}
Vermögensteuerliche Modifikationen zu B_u[7]	M_{vu}

einen modifizierten Ansatz des Vermögensteuerfaktors gleichwertig Rechnung zu tragen. Dazu werden zunächst in Übersicht 8 die zusagebedingten Auswirkungen erfaßt:

1.3.2 Herleitung geeigneter Multifaktoren

Die Zusammensetzung der Multifaktoren aus den einzelnen Steuerfaktoren[8] zeigt einerseits die betroffenen bzw. berücksichtigten Steuerarten und macht andererseits die vorhandenen Interdependenzen[9] der Steuerarten deutlich. Mit den Bezeichnungen von Rose[10]

1) Vgl. zu Einzelheiten Rose, G., (Steuerbelastung 1973), S. 79 - 110
2) Vgl. Rose, G., ebd., S. 241 - 248
3) Vgl. Rose, G., ebd., S. 85
4) Vgl. Rose, G., ebd., S. 94 - 96
5) Vgl. Rose, G., ebd., S. 96 - 102
6) Vgl. Rose, G., ebd., S. 103 f.
7) Vgl. Rose, G., ebd., S. 102 f.
8) Vgl. Rose, G., ebd., S. 114 f.
9) Vgl. Rose, G., ebd., S. 111
10) Vgl. Rose, G., ebd., S. 246 f.

Übersicht 8: Zusagebedingte Veränderung der Bemessungsgrundlagenteile innerhalb der Periode t

Bemessungsgrund-lagenteil (Symbol)	zusagebedingte Veränderung um	zugehöriger Multifaktor[1]
R	$- A_t, - U_t$	t_1
M_{ge}	-	t_2
$B_u + M_{bu}$	$- E_t$	t_3
M_{gku}	-	t_4
M_{vu}	$+ 0{,}25\ E_t$	t_5

s_e kombinierter Faktor[2] für Einkommensteuer, Kirchensteuer und (ggf.) Ergänzungsabgabe

s_{ge} Gewerbeertragsteuerfaktor, die Abzugsfähigkeit der Gewerbeertragsteuer bei der eigenen Bemessungsgrundlage berücksichtigend

s_{gk} Faktor für die Gewerbekapitalsteuer

s_v Vermögensteuerfaktor

ergeben sich die genannten Multifaktoren nach Rose[3] wie folgt, wobei die Festsetzung von "$t_3 = t_3$(Rose)" nur vorläufig ist:

$$t_1 := s_e + s_{ge}(1 - s_e)$$

$$t_2 := s_{ge}(1 - s_e)$$

---

1) Vgl. Rose, G., (Steuerbelastung 1973), S. 124 - 125. Der Übersichtlichkeit halber sei auf das bei Rose die Personenunternehmung kennzeichnende Index-Symbol "p" bei den Multifaktoren verzichtet: statt "t_{p1}" wird hier kurz "t_1" verwendet usw.

2) Dabei wird unterstellt, daß s_e für sämtliche Gesellschafter der betrachteten Personenunternehmung gleich hoch ist. "In der Praxis ist dieser Fall insbesondere dann gegeben, wenn die zu versteuernden Einkommensbeträge bei sämtlichen Mitunternehmern über der Plafondgrenze liegen und daher für alle einheitlich der Spitzensatz zur Anwendung kommt". Vgl. Rose, G., (Steuerbelastung 1973), S. 125

3) Vgl. Rose, G., (Steuerbelastung 1973), S. 124. Abweichend von den bei Rose beschriebenen Definitionen von t_3 und t_5 ist hier die seit dem Gesetz zur Reform der Einkommensteuer, des Familienlastenausgleichs und der Sparförderung vom 5. 8. 1974 (BGBl. I 1974, S. 1769) geltende Nicht-Abzugsfähigkeit der Vermögensteuer als Sonderausgabe berücksichtigt. Die Formeln von Rose wurden ferner geeignet zusammengefaßt, um die Abzugsfähigkeit der Gewerbeertragsteuer bei der kombinierten Einkommen- / Kirchensteuer und der Gewerbekapitalsteuer bei den Ertragsteuern ersichtlich zu machen.

$t_3 := \quad s_v + s_{gk} (1 - t_1) =: \quad t_3(\text{Rose})$

$t_4 := \quad s_{gk} (1 - t_1)$

$t_5 := \quad s_v$

Einer Veränderung innerhalb des Bemessungsgrundlagenteils $B_u + M_{bu}$ steht aufgrund des generellen Abschlags in § 117a BewG stets eine 25-prozentige Veränderung des Bemessungsgrundlagenteils M_{vu} mit umgekehrtem Vorzeichen gegenüber. Mit der Definition eines "modifizierten Vermögensteuerfaktors für das inländische Betriebsvermögen" s_{vu} durch

$s_{vu} := \quad 0{,}75\ s_v$

kann daher eine Vereinfachung des Formelansatzes erreicht werden; mit der endgültigen Definition

$t_3 := \quad s_{vu} + s_{gk} (1 - t_1)$

folgt nämlich aus Übersicht 8 unmittelbar:

$$
\begin{aligned}
&- E_t\ t_3(\text{Rose}) + E_t\ 0{,}25\ s_v &&= \\
&- E_t\ (s_v + s_{gk} (1 - t_1)) + E_t\ 0{,}25\ s_v &&= \\
&- E_t\ (0{,}75\ s_v + s_{gk}\ (1 - t_1)) &&= \\
&- E_t\ (s_{vu} + s_{gk}\ (1 - t_1)) &&= \\
&- E_t\ t_3
\end{aligned}
$$

Mit dieser Definition des Multifaktors t_3 kann also auf die Einbeziehung des Bemessungsgrundlagenteils M_{vu} ganz verzichtet werden.

1.3.3 Definition der Periodenliquidität

Aus Übersicht 8 lassen sich nun unmittelbar die zusagebedingten Steuer-E n t lastungen[1] der Periode t entnehmen:

durch baren Aufwand:	$- A_t\ t_1$
durch unbaren Aufwand:	$- U_t\ t_1$
durch Verminderung des Einheitswerts des Betriebsvermögens:	$- E_t\ t_3$

Damit kann die Größe "Veränderung der Periodenliquidität"

---

1) Eine Steuer-Belastung ergibt sich bei positivem Multifaktor durch eine positive Erhöhung des Bemessungsgrundlagenteils; entsprechend ist eine Steuer-Entlastung durch negatives Vorzeichen gekennzeichnet. Vgl. Rose, G., (Steuerbelastung 1973), S. 114

Def. 4) PL_t := zusagebedingte Liquiditätswirkung der Periode t o h n e Berücksichtigung der Liquiditätswirkungen in früheren Perioden t-1, t-2, ...

angegeben werden durch folgende Gleichung[1]:

$$(16)\quad PL_t = -A_t + A_t\, t_1 + U_t\, t_1 + E_t\, t_3 = -A_t\,(1 - t_1) + U_t\, t_1 + E_t\, t_3$$

Die Höhe der Periodenliquidität hängt hierbei entscheidend von der Gültigkeit der Prämissen 2 (Steuerwirksamkeit) und 3 (alternative Thesaurierung) ab.

Mit den oben[2] erfolgten Vorgaben kann also die Veränderung der Periodenliquidität PL_t für jede Periode t unabhängig von allen anderen Perioden berechnet werden.

1.4 Verknüpfung der einzelnen Perioden

Mit Gleichung (16) hat man also einen Zahlungsstrom PL_0, PL_1, PL_2, ..., PL_T, der durch Hinzunahme des Kalkulationszinsfußes i einen "isolierten Vorteilsvergleich"[3] ermöglicht. Dies ist "die einfachste Form eines finanzwirtschaftlichen Partialmodells."[3]

1.4.1 Weitere Definitionen

Mit der Substitutions-Prämisse 6 kann das Rechenmodell vervollständigt werden. Dabei soll modellmäßig die Substitution der Dauerschulden zum jeweiligen Periodenende erfolgen; in jeder Periode t bewirkt die Veränderung der Periodenliquidität PL_t eine (weitere) Veränderung des Dauerschuldenstandes auf das Ende der Periode t. Es bezeichne:

Def. 5) V_t := die bis zum Ende der Periode t aufgelaufene zusagebedingte Verminderung des Dauerschuldenstandes (Fremdkapitalreduktion);

Def. 6) Z_t := die zusagebedingte Verminderung der Zinsbelastung der Periode t.

Falls i den (nachschüssigen) Zinssatz für Dauerschulden bezeichnet, so werden bei einer (positiven) Reduktion der Dauerschulden zum Ende der Vorperiode t-1 um + V_{t-1} gerade Dauerschuld-Zinsen (vor Steuern) in Höhe von

$$(17)\quad Z_t = i\, V_{t-1}$$

während der Periode t vermieden.

---

1) Liquiditätswirkungen sind durch eine Umkehrung des Vorzeichens ausgezeichnet: barer Aufwand mindert die Liquidität, Steuerentlastungen erhöhen die Liquidität.

2) Vgl. Abschn. B.II.1.1.1 und B.II.1.2

3) Vgl. Schneider, D., (Investition 1980), S. 175

1.4.2 Anwendung der Teilsteuerrechnung

Der alternative Aufwand i V_{t-1} hätte in der Periode t einerseits den Bemessungsgrundlagenteil R vermindert, wegen der Hinzurechnungsvorschrift des § 8 Nr. 1 GewStG hätte er jedoch andererseits den Bemessungsgrundlagenteil M_{ge} mit dem hinzuzurechnenden Anteil h erhöht[1]:

$$h = \begin{cases} 1 & \text{100\%ige Hinzurechnung für Erhebungszeiträume bis 1982 einschließlich} \\ 0{,}6 & \text{60\%ige Hinzurechnung für den Erhebungszeitraum 1983} \\ 0{,}5 & \text{50\%ige Hinzurechnung für Erhebungszeiträume ab 1984 einschließlich} \end{cases}$$

Völlig analog hätte der alternativ erhöhte Dauerschuldposten V_{t-1} zum Beginn der Periode t zunächst den Bemessungsgrundlagenteil B_u vermindert, wegen der Hinzurechnungsvorschrift des § 12 Abs. 2 Nr. 1 GewStG hätte sich jedoch der Bemessungsgrundlagenteil M_{gku} um h V_{t-1} erhöht.

Zusammenfassend erhält man folgende liquiditätswirksame Nachwirkungen in der Periode t, wenn man die alternativen Be- bzw. Entlastungen im Modell als zuzurechnende Ent- bzw. Belastungen berücksichtigt:

Übersicht 9: Zusagebedingte Veränderung der Bemessungsgrundlagenteile durch Verknüpfung der Perioden

Bemessungsgrundlagenteil (Symbol)	zusagebedingte Veränderung um	zugehöriger Multifaktor
R	$+ Z_t$	t_1
M_{ge}	$- h Z_t$	t_2
B_u	$+ V_{t-1}$	t_3
M_{gku}	$- h V_{t-1}$	t_4

1.4.3 Herleitung der zentralen Rekursionsformel

Bezeichnet man nun noch die zusammengefaßten liquiditätswirksamen Veränderungen der Periode t mit

Def. 7) $L_t :=$ gesamte zusagebedingte Liquiditätsänderung der Periode t,

---

1) Die Reduktion der Hinzurechnung ist im Haushaltsbegleitgesetz vom 20. 12. 1982 (BGBl. I 1982, S. 972) enthalten. Vgl. auch Theurer, C., (Gewerbesteuer 1983), BB 1983, S. 1717

so liefern die in Übersicht 8 und 9 enthaltenen zusagebedingten Liquiditätsveränderungen unter Erweiterung von Gleichung (16) die Gleichung

$$(18)\qquad \begin{aligned} L_t = & - A_t + A_t\ t_1 \\ & + U_t\ t_1 \\ & + E_t\ t_3 \\ & + Z_t - Z_t\ t_1 + h\ Z_t\ t_2 \\ & - V_{t-1}\ t_3 + h\ V_{t-1}\ t_4, \end{aligned}$$

die sich mit der in Gleichung (17) enthaltenen Darstellung

$$Z_t = i\ V_{t-1}$$

der zugerechneten Zinswirkung als Produkt des Zinsträgers V_{t-1} mit dem angenommenen Dauerschuld-Zinssatz i umformen läßt zu Gleichung

$$(19)\qquad \begin{aligned} L_t & = - A_t\ (1 - t_1) + U_t\ t_1 + E_t\ t_3 \\ & \quad + V_{t-1}\ (i\ (1 - s_e)\ (1 - (1 - h)\ s_{ge}) - s_{vu} - (1 - h)\ s_{gk}\ (1 - t_1)) \\ & = PL_t + i_s\ V_{t-1} \end{aligned}$$

mit

$$\text{Def. 8)}\ i_s := \begin{aligned}[t] & i\ (1 - s_e)\ (1 - (1 - h)\ s_{ge}) - s_{vu} - (1 - h)\ s_{gk}\ (1 - t_1) \\ & = i\ (1 - t_1 + h\ s_{ge}\ (1 - s_e)) - t_3 + h\ s_{gk}\ (1 - t_1), \end{aligned}$$

wobei i_s den zum Brutto-Dauerschuldzins i gehörigen Nettozins bezeichnet. Setzt man noch den Nettozinsfaktor

$$\text{Def. 9)}\ q_s := 1 + i_s,$$

so folgt zusammen mit der die Fremdkapitalsubstitution auf das Periodenende beschreibenden Gleichung

$$(20)\qquad V_t = V_{t-1} + L_t$$

durch Einsetzen von (19) das Ergebnis in der einfachen Form:

$$(21)\qquad \begin{aligned} V_t & = V_{t-1} + PL_t + i_s\ V_{t-1} \\ & = q_s\ V_{t-1} + PL_t \end{aligned}$$

Da die Veränderungen der Periodenliquidität PL_t einzeln für jede Periode t vorab berechnet werden können, stellt Gleichung (21) eine Rekursionsformel zur Berechnung der V_t für t = 0, 1, 2, ... dar, sofern der Ausgangswert V_{-1} bekannt ist. Bei Neueinführung eines Versorgungswerks in der Periode 0 ergibt sich der Ausgangswert V_{-1} stets mit Null; im Fall eines bereits bestehenden Versorgungswerks ist eine Nachkalkulation zurück bis zur Einführung des Versorgungswerks erforderlich, um die in der Vergangenheit aufgelaufenen Liquiditätsveränderungen exakt festzustellen.

1.4.4 Interpretation als Akkumulationsmodell

Der Vollständigkeit halber ist hier noch anzumerken, daß das Rechenmodell formal auch als Akkumulationsmodell[1] ausgewertet werden könnte: bei Kapitalakkumulation werden die zusagebedingten liquiden Mittel annahmegemäß nicht zur Substitution von Dauerschulden verwendet, sondern "in produktiver Weise"[2] investiert (und reinvestiert); dem zusagebedingten "Kapitalstock"[3] wird eine entsprechende[4] Rendite zugerechnet. Das Rechenmodell kann leicht angepaßt werden:

Interpretiert man V_t als zusagebedingten Kapitalstock, der bis zum Ende der Periode t aufgelaufen ist, i als zugehörige Vorsteuer-Rendite und damit $Z_t = i\ V_{t-1}$ als zuzurechnenden Ertrag, so behalten mit der Setzung[5] "h = 0" alle hergeleiteten Formeln ihre Gültigkeit. Aus der Darstellung von i_s gemäß Definition 8) folgt[6] unmittelbar $i_s = i\ (1 - t_1) - t_3$.

Rein formal bewirken also die unterschiedlichen Annahmen der Kapitalsubstitution bzw. -akkumulation "nur" bei der Verknüpfung der Perioden aufgrund der gewerbesteuerlichen Hinzurechnung von Dauerschulden unterschiedliche rechnerische Auswirkungen, die allerdings über längere Zeiträume hinweg ein erhebliches Ausmaß annehmen können[7].

Das Akkumulationsmodell birgt allerdings die Gefahr einer Vermischung[8] von Investitions- und Finanzierungsüberlegungen: eine Investitionsrendite wird unmittelbar[9] der zusagebedingten Liquidität zugerechnet. Dies erscheint nur dann zweckmäßig, wenn dem Unternehmen der Zugang zum Kapitalmarkt verwehrt ist, anderweitige Finanzquellen nicht vorhanden sind und

---

1) Vgl. Hartmann, E., (Innerbetriebliche Altersversorgung 1966), S. 146 - 157; Höfer, R., (Betriebliche Altersversorgung 1973), S. 31 - 34; Haueisen, P., (Gestaltungsformen 1983), S. 91 - 94
2) Vgl. Hartmann, E., ebd., S. 146
3) Vgl. ebd., S. 158. Falls dieser Kapitalstock negativ wird, müßten ergänzende Annahmen getroffen werden.
4) Vgl. etwa Hartmann, E., ebd., S. 146 - 148; Schusinski, E., in: Schaub, G. / Schusinski, E. / Ströer, H., (Altersvorsorge 1989), S. 201 f.; Hieber, O.L., (Unternehmenswert 1986), S. 187 - 190; ders., (Ökonomische Analyse 1987), WPg 1987, S. 532
5) Der Ansatz "h = 0" bewirkt in den Formeln gerade dasjenige Ergebnis, das aus Übersicht 9 durch Herausnahme der bei Akkumulation nicht betroffenen Bemessungsgrundlagenteile M_{ge} und M_{gku} resultiert.
6) Vgl. auch Haueisen, P., (Gestaltungsformen 1983), S. 94
7) Vgl. Theurer, C., (Gewerbesteuer 1983), BB 1983, S. 1722 f.
8) Vgl. dazu Sieber, R. / Schmahl, D. / Vinnemann, K., (Steuervorteile 1975), DB 1975, S. 6
9) "Erwirtschaftet das Unternehmen dagegen einen höheren Zins als den Fremdkapitalzins, so erzielt es diese Rendite sowohl bei Eigenfinanzierung (mittels Pensionsrückstellung) als auch bei anderweitiger Fremdfinanzierung. Die Zinsdifferenz zwischen betrieblicher Rendite und Fremdkapitalzins ist daher kein originärer Finanzierungseffekt aus der betrieblichen Altersversorgung, sondern Unternehmenserfolg." Vgl. Rhiel, R., (Prognoserechnungen 1987), WPg 1987, S. 574

Investitionsprojekte nur durch die Bildung von Pensionsrückstellungen realisiert werden können[1].

Ansonsten steht die Finanzierung über Pensionsrückstellungen in Konkurrenz mit alternativen Finanzierungsmöglichkeiten, die sie ersetzen kann und an denen ihre Vorteilhaftigkeit gemessen werden kann. Im folgenden wird daher der Substitutionsprämisse mit der Rückführung[2] von Dauerschulden der Vorzug gegeben.

1.5 Auswirkungen auf finanzielle Zielgrößen

1.5.1 Eigenkapitalstand in der Bilanz

Das Modell wird abgerundet durch Hinzunahme der - zunächst rein formal aufzufassenden - Bilanzgleichung[3]

(22) $V_t = EK_t + R_t$

Hierbei bedeuten

Def 10) EK_t = die bis zum Ende der Periode t aufgelaufene zusagebedingte Änderung des Eigenkapitalstandes,

Def 11) R_t = die zum Ende der Periode t aufgrund der Zuführungen U_m mit m = 0, 1, ..., t gebildete Pensionsrückstellung, aufbauend auf der Ausgangsrückstellung R_{-1}

Die folgende Form der Gleichung (22) bringt die Substitutions-Prämisse besser zur Geltung:

(22.1) $0 = EK_t + R_t - V_t$

Der Bilanzposten Pensionsrückstellungen R_t setzt sich bei Substitution von Dauerschulden zusammen aus den Veränderungen[4] der Bilanzposten Eigenkapital und Fremdkapital.

Die Null auf der linken Seite der Gleichung stellt die im Vergleich zur Thesaurierung unveränderte Bilanzlänge des betrachteten Unternehmens dar; wenn mit zusagebedingter zusätzlicher Liquidität annahmegemäß Dauerschulden getilgt werden, so stimmt die Aktivseite der Bilanz beim Unternehmen mit Pensionszusage mit derjenigen des alternativ thesaurierenden Unternehmens überein. Damit ist insbesondere das für einen korrekten Vorteilsvergleich erforderliche gleiche Gesamtvolumen an finanziellen Mitteln in den alternativ verglichenen Unternehmen gewährleistet.

---

1) Vgl. Scheffler, W., (Betriebliche Altersversorgung 1990), S. 117 f.
2) Vgl. dazu auch Drukarczyk, J., (Finanzierung 1993), S. 516
3) Vgl. Höfer, R., (Betriebliche Altersversorgung 1973), S. 27
4) Wenn man mit Drukarczyk "den Bestand an Fremdmitteln als Summe aus Pensionsrückstellungen und Fremdmitteln Dritter" definiert, dann erhält man bei der Konstruktion eines Endwertmodells eine Verminderung der Eigenmittel um den alternativ thesaurierten Teil der Pensionsrückstellungen, also eine veränderte Kapitalstruktur. Vgl. Drukarczyk, J., (Finanzierung 1993), S. 516

1.5.2 Eigenkapitalstand nach Abwicklung

Für den Planungshorizont t = T ist ein den Umständen des Einzelfalls adäquater Ansatz für die "Restverpflichtung"[1] RV_T festzulegen; als Gesichtspunkte kommen hierbei in Frage die Fortführung[2] des Unternehmens über den Zeitpunkt T hinaus, oder aber die Veräußerung[3] oder die Liquidation[4] des Unternehmens im Zeitpunkt T.

Dann ergibt sich der "zusagebedingte Eigenkapitalstand ${}_nEK_T$ nach Abwicklung" bei gleichzeitiger Auflösung der gebildeten Pensionsrückstellungen R_T unter Beachtung der Ertragsteuerwirkungen zu:

$$(23) \quad {}_nEK_T = V_T - RV_T\ (1 - t_1) - t_1\ R_T$$

$$= V_T - RV_T + t_1\ (RV_T - R_T)^5$$

$$= V_T - R_T\ + R_T - RV_T + t_1\ (RV_T - R_T)$$

$$= EK_T - (1 - t_1)\ (RV_T - R_T),$$

d.h. der bilanzielle zusagebedingte Eigenkapitalstand ist ggf. noch um den (ertrag-)steuerverkürzten Unterschiedsbetrag zwischen der Restverpflichtung und dem Bilanzposten Pensionsrückstellungen zu vermindern.

Faßt man das Rechenmodell als Endwertmodell[6] auf, so stellt ${}_nEK_T$ gerade das investitionsrechnerische Entscheidungskriterium "zusagebedingte Endvermögensänderung" dar.

Mit der Festlegung eines zusagebedingten Endvermögens und der gewünschten zeitlichen Struktur von Entnahmen in den Perioden t = 0, ..., T läßt sich das Rechenmodell auch als Entnahmemodell[7] ausgestalten. Von dieser Möglichkeit wird in Abschnitt B.II.3.3.1 für die Konstruktion des hier verwendeten Rechenmodells Gebrauch gemacht.

---

1) Im Standardmodell von Schneider aus dem Jahr 1980 entspräche R_T dem Restbuchwert der Pensionsverpflichtungen, RV_T dem Restverkaufserlös. Vgl. Schneider, D., (Investition 1980), S. 273

2) Für diesen Fall setzt Pauksztat die Restverpflichtung mit dem Teilwert nach § 6a EStG an, der sich bei Vollzuführung in der Vergangenheit mit der Pensionsrückstellung deckt; somit stimmt der "Abschnittsaufwand" bei Pauksztat gerade mit dem bilanziellen Eigenkapitalstand EK_T überein. Vgl. Pauksztat, R., (Bemerkungen 1983), DB 1983, S. 608

3) Gesichtspunkte zum Ansatz der Restverpflichtung finden sich bei Kleylein, D., (Unternehmensveräußerungen 1981), DB 1981, S. 853 - 859; Heubeck, K. / Löcherbach, G., (Unternehmensbewertung 1982), DB 1982, S. 913 - 918; Lemitz, H.-G., (Bewertung 1982), DB 1982, Beilage Nr. 3

4) In diesem Fall kommt für den Ansatz der Restverpflichtung derjenige Wert in Frage, der sich aus einer geeigneten Kombination von zulässigen Abfindungen nach § 3 BetrAVG und schuldbefreienden Übertragungen auf einen der in § 4 BetrAVG genannten Versorgungsträger ergibt.

5) In dieser Form wird der Zusammenhang mit dem „versteuerte(n) Restverkaufserlös" bei Schneider deutlich: vgl. Schneider, D., (Investition 1980), S. 273

6) Vgl. Kruschwitz, L., (Investitionsrechnung 1990), S. 57 - 74

7) Vgl. Kruschwitz, L., (Investitionsrechnung 1990), S. 74 - 85

1.6 Zusammenfassung und Einordnung des abstrakten Rechenmodells

1.6.1 Grundgedanke

Unter Ausklammerung der Fragen, die mit der Prognose der finanzwirtschaftlichen Auswirkungen von Pensionszusagen zusammenhängen, wurde für ein Unternehmen in der Rechtsform einer Personengesellschaft unter Hinzunahme von rechtlichen, steuerlichen und finanziellen Prämissen ein Rechenmodell hergeleitet, das die rekursive Berechnung der zusagebedingten Liquiditätswirkungen ermöglicht.

Das Rechenmodell ist abstrakt im Hinblick auf die nur durch Symbole vorgegebenen Vorsteuergrößen; hierdurch wird klar, daß die Ermittlung der Vorsteuergrößen völlig unabhängig von der Ermittlung der Steuerwirkungen durchgeführt werden kann. Das Rechenmodell setzt insofern an einer natürlichen Schnittstelle an.

1.6.2 Ansatz der Steuerwirkungen in den Rechenmodellen der Literatur

Dagegen folgt die im Detail durchgeführte Herleitung der Steuerwirkungen bei Gültigkeit der Prämissen zwingend aus den heute geltenden steuerrechtlichen Vorschriften[1]. Es ist daher nicht verwunderlich, daß - soweit aus den häufig[2] nur verbalen Beschreibungen ersichtlich - eine größere Anzahl der in jüngerer Zeit veröffentlichten Rechenmodelle[3] zu den finanzwirtschaftlichen Auswirkungen der betrieblichen Altersversorgung unter der Voraussetzung übereinstimmender Prämissen[4] zu einem im Ergebnis gleichen Ansatz der Steuerwirkungen unter Berücksichtigung der jeweils geltenden steuerrechtlichen Lage gelangt ist, die Darstellung ist mehr oder

---

1) Vgl. Abschn. B.I.2.2.3 und Abschn. B.II.1.3 sowie B.II.1.4

2) Von den in FN 1 und 2 der folgenden Seite aufgeführten Modellrechnungen enthalten nur die folgenden Arbeiten eine formelhafte Darstellung der Steuerwirkungen: Höfer, R., (Betriebliche Altersversorgung 1973), S. 27, S. 150 und S. 269 - 271; Rauser, K.-D., (Alternative 1981), BB 1981, S 1288 f.; ders., (Kostenvergleich 1982), BB 1982, S. 1501 f.; Haueisen, P., (Gestaltungsformen 1983), S. 85 - 88, S. 97 und 102; Rauser, K.-D., (Schließung 1983), BB 1983, Beilage 15, S. 2 - 5 und S 8 - 12; Rhiel, R., (Prognoserechnungen 1987), WPg 1987, S. 579 - 581, Schwab, H., (Modell 1988), S. 152 - 156, 168 - 170; Ahrend, P. / Förster, W. / Rößler, N., (Steuerrecht 1992), 8. Teil, Schaubilder 4, 5 und 7

3) Dazu zählen nicht die im Zusammenhang mit der in den letzten Jahren ausgetragenen kontroversen Diskussion um die steuerliche Subventionierung von Pensionszusagen publizierten Berechnungen, die eher auf prinzipielle Einsichten als auf eine Modellrechnung ausgerichtet sind. Vgl. Franke, G. / Hax, H., (Finanzwirtschaft 1988), S. 457 - 460; Wenger, E., (Optimierungsproblem 1989), S. 289, Schneider, D., (Kapitalbildung 1989), DB 1989, S. 889 - 895; Franke, G. / Hax, H., (Steuerersparnisse 1989), DB 1989, S. 1881 f.; Schneider, D., (Aufwandsvorwegnahme 1989), DB 1989, S. 1883 - 1887; Schneider, D., (Investition 1992), S. 356 - 379; Krahnen, J.P. / Meran, G., (Pension 1991), ZfbF 1991, S. 119 -129. Zur Beurteilung der insbesondere durch die Modellrechnung von Haegert, L. / Schwab, H., (Subventionierung 1990), DBW 1990, S. 85 - 102, forcierten Diskussion vgl. m.w.N. und eigenen Berechnungen Thurmayr, G., (Pensionsrückstellungen 1992), S. 7 - 16; Schanz, T., (Risikobewältigung 1992), S. 236 - 240

4) Als Beispiel für ein mit detaillierten Formeln beschriebenes Rechenmodell mit grundlegend unterschiedlichen Prämissen kann mit der Zielsetzung der Entnahmemaximierung sowie der Annahme einer (teilweisen) Eigenkapitalsubstitution der Ansatz von Hieber genannt werden; soweit Hieber eine (teilweise) Fremdkapital-Substitution unterstellt, stimmen die Steuerwirkungen mit den oben beschriebenen überein. Vgl. Hieber, O.L., (Unternehmenswert 1986), S. 204 - 212. Zu einem ähnlichen Ansatz vgl. Drukarczyk, J., (Altersversorgungszusagen 1990), DBW 1990, S. 333 - 353. Vgl. auch Drukarczyk, J., (Finanzierung 1993), S. 512 - 535

minder unmittelbar an den von Höfer[1] und Lukowsky / Zühlke / Rössler[2] Anfang der siebziger Jahre vorgelegten Arbeiten orientiert.

Dagegen sind in den Rechenmodellen von Strobel und Sturm einerseits Substanzsteuerwirkungen vernachlässigt[3], andererseits ist mit dem Ansatz einer "homogenen Erfolgsteuer"[4] den bei der Prämisse der Kapitalsubstitution erforderlichen gewerbesteuerlichen Modifikationen[5] nicht Rechnung getragen; das hierfür angeführte Argument "der relativen Geringfügigkeit der Gewerbeertragsteuern im Vergleich zu den übrigen Erfolgsteuerarten"[6] kann angesichts des vom Verfasser durchgerechneten Gegenbeispiels[7] als nicht stichhaltig bezweifelt werden. Dies soll ebenso wie die behauptete[8] Bedeutungslosigkeit der Substanzsteuern unten[9] noch näher betrachtet werden.

Daneben steht eine Gruppe[10] von Untersuchungen, bei denen weder aus der verbalen Beschreibung der berücksichtigten Steuerwirkungen noch aus den dargelegten zahlenmäßigen Ergebnisreihen eine sichere Aussage über den tatsächlichen Ansatz der Steuerwirkungen

---

1) Vgl. Höfer, R., (Betriebliche Altersversorgung 1973), S. 18 - 23, S. 25 - 28, S. 150 und S. 269 - 271; ders., (Gutachten 1978), S. 136 - 138; Lemitz, H.-G., (Durchführungswege 1978), BFuP 1978, S. 401 - 406; Rauser, K.-D., (Alternative 1981), BB 1981, S. 1288 - 1290; ders., (Kostenvergleich 1982), BB 1982, S. 1501 - 1503; Richter, G., (Gestaltungsformen 1982), BetrAV 1982, S. 120 und S. 125 - 128; Haueisen, P., (Gestaltungsformen 1983), S. 83 - 106; Rauser, K.-D., (Schließung 1983), BB 1983, Beilage 15, S. 2 - 16; Haueisen, P. / Hole, W.D. / Kulle, R.-D., (Refinanzierung 1984), DB 1984, S. 1839; Höfer, R., (Durchführungswege 1984), S. 137 - 139; Haueisen, P., (Beleihung 1985), BetrAV 1985, S. 33; Bieg, H., (Betriebliche Altersversorgung 1985), StB 1985, S. 172 - 176; Haegert, L., (Unternehmensfinanzierung 1987), S. 159 f.; Schanz, T., (Auswirkungen 1986), S. 22 f.; Rhiel, R., (Prognoserechnungen 1987), WPg 1987, S. 579 - 581; Schwab, H., (Modell 1988), S. 152 - 156, 168 - 170; Schusinski, E., in: Schaub, G. / Schusinski, E. / Ströer, H., (Altersvorsorge 1989), S. 197 - 202, 218 - 225; Scheffler, W., (Betriebliche Altersversorgung 1990), S. 128 - 135; Haegert, L. / Schwab, H., (Subventionierung 1990), DBW 1990, S. 86 - 91; Schanz, T., (Risikobewältigung 1992), S. 143 - 150

2) Vgl. Lukowsky, H. / Zühlke, K. / Rössler, N., (Betriebswirtschaftliche Effekte 1971), S. 594 - 598, insbesondere S. 595; Rössler, N., (Betriebswirtschaftliche Effekte 1972), S. 107 - 113; Rössler, N. / Gassen, H., (Belastungen 1972), BB 1972, S. 126 - 129; Rössler, N. / Förster, W. / Nowak, U., (Bewährung 1973), S. 148; Krebs, R. / Rößler, N., (Wirtschaftliche Randbedingungen 1979), S. 108 - 112; Gassen, H., (Prognoserechnungen 1980), S. 393 - 396; Salzmann, J., (Optimierungsansätze 1980), S. 343 - 347; Ahrend, P. / Förster, W. / Rößler, N., (Steuerrecht 1992), 8. Teil, Rdnr. 160 f., 165, 169 f., 173 f., 229 - 233, 238, 247 f.

3) Vgl. Strobel, W., (Entscheidungsproblem 1977), DB 1977, S. 781 f. und 787; ders., (Betriebsrenten 1978), ZfbF 1978, S. 74 und 76; Sturm, N., (Betriebliche Altersrenten 1980), S. 45 f. und S. 390 - 395

4) "Die homogene Erfolgsteuer ist das Produkt aus einem konstanten Steuersatz und der durch Periodisierung der überschußwirksamen Beträge bestimmten Erfolgsgröße." Vgl. Strobel, W., (Steuerlehre 1977), S. 275

5) Vgl. Abschn. B.II.1.4.2

6) Vgl. Sturm, N., ebd., S. 389 f.

7) Vgl. Theurer, C., (Gewerbesteuer 1983), BB 1983, S. 1723

8) Vgl. Strobel, W., (Entscheidungsproblem 1977), DB 1977, S. 787; Sturm, N., (Betriebliche Altersrenten 1980), S. 390 - 395

9) Vgl. Abschn. C.I.2.4.5.2 sowie C.I.2.4.5.3

10) Vgl. Schusinski, E. / Stifel, M., (Anpassung 1978), BB 1978, S. 158 - 160; Hartmann, W. / Hole, W.D., (Nachsteuer-Modell 1978), DB 1978, S. 207 - 209; Höfer, R., (Gutachten 1978), S. 135 - 143; Engbroks, H. / Heubeck, K., (Vergleich 1981), DB 1981, S. 2025 - 2030; Hartmann, W. / Hole, W.D., (Rückdeckung 1982), DB 1982, S. 803 - 805; Bieg, H., (Möglichkeiten 1983), StuW 1983, S. 40 - 54; Engbroks, H., (Finanzielle Effekte 1986), S. 128 - 134; Haegert, L., (Unternehmensfinanzierung 1987), S. 166 f.; Heubeck, K., (Handbuch 1988 / 91), S. 57 - 80

abgeleitet werden konnte. So sprechen Schusinski / Stifel[1] zwar die betroffenen Steuerarten an, exakte Angaben sowie Nachsteuer-Ergebnisse fehlen jedoch. Höfer erwähnt in seinem 1978 im Auftrag des Bundesministers für Arbeit und Sozialordnung erstatteten Gutachten[2] nicht einmal die berücksichtigten Steuerarten.

Bei dem Vergleich zwischen Pensionszusage und Direktversicherung von Engbroks / Heubeck bleiben trotz der eingehenden Beschreibung[3] Zweifel, ob aufgrund zusagebedingter Zusatzliquidität "die Aufnahme von Fremdkapital (oder die Erweiterung des Eigenkapitals) entbehrlich wird"[4], ob also Kapitalsubstitution oder -akkumulation im Rechenmodell unterstellt ist; die verbale Beschreibung der Steuerwirkungen bei der "Einsparung an Fremdkapitalzinsen"[5] und der Substanzsteuerwirkung[6] deutet eher auf einen Akkumulations-Ansatz hin. Dagegen wird in der zugehörigen Replik von Sigloch / Haueisen neben der expliziten Angabe der Nettozinsen[7] verbal klargestellt, daß es sich um einen Substitutions-Ansatz handelt[8].

Löcherbach nennt in seinem Beitrag zur Erhöhung des Rechnungszinsfußes für Pensionsrückstellungen zwar die berücksichtigten Steuerarten, jedoch läßt sich ein Substitutions-Ansatz nur vermuten: "..... verminderten Kapitalbedarf... hat, der - wie üblich unterstellt - zu entsprechenden erfolgs- und liquiditätswirksamen Einsparungen bei den zu zahlenden Fremdkapitalzinsen führt."[9]

In "Ein Nachsteuer-Modell der Direktversicherung"[10] von Hartmann / Hole ist eine verbale Beschreibung der auf die einzelnen Perioden entfallenden (Ertrag-)Steuerwirkungen sowie der bei der Periodenverknüpfung resultierenden Substanzsteuerwirkung enthalten; unklar bleibt angesichts des Akkumulationsansatzes die Erwähnung von möglichen Hinzurechnungsauswirkungen[11]. Dagegen bleibt unerwähnt, daß den beiden betrachteten Beispielen neben den unterschiedlichen Steuerbelastungen auch durchaus unterschiedliche betriebliche Bruttorenditen

---

1) Die Frage nach der Entwicklung der "Steuereffekte" sowie der "Bilanzstruktur" wird zwar aufgeworfen, aber nicht einmal verbal beantwortet. Vgl. Schusinski, E. / Stifel, M. (Anpassung 1978), BB 1978, S. 159 f.

2) Vermutlich erfolgten diese Berechnungen in Anlehnung an das in der Monographie von Höfer 1973 beschriebene Rechenmodell; darauf deuten die explizite Substitutionsprämisse und die Darstellung der Ergebnis-Graphiken hin: vgl. Höfer, R., (Gutachten 1978), S. 139 - 141

3) Vgl. Engbroks, H. / Heubeck, K., (Vergleich 1981), DB 1981, S. 2025 - 2030, insbesondere die Textziffer "3.3 Steuerliche und finanzwirtschaftliche Wirkungen" auf S. 2026 f.

4) Vgl. Engbroks, H. / Heubeck, K., ebd., S. 2026

5) Die Netto-Fremdkapitalzinsen resultieren bei Engbroks / Heubeck aus den Brutto-Fremdkapitalzinsen "abzüglich Ertragsteuern", wobei die Gewerbeertragsteuer nicht ausgeschlossen wird, wie dies im Falle der Substitution von Dauerschulden mit den 1981 noch geltenden 100%-igen Hinzurechnungsvorschriften der §§ 8, 12 GewStG zu erwarten wäre. Vgl. Engbrocks, H. / Heubeck, K., ebd., S. 2026

6) Vgl. Engbroks, H. / Heubeck, K., ebd., S. 2027: "Die Pensionsrückstellung kann außerdem bei der Einheitsbewertung des Betriebsvermögens als Schuldposten abgezogen werden, was eine endgültige, also nicht nur gestundete Ersparnis an Substanzsteuern (Vermögen- und Gewerbekapitalsteuer) auf die Differenz zwischen der Rückstellung und die durch die Liquiditätsverbesserung bewirkte Erhöhung des Betriebsvermögens mit sich bringt." Die hier angesprochene Differenz gibt nur im Falle der Kapitalakkumulation den Substanzsteuereffekt wieder, bei Kapitalsubstitition kommen noch Gewerbekapitalsteuerersparnisse (nach Ertragsteuern) auf den (alternativ) dem Gewerbekapital hinzuzurechnenden Anteil der substituierten Dauerschulden hinzu. Vgl. Abschn. B.II.1.4.2

7) Vgl. Sigloch, J. / Haueisen, P., (Vergleich 1983), DB 1983, S. 350

8) Vgl. Sigloch, J. / Haueisen, P., ebd., S. 352

9) Vgl. Löcherbach, G., (Zinssatzerhöhung 1982), BB 1982, S. 1835 f.

10) Vgl. Hartmann, W. / Hole, W.D., (Nachsteuer-Modell 1978), DB 1978, S. 207 - 209

11) Vgl. ebd., S. 208

zugrundeliegen müssen, um die in beiden Beispielen gleichermaßen verwendete betriebliche Nettorendite von 4% zu ermöglichen[1].

Ob ein ebenso zeitlich differenzierter Ansatz auch in dem später von Hartmann / Hole[2] vorgelegten Beitrag zur "liquiditätsneutralen Rückdeckung"[3] zugrundeliegt, scheint fraglich, da sich keinerlei Hinweis auf eine gemeinsame zeitliche Fortentwicklung des vom Versorgungswerk betroffenen Personenkreises findet. Substanzsteuerwirkungen bleiben bewußt ausgeklammert; die pauschal mit 60% angesetzte Ertragsteuerbelastung dürfte in erster Linie zur Steuerung der für die Rückdeckung verfügbaren Mittel dienen[4].

Nach der verbalen Erläuterung der "Möglichkeiten betrieblicher Altersversorgung" von Bieg[5] ist im Falle der innerbetrieblichen Anlage "eine Substitution von Fremdkapital ebenso denkbar wie eine zusätzliche Eigenkapitalbildung"[6]; ferner ist im Falle einer Barmittelminderung "mit dem Nettozins für das zusätzlich benötigte Fremdkapital zu rechnen."[6] Andererseits ist in der formalen Darstellung der Schaubilder[7] eine gewerbesteuerliche Modifikation der Bemessungsgrundlagen nicht - auch nicht andeutungsweise - vorgesehen. Diese Unklarheit ist auch in Abb. 6 der späteren Einzeldarstellung "Die betriebliche Altersversorgung" von Bieg[8] erhalten geblieben; hier sind jedoch die gewerbesteuerlichen Modifikationen verbal unmißverständlich beschrieben[9].

Engbroks verzichtet bei der Herleitung der "Finanzielle(n) Effekte der Vorausfinanzierung betrieblicher Altersversorgung" bewußt "auf die Angabe von Formeln und die Ausführung umfangreicher Beweise"[10]. Aus der exakten verbalen Beschreibung der "steuerlichen Randbedingungen"[11] ist allerdings nicht zu ersehen, in welcher Weise die gewerbesteuerlichen Hinzurechnungsvorschriften im Rechenmodell beim Vergleich verschiedener Durchführungswege[12] zu berücksichtigen wären.

"Der Einfluß der Geldentwertung auf die Belastung durch unmittelbare Versorgungszusagen"[13] wird von Haegert "mit Hilfe eines realen Kalkulationszinsfußes von 6% vor Steuern"[14] anhand des "Barwert(s) des in Geldeinheiten gleicher Kaufkraft gemessenen Zahlungsstroms"[14] untersucht. Unklar bleibt dabei die Frage, wie Haegerts Aussage "Der Barwert der Effektivbelastung bei vollständiger Rentenanpassung ist gleich dem Barwert der Effektivbelastung bei Geldwertstabilität"[14] im Hinblick auf den angegebenen[15] steuerverkürzten Nettozins i_s Gültigkeit haben kann[16].

---

1) Vgl. ebd., S. 208 f.
2) Vgl. Hartmann, W. / Hole, W.D., (Rückdeckung 1982), DB 1982, S. 803 - 805
3) Vgl. ebd., S. 805
4) Vgl. ebd., S. 803 f.
5) Vgl. Bieg, H., (Möglichkeiten 1983), StuW 1983, S. 40 - 54
6) Vgl. ebd., S. 43
7) Vgl. ebd., S. 42 und 44: in der Komponente 3. der Schaubilder 1 und 2 wird ein und derselbe effektive Substanzsteuersatz auf eine (ggf. saldierte) Bemessungsgrundlage angewendet.
8) Vgl. Bieg, H., (Betriebliche Altersversorgung 1985), StB 1985, S. 177
9) Vgl. ebd., S. 175 f.
10) Vgl. Engbroks, H., (Finanzielle Effekte 1986), S. 121
11) Vgl. ebd., S. 128 - 130 und 134
12) Vgl. ebd., S. 134 f.
13) Vgl. Haegert, L., (Unternehmensfinanzierung 1987), S. 166 f.
14) Vgl. ebd., S. 166 f.
15) Vgl. ebd., S. 160
16) Vgl. dazu Schneider, D., (Investition 1992), S. 389 - 395

In "Betriebswirtschaftliche Fragen der betrieblichen Altersversorgung" geht Heubeck nicht auf die bei der unterstellten[1] Fremdkapitalsubstitution erforderlichen gewerbesteuerlichen Modifikationen ein; die im 5-Jahres-Abstand wiedergegebenen Musterberechnungen[2] lassen einen Rückschluß nicht zu. Die ökonomische Bedeutung der Summe aus der Periodenliquidität und der Zuführung zur Pensionsrückstellung[3], die von Heubeck als "Liquiditätssteigerung im weiteren Sinne"[4] bezeichnet wird, ist unklar.

1.6.3 Vorteile des abstrakten Rechenmodells

Die vorstehende Untersuchung des Ansatzes und insbesondere der Beschreibung der Steuerwirkungen in den Rechenmodellen der Literatur zeigt, daß trotz der zum Teil ausführlichen verbalen Umschreibungen vielfach Zweifel am exakten Ansatz der Steuerwirkungen verbleiben. Ein erster Vorteil des abstrakten Rechenmodells, wie es mit den Formeln der Gleichungen (18) bis (23) beschrieben ist, besteht in der präzisen, zweifelsfreien Beschreibung der Steuerwirkungen.

Einen weiteren Vorteil bedeutet die rekursive und damit rechnerangepaßte, EDV-gerechte Darstellung der Formel (21), deren einfache mathematische Struktur[5] auch eine Analyse der finanzwirtschaftlichen Auswirkungen im Beharrungszustand[6] ermöglicht.

Schließlich ist eine flexible Anpassung möglich; unterschiedliche Prämissen[7] können durch einfache Änderungen exakt berücksichtigt werden. Geeignete Erweiterungen und dem Einzelfall angepaßte Verfeinerungen des abstrakten Rechenmodells sind stets möglich, sofern die Entwicklung der betroffenen (zusätzlichen) Größen während des Planungszeitraums hinreichend gut geschätzt werden kann. Dies gilt insbesondere für die expliziten Modell-Parameter steuerlicher und finanzieller Art; falls ein praktikabler Ansatz für die künftigen Änderungen der Steuer- und Multifaktoren sowie des Dauerschuldzinssatzes i möglich ist, stellt[8] die formale und rechnerische Integration dieser Zusatz-Informationen kein Problem dar: der konstante Wert i ist dann in der Periode t mit i(t), die konstanten Steuer- und Multifaktoren sind periodenabhängig (z.B. mit $s_e(t)$ statt s_e, $t_1(t)$ statt t_1) anzusetzen und liefern dann einen periodenabhängigen Netto-Zins $i_s(t)$.

Dies führt unmittelbar zu der im folgenden Abschnitt behandelten Frage nach den Möglichkeiten einer "hinreichend guten" Prognose von Modellgrößen.

---

1) Vgl. Heubeck, K., (Handbuch 1988 / 91), S. 66 - 70 und 78 - 80
2) Vgl. ebd., S. 68, Tabelle V 3
3) Vgl. ebd., S. 63, Tabelle V 2: die "Liquiditätsveränderung (i.e.S.)" in Spalte (8) gibt gerade die Periodenliquidität an, zu der in Spalte (9) die Zuführung zur Pensionsrückstellung addiert wird.
4) Vgl. ebd., S. 64
5) Es handelt sich um ein lineares stationäres System mit diskretem Zeitparameter; vgl. etwa Athans, M. / Dertouzos, M.L. / Spann, R.N. / Mason, S.J., (Computation 1974), S. 166 - 173; Ludyk, G., (Dynamische Systeme 1977), S. 81 - 85
6) Vgl. Abschn. B.II.3.2.6
7) Als Beispiele können dienen: der Ersatz der Substitutions- durch die Akkumulationsprämisse: vgl. Abschn. B.II.1.4.4; die Betrachtung einer unterschiedlichen Rechtsform: vgl. zum Fall einer Kapitalgesellschaft Theurer, C., (Gewerbesteuer 1983), BB 1983, S. 1719 f.
8) Die Berücksichtigung unterschiedlicher Haben- und Sollzinsen in Abhängigkeit vom Vorzeichen von V_t ist formal unproblematisch. Vgl. Kruschwitz, L., (Investitionsrechnung 1990), S. 58 - 61

2. Ansatz und Prognose der Vorsteuergrößen, insbesondere des Bestands an versorgungsberechtigten Personen

Anknüpfungspunkt für das abstrakte Rechenmodell war die natürliche Schnittstelle vor der Einbeziehung von Steuern und vor der Hinzunahme des Kalkulationszinsfußes i in der steuerverkürzten Gestalt i_s. In der dabei vorausgesetzten "ersten Modellstufe" ist das betriebliche Teilsystem "Pensionszusage", wie es in der Realität beobachtet werden kann, geeignet zu abstrahieren. Je nach der Zielsetzung des zu konstruierenden Rechenmodells können unterschiedliche Größen miteinbezogen oder aber den außerhalb der Rechnung zu berücksichtigenden "Imponderabilien"[1] zugeordnet werden.

Die Ergebnisse der Modellrechnungen hängen entscheidend vom Ansatz und von der Prognose der Vorsteuergrößen ab; dabei spielt die Unsicherheit über das künftige Schicksal der versorgungsberechtigten Mitarbeiter eine wesentliche Rolle. Vor der Frage nach den Möglichkeiten einer Schätzung der künftigen Entwicklung ist festzulegen, welche Größen in ein Rechenmodell einbezogen werden sollen.

2.1 Quantitative und qualitative Auswirkungen von Pensionszusagen

Nach Definition 1 läßt sich der "Baraufwand" A_t als Summe aus Rentenzahlungen, PSVaG-Beitrag und Verwaltungskosten der Periode t angeben mit

(24) $$A_t = RZ_t + PS_t + VK_t.$$

Es ist evident, daß diese Größen bei der Zielsetzung einer möglichst vollständigen Erfassung der zusagebedingten Liquiditätswirkungen zu berücksichtigen sind; fraglich ist, ob darüber hinaus weitere zusagebedingte liquiditätswirksame Vorsteuergrößen anzusetzen sind. Im Schrifttum haben Strobel[2] und Sturm[3] den quantitativen Ansatz von zusagebedingten Personalkostenersparnissen[4] vorgeschlagen und im Rechenmodell die "kritische Lohnquote"[5] als Entscheidungskriterium verwendet. Haueisen hat darauf hingewiesen[6], daß die kritische Lohnquote "als allgemeines Beurteilungskriterium"[7] problematisch erscheint, da ihre Tauglichkeit mit der Möglichkeit steht und fällt, die mutmaßlichen Personalkostenersparnisse zu quantifizieren[8]. Da es zweifelhaft ist, ob der Annahme zusagebedingter Personalkostenersparnisse im allgemeinen[9]

---

1) Vgl. Kruschwitz, L., (Investitionsrechnung 1990), S. 22 - 24

2) Vgl. Strobel, W., (Entscheidungsproblem 1977), DB 1977, S. 781 f. und 785; ders., (Betriebsrenten 1978), ZfbF 1978, S. 72 f.

3) Vgl. m.w.N. Sturm, N., (Betriebliche Altersrenten 1980), S. 43 f.

4) Das Argument der Personalkostenersparnisse hat Vonalt im Rahmen einer qualitativen Analyse wie folgt formuliert: "Ein Unternehmer verbessert durch seine betriebliche Altersversorgung ... seine Stellung auf dem Arbeitsmarkt. Die Zufriedenheit der Mitarbeiter steigt, die Fluktuation von Arbeitskräften wird gesenkt ... . Kosten für die Suche und Einarbeitung neuer Mitarbeiter können dadurch gesenkt werden. Alle hier genannten Faktoren erhöhen die Produktivität des Unternehmens." Vgl. Vonalt, J., (Aspekte 1983), DBW 1983, S. 273. Vgl. auch Sturm, N., ebd., S. 43 f.

5) Vgl. Sturm, N., ebd., S. 52 - 54 und 110 f.

6) Vgl. Haueisen, P., (Gestaltungsformen 1983), S. 82 f.

7) Vgl. ebd., S. 82

8) Zur Problematik der Messung eines empirischen Zusammenhangs von Arbeitszufriedenheit, Fluktuation, Fehlzeiten und Arbeitsleistung vgl. Neuberger, O., (Messung 1974), insbesondere S. 142 - 159 und S. 202

9) Es kann durchaus zutreffen, "daß dem Personalkostenersparnis-Argument in Einzelfällen Bedeutung zukommt." Vgl. Hieber, O.L., (Unternehmenswert 1986), S. 170

empirische Bedeutung zukommt, wird auf eine rechnerische Berücksichtigung verzichtet[1]. Der Ansatz der liquiditätswirksamen Vorsteuergrößen bleibt daher auf den in Formel (24) enthaltenen Baraufwand A_t beschränkt.

Die in Definition 2 und 3 festgelegte Zuführung zur Pensionsrückstellung gemäß § 6a EStG und der Abzugsbetrag bei der Einheitsbewertung des Betriebsvermögens bilden die Grundlage für die zinslose[2] Ertragsteuerstundung und die dauerhafte[2] Substanzsteuerersparnis, aus denen sich der im abstrakten Rechenmodell erfaßte, nur auf Steuerwirkungen beruhende Finanzierungseffekt durch die Bildung von Pensionsrückstellungen zusammensetzt[2].

Neben den besprochenen quantitativen Auswirkungen von Pensionszusagen findet sich im Schrifttum[3] eine Reihe weiterer Gesichtspunkte, die meist[4] "außerhalb der Investitionsrechnung"[5] Berücksichtigung finden; ohne Anspruch auf Vollständigkeit seien die folgenden wesentlichen Aspekte genannt:

- Auswirkungen einer zusagebedingten Veränderung der Kapitalstruktur[6]
- zusagebedingte Möglichkeiten der Bilanzpolitik[7]
- zusagebedingte Auswirkungen im Personalbereich[8], insbesondere Information, Motivation und Kündigungsverhalten der begünstigten Mitarbeiter[9], Auswirkungen auf das Betriebsklima, Mitbestimmungsfragen[10] und steuerliche Auswirkungen beim Arbeitnehmer[11]
- Revisionsmöglichkeiten bereits bestehender Versorgungsregelungen[12]

---

1) Vgl. m.w.N. im Ergebnis ebenso: Hieber, O.L., ebd., S. 168 - 170
2) Vgl. Haueisen, P., (Gestaltungsformen 1983), S. 27 f.
3) Vgl. dazu Weitkemper, F.-J., (Pensionsrückstellungen 1977), DB 1977, S. 1709 - 1712; Paukszat, R., (Bemerkungen 1983), DB 1983, S. 608 - 610; Haueisen, P., (Gestaltungsformen 1983), S. 28 - 33 und S. 53 - 56; m.w.N. Heubeck, K., (Handbuch 1988 / 91), S. 84 f.
4) Soweit ein rechnerischer Ansatz erfolgte, ist dies in den folgenden FN erwähnt.
5) Vgl. Kruschwitz, L., (Investitionsrechnung 1990), S. 22
6) Vgl. dazu Vonalt, J., (Aspekte 1983), DBW 1983, S. 271 - 273; ausführlich Hieber, O.L., (Unternehmenswert 1986), S. 151 - 168, mit einem rechnerischen Ansatz in Kapitel 6, S. 171 - 220
7) Vgl. Heissmann, E., (Ruhegeldverpflichtungen 1967), S. 500 - 505; ausführlich Hardes, W., (Bilanzpolitik 1984) mit einem detaillierten Planungsmodell, S. 203 - 483
8) Zum rechnerischen Ansatz zusagebedingter Personalkostenersparnisse vgl. den Beginn dieses Abschnitts
9) Vgl. Höfer, R., (Zweckmäßigkeit 1979), S. 28 - 30; Beckmann, H., (Einführung 1980), S. 146 - 165; Dirks, S., (Abwägung 1980), S. 118 - 130; Hadrich, F., (Mitarbeiter-Kommunikation 1980), S. 175 - 187; Gaugler, E., (Altersversorgung 1987), ZfbF 1987, S. 860 - 874; Meinhardt, H., (Personalpolitik 1992), S. 310 - 318
10) Vgl. Rühmann, J., (Mitbestimmung 1980), S. 224 - 232; Blomeyer, W., in: Blomeyer, W. / Otto, K., (Kommentar 1984), Einleitung, Rdnr. 330 - 346; Höfer, R. / Reiners, S. / Wüst, H., (Kommentar 1992), ART, Rdnr. 749 - 870
11) Beim Vergleich der Gestaltungsformen "Pensionszusage" und "Direktversicherung" haben Sigloch und Haueisen die Notwendigkeit eines rechnerischen Einbezugs der "Leistungsäquivalenz nach Steuern auf seiten des Arbeitnehmers" begründet und im Rechenmodell explizit berücksichtigt: vgl. Sigloch, J. / Haueisen P., (Vergleich 1983), DB 1983, S. 351 - 353; Haueisen, P., (Gestaltungsformen 1983), S. 94 f.; grundsätzlich zustimmend: Engbroks, H. / Heubeck, K., (Vergleich 1983), DB 1983, S. 954; Schanz, T., (Auswirkungen 1986), S. 23 f.
12) Vgl. Hütig, K., (Änderung 1978), DB 1978, S. 693 - 697; Hieber, O.L., (Unternehmenswert 1986), S. 76 - 89; Ahrend, P. / Förster, W. / Rühmann, J., (Betriebsvereinbarung 1987), BB 1987, Beilage Nr. 7; Pophal, R., (Ablösung 1987), DB 1987, S. 834 - 841. Vgl. m.w.N. auch Abschn. B.I.2.1.4

- Risiken der (ausgeschiedenen) Personengesellschafter aus einer potentiellen (Nach-)Haftung für Versorgungsleistungen[1]

Die folgenden Risikogruppen können auch rechnerisch berücksichtigt werden:

- Risiken aus dem unsicheren Schicksal des einzelnen begünstigten Mitarbeiters oder des begünstigten Mitarbeiterkreises[2]

- Risiken aus der unsicheren gesamtwirtschaftlichen Entwicklung, soweit sich diese auf das betriebliche Teilsystem "Pensionszusage" auswirkt, etwa bei einer Dynamisierung der Versorgungsleistungen[3], insbesondere also bei der Anpassung nach § 16 BetrAVG, oder durch die Entwicklung der Höhe des Zwangsbeitrags zur Insolvenzsicherung[4]

Mit diesen beiden Risikogruppen ist die eingangs[5] bereits festgestellte, für Pensionszusagen charakteristische Unsicherheits-Situation beschrieben. Ihre Berücksichtigung im Prämissen-System eines Rechenmodells hängt unmittelbar mit der Prognose der zusagebedingten Zahlungsströme zusammen. Notwendige Grundlage hierfür ist die Vorausschätzung der Entwicklung des "Bestands" an versorgungsberechtigten Personen

2 2 Zur Bestandsprognose

Jede Modellrechnung zu den finanziellen Auswirkungen einer betrieblichen Altersversorgung über mehrere Perioden hinweg muß eine Prognose der zeitlichen Entwicklung des versorgungsberechtigten Personenbestands enthalten. Von der Güte dieser Bestandsprognose hängt die Qualität des Rechenmodells entscheidend ab. Die Kenntnis der angewendeten Prognosemethoden ist Voraussetzung für eine zutreffende Interpretation der Rechenergebnisse.

Die Besonderheit der Bestandsprognose besteht darin, daß statistisch gesicherte Wahrscheinlichkeiten für eine modellmäßige Erfassung der künftigen Bestandsentwicklung vorliegen.

Das Anliegen der nachfolgenden Abschnitte B.II.2.2.1 und B.II.2.2.2 besteht daher darin, dem hieran interessierten Leser einen verständlichen Zugang zu den Grundlagen sowie den gebräuchlichsten Methoden der Bestandsprognose zu ermöglichen.

In Abschnitt B.II.2.2.3 werden die Vor- und Nachteile der als Einzel- bzw. Kollektivbetrachtung konzipierten Rechenmodelle diskutiert. Darauf[6] folgen Überlegungen zur Frage einer Verallgemeinerung der anhand eines Modellbestands gewonnenen Ergebnisse.

---

1) Vgl. statt vieler m.w.N. Blomeyer, W., in: Blomeyer, W. / Otto, K., (Kommentar 1984), Einleitung, Rdnr. 272 - 280; Schmidt, A., (Versorgungsrisiken 1988), S. 88 - 93, 173 - 175

2) Vgl. ausführlich Rössler, N., (Versorgungsrisiken 1980), S. 330 - 339; vgl. auch Haueisen, P., (Gestaltungsformen 1983), S. 30 f. und S. 54; Schmidt, A., (Versorgungsrisiken 1988), S. 67 - 74, 79 - 81, 136 - 142; Schanz, T., (Risikobewältigung 1992), S. 60 - 87, 241 - 271. Vgl. auch Abschn. B.II.2.2

3) Vgl. Hartmann, W., (Direktversicherung 1980), DB 1980, Beilage Nr. 19, S. 3; Haueisen, P., (Gestaltungsformen 1983), S. 31; Schmidt, A., (Versorgungsrisiken 1988), S. 64 - 67, 83 - 85, 142 - 158; Schanz, T., (Risikobewältigung 1992), S. 94 - 97, 281 - 286

4) Vgl. Meilicke, H., (Versicherungsschutz 1983), DB 1983, S. 2191 - 2199; Muth, R., (Bewährungsprobe 1983), BetrAV 1983, S. 105 - 108; Schanz, T., (Risikobewältigung 1992), S. 90 - 92, 275 - 278

5) Vgl. Abschn. B.I.1.1

6) Vgl. Abschn. B.II.2.2.4

2.2.1 Grundgedanken der Ermittlung und Anwendung biometrischer Wahrscheinlichkeiten

Biometrische[1] Ergebnisse resultieren per definitionem aus statistischen Auswertungen zu biologisch bedingten Untersuchungsmerkmalen. Das bekannteste Beispiel für biometrische Wahrscheinlichkeiten sind die Sterbewahrscheinlichkeiten aus den vom Statistischen Bundesamt "in der Regel jedes Jahr"[2] ermittelten Sterbetafeln[3]. Eine Sterbetafel kann als Ergebnis einer Stichproben-Schätzung für eine Absterbeordnung[4] interpretiert werden[5], also für eine den beobachtbaren Ereignissen zugrundeliegende Gesetzmäßigkeit, die das Sterbeverhalten einer Personengesamtheit[6] beschreibt.

Um zufällige Schwankungen bei den unmittelbar aus dem statistischen Material gewonnenen sog. "rohen Sterbewahrscheinlichkeiten" zu eliminieren, wurden zahlreiche Verfahren für eine "Ausgleichung" der rohen Wahrscheinlichkeit entwickelt[7]. Bei den "Allgemeinen Sterbetafeln"[8], die im Anschluß an Volkszählungen ermittelt werden, erfolgt eine Ausgleichung[9], bei den "Abgekürzten Sterbetafeln", die zum Teil auf Fortschreibungen beruhen, wird auf eine Ausgleichung verzichtet[10].

Ein Vergleich der vom Statistischen Bundesamt ermittelten Bevölkerungs-Sterbetafeln im Zeitablauf zeigt einen deutlich sinkenden Sterblichkeitstrend[11]. Für Prognosezwecke kann dies mittels einer Trendextrapolation[12] bei den verwendeten Sterbewahrscheinlichkeiten berücksichtigt werden. Interessant, jedoch noch nicht geklärt ist die Frage, ob der Sterblichkeitsentwicklung eine biologische Grenze gesetzt ist, die auch langfristig nicht unterschritten wird[13].

Sterbetafeln werden wegen der klar erkennbaren Unterschiede[14] regelmäßig nach dem Geschlecht getrennt ermittelt; geeignete weitere Differenzierungen sind möglich und üblich[15].

---

1) Unter dem Suchbegriff "Biometrik" findet sich im Grossen Brockhaus folgende Erläuterung: "Biometrik, Biometrie, biologische Statistik, Biostatistik, Erfassung und Bearbeitung von Meß- und Zählwerten in allen Bereichen der Biologie". Vgl. Brockhaus, F.A., (Brockhaus 1978), 2. Band, S. 140
2) Vgl. Proebsting, H., (Entwicklung 1984), WiSta 1984, S. 13
3) Die letzte "Abgekürzte Sterbetafel 1985 / 87" ist veröffentlicht in WiSta 1988, Tabellenteil, S. 414* - 416*
4) Zu Einzelheiten vgl. Saxer, W., (Versicherungsmathematik 1955), S. 8 - 21
5) Vgl. Saxer, W., (Versicherungsmathematik 1958), S. 149 - 151
6) Zur "Theorie der Personengesamtheiten" vgl. ausführlich Saxer, W., (Versicherungsmathematik 1955), S. 6 - 30. Vgl. auch Wolff, K.-H., (Versicherungsmathematik 1970), S. 153 - 174, S. 191 - 198; Müller, N.E., (Pensionsversicherung 1973), S. 136 - 171
7) Vgl. ausführlich Saxer, W., (Versicherungsmathematik 1958), S. 145 - 197. Vgl. auch Heubeck, K., (Richttafeln 1983), S. 13 f.; Behrens, H.-G., (Ausgleichsverfahren 1985), S. 77 - 120
8) Die aktuellste "Allgemeine Sterbetafel 1986 / 88 für die Bundesrepublik Deutschland" baut auf den Ergebnissen der Volkszählung vom 25. 5. 1987 auf. Vgl. Meyer, K. / Paul, C., (Sterbetafel 1991), WiSta 1991, S. 371. Zur Methodik und zur Ausgleichung vgl. ebd., S. 371 - 377
9) Vgl. Proebsting, H., (Entwicklung 1984), WiSta 1984, S. 13
10) Vgl. ebd., S. 13
11) Vgl. ebd., S. 14 - 23; ders., (Lebenstafel 1987), DAngVers 1987, S. 35 - 39; Meyer, K. / Paul, C., (Sterbetafel 1991), WiSta 1991, S. 379 - 381
12) Vgl. Müller, N.E., (Pensionsversicherung 1973), S. 105 - 108; Bretz, M., (Bevölkerungsvorausberechnungen 1986), WiSta 1986, S. 247 - 250 und S. 259
13) Vgl. Müller, N.E., (Pensionsversicherung 1973), S. 108 - 111; Proebsting, H., (Entwicklung 1984), WiSta 1984, S. 17 und S. 24
14) Vgl. Proebsting, H., (Entwicklung 1984), WiSta 1984, S. 13 - 17
15) Etwa nach "Familienstand" oder "Beruf / Schulbildung": vgl. ebd., S. 19 f.

Übersicht[1] 10: Schematischer Aufbau einer Sterbetafel

Grundschema der Sterbetafel						
Vollendetes Alter x	Sterbe-	Überlebenswahrscheinlichkeit vom Alter x bis x+1	Überlebende im Alter x	Von den Überlebenden im Alter x bis zum Alter x+1 durchlebte Jahre	Von den Überlebenden im Alter x insgesamt noch zu durchlebende Jahre	Durchschnittliche Lebenserwartung im Alter x in Jahren
x	q_x	$p_x = 1 - q_x$	l_x	L_x	J_x	e_x^o

Ausgangswerte:

M_x = Im Beobachtungszeitraum Gestorbene des Altersjahres x bis unter x+1

B_x = Durchschnittliche Bevölkerung des Altersjahres x bis unter x+1 im Beobachtungszeitraum

$$q_x = \frac{M_x}{B_x + \frac{1}{2} M_x}$$

Aufbau der Sterbetafel:

$$l_0 = 100000 \qquad l_{x+1} = p_x \cdot l_x$$

$$L_x = 1/2\,(l_x + l_{x+1}) \quad \text{(Sonderberechnung für } L_0\text{)}$$

$$J_x = \sum_{y \geq x} L_y$$

$$e_x^o = \frac{J_x}{l_x}$$

Zur Illustration der die Sterblichkeit beschreibenden Sterbetafeln ist das bei Proebsting dargestellte "Grundschema der Sterbetafel"[2] in Übersicht 10 wiedergegeben. Es sei angemerkt, daß in diesem Grundschema - wohl eben zum Zweck der Illustration - viel Redundanz enthalten ist: die Folgen der q_x, der p_x und der l_x können mit der Konvention[3] "l_0 = 100.000" unmittelbar in-

1) Quelle: Proebsting, H., (Entwicklung 1984), WiSta 1984, S. 13

2) Vgl. ebd., S. 13

3) Vgl. ebd., S. 13; diese Konvention dient der Vermeidung größerer Rundungsfehler zum Zweck einer hinreichend genauen Ermittlung der Sterbe- oder Lebenswahrscheinlichkeiten vor allem in höheren Altern. Nicht nachvollziehbar ist der von Hieber hergestellte Zusammenhang zwischen dieser Konvention und dem "Gesetz der großen Zahl": "Der Umfang der Mengen l_x^a, l_x^i, l_x ist im Ausgangszustand x = 20 nahezu beliebig wählbar; mit zunehmender Mächtigkeit der einzelnen Mengen wächst jedoch nach dem Gesetz der großen Zahl die Wahrscheinlichkeit, daß sich die jeweilige Menge (Kollektiv) in ihrer Zusammensetzung erwartungstreu ('rechnungsmäßig'), d.h. entsprechend dem in der Vergangenheit beobachteten Verhalten entwickelt." Vgl. Hieber, O.L., (Unternehmensbewertung 1986), S. 129

einander überführt werden. Die betrachtete Absterbeordnung wird demnach durch die Folge der einjährigen Sterbewahrscheinlichkeiten q_x vollständig beschrieben.

Eine Absterbeordnung mit der alleinigen Ausscheideursache "Tod" stellt einen Spezialfall einer "Ausscheideordnung"[1] dar, bei der beliebig viele Ausscheideursachen möglich sind. So kann etwa die Ausscheideursache "Tod" differenziert werden in n Ausscheideursachen[2] "Tod durch die Krankheit k" mit k = 1, ..., n; ein anderes Beispiel ist die Aufteilung der einer Sterbetafel zugrunde liegenden Gesamtheit aller lebenden Personen in die zwei Gesamtheiten aller erwerbstätigen Personen und aller nicht erwerbstätigen Personen. Je nach der vorgelegten Fragestellung ist eine geeignete Auswahl der interessierenden Merkmale vorzunehmen.

Für Untersuchungen im Bereich der Alterssicherung, deren Ziel "in der Einkommenssicherung nach dem Ausscheiden aus dem aktiven Erwerbsleben wegen Alters, Invalidität oder Tod"[3] besteht, bietet sich die Betrachtung der Gesamtheiten der Aktiven, der Invaliden, der Altersrentner sowie der Hinterbliebenen an.

Für den Teilbereich der betrieblichen Altersversorgung steht die Ausscheideordnung der aktualisierten "Richttafeln" zur Verfügung, die im Zusammenhang mit der Bewertung von Pensionsverpflichtungen in Handels- und Steuerbilanz in Abschnitt B.I.2.2.3 bereits erwähnt wurden.

Die Richttafeln beschreiben eine sog. "Aktivitätsordnung"[4]:

Übersicht[5] 11: Personengesamtheiten der Richttafeln

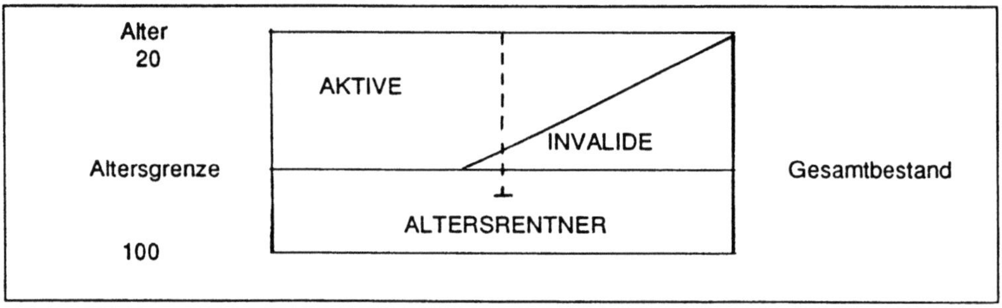

1) Vgl. ausführlich Saxer, W., (Versicherungsmathematik 1955), S. 21 - 30; Müller, N.E., (Pensionsversicherung 1973), S. 1 - 17
2) Vgl. Kern, K.D. / Braun, W., (Einfluß 1985), WiSta 1985, S. 233 - 240
3) Vgl. Abschn. A.I.2
4) Vgl. Saxer, W., (Versicherungsmathematik 1955), S. 28 - 30
5) Quelle: Heubeck, K., (Richttafeln 1983), S. 26

"Danach setzt sich die Gesamtbevölkerung (= Gesamtbestand) - nach Geschlechtern getrennt - zusammen aus verschiedenen Grundgesamtheiten, nämlich dem Teilbestand unterhalb der Altersgrenze, der sich wiederum in Aktive und Invalide gliedert, und dem Teilbestand oberhalb der Altersgrenze (Altersrentner).

Das Lebensschicksal des einzelnen reduziert sich auf Länge und Anfangspunkt der 'Lebensstrecke' (in der Skizze beispielhaft als senkrechte gestrichelte Linie eingezeichnet); die Lebensstrecke kann nur von oben nach unten durchlaufen werden, d.h. eine Reaktivierung von Invaliden ist im Modell nicht vorgesehen."[1]

Die Richttafeln beruhen[2] insbesondere auf den Ergebnissen der Allgemeinen Sterbetafel 1970 / 72, der abgekürzten Sterbetafel 1978 / 80 sowie Statistiken des Verbandes Deutscher Rentenversicherungsträger. Bei den Sterbewahrscheinlichkeiten und bei der Wahrscheinlichkeit, im Tode verheiratet zu sein, wurde der in der Vergangenheit beobachtete Trend mit der Zielsetzung einer "mittelfristigen Projektivität"[3] extrapoliert, um "die voraussichtliche Entwicklung der nächsten 20 - 30 Jahre zu berücksichtigen."[4] Eine detaillierte Beschreibung der Herleitung der Richttafeln ist im Textband von Heubeck[5] enthalten.

Vor Anwendung der Ausscheidewahrscheinlichkeiten der Richttafeln oder einer anderen Ausscheideordnung zum Zweck der Bestandsprognose im Fall eines konkreten Unternehmens kann geprüft werden, ob es geboten[6] ist, unternehmensspezifisch bedingte Korrekturen vorzunehmen, etwa durch geeignete Zu- oder Abschläge zu den unternehmensexternen Ausscheidewahrscheinlichkeiten.

Meist liegen in der Praxis keine oder nur dürftige Informationen hierzu vor; dies gilt auch für das Fluktuationsverhalten der Mitarbeiter: vielfach lassen die verfügbaren Unternehmensstatistiken nur die Ermittlung einer Fluktuationsquote zu, die den Gesamtprozentsatz der nicht durch biologische[7] Ursachen Ausgeschiedenen ohne Aufgliederung nach den Merkmalen Alter, Dienstzeit und Geschlecht angibt. Brauchbare Fluktuationswahrscheinlichkeiten müssen dann in Abhängigkeit von den Umständen des Einzelfalls geschätzt werden[8]; damit ist eine Erweiterung etwa der Richttafeln um die Ausscheideursache "Fluktuation" zu einer unternehmensspezifischen Ausscheideordnung möglich[9].

Damit stellt sich die Prognose-Situation im Hinblick auf die künftige Bestandsentwicklung wie folgt dar: Eine Ausscheideordnung kann als statistisch begründete Schätzung für das Ausscheideverhalten einer Personengesamtheit aufgefaßt werden. Die Ausscheidewahrscheinlichkeiten erlauben die Anwendung der Wahrscheinlichkeitstheorie[10] und ermöglichen dadurch logisch einwandfreie Schlußfolgerungen und Ergebnisse; die interessierenden, von der Bestandsentwicklung abhängenden Größen können als Zufallsvariable[11] auf einem zur Ausscheideord-

---

1) Vgl. Heubeck, K., (Richttafeln 1983), S. 26
2) Vgl. ebd., S. 7 - 10
3) Vgl. ebd., S. 11 - 13
4) Vgl. ebd., S. 11
5) Vgl. ebd., S. 7 - 16
6) Vgl. Rhiel, R., (Prognoseverfahren 1986), Blätter DGVM 1986, S. 330 f.
7) Damit wird hier das Ausscheiden durch Invalidität, Pensionierung wegen Erreichens der Altersgrenze oder Tod bezeichnet. Vgl. auch Heissmann, E., (Ruhegeldverpflichtungen 1967), S. 235
8) Vgl. ebd., S. 235 - 246
9) Vgl. dazu Anhang 8
10) Einen einführenden Überblick vermitteln die Lehrbücher von Gänssler, P. / Stute, W., (Wahrscheinlichkeitstheorie 1977); Bauer, H., (Wahrscheinlichkeitstheorie 1991)
11) Zum Begriff vgl. Schaich, E. / Köhle, D. / Schweitzer, W. / Wegner, F., (Statistik I 1987), S. 39 - 41; Bauer, H., (Wahrscheinlichkeitstheorie 1991), S. 14 f.

nung gehörenden[1] Wahrscheinlichkeitsfeld interpretiert werden, womit für einen vorgegebenen Ausgangsbestand der Erwartungswert und weitere Kenngrößen[2] zur Verteilung der betrachteten Zufallsgröße berechnet werden können. Die Güte der Berechnungsergebnisse hängt zunächst davon ab, ob die Statistiker beim Aufstellen der Ausscheideordnung gut geschätzt haben. Diese Voraussetzung soll im folgenden als voll erfüllt gelten.

Mit dieser Prämisse wird das Prognoseproblem auf die Frage zufälliger Abweichungen reduziert: systematische, durch die verwendete Ausscheideordnung bedingte Abweichungen sind ausgeschlossen, da die Ausscheidewahrscheinlichkeiten annahmegemäß "richtig" sind. Es verbleiben die Aufgabe, die gesuchten Erwartungswerte zu ermitteln, sowie das Problem zufälliger Abweichungen der zu prognostizierenden Größen von ihren Erwartungswerten. Im folgenden Abschnitt sollen nur die wesentlichsten Grundgedanken[3] hierzu umrissen werden.

2.2.2 Deterministische und stochastische Simulation als Prognoseverfahren

Für die Ermittlung des Erwartungswerts einer Prognosegröße kommen zwei vom Ansatz her unterschiedliche Methoden zur Anwendung: während bei der sog. "deterministischen Simulation"[4] der Erwartungswert aus den Wahrscheinlichkeiten der Ausscheideordnung unmittelbar berechnet wird, ermöglicht die sog. "stochastische Simulation"[4] eine Stichproben-Schätzung des Erwartungswerts. Beiden Methoden ist gemeinsam, daß der künftige tatsächliche Verlauf der Bestandsentwicklung künstlich vorwegvollzogen, also simuliert wird.

Ausgangspunkt für die Anwendung beider Methoden ist ein Modell für die Fortentwicklung des Bestands, das durch die Festlegung der im Lebensablauf interessierenden Zustände sowie der verwendeten Ausscheideordnung beschrieben werden kann[5]. Der "Zustand" einer Person wird durch die Zugehörigkeit zu einer der in Übersicht 12 aufgeführten[6] Statusgruppen bzw. Gesamtheiten charakterisiert:

Die Übergänge zwischen und das Verbleiben in den Gesamtheiten werden durch sog. Übergangswahrscheinlichkeiten[7] beschrieben, die aus der Ausscheideordnung mit geeigneten Annahmen über die innerhalb einer Periode stattfindenden Übergänge[8] herzuleiten sind und

---

1) Vgl. dazu Neuburger, E., (Modell 1972), Blätter DGVM 1972, S. 439 - 450

2) Etwa die Varianz oder die Schiefe der Verteilung. Bei großem Bestandsumfang läßt sich die Verteilung selbst wenigstens näherungsweise berechnen. Vgl. dazu Rhiel, R., (Prognoseverfahren 1986), Blätter DGVM 1986, S. 332 - 335

3) Einzelheiten finden sich etwa bei Gassen, H., (Prognoserechnungen 1980), S. 340 - 363; Neuburger, E., (Prognoseverfahren 1983), Blätter DGVM 1983, S. 245 - 256; Hieber, O.L., (Unternehmenswert 1986), S. 116 - 150; Rhiel, R., (Prognoseverfahren 1986), Blätter DGVM 1986, S. 329 - 352; Weber, J., (Prognoseverfahren 1986), S. 251 - 263; Neuburger, E., (Prognoseverfahren 1988), S. 569 - 573; Schwab, H., (Modell 1988), S. 109 - 130; Schanz, T., (Risikobewältigung 1992), S. 113 - 133

4) Vgl. Neuburger E., (Verantwortung 1982), Blätter DGVM 1982, S. 319

5) Vgl. dazu ausführlich Neuburger, E., (Prognoseverfahren 1983), Blätter DGVM 1983, S. 245 - 252; Hieber, O.L. (Unternehmenswert 1986), S. 141 - 150; Weber, J., (Prognoseverfahren 1986), S. 253 - 258; Schwab, H., (Modell 1988), S. 111 -121; Scheffler, W., (Betriebliche Altersversorgung 1990), S. 148 - 151; Schanz, T., (Risikobewältigung 1992), S. 114 - 116

6) Übersicht 12 entstand in enger Anlehnung an Neuburger, E., (Prognoseverfahren 1983), Blätter DGVM 1983, S. 246; Weber, J., (Prognoseverfahren 1986), S. 253, Abb. 1

7) Beispiele für ein detailliertes System von Übergangswahrscheinlichkeiten finden sich bei Rhiel, R., (Prognoseverfahren 1986), Blätter DGVM 1986, S. 336 - 338; ferner in Anhang 8

8) So sind die Anzahl der erfaßten Mehrfachübergänge sowie die unterjährigen Übergangszeitpunkte innerhalb einer Periode festzulegen. Vgl. Anhang 8

Übersicht 12: Grundschema der Personengesamtheiten für die Fortentwicklung des Bestands

Symbol	Statusgruppe / Gesamtheit	Erwartungswert der Anzahlen zum Ende der Periode t
A	Gesamtheit der aktiven Anwärter	AA_t
U	Gesamtheit der ausgeschiedenen Anwärter mit unverfallbarer Anwartschaft	AU_t
R	Gesamtheit der Rentner	AR_t
W	Gesamtheit der Hinterbliebenen (Witwen, Witwer, Waisen)	AW_t
O	Gesamtheit der Personen ohne Anwartschaft bzw. ohne Anspruch	---

vom Status, Geschlecht, Alter und ggf. von der Dienstzeit oder weiteren Merkmalen abhängen. Ein zu Übersicht 12 gehörender "Graph der Übergangswahrscheinlichkeiten"[1] ist in Anlehnung an Neuburger[1], jedoch vereinfacht und mit modifizierten Bezeichnungen in Abbildung 2 wiedergegeben:

Abb. 2: Graph der Übergangswahrscheinlichkeiten

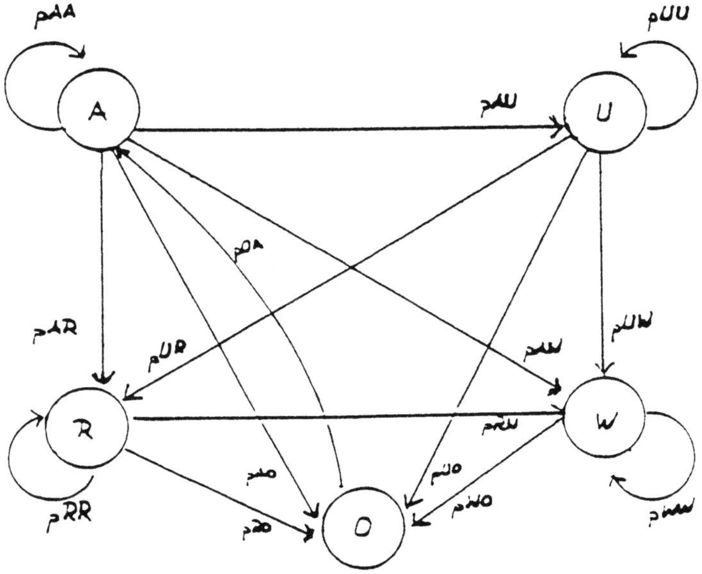

1) Vgl. Neuburger, E., (Prognoseverfahren 1983), Blätter DGVM 1983, S. 246

Mit p^{XY} wird die Übergangswahrscheinlichkeit[1] vom Status X in den Status Y bezeichnet. Der Graph zeigt die möglichen Übergänge, wobei eine Reaktivierung im Modell nicht vorgesehen ist: die Übergänge U --> A und R --> A sowie R --> U sind ausgeschlossen.

Die möglichen "Pfade" für eine Bestandsfortentwicklung über die Perioden t = 1, 2, ... können dem übersichtlichen, bei Weber[2] gefundenen Grundschema[3] entnommen werden, das geringfügig modifiziert in Abbildung 3 wiedergegeben ist:

Abb. 3: Grundschema der möglichen Lebenspfade

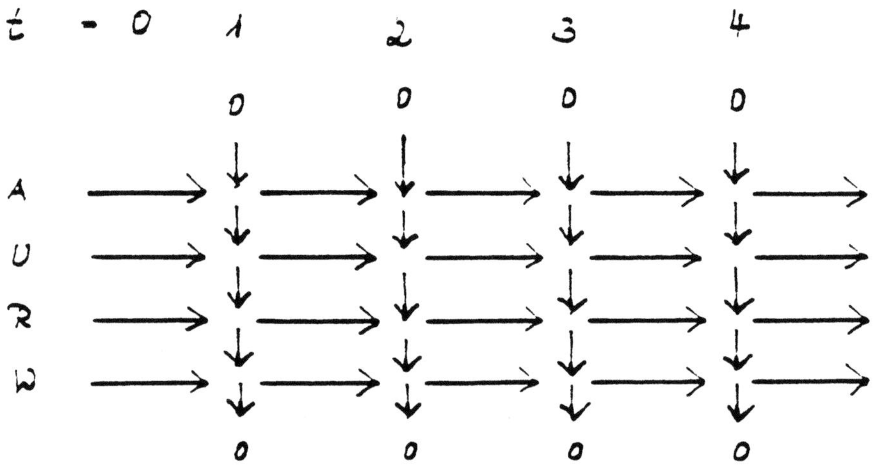

Mit dem vorangehend beschriebenen gemeinsamen Basismodell kann man nach einer "Inventur" des Ausgangsbestandes mit den Personen j = 1, ..., n im Zeitpunkt "t = 0" darangehen, den Bestand deterministisch oder stochastisch über die Perioden t = 1, 2, ..., T fortzuentwickeln. Zweckmäßigerweise erfolgt diese Prognose für jede einzelne Person[4] des Ausgangsbestandes sowie der Neuzugänge[5], da für den Einzelnen sämtliche für die Rechnung relevanten Strukturmerkmale[6] bekannt sind.

---

1) Die Übergangswahrscheinlichkeiten hängen darüber hinaus vom Geschlecht und vom Alter, bei den Aktiven ggf. auch von der Dienstzeit ab; auf eine entsprechende Kennzeichnung wurde der Übersichtlichkeit halber verzichtet.

2) Vgl. Weber, J., (Prognoseverfahren 1986), S. 261, Abb. 4

3) Das Schema kann durchaus auch mit unterjährigen Mehrfachübergängen interpretiert werden; so kann ein Aktiver während der Periode 1 mit 4 Übergängen in die Gesamtheit der nicht weiter interessierenden Ausgeschiedenen ohne Anspruch übergehen: A --> U --> R --> W --> O

4) Vgl. Neuburger, E., (Prognoseverfahren 1983), Blätter DGVM 1983, S. 248; Rhiel, R., (Prognoseverfahren 1986), S. 335 f.; Weber, J., (Prognoseverfahren 1986), S. 255 - 257

5) Zur Festlegung der Strukturmerkmale beim Neuzugang vgl. ausführlich Weber, J., (Prognoseverfahren 1986), S. 259 f.

6) Dabei handelt es sich vor allem um Informationen, die zur Berechnung weiterer interessierender Größen erforderlich sind, etwa der Rentenhöhe in Abhängigkeit von der Dienstzeit, oder des Teilwerts nach § 6a EStG in Abhängigkeit vom Diensteintrittsalter.

Im deterministischen Modell[1] werden pro Person j für jede der betrachteten Perioden t = 1, ..., T die Erwartungswerte für die Anzahlen der Statusgruppen AA_t^j, AU_t^j, AR_t^j, AW_t^j berechnet[2].

"Jede Person 'zerbröselt' mit zunehmender Dauer progressiv in immer mehr Partikel. Das Ergebnis entspricht mathematisch dem Erwartungswert."[3] Die unmittelbare Berechnung des Erwartungswerts erfordert einen nicht unerheblichen technischen Aufwand[4]; sie wird jedoch durch die Möglichkeit erleichtert, die Erwartungswerte der Periode t + 1 aus denjenigen der Periode t durch "Fortschreibung"[5] zu erhalten. Die Linearitätseigenschaft des Erwartungswerts: für reelle Zahlen a, b und Zufallsvariable X, Y mit reellen Erwartungswerten E(X), E(Y) gilt[6] ohne weitere Voraussetzung stets

$$(25) \qquad E(a\,X + b\,Y) = a\;E(X) + b\;E(Y),$$

diese Linearität des Erwartungswerts ermöglicht zunächst die Herleitung[7] der Erwartungswerte der interessierenden finanziellen Größen aus den Erwartungswerten der Anzahlen der geeignet strukturierten[8] Bestandspersonen; ferner ergeben sich die Erwartungswerte der Summengrößen für den Gesamtbestand durch einfache Additon der Erwartungswerte für die einzelnen Personen j, etwa für die Anzahl der Aktiven:

$$(26) \qquad AA_t = \sum_j AA_t^j$$

Problematisch ist jedoch im deterministischen Modell die Angabe relativer Kenngrößen[9], da die Beziehung E(X/Y) = E(X) / E(Y) im allgemeinen nicht erfüllt ist. Hierzu hat Neuburger mit einer "Verallgemeinerung des schwachen Gesetzes der großen Zahlen"[10] gezeigt, daß "bei hinreichend großem Bestand"[11] Relativangaben der Gestalt E(X) / E(Y) eine brauchbare Schätzung der interessierenden Größen E(X/Y) darstellen. Die Möglichkeit, E(X/Y) unmittelbar zu schätzen, ist ein Vorteil der stochastischen Simulation:

Die zufällige Simulation[12] der Bestandsentwicklung ist im Vergleich zur deterministischen Methode insofern anschaulich, als zunächst die Ganzzahligkeitsbedingung der Realität erfüllt wird: hier "zerbröselt" der Einzelne nicht fortschreitend, sondern bleibt bis zum endgültigen Ausscheiden aus dem Modell als Einheit erhalten.

---

1) Vgl. Weber, J., (Prognoseverfahren 1986), S. 262
2) Zu Einzelheiten vgl. Rhiel, R., (Prognoseverfahren 1986), Blätter DGVM 1986, S. 340 - 351
3) Vgl. Weber, J., (Prognoseverfahren 1986), S. 262
4) Mit der Länge des Prognosezeitraums wächst die Anzahl der mit den Übergangswahrscheinlichkeiten zu gewichtenden potentiellen Lebenspfade stark an: vgl. zum „Mengen-Problem" Weber, J., ebd., S. 260 - 263; vgl. auch Rhiel, R., (Prognoseverfahren 1986), Blätter DGVM 1986, S. 330 und S. 335
5) Vgl. Neuburger, E., (Prognoseverfahren 1983), Blätter DGVM 1983, S. 248 - 250
6) Vgl. etwa Fisz, M., (Wahrscheinlichkeitsrechnung 1965), S. 63; Kreyszig, E., (Statistische Methoden 1968), S. 97
7) Zu Einzelheiten vgl. Neuburger, E., (Prognoseverfahren 1983), Blätter DGVM 1983, S. 250 - 252
8) Vgl. Abschn. B.II.2.2.4
9) Etwa das Verhältnis der Rentensumme des Gesamtbestands zur Lohn- und Gehaltssumme des Gesamtbestands; vgl. Neuburger, E., (Verantwortung 1982), Blätter DGVM 1982, S. 335
10) Vgl. ebd., S. 334
11) Vgl. ebd., S. 335
12) Vgl. Neuburger, E., (Prognoseverfahren 1979), BetrAV 1979, S. 104 - 106; Weber, J., (Prognoseverfahren 1986), S. 263

Die stochastische Simulation ist eine Anwendung der "Monte-Carlo-Methode"[1], die auch "Methode der statistischen Versuche"[2] genannt wird. Hierbei modelliert man ein Zufallsexperiment, dessen Realisationen in beobachtbaren Lebenspfaden bestehen; dabei wird an jeder Stelle im Grundschema der Abbildung 3, an der das künftige Schicksal der betrachteten Person j mehrere unsichere Möglichkeiten zuläßt, mit Hilfe der Übergangswahrscheinlichkeiten "ausgewürfelt", welcher der möglichen Rest-Lebenspfade einzuschlagen ist[3]. Gleichzeitig lassen sich die interessierenden finanziellen Größen für jede Periode t mitberechnen, da der Status der Person j nach dem Auswürfeln bekannt ist.

Eine derartige Simulation des Lebenspfades der Person j mit allen zugehörigen Folgegrößen kann als Stichprobe aufgefaßt werden; mit wachsender Zahl derartiger Stichproben lassen sich mit zunehmender[4] Genauigkeit die Erwartungswerte und weitere Kenngrößen der jeweiligen Verteilung für jede Periode t schätzen[5], insbesondere[6] auch der Erwartungswert relativer Kenngrößen E(X/Y).

Problematisch[7] ist allerdings die Schätzung des Erwartungswerts von Summengrößen für den Gesamtbestand ohne weitere Angaben zum Streubereich; die Wahrscheinlichkeit für eine größere Abweichung der aufsummierten Stichproben-Realisationen vom tatsächlichen Summen--Erwartungswert kann nicht vernachläßigt werden[8]. Dagegen ist die stochastische Simulation "bei hinreichend großem Bestand in hervorragender Weise geeignet zur Prognose"[9] von relativen Kenngrößen[10], wobei auf die bei kleineren Beständen erforderlichen[11] Wiederholungen des Simulationsvorgangs verzichtet werden kann.

Ein Vergleich der beiden Methoden zeigt: deterministische und stochastische Simulation "unterscheiden sich in ihren wesentlichen Ergebnissen praktisch nicht, haben aber unterschiedliche Nebeneigenschaften"[12]. Ist der Bestand groß genug, so sind beide Methoden geeignet zur Vorausschätzung von Erwartungswerten für relative Kennzahlen; bei der Prognose absoluter Kennzahlen für Summengrößen ist jedoch nicht vernachlässigbar

---

1) Vgl. die Einführung von Sobol, I.M., (Monte-Carlo-Methode 1971)
2) Vgl. ebd. S. 9
3) Vgl. auch Hieber, O.L., (Unternehmenswert 1986), S. 145 - 147
4) Vgl. Sobol, I.M., (Monte-Carlo-Methode 1971), S. 9 f.; Rhiel, R., (Prognoseverfahren 1986), Blätter DGVM 1986, S. 332 f.. Beispielsweise führte Haegert "1000 Simulationsläufe" für jedes betrachtete Eintrittsalter durch, Engbroks / Fischer arbeiteten sogar mit "jeweils 100000 zufällig ermittelten Einzelverläufen". Vgl. Haegert, L., (Unternehmensfinanzierung 1987), S. 157; Engbroks, H. / Fischer, H.-F., (Zufallsabhängigkeit 1986), S. 234
5) "Die empirischen Mittelwerte, Streubereiche und Verteilungsfunktionen sind erwartungstreue Schätzungen für die wahren Mittelwerte, Streubereiche und Verteilungsfunktionen. Dies gilt sowohl für die absoluten wie die relativen Kenngrößen." Vgl. Rhiel, R., (Prognoseverfahren 1986), Blätter DGVM 1986, S. 332. Zu den Begriffen vgl. Bronstein, I.N. / Semendjajew, K.A., (Taschenbuch 1979), S. 715 - 718
6) Vgl. Neuburger, E., (Prognoseverfahren 1982), S. 130 f.
7) Vgl. Neuburger, E. / Chossy, R. von, (Stochastische Simulation 1986), Blätter DGVM 1986, Seite 515 f.
8) Vgl. Neuburger, E., (Verantwortung 1982), Blätter DGVM 1982, S. 332 f.
9) Vgl. Neuburger, E. / Chossy R. von, (Stochastische Simulation 1986), Blätter DGVM 1986, S. 524
10) Relativangaben stellen "Schätzwerte für asymptotisch deterministische Beobachtungsfolgen" dar: vgl. Neuburger, E., (Verantwortung 1982), Blätter DGVM 1982, S. 335
11) Vgl. Rhiel, R., (Prognoseverfahren 1986), Blätter DGVM 1986, S. 332
12) Vgl. Weber, J., (Prognoseverfahren 1986), S. 262

- im Fall der stochastischen Simulation die Wahrscheinlichkeit für eine Fehlschätzung des Erwartungswerts, die - einem Zufallsresultat gleich - fernab vom tatsächlichen Erwartungswert liegt;

- im Fall der deterministischen Simulation die Wahrscheinlichkeit dafür, daß die tatsächliche künftige Entwicklung als Realisation des durch die Ausscheideordnung charakterisierten stochastischen Prozesses fernab vom - richtig berechneten - Erwartungswert verläuft.

Prognosewerte für absolute Summengrößen sollten daher nur mit zusätzlichen Angaben zur Verteilung[1] oder zumindest zum Streubereich der Summengrößen bekanntgegeben werden[2], da ansonsten der Anschein einer tatsächlich nicht vorhandenen Sicherheit hervorgerufen werden kann[3].

Will man - etwa im Hinblick auf die häufig nur mit Mühe überschaubare Ergebnismenge allein schon bei den Erwartungswerten zusätzliche Angaben zum Streubereich oder gar zur Verteilung der Ergebnisgrößen vermeiden, so muß man sich auf Relativangaben beschränken; deren Prognosequalität hängt vom Bestandsumfang ab: bei "hinreichend großem Bestand"[4] können Relativangaben als praktisch sichere Größen beurteilt werden.

---

1) Vgl. dazu ausführlich Schanz, T., (Risikobewältigung 1992), S. 152 - 162, 196 - 318, dessen Ergebnisauswertung in hervorragender Weise auf der graphischen Darstellung der mittels stochastischer Simulation geschätzten empirischen Verteilungsfunktionen beruht.

2) Vgl. ausführlich Neuburger, E., (Verantwortung 1982), Blätter DGVM 1982, S. 333 - 335

3) So versucht Hieber, mittels stochastischer Simulation die zusagebedingte Veränderung des Grenzpreises, also eine absolute Summengröße, ohne weitere Angaben zum Streubereich oder zur Verteilung dieser Zufallsvariablen zu prognostizieren. Vgl. Hieber, O.L., (Unternehmenswert 1986), S. 262 - 271 und S. 293 - 313. Angesichts der bei einem Bestandsumfang von 50 Männern (vgl. ebd., S. 243) relativ geringen Anzahl von Simulationen "bei nur einem einzigen Simulationslauf pro Jahr (Lebensalter x) und pro Ausscheideursache" (vgl. ebd., S. 244 f.) kann nicht ausgeschlossen werden, daß Hiebers Ergebniszahlen eher pure Zufallsergebnisse als "begründete Schätzungen" (vgl. ebd., S. 150) darstellen. Anzumerken bleibt, daß die Entscheidung Hiebers für einen "einzigen Simulationslauf" auf einer offensichtlich an der falschen Stelle vorgenommenen Mittelwertbildung bei der stochastischen Simulation beruht: vgl. ebd., S. 244 f., insbesondere FN 1 auf S. 245

4) Die Frage nach dem erforderlichen Bestandsumfang ist derzeit in allgemeiner Form noch nicht gelöst: vgl. Neuburger, E. / Chossy, R. von, (Stochastische Simulation 1986), Blätter DGVM 1986, S. 525; Weber, J., (Prognoseverfahren 1986), S. 263. Eine beispielhafte Aussage zur Größenordnung des Streubereichs in Abhängigkeit vom Bestandsumfang "(bei Pensionierungsendalter z = 63, rein gehaltsabhängigem Plan, nach 50 Jahren im Beharrungszustand)" findet sich bei Rhiel, der bei Berücksichtigung von Fluktuationswahrscheinlichkeiten 100% als Obergrenze des Variationskoeffizienten, "d.h. des Verhältnisses aus Standardabweichung und Erwartungswert", für die finanzielle Größe "Rentensumme" bei einer Aktivenanzahl von n = 1 angibt. Mit wachsender Aktivenanzahl reduziert sich der Variationskoeffizient "nach dem $\sqrt{n}$-Gesetz", so daß sich der Variationskoeffizient der Rentensumme

bei n = 10 mit unter 32,0%
bei n = 100 mit unter 10,0%
bei n = 1.000 mit unter 3,2%
bei n = 10.000 mit unter 1,0%

ergibt. Die entsprechenden Obergrenzen der Variationskoeffizienten für den Teilwert liegen im Beispiel von Rhiel um ein Viertel niedriger als die für die Rentensumme. Der Streubereich fällt deutlich kleiner aus, wenn ohne Fluktuationswahrscheinlichkeiten gerechnet wird. Vgl. Rhiel, R., (Prognoseverfahren 1986), Blätter DGVM 1986, S. 332 f.. Zur Reduktion des Streubereichs mit wachsendem Bestand vgl. auch die im folgenden Abschn. B.II.2.2.3 aufgeführten Ergebnisse von Engbroks / Fischer

Dieser Weg soll in der vorliegenden Arbeit eingeschlagen werden. Unter Beschränkung auf Relativangaben sei die Prämisse eines hinreichend großen Bestandes gesetzt. Die mittels deterministischer Simulation errechneten Erwartungswerte sind zwar unabhängig vom Bestandsumfang gültig, aber die daraus abgeleiteten Relativangaben lassen sich nur mit Korrekturen[1] auf kleinere Bestände übertragen.

Je kleiner der Bestandsumfang ist, desto größer ist die biologisch bedingte Unsicherheit, desto mehr Aufmerksamkeit ist dem Risiko-Aspekt bei der Beurteilung der Ergebnisse einer Prognoserechnung zu widmen.

Dies gilt besonders bei der Betrachtung einer einzelnen Pensionszusage:

2.2.3 Einzel- versus Kollektivbetrachtung

Die wesentlichsten "Rechenmodelle zur Beurteilung der finanzwirtschaftlichen Wirkungen betrieblicher Altersversorgungsmaßnahmen"[2] wurden von Haueisen in einer Übersicht unterteilt in Analysen von Einzel- und Kollektivzusagen[3]. Aufgrund der vorgefundenen Unterschiede bei den "grundlegenden Annahmen hinsichtlich Definition und Entwicklung des Modellbestandes bei den vorliegenden Kollektivanalysen"[4], insbesondere bei "der Festlegung der Altersstruktur des Ausgangbestandes oder der Fluktuationswahrscheinlichkeiten"[5] sowie bei "der Definition einer Ersatzzugangsordnung"[5] lehnt Haueisen die Betrachtung von Kollektivzusagen wegen der Problematik einer "Verallgemeinerung der Ergebnisse aus Kollektivzusagen auf ein bestimmtes Unternehmen"[6] ab:

> "Eine Übertragung der Ergebnisse wäre nur möglich, wenn die im Modell festgelegten Daten hinsichtlich Bestand und dessen Entwicklung exakt mit der Situation des Unternehmens übereinstimmen würden."[7]

Diese Aussage gilt allerdings ebenso für die Ergebnisse, die aus der Betrachtung von Einzelzusagen gewonnen werden:

Fragt man nach den finanziellen Auswirkungen einer Einzelzusage, so lassen sich nach Wahl einer geeigneten Ausscheideordnung zwar Erwartungswerte wie die mittlere Lebenserwartung, die mittlere Rentenzahlsumme oder der Barwert als Erwartungswert der abgezinsten Rentenzahlungen berechnen, aber die Wahrscheinlichkeit dafür, daß die tatsächliche künftige Entwicklung ein Ergebnis liefert, das nicht nahe beim Erwartungswert liegt, kann bei einer einzelnen Pensionszusage keinesfalls vernachlässigt werden[8].

Dies ergibt sich aus der für die Einzelzusage charakteristischen Unsicherheit: bei der Analyse einer einzelnen Pensionszusage findet man eine große[9] Anzahl möglicher Lebenspfade vor, von denen jeder für sich mit einer relativ geringen Wahrscheinlichkeit eintreffen wird.

---

1) Vgl. Abschn. B.II.2.2.3
2) Vgl. Haueisen, P., (Gestaltungsformen 1983), S. 60, Übersicht 3
3) Vgl. dazu auch Schwab, H., (Modell 1988), S. 100 - 109; Schanz, T., (Risikobewältigung 1992), S. 170 - 181
4) Vgl. Haueisen, P., (Gestaltungsformen 1983), S. 63, Übersicht 4
5) Vgl. ebd., S. 62
6) Vgl. ebd., S. 64
7) Vgl. ebd., S. 64, FN 1
8) Vgl. dazu detailliert Engbroks, H. / Fischer, H.-F., (Zufallsabhängigkeit 1986), S. 233 - 243
9) Vgl. Weber, J., (Prognoseverfahren 1986), S. 260 - 262

Als Beispiel sei der Lebenspfad eines im Alter 40 ins Unternehmen eintretenden männlichen Anwärters betrachtet, der nach seinem Ausscheiden aus dem aktiven Dienst im Alter 65 pensioniert wird und bis zu seinem Tod im Alter von 78 Jahren Rente bezieht. Mit der Ausscheideordnung und der Bezeichnungsweise der Richttafeln[1] errechnet sich die Eintrittswahrscheinlichkeit dieses Lebenspfades ohne Einrechnung einer Fluktuationswahrscheinlichkeit zu knapp 1,5%:

$$\left(\prod_{x=40}^{64} (1 - q_x^a - i_x) \right) \left(\prod_{x=65}^{77} (1 - q_x) \right) q_{78} = 0{,}014956.$$

Die Berücksichtigung von Fluktuationswahrscheinlichkeiten würde die Anzahl der möglichen Pfade erhöhen und ihre Eintrittswahrscheinlichkeiten weiter vermindern.

Für jeden einzelnen Lebenspfad lassen sich Ergebnisse bei Sicherheit errechnen. Wenn bei einem Vorteilsvergleich zwischen den Alternativen A und B die Ergebnisse aller möglichen Lebenspfade die Vorteilhaftigkeit von A bestätigen[2], dann stellt die Unsicherheit kein Problem mehr dar; nur in diesem Fall ist die Betrachtung einer einzelnen Pensionszusage unproblematisch. Wenn aber unterschiedliche Pfade zu unterschiedlichen Vorteilsaussagen führen[3], so ist eine Abwägung erforderlich: die Pfade sowie die zugehörigen Ergebnisse sind nach einer geeigneten Entscheidungsregel[4] zu gewichten.

Da dem Erwartungswert der Ergebnisgrößen im Fall der Einzelzusage wegen des relativ großen Streubereichs[5] keine hohe Aussagekraft zukommt, behilft man sich oft[6] mit einer typisierenden Betrachtung ausgesuchter Lebenspfade: die Untersuchung vorzeitiger Versorgungsfälle sowie des vorzeitigen Ausscheidens beim aktiven Arbeitnehmer und eine Variation des Todeszeitpunkts beim Rentner und / oder bei der Witwe in zeitlich größeren Abständen von etwa 5 oder 10 Jahren liefert ein Ergebnis-Grobraster, das vielfach weitere Schlußfolgerungen zuläßt.

Bei der Betrachtung einer Pensionszusage an einen einzelnen oder an nur wenige[7] Arbeitnehmer spielt daher das biologisch bedingte Risiko eine wichtige Rolle.

Bei der Betrachtung von Pensionszusagen an ein Kollektiv verringert sich dieses Risiko mit wachsendem Bestandsumfang.

---

1) Vgl. Heubeck, K., (Richttafeln 1983), S. 18

2) In diesem Fall wird B von A dominiert. Vgl. Kruschwitz, L., (Entscheidungsregeln 1987), WISU 1987, S. 82

3) Als Beispiel kann die Ergebnis-Tabelle 3 bei Engbroks / Heubeck dienen: von den aufgeführten fünf Lebenspfaden führen vier zur Vorteilhaftigkeit der Gestaltungsform Pensionszusage, einer (der Lebenspfad "Invalidität") zur Vorteilhaftigkeit der Gestaltungsform Direktversicherung. Vgl. Engbroks, H. / Heubeck, K., (Vergleich 1981), DB 1981, S. 2028 f.

4) Im Zusammenhang mit Pensionszusagen vgl. ausführlich Sturm, N., (Betriebliche Altersrenten 1980), S. 62 - 102, 198 - 233, 266 - 282 und 297 - 307

5) Vgl. mit Zahlenbeispielen auch Sturm, N., ebd., S. 212 f.

6) Vgl. etwa Engbroks, H. / Heubeck, K., (Vergleich 1981), S. 2028 f.; Richter, G., (Gestaltungsformen 1982), BetrAV 1982, S. 126 - 128; Rauser, K.-D., (Kostenvergleich 1982), BB 1982, S. 1502 f.; Haueisen, P., (Gestaltungsformen 1983), S. 72 f., 137 - 156, 194 - 206 und 231 - 242; Haueisen, P. / Hole, W.D. / Kulle, R.-D., (Refinanzierung 1984), DB 1984, S. 1840 f.; Scheffler, W., (Betriebliche Altersversorgung 1990), S. 151 f.

7) Zu den Problemen, die bei der Prognose kleinerer Bestände, etwa von 5 bis 10 Personen auftreten, vgl. Pilzweger, K., (Prognoseprobleme 1983), Blätter DGVM 1983, S. 221 - 243; ders., (Prognoseprobleme 1984), Blätter DGVM 1984, S. 423 - 445

Als Beispiel sei aus den Berechnungen von Engbroks / Fischer[1] ein Ergebnis für die Verteilung der abgezinsten Rentenzahlungen an 40-jährige Invalidenrentner angeführt:

> "Während bei der Einzelverpflichtung nur 9,89% aller Fälle um nicht mehr als 10% vom Erwartungswert abweichen, erhöht sich dieser Anteil auf 21,7% bei 2 Personen, 51,9% bei 10 Personen und 97,0% bei 100 Personen."[2]

Die Untersuchung von Engbroks / Fischer zeigt jedoch, daß der Streubereich einzelner[3] finanzieller Ergebnisgrößen auch bei einem Bestandsumfang von "n = 100" Personen praktisch noch nicht vernachlässigt werden kann. Für Bestände zwischen 100 und (mehreren) 1000 Anwärtern kann mit einer bei wachsendem Bestandsumfang zunehmend besseren Prognosequalität gerechnet werden[4].

Für den Aufbau eines Rechenmodells bei der Betrachtung von Kollektivzusagen erweist sich die oben[5] beschriebene Linearitätseigenschaft des Erwartungswerts als Vorteil: bei den wichtigsten[6] Ergebnisgrößen führt eine Verdoppelung oder Verdreifachung eines gegebenen Modellbestandes unter Beibehaltung seiner Struktur zum doppelten oder dreifachen Erwartungswert der Ergebnisgrößen. Dies bedeutet in allgemeiner Form:

Das Verhältnis zweier Erwartungswerte hängt bei gegebener Bestandsstruktur vom Bestandsumfang nicht ab. Damit kann man die Relativangabe E(X)/E(Y), von der man weiß[7], daß sie für große Bestände mit der gesuchten Größe E(X/Y) hinreichend genau übereinstimmt, mittels deterministischer Simulation auch mit kleinen Beständen exakt errechnen. Bei der Übertragung eines Modell-Ergebnisses auf ein konkretes Unternehmen ist dem Unsicherheitsaspekt in Abhängigkeit vom vorgefundenen Bestandsumfang Rechnung zu tragen; bei kleineren Beständen von weniger als 100 Aktiven empfiehlt sich eine Angabe zum Streubereich sowie eine Korrektur der Näherung E(X) / E(Y) für die Relativangaben[8].

Als Zwischenergebnis kann festgestellt werden, daß die biologische Unsicherheit bei der Betrachtung einer Einzelzusage andere Untersuchungsmethoden erfordert als bei der Betrachtung einer Pensionszusage an ein Kollektiv, bei der dem Erwartungswert der Ergebnisgrößen mit wachsendem Bestand steigende Aussagekraft zukommt. Insofern stellen die Einzel- und die Kollektivzusage grundverschiedene Untersuchungsobjekte dar.

Weitergehende Unterschiede treten beim "offenen Kollektiv"[9] durch die Überlagerungseffekte der zeitversetzt eintretenden Neuzugänge auf. Die zeitliche Entwicklung der über das Kollektiv

---

1) Vgl. dazu detailliert Engbroks, H. / Fischer, H.-F., (Zufallsabhängigkeit 1986) S. 243 - 248
2) Vgl. ebd., S. 245
3) Das schlechteste Ergebnis haben Engbroks / Fischer bei einem Bestandsumfang von „n = 100" Personen für die Verteilung der abgezinsten Rentenzahlungen bei der Anwartschaft der 80-jährigen Altersrentner auf Witwenrente errechnet: nur 39,34% der Fälle weichen vom Erwartungswert, dem Barwert also, um weniger als +/-10% ab. Vgl. ebd., S. 248
4) Vgl. auch Neuburger, E., (Prognoseverfahren 1988), S. 572
5) Vgl. Gl. (25)
6) Dies gilt für die Rentenzahlungen, die Teilwerte und damit für den Abzugsbetrag bei der Einheitsbewertung sowie für den PSVaG-Beitrag.
7) Vgl. Abschn. B.II.2.2.2
8) Vgl. Rhiel, R., (Prognoseverfahren 1986), Blätter DGVM 1986, S. 334
9) Vgl. Abschn. B.I.2.1.4

aufsummierten Gesamtergebnisgrößen läßt sich im allgemeinen nicht durch einen Analogieschluß aus den bei der Betrachtung von Einzelzusagen gewonnenen Erkenntnissen herleiten[1].

Die Betrachtung von Kollektivzusagen bringt allerdings die zu Beginn dieses Abschnitts von Haueisen formulierten Probleme mit sich: die Berechnung eines Erwartungswerts setzt eine geeignete Ausscheideordnung, die Festlegung eines Modellbestandes sowie ggf. der Neuzugänge hinsichtlich aller notwendigen Strukturmerkmale voraus.

Bei der Betrachtung einer Einzelzusage sind die Bestandsdaten bzw. die ausgesuchten Lebenspfad-Daten gut überschaubar; bei einer Übertragung der Modellergebnisse auf den konkreten Einzelfall lassen sich Abweichungen der Modelldaten unschwer feststellen, aus der Richtung der Abweichung ggf. Ergebniskorrekturen ableiten.

Die Berechnungen, die bei Anwendung der stochastischen oder der deterministischen Simulation bei Kollektivzusagen durchzuführen sind, erfordern einen erheblichen technischen Aufwand. Selbst bei detaillierter Beschreibung der Bestandsdaten, der Ausscheideordnung, der Bestandsentwicklung sowie der Berechnung der Vor- und Nachsteuergrößen verbleibt das Problem, die - bei der Fülle der Daten unvermeidlichen - Abweichungen zwischen dem Modell und den konkret vorgefundenen Unternehmensdaten feststellen und ggf. entsprechende Ergebniskorrekturen vornehmen zu können.

Angesichts der - im folgenden Abschnitt beschriebenen - Vielfalt denkbarer Bestandskonstellationen ist eine vollständige Auswertung der zugehörigen Ergebnis-Vielfalt praktisch ausgeschlossen. Als Ausweg aus diesem "Dilemma der Vielfalt" bietet sich die Möglichkeit, ähnlich wie bei der Betrachtung von Einzelzusagen ausgesuchte Datenkonstellationen zu untersuchen. Damit kann der Versuch verbunden werden, Informationen über die Abhängigkeit der Ergebnisse von Strukturmerkmalen sowie von weiteren Einflußgrößen zu gewinnen.

2.2.4 Zum Dilemma der Bestandsvielfalt

Will man unter Verwendung der "Richttafeln"[2] als Ausscheideordnung, ggf. erweitert um Fluktuationswahrscheinlichkeiten, die vom Alter und / oder der Dienstzeit abhängen, eine Bestandsfortentwicklung vornehmen sowie die zugehörigen Vorsteuergrößen[3] im Zeitablauf berechnen, so sind für die aktiven Anwärter folgende Angaben erforderlich:

- Geschlecht
- Alter } (*)
- Eintrittsalter

Falls die Pensionszusage stets bei Beginn des Dienstverhältnisses erteilt wird oder als erteilt gilt[4], so erübrigt sich eine ansonsten für den Eintritt der Unverfallbarkeit wesentliche Information

1) Der Teilwert einer Einzelzusage steigt bekanntlich im Zeitablauf von Null auf ein Maximum und fällt dann wieder auf Null zurück. Der Gesamt-Teilwert eines offenen Kollektivs bleibt bei Annäherung an einen absoluten Beharrungszustand im Zeitablauf praktisch konstant; vgl. Abschn. B.II.3.2.2. Vgl. auch Schanz, T., (Risikobewältigung 1992), S. 178 f.

2) Vgl. Heubeck, K., (Richttafeln 1983), S. 18 - 21

3) Vgl. Abschn. B.II.2.1

4) Wenn die formale Erteilung der Versorgungszusage nur vom Zeitablauf abhängt, handelt es sich um eine "Vorschaltzeit"; als Zusagezeitpunkt gilt dann der Beginn des Arbeitsverhältnisses. Vgl. Höfer, R. / Reiners, S. / Wüst, H., (Kommentar 1992), ART, Rdnr. 607 - 611

über den Zusagezeitpunkt. Falls die Rentenformel[1] individuelle Bemessungsgrundlagen für die Rentenberechnung vorsieht, so erweitert sich der Kreis der notwendigen Strukturmerkmale um diese Angaben.

Allerdings ergeben sich bereits mit den oben bei (*) aufgelisteten drei Strukturmerkmalen so viele Kombinationsmöglichkeiten, daß eine vollständige Untersuchung praktisch ausscheidet: betrachtet man in Anlehnung an die "Richttafeln"[2] aktive Anwärter ab dem Beginnalter von 20 Jahren, so resultieren bei einem Pensionierungsalter von 63 Jahren pro Geschlecht 946 verschiedene ganzzahlige Alters- / Eintrittsalterskombinationen[3], vorausgesetzt, die Gründung des (Modell-)Unternehmens liegt so weit zurück, daß eine 42-jährige Dienstzeit möglich ist.

Theoretisch läßt sich also ein Aktivenbestand von n Männern und Frauen aus

$$2\ n\ 946 = n\ 1.892$$

Möglichkeiten kombinieren; das sind für "n = 400" Personen immerhin 756.800 verschiedene Kombinationsmöglichkeiten. Auch wenn hiervon viele unrealistische[4] Kombinationen ausgeklammert werden können, so reicht die aus der Einschränkung auf ganzzahlige Alter und Eintrittsalter resultierende Abstraktion der Wirklichkeit offensichlich noch nicht aus, um ein auswertbares Rechenmodell zu ermöglichen.

Für eine weitergehende Vergröberung der Realität bietet sich zunächst eine Zusammenfassung der Alter bzw. der Eintrittsalter in Gruppen mit einer Breite von mehreren[5] Jahren an. Dieses Verfahren läuft auf den Versuch hinaus, die exakte Verteilung des Bestands nach Alter und Eintrittsalter durch die Angabe der besser überschaubaren Gruppenbelegungsziffern zu approximieren.

Darüberhinaus reduziert sich die Zahl der Alters- / Eintrittsalterskombinationen bei einer Verkürzung der Zeit seit der Gründung des (Modell-)Unternehmens; im Fall einer Neugründung[6] genügt bereits die Festlegung der Altersstruktur des - neu eingestellten - Ausgangsbestandes sowie des künftigen Neuzugangs. Dieser Fall wird in der vorliegenden Arbeit untersucht.

Ein zusätzliches Dilemma kann mit dem Ausschluß einer "zusagebedingten Vergangenheit" vermieden werden: bei Betrachtung einer Neueinführung des Versorgungswerks[7] erübrigt sich die Festlegung der Bestandsstrukturdaten für die übrigen Statusgruppen[8]. Die ausgeschiedenen Anwärter mit unverfallbarer Anwartschaft sowie die Rentner und Hinterbliebenen ergeben sich

1) Vgl. ausführlich Abschn. B.I.3.4
2) Vgl. Heubeck, K., (Richttafeln 1983), S. 15 f.
3) Eine exakte Herleitung ist in Anhang 6 enthalten.
4) Eine Suche nach dem konkreten Unternehmen, dessen 400 Anwärter dasselbe Alter und / oder dasselbe Eintrittsalter haben, dürfte ergebnislos verlaufen. Das gilt auch für alle Kombinationen, die sich nicht stark von derartigen Extrem-Kombinationen unterscheiden.
5) Die Wahl der Gruppenbreite wird bestimmt durch die gegenläufigen Ziele, einerseits die Anzahl der Kombinationen auf ein überschaubares Ausmaß zu reduzieren, und andererseits nicht zu weit von der Realität abzurücken.
6) Dabei muß der Fall eines Betriebsübergangs im Sinne von § 613a BGB ausgeschlossen werden, bei dem das neugegründete Unternehmen "in die Rechte und Pflichten aus den im Zeitpunkt des Übergangs bestehenden Arbeitsverhältnissen" eintritt. Vgl. § 613a Abs. 1 Satz 1 BGB
7) Ein anschauliches Beispiel hierfür ist in der Untersuchung von Lukowsky / Zühlke / Rössler aus den Jahren 1970 / 71 zu finden, bei denen die Entwicklung des Modellbestandes ab der angenommenen Einführung des Versorgungswerks im Jahr 1950 verfolgt wird. Vgl. Lukowsky, H. / Zühlke, K. / Rössler, N., (Betriebswirtschaftliche Effekte 1971), S. 595
8) Vgl. dazu Übersicht 12

mit allen benötigten Merkmalen aus der Fortentwicklung des Aktivenbestandes im Zeitablauf. Austrittsdaten, Bemessungsgrundlagen zum Zeitpunkt des Austritts, Rentenbeginndaten, die Höhe der laufenden Renten und insbesondere der Umfang der Statusgruppen werden als Zwischenergebnisse der Rechnung mitgeliefert und müssen nicht eigens vorgegeben werden[1].

Eine weitere Abstraktionsmöglichkeit liegt im Verzicht auf die Vorgabe einer bestimmten Altersverteilung beim Neuzugang; dafür werden die Erwartungswerte für einzelne Alter[2] oder für Altersgruppen mit geeigneter Gruppenbreite berechnet. Diese Einzelergebnisse können wegen der Linearitätseigenschaft des Erwartungswerts bei den interessierenden Ergebnisgrößen in ein Gesamtergebnis für jede beliebige, vorgefundene Altersverteilung des Neuzugangs umgerechnet werden.

Die Auswahl und Kombination der beschriebenen oder weiterer Vergröberungsmöglichkeiten hängen letztlich vom Gegenstand und vom Ziel der Untersuchung ab. Wünschenswert ist eine möglichst exakte und überschaubare Beschreibung der zugrundegelegten Bestandsdaten; sie ist Voraussetzung für einen Vergleich[3] zwischen dem Modellbestand und einem konkret interessierenden Bestand und damit auch für Überlegungen zur Übertragbarkeit von Modellergebnissen.

2.2.5 Zusammenfassung

Für eine Fortentwicklung des Bestands der versorgungsberechtigten Mitarbeiter im Zeitablauf liegen statistisch begründete Ausscheideordnungen vor, die eine Berechnung der Erwartungswerte der Ergebnisgrößen ermöglichen. Sowohl die stochastische wie auch die deterministische Methode der Bestandsfortentwicklung sind unter der Prämisse eines hinreichend großen Bestandsumfangs geeignet zur Schätzung des Erwartungswerts von Relativgrößen, während bei absoluten Summengrößen zusätzliche Angaben zur Verteilung oder zumindest zum Streubereich erforderlich sind.

Die Betrachtung einer Einzelzusage erfordert aufgrund des unterschiedlichen biologischen Risikoaspekts andere Untersuchungsmethoden als die Betrachtung von Kollektivzusagen; Erkenntnisse aus der Betrachtung von Einzelzusagen lassen sich daher nicht unbesehen auf Kollektivzusagen übertragen und umgekehrt. Der Vielfalt unsicherer Lebenspfade bei einer oder wenigen Einzelzusagen steht die sichere Vielfalt unterschiedlicher Kombinationsmöglichkeiten für die Strukturmerkmale eines größeren Kollektivs gegenüber. Für eine aussagefähige Modellrechnung bei Kollektivzusagen ergibt sich daraus die Forderung nach einem geeigneten Abstraktionsgrad, der eine präzise, überschaubare Beschreibung des Modellbestands ermöglicht.

---

1) Jede nicht auf einer Bestandsfortentwicklung beruhende Vorgabe dieser Strukturdaten ist mit dem Problem der Konsistenz der Daten innerhalb und zwischen den einzelnen Statusgruppen behaftet.

2) Ein Beispiel für die Alter von 25 bis 55 Jahren im Abstand von jeweils 5 Jahren findet sich bei Haegert, L., (Unternehmensfinanzierung 1987), S. 165 - 167

3) Als Beispiel für eine Modellrechnung, die einen derartigen Vergleich nicht zuläßt, kann - anstelle zahlreicher anderer Arbeiten - das "Gegenbeispiel" des Verfassers angeführt werden: der "b e i s p i e l h a f t e n Vorgabe der" Vorsteuergrößen lag der Bestand eines konkreten Unternehmens zugrunde, zu dem jedoch keinerlei Angaben gemacht wurden. Für ein Gegenbeispiel reichte dies aus, eine Verallgemeinerung des illustrierten Ergebnisses war nicht beabsichtigt. Vgl. Theurer, C., (Gewerbesteuer 1983), BB 1983, S. 1723

2.3 Zum Ansatz der von der gesamtwirtschaftlichen Entwicklung abhängenden Einflußgrößen

Anders als im Fall der Bestandsprognose stehen für eine Fortentwicklung der von makroökonomischen Rahmendaten abhängenden Einflußgrößen statistisch hinreichend gesicherte Wahrscheinlichkeiten nicht zur Verfügung.

Es handelt sich um die künftige Entwicklung

- der Löhne und Gehälter,
- der Beginnrenten,
- der laufenden Renten,
- des PSVaG-Beitragssatzes,
- des Kalkulationszinsfußes,
- ggf. der Renten aus der gesetzlichen Rentenversicherung.

Nach der in Abschnitt B.I.4.3 beschriebenen Rechtsprechung des Bundesarbeitsgerichts erfordert die Mindestnorm des § 16 BetrAVG bei den laufenden Renten grundsätzlich - soweit die wirtschaftliche Lage des Arbeitsgebers es erlaubt - den vollen Ausgleich des Kaufkraftschwundes im Drei-Jahres-Turnus ab Rentenbeginn, allerdings begrenzt auf den Anstieg der Nettoeinkommen der aktiven Arbeitnehmer während des Anpassungszeitraums, und - seit 1992 - erweitert durch das Erfordernis einer nachholenden Anpassung der bei früheren Anpassungsentscheidungen unterlassenen Anpassungen. Damit kann sich zusätzlich auswirken die künftige Entwicklung

- der Inflation,
- der Steuerbelastung der Arbeitnehmer,
- der Höhe des Arbeitnehmeranteils an den Beiträgen zur gesetzlichen Renten-, Arbeitslosen- und Krankenversicherung.

Die genannten Einflußgrößen hängen mehr oder minder unmittelbar von der gesamtwirtschaftlichen Entwicklung ab, deren langfristige Vorausschätzung[1] "mit sehr großen Unsicherheiten verbunden ist."[2] Ein Prognoseversuch mit Hilfe geeigneter und damit notwendig komplexer und aufwendiger Szenarien[3] kann diese Unsicherheit letztlich nicht beseitigen.

Mit "Modellrechnungen im engeren Sinne, bei denen lediglich einzelne Parameter variiert werden mit dem Ziel, die isolierte Wirkung dieser Änderung festzustellen"[4], lassen sich - anstelle einer mit Unsicherheit behafteten Prognose der Zukunft - Aussagen der Gestalt "Wenn....., dann...." unter der Prämisse der Sicherheit herleiten. Diese Vorgehensweise erscheint plausibel und ist offenbar auch weit verbreitet:

Ein Blick auf die in Abschnitt B.I.1.6.2 aufgeführten Rechenmodelle zeigt, daß die dort betrachteten, von der gesamtwirtschaftlichen Entwicklung abhängenden Einflußgrößen durchweg als einwertige, im Zeitablauf konstante Parameter vorgegeben werden; die Rechenergebnisse

1) "Während bei kurzfristigen Vorausschätzungen davon ausgegangen werden kann, daß wichtige Rahmendaten vorgegeben sind, zählen diese bei langfristigen Vorausschätzungen auch zu den Variablen." Vgl. PROGNOS AG, (Entwicklungen 1987), S. 11
2) Vgl. ebd., S. 11
3) Vgl. dazu die Beschreibung der "Status-Quo-Szenarien zu den demographischen und ökonomischen Rahmenbedingungen", ebd., S. 11 - 21
4) Vgl. ebd., S. 11. Zu einer ähnlichen Abgrenzung der Begriffe Prognose bzw. Vorausschätzung einerseits und Modellrechnung andererseits vgl. Proebsting, H., (Bevölkerungsvorausschätzungen 1985), DAngVers 1985, S. 413; Müller, H.-W., (Finanzentwicklung 1985), DRV 1985, S. 725

werden zum Teil durch rechnerische Variationen oder durch verbale Erläuterungen zu möglichen Variationsauswirkungen ergänzt.

Bei der Konzeption einer derartigen "Modellrechnung im engeren Sinne" wird man besondere Aufmerksamkeit auf die Verträglichkeit der verschiedenen, als sicher angenommenen Einflußgrößen verwenden müssen: eine Rechnung mit einem Kalkulationszinsfuß von 8% p.a. bei einer unterstellten Inflationsrate von 10% p.a. ist mit der Vorstellung von rational handelnden Wirtschaftssubjekten kaum vereinbar.

Das in Abschnitt B.III beschriebene eigene Rechenmodell enthält daher auch einen Lösungsversuch[1] für den gemeinsamen Ansatz der eingangs aufgeführten Einflußgrößen, insbesondere also einen gemeinsamen Ansatz von Inflation, Zins sowie nominalem Brutto- und Nettoaktiveneinkommen.

Als Ergebnis dieses Abschnitts kann festgehalten werden, daß es zweckmäßig erscheint, auf eine Prognose der (gesamtwirtschaftlichen) Zukunft zu verzichten und sich auf eine Modellrechnung zu beschränken, in der die von der gesamtwirtschaftlichen Entwicklung abhängenden Einflußgrößen als im Zeitablauf konstante, also "stationäre"[2] Parameter bei Sicherheit angesetzt werden; geeignete Variationen der Einflußgrößen ermöglichen eine Abschätzung der Abhängigkeit der Ergebnisse von unterschiedlichen Zukunftslagen.

Es ist bemerkenswert, daß eine Übertragung dieser Vorgehensweise auf die Bestandsfortschreibung eines offenen Kollektivs bereits zu hinreichenden Voraussetzungen für die Betrachtung eines Beharrungszustands führt. Dies soll im folgenden Abschnitt ausführlicher erläutert werden; er bildet die theoretische Grundlage für die Konstruktion des eigenen Rechenmodells.

3. Der Beharrungszustand

In diesem Abschnitt werden die benötigten, aus der Erneuerungstheorie bekannten[3] Ergebnisse zusammengestellt, aus denen Aussagen über die langfristige Entwicklung der interessierenden finanziellen Größen hergeleitet werden können.

Für den interessierten Leser enthält der Abschnitt B.II.3.1 eine exakte Grundlegung des Beharrungszustands für die Entwicklung eines Personenbestands.

In Abschnitt B.II.3.2 wird die Frage nach der Existenz eines Beharrungszustands für finanzielle Größen gestellt und ausführlich für die vom "zentralen Dynamikfaktor" als Verhältnis zwischen

---

1) Vgl. Abschn. B.III.2

2) Unter dem Begriff "stationär" soll im folgenden die Eigenschaft "unabhängig von der zeitlichen Entwicklung" verstanden werden. Eine stationäre Größe $x = x(t)$ im Zeitablauf ist demnach durch "$x(t) = const$" gekennzeichnet.

3) Eine (erneute) mathematische Herleitung dieser Ergebnisse erscheint angesichts der vorliegenden Literatur nicht zweckmäßig: eine umfassende Darstellung mit stetigem Zeitparameter enthält Thullen, P., (Methoden 1977), S. 118 - 134; Beiträge mit dem auch in der vorliegenden Arbeit verwendeten diskreten Zeitparameter finden sich bei Saxer, W., (Versicherungsmathematik 1955), S. 185 - 201; Müller, N.E., (Pensionsversicherung 1973), S. 136 - 170; Neuburger, E., (Entwicklung 1974), Blätter DGVM 1974, S. 533 - 552; Pilzweger, K. / Chossy R. von, (Bestandsentwicklung 1977), Blätter DGVM 1977, S. 129 - 144; Neuburger, E., (Prognoseverfahren 1983), Blätter DGVM 1983, S. 245 - 261

dem Nettozinsfaktor q_s und dem Steigerungsfaktor der Beginnrenten g abhängenden unterschiedlichen Modellsituationen beantwortet.

Damit ist die Auswahl der im Beharrungszustands-Modell verwendeten Meßgröße μ in Abschnitt B.II.3.3 möglich, die eine gleichwertige Erhöhung oder Verminderung der Bezüge der aktiven Mitarbeiter beschreibt.

Eine Diskussion der in jüngerer Zeit im betriebswirtschaftlichen Schrifttum zum Beharrungszustand anzutreffenden Aussagen rundet den Abschnitt B.II.3.3 ab.

In der nachstehenden Definition wird auf technische Einzelheiten insoweit verzichtet, als deren detaillierte Ausführung den Blick auf die wesentlichen Zusammenhänge erschweren würde.

3.1 Begriff und Voraussetzungen

Vom "Beharrungszustand" spricht man im Kontext der Bestandsfortentwicklung eines "offenen Kollektivs"[1].

3.1.1 Das begriffliche Instrumentarium

Wie im "Basismodell" oben[2] beschrieben soll ein beliebig vorgegebener Ausgangsbestand in der Periode "t = 0" mit Neuzugängen in den Folgeperioden t = 1, 2, ..., T mit Hilfe von Übergangswahrscheinlichkeiten P_t^{XY} für den Wechsel vom Status X in den Status Y innerhalb der Periode t + 1 in Abhängigkeit vom Geschlecht, vom Alter und ggf. von der Dienstzeit fortentwikkelt werden.

Modellmäßig wird ein Bestand durch die Aufgliederung[3] nach allen modellrelevanten Strukturmerkmalen[4] vollständig beschrieben. Diese Aufgliederung soll als "Bestandsstruktur" bezeichnet und mit dem Symbol "BS" abgekürzt werden. Im Modell kann demnach der Bestand mit seiner Bestandsstruktur BS identifiziert werden, die formal als Bestandsstruktur-Vektor (BS) dargestellt werden kann.

Eine "relative Bestandsstruktur" erhält man, indem man alle Komponenten von (BS) durch die Gesamtanzahl der Bestandspersonen dividiert und damit den Bestandsstruktur-Vektor auf eine Anzahl von eins normiert. Mit (μ BS) = μ (BS) sei die komponentenweise vorgenommene Multiplikation des Vektors (BS) mit der (reellen) Zahl μ bezeichnet.

---

1) Vgl. Abschn. B.I.2.1.4
2) Vgl. Abschn. B.II.2.2.2
3) Eine solche Aufgliederung kann man sich als mehrdimensionale Matrix vorstellen, wobei jedes Strukturmerkmal einer Dimension entspricht. Äquivalent kann diese Matrix auch als (entsprechend langer) eindimensionaler Vektor geschrieben werden. Vgl. dazu Pilzweger, K. / Chossy, R. von, (Bestandsentwicklung 1977), Blätter DGVM 1977, S. 129 - 132; Neuburger E., (Prognoseverfahren 1983), Blätter DGVM 1983, S. 249 f.
4) Zu den in Frage kommenden Strukturmerkmalen vgl. Abschn. B.II.2.2.4. Für die Bestandsfortschreibung sind Status, Geschlecht, Alter und ggf. Dienstalter erforderlich. Die für die Berechnung der interessierenden Vorsteuergrößen benötigten weiteren Strukturmerkmale, etwa das Zusagealter, die Höhe der Bezüge oder der laufenden Renten werden bei der Fortschreibung des "Bestandsatoms", also des einzelnen begünstigten Mitarbeiters nur mitgeführt; sie haben jedoch keinen Einfluß auf die Bestandsfortschreibung selbst. Vgl. dazu Neuburger, E., ebd., S. 248

Für den Ausgangsbestand in der Periode "t = 0" läßt sich die Bestandsstruktur BS_o durch Angabe der Belegungsziffern aller vorgefundenen, genau bestimmten[1] Kombinationen von Strukturmerkmalen darstellen[2]. Für den Bestand der Folgeperioden t = 1, 2, ..., T gilt dies mit der Maßgabe, daß an die Stelle der beim Ausgangsbestand bei Sicherheit festgestellten Belegungsziffern nunmehr die Erwartungswerte[3] der Belegungsziffern treten.

Bei geeigneter Darstellung kann die Fortentwicklung der Bestandsstruktur

$$BS_t \xrightarrow{P_t^{XY}} BS_{t+1}$$

als lineare und damit insbesondere stetige Abbildung des mit BS_t identifizierbaren Bestandes mit Hilfe der aus geeignet angeordneten Übergangswahrscheinlichkeiten bestehenden "Bestandsprojektionsmatrix (zur Zeit t)"[4] mit dem Symbol P_t beschrieben werden durch:

(27) $$P_t\,(BS_t) = (BS_{t+1})^5 \quad \text{für} \quad t = 0,\ 1,\ ....,\ T$$

Damit steht das begriffliche Instrumentarium zur Einführung des Beharrungszustands bereit.

3.1.2 Absoluter und relativer Beharrungszustand des Bestands

Das fundamentale Ergebnis der Erneuerungstheorie[6] kann wie folgt formuliert werden:

Unter der Voraussetzung, daß

- die relative Bestandsstruktur des Neuzugangs
- die Übergangswahrscheinlichkeiten
- die Gesamtanzahl der Aktiven[7]

stationär vorgegeben werden, nähert sich der Bestand im Zeitablauf zunehmend einem absoluten Beharrungszustand, die zeitabhängige Zufallsverteilung des Bestands nach den Strukturmerkmalen stabilisiert sich und schwingt sich auf eine stabile Grenzverteilung ein[8]. Für die

---

1) Beispiel: Anzahl der 33-jährigen aktiven weiblichen Anwärter, die im Alter von 27 Jahren unter Zusageerteilung eingetreten sind und nunmehr ein Gehalt von 2.500 DM beziehen.

2) Damit kann die Bestandsstruktur als (empirische) Häufigkeitsverteilung des Bestandes nach seinen Strukturmerkmalen bei einer Totalerhebung aufgefaßt werden. Vgl. Schaich, E. / Köhle, D. / Schweitzer, W. / Wegner, F., (Statistik II 1982), S. 19

3) Zur Aussagekraft des Erwartungswerts im Hinblick auf das biologisch bedingte Risiko vgl. Abschn. B.II.2.2.2 und B.II.2.2.3

4) Vgl. die explizite Darstellung der Bestandsprojektionsmatrix mit alters- und dienstaltersabhängigen Übergangswahrscheinlichkeiten bei Pilzweger, K. / Chossy, R. von, (Bestandsentwicklung 1977), Blätter DGVM 1977, S. 132

5) Die Bestandsstruktur wird hier als Spaltenvektor geschrieben. Die Gl. (27) findet sich mit modifizierten Symbolen bei Neuburger, E., (Entwicklung 1974), Blätter DGVM 1974, S. 536, Gleichung (4); Pilzweger, K. / Chossy, R. von, ebd., S. 132

6) Vgl. Saxer, W., (Versicherungsmathematik 1955), S. 196 f., Satz 1 und Satz 2; Pilzweger, K. / Chossy, R. von, ebd., S. 133 f.

7) "Die Erneuerung kann nach irgendeinem Gesetze vor sich gehen. Da wir aber Gewicht darauf legen, die Verhältnisse im Beharrungszustand einer Gesamtheit zu kennen, so lassen wir die Erneuerung so vor sich gehen, daß die Zahl der Elemente konstant, gleich H, erhalten wird." Vgl. Moser, C., (Beiträge 1926), S. 7

8) Vgl. Neuburger, E., (Prognoseverfahren 1988), S. 572

Erwartungswerte der Belegungsziffern der Bestandsstruktur bedeutet das die Konvergenz gegen feste Grenz-Belegungsziffern: der Bestandsstruktur-Vektor (BS_t) konvergiert komponentenweise gegen einen festen Bestandsstruktur-Vektor (BS); es gilt:

$$(28) \qquad \lim_{T \to \infty} (BS_T) = (BS),$$

wobei die Bestandsstruktur BS nicht vom Ausgangsbestand BS_0 abhängt und ausschließlich von der Struktur des Neuzugangs, von den Übergangswahrscheinlichkeiten sowie von der konstanten Aktivenanzahl bestimmt wird[1].

Bei stationären Übergangswahrscheinlichkeiten ist die Bestandsprojektionsmatrix $P_t = P$ unabhängig vom Zeitablauf. Aus Gleichung (27) ergibt sich wegen der Stetigkeit der durch P bewirkten linearen Abbildung:

$$(27') \qquad P(BS_t) = (BS_{t+1}) \quad \text{für} \quad t = 0, 1, \ldots, T$$

$$\Rightarrow \quad (29) \qquad \lim_{T \to \infty} P(BS_T) = \lim_{T \to \infty} (BS_{T+1}) \quad \text{(Grenzübergang)}$$

$$\Rightarrow \quad (29') \qquad P \lim_{T \to \infty} (BS_T) = \lim_{T \to \infty} (BS_{T+1}), \quad \text{da P stetig}$$

$$\Rightarrow \quad (30) \qquad P\,(BS) = (BS) \qquad \text{wegen Gl. (28)}$$

Der mit der Struktur BS identifizierbare Bestand ist also stabil gegenüber einer Fortschreibung mit der Projektionsmatrix P.

Wenn man als Ausgangsbestand BS_0 gerade die stabile Struktur BS wählt, so folgt aus Gleichung (27) unmittelbar

$$(31) \qquad (BS_t) = (BS) \quad \text{für} \quad t = 0, 1, 2, \ldots$$

d.h. die Bestandsentwicklung ist stabil im zeitlichen Ablauf. Dies rechtfertigt die

Def. 12) Ein Bestand BS befindet sich im absoluten Beharrungszustand, wenn die Bestandsstruktur (BS) stationär ist, wenn also gilt:

$$(32) \qquad (BS_t) = (BS) \quad \text{für } t = 0, 1, 2, \ldots$$

Für den Begriff "Beharrungszustand" soll im folgenden die Abkürzung "BHZ" verwendet werden.

Gleichung (32) ist äquivalent zu

$$(33) \qquad (BS_{t+1}) = (BS_t) \quad \text{für } t = 0, 1, 2, \ldots$$

Damit ist ein absoluter BHZ charakterisiert als Gleichgewichtszustand für den Bestand im Zeitablauf.

---

1) Vgl. Pilzweger, K. / Chossy, R. von, (Bestandsentwicklung 1977), Blätter DGVM 1977, S. 134, insbesondere Gleichung (29)

Die eingangs formulierten Voraussetzungen sind stark genug, um die Konvergenz der Bestandsentwicklung gegen einen vom Ausgangsbestand unabhängigen BHZ zu gewährleisten. Diese Voraussetzungen können noch abgeschwächt werden:

Sowohl bei der relativen Bestandsstruktur des Neuzugangs wie auch bei den Übergangswahrscheinlichkeiten reicht es bereits aus, anstelle eines stationären Ansatzes die Konvergenz im Zeitablauf vorauszusetzen[1].

Die oben geforderte zeitlich konstante Anzahl der Aktiven ergibt sich als Spezialfall eines mit dem (Perioden-)Wachstumsfaktor w wachsenden (w > 1) bzw. schrumpfenden[2] (w < 1) Bestands: w = 1 bedeutet Bestandskonstanz.

Für die Erwartungswerte der Aktivenanzahlen AA_t gilt wegen $AA_0 > 0$:

$$(34) \quad \lim_{T \to \infty} AA_T = \lim_{T \to \infty} w^T AA_0 = \begin{cases} \infty & \text{für } w > 1 \\ AA_0 & \text{für } w = 1 \\ 0 & \text{für } w < 1 \end{cases}$$

Im Fall "$w \neq 1$" wächst demnach der Bestand über alle Grenzen, oder aber er verschwindet. Dagegen konvergiert die relative Bestandsstruktur bei stationärem Ansatz von w im Zeitablauf gegen einen absoluten Beharrungszustand[3]; betrachtet man die auf die Ausgangsanzahl AA_0 normierte[4] Bestandsstruktur (w^{-t} BS_t), so gelten mit einer geeignet[5] modifizierten Bestandsprojektionsmatrix P die Gleichungen (27) bis (30), d.h.

$$(35) \quad P\,(w^{-t}\,BS_t) = (w^{-(t+1)}\,BS_{t+1}) \quad \text{für } t = 0, 1, \ldots, T$$

und es existiert eine stabile Bestandsstruktur BS mit

$$(36) \quad \lim_{T \to \infty} (w^{-T}\,BS_T) = (BS)$$

$$(37) \quad P\,(BS) = (BS).$$

BS ist wiederum unabhängig vom Ausgangsbestand BS_0 und hängt ausschließlich von der Struktur des Neuzugangs, von den Übergangswahrscheinlichkeiten sowie vom Wachstumsfaktor w des Aktivenbestands ab. Dies rechtfertigt die

---

1) Vgl. Pilzweger, K. / Chossy, R. von, (Bestandsentwicklung 1977), Blätter DGVM 1977, S. 143
2) Durch die Ausscheideordnung sind einer Bestandsschrumpfung natürliche Grenzen gesetzt; unproblematisch ist ein Wachstumsfaktor w, der mindestens so groß ist wie die größte der verwendeten Übergangswahrscheinlichkeiten. Vgl. ebd., S. 130 - 132
3) Vgl. Pilzweger, K. / Chossy, R. von, (Bestandsentwicklung 1977), Blätter DGVM 1977, S. 140 f.
4) Von der relativen Bestandsstruktur ((AA_0^{-1} w^{t}) BS_t), die sich aus (BS_t) durch komponentenweise Division mit der reellen Zahl (AA_0 w^t) ergibt, unterscheidet sich die "w-relative Bestandsstruktur" (w^{-t} BS_t) nur um die Konstante AA_0^{-1}. Dieser Unterschied spielt für die Frage der Konvergenz im Zeitablauf keine Rolle.
5) Vgl. Pilzweger, K. / Chossy, R. von, (Bestandsentwicklung 1977), Blätter DGVM 1977, S. 140

Def. 13) Ein Bestand BS befindet sich im relativen Beharrungszustand mit dem Wachstumsfaktor w - kurz: im w-relativen BHZ -, wenn sich seine (w-)relative[1] Bestandsstruktur in einem absoluten BHZ befindet.

Zur Charakterisierung des w-relativen BHZ soll wiederum als Ausgangsbestand BS_0 die stabile Struktur BS gewählt werden; damit folgt für die Bestandsentwicklung (BS_t) im Zeitablauf aus Gleichung (35) und (37):

$$(38) \qquad (BS) = P\,(BS) = P\,(BS_0) = (w^{-1}\,BS_1)$$

$$\Rightarrow \quad (39) \qquad (BS_1) = w\,(BS)$$

Entsprechend kann geschlossen werden:

$$(40) \qquad (BS_t) = w^t\,(BS) \quad \text{für } t = 0, 1, 2, \ldots$$

Gleichung (40) ist äquivalent zu

$$(41) \qquad (BS_{t+1}) = w\,(BS_t) \quad \text{für } t = 0, 1, 2, \ldots$$

In dieser Darstellung ist das "w-Wachstum" des Bestands im Zeitablauf augenfällig.

Die Gleichungen (38) bis (41) gelten auch für den Spezialfall des absoluten BHZ bei "w = 1".

Durch die Verwendung von Bestandsstruktur-Vektoren für die Einführung des BHZ sollte verdeutlicht werden, daß im BHZ nicht nur die letztlich interessierende (aufsummierte) Gesamtgröße, sondern die "atomare Bestandsstruktur" in Gestalt der Belegungsziffern für die Strukturmerkmale stabil ist. Wenn man sich dies vor Augen hält, lassen sich formale Schlußfolgerungen vielfach auch anschaulich nachvollziehen.

Zunächst folgt aus der Stabilität der Belegungsziffern, daß der Umfang beliebiger Teilgesamtheiten, insbesondere die Anzahlen des Gesamtbestandes sowie der einzelnen Statusgruppen, im BHZ stabil sind, nämlich konstant im absoluten BHZ und "w-relativ-konstant" im w-relativen BHZ. Dies gilt ebenso für den Neuzugang bei den Aktiven, den Zugang bei den mit unverfallbarer Anwartschaft ausgeschiedenen Anwärtern, den Rentner- und Witwenzugang sowie für sämtliche Abgangsziffern.

Damit können Kennziffern zur Bestandsstruktur in Gestalt von Relativgrößen gebildet werden, etwa das Verhältnis der Rentner- und Witwenanzahl zur Aktivenanzahl (AR + AW) / AA, das im Bereich der betrieblichen Altersversorgung dem aus den Modellrechnungen zur gesetzlichen Rentenversicherung bekannten "Rentenfallquotienten"[2] entspricht.

---

1) Die relative Bestandsstruktur des Bestandes BS befindet sich genau dann in einem absoluten BHZ, wenn sich die w-relative Bestandsstruktur von BS im absoluten BHZ befindet; denn die beiden Strukturen unterscheiden sich nur um den konstanten Faktor $1/AA_0$.

2) Vgl. dazu Lübeck, E., (Demografische Komponente 1983), DRV 1983, S. 134

3.2 Das System der finanziellen Größen im Beharrungszustand

Die stabile Bestandsstruktur im BHZ ermöglicht weitere Schlußfolgerungen zu den Erwartungswerten der zusagebedingten Vor- und Nachsteuergrößen:

Ausgangspunkt ist nach Vorgabe der oben[1] beschriebenen Ausgangssituation das in der vorliegenden Arbeit "unterstellte allgemeine Versorgungswerk"[2] für ein offenes Kollektiv von begünstigten Mitarbeitern. Nach Festlegung der Rentenformel - dienstzeitabhängig oder -unabhängig, bezügeabhängig oder -unabhängig - kann die zeitliche Entwicklung der von der Bestandsentwicklung abhängenden zusagebedingten finanziellen Größen während der Perioden $t = 0, 1, ..., T$ betrachtet werden:

3.2.1 Zusammenstellung der betrachteten finanziellen Größen

Anknüpfend an die in Abschnitt B.II.1 im abstrakten Rechenmodell hergeleiteten Bezeichnungen wird das System der finanziellen Größen beschrieben durch die Erwartungswerte der[3]

(II) – umfasst die folgenden Größen bis einschließlich Periodenliquidität; (I) – umfasst Rentenzahlungen bis Abzugsbeträge bei der Einheitsbewertung:

- Rentenzahlungen	RZ_t	(I)
- Verwaltungskosten	VK_t	(I)
- PSVaG-Beiträge	PS_t	(I)
- Pensionsrückstellungen	R_t	(I)
- Zuführungen	U_t	(I)
- Abzugsbeträge bei der Einheitsbewertung	E_t	(I)

sowie durch die Erwartungswerte abgeleiteter Größen wie

- Baraufwand $A_t = RZ_t + PS_t + VK_t$
- Periodenliquidität $PL_t = -A_t \; (1 - t_1) + U_t \, t_1 + E_t \, t_3$
- Fremdkapitalreduktion[4] $V_t = q_s \, V_{t-1} + PL_t$
- bilanzieller Eigenkapitalstand[4] $EK_t = V_t - R_t$.

"Indem man Formeln für beliebige t aufstellt, laden einen diese Formeln unwillkürlich dazu ein, die Werte zu bestimmen, die sich für die obere Grenze, $t = \infty$, ergeben."[5]

Diese Grenzwerte können bei geeigneter Prämissenauswahl berechnet werden. Der übersichtlicheren Darstellung halber soll zunächst angenommen werden, daß der Modellbestand gegen einen absoluten BHZ konvergiert; der allgemeine Fall eines wachsenden oder schrumpfenden Bestands kann dann ohne Schwierigkeiten erläutert werden.

---

1) Vgl. Abschn. B.II.1.1.1
2) Vgl. Abschn. B.I.3.5
3) Zu den exakten Definitionen, den Symbolen sowie zu den Multifaktoren vgl. Abschn. B.II.1. Die Symbole bedeuten definitionsgemäß die über den jeweiligen Gesamtbestand aufsummierten Gesamtgrößen.
4) Vgl. Gl. (21) bzw. (22)
5) Vgl. Moser, C., (Beiträge 1926), S. 23

3.2.2 Absoluter Beharrungszustand

Mit einem stationären Ansatz[1]

- der Höhe der Beginnrenten
- der Anpassung der laufenden Renten
- der Verwaltungskosten
- des PSVaG-Beitragssatzes
- der Bewertung der Pensionsverpflichtungen in Handels- und Steuerbilanz
- der Steuerdaten des Modellunternehmens

kann wegen der Linearitätseigenschaft des Erwartungswerts mit Hilfe der Stetigkeitseigenschaft der Bestandsfortschreibung gezeigt werden[2], daß aus der Konvergenz des Bestands gegen einen absoluten BHZ die Konvergenz des oben mit (I) zusammengefaßten finanziellen Teilsystems folgt:

$$(42) \qquad \lim_{T \to \infty} X_T =: X$$

Die vom Ausgangsbestand unabhängigen Grenzwerte des BHZ sollen durch Weglassen des Zeitparameters charakterisiert werden, wobei das Symbol X für jedes der mit (I) zusammengefaßten Symbole RZ, VK, PS, R, U, E steht.

Bei Gültigkeit der in Abschnitt B.II.1.1.2 erläuterten Prämissen 1 bis 3 kann gefolgert werden, daß Gleichung (42) auch für das um den Baraufwand A_t und die Periodenliquidität PL_t erweiterte Teilsystem (I) gilt, das als Teilsystem (II) bezeichnet werden soll.

Wenn sich der Ausgangsbestand bereits im absoluten BHZ befindet, so gilt im zeitlichen Ablauf

$$(43) \qquad X_t = X \quad \text{für} \quad t = 0, 1, 2, \ldots$$

für alle Größen des finanziellen Teilsystems (II).

Dies rechtfertigt die

Def. 14) Ein System von finanziellen Größen befindet sich im absoluten BHZ, wenn alle absoluten finanziellen Größen konstant im Zeitablauf sind.

Damit kann die Frage formuliert werden, ob sich über das Teilsystem (II) hinaus auch das um die Fremdkapitalreduktion V_t sowie um den bilanziellen Eigenkapitalstand EK_t erweiterte Gesamtsystem im absoluten BHZ befinden kann. Diese eher theoretische Frage hängt eng mit der für die Praxis bedeutsamen Kernfrage zusammen:

> Kann bei beliebigem Ausgangsbestand eine Aussage über die Konvergenz von V_t und EK_t im Zeitablauf entsprechend Gleichung (42) hergeleitet werden?

Die Untersuchung dieser Fragen erfolgt zweckmäßigerweise anhand des allgemeineren relativen BHZ für finanzielle Größen.

---

1) Vgl. die "Ausgangssituation" in Abschn. B.II.1.1.1

2) Vgl. etwa Neuburger, E., (Prognoseverfahren 1983), Blätter DGVM 1983, S. 248 - 254

3.2.3 Relativer Beharrungszustand

Der absolute BHZ ergibt sich als Spezialfall eines mit dem stationär angenommenen finanziellen (Perioden-)Wachstumsfaktor g wachsenden (g > 1) bzw. schrumpfenden (g < 1) Beginnrentenniveaus: "g = 1" bedeutet die stationären Beginnrenten des absoluten BHZ.

Wenn der Modellbestand gegen einen absoluten BHZ konvergiert, dann wachsen im Fall "$g \neq 1$" die absoluten finanziellen Größen über alle Grenzen, oder aber sie verschwinden. Dagegen kann unter den zu Beginn von Abschnitt B.II.3.2.1 zusammengestellten übrigen Voraussetzungen[1] für die "g-relativen" finanziellen Größen $g^{-t} X_t$, die also auf das Ausgangsniveau zurückbezogen sind, im finanziellen Teilsystem (II) die Konvergenz im Zeitablauf gezeigt werden[2]. Es gilt also

(44) $$\lim_{T \to \infty} g^{-T} X_T \quad =: \quad X$$

für alle finanziellen Größen X_t des Teilsystems (II). Ein Vergleich der Gleichungen (42) und (44) führt zur folgenden Definition:

Def 15) Es bezeichne g den Periodenwachstumsfaktor der Beginnrenten. Dann befindet sich ein System von finanziellen Größen im g-relativen BHZ, wenn sich das System der g-relativen finanziellen Größen im absoluten BHZ befindet.

Damit ist der (g-)relative BHZ charakterisiert durch die Existenz von Niveauwerten X mit

(45) $$g^{-t} X_t \quad = \quad X \qquad \text{für } t = 0, 1, 2, \ldots$$

was äquivalent umgeformt werden kann zu[3]

(46) $$X_t \quad = \quad g^t X \qquad \text{für } t = 0, 1, 2, \ldots$$

(47) $$X_{t+1} \quad = \quad g X_t \qquad \text{für } t = 0, 1, 2, \ldots$$

Die Gleichungen (44) bis (47) gelten im Spezialfall "g = 1" gleicherweise für den absoluten BHZ der finanziellen Größen.

Im allgemeinen Fall der Kombination eines w-relativen BHZ des Bestandes und eines g-relativen BHZ der finanziellen Größen ergibt sich für das System der finanziellen Größen ein (w g)-relativer BHZ[4]; der kombinierte (Perioden-)Wachstumsfaktor für die finanziellen Größen resultiert aus der Multiplikation des Bestandswachstumsfaktors mit dem (isolierten) Wachstumsfaktor des finanziellen Systems. Hieraus folgt eine Substitutionsmöglichkeit zwischen der pro Periode erfolgenden Veränderung des Bestandsumfangs einerseits und des Beginnrentenniveaus andererseits[5].

---

1) Abweichend wird also statt eines stationären Beginnrentenniveaus ein sich mit dem stationären (Perioden-)Wachstumsfaktor g veränderndes Beginnrentenniveau zugelassen. Diese Verallgemeinerung kann auch beim Ansatz der Verwaltungskosten erfolgen.

2) Vgl. etwa Neuburger, E., (Prognoseverfahren 1983); Blätter DGVM 1983, S. 248 - 254

3) Vgl. die völlig analoge Gestalt der Formeln in Gl. (40) und (41) für den (w-)relativen BHZ des Bestands

4) Vgl. Thullen, P., (Methoden 1977), S. 134

5) Es leuchtet ein, daß die Zahlung einer Rente von 100 DM an einen Rentner zum gleichen finanziellen Ergebnis "RZ = 100" führt wie die Zahlung einer Rente von 1 DM an 100 Rentner.

Es genügt daher für die folgenden Überlegungen, weiterhin vom Fall eines absoluten BHZ des Bestands und eines g-relativen BHZ der finanziellen Größen auszugehen; im allgemeinen Fall "$w \neq 1$" ist dann nur (w g) anstelle von g zu verwenden.

Vor einer abschließenden Untersuchung der oben formulierten Kernfrage nach der Konvergenz des finanziellen Gesamtsystems im Zeitablauf können noch einfache Schlußfolgerungen aus den Definitionen ohne die Durchführung konkreter Berechnungen gezogen werden:

3.2.4 Wesentliche Beziehungen der finanziellen Größen im BHZ

Im g-relativen BHZ ergibt sich aus Gleichung (47) für die Zuführung der Periode t als Unterschiedsbetrag zwischen der Rückstellung zum Ende der Periode t und der Rückstellung zum Ende der Periode t - 1

$$(48) \qquad U_t = R_t - R_{t-1} = g\ R_{t-1} - R_{t-1} = (g-1)\ R_{t-1},$$

woraus unmittelbar für den Spezialfall eines konstanten Beginnrentenniveaus bei Anwartschaftsstatik mit "$g = 1$" folgt, daß die Zuführung im absoluten BHZ gleich Null ist.

Dies gilt auch bei einem beliebigen, aber stationären Ansatz der Anpassung der laufenden Renten. Eine stationäre höhere Anpassung der laufenden Renten führt bei stationärem Beginnrentenniveau zu einem höheren, jedoch ebenfalls stationären Gesamtrentenniveau; der absolute BHZ wird durch die Anpassung der laufenden Renten nicht verlassen.

Dieses wichtige Teilergebnis ist leicht einzusehen: Wenn die (atomare) Bestandsstruktur im Zeitablauf unverändert bleibt, hat man zum Ende einer jeden Periode t exakt gleich viele Rentenbezieher mit derselben Dienstzeit, derselben Zeitspanne seit Rentenbeginn bzw. seit der letzten Anpassung, ..., kurz: mit genau denselben Strukturmerkmalen, die für die Höhe der Beginnrente und die Anpassung der laufenden Rente von Bedeutung sind. Wenn das Niveau der Beginnrenten einerseits und das Anpassungsverhalten des Unternehmens andererseits im Zeitablauf unverändert bleiben, so folgt dies auch für alle Rentenzahlbeträge. Man hat also ein stationäres Gesamtniveau, dessen Höhe freilich von der Höhe und den Modalitäten der Anpassung abhängt.

Daß trotz einer beliebigen, jedoch stationären Anpassung der laufenden Renten ein absoluter BHZ für das oben abgegrenzte finanzielle Teilsystem (II) möglich ist, beruht wesentlich darauf, daß auch eine beliebig hoch angepaßte laufende Rente nach dem Ableben des Rentners oder des letzten Hinterbliebenen wegfällt, während der Zugang bei den Neurenten auf einem gleichbleibenden Beginnrentenniveau erfolgt.

Allgemeiner lassen sich alle finanziellen Größen des Teilsystems (II) dadurch charakterisieren, daß sie nicht von den in früheren Perioden erloschenen Pensionsverpflichtungen abhängen und insofern als "gedächtnislos" bezeichnet werden können[1]. Diese Eigenschaft ermöglicht letztlich

---

1) Bei geeigneter Wahl der Statusgruppen und der Strukturmerkmale kann im finanziellen Teilsystem (II) erreicht werden, daß die künftige Entwicklung der Folgeperioden T + 1, T + 2, ... ausschließlich von den Verhältnissen der gegenwärtigen Periode T abhängt, während die Entwicklung in den vergangenen Perioden t = 0, 1, ..., T - 1 für die Zukunft keine Rolle spielt ("Markov-Eigenschaft"). Vgl.

die Konvergenz des finanziellen Teilsystems (II) gegen einen vom Ausgangsbestand unabhängigen BHZ.

Im Fall der Anwartschaftsdynamik bei "$g \neq 1$" hat das Teilsystem (II) nur insofern ein exaktes Gedächtnis, als die Höhe des absoluten Werteniveaus in Abhängigkeit vom finanziellen Wachstumsfaktor der Beginnrenten g und von der zeitlichen Entfernung der Periode t von der Ausgangsperiode durch den Niveaufaktor g^t bestimmt wird.

Dagegen besitzt die Fremdkapitalreduktion V_t ein perfektes Gedächtnis: jede ab Einführung des Versorgungswerks einmal eingetretene Veränderung des zusagebedingten Fremdkapitalstands wird mit Zinseszinsen gemäß

(21) $\quad V_t = q_s V_{t-1} + PL_t \quad$ für t = 0, 1, 2, ...

von Periode zu Periode mit dem Nettozinsfaktor q_s fortgeschrieben, wächst also im Fall $q_s > 1$ für sich genommen im Zeitablauf über alle Grenzen[1]. Der Nettozinsfaktor q_s kann demnach als weiterer finanzieller (Perioden-)Wachstumsfaktor der isoliert[2] betrachteten Dauerschulden interpretiert werden, der die Eigendynamik des mit Gleichung (21) beschriebenen Systems bestimmt, während die Anwartschaftsdynamik g über die Periodenliquidität PL_t als Fremddynamik auf das System einwirkt.

Damit wird die dynamische Entwicklung des finanziellen Gesamtsystems wesentlich durch die beiden finanziellen Wachstumsfaktoren q_s für die Dauerschulden und g für die Beginnrenten bestimmt. Als zentraler Dynamikfaktor wird sich - wie im folgenden nachgewiesen wird - die Relation von q_s zu g erweisen[3]:

Def. 16) $z := q_s / g$.

Wendet man nämlich rein formal die für den g-relativen BHZ charakteristische Gleichung (47) auf die Fremdkapitalreduktion V_t an:

(49) $\quad V_t = g V_{t-1} \quad$ für t = 0, 1, 2, ...,

so folgt wegen $V_{t-1} = V_t / g$ durch Einsetzen in Gleichung (21) unmittelbar die formale Lösung für einen g-relativen BHZ des finanziellen Gesamtsystems:

(50) $\quad V_t = q_s V_t / g + PL_t \quad$ für t = 0, 1, 2, ...

<=> (51) $\quad V_t = z V_t + PL_t \quad$ für t = 0, 1, 2, ...

<=> (52) $\quad V_t = PL_t / (1 - z) \quad$ für t = 0, 1, 2, ...
falls $z \neq 1$

Neuburger, E., (Prognoseverfahren 1988), S. 569 und 572

1) Eine einzige von Kaiser Augustus zu Beginn unserer Zeitrechnung mit Zinseszinsen ausgeliehene Währungseinheit wäre bei einer Verzinsung von nur 1% p.a. bei Zwischenrundung auf je zehn gültige Stellen bis Ende 1992 auf 405.673.440 Währungseinheiten angewachsen.

2) Also ohne die "Fremderregung" PL_t des durch Gl. (21) beschriebenen Systems. Vgl. auch Neuburger, E., (Prognoseverfahren 1983), Blätter DGVM 1983, S. 257

3) Der Fall "g = 0" einer 100%-igen Entwertung der Beginnrenten innerhalb einer Periode kann als völlig unrealistisch ausgeschlossen werden, so daß z mit g > 0 wohldefiniert ist.

Wenn sich nun das finanzielle Teilsystem (II) im g-relativen BHZ befindet, so existiert insbesondere ein Niveauwert PL mit[1]

$$(53) \qquad PL_t \;=\; g^t\, PL \qquad \text{für } t = 1, 0, 2, \ldots$$

womit für "$z \neq 1$" die formale Definition des Niveauwerts $V_0 := PL\,/\,(1 - z)$ sowie eines Ausgangs-Dauerschuldenstandes $V_{-1} := V_0\,/\,g$ zum Ende der Periode "$t = -1$" möglich ist. Damit ergibt sich V_t gemäß Gleichung (21) für $t = 0, 1, 2, \ldots$ exakt entsprechend der Darstellung in Gleichung (52); wegen Gleichung (53) folgt daraus auch die Gültigkeit von Gleichung (49). Falls "$z = 1$" gilt, kann Gleichung (51) formal nur für "$PL = 0$" erfüllt sein.

Ferner folgt für den bilanziellen Eigenkapitalstand, da sich das finanzielle Teilsystem (II) im g-relativen BHZ befindet:

$$\begin{aligned}(54) \qquad EK_t &= V_t - R_t \\ &= g\,V_{t-1} - g\,R_{t-1} \\ &= g\,EK_{t-1} \qquad \text{für } t = 0, 1, 2, \ldots\end{aligned}$$

womit sich tatsächlich das finanzielle Gesamtsystem im g-relativen BHZ befindet.

Die damit gefundene Antwort auf die Frage nach der Existenz eines g-relativen BHZ für das finanzielle Gesamtsystem ist indes lückenhaft: Es bereitet Unbehagen, daß die formale Auflösung der Gleichungen (21) und (49) für "$z = 1$" keine Aussage über die Entwicklung der V_t zuließ; in diesem Fall stimmen die Eigendynamik q_s und die Fremddynamik g des durch Gleichung (21) beschriebenen Systems überein: "$q_s = g$".

Dagegen spielte es formal keine Rolle, ob die Eigendynamik q_s die Fremddynamik g dominiert ($q_s > g$) oder umgekehrt ($q_s < g$). Eine nähere Untersuchung dieser Konstellationen wird einen gravierenden Unterschied ergeben, der zu einer Revision des formal abgeleiteten Ergebnisses für den Fall einer dominierenden Eigendynamik führen wird:

3.2.5 Zur Bedeutung der Relation der finanziellen Wachstumsfaktoren

Bei stationär angenommenen Wachstumsfaktoren q_s bzw. g für die Dauerschulden bzw. für die Beginnrenten wird durch die Größe des zentralen Dynamikfaktors $z = q_s\,/\,g$ eine disjunkte Zerlegung aller möglichen Modellsituationen vorgegeben:

Situation ***A***:	$z > 1 \iff q_s > g$
Situation ***B***:	$z = 1 \iff q_s = g$
Situation ***C***:	$z < 1 \iff q_s < g$

Die Unterschiede zwischen den drei möglichen Modellsituationen werden klar, wenn man den einfachen Kern des mit Gleichung (21) beschriebenen "Systems"

$$(21) \qquad V_t = q_s\, V_{t-1} + PL_t \qquad \text{für } t = 0, 1, 2, \ldots$$

herausarbeitet: Ausgangspunkt[2] war ein (zusagebedingter) Nachsteuerzahlungsstrom PL_t,

1) Vgl. Gl. (46)

2) Vgl. Abschn. B.II.1.4.3

dessen Endwert V_T auf das Ende der Periode T rekursiv gemäß Gleichung (21) errechnet werden kann. Dabei repräsentiert der Kalkulationszinsfuß i die alternativen langfristigen Finanzierungsmöglichkeiten (Dauerschulden) vor Steuern und führt zum Nettozinsfaktor $q_s = 1 + i_s$ nach Steuern.

Gleichung (21) ist äquivalent mit der bekannteren[1] Endwert-Darstellung eines beliebigen Zahlungsstroms PL_t mit dem Zinsfaktor q_s:

$$(55) \quad V_T = \sum_{t=0}^{T} q_s^{T-t} \, PL_t \qquad \text{für} \quad T = 0, 1, 2, \ldots.$$

aus der durch Multiplikation mit q_s^{-T} unmittelbar die übliche[2] Barwert[3]-Darstellung auf das Ende der Periode "t = 0" folgt:

$$(56) \quad C_o(T) := q_s^{-T} \, V_T$$

$$= \sum_{t=0}^{T} q_s^{-t} \, PL_t \qquad \text{für} \quad T = 0, 1, 2, \ldots$$

Im folgenden soll nun wiederum die für eine Analyse geeignete einfache Gestalt des Zahlungsstroms PL_t in einem g-relativen BHZ gemäß Gleichung

$$(53) \quad PL_t = g^t \, PL \qquad \text{für } t = 0, 1, 2, \ldots..$$

mit einem festen Niveauwert PL benützt werden. Dies bedeutet für "g = 1" im absoluten BHZ eine gleichbleibende "ewige Rente" der Höhe PL und für "g ≠ 1" im relativen BHZ eine geometrisch wachsende oder schrumpfende "ewige Rente" der Ausgangshöhe PL. Durch Einsetzen in Gleichung (56) erhält man den mit dem nominalen Zinsfaktor q_s berechneten Barwert einer mit dem Trendfaktor[4] g dynamisierten "Rente" mit einer Laufzeit bis zum Ende der Periode T:

$$(57) \quad C_o(T) = \sum_{t=0}^{T} q_s^{-t} \, g^t \, PL$$

$$= PL \sum_{t=0}^{T} (g/q_s)^t$$

$$= PL \sum_{t=0}^{T} z^{-t}$$

$$= \begin{cases} PL\,(T+1) & \text{für } z = 1 \\ PL \dfrac{1 - z^{-(T+1)}}{1 - z^{-1}} & \text{für } z \neq 1 \end{cases}$$

---

1) Vgl. mit unterschiedlichen Symbolen Steiner, J., (Gewinnsteuern 1980), S. 15. Vgl. auch m.w.N. Haueisen, P., (Gestaltungsformen 1983), S. 79

2) Vgl. etwa Haueisen, P., ebd., S. 79

3) Die Begriffe "Barwert" und "Kapitalwert" werden sinngleich verwendet. Vgl. auch Kruschwitz, L., (Investitionsrechnung 1990), S. 64 - 74; Schwab, H., (Modell 1988), S. 92, FN 5

4) Vgl. zum Zusammenhang zwischen Zins und Trend Abschn. B.I.4.4.1

Der Barwert einer "ewigen Rente" existiert bekanntlich[1] genau dann, wenn der Abzinsungsfaktor kleiner als eins ist. In der Modellsituation ***A*** bei $z > 1$ folgt für den "realen" Abzinsungsfaktor z^{-1} mit $0 < z^{-1} < 1$ aus Gleichung (57) die Existenz von

$$(58) \qquad C_o := \lim_{T \to \infty} C_o(T)$$

$$= PL \frac{1}{1 - z^{-1}} = PL\, z / (z - 1),$$

d.h. der Barwert des gesamten künftigen zusagebedingten Nachsteuer-Zahlungsstroms existiert in der Modellsituation ***A***.

C_o ist auf das Ende der Periode "t = 0" bezogen; eine nochmalige Abzinsung mit q_s^{-1} auf das Ende der Periode "t = -1" mit umgekehrtem Vorzeichen liefert wegen $z = q_s / g$ das Ergebnis:

$$(59) \qquad -q_s^{-1} C_o = -q_s^{-1} PL\,(q_s/g)/(z - 1)$$

$$= g^{-1} PL/(1 - z)$$

Dieser Ausdruck stimmt aber gerade mit dem Ausgangs-Dauerschuldenstand V_{-1} entsprechend der Definition im Anschluß an Gleichung (53) zum Ende des vorangegangenen Abschnitts überein. Dort konnte gefolgert werden, daß sich das finanzielle Gesamtsystem im g-relativen BHZ befindet, wenn man diesen Ausgangs-Dauerschuldenstand V_{-1} voraussetzt.

Damit wird klar: in der Modellsituation ***A*** können sämtliche künftigen zusagebedingten Auswirkungen im Nachsteuerbereich ausgeglichen werden durch die Bereitstellung eines Kapitalstocks, der mit umgekehrtem Vorzeichen gerade dem Barwert aller Periodenliquiditäten entspricht; der Substitutionsprämisse entsprechend werden mit dem Kapitalstock Dauerschulden abgebaut oder aufgestockt. Die Bereitstellung dieses Kapitalstocks gewährleistet über die Nettoverzinsung i_s eine abschöpfbare "ewige Rente" $-g^t$ PL, die den Zahlungsstrom der Periodenliquiditäten $+g^t$ PL gerade kompensiert.

Im Gegensatz zur Situation ***A*** wachsen in der Modellsituation ***B*** ($z^{-1} = 1$) und ***C*** ($z^{-1} > 1$) die Barwerte $C_0(T)$ gemäß Gleichung (57) mit wachsendem T im allgemeinen über alle Grenzen: im positiven Bereich für PL > 0, im negativen Bereich für PL < 0.

Nur im Spezialfall "PL = 0" existiert der Barwert der "ewigen Rente" g^t PL und hat dann selbst den Wert Null.

In der Modellsituation ***C*** hilft allerdings die Betrachtung der g-relativen Endwerte weiter: aus Gleichung (55) folgt mit $PL_t = g^t$ PL für den g-relativen Endwert zum Ende der Periode T:

$$(60) \qquad g^{-T} V_T = g^{-T} \sum_{t=0}^{T} q_s^{T-t} PL_t$$

1) Vgl. Nicolas, M., (Finanzmathematik 1959), S. 69 und S. 87 f.

$$= g^{-T} \sum_{t=0}^{T} q_s^{T-t} g^t PL_t$$

$$= PL \sum_{t=0}^{T} (q_s/g)^{T-t}$$

$$= PL \sum_{t=0}^{T} z^{T-t}$$

$$= PL \sum_{t=0}^{T} z^{t}$$

$$= \begin{cases} PL\,(T+1) & \text{für } z = 1 \\ PL \dfrac{1-z^{T+1}}{1-z} & \text{für } z \neq 1 \end{cases}$$

woraus in der Modellsituation ***C*** wegen $z < 1$ unmittelbar die Existenz des Grenzwerts der auf das Ausgangsniveau zurückbezogenen Fremdkapitalreduktion im Zeitablauf folgt:

$$(61) \qquad V := \lim_{T \to \infty} g^{-T} V_T = PL / (1 - z)$$

Wiederum kann die Übereinstimmung zwischen diesem Resultat und dem im Anschluß an Gleichung (53) zum Ende des vorangehenden Abschnitts gefundenen Ergebnis festgestellt werden: es gilt $V = V_0 = PL / (1 - z)$.

Das nach Gleichung (52) und (53) formal sowohl für die Situation ***A*** wie für die Situation ***C*** gültige Ergebnis wurde damit bestätigt. Darüber hinaus läßt jedoch die vorstehende Herleitung weitere Schlußfolgerungen zur Interpretation der beiden grundverschiedenen Modellsituationen zu:

Während in der Modellsituation ***A*** die Bereitstellung eines richtig bemessenen Kapitalbetrags erforderlich ist, spielt in der Modellsituation ***C*** weder ein Ausgangskapital noch ein zu einem späteren Zeitpunkt $t_1 > 0$ eingebrachtes Kapital eine Rolle für den Grenzwert der g-relativen Endwerte. Bei $z < 1$ folgt nämlich für jeden beliebig hohen, jedoch festen Kapitalstock K_0, der zum Ende der Periode "t = 0" zur Reduktion von Dauerschulden verwendet wird:

$$(62) \qquad \lim_{T \to \infty} g^{-T} K_0 q_s^T = K_0 \lim_{T \to \infty} z^T = 0,$$

d.h. gemessen an der Entwicklung der zusagebedingten Beginnrenten verliert in der Modellsituation ***C*** jeder Kapitalstock im Zeitablauf zunehmend an Wert.

Das gilt insbesondere für den Ausgangs-Dauerschuldenstand und darüber hinaus für alle vom Ausgangsbestand verursachten Veränderungen des Dauerschuldenstandes. Der (g-relative) Niveauwert V hängt wegen Gleichung (62) weder vom Ausgangsbestand noch vom Ausgangs-

Dauerschuldenstand ab. Diese Stabilität des Niveauwerts V gegenüber den Ausgangsdaten[1] ist charakteristisch für die Modellsituation ***C***.

Dagegen zeichnet sich die Modellsituation ***A*** durch eine weitgehende Abhängigkeit von den Ausgangsdaten aus: der g-relative Endwert eines beliebigen festen Kapitalbetrags $K_0 > 0$ wächst analog Gleichung (62) wegen $z > 1$ über alle Grenzen:

$$(63) \qquad \lim_{T \to \infty} g^{-T} K_0 q_s^{T} = K_0 \lim_{T \to \infty} z^{T} = \infty$$

Stellt man also mehr oder weniger als das erforderliche Ausgangskapital V_{-1} gemäß Gleichung (59) bereit, so wird dadurch die weitere Entwicklung des durch V_{-1} erreichten g-relativen BHZ[2] des finanziellen Gesamtsystems im Zeitablauf überkompensiert. In der Modellsituation ***A*** ist demnach die Entwicklung der g-relativen Endwerte labil gegenüber jeder Abweichung von dem exakten Barwert der künftigen Periodenliquiditäten.

Der Barwert eines Zahlungsstroms wird von den Zahlungen der einzelnen Perioden im Fall $q_s > 1$ umso stärker beeinflußt, je geringer ihr zeitlicher Abstand von der Ausgangsperiode "$t = 0$" ist. Daraus folgt, daß den finanziellen Auswirkungen des Ausgangsbestandes in der Situation ***A*** eine gewichtige Rolle zukommt.

Damit wird jedoch die Vorgabe eines Ausgangsbestandes fragwürdig, der sich bereits im BHZ befindet: ein Bestand im BHZ setzt eine zusagebedingte Vergangenheit voraus, denn die unverfallbaren Anwartschaften und die laufenden Renten haben im BHZ bereits eine stabile Struktur erreicht.

Da sich die Anlaufphase eines Versorgungswerks durch relativ hohe Zuführungen und relativ niedrige Rentenzahlungen[3] wesentlich von den Verhältnissen im BHZ unterscheidet, kann die Vorgabe eines bereits im BHZ befindlichen Ausgangsbestandes nur dann zu einem richtigen Bild führen, wenn zugleich die seit Einführung des Versorgungswerks in der Vergangenheit aufgelaufene zusagebedingte Änderung des Dauerschuldenstandes VV_{-1} bekannt ist.

Für eine Ausfinanzierung der künftigen Auswirkungen des Versorgungswerks zum Ende der Periode "$t = 0$" wird dann nicht der Kapitalbetrag V_{-1} gemäß Gleichung (59) benötigt, sondern die Differenz $V_{-1} - VV_{-1}$ ist aufzufüllen. Dem für einen Ausgangsbestand im BHZ erforderlichen Kapitalbetrag V_{-1} kommt demnach für sich genommen nur theoretische Bedeutung zu.

Zweckmäßigerweise betrachtet man daher in der Modellsituation ***A*** die Einführung eines Versorgungswerks in der Periode "$t = 0$"; damit entfällt das Problem einer zusagebedingten Vergangenheit, und es gilt $VV_{-1} = 0$. Der Barwert der Periodenliquiditäten hängt in diesem Fall davon ab, auf welchem Weg die Annäherung an einen BHZ erfolgt. Im folgenden Abschnitt wird der Barwert für einen beliebigen Ausgangsbestand mit einem beliebig, jedoch von Anfang an stationär vorgegebenen Neuzugang dargestellt werden.

Die Betrachtung der Modellsituationen ***A*** und ***C*** mit "$z \neq 1$" wird abgerundet durch die interessante Darstellung des Endwerts V_T des Zahlungsstroms $PL_t = g^t\, PL$ zum Ende der Periode $T = 0, 1, 2, ...$ gemäß Gleichung

---

1) Die Stabilitätseigenschaft der Situation ***C*** rechtfertigt im nachhinein die spezielle Wahl des Ausgangsbestands als Bestand im BHZ sowie des Ausgangsdauerschuldenstandes V_{-1}: wenn der Niveauwert V unabhängig von den Ausgangsdaten ist, so können diese beliebig vorgegeben werden.

2) Vgl. das Ende von Abschn. B.II.3.2.4

3) Vgl. statt vieler etwa die Tabelle V 1 in Heubeck, K., (Handbuch 1988 / 91), S. 60

$$(57') \qquad V_T = PL\,\frac{q_s^{T+1} - g^{T+1}}{q_s - g} = PL\,\frac{g^{T+1} - q_s^{T+1}}{g - q_s}$$

die durch einfache Umformung aus Gleichung (57) folgt. Demnach hängt der Endwert V_T in völlig symmetrischer Gestalt von den beiden finanziellen Wachstumsfaktoren q_s und g ab.

Aus Gleichung (57') kann man unmittelbar ablesen, daß der Endwert selbst im Zeitablauf genau dann (gegen Null) konvergiert, wenn sowohl q_s wie auch g eine Schrumpfung bewirken, wenn also sowohl $0 < q_s < 1$ wie auch $0 < g < 1$ gilt. Für den realistischen Fall[1] $1 < q_s$ jedoch kann die Folge der Endwerte V_T im Zeitablauf nicht konvergieren, es sei denn, der Spezialfall "PL = 0" liege vor.

Aus Gleichung (57') lassen sich auch die in diesem Abschnitt - ausgehend von der üblichen Barwert- bzw. Endwert-Darstellung - bereits festgehaltenen Ergebnisse herleiten: In der Situation ***A*** bei $q_s > g$ konvergiert die Folge der "q_s-relativen Endwerte", d.h. der Barwerte; in der Situation ***C*** bei $q_s < g$ konvergiert die Folge der g-relativen Endwerte. Abbildung 4 enthält die graphische Darstellung der durch die finanziellen Wachstumsfaktoren aufgespannten Ebene mit den charakteristischen Eigenschaften der Modellsituationen ***A*** und ***C***.

Die unterhalb der g-Achse liegende Halbebene enthält wegen $q_s < 1$ unrealistische[2] Modellsituationen und kann daher vernachlässigt werden. Der oberhalb der g-Achse, jedoch links von der q_s-Achse liegende Quadrant fällt vollständig in den Bereich der Modellsituation ***A***; eine dauerhafte isolierte Schrumpfung der Beginnrenten mit g < 1 erscheint nicht eben realistisch, aber zusammen mit einer Bestandsschrumpfung kann der kombinierte Wachstumsfaktor[3] (w g) trotz g > 1 im Bereich (w g) < 1 liegen.

Die durch "$q_s = g$" bestimmte Winkelhalbierende des rein positiven Quadranten trennt die Situationen ***A*** und ***C***; sie kennzeichnet die Modellsituation ***B***. Hier wachsen im realistischen Fall $q_s > 1$ sowohl der Barwert wie der Endwert wie der g-relative Endwert des zur Analyse herangezogenen Zahlungsstroms $PL_t = g^t\,PL$ im Zeitablauf über alle Grenzen, es sei denn, der triviale Spezialfall "PL = 0" läge vor. Die Modellsituation ***B*** wird im Verlauf dieser Untersuchung nicht auftreten; sie muß daher im folgenden nicht weiter behandelt werden[4].

In diesem Abschnitt konnten die charakteristischen Unterschiede der drei Modellsituationen ***A***, ***B***, und ***C*** anhand der "ewigen Rente" $PL_t = g^t\,PL$ hergeleitet werden; dieser spezielle Ansatz der Periodenliquiditäten setzt einen Ausgangsbestand voraus, der sich bereits im BHZ befindet, und führt in der Modellsituation ***A*** zum Problem einer zusagebedingten Vergangenheit.

Im folgenden Abschnitt soll die für die Praxis bedeutsame Frage nach der Konvergenz des finanziellen Gesamtsystems bei Einführung des Versorgungswerks in der Periode "t = 0" für einen beliebigen Ausgangsbestand bei stationärem Neuzugang untersucht werden.

---

1) Vgl. Abschn. B.III.4.2
2) Vgl. Abschn. B.III.4.2
3) Vgl. das Ende von Abschn. B.II.3.2.3
4) Die Modellsituation ***B*** entspricht dem "Grenzfall, in dem die Summe der Wachstumsintensitäten gleich der Zinsintensität ist." Der interessierte Leser sei dazu auf Thullen verwiesen: vgl. Thullen, P., (Dynamische Bedingungen 1982), S. 72 - 75

Abb. 4: Ebene der finanziellen Wachstumsfaktoren

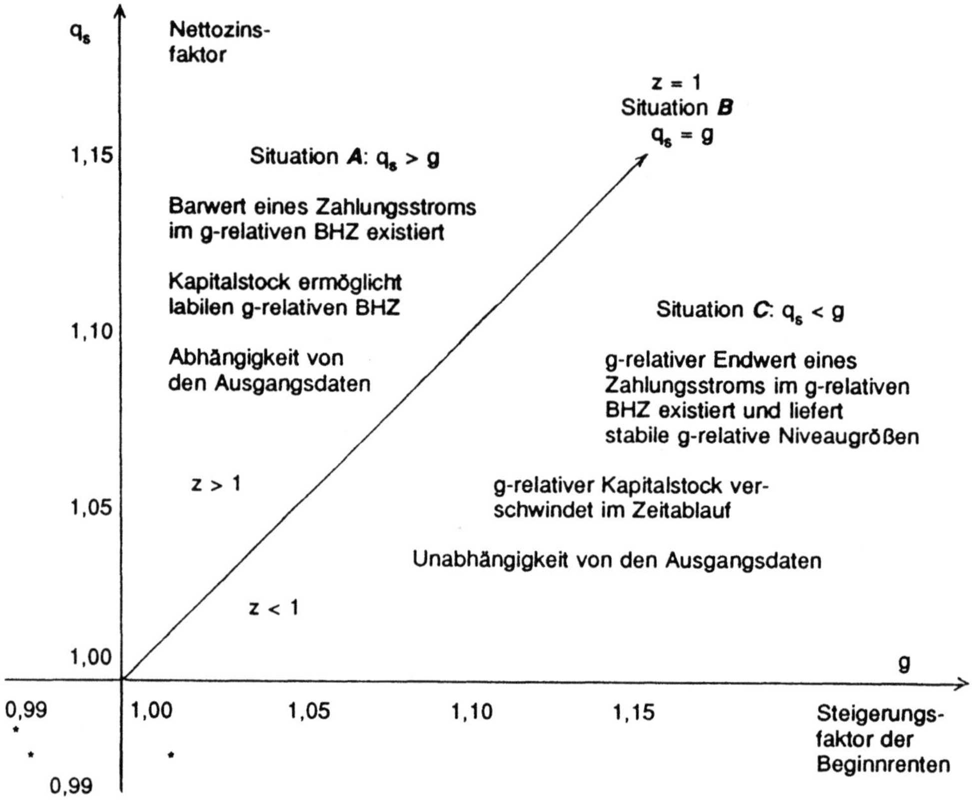

* unrealistischer Bereich eines negativen Nettozinssatzes $i_s < 0$

3.2.6 Konvergenz des finanziellen Gesamtsystems gegen einen BHZ

Falls die Modellsituation **C** vorliegt, kann nach Neuburger[1] aus der Konvergenz des finanziellen Teilsystems (II) gegen einen g-relativen BHZ auch die Konvergenz der g-relativen Endwerte g^{-T} V_T gegen einen vom Ausgangsbestand unabhängigen Niveauwert V geschlossen werden. Für V gilt dann wiederum das in Gleichung (61) festgehaltene Ergebnis

(61) $\quad V = PL / (1 - z)$

mit dem zum g-relativen BHZ der Periodenliquiditäten gehörigen Niveauwert PL. Wegen z < 1 ist demnach V genau dann positiv bzw. negativ, wenn PL positiv bzw. negativ ist. Mit dem zum g-relativen BHZ der Pensionsrückstellungen gehörigen Niveauwert R ergibt sich der Niveauwert des bilanziellen Eigenkapitals zu

1) Vgl. Neuburger, E., (Prognoseverfahren 1983), Blätter DGVM 1983, S. 256 - 258

(64) $EK = V - R,$

womit das finanzielle Gesamtsystem gegen einen g-relativen BHZ konvergiert, dessen Niveauwerte nicht vom Ausgangsbestand abhängen.

Für eine Untersuchung der Modellsituation ***A*** bietet sich die von Sturm[1] angewandte Berechnungsmethode anhand geschlossener Kollektive an. Wenn man anstelle einer stationären Aktivenanzahl[2] die Prämisse eines stationären Neuzugangs[3] setzt, so läßt sich der bis zum Ende der Periode T insgesamt aufgelaufene Endwert V_T der Periodenliquiditäten PL_t auch als Summe der bis zum Ende der Periode T aufgelaufenen Endwerte der geschlossenen Kollektive des Ausgangsbestands sowie der Neuzugänge in den Perioden t = 0, 1, 2, ..., T darstellen.

Die Endwerte der geschlossenen Kollektive der Ausgangsperiode "t = 0" lassen sich mittels Gleichung (21) auf das Ende der Perioden t = 0, 1, 2, ..., T berechnen. Bezeichnet man diese Endwerte für den Ausgangsbestand mit ${}_AW_t$ und für die Neuzugänge der Ausgangsperiode mit ${}_NW_t$, so folgt, falls der letzte Berechtigte dieser geschlossenen Kollektive in der Periode "t_1 = 85" ausscheidet, aus der Herleitung in Anhang 7 für die Modellsituation ***A*** das Ergebnis:

$$(65) \qquad C_0 := \lim_{T \to \infty} C_0(T)$$

$$= \lim_{T \to \infty} q_s^{-T} V_T$$

$$= q_s^{-85} \left({}_AW_{85} + {}_NW_{85}\ z/(z-1)\right)$$

Die Folge der Barwerte $C_0(T)$ des zusagebedingten Nachsteuer-Zahlungsstroms bis zum Ende der Periode T auf das Ende der Periode "t = 0" konvergiert demnach bei beliebigem Ausgangsbestand und bei beliebig, jedoch stationär vorgegebenen Neuzugängen.

Das in Gleichung (65) beschriebene Ergebnis leuchtet unmittelbar ein; eine mit dem Trendfaktor g dynamisierte "ewige Rente" der Ausgangshöhe ${}_NW_{85}$ zum Ende der Periode "t = 85" besitzt beim nominalen Zinsfaktor q_s den mit dem "realen" Abzinsungsfaktor $g / q_s = z^{-1} < 1$ existierenden Barwert ${}_NW_{85}/ (1 - z^{-1})$ auf das Ende der Periode "t = 85". Die Addition dieses auf das stationäre Neuzugangs-Kollektiv entfallenden Betrags mit dem Endwert des geschlossenen Kollektivs des Ausgangsbestands liefert nach Abzinsung im Nachsteuerbereich auf das Ende der Periode "t = 0" das Ergebnis für die Modellsituation ***A***.

Der Grenzwert C_0 stellt den Barwert des gesamten künftigen zusagebedingten Nachsteuer-Zahlungsstroms dar und berücksichtigt nunmehr auch die Besonderheiten der Anlaufphase des in der Periode "t = 0" eingeführten Versorgungswerks.

Darüber hinaus folgt aus der Konvergenz der g-relativen Pensionsrückstellungen $g^{-T} R_T$ gegen den Niveauwert R in der Modellsituation ***A*** mit $z^{-1} > 1$ zunächst

---

1) Vgl. Sturm, N., (Betriebliche Altersrenten 1980), S. 308 - 318 und S. 360 - 370
2) Vgl. Abschn. B.II.3.1.2
3) Damit wird nicht nur die relative, sondern auch die absolute Bestandsstruktur der Neuzugänge stationär vorgegeben. Folglich bleibt die Gesamtanzahl der Neuzugänge im Zeitablauf konstant, während die Gesamtanzahl der Aktiven bis zum Eintritt des BHZ von Periode zu Periode schwankt, es sei denn, der Ausgangs-Aktivenbestand befände sich bereits im zugehörigen BHZ.

$$(66) \qquad \lim_{T \to \infty} q_s^{-T} R_T = \lim_{T \to \infty} z^{-T} g^{-T} R_T$$

$$= R \lim_{T \to \infty} z^{-T} = 0,$$

woraus sich auch für das q_s-relative bilanzielle Eigenkapital die Konvergenz gegen C_o ergibt:

$$(67) \qquad \lim_{T \to \infty} q_s^{-T} EK_T = \lim_{T \to \infty} q_s^{-T} (V_T - R_T)$$

$$= C_o - 0 = C_o$$

In der Modellsituation ***A*** konvergiert also auch die Folge der Kapitalwerte des zusagebedingten bilanziellen Eigenkapitalstands im Zeitablauf gegen C_o.

Aus den in Anhang 7 hergeleiteten Zusammenhängen kann wiederum gefolgert werden, daß sich das finanzielle Gesamtsystem in einem labilen g-relativen BHZ befindet, wenn man in der Modellsituation ***A*** die Bereitstellung des exakt richtig bemessenen Kapitalstocks $-C_o$ zum Ende der Periode "$t = 0$" voraussetzt. Würde man mehr oder weniger Ausgangskapital bereitstellen, so würde wegen Gleichung (63) die Entwicklung des bei Bereitstellung von $-C_o$ erreichten g-relativen BHZ des finanziellen Gesamtsystems im Zeitablauf überkompensiert.

Die in Anhang 7 enthaltene Herleitung bestätigt auch die im vorangehenden Abschnitt gefundenen Ergebnisse zu den charakteristischen Eigenschaften der Modellsituationen ***B*** und ***C***. Die eigentliche Bedeutung der "Methode der geschlossenen Kollektive" besteht jedoch in der Möglichkeit, in der Modellsituation ***A*** durch die Betrachtung stationärer Neuzugänge auch die Auswirkungen der Anlaufphase des Versorgungswerks zu erfassen.

3.2.7 Zusammenfassung

Der absolute bzw. relative BHZ eines Systems von finanziellen Größen ist dadurch charakterisiert, daß alle absoluten bzw. grelativen finanziellen Größen stationär sind, d.h. im zeitlichen Ablauf verändern sich die finanziellen Größen X_t von Periode zu Periode um den stationär vorgegebenen Wachstumsfaktor der Beginnrenten g:

$$X_{t+1} = g \; X_t \qquad \text{für} \qquad t = 0, 1, 2, ...$$

Bei stationären Beginnrenten mit "$g = 1$" erhält man den absoluten BHZ, in dem die absoluten finanziellen Größen im Zeitablauf konstant bleiben.

Aus der Konvergenz der Bestandsentwicklung gegen einen BHZ folgt mit stationär angenommenen wichtigen Rahmendaten und Parametern die Konvergenz der Vorsteuergrößen sowie der Nachsteuergrößen innerhalb der einzelnen Perioden, also auch der Periodenliquidität gegen einen BHZ.

Als Zwischenergebnisse sind festzuhalten:

- im absoluten BHZ beläuft sich die Zuführung zu den Pensionsrückstellungen auf Null.

- bei stationärem Beginnrentenniveau führt eine (erhöhte) Anpassung der laufenden Renten zu einem höheren Niveauwert der Rentenzahlungen (und Rückstellungen sowie PSVaG-Beiträge); der absolute BHZ wird jedoch nicht verlassen.

Für das Konvergenzverhalten des Dauerschuldenstandes V_T und des bilanziellen Eigenkapitalstandes EK_T spielt die Größe des zentralen Dynamikfaktors z die entscheidende Rolle, wobei $z = q_s / g$ die Relation der finanziellen Wachstumsfaktoren angibt: q_s für Dauerschulden (nach Steuern) und g für die Beginnrenten.

In der Modellsituation ***A*** mit $z > 1$ existiert der Kapitalwert des gesamten künftigen zusagebedingten Nachsteuer-Zahlungsstroms und stimmt mit dem Kapitalwert des bilanziellen Eigenkapitalstands überein; dem Ausgangsbestand kommt eine gewichtige Rolle zu.

In der Modellsituation ***B*** bei "$z = 1$" wachsen sowohl der Barwert wie der g-relative Endwert des zusagebedingten Nachsteuer-Zahlungsstroms im allgemeinen über alle Grenzen.

In der Modellsituation ***C*** mit $z < 1$ kann die Konvergenz der grelativen Endwerte des zusagebedingten Nachsteuer-Zahlungsstroms gegen einen vom Ausgangsbestand unabhängigen Niveauwert gefolgert werden. Damit konvergiert das finanzielle Gesamtsystem gegen einen g-relativen BHZ mit vom Ausgangsbestand unabhängigen Niveauwerten.

Darüber hinaus kann ein Ergebnis festgehalten werden, das für die Beurteilung des mit der Anwartschaftsdynamik verbundenen Risikos wesentlich ist: in der Modellsituation ***C*** kann ein Versorgungswerk mit g-dynamischen Beginnrenten auch durch Bereitstellung eines noch so hohen Kapitalstocks nicht vorausfinanziert werden.

Mit geeigneten Annahmen zur stationären künftigen Entwicklung des Bestands, der Rahmendaten sowie insbesondere der finanziellen Wachstumsfaktoren läßt sich eine der Eigenart der jeweiligen Modellsituation entsprechende Konvergenz der interessierenden finanziellen Größen nachweisen.

Damit kann die Frage nach der Eignung eines BHZ-Modells als Rechenmodell untersucht werden.

3.3 Das BHZ-Modell als Rechenmodell

Die Betrachtung finanzieller Größen im BHZ - also eines "BHZ-Modells" - ist dadurch charakterisiert, daß der Planungszeitraum über alle Grenzen ausgedehnt wird.

Im vorangehenden Abschnitt wurde gezeigt, daß diese Ausweitung des Planungshorizonts rechnerisch letztlich mit den einfachen Formeln lösbar ist, die für die Ermittlung des Barwerts einer "ewigen Rente" verwendet werden. Im folgenden steht die ökonomisch sinnvolle Anwendung eines BHZ-Modells im Blickpunkt.

Bei einem endlichen Planungshorizont gibt es kein Konvergenzproblem. In einem BHZ-Modell sind die aus den Konvergenzbedingungen resultierenden Einschränkungen zu berücksichtigen.

3.3.1 Wahl äquivalenter Entscheidungskriterien im Endwert- bzw. Entnahmemodell bei geeigneter Abgrenzung der Alternativen

Nach Abschnitt B.II.3.2.6 konvergiert in der Modellsituation ***A*** die Folge der Kapitalwerte, in der Modellsituation ***C*** die Folge der g-relativen Endwerte des zusagebedingten Zahlungsstroms im Zeitablauf. Welche Rolle kann diesen unterschiedlichen Größen in einem isolierten Vorteilsvergleich beim - zunächst unterstellten - Unternehmensziel der Vermögensmaximierung[1] zugewiesen werden?

Vor einer Antwort auf diese Frage ist ein modellentsprechendes Entscheidungskriterium "zusagebedingtes Endvermögen"[2] festzulegen. Bei der Beschreibung des abstrakten Rechenmodells waren bewußt nur einige typische Möglichkeiten angedeutet worden.

Mit der Ausdehnung des Planungszeitraums über alle Grenzen betrachtet man ein Unternehmen "auf Dauer"[3]. Wenn man annimmt, daß auch das zur Entscheidung anstehende Versorgungswerk unter ordnungsgemäßer Erfüllung der Verpflichtungen[4] auf Dauer fortgeführt werden soll, dann bietet sich in natürlicher Weise das zusagebedingte bilanzielle Eigenkapital $EK_T = V_T - R_T$ als Entscheidungskriterium für ein Endwertmodell an[5]. Das zusagebedingte Endvermögen gibt damit die zusagebedingte Veränderung der Rücklagen an; Eigenkapitaläquivalenz liegt vor, wenn die Rücklagen genau so hoch sind wie bei alternativer Fremdfinanzierung[6].

Als Entscheidungskriterium wird daher zunächst der bilanzielle Eigenkapitalstand EK_T gewählt; in einem BHZ-Modell interessiert die Entwicklung der EK_T im zeitlichen Ablauf beim Grenzübergang $T \longrightarrow \infty$.

Die eingangs gestellte Frage ist demnach beantwortet, wenn gezeigt werden kann, daß

(*)
- in der Modellsituation ***A*** der Kapitalwert des zusagebedingten Zahlungsstroms,
- in der Modellsituation ***C*** der g-relative Niveauwert des bilanziellen Eigenkapitals

geeignete Meßgrößen für einen auf Dauer am langfristigen bilanziellen Eigenkapitalstand ausgerichteten Vorteilsvergleich zwischen alternativen Handlungsmöglichkeiten darstellen.

Beim Vorteilsvergleich zwischen unterschiedlichen Pensionszusagen werden im folgenden ausschließlich Pensionszusagen mit identischen Regelungen für die Dynamisierung der Beginnrenten miteinander verglichen[7]. Mit dieser Abgrenzung des Untersuchungsfeldes gilt für die betrachteten Alternativen stets ein identischer Steigerungsfaktor der Beginnrenten g, woraus bei gleichem q_s wegen $z = q_s / g$ auch ein identischer zentraler Dynamikfaktor beim Vorteilsvergleich

---

1) Vgl. Abschn. B.II.1
2) Vgl. Abschn. B.II.1.5.2
3) Vgl. dazu Schneider, D., (Investition 1992), S. 27
4) Vgl. Abschn. B.I.2.1.4
5) Möglich wäre auch der Ansatz einer von der Pensionsrückstellung R_T abweichenden Restverpflichtung. So wäre es denkbar, daß man eine Schließung des Versorgungswerks zum Ende der Periode T unterstellt und als zusagebedingtes Endvermögen die Summe aus V_T und dem Kapitalwert des in den Folgeperioden abgewickelten Versorgungswerks auf das Ende der Periode T betrachtet. Vgl. auch Abschn. B.II.1.5.2
6) Vgl. Abschn. B.II.1.1.2
7) Pensionszusagen mit unterschiedlicher Dynamisierung der Beginnrenten können bei endlichem Planungshorizont mit Hilfe des in Abschn. B.II.1.5 entwickelten Endwertmodells verglichen werden; im BHZ-Modell ist eine Untersuchung mit der in Anhang 7 Nr. 5 g) entwickelten Methode möglich.

folgt. Insbesondere führen die verglichenen Alternativen zur gleichen gemeinsamen Modellsituation.

In der Modellsituation ***C*** mit $0 < q_s < g$ gilt für den Vergleich zweier Alternativen A und B mit den g-relativen Niveauwerten des bilanziellen Eigenkapitals EK^A und EK^B die folgende Äquivalenzkette:

B ist anhand der Niveauwerte vorteilhafter als A.

<=> $EK^A < EK^B$

<=> (p.d.) $\lim_{T \to \infty} g^{-T} EK_T^A < \lim_{T \to \infty} g^{-T} EK_T^B$

<=> $g^{-T} EK_T^A < g^{-T} EK_T^B$ für alle hinreichend großen T

<=> ($0 < g$) $EK_T^A < EK_T^B$ für alle hinreichend großen T

<=> B ist anhand des langfristigen bilanziellen Eigenkapitalstands auf Dauer vorteilhafter als A.

Völlig analog gilt wegen Gleichung (67) in der Modellsituation ***A*** mit $0 < g < q_s$ für den Vergleich der Alternativen A und B mit den Kapitalwerten C_o^A und C_o^B die Äquivalenzkette:

B ist anhand des Kapitalwertkriteriums vorteilhafter als A.

<=> $C_o^A < C_o^B$

<=> (Gl. (67)) $\lim_{T \to \infty} q_s^{-T} EK_T^A < \lim_{T \to \infty} q_s^{-T} EK_T^B$

<=> $q_s^{-T} EK_T^A < q_s^{-T} EK_T^B$ für alle hinreichend großen T

<=> ($0 < q_s$) $EK_T^A < EK_T^B$ für alle hinreichend großen T

<=> B ist anhand des langfristigen bilanziellen Eigenkapitalstands auf Dauer vorteilhafter als A.

Damit ist der oben mit (*) gekennzeichnete Zusammenhang zwischen den Meßgrößen C_o bzw. EK und dem langfristigen bilanziellen Eigenkapitalstand verifiziert. Dieses Ergebnis überrascht insofern nicht, als bei fixierter Umweltsituation aufgrund der starken Prämisse 6 der "Fremdkapitalsubstitution bei vollkommenem, unbeschränktem Kapitalmarkt" die Äquivalenz von Kapitalwert, Endwert und zugehöriger Annuität garantiert ist[1].

Allerdings wirkt das bisher unterstellte Vermögensstreben in einem BHZ-Modell nicht sehr überzeugend. Wenn der Planungszeitraum über alle Grenzen wächst, dann erscheint der Ansatz der Endwertmaximierung als Ziel der Inhaber einer Personengesellschaft nicht realistisch. Die Einkommensmaximierung dürfte in einem BHZ-Modell einen plausibleren Ansatz darstellen und

---

1) Vgl. Kruschwitz, L., (Investitionsrechnung 1990), S. 66 und S. 81 f.; die Äquivalenz gilt stets bei fixiertem $z = q_s / g$.

wird für die vorliegende Untersuchung als Unternehmensziel unterstellt. Das Rechenmodell wird daher als Entnahmemodell konzipiert.

Hierzu soll genau wie in Gleichung (53) ein Zahlungsstrom M_t gemäß Gleichung

(68) $M_t := g^t M$ für $t = 0, 1, 2, ...$

mit einem festen Ausgangsbetrag M betrachtet werden[1], der eine an die Dynamik des Beginnrentenniveaus gekoppelte gleichbleibende ($g = 1$) oder geometrisch wachsende ($g > 1$) bzw. schrumpfende ($g < 1$) "ewige Rente" darstellt. Die Herleitung der Formeln (57) bis (60) in Abschnitt B.II.3.2.5 führte in der Modellsituation ***A*** zum Kapitalwert dieses Zahlungsstroms mit $M / (1 - z^{-1})$ und in der Modellsituation ***C*** zum Niveauwert der g-relativen Endwerte mit $M / (1 - z)$.

Folglich erhält man mit

Def. 17) $$M := \begin{cases} (1 - z^{-1})\ C_0 & \text{für } z > 1 \text{ bei } \boldsymbol{A} \\ (1 - z)\ EK & \text{für } z < 1 \text{ bei } \boldsymbol{C} \end{cases}$$

einen Ausgangsbetrag M, mit dem der Zahlungsstrom der M_t gerade den Kapitalwert C_0 bzw. den Niveauwert des bilanziellen Eigenkapitalstands EK besitzt. Mit M hat man daher eine äquivalente Meßgröße, die beim "realen" Abzinsungsfaktor z^{-1} bzw. z die jeweils zugehörige g-dynamische (Niveau-)Annuität repräsentiert[2].

Die Meßgröße M erscheint einer einheitlichen Interpretation zugänglicher als die unterschiedlichen Größen C_0 bzw. EK.

Sämtliche in Abschnitt B.II.3 bisher betrachteten finanziellen Größen stellen Erwartungswerte von Summengrößen für den jeweiligen Teil- oder Gesamtbestand dar, deren Angabe im Hinblick auf die biologische Unsicherheit problematisch[3] ist. Entsprechend dem Ergebnis von Abschnitt B.II.2.2.2 sollen in der vorliegenden Arbeit Relativgrößen betrachtet werden, die bei hinreichend großem Bestand als praktisch sichere Größen angesehen werden können[4].

Als ausgezeichnete Bezugsgröße wird sich die Lohn- und Gehaltssumme erweisen:

3.3.2 Relativangaben mittels der Lohn- und Gehaltssumme

Wenn man zusagebedingte Personalkostenersparnisse ausklammert[5], dann ist die Lohn- und Gehaltssumme[6] eines Unternehmens zunächst keine zusagebedingte Größe. Allerdings kann man eine "zusagebedingte Lohn- und Gehaltssumme" dadurch definieren, daß man nur die Löhne und Gehälter des vom Versorgungswerk begünstigten Mitarbeiterkreises miteinbezieht:

---

1) Wegen Prämisse 6 hängt das Ergebnis eines Vorteilsvergleichs nicht von der mit Gl. (68) festgelegten (zeitlichen) Entnahmestruktur ab. Vgl. Kruschwitz, L., (Investitionsrechnung 1990), S. 82
2) Für den Abzinsungsfaktor z^{-1} bzw. z stellt $(1 - z^{-1})$ bzw. $(1 - z)$ den (vorschüssigen) Wiedergewinnungsfaktor dar. Vgl. Busse von Colbe, W. / Laßmann, G., (Investitionstheorie 1986), S. 34 - 39
3) Vgl. Abschn. B.II.2.2.2 sowie Abschn. B.II.2.2.3
4) Vgl. ebd.
5) Vgl. Abschn. B.II.2.1
6) Exakter: die Summe der ausbezahlten Löhne und Gehälter ohne den darauf entfallenden Arbeitgeberanteil an Sozialabgaben

Def. 18) LG_t := Lohn- und Gehaltssumme des vom Versorgungswerk erfaßten Personalbestands ohne Berücksichtigung evtl. Personalkostenersparnisse während der Periode t.

Das finanzielle Teilsystem[1] (I) kann um die bei der Bestandsfortschreibung mitberechneten Erwartungswerte der LG_t erweitert werden.

Im folgenden soll angenommen werden, daß sich alle Löhne und Gehälter von Periode zu Periode um denselben stationären Steigerungsfaktor l erhöhen (l > 1) bzw. vermindern (l < 1).

Dann konvergiert die Folge der auf das Ausgangsniveau zurückbezogenen l-relativen Löhne und Gehälter l^{-t} LG_t unter denselben Voraussetzungen[2] wie beim finanziellen Teilsystem (I) gegen die l-relative Niveaugröße LG.

Diese zeichnet sich unter drei Aspekten als geeignete Bezugsgröße für Relativangaben der Gestalt X / LG für zusagebedingte finanzielle Größen X aus:

Als gewichtigster Faktor des Personalaufwands bietet sich die Lohn- und Gehaltssumme - angesichts des Entgeltcharakters der betrieblichen Altersversorgung in natürlicher Weise - als Bezugsbasis für zusagebedingte Ergebnisgrößen an. Die Angabe zusagebedingter Auswirkungen in Einheiten der Lohn- und Gehaltssumme schlägt beim isolierten Vorteilsvergleich eine Brücke zum finanziellen Restsystem des Unternehmens, denn die Lohn- und Gehaltssumme der Ausgangsperiode "t = 0" sowie ihre Bedeutung im finanziellen Gefüge des Unternehmens dürfte dem Entscheidungsträger regelmäßig bekannt sein. Relativangaben mittels der Lohn- und Gehaltssumme sind insofern interpretationsfreundlich, als sie eine Einordnung der Größenordnung zusagebedingter Ergebnisse ermöglichen[3].

Ein weiterer Vorzug der Lohn- und Gehaltssumme besteht darin, daß sie nicht von der betrachteten Pensionszusage abhängt, sofern das Versorgungswerk denselben Mitarbeiterkreis erfaßt. Damit gestattet der Bezug auf die Lohn- und Gehaltssumme einen korrekten Vorteilsvergleich auch dann, wenn die Alternativen in unterschiedlichen Pensionszusagen bestehen; wollte man in diesem Fall etwa die Rentenzahlungen oder die Rückstellungen als Bezugsgröße wählen[4], so müßte beim Vorteilsvergleich zusätzlich geprüft werden, ob die Rangfolge der absoluten Meßgrößen mit der Rangfolge der relativen Meßgrößen übereinstimmt, die aus den Absolutgrößen durch Bezug auf unterschiedlich hohe Rentenzahlungen oder Rückstellungen gebildet werden.

Zum dritten kann der Bezug der Absolutgrößen auf die Niveaugröße LG die Aufgabe erfüllen, die Ergebnisse bei unterschiedlichen Modellsituationen vergleichbar zu machen; wenn aufgrund unterschiedlicher Annahmen über die Bestandsentwicklung, die Eintrittsaltersverteilung der Neuzugänge oder die Bezügestruktur unterschiedliche BHZ-Bestände resultieren, dann sind die finanziellen Ergebnisse meist nicht unmittelbar vergleichbar.

---

1) Vgl. Abschn. B.II.3.2.1

2) Vgl. Abschn. B.II.3.2.1

3) Damit tritt das von Schanz durch die zusätzliche Betrachtung „des Fremdkapitaläquivalents" berücksichtigte Problem optisch sehr groß wirkender Ergebnisgrößen zum Ende des Planungszeitraums nicht auf. Vgl. Schanz, T., (Risikobewältigung 1992), S. 110

4) Ein derartiger Bezug vermag durchaus interessante Einsichten zu liefern: vgl. zur Bezugsgröße der Rentenzahlungen etwa Haegert, L., (Unternehmensfinanzierung 1987), S. 165, Tabelle 1; zur Bezugsgröße der Rückstellungen vgl. Neuburger, E., (Prognoseverfahren 1983), Blätter DGVM 1983, S. 259 - 261

Der Übergang von den Absolut- auf die Relativangaben erfüllt dabei die Funktion einer Normierung: finanzielle Ergebnisse werden gemessen in Einheiten des durch LG repräsentierten Personalaufwands für die aktiven Mitarbeiter.

Für die Untersuchung unterschiedlicher Bezügesteigerungen besitzt die Niveaugröße LG eine bemerkenswerte Eigenschaft: sie ist - bei identischem BHZ-Bestand[1] - invariant gegenüber ihrem Steigerungsfaktor I. Hierzu betrachte man die Aufteilung von LG auf die Anteile $LG^{(j)}$ aller einzelnen aktiven Mitarbeiter j des zugehörigen stabilen BHZ-Bestands:

$$(69) \qquad LG = \sum_j LG^{(j)}$$

Der Mitarbeiter j möge vor m = m(j) Jahren eingetreten sein. Bei stationärem I > 0 betrug das Eintrittsgehalt des Mitarbeiters j vor m Jahren $I^{-m}\, LG^{(j)}$ - und ist nach Ablauf dieser m Jahre gerade wieder auf

$$(70) \qquad LG^{(j)} = I^m \; (I^{-m}\, LG^{(j)})$$

angewachsen. Gleichung (70) gilt für beliebiges, festes I > 0 sowie m = m(j) und für alle aktiven Mitarbeiter j; folglich sind alle $LG^{(j)}$ und mit Gleichung (69) auch LG invariant gegenüber dem Steigerungsfaktor I.

Bei identischem BHZ-Bestand resultiert demnach für unterschiedliche stationäre Bezügesteigerungen stets ein und dieselbe Niveaugröße LG. Der Übergang von den zusagebedingten Absolutgrößen X = X(I) auf die Relativangaben X(I) / LG entspricht in diesem Fall einer maßstabsgetreuen Verkleinerung der zusagebedingten Ergebnisse. Dasselbe gilt bei der Betrachtung unterschiedlicher Anpassungen der laufenden Renten[2] sowie beim Vergleich von Kapital- und Rentenzusage[2], also für die zentralen Fragestellungen dieser Untersuchung.

Anknüpfend an den vorangegangenen Abschnitt soll daher die im weiteren verwendete Meßgröße wie folgt definiert werden:

$$\text{Def. 19)} \quad \mu := \quad M \,/\, (LG(1 - t_1)),$$

wobei M die in Definition 17 eingeführte Annuität und t_1 den Multifaktor für die Ertragsteuern bedeutet.

Der Bezug der Nachsteuergröße M auf die Niveaugröße LG nach Abzug der hierauf entfallenden Ertragsteuern ist insofern sinnvoll, als der Anteil μ LG an LG (vor Ertragsteuern) nach Abzug der auf μ LG entfallenden Ertragsteuern gerade zum korrekten Nachsteuerergebnis M führt:

$$(71) \qquad \mu \, LG\, (1 - t_1) = M$$

Daher ist es zweckmäßig, Vorsteuergrößen auf LG selbst, Nachsteuergrößen auf LG $(1 - t_1)$ zu beziehen.

---

1) Vorausgesetzt wird die identische Bestandsfortschreibung des mit seiner Bestands- und Bezügestruktur stationär vorgegebenen Neuzugangskollektivs.

2) Sofern man zusagebedingte Rückwirkungen auf die Bezüge der aktiven Mitarbeiter ausschließt. Diese Annahme erscheint plausibel.

Die Meßgröße μ beantwortet die Frage nach einer dauerhaften Verminderung ($\mu > 0$) oder Erhöhung ($\mu < 0$) des durch LG repräsentierten Personalaufwands, die zum gleichen Nachsteuerergebnis führen würde wie die zusagebedingte Annuität M.

Damit steht das theoretische Rüstzeug für die Konstruktion des eigenen Rechenmodells bereit. Abrundend soll noch auf die Frage eingegangen werden, welcher Erkenntniswert den Ergebnissen eines BHZ-Modells zukommen kann.

3.3.3 Zur Tauglichkeit eines BHZ-Modells: Anmerkungen zu aktuellen Äußerungen im Schrifttum mit einer Besprechung des Ansatzes von Sturm

> "Der Beharrungszustand ist in der Diskussion der finanziellen Wirkungen betrieblicher Altersversorgung eine trügerische und deshalb mit Vorsicht zu gebrauchende Argumentationshilfe."

Diese Warnung begründet Hieber[1] wie folgt:

> "Das Konstrukt Beharrungszustand steht und fällt mit der Erfüllbarkeit sehr restriktiver (ceteris-paribus-)Bedingungen: Die Anzahl der Arbeitnehmer des Unternehmens, ihre Altersstruktur, die Rentenhöhe und der Diskontierungssatz müssen im Zeitablauf konstant sein."

und zitiert anschließend den zweiten Satz der nachfolgend wiedergegebenen Äußerung von Heissmann[2]:

> "Die Annahme eines Beharrungszustandes hat sich beim Abschätzen der Belastung, die sich nach Einführung einer Ruhegeldordnung ergibt, bewährt. Nach den bisherigen Erfahrungen düfte aber ein solcher Beharrungszustand selten erreicht werden, da die ihn bestimmenden Faktoren (wie Größe und Altersgliederung des begünstigten Personenkreises, Leistungsplan usw.) einem steten Wechsel unterliegen."

Dieser Aussage von Heissmann wird man uneingeschränkt zustimmen können. Die hieraus abgeleitete Schlußfolgerung Hiebers erscheint jedoch nicht gerechtfertigt:

Auch wenn ein Beharrungszustand im Zeitablauf niemals eintreten kann, weil etwa der rechtliche, insbesondere der steuerrechtliche Rahmen einem steten Wechsel unterliegt, so stellt sich dennoch die Frage, ob bei der Konstruktion eines Rechen m o d e l l s für ein Unternehmen auf Dauer die Analysemöglichkeiten, die das "Konstrukt Beharrungszustand"[3] bietet, nicht genützt werden sollen.

---

1) Vgl. Hieber, O.L., (Unternehmenswert 1986), S. 223
2) Vgl. Heissmann, E., (Ruhegeldverpflichtungen 1967), S. 268
3) Vgl. Hieber, O.L., (Unternehmenswert 1986), S. 223

Hieber mißt mit zweierlei Maß: abgesehen von der - fragwürdig gelösten[1] - Berücksichtigung der biologischen Unsicherheit beruht Hiebers Rechenmodell auf einem durchweg stationären Ansatz der Parameter sowie der Rahmenbedingungen bei Sicherheit[2].

Nur im Hinblick auf die Bestandsentwicklung stellt Hieber "die Frage nach der Anwendbarkeit (= dem Erfüllen von Anwendungsbedingungen)"[3]. Die derart untermauerte Warnung Hiebers vor der Betrachtung des Beharrungszustands vermag deshalb nicht zu überzeugen, weil Hieber ohne nennenswerte Erweiterung seines eigenen Prämissen-Systems auf der von Sturm[4] bereitgestellten BHZ-Technik hätte aufsetzen können; statt dessen hat er sich damit begnügt, die problematische "Frage nach dem optimalen Planungshorizont"[5] durch Probieren zu lösen, da die bei unendlichem Planungszeitraum "auftretenden Prognoseprobleme vermutlich nicht lösbar sind."[5]

Hiebers Kritik am stationären Ansatz der Bestandsentwicklung kann die folgende Überlegung entgegengehalten werden:

Für die rechnerische Erfassung der finanziellen Auswirkungen einer (betrieblichen) Altersversorgung über Generationen hinweg ist ein ungewöhnlich[6] langer Planungszeitraum erforderlich. Mangels verläßlicher Propheten verbleibt letztlich nur ein einfacher, meist stationärer Ansatz der Modellparameter[7].

Diese Vorgehensweise bedeutet für die hier angestrebten "Modellrechnungen im engeren Sinn"[7] mit dem Ziel von "Wenn ..., dann ...."-Aussagen zumindest dann keine einschneidende Restriktion, wenn es gelingt, durch geeignete Parametervariation Intervalle für die Lage der Meßgröße anzugeben. Insofern hat der stationäre Ansatz von Bestandsstruktur sowie -fortschreibung, der bereits die Existenz eines Beharrungszustands sichert[8], durchaus seine Berechtigung.

Auch bei Schwab findet sich ein stationärer Ansatz für die Bestandsfortschreibung[9]. Bei Vorgabe einer stationären Neuzugangsstruktur wäre die Betrachtung des Beharrungszustands möglich gewesen. Diese hält Schwab jedoch für überflüssig, da er sich davon keinen zusätzlichen Informationsgewinn verspricht[10].

Schwabs Entscheidungskriterium[11] besteht im Erwartungswert des "versorgungsbedingten Barwertes"[12] eines geschlossenen Ausgangskollektivs Gleichaltriger nach Abwicklung. Damit lassen sich tatsächlich alle Aussagen herleiten, die nur auf dem zusagebedingten Kapitalwert

---

1) Vgl. das Ende von Abschn. B.II.2.2.2
2) Vgl. Hieber, O.L., (Unternehmenswert 1986), S. 109 f., S. 170 - 174 sowie S. 241 - 271. Hieber setzt selbst die von ihm als restriktiv bezeichneten Prämissen, die die Existenz eines Beharrungszustands sicherstellen. Vgl. dazu Abschn. B.II.3.1.2 sowie Abschn. B.II.3.2.2
3) Vgl. Möser, H.D., (Investitionsplanung 1987), DB 1987, S. 2053
4) Vgl. Sturm, N., (Betriebliche Altersrenten 1980), S. 315 - 330 und S. 360 - 370
5) Vgl. Hieber, O.L., (Unternehmenswert 1986), S. 243
6) Nach Witte "stellt der Kapitalbindungsplan das am weitesten in die finanzielle Zukunft der Unternehmung blickende Recheninstrument dar." Ferner: "Der Kapitalbindungsplan bezieht sich auf ein Jahr, jedoch wird innerhalb dieses Planhorizontes keine zeitliche Unterteilung vorgenommen. Im übrigen wird die zeitliche Reichweite der Kapitalbindungsplanung dadurch wesentlich erhöht, daß in der Wirtschaftspraxis bis zu zwölf Kapitalbindungspläne hintereinandergeschaltet werden." Vgl. Witte, E., (Finanzplanung 1983), S. 40 f.
7) Vgl. Abschn. B.II.2.3
8) Vgl. Abschn. B.II.3.1.2
9) Vgl. Schwab, H., (Modell 1988), S. 112 - 121 und S. 225
10) Vgl. ebd., S. 103 f. sowie S. 108
11) Vgl. ebd., S. 130 - 135
12) Vgl. ebd., S. 103

oder dem - bei vollkommenem Kapitalmarkt - äquivalenten Endwert eines geschlossenen Kollektivs beruhen.

Für die Modellsituation ***A***[1] ist Schwab demnach grundsätzlich zuzustimmen: gemäß Gleichung (65) und (67) können anhand der Kapital- bzw. Endwerte der geschlossenen Kollektive auch BHZ-Aussagen gewonnen werden.

Für die Modellsituation ***C***[2] gilt dies jedoch nicht mehr: der Überlagerungseffekt eines alljährlich neu eintretenden Zugangskollektivs ist allein mit dem Bar- bzw. Endwert des geschlossenen Neuzugangskollektivs nach Abwicklung nicht darstellbar[2]. Die Modellsituation ***C*** kann daher mit der Modellkonzeption von Schwab nicht vollständig analysiert werden.

Schwab[3] hat sich bei seinen Überlegungen zum Beharrungszustand hauptsächlich am BHZ-Modell von Sturm[4] orientiert. Dieser hatte zwar die Modellsituationen ***A*** und ***C*** formal durch Fallunterscheidungen getrennt abgehandelt[5], jedoch ihre charakteristischen Unterschiede nicht ausreichend herausgearbeitet.

Die Ursache hierfür liegt im Sturmschen Ansatz: "Der kritische Lohnbetrag L_1^k des Indifferenzfalls"[6] wird durch zeitlichen Grenzübergang mit Nullsetzen des Kapitalwerts des zusagebedingten Zahlungsstroms e i n s c h l i e ß l i c h der "realkonstante(n) Personalkostenersparnisse"[7] ermittelt. In Abschnitt B.II.3.2.5 wurde gezeigt, daß in der Modellsitutation ***C*** der Kapitalwert des zusagebedingten Zahlungsstroms über alle Grenzen wächst, es sei denn, der Spezialfall eines Periodenliquiditäts-Niveaus "PL = 0" liege vor.

Gerade diesen Spezialfall erzeugt Sturm durch die Konstruktion und gleichzeitige Einbeziehung des kritischen Lohnbetrags in der Modellsituation ***C***[8]. Die Konsequenzen dieses eher irreführenden Modellansatzes sind leicht einzusehen:

Der kritische Lohnbetrag Sturms entspricht - mit umgekehrtem Vorzeichen - in der Modellsituation ***A*** exakt und in der Modellsituation ***C*** prinzipiell der in Definition 17 eingeführten Annuität M, die bei vollkommenem Kapitalmarkt als äquivalente Meßgröße für den Kapitalwert C_0 bzw. für den g-relativen Niveauwert EK anzusehen ist. Auch in der Modellsituation ***C*** würde exakt L_1^k=-M gelten, wenn Sturm nicht nur auf den "Kapitalansammlungsfonds"[9] mit dem Niveauwert V, sondern auch - wie in der Modellsituation ***C*** unbedingt erforderlich[10] - auf die noch nicht abgewickelten Pensionsverpflichtungen, also etwa - wie in dieser Arbeit - auf das bilanzielle Eigenkapital mit dem Niveauwert EK = V - R abzielen würde.

Sieht man zunächst von diesem grundsätzlichen Fehlansatz ab, so wird deutlich, daß die Erweiterung des zusagebedingten Zahlungsstroms um die durch L_1^k induzierten "realkonstan-

---

1) Vgl. dazu Abschn. B.II.3.2.5
2) Vgl. Gl. (61) bzw. Anhang 7, Nr. 4.3
3) Vgl. Schwab, H., (Modell 1988), S. 102 - 104
4) Vgl. Sturm, N., (Betriebliche Altersrenten 1980), S. 315 - 375
5) Vgl. ebd., S. 364 - 370
6) Vgl. ebd., S. 364
7) Vgl. ebd., S. 362
8) Der "Nettozuführungsbetrag b_t" zum Kapitalansammlungsfonds in Sturms Rechenmodell ist vergleichbar mit der um die Personalkostenersparnisse nach Abzug von Ertragsteuern erweiterten Periodenliquidität in der vorliegenden Arbeit. Vgl. Sturm, N., (Betriebliche Altersrenten 1980), S. 368 f.
9) Vgl. Sturm, N., (Betriebliche Altersrenten 1980), S. 368 f.
10) Dies wird anschließend noch erläutert.

te(n) Personalkostenersparnisse" zu einem Zahlungsstrom führt, der aufgrund der Äquivalenz[1] der Annuität $-L_1^k$

- in der Modellsituation ***A*** den Kapitalwert Null
- in der Modellsituation ***C*** den g-relativen[2] Endwert des Kapitalansammlungsfonds von Null besitzt.

Sturm betrachtet also die Differenz zweier Zahlungsströme, die nach dem Kapitalwert- bzw. Endwertkriterium äquivalent sind, und analysiert diesen auf reinen Zeitverschiebungseffekten beruhenden Rest-Zahlungsstrom als die "Entwicklung des Kapitalansammlungsfonds bei Entscheidungsindifferenz"[3].

Die hierbei gewonnenen Aussagen[4] lenken von den charakteristischen Eigenschaften des originären zusagebedingten Zahlungsstroms eher ab: entscheidend ist vielmehr die Einsicht, daß die Entwicklung des Rest-Zahlungsstroms durch jede - noch so geringe - Veränderung des kritischen Lohnbetrags im Zeitablauf überkompensiert wird[5]. Insofern kann der Rest-Zahlungsstrom als quantité négligeable angesehen werden - im Gegensatz zu den von Strobel und Sturm bewußt vernachlässigten[6] Pensionsrückstellungen.

Das ursprünglich von Strobel vorgestellte Modellkonzept war von einem deutlich geäußerten[7] Mißtrauen gegenüber einer "Gleichsetzung von bilanziellen Maßnahmen mit Finanzierungsvorgängen"[8] geprägt. Folglich wurden weder der Bilanzposten der Pensionsrückstellungen R_t noch das bilanzielle Eigenkapital EK_t im Rechenmodell explizit betrachtet; nur die Zuführungen zur bzw. Auflösungen der Pensionsrückstellung wurden berücksichtigt, da sie den zusagebedingten Zahlungsstrom beeinflußen.

Diese Vorgehensweise ist unproblematisch, solange Pensionszusagen bis zu ihrer vollständigen Abwicklung betrachtet werden, da dann die Restverpflichtung[9] Null beträgt. Probleme können jedoch auftreten bei der Betrachtung eines offenen Kollektivs in einem Unternehmen auf Dauer.

Die Modellkonzeption von Strobel und Sturm ist unter diesem Aspekt geeignet für die Untersuchung von Einzelzusagen sowie von geschlossenen Kollektiven bis zur Abwicklung der letzten Verpflichtung. Bei der Untersuchung des Beharrungszustands gibt es für Sturm in der Modell-

---

1) Oder mit den Worten Sturms: "aufgrund der Fondsrestriktion" infolge der "Prämisse der Ausschüttungsindifferenz"; vgl. Sturm, N., ebd., S. 368 bzw. S. 50
2) Den Steigerungsfaktor der Beginnrenten g setzt Sturm mit $g = 1 + w$ an, wobei w das Symbol für die Inflationsrate darstellt. Vgl. Sturm, N., ebd., S. 245
3) Vgl. ebd., S. 366
4) Vgl. ebd., S. 326 - 328 sowie S. 366 - 370
5) Vgl. Abschn. B.II.3.2.5
6) Strobel und Sturm betrachten in ihrem Rechenmodell ausschließlich die zusagebedingten (kumulierten) Liquiditätsveränderungen V_t als "Pensionsfonds" bzw. "Fondsvermögen". Vgl. Strobel, W., (Entscheidungsproblem 1977), DB 1977, S. 781 - 787; ders., (Betriebsrenten 1978), ZfbF 1978, S. 73 - 81; Sturm, N., (Betriebliche Altersrenten 1980), S. 42 - 58, 105 - 145, 162 - 375
7) "Analytische Falschmünzerei" wird von Strobel konstatiert: vgl. Strobel, W., (Entscheidungsproblem 1977), DB 1977, S. 786; ders., (Betriebsrenten 1978), S. 77
8) Vgl. ebd., S. 77
9) Vgl. dazu Haueisen, P., (Gestaltungsformen 1983), S. 80

situation ***A*** keine Probleme: denn der Kapitalwert der Pensionsrückstellungen[1] konvergiert in diesem Fall gegen Null[2].

In der Modellsituation ***C*** hingegen versagt diese Modellkonzeption: denn hier wachsen die Pensionsrückstellungen[1] ebenso wie der von Sturm ausschließlich betrachtete Kapitalansammlungsfonds von Periode zu Periode mit dem dominierenden finanziellen Wachstumsfaktor g an. Mit der Beschränkung auf den Kapitalansammlungsfonds klammert Sturm die noch nicht abgewickelten Pensionsverpflichtungen vollständig[3] aus seinem Rechenmodell aus.

Das Resultat sieht in der Modellsituation wie folgt aus: Wenn Sturm mit dem durch seinen kritischen Lohnbetrag L_1^k induzierten Zahlungsstrom gerade die Entwicklung des Kapitalansammlungsfonds mit dem g-relativen Endwert V kompensiert, so folgt hieraus die g-relative Konvergenz des bilanziellen Eigenkapitals[4] gegen den Niveauwert 0 - R = -R. Eine Rücklagenverminderung, die auf die Dauer in der Größenordnung der Pensionsrückstellungen g^T R über alle Grenzen wächst, ist jedoch mit der von Sturm postulierten Ausschüttungsindifferenz unverträglich.

Trotz der Schwächen im Sturmschen Ansatz ist ihm ein Verdienst sicher: Sturm hat - soweit ersichtlich - als Erster im betriebswirtschaftlichen Schrifttum das Prinzip der "Methode der geschlossenen Kollektive" zur Analyse des Beharrungszustands zu nutzen vermocht.

Nach dieser zwangsläufig tiefergehenden Analyse des Sturmschen Rechenmodells zurück zur Frage nach der Tauglichkeit eines BHZ-Modells: die wesentlichen Aspekte sind bei der vorstehenden Besprechung der in jüngerer Zeit hierzu geäußerten Meinungen nicht hinreichend deutlich geworden. Mehr Klarheit verspricht die verbale Einführung des Beharrungszustands durch Müller[5]:

> "Ein weiterer Begriff, der betrachtet werden muß, ist der Begriff der Stabilität. Er bedeutet, daß in einem gewissen Zustand, den man stationär nennt, Gesetzmäßigkeiten besonders transparenter Art gelten, die das finanzielle Gleichgewicht zwischen den Beitragszahlern, den Leistungen und den Zinserträgen aus der Anlage der Deckungskapitalien darstellen. Im allgemeinen kann der stationäre Zustand nur dann entstehen, wenn man einen hinrei-

---

1) Die Pensionsrückstellungen sind ein möglicher - bilanzieller - Wertansatz für die Restverpflichtung. Die hier und im folgenden zum notwendigen Ansatz der Restverpflichtung gezogenen Schlußfolgerungen gelten jedoch analog für andere adäquate Wertansätze, z.B. für den Barwert der erreichten unverfallbaren Anwartschaft als Abfindungswert, oder etwa für den in Abschn. B.II.3.3.1 skizzierten "Endwert inclusive Abwicklung nach Schließung". Wesentlich ist in der Modellsituation **C** das g-dynamische Wachstum der Pensionsverpflichtungen, folglich auch der Restverpflichtung, folglich auch des Wertansatzes für die Restverpflichtung.

2) Vgl. Gl. (66)

3) Sturm erliegt dem Irrtum, er könne die Restverpflichtung dadurch "einfangen", daß er allein mit dem Kapitalansammlungsfonds den zeitlichen Grenzübergang $t \longrightarrow \infty$ durchführt: vgl. Sturm, N., (Betriebliche Altersrenten 1980), S. 345 - 347. Ein Grenzübergang ergibt jedoch nur dann eine korrekte Aussage, wenn der Ansatz für fast alle (d.h. endlich viele Ausnahmen sind zugelassen) endlichen festen t korrekt ist. Insofern führt der Sturmsche Versuch, die Restverpflichtung ausschließlich mit der (zeitlich totalen) Entwicklung des Kapitalansammlungsfonds zu erfassen, zu einem logisch fehlerhaften circulus vitiosus. Zu einem logisch korrekten Ergebnis unter Vermeidung "bilanzieller" Größen würde beispielsweise der Modellansatz eines "Endwerts inclusive Abwicklung nach Schließung" aus Abschn. B.II.3.3.1 führen. Pikanterweise unterläuft Sturm sein Fehlschluß bei der Kritik am Abbruch der (zeitlichen) Betrachtung durch Höfer mit dem Entscheidungskriterium des bilanziellen Eigenkapitals: vgl. Sturm, N., ebd., S. 345 und S. 347 f.

4) Vgl. Gl. (64)

5) Vgl. Müller, N.E., (Pensionsversicherung 1973), S. 140

chend langen Zeitraum beobachtet, streng mathematisch meistens sogar einen unendlich langen Zeitraum. Doch kann bei gewissen Strukturen der Gesamtheiten der erwähnte stationäre Effekt schon wesentlich früher auftreten. Anstelle des stationären Zustandes spricht man auch vom Beharrungszustand."

Die "Gesetzmäßigkeiten besonders transparenter Art"[1] als charakteristischen Vorteil sowie die große zeitliche Distanz als charakteristischen Nachteil des Beharrungszustands hat Hoffmann[2] so ausgedrückt:

> "Es scheint zunächst auch ein etwas theoretisches Unterfangen zu sein, eine Generation von Versorgungsberechtigten über einen Zeitraum von bis zu 80 Jahren zu verfolgen, in denen andere wirtschaftliche Einflüsse die Vorausberechnungen gegenstandslos werden lassen; bei einer Beobachtung über kürzere Zeiträume lassen sich aber die typischen Erscheinungen nicht klar erkennen. Bei der Wahl anderer Rechnungsgrundlagen werden sich zwar außerdem etwas andere Zahlenwerte, aber grundsätzlich kaum andere Verhältnisse ergeben."

Die schönste Formel verliert an Bedeutung, wenn der Zeitraum zu groß ist, der vergehen muß, bis die errechneten Größenverhältnisse zum Tragen kommen. Wesentlich ist demnach die Frage nach der Konvergenzgeschwindigkeit. Für das mit der Methode der geschlossenen Kollektive berechnete bilanzielle Eigenkapital kann diese Frage allgemein beantwortet werden. Die Herleitung in Anhang 7 führt zu folgendem Ergebnis[3]:

In der Modellsituation ***A*** mit $z^{-1} < 1$ gilt:

$$(72) \qquad q_s^{-T}\ EK_T - C_o = z^{-T}\ \text{const}(T) \qquad \text{für } T > 84,$$

und in der Modellsituation ***C*** mit $z < 1$ gilt:

$$(73) \qquad g^{-T}\ EK_T - EK = z^{T}\ \text{const}(T) \qquad \text{für } T > 84.$$

Der Kapitalwert bzw. der g-relative Endwert des bilanziellen Eigenkapitals konvergiert also exponentiell gegen C_0 bzw. EK. Die Konvergenz erfolgt umso schneller, je größer der Abstand des zentralen Dynamikfaktors von der Eins ist. Tabelle 3 enthält die Halbwertszeiten für einen realistischen Bereich von z bzw. z^{-1}, also den Zeitraum T, für den $z^T = 0{,}5$ bzw. $z^{-T} = 0{,}5$ gilt. Damit kann die Konvergenzgeschwindigkeit anschaulich überschlagen werden: nach fünf Halbwertszeiten ist der Abstand vom Grenzwert auf $z^{5T} = 0{,}5^5 = 0{,}0313$, also auf rund 3% seines Ausgangswerts abgesunken, nach zehn Halbwertszeiten auf ca. 1‰ des Ausgangswerts.

Damit wird einmal mehr die Bedeutung des zentralen Dynamikfaktors z unterstrichen. Neben der Größenordnung des ebenfalls von z abhängenden[4] Ausgangsabstands bestimmt die Höhe von z unmittelbar die Konvergenzgeschwindigkeit gegen den jeweiligen Grenzwert des bilanziellen Eigenkapitals. Wenn z nahe bei eins liegt, wenn man sich also in der Nähe der Modellsituation ***B*** befindet, ist mit einem hohen Ausgangsabstand[5] und mit einer langsamen Konvergenz zu rechnen. Mit zunehmendem Abstand zwischen z und eins wächst die zeitliche Bedeutung der BHZ-Aussagen. Dieser Gesichtspunkt ist bei der Beurteilung der Rechenergebnisse zu beachten.

---

1) Vgl. Müller, N.E., (Pensionsversicherung 1973), S. 140
2) Vgl. Hoffmann, R., (Betriebliche Altersversorgung 1969), S. 126
3) Vgl. Anhang 7, Nr. 5 e) und f)
4) Vgl. Anhang 7, Nr. 5
5) Der Ausgangsabstand enthält eine Komponente, die mit dem Faktor z / (1-z) multipliziert wird. Vgl. Anhang 7, Nr. 5

Tabelle 3: Halbwertszeiten in Abhängigkeit vom zentralen Dynamikfaktor z

z^{-1} bzw. z	Halbwertszeit in Jahren	z^{-1} bzw. z	Halbwertszeit in Jahren
0,995	138,3	0,94	11,2
0,990	69,0	0,93	9,6
0,985	45,9	0,92	8,3
0,980	34,3	0,91	7,3
0,975	27,4	0,90	6,6
0,970	22,8	0,89	5,9
0,965	19,5	0,88	5,4
0,960	17,0	0,87	5,0
0,955	15,1	0,86	4,6
0,950	13,5	0,85	4,3

3.3.4 Zusammenfassung

In einem Unternehmen auf Dauer bietet sich bei fortgesetzter ordnungsgemäßer Erfüllung der Pensionsverpflichtungen das bilanzielle Eigenkapital als Entscheidungskriterium eines Endwertmodells an. Mit dieser Wahl des zusagebedingten Endvermögens betrachtet man die zusagebedingte langfristige Rücklagenveränderung.

Dieser Ansatz führt in der Modellsituation ***A*** zum Kapitalwert des zusagebedingten Zahlungsstroms C_0 und in der Modellsituation ***C*** zum g-relativen Niveauwert des bilanziellen Eigenkapitals EK als Meßgrößen.

Für ein BHZ-Modell mit einem über alle Grenzen wachsenden Planungszeitraums ist es in einer Personengesellschaft plausibler, das Unternehmensziel der Einkommensmaximierung anstelle der Endwertmaximierung zu unterstellen. Hierfür kann eine g-dynamische Annuität mit dem Ausgangsbetrag M angegeben werden, die bei identischem zentralen Dynamikfaktor z eine äquivalente Meßgröße darstellt.

Als geeignete Bezugsgröße für die in dieser Arbeit angestrebten Relativangaben[1] erweist sich die Lohn- und Gehaltssumme des begünstigten Mitarbeiterkreises; sie ermöglicht eine Einordnung der Größenordnung zusagebedingter Ergebnisse sowie den Vergleich unterschiedlicher Pensionszusagen; ferner ist sie invariant gegenüber ihrem stationären Steigerungsfaktor I. Bei unterschiedlicher Bestands- oder Bezügeentwicklung kommt ihr eine Normierungsfunktion zu.

Als relative Meßgröße wird daher das Verhältnis der zusagebedingten Annuität M zur Niveaugröße der Lohn- und Gehaltssumme nach Ertragsteuern festgelegt.

Zur abschließenden Frage nach dem Erkenntniswert eines derart konzipierten BHZ-Modells zeigt ein Blick auf die Äußerungen im jüngeren betriebswirtschaftlichen Schrifttum, daß der wichtige

---

1) Vgl. Abschn. B.II.2.2.2

Aspekt der Konvergenzgeschwindigkeit des zusagebedingten Endvermögens nicht klar herausgearbeitet wurde.

Aus dem Einwand der mangelnden Anwendbarkeit folgt nicht notwendig, daß ein BHZ-Rechenmodell - insbesondere mit geeigneten Parametervariationen - für "Modellrechnungen im engeren Sinn"[1] ungeeignet ist.

Zwangsläufig stößt man bei einer Nachsteuerbetrachtung im Beharrungszustand auf das BHZ-Modell von Sturm[2], der offensichtlich als erster die Methode der geschlossenen Kollektive in der Investitionsrechnung angewendet hat. Hierzu war die Klarstellung erforderlich, daß eine Vernachlässigung der noch nicht abgewickelten Restverpflichtung zu einem Fehlansatz führt.

Dem charakteristischen Vorteil, daß sich im Beharrungszustand klare, leicht durchschaubare Verhältnisse einstellen, steht der charakteristische Nachteil der großen zeitlichen Distanz gegenüber.

Überlegungen zur Bedeutung des zentralen Dynamikfaktors z für die Konvergenzgeschwindigkeit des bilanziellen Eigenkapitals im Zeitablauf runden den theoretischen Teil der Arbeit ab.

Das Fundament für die Konstruktion des konkreten BHZ-Rechenmodells steht damit zur Verfügung.

---

1) Vgl. Abschn. B.II.2.3

2) Vgl. Sturm, N., (Betriebliche Altersrenten 1980), S. 305 - 375

III. Darstellung des eigenen Rechenmodells

Um das in Abschnitt B.II.1 vorgestellte abstrakte Rechenmodell mit Leben zu erfüllen, muß die in Abschnitt B.II.1.1.1 vorgegebene Ausgangssituation konkretisiert werden. Entsprechend dem Konzept einer "Modellrechnung im engeren Sinn"[1] wird im folgenden ein Grundmodell beschrieben, das die Ausgangsbasis für die Variation wichtiger Parameter bildet. Nach der Festlegung der einzelnen Modellparameter wird die "Datengrundkonstellation"[2] des Grundmodells zusammengestellt werden. Zuvor sollen die in Kapitel B bereits angesprochenen, jedoch noch nicht ausdrücklich als solche formulierten Prämissen aufgelistet und ergänzt werden:

1. Modellprämissen

Für die Herleitung des abstrakten Rechenmodells wurden in Abschnitt B.II.1.1.2 sechs Grundprämissen formuliert: bei Fortgeltung der derzeitigen Rechtslage war unter der Annahme der "Steuerwirksamkeit" der zusagebedingten Möglichkeiten sowie der "alternativen Gewinnthesaurierung" Fremdkapitalsubstitution bei vollkommenem, unbeschränktem Kapitalmarkt unterstellt worden.

Zusätzliche Annahmen in Abschnitt B.II.1 waren:

Prämisse 7: Das Modellunternehmen gehört zu den gewerblichen "Personenunternehmungen, deren Inhaber ausschließlich natürliche Personen sind."[3]

Prämisse 8: Für die Inhaber kommt bei der Einkommensteuer "einheitlich der Spitzensatz zur Anwendung"[4].

Prämisse 9: Zusagebedingte Liquiditätswirkungen werden jeweils zum Ende des mit dem Kalenderjahr übereinstimmenden Wirtschaftsjahrs des Modellunternehmens erfaßt.

Die Annahmen zur Erfassung der Steuerwirkungen werden wie folgt präzisiert:

Prämisse 10: Zusagebedingte Steuerwirkungen beschränken sich auf die Steuerarten ESt, KiSt, GewErtrSt, GewKapSt und VSt. Eine Ergänzungsabgabe wird nicht einbezogen. Auswirkungen bei der Erbschaftsteuer der Inhaber werden nicht berücksichtigt.

Prämisse 11: Die zur Erfassung der Steuerwirkungen verwendeten Multifaktoren werden ohne Rundung auf die zusagebedingten Veränderungen der Bemessungsgrundlagenteile angewendet; Rundungsvorschriften für die Bemessungsgrundlagenteile bleiben unberücksichtigt[5].

---

1) Vgl. Abschn. B.II.2.3
2) Vgl. Haueisen, P., (Gestaltungsformen 1983), S. 159 f.
3) Vgl. Rose, G., (Teilsteuersätze 1984), DB 1984, S. 16
4) Vgl. Rose, G., (Steuerbelastung 1973), S. 125
5) Vgl. Post, M., (Stille Beteiligung 1975), S. 138 f.; Hieber, O.L., (Unternehmenswert 1986), S. 110

Prämisse 12: "Hinsichtlich der Substanzsteuern wird davon ausgegangen, daß eine jährliche Fortschreibung des Einheitswertes des Betriebsvermögens nach § 22 Abs. 1 Nr. 2 BewG erfolgt."[1]

Zum Ansatz der Pensionsrückstellungen wird angenommen:

Prämisse 13: Die Pensionsverpflichtungen werden in Handels- und Steuerbilanz mit dem Teilwert gemäß § 6a EStG bewertet[2].

Eine Ceteris-paribus-Bedingung für das (finanzielle) Restsystem des Modellunternehmens wird in Erweiterung von Prämisse 10 wie folgt formuliert:

Prämisse 14: Die zusagebedingten (finanziellen) Auswirkungen sind mit dem in Gleichung (16) bis (23) beschriebenen finanziellen Teilsystem vollständig erfaßt. Weitere Auswirkungen, insbesondere potentielle Personalkostenersparnisse, werden nicht berücksichtigt[3].

Für die untersuchten Pensionszusagen und deren Abwicklung wird angenommen:

Prämisse 15: Ein allgemeines Versorgungswerk[4] begünstigt ein offenes Kollektiv von Mitarbeitern; die Voraussetzungen des § 6a Abs. 1 EStG für die Bildung von Pensionsrückstellungen sind erfüllt[5]. Die Zusage enthält keine über die gesetzliche Mindestnorm[6] hinausgehende Unverfallbarkeitsregelung.

Prämisse 16: Die Erfüllung der Pensionsverpflichtungen auf ordentlichem Wege[7] ist gesichert; insbesondere erlaubt die wirtschaftliche Lage des Modellunternehmens die jeweils untersuchte Anpassung der laufenden Renten[8].

Prämisse 17: Anpassungen der laufenden Renten erfolgen zum Periodenbeginn; sie werden den Rentnern zum Ende der vorangehenden Periode schriftlich mitgeteilt, so daß sie bei der Rückstellungsberechnung zum Ende der Vorperiode zu berücksichtigen sind[9].

Prämisse 18: Bezügesteigerungen erfolgen im Laufe der jeweiligen Periode, jedoch rückwirkend vom Periodenbeginn an.

---

1) Vgl. Haueisen, P., (Gestaltungsformen 1983), S. 84, FN 1; Hieber, O.L., (Unternehmenswert 1986); S. 110
2) Vgl. Abschn. B.I.2.2.3 und B.II.1.2.2
3) Vgl. Abschn. B.II.2.1
4) In Gestalt einer vertraglichen Einheitsregelung oder einer Gesamtzusage oder einer Betriebsvereinbarung: vgl. Abschn. B.I.2.1.4
5) Vgl. Abschn. B.I.2.2.3
6) Vgl. Abschn. B.I.2.1.3 sowie Abschn. B.I.3.2
7) Vgl. Abschn. B.I.2.1.4
8) Zur Anpassung nach § 16 BetrAVG vgl. Abschn. B.I.4.3
9) Entsprechend dem Stichtagsprinzip des § 6a Abs. 3 EStG: vgl. Abschn. B.I.2.2.3

Ein weitgehend stationärer Modellansatz wird erreicht durch die

Prämisse 19: Die vorstehenden Prämissen gelten im Zeitablauf unverändert weiter. Mit Ausnahme der Bestandsfortschreibung erfolgt ein einwertiger Ansatz aller Modell parameter bei Sicherheit[1].

Zum Ansatz und zur Fortschreibung des begünstigten Personalbestands gelten folgende Annahmen:

Prämisse 20: Die Eintrittsaltersstruktur der untersuchten Kollektive wird als Verteilung auf Altersklassen mit einer Breite von 5 Jahren erfaßt[2]

Prämisse 21: Die Bestandsfortschreibung erfolgt mit Hilfe stationärer Übergangswahrscheinlichkeiten[3].

Prämisse 22: Der Wachstumsfaktor w[4] und die Eintrittsaltersstruktur des Neuzugangs[5] sind stationär vorgegeben.

Prämisse 23: Der Bestandsumfang ist hinreichend groß, um praktisch sichere Relativangaben zu gewährleisten[6].

Auf der Basis dieses Prämissensystems können die Einzelheiten des Rechenmodells sowie weitere, meist technische Prämissen festgelegt werden.

2. Berechnung der Vorsteuergrößen

Ausgangspunkt für die im Zeitablauf bei vorgegebener Pensionszusage an ein geschlossenes Kollektiv resultierenden Rentenzahlungen RZ_t, Rückstellungen R_t, Verwaltungskosten VK_t und PSVaGBeiträge PS_t ist die Fortschreibung des Personalbestands.

2.1 Bestandsprognose

Hierfür sind aus einer geeigneten Ausscheideordnung[7] modelladäquate Übergangswahrscheinlichkeiten abzuleiten:

---

1) Vgl. dazu im einzelnen Abschn. B.II.2.3 sowie Abschn. B.II.3.2.2. Vgl. auch Hieber, O.L., (Unternehmenswert 1986), S. 171
2) Vgl. Abschn. B.II.2.2.4. Dabei werden die Klassenergebnisse durch lineare Interpolation der für die Klassengrenzen berechneten Ergebnisse ermittelt.
3) Vgl. Abschn. B.II.3.1.2
4) Vgl. Abschn. B.II.3.1.2. Im Grundmodell gilt "w = 1"; Modifikationen mit "w = 1,01" bzw. "w = 0,99" werden in Abschn. C.I.2.4.2.2 und C.II.2.4.2.2 besprochen.
5) Vgl. Abschn. B.II.3.2.6
6) Vgl. Abschn. B.II.2.2.2 und Abschn. B.II.2.2.3
7) Vgl. Abschn. B.II.2.2.1

2.1.1 Die Ausscheideordnung

Im Grundmodell kommen die um dienstzeitabhängige[1] Fluktuationswahrscheinlichkeiten erweiterten "Richttafeln"[2] zur Anwendung.

Tabelle 4: Einjährige Fluktuationswahrscheinlichkeiten in Abhängigkeit von den zurückgelegten Dienstjahren[3] m

m	f_m ‰	m	f_m ‰	m	f_m ‰
0	70,000	10	45,383	20	13,582
1	69,364	11	38,197	21	12,045
2	68,480	12	31,011	22	10,446
3	67,015	13	25,552	23	8,791
4	64,871	14	22,396	24	7,204
5	61,925	15	20,306	25	5,834
6	58,460	16	19,021	26	4,579
7	54,460	17	17,774	27	3,303
8	49,553	18	16,450	28	1,895
9	47,510	19	15,052	29	0,571
				30 und mehr	0,000

Die in Tabelle 4 enthaltenen Fluktuationswahrscheinlichkeiten hängen nur vom Eintrittsalter, nicht vom Alter ab. Damit wird das Ergebnis einer aus der Untersuchung des Instituts für Arbeitsmarkt- und Berufsforschung über Berufsverläufe stammenden empirischen Analyse[4] berücksichtigt[5]:

> "Das Alter der Arbeitnehmer bei der Einstellung hat (bis zum 50. Lebensjahr) unter sonst gleichen Bedingungen praktisch keinen Einfluß auf die Betriebszugehörigkeitsdauer."

---

1) Vgl. zu einem ähnlichen Ansatz Heubeck, K., (Turnover 1988), S. 191 - 197
2) Die biometrischen Grundwerte sind enthalten in Heubeck, K., (Richttafeln 1983), S. 18 und S. 20. Vgl. auch Abschn. B.II.2.2.1
3) Die Dienstjahre ergeben sich aus der zurückgelegten Dienstzeit durch Rundung auf volle Jahre, wobei aufgerundet wird, wenn ein Rest von mehr als einem halben Jahr verbleibt.
4) Vgl. Hofbauer, H. / König, P. / Nagel, E., (Betriebszugehörigkeitsdauer 1974), MittAB 1974, S. 288 - 304
5) Vgl. ebd., S. 288

Ferner tragen die mit wachsendem m monoton fallenden Fluktuationswahrscheinlichkeiten der Tabelle 4 einem weiteren strukturellen Ergebnis dieser Analyse Rechnung, daß nämlich die "Betriebszugehörigkeits-Restdauer"[1] mit zunehmender Dienstzeit ansteigt.

Nach über 30-jähriger Dienstzeit wird eine Fluktuation vernachlässigt.

Im Grundmodell werden die in Tabelle 4 enthaltenen Fluktuationswahrscheinlichkeiten zusätzlich zwischen Alter 55 und 60 linear auf Null abgesenkt. Das läuft auf dienstzeit- und altersabhängige Fluktuationswahrscheinlichkeiten der Gestalt

Def. 20) $f_{xm} := f_m k_x$

mit dem altersabhängigen Korrekturfaktor k_x hinaus:

Def. 21) $k_x := \begin{cases} 1 & \text{für Alter } x \leq 55 \\ (60 - x)/5 & \text{für Alter } 55 \leq x \leq 60 \\ 0 & \text{für Alter } 60 \leq x \end{cases}$

Die f_{xm} werden bei Männern und Frauen in gleicher Höhe angesetzt ($f_{xm} = f_{ym}$ für $x = y$).

Im Vergleich zu den biometrischen Grundwerten der Richttafeln[2] ist eine Erfassung der Fluktuation mit wesentlich höherer Unsicherheit[3] behaftet. In Kapitel C wird daher untersucht, wie sich der Ansatz einer Fluktuation von Null bzw. der Ansatz verdoppelter einjähriger Fluktuationswahrscheinlichkeiten auswirkt[4].

2.1.2 Die Übergangswahrscheinlichkeiten

Die Erweiterung der biometrischen Grundwerte[5] der Richttafeln um Fluktuationswahrscheinlichkeiten erfordert zunächst eine Korrektur der von letzteren unabhängig ermittelten[6], untereinander abhängigen[7] Sterbe- und Invalidisierungswahrscheinlichkeiten der Aktiven q_x^a und i_x. Diese Korrektur erfolgt mit der üblichen Näherung[8]: man ersetzt (mit der Bezeichnungsweise der Richttafeln[9])

$$q_x^a \text{ durch } q_x^a\,(1 - 0{,}5\, f_{xm})$$

$$\text{und} \quad i_x \text{ durch } i_x\,(1 - 0{,}5\, f_{xm})$$

---

1) Vgl. ebd., S. 288

2) Vgl. Heubeck, K., (Richttafeln 1983), S. 18 - 21

3) Die Bestimmungsfaktoren der Fluktuation reichen von der gesamtwirtschaftlichen Konjunkturlage über den Wirtschaftszweig und die Größe des Unternehmens bis hin zum beruflichen Status des einzelnen Mitarbeiters. Vgl. Hofbauer, H. / König, P. / Nagel, E., (Betriebszugehörigkeitsdauer 1974), MittAB 1974, S. 288 - 291

4) Vgl. Abschn. C.I.2.4.2.1 und C.II.2.4.2.1

5) Vgl. Heubeck, K., (Richttafeln 1983), S. 18 und 20

6) Dies hat Schwab nicht berücksichtigt: vgl. Schwab, H., (Modell 1988), S. 119

7) Vgl. Heubeck, K., (Richttafeln 1983), S. 16

8) Vgl. Rhiel, R., (Prognoseverfahren 1986), Blätter DGVM 1986, S. 336. Zur Problematik der abhängigen und unabhängigen Wahrscheinlichkeiten vgl. Reichel, G., (Unabhängige Verbleibswahrscheinlichkeiten 1983), Blätter DGVM 1983, S. 205 - 220

9) Vgl. Heubeck, K., (Richttafeln 1983), S. 17

Für die Statusgruppe der Aktiven[1] resultiert daraus die einjährige Verbleibenswahrscheinlichkeit mit

$$p_{xm}^{AA} = 1 - (q_x^a + i_x)\ (1 - 0{,}5\ f_{xm}) - f_{xm}$$

Das auf dieser Modifikation beruhende System von einjährigen Übergangswahrscheinlichkeiten ist in Anhang 8 vollständig beschrieben. Dieses System stimmt mit dem von Rhiel dargestellten System[2] mit Ausnahme der für "Mehrfach-Übergänge"[3] innerhalb einer Periode angesetzten Wahrscheinlichkeiten[4] überein. Abweichend von den Richttafeln wird im konkreten Rechenmodell mit folgenden Näherungen gearbeitet:

- Das Schlußalter für Rentner wird auf "z_R = 100" (statt 111) festgelegt.
- An die Stelle der y(x) bzw. x(y) der Richttafeln tritt eine konstante Altersdifferenz mit y(x) := x - 5 bzw. x(y) := y + 2.

Damit ist eine rekursive Fortschreibung eines beliebigen Ausgangsbestands möglich. Mit Hilfe der in Anhang 8 enthaltenen Übergangswahrscheinlichkeiten können die Erwartungswerte für die Anzahlen der einzelnen Statusgruppen in den Perioden t = 0, 1, 2, ... für jede Einzelperson und durch Summation für den Gesamtbestand berechnet werden[5].

2.1.3 Bestands- und Bezügestruktur

Im Grundmodell werden männliche Neuzugänge mit den in Übersicht 13 enthaltenen Strukturdaten[6] untersucht. Für den Begriff "Eintrittsaltersverteilung" soll im folgenden auch die Abkürzung EAV Verwendung finden.

Bei der EAV Typ 1 liegt das Schwergewicht sehr deutlich bei den jungen Neuzugängen; die - sicher unrealistische - Gleichverteilung bei der EAV Typ 2 soll als Hilfsmittel dienen, um einen

---

1) Vgl. oben das "Grundschema der Personengesamtheiten für die Fortentwicklung des Bestands" in Übersicht 12
2) Vgl. Rhiel, R., (Prognoseverfahren 1986), Blätter DGVM 1986, S. 336 f.
3) Ein Mehrfach-Übergang liegt vor, wenn der Übergang vom Ausgangsstatus zu Beginn der Periode zum Status am Periodenende auf dem "Umweg" über eine oder mehrere andere Statusgruppen erfolgt.
4) Bei Rhiel hängt die Wahrscheinlichkeit dafür, daß ein Aktiver das Periodenende als Rentner erreicht, davon ab, ob dieser Übergang auf dem Umweg über eine vorangehende Fluktuation erfolgt ist. Falls die Fristen für den Erwerb einer unverfallbaren Anwartschaft erfüllt sind, dann erscheint die Forderung plausibel, daß die genannte Wahrscheinlichkeit von einer evtl. Fluktuation unabhängig sein sollte. Analog hierzu sollte die Verbleibenswahrscheinlichkeit einer Neu-Witwe bis zum Periodenende nicht davon abhängen, ob ein Einfach- oder Mehrfach-Übergang vorausgegangen ist. Vgl. Rhiel, R., ebd., S. 337
5) Vgl. Abschn. B.II.2.2.2
6) Vgl. dazu Abschn. B.II.2.2.4

Übersicht 13: Eintrittsalters- und Bezügestruktur der Männer im Grundmodell

Eintrittsalter	EAV Typ 1	EAV Typ 2	Bruttomonatsgehalt
.. bis 25	40,0%	12,5%	1.966 DM
26 bis 30	30,0%	12,5%	2.645 DM
31 bis 35	20,0%	12,5%	3.186 DM
36 bis 40	5,0%	12,5%	3.482 DM
41 bis 45	3,0%	12,5%	3.550 DM
46 bis 50	1,2%	12,5%	3.501 DM
51 bis 55	0,5%	12,5%	3.446 DM
56 bis ..	0,3%	12,5%	3.323 DM
	100,0%	100,0%	

Ergebnisbereich abzustecken, der einen Großteil der in der Praxis anzutreffenden Eintrittsaltersverteilungen abdeckt. Das Ergebnis für die in Übersicht 14 enthaltenen alternativen Eintrittsaltersverteilungen wird in Kapital C besprochen[1].

Übersicht 14: Alternative Eintrittsaltersstrukturen

Eintritts-alter	EAV Typ						
	3%	4%	5%	6%	7%	8%	9%
.. bis 25	30	20	40	35	35	25	15
26 bis 30	25	20	10	10	25	20	15
31 bis 35	20	20	10	10	19	17	15
36 bis 40	10	15	15	15	13	14	15
41 bis 45	6,5	10	10	10	4	9	14
46 bis 50	4,1	7	7	8	2	7	12
51 bis 55	3,0	5,5	5,5	6,5	1,5	5	8,5
56 bis ..	1,4	2,5	2,5	5,5	0,5	3	5,5
	100	100	100	100	100	100	100

1) Vgl. Abschn. C.I.2.4.1.2 sowie Abschn. C.II.2.4.1.2

Übersicht 15: Eintrittsaltersstruktur eines Beispiels-Ausgangsbestands bei Unternehmensneugründung sowie alternative Bezügestruktur für Frauen

Eintrittsalter	EAV des Ausgangsbestands[1] Männer(%)	Frauen(%)	Brutto-Monatsgehalt[1] für Frauen
.. bis 25	5	24	1.739 DM
26 bis 30	12	20	2.114 DM
31 bis 35	14	11	2.303 DM
36 bis 40	19	12	2.347 DM
41 bis 45	16	10	2.318 DM
46 bis 50	12	7	2.282 DM
51 bis 55	11	9	2.282 DM
56 bis ..	11	8	2.315 DM
	100	100	

Die in Übersicht 13 wiedergegebene Bezügestruktur soll ausschließlich der in der Praxis häufig[2] anzutreffenden Tendenz Rechnung tragen, daß bis zu einem Alter von 40 bis 50 Jahren die Bezüge mit zunehmendem Alter ansteigen und für höhere Alter eher rückläufig sind.

Die "krummen" Zahlenwerte der Brutto-Monatsgehälter kommen daher, daß sie ohne weitere Rundung auf volle 50 oder 100 DM aus einer internen[3] Arbeitsunterlage des Statistischen Bundesamtes im Zusammenhang mit der Gehalts- und Lohnstrukturerhebung 1978[4] gewonnen wurden.

Mit der Anlehnung an gesamtwirtschaftliche Strukturen soll jedoch keineswegs der Eindruck[5] hervorgerufen werden, die Ergebnisse könnten aus diesem Grund als repräsentativ angesehen werden. Eine derartige Anlehnung kann allenfalls Hilfestellung bei der Auswahl einer nicht atypischen Struktur leisten. Eintrittsalters-, Alters- und Bezügestruktur dürften vermutlich je nach Unternehmen mehr oder minder stark von einem gesamtwirtschaftlichen Durchschnitt abweichen[6].

---

1) Die Werte wurden ebenso wie die Bezügestruktur der Männer in Übersicht 13 aus der dazu genannten internen Arbeitsunterlage des Statistischen Bundesamtes gewonnen.

2) Vgl. dazu die von Schusinski bzw. Richter angegebenen Beispiele: Schusinski, E., in: Schaub, G. / Schusinski, E. / Ströer, H., (Altersvorsorge 1976), S. 214; Richter, G., (Überwachung 1985), BB 1985, S. 901

3) Es handelt sich um eine Tabelle, in der "getrennt für männliche und für weibliche vollbeschäftigte Angestellte aller erfaßten Wirtschaftszweige (Produzierendes Gewerbe, Groß- und Einzelhandel, Kreditwesen, Versicherungsgewerbe) die durchschnittlichen Bruttomonatsverdienste im Oktober 1978 in Kombination mit dem Lebensalter und der Dauer der Zugehörigkeit zum Unternehmen (jeweils Klassen) dargestellt" sind. Das Zitat ist dem Begleitschreiben des Statistischen Bundesamtes vom 21. 07. 1983 an den Verfasser entnommen.

4) Vgl. Statistisches Bundesamt (Hrsg.), (Gehalts- und Lohnstrukturerhebung 1978/1982)

5) Vgl. etwa Höfer: "Objektives und zugleich repräsentatives Kriterium ist die Altersverteilung der männlichen Erwerbsbevölkerung der Bundesrepublik Deutschland." aus: Höfer, R., (Betriebliche Altersversorgung 1973), S. 64

6) Gl. A. ist Höfer im Hinblick auf die "Altersverteilung des Neuzugangs": vgl. Höfer, R., ebd., S. 86

Daher kommt auch den in Übersicht 15 wiedergegebenen Strukturdaten zur Variation des Grundmodells nur ein beispielhafter Charakter zu.

Für die Männer des Ausgangsbestands wird die in Übersicht 13 enthaltene Bezügestruktur verwendet.

Wesentlich ist die Größenordnung der Bezüge insofern, als ihre Relation zur Größenordnung der zugesagten Versorgungsleistungen interessiert.

2.2 Die betrachteten Pensionszusagen

Wegen der beispielhaften Vorgabe der Bezügestrukturen werden die Versorgungsleistungen bezügeunabhängig festgelegt, im Fall der Anwartschaftsdynamik allerdings an den Steigerungsfaktor der Bezüge l gekoppelt, womit der Steigerungsfaktor der Beginnrenten g mit l übereinstimmt: "g = l". Im Fall der Anwartschaftsdynamik gilt $g \geq 1$.

Anknüpfend an das in Abschnitt B.I.3.5 ausführlicher beschriebene allgemeine Versorgungswerk lassen sich die untersuchten Pensionszusagen auf der Basis von Prämisse 15 wie folgt skizzieren:

- Leistungsarten:	-	Alters- und Invalidenleistungen
	-	Witwen-/Witwerleistungen in Höhe von 60%
- Leistungsformen:	-	lebenslängliche, monatlich zahlbare Renten oder
	-	einmalige Kapitalbeträge in Höhe des Rentenbarwerts bei Eintritt des Versorgungsfalles nach den Richttafeln mit 6% Rechungszins
- Leistungsvoraussetzungen:	-	Wartezeit von 5 Jahren ab Mindestalter 25
	-	gesetzliche Unverfallbarkeitsregelung
	-	Altersgrenze von 63/60 Jahren für Männer/Frauen

Im Grundmodell wird die Pensionszusage Typ 1 mit dienstzeitunabhängigen Leistungen betrachtet; vorgesehen ist dabei eine monatliche Beginnrente bei Eintritt des Versorgungsfalles in der Periode t in Höhe von

$$g^t \, 250,\text{-- DM} \quad \text{für } t = 0, 1, 2, \ldots$$

Bezieht man die Monatsrente von 250 DM auf die in Übersicht 13 enthaltenen Monatsbezüge, so folgt ein vorgesehenes Zusageniveau zwischen

	100 (250 DM/3.550 DM) =	7,0% des höchsten
und	100 (250 DM/1.966 DM) =	12,7% des niedrigsten

Brutto-Monatsbezugs.

Die Gewichtung der Monatsbezüge in Übersicht 13 mit den zur EAV Typ 1 bzw. 2 gehörigen Altersgruppen-Anteilen liefert durchschnittliche Brutto-Monatsbezüge von 2.567 bzw. 3.137 DM für die EAV Typ 1 bzw. 2. Demnach beträgt das durchschnittliche vorgesehene Zusageniveau im Grundmodell

9,7% für die EAV Tpy 1,
8,0% für die EAV Typ 2.

Zur Anpassung der laufenden Renten enthält das Grundmodell einen Vergleich zwischen der Nullanpassung und der modellmäßigen[1] Anpassung gemäß § 16 BetrAVG.

Eine Variation des Grundmodells ist mit der Untersuchung der Pensionszusage Typ 2 mit dienstzeitabhängigen Leistungen verbunden. Dabei ergibt sich die monatliche Beginnrente zunächst wie folgt: für jedes bis zum Eintritt des Versorgungsfalles in der Periode t mindestens bis zur Hälfte abgeleistete Dienstjahr ist ein Steigerungsbetrag[2] in Höhe von

g^t 10,-- DM für t = 0, 1, 2, ...

vorgesehen. Dienstjahre werden hierfür frühestens ab der Vollendung des 25. Lebensjahres angerechnet.

Das mit der Pensionszusage Typ 2 vorgesehene Zusageniveau hängt von der jeweils betrachteten Eintrittsaltersverteilung ab. Um die Ergebnisse mit denjenigen des Grundmodells vergleichen zu können, wird in Kapitel C eine geeignete Anpassung des Steigerungsbetrags vorgenommen[3]. Mit den modifizierten Steigerungsbeträgen kann man sich näherungsweise am durchschnittlich vorgesehenen Zusageniveau im Grundmodell orientieren.

Weitere Modifikationen des Grundmodells ergeben sich aus unterschiedlichen Anpassungsmodi der laufenden Renten: Hälftelung, Anpassung mit der vollen Inflationsrate sowie einjähriger Anpassungsrhythmus werden untersucht[4]. Darüber hinaus interessieren die Auswirkungen der Zusage einer garantierten Anpassung in unterschiedlicher Höhe[5]. Hierfür wird das in Abschnitt B.I.4.4.3.3 angegebene Zusagemuster unterstellt.

2.3 Berechnung der Renten und Rückstellungen

Nach Festlegung der untersuchten Pensionszusage sowie des stationären Steigerungsfaktors der Beginnrenten g ergeben sich für einen x-jährigen Neueintritt der Periode "t = 0" die bei Eintritt des Versorgungsfalles der Invalidität oder bei Erreichen der Altersgrenze in den Perioden t = 1, ..., z_A-x zu zahlenden Aktiven-Beginnrenten[6] unmittelbar aus den oben[7] angegebenen Rentenformeln unter Berücksichtigung der Wartezeit.

1) Vgl. Abschn. B.III.3.4
2) Dieser Steigerungsbetrag kann äquivalent aus einem Steigerungs-Prozentsatz von 1% aus der Bemessungsgrundlage in Höhe von g^t 1000,-- DM (t = 0, 1, 2, ...) gewonnen werden. Vgl. Abschn. B.I.3.5
3) Vgl. Abschn. C.I.2.4.3 und C.II.2.4.3
4) Vgl. Abschn. C.I.1.2 sowie C.I.2.2
5) Vgl. Abschn. C.I.1.3 sowie C.I.2.3
6) Der Versorgungsfall tritt hier ohne vorzeitiges Ausscheiden des Mitarbeiters bei bestehendem Arbeitsverhältnis ein.
7) Vgl. Abschn. B.III.2.2

Die Beginnrenten eines vor Eintritt des Versorgungsfalles mit unverfallbarer Anwartschaft ausgeschiedenen Mitarbeiters werden zusätzlich mit dem "pro-rata-temporis"-Faktor[1] m/n gekürzt; im Fall der Anwartschaftsdynamik ist desweiteren zu beachten, daß in den auf das vorzeitige Ausscheiden folgenden Perioden die Dynamisierung der Beginnrenten entfällt[2].

Nachdem die Altersgrenze im Alter z_A erreicht ist, hat man es in den Folgeperioden nur noch mit laufenden Renten zu tun.

Bei festgelegtem Anpassungsrhythmus und stationär vorgegebenem Steigerungsfaktor der laufenden Renten $g_R = 1 + d_R$ kann man, ausgehend von der jeweiligen Beginnrente in der Periode $t = t_o$, die Höhe der in den Perioden $t = t_o, \ldots, z_R\text{-}x$ resultierenden laufenden Renten berechnen; dabei wird unterstellt, daß der Rentner die jeweilige Periode erlebt. Für die Ermittlung des Zeitpunkts der Erstanpassung der laufenden Rente wird der Zeitpunkt des Rentenbeginns fiktiv auf den Periodenbeginn vorverlegt[3].

Die Witwen- bzw. Witwerrenten betragen jeweils 60% der Rente des ehemaligen Mitarbeiters. Der Anpassungsrhythmus bleibt vom Übergang auf die Hinterbliebenen unberührt.

Formal lassen sich die in den einzelnen Perioden in Frage kommenden Rentenhöhen in Gestalt von "Anspruchsvektoren und -matrizen"[4] darstellen. Einzelheiten hierzu können den von Rhiel[4] beschriebenen Formeln entnommen werden.

Mit Hilfe von "Rentenanspruchsvektoren"[5] kann auch die Bewertung von Pensionsverpflichtungen in übersichtlicher und leicht nachvollziehbarer Form erfolgen[6]. Bei einer Bewertung mit dem Teilwert nach § 6a EStG ist zusätzlich das Stichtagsprinzip[7] zu beachten. Demnach sind die zum Bewertungsstichtag feststehenden[8] Werteverhältnisse maßgebend, während ungewisse künftige Veränderungen der Anwartschaften oder der Renten für die Bewertung unmaßgeblich sind[8].

Sind für die laufenden Renten angemessene[9] künftige Steigerungen fest zugesagt, so sind diese garantierten Anpassungen bei der Bewertung zu berücksichtigen.

Die konkrete Teilwertberechnung für Anwärter erfolgt mit der von Neuburger detailliert beschriebenen Rekursionsformel[10]. Als Rechnungsgrundlagen werden die Grundwerte der Richttafeln[11] mit einem Rechnungszinsfuß von 6% verwendet. Das rechnerische Pensionsalter beträgt 63/60 Jahre bei Männern/Frauen. Die Anwartschaften auf Witwen-/Witwerrente werden

---

1) Vgl. Abschn. B.I.2.1.3. Die tatsächliche (m) und die mögliche (n) Betriebszugehörigkeit wird nach vollen Monaten berechnet, wobei der Eintritts- und der Pensionierungsmonat bei Erreichen der Altersgrenze eingerechnet werden. Für die Ermittlung von m wird das Ausscheiden als jeweils auf die Periodenmitte fallend angenommen.

2) Vgl. das Ende von Abschn. B.I.4.2.3

3) Das läuft auf einen verkürzten Erstanpassungszeitraum hinaus, wenn der Rentenbeginn nicht mit dem Periodenbeginn zusammenfällt. Der Rentner muß also nie länger auf eine Anpassung warten als nach dem Anpassungsrhythmus vorgesehen.

4) Vgl. Rhiel, R., (Prognoseverfahren 1986), Blätter DGVM 1986, S. 338 - 340

5) Vgl. Neuburger, E., (Rechenverfahren 1983), Die steuerliche Betriebsprüfung 1983, S. 131

6) Vgl. ebd., S. 129 - 137

7) Vgl. Abschn. B.I.2.2.3 sowie Abschn. B.I.4.4.3

8) Vgl. Abschn. B.I.4.4.3.1

9) Vgl. Abschn. B.I.4.4.3.3

10) Vgl. Neuburger, E., (Rechenverfahren 1983), Die steuerliche Betriebsprüfung 1983, S. 131 - 133. Es handelt sich um die zweite der angegebenen Methoden.

11) Vgl. Heubeck, K., (Richttafeln 1983), S. 22 - 25

nach der kollektiven Methode[1] berechnet. In Anhang 9 sind dazu zwei Probeberechnungen aufgeführt, die den zugrundeliegenden Rentenanspruchsvektor, die verwendeten Tabellenwerte sowie den resultierenden Barwertvektor enthalten; die erste Berechnung basiert auf einer Pensionszusage ohne, die zweite auf einer Pensionszusage mit garantierter Rentenanpassung.

Die für diese Probeberechnungen verwendeten Barwertfaktoren[2] für laufende Renten errechnen sich im Fall ohne garantierte Rentenanpassung nach den bei Heubeck angegebenen Formeln[3]; für den Fall der garantierten Anpassung sind die verwendeten Formeln sowie die resultierenden Barwertfaktoren in Anhang 9 aufgeführt.

Bei der Untersuchung von Kapitalzusagen werden nur für Anwärter Pensionsrückstellungen gebildet, da mit der Auszahlung des Kapitalbetrags bei Eintritt des Versorgungsfalles die Pensionsverpflichtung erfüllt wird. Da der Kapitalbetrag zusagegemäß mit dem Rentenbarwert entsprechend der zugehörigen Rentenzusage auf der Basis von § 6a EStG anzusetzen ist, stimmen die Teilwerte nach § 6a für die Anwärter bei der Kapitalzusage und der zugehörigen Rentenzusage überein.

2.4 Ansatz der Verwaltungskosten

Ein verallgemeinerbarer Ansatz der zusagebedingten Verwaltungsaufwendungen kann angesichts unterschiedlicher unternehmensinterner Organisationsstrukturen sowie unternehmensexterner Dienstleistungsangebote[4] kaum angegeben werden.

Im jüngeren Schrifttum findet man mehrfach[5] den Vorschlag, die Verwaltungskosten mit einem festen Prozentsatz der zugesagten oder laufenden Renten zu erfassen.

Die "Aufwendungen für die Verwaltung des gesamten Versorgungswerkes"[6] dürften jedoch eher von der Unternehmensgröße, insbesondere vom Umfang des begünstigten Mitarbeiterkreises abhängen als von der Höhe der zugesagten bzw. gezahlten Renten[7].

Deshalb werden hier die Verwaltungskosten in linearer Abhängigkeit vom Bestandsumfang angesetzt: für jeden Versorgungsberechtigten, dessen Teilwert nach § 6a EStG größer Null ist, der also "bewertungsrelevant" und damit im versicherungsmathematischen Gutachten zu erfassen ist, werden jährliche Verwaltungskosten in Höhe von 15 DM eingerechnet.

Diesem Betrag liegt die Vorstellung eines Modell-Unternehmens mit 400 bewertungsrelevanten Versorgungsberechtigten zugrunde. Wendet man nämlich die von Haueisen angegebene "Faustformel"[8] für die "Aufwendungen für versicherungsmathematische Gutachten"[8] auf einen Bestand von 400 Personen an, so ergibt sich ein Betrag von jährlich

---

1) Vgl. ebd., S. 25 und S. 35
2) Vgl. Abschn. B.I.4.4.3.3
3) Vgl. Heubeck, K., (Richttafeln 1983), S. 18 - 21
4) Etwa für arbeitsrechtliche Beratung und die Erstellung von versicherungsmathematischen Gutachten
5) Für Modellrechnungen: vgl. Engbroks, H. / Heubeck, K., (Vergleich 1983), DB 1983, S. 954; Schwab, H., (Modell 1988), S. 227. Im Zusammenhang mit der Bildung einer Verwaltungskostenrückstellung sinngemäß gleich: vgl. Bode, K.-J. / Grabner, E.,R., (Verwaltungskosten 1981), DB 1981, S. 2298
6) Vgl. m.w.N. Haueisen, P., (Gestaltungsformen 1983), S. 21. Vgl. auch Schwab, H., (Modell 1988), S. 149 - 152
7) Wenn man anstelle der in der Pensionszusage Typ 1 vorgesehenen Monatsrente von 250 DM c.p. den doppelten Betrag von 500 DM zugesagt, dann erscheint eine Verdoppelung des zusagebedingten Verwaltungsaufwands nicht vertretbar.
8) Vgl. Haueisen, P., (Gestaltungsformen 1983), S. 98

$$150 \text{ DM} \sqrt{400} = 3.000 \text{ DM},$$

das sind 7,50 DM pro Person. Mit der Verdoppelung dieses Betrags sollen pauschal die über das versicherungsmathematische Gutachten hinaus anfallenden Verwaltungskosten geschätzt werden.

Für kleinere Bestände dürfte dieser lineare Ansatz der Verwaltungskosten tendenziell zu einer Unterschätzung, für größere Bestände zu einer Überschätzung der Verwaltungskosten führen.

Zusätzlich werden für den auf die Anpassung der laufenden Renten entfallenden Aufwand 6 DM für jeden zur Anpassung anstehenden Versorgungsempfänger in Ansatz gebracht. Bei einem Anpassungsrhythmus von drei Jahren bedeutet das einen durchschnittlichen Jahresaufwand von 2 DM für jeden Versorgungsempfänger.

Im Fall der Kapitalzusage wird für die Auszahlung des Kapitalbetrags ein einmaliger Betrag von 6 DM angesetzt.

Bei der Betrachtung einer anwartschaftsdynamischen Pensionszusage werden auch die Verwaltungskosten wie die Beginnrenten mit dem Steigerungsfaktor der Bezüge g dynamisiert, also in der Periode t um den Faktor g^t erhöht.

Im Fall der Anwartschaftsstatik betrachtet man sinnvollerweise auch statische Verwaltungskosten; andernfalls hätte man es im Beharrungszustand nur noch mit den alle übrigen zusagebedingten Größen überwuchernden Verwaltungskosten zu tun.

Wegen der beispielhaften Vorgabe der Verwaltungskosten werden in Abschnitt C.I.2.1.5 für den Fall der Modellsituation **C** die Möglichkeiten für eine beliebige Modifikation des Verwaltungskostenansatzes aufgezeigt. Diese Modifikationsmöglichkeiten bestehen in gleicher Weise für die Höhe des Beitrags an den PSVaG.

2.5 Ansatz des PSVaG-Beitragssatzes

Der Beitrag an den PSVaG in der Periode t ergibt sich durch Anwendung des vom PSVaG einheitlich festgestellten Beitragssatzes auf die vom Unternehmen auf das Ende der Periode t - 1 festzustellenden Beitragsbemessungsgrundlage[1]. Letztere kann bei der Ermittlung der Pensionsrückstellungen als Teilwert nach § 6a EStG mitberechnet werden: nach Eintritt der Unverfallbarkeit sowie nach Eintritt des Versorgungsfalles ist die Beitragsbemessungsgrundlage mit dem Teilwert nach § 6a EStG anzusetzen, zuvor mit dem Wert Null.

Die Höhe des Beitragssatzes hängt von der unsicheren künftigen gesamtwirtschaftlichen Entwicklung ab. Für die Vergangenheit sind in Tabelle 5 die Beitragssätze zusammengestellt.

Aufgrund der Großinsolvenz der AEG Telefunken AG im Jahr 1982 hat Muth[2] mit einer Modellrechnung untersucht, mit welcher Größenordnung für den Beitragssatz künftig gerechnet werden kann. Alternativ wurde dabei die Großinsolvenz von 1982 als einmaliges Ereignis oder als zyklisch alle 8 Jahre sich wiederholend betrachtet[3].

---

1) Vgl. Abschn. B.I.2.1.3
2) Vgl. Muth, R., (Bewährungsprobe 1983), BetrAV 1983, S. 105 - 108
3) Vgl. Muth, R., (Bewährungsprobe 1983), BetrAV 1983, S. 107

Tabelle 5: Höhe des PSVaG-Beitragssatzes seit dem Jahr 1975[1]

Jahr	Beitragssatz ‰	Jahr	Beitragssatz ‰
1975	1,5	1982	6,9
1976	1,9	1983	3,7
1977	1,9	1984	2,6
1978	0,7	1985	1,4
1979	1,1	1986	1,1
1980	1,4	1987	1,8
1981	2,0	1988	0,9
		1989	0,6
		1990	0,3
		1991	0,9
Ø 75-81	<u>1,5</u>	Ø 75-91	<u>1,7</u>

Im Ergebnis "spricht vieles dafür, daß der Beitragssatz - also die an der Kapitalbildung der betrieblichen Altersversorgung gemessene Belastung - langfristig und im Durchschnitt der Jahre innerhalb der von 1975 bis 1981 bekannten Größenordnung verbleibt."[2]

Nachdem im Forschungsgutachten der ABA aus dem Jahr 1974 die langfristige Höhe des Beitragssatzes unter Berücksichtigung der Verwaltungskosten und eines Sicherheitszuschlags[3] auf 3‰ geschätzt worden war[4], wird der PSVaG-Beitragssatz in der vorliegenden Untersuchung stationär mit

<u>2,5 ‰</u>

angesetzt. Möglichkeiten für eine Modifikation sind für den Fall der Modellsituation **C** in Abschnitt C.I.2.1.5 beschrieben.

2.6 Erwartungswerte der Vorsteuergrößen

In den vorstehenden Abschnitten wurde die Berechnung der Vorsteuergrößen bei Sicherheit beschrieben. Zu einer mit ihren Strukturmerkmalen[5] vorgegebenen Statusperson lassen sich die in Frage kommenden Renten, Rückstellungen und Zuführungen, Verwaltungskosten und PSVaG-Beiträge wie angegeben berechnen.

---

1) Vgl. PSVaG, (Geschäftsbericht 1991), S. 27
2) Vgl. ebd., S. 108
3) Vgl. ABA-Arbeitsgemeinschaft für betriebliche Altersversorgung e.V., (Insolvenzsicherung 1974), S. 398
4) Vgl. ebd., S. 454
5) Vgl. Abschn. B.II.2.2.4

Der Erwartungswert einer jeden Vorsteuergröße ergibt sich in der Periode t durch Multiplikation der auf 1 Statusperson entfallenden Vorsteuergröße mit dem Erwartungswert der Anzahl für diese Statusperson in der Periode t, der aus der Bestandsfortschreibung gemäß Abschnitt B.III.2.1.2 gewonnen wird, und anschließende Summation über den gesamten betrachteten Bestand. Diese einfache Vorgehensweise beruht auf der Linearitätseigenschaft des Erwartungswerts[1].

Exakte Formeln hierzu findet man bei Rhiel[2], wobei den nachfolgenden Berechnungen stets der "Spezialfall eines volldynamischen Leistungsplanes"[3] zugrundeliegt.

Vor dem Übergang auf die Nachsteuergrößen ist noch der Ansatz der von der gesamtwirtschaftlichen Entwicklung beeinflußten Trendgrößen festzulegen.

3. Ansatz der finanziellen Wachstumsfaktoren

Entsprechend der Ankündigung in Abschnitt B.II.2.3 soll hier ein gemeinsamer stationärer Ansatz für die Höhe der Inflation und des Kalkulationszinsfußes sowie für die Erhöhung der Brutto- und Netto-Aktiveneinkommen versucht werden.

Dazu sollen die genannten Größen funktional verknüpft werden. Wenn nachfolgend die Steigerungsfaktoren für die Entwicklung der Bezüge sowie der laufenden Renten, der Kalkulationszinsfuß - und in Kapitel C auch die Ergebnisse - formal als "Funktion" der Inflationsrate[4] p dargestellt sind, so bedeutet dies keineswegs, daß die Inflation als unabhängige, die übrigen Größen dagegen als abhängige Variable eines ökonomischen Modells verstanden werden.

Mit der Angabe der Inflationsrate p soll vielmehr eine zugehörige, fixierte Umweltsituation beschrieben werden, die durch weitere finanzielle Wachstumsfaktoren charakterisiert ist, bei deren Vorauswahl auf die gegenseitige Verträglichkeit geachtet wurde. Bei fixierter Umweltsituation kann dann ein Vorteilsvergleich erfolgen.

Alle nachfolgend betrachteten Steigerungsgrößen beziehen sich auf einen Zeitraum von einem Jahr, so daß auf die übliche Kennzeichnung "p.a." verzichtet werden kann. Sämtliche Steigerungsgrößen werden stationär vorgegeben.

3.1 Die untersuchten Inflationsraten

Ausgehend vom stabilen Fall mit "p = 0" erfolgen die Berechnungen bis zu einer Inflation von 5% in Schritten von je 0,5%, dann bis zu einer Inflation von 10% in 1%-Schritten und weiter bis zu einer Inflation von 20% in Schritten von je 2,5%.

---

1) Vgl. Abschn. B.II.2.2.2

2) Vgl. Rhiel, R., (Prognoseverfahren 1986), Blätter DGVM 1986, S. 338 - 351; die Abweichungen beim Ansatz der Übergangswahrscheinlichkeiten können problemlos berücksichtigt werden. Vgl. dazu Anhang 8

3) Vgl. ebd., S. 339, 341 f., 346

4) Genau genommen bedeutet p nach der in Abschn. B.I.4.4.1 vereinbarten Sprechweise den Inflationssatz, 100 p die Inflationsrate und 1 + p den Inflationsfaktor. Dem allgemeinen Sprachgebrauch folgend soll jedoch auch hier mit p die Inflationsrate (in Prozent) bezeichnet werden, da ein Mißverständnis kaum zu befürchten ist. Vgl. dazu etwa Schneider, D., (Investition 1992), S. 392

Im Zeitraum von 1950 bis 1991 ergibt sich mit den in Anhang 1 enthaltenen Indexwerten eine durchschnittliche Inflationsrate von 3,0%; die höchsten Inflationsraten findet man im Jahr 1951 mit 7,6% und in der ersten Hälfte der siebziger Jahre bis knapp unter 7%. Bis auf das Jahr 1953 mit -1,9% und das Jahr 1986 mit -0,2% sind in Anhang 1 nur positive Inflationsraten ausgewiesen.

Bei einer Fortschreibung der seit 1950 beobachteten Entwicklung des Preisindex für die Gesamtlebenshaltung in die Zukunft würde demnach die Untersuchung von Inflationsraten zwischen 0% und 8% ausreichen. Die Ausweitung des Untersuchungsbereichs bis zu 20% Inflation soll aufzeigen, in welche Richtung sich die Ergebnisse bei höheren Inflationsraten tendenziell entwickeln[1].

Der Deflationsfall wird nicht betrachtet, da vieles dafür spricht, "daß in den modernen Industriestaaten die Preise weitgehend 'nach unten' starr sind."[2]

3.2 Entwicklung der Brutto-Aktiveneinkommen sowie der Beginnrenten

Im Grundmodell wird der Fall einer realkonstanten Entwicklung der Brutto-Bezüge der aktiven Mitarbeiter betrachtet:

Def. 22a) $\quad l := l(p) := 1 + p$

Bei Anwartschaftsdynamik gilt mit "g = l" auch

$$g = g(p) = 1 + p,$$

womit im Grundmodell die Beginnrenten ebenso wie die Bezüge nach Maßgabe der Inflation steigen.

In Abschnitt C.I.2.4.4.1 und C.II.2.4.4.1 werden zusätzlich die Fälle eines realen Wachstums bzw. einer realen Schrumpfung der Brutto-Aktiveneinkommen untersucht. Dafür wird gesetzt:

Def. 22b) $\quad l := l(p) := \begin{cases} 1{,}025\ (1 + p) & \text{im Wachstumsfall} \\ 0{,}975\ (1 + p) & \text{im Schrumpfungsfall} \end{cases}$

Im Schrumpfungsfall würde sich für kleine p eine nominale Schrumpfung der Brutto-Aktiveneinkommen ergeben. Dies soll ebenso wie der Deflationsfall ausgeschlosssen werden; es wird stets $l \geq 1$ angenommen.

Wenn man den Faktor für die reale Entwicklung der Brutto-Aktiveneinkommen r vermöge der

Def. 23) $\quad r := \begin{cases} 1{,}025 & \text{bei realem Wachstum} \\ 1{,}000 & \text{bei realer Konstanz} \\ 0{,}975 & \text{bei realer Schrumpfung} \end{cases}$

1) Ein Blick über die Grenzen zeigt, daß man nicht bis Israel oder Südamerika gehen muß, um hyperinflationäre Verhältnisse anzutreffen: in Jugoslawien betrug vor dem Ausbruch des Bürgerkriegs die durchschnittliche jährliche Inflationsrate von 1982 bis 1987 immerhin 73,33% (mit steigender Tendenz). Vgl. Statistisches Bundesamt (Hrsg.), (Statistisches Jahrbuch 1989), S. 683

2) Vgl. Issing., O., (Geldtheorie 1991), S. 196

festlegt, so können die Definitionen 22a und 22b unter Beachtung der Forderung $I \geq 1$ zusammengefaßt dargestellt werden:

Def. 22) $I := I(p,r) := \max(1, r(1+p))$

Für die Beginnrenten gilt bei Anwartschaftsstatik stets "$g \equiv 1$"; bei Anwartschaftsdynamik stimmt $g = g(p,r)$ mit $I(p,r)$ gemäß Definition 22 überein.

Für die Entwicklung der laufenden Renten kann bei der Anpassung nach § 16 BetrAVG der Anstieg der Netto-Aktiveneinkommen zu einer gegenüber dem vollen Inflationsausgleich reduzierten Anpassungshöhe führen[1].

3.3 Entwicklung der Netto-Aktiveneinkommen

Nach der Rechtsprechung des Bundesarbeitsgerichts "kommt es für die Entwicklung der Nettolöhne nicht auf die individuellen Steuer- und Beitragssätze einzelner Arbeitnehmer an, sondern nur auf Durchschnittsbeträge, wie sie in der Fachpresse veröffentlicht werden (Urteil vom 11. August 1981, a.a.O., zu III 3 der Gründe, m.w.N.). Maßgeblich ist daher nicht der individuelle Lohnanstieg eines vergleichbaren Arbeitnehmers, sondern ein statistischer Wert."[2]

3.3.1 Ermittlung von statistischen Durchschnittswerten

Für die vorzunehmende Modellrechnung waren demnach mit einem vorgeschalteten Rechengang gesamtwirtschaftlich ausgerichtete durchschnittliche Steigerungen der Nettobezüge bei einer Erhöhung der Bruttobezüge in dem durch Definition 22 vorgegebenen Ausmaß zu berechnen.

Ausgangspunkt ist die Schichtung der Bruttomonatsverdienste unter 7.500 DM der vollbeschäftigten Arbeiter[3] und Angestellten[4] im Oktober 1978, die aus der Gehalts- und Lohnstrukturerhebung 1978 gewonnen wurde[5]. Die nach Männern und Frauen aufgeschlüsselten Häufigkeiten für insgesamt 35 Verdienstklassen sind für die Arbeiter des Produzierenden Gewerbes[6] und des Dienstleistungsbereichs[7] sowie für die Angestellten in allen erfaßten Wirtschaftszweigen[8] getrennt angegeben.

Hieraus wurde zunächst durch Addition der ausgewiesenen Anzahlen[9] in den jeweiligen Verdienstklassen eine gemeinsame Häufigkeitsverteilung ermittelt, die in Anhang 10 wiedergegeben ist. Ferner wurden die Verdienstklassen durch Multiplikation mit dem Faktor 1,25 pauschal auf

1) Vgl. Abschn. B.I.4.3.2
2) Vgl. BAG-Urteil vom 14. 2. 1989 - 3 AZR 313 / 87, zu II.3.a) der Gründe, BB 1989, S. 1555; vgl. auch die Leitsätze in Anhang 5 unter C.
3) Vgl. Kloß, H.-G., (Ergebnisse 1981), WiSta 1981, S. 576 - 587
4) Vgl. Kloß, H.-G., (Ergebnisse 1983), WiSta 1983, S. 140 - 156
5) "Räumlich erstreckte sich die Erhebung auf das gesamte Bundesgebiet." Erfaßt wurden die Wirtschaftszweige Produzierendes Gewerbe, Groß- und Einzelhandel, Kreditinstitute und Versicherungsgewerbe. Vgl. Kloß, H.-G., (Ergebnisse 1981), WiSta 1981, S. 577
6) Vgl. ebd., S. 578, Tabelle 1
7) Vgl. ebd., S. 581, Tabelle 3
8) Vgl. Kloß, H.-G., (Ergebnisse 1983), WiSta 1983, S. 140, Tab. 1
9) Nach Auskunft von Herrn H.-G. Kloß sind die angegebenen Anzahlen auf ein und dieselbe Grundgesamtheit hochgerechnet. Damit führt eine Addition der Anzahlen zu korrekten Gesamtergebnissen.

das Verdienstniveau des Jahres 1983 hochgerechnet[1], womit die Untersuchung einer fiktiv im Jahr 1984 erfolgenden Erhöhung der Brutto- und Nettobezüge ermöglicht wird.

Mit Hilfe dieser Häufigkeitsverteilung kann die zu einer beliebigen, festen Steigerung der Bruttobezüge gehörige durchschnittliche Erhöhung der Netto-Aktiveneinkommen berechnet werden, wenn es gelingt, diese Erhöhung für jede einzelne Verdienstklasse anzugeben. Hierfür wurden die Bruttoarbeitsverdienste zwischen 625 DM und 9.375 DM mit einer Schrittweite von 125 DM einzeln untersucht; das sind 71 Bruttomonatsverdienste.

3.3.2 Durchführung der einzelnen Brutto-/Netto-Rechnungen

In Anlehnung an das von Bode / Grabner[2] vorgestellte Modell einer typisierenden[3] Brutto-/ Netto-Rechnung wurde für jeden dieser 71 Bruttomonatsverdienste der zugehörige Nettomonatsverdienst mit den "nachstehenden Prämissen für die Besteuerung und Sozialversicherungsbeiträge"[4] berechnet:

(1)	Lohnsteuer	Steuerklasse III / 0 Lohnsteuertabelle 1983	
(2)	Kirchensteuersatz	9%	
		Beitragssatz (Arbeitnehmeranteil)	/ Beitragsbemessungsgrenze (monatlich)
(3)	Rentenversicherung	9,25%	5.000 DM
(4)	Arbeitslosenversicherung	2,30%	5.000 DM
(5)	Krankenversicherung	6,00%	3.750 DM

Die Ermittlung der Monats-Lohnsteuer erfolgte gemäß dem "Programmablaufplan zur tabellengenauen Berechnung der vom Arbeitgeber nach § 39b Abs. 2 Sätze 2 bis 6 des Einkommensteuergesetzes einzubehaltenden Lohnsteuer für Lohnzahlungszeiträume, die nach dem 31. Dezember 1982 enden."[5] Die 1983 und 1984 vorübergehend einbehaltene Investitionshilfeabgabe[6] wurde nicht berücksichtigt.

In einem weiteren Rechenschritt wurde jeder der untersuchten Bruttomonatsverdienste um den betrachteten Steigerungsfaktor I erhöht; anschließend war die beschriebene Brutto-/Netto-Rechnung erneut durchzuführen. Dabei wurden die obenstehenden Beitragsbemessungsgrenzen ebenfalls um den Faktor I erhöht angesetzt[7]. Für die Lohnsteuerklasse III/0 stimmte die Lohn-

---

1) Nach dem in Anhang 2 enthaltenen Lohnindex errechnet sich aus den Indexzahlen für 1983 bzw. 1978 ein Faktor von 93,7/75,1 = 1,25.
2) Vgl. Bode, K.-J. / Grabner, E.R., (Netto-Einkommensanstieg 1983), DB 1983, S. 2360 - 2362
3) Vgl. ebd., S. 2360 f.
4) Vgl. ebd., S. 2361
5) Vgl. BMF-Schreiben vom 17. 12. 1982, BStBl. I 1982, S. 913 -926
6) Das in Artikel 10 des Haushaltsbegleitgesetzes 1983 (BGBl. I 1982, S. 1857) enthaltene Investitionshilfegesetz wurde vom BVerfG mit Urteil vom 6. 11. 1984 - 2 BvL 19 / 83, 2 BvL 20 / 83, 2 BvR 363 / 83, 2 BvR 491 / 83 (DB 1984, S. 2436 - 2439) für nichtig erkärt. Zur Investitionshilfeabgabe vgl. Klöckner, K. / Wenk, K., (Investitionshilfe 1983), DB 1983, S. 250 - 257
7) Die in § 1385 Abs. 2 RVO (§ 112 Abs. 2 AVG) vorgesehene Fortschreibung mit einer Aufrundung "auf den nächsthöheren durch 1200 teilbaren Betrag" gewährleistet zwar über einen längeren Zeitraum hinweg die Orientierung an der Entwicklung der Brutto-Aktiveneinkommen, kann jedoch bei

steuertabelle 1984 mit der Lohnsteuertabelle 1983 überein, da sich eine Erhöhung der Beitragsbemessungsgrenzen nicht auswirken konnte[1].

Zusätzlich wurde der Arbeitnehmeranteil zur gesetzlichen Rentenversicherung von 9,25% auf 9,40% erhöht angesetzt. Damit sollten die im Hinblick auf die langfristige demographische Entwicklung zu erwartenden Abgabensteigerungen im Sozialversicherungsbereich pauschal berücksichtigt werden[2].

Anhang 11 enthält die am Beispiel der Bruttomonatsverdienste von 3.000 DM und 6.000 DM für Bruttoerhöhungen von jeweils 3% bzw. 10% durchgeführten Brutto-/Netto-Rechnungen. Dort wird auch folgendes ersichtlich:

Die gegenüber der Bruttoerhöhung wegen der progressiven Ausgestaltung des ESt-Tarifs 1981 und der Annahme steigender Sozialversicherungsabgaben verminderte Nettoerhöhung der Bezüge läßt sich informativ durch einen (äquivalenten) Kürzungsfaktor beschreiben, dessen Anwendung auf die Bruttoerhöhung gerade die resultierende Nettoerhöhung angibt.

3.3.3 Zusammenfassung der Einzelwerte zu einem statistischen Durchschnitt

Bei einer Schrittweite von 125 DM für die einzeln untersuchten Bruttomonatsverdienste liegt bei jeder der in Anhang 10 für das Niveau 1983 wiedergegebenen Verdienstklassen 2 bis 34 das Ergebnis der Brutto-/Netto-Rechnung sowohl für die Klassenmitte als auch für die beiden Klassengrenzen vor. Hieraus wurde für jede dieser Verdienstklassen das arithmetische Mittel aus dem Ergebnis für die Klassenuntergrenze sowie für die Klassenobergrenze und dem doppelt gewichteten Ergebnis für die Klassenmitte gebildet.

Als Ergebnis für die Verdienstklasse 1 wurde der Durchschnitt aus den Ergebnissen für die Bruttomonatsverdienste von 625 DM, 750 DM, 875 DM und 1.000 DM angesetzt, als Ergebnis

---

der Betrachtung einer einzigen Periode zu Verzerrungen führen. Ohne Aufrundung ist daher eine bessere langfristige Schätzung zu erwarten.

1) In Lohnsteuerklasse III/0 betrugen die Obergrenzen des § 10c Abs. 3 Satz 2 Nr. 1 bzw. 2 EStG 1983 (BGBl. I 1984, S. 113) für die Berechnung der Vorsorgepauschale 4.680 DM bzw. 2.340 DM. Damit ging die Begrenzung des maßgebenden Arbeitslohns auf den "Jahresbetrag der maßgebenden Beitragsbemessungsgrenze in der gesetzlichen Rentenversicherung der Angestellten" gemäß Satz 5 dieser Vorschrift ins Leere: bereits ab einem (Jahres-)Arbeitslohn von 52.000 DM kamen ausschließlich die genannten Obergrenzen zum Zug: 0,09 · 52.000 DM = 4.680 DM. Damit konnte sich aus einer Erhöhung der (Jahres-)Beitragsbemessungsgrenze 1983 von 60.000 DM - und dies war die einzige Veränderung beim Jahreswechsel 1983 / 84, die sich lohnsteuerlich auswirken konnte - in Lohnsteuerklasse III/0 keine Änderung ergeben. Vgl. BMF-Schreiben vom 23. 11. 1983, BStBl. I 1983, S. 515

2) Aus der Sicht des Jahres 1983 vgl. Geyer, O. / Genzke, J., (Situation 1983), DAngVers 1983, S. 97 - 103; Lübeck, E., (Demografische Komponente 1983), DRV 1983, S. 134 - 147; Meinhold, H., (Demographische Entwicklung 1983), DRV 1983, S. 209 - 215; Rorarius, M., (Langfristige Entwicklung 1983), DAngVers 1983, S. 262 - 273; Schmähl, W., (Alterssicherungspolitik 1983), DRV 1983, S. 348 - 366. Zur entlastenden Wirkung des inzwischen in Kraft getretenen Rentenreformgesetzes 1992 vom 18. 12. 1989 (BGBl. I 1989, S. 2261) vgl. Genzke, J., (Gesetzliche Rentenversicherung 1989), DAngVers 1989, S. 182 - 189; Müller, H.-W., (Finanzielle Auswirkungen 1989), DRV 1989, S. 841 - 859; Genzke, J. / Wilhelm, U., (Finanzierung 1990), DAngVers 1990, S. 105 - 111. Zu den aus der deutschen Wiedervereinigung resultierenden Möglichkeiten vgl. Kolb, R. / Ruland, F., (Rentenversicherung 1990), DRV 1990, S. 141 - 153; Barth, S. / Hain, W. / Müller, H.-W., (Sozio-demographische Kennziffern 1990), DRV 1990, S. 169 - 186

für die Verdienstklasse 35 der Durchschnitt aus den Ergebnissen für die Bruttomonatsverdienste von 9.250 DM und 9.375 DM.

Schließlich konnten die Ergebniswerte für die 35 Verdienstklassen mit Hilfe der in Anhang 10 enthaltenen Häufigkeitsverteilung zu dem gesuchten statistischen Durchschnittswert verdichtet werden.

Die vorstehend beschriebenen Berechnungen erfolgten für Bruttosteigerungen zwischen 0,5% und 23% mit einer festen Schrittweite von 0,5%. Die resultierenden Kürzungsfaktoren für das Verhältnis zwischen Netto- und Bruttosteigerung sind in der mittleren Spalte des Anhangs 12 enthalten.

Soweit die nach Definition 22 ermittelten Bruttosteigerungen in Anhang 12 nicht unmittelbar abgelesen werden können, da es sich um Zwischenwerte handelt, wurde der zugehörige Kürzungsfaktor durch lineare Interpolation gewonnen.

Damit erhält man das Gesamtergebnis des vorgeschalteten Rechengangs: Tabelle 6 enthält die im Rechenmodell untersuchten 60 Umweltsituationen, die aus vorgegebenen 20 Inflationsraten und 3 verschiedenen Annahmen über die reale Entwicklung der Aktiveneinkommen resultieren, wobei auch bei den Netto-Aktiveneinkommen eine Schrumpfung ausgeschlossen wird.

Jede Umweltsituation wird durch ein Tripel von stationären Steigerungsraten charakterisiert, nämlich durch die Steigerung der Preise sowie der Brutto- und Netto-Aktiveneinkommen.

Die mittlere Doppelspalte der Tabelle 6 enthält die Steigerungsraten der realkonstanten Aktiveneinkommen des Grundmodells; die Nachbarspalten mit schrumpfenden bzw. wachsenden Realeinkommen dienen der Modifikation des Grundmodells.

3.3.4 Stabilität der Ergebnisse

Die in Tabelle 6 enthaltenen Steigerungen der Netto-Aktiveneinkommen sind für eine angenommene Bezügesteigerung in 1983/84 auf der Basis des ESt-Tarifs 1981 berechnet. Ein stationärer Ansatz dieser Ergebnisse im Rechenmodell ist zwangsläufig unrealistisch, da sich bei einem bereichsweise progressiv ausgestalteten ESt-Tarif die Netto-/Brutto-Relationen im Zeitablauf allein durch das steigende Bezüge-Niveau von Periode zu Periode ändern. Weitere Schwankungen sind bei erheblichen Änderungen im Lohnsteuerrecht, insbesondere bei jeder Reform des ESt-Tarifs zu erwarten.

Nach den in Anhang 12 enthaltenen Ergebnisreihen erweisen sich allerdings die statischen Durchschnittswerte für die Steigerung der Netto-Aktiveneinkommen als überraschend stabil. Die zu Tabelle 6 gehörigen Kürzungsfaktoren für die Ermittlung der Netto- aus der Brutto-Einkommenssteigerung unterscheiden sich nur wenig von den Kürzungsfaktoren aus zwei Vergleichsberechnungen mit der Lohnsteuertabelle[1] 1990 auf der Basis des ESt-Tarifs 1990; bei festgehaltenem Bezügeniveau 1983 fallen die Nettosteigerungen mit der Lohnsteuertabelle 1990 c.p. überwiegend[2] etwas höher aus; bei pauschal[3] um 25% auf das geschätzte Niveau 1990 ange-

---

1) Die Monatslohnsteuer wurde nach dem von der Finanzverwaltung vorgegebenen Programmablaufplan ermittelt. Vgl. BMF-Schreiben vom 29. 08. 1989, BStBl. I 1989, S. 330 - 344

2) Ausnahmen ergeben sich bei Bruttoeinkommenssteigerungen von 0,5%, 1,5% und 3,5%; bei 4% stimmen die Werte überein. Vgl. Anhang 12

3) Nach dem in Anhang 2 enthaltenen Lohnindex errechnet sich aus den Indexzahlen für 1990 bzw. 1983 ein Faktor von 119,6 / 93,7 = 1,28.

Tabelle 6: Beschreibung der untersuchten Umweltsituationen anhand der Inflationshöhe und der Steigerungen der Brutto- sowie Netto-Aktiveneinkommen

Inflations-rate p in %	Steigerung[1] der Aktiveneinkommen in % bei realer Schrumpfung r = 0,975		Realkonstanz r = 1,000		realem Wachstum r = 1,025	
	brutto	netto	brutto	netto	brutto	netto
0,0	0,00	0,00	0,00	0,00	2,50	1,91
0,5	0,00	0,00	0,50	0,21	3,01	2,34
1,0	0,00	0,00	1,00	0,63	3,53	2,79
1,5	0,00	0,00	1,50	1,07	4,04	3,21
2,0	0,00	0,00	2,00	1,49	4,55	3,64
2,5	0,00	0,00	2,50	1,91	5,06	4,09
3,0	0,43	0,20	3,00	2,32	5,58	4,52
3,5	0,91	0,54	3,50	2,77	6,09	4,96
4,0	1,40	0,97	4,00	3,18	6,60	5,38
4,5	1,89	1,39	4,50	3,60	7,11	5,81
5,0	2,38	1,80	5,00	4,04	7,63	6,25
6,0	3,35	2,63	6,00	4,89	8,65	7,11
7,0	4,33	3,45	7,00	5,72	9,68	7,96
8,0	5,30	4,29	8,00	6,57	10,70	8,82
9,0	6,28	5,11	9,00	7,40	11,73	9,68
10,0	7,25	5,93	10,00	8,24	12,75	10,54
12,5	9,69	7,98	12,50	10,32	15,31	12,66
15,0	12,13	10,02	15,00	12,40	17,88	14,78
17,5	14,56	12,04	17,50	14,47	20,44	16,87
20,0	17,00	14,04	20,00	16,51	23,00	18,95

hobenen Bezügen[2] ergeben sich mit der Lohnsteuertabelle 1990 c.p. fast durchgehend[3] etwas niedrigere Werte[4].

---

1) Die Steigerungsraten der Aktiveneinkommen sind in Tab. 6 auf zwei Nachkommastellen gerundet ausgewiesen. Im Rechenmodell wurden weitere vier Nachkommastellen berücksichtigt.

2) Dabei wurden auch die Beitragsbemessungsgrenzen um 25% erhöht angesetzt.

3) Die einzige Ausnahme ergibt sich bei einer Bruttoeinkommenssteigerung von 3,0%. Vgl. Anhang 12

4) Bei einer progressiven Struktur des ESt-Tarifs führt das Ansteigen des Bezügeniveaus im Zeitablauf zu einer steigenden Steuerbelastung. Die seit 1965 im Abstand von mehreren Jahren durchgeführten Tarif-Reformen dienten u.a. dazu, diese Entwicklung zu korrigieren. Vgl. Herb, F., (Prüfstand 1989), DB 1989, S. 62 - 65

Angesichts dieser Stabilitätseigenschaft erscheint der stationäre Ansatz der in Tabelle 6 enthaltenen Steigerungsraten vertretbar.

3.4 Entwicklung der laufenden Renten

Das Grundmodell enthält für die laufenden Renten einen Vergleich zwischen einer Nullanpassung und einer Anpassung gemäß § 16 BetrAVG.

Bei der Nullanpassung bleiben die laufenden Renten bzw. die 60%-igen Witwen-/Witwerrenten vom Rentenbeginn bzw. vom Todesfall an konstant im zeitlichen Ablauf.

Bei der gesetzlichen Anpassungsregelung des § 16 BetrAVG führt[1] die im Drei-Jahres-Rhythmus ab Rentenbeginn erfolgende Anpassungsprüfung und -entscheidung unter Beachtung der BAG-Rechtsprechung[2] zu Rentenerhöhungen, die den eingetretenen Kaufkraftverlust ausgleichen, wobei jedoch der Anstieg der Netto-Aktiveneinkommen nicht überschritten wird. Hierzu werden die Inflationsrate und die Steigerungsrate der Netto-Aktiveneinkommen verglichen; der kleinere Wert kommt für die Rentenerhöhung in Ansatz[3].

Aus dem stationären Ansatz aller Steigerungsraten im Rechenmodell ergibt sich für den Fall einer die Inflationsrate unterschreitenden Steigerung der Netto-Aktiveneinkommen, daß der eingetretene Kaufkraftverlust modellmäßig dauerhaft nicht voll ausgeglichen werden muß.

Aus Abbildung 1 ist jedoch ersichtlich, daß sich bei den im Zeitablauf unterschiedlich hohen Steigerungen der Brutto- (und damit der Netto-)Aktiveneinkommen einerseits und des Preisniveaus andererseits Phasen einer Vollanpassung entsprechend dem Kaufkraftverlust und Phasen einer hinter dem Kaufkraftverlust zurückbleibenden Anpassung entsprechend der Steigerung der Netto-Aktiveneinkommen ablösen.

Wenn der grundsätzliche Anpassungsbedarf auf den dreijährigen Anpassungs-Turnus beschränkt ist[4], dann ergibt sich aus der "reallohnbezogenen Obergrenze"[5] eine dauerhafte Entlastung. Die realistischerweise zu erwartenden Ergebnisse liegen dann zwischen den Zahlen, die sich bei einer Anpassung in Höhe der Netto-Aktiveneinkommensentwicklung und einer Anpassung entsprechend einem vollen Teuerungsausgleich einstellen.

Mit dem vom Bundesarbeitsgericht 1992 konstatierten Erfordernis einer "nachholenden Anpassung"[6] kann aus der reallohnbezogenen Obergrenze allenfalls eine temporäre Entlastung erwartet werden. Die realistischerweise zu erwartenden Ergebnisse verschieben sich aufgrund der nachholenden Anpassung mehr in die Richtung der Zahlen, die sich beim vollen Teuerungsausgleich einstellen.

Dies ist bei der Interpretation der Ergebnisse bei der modellmäßig durchgerechneten "Anpassung

---

1) Nach Prämisse 16 steht die wirtschaftliche Lage des Modellunternehmens einer Anpassung nicht im Wege.
2) Vgl. Abschn. B.I.4.3
3) Vgl. dazu die Werte in Tab. 6
4) Diese - vom LAG Hamm 1989 bestätigte - Auffassung lag der Konzeption des vorliegenden Rechenmodells zugrunde. Vgl. Abschn. B.I.4.3.3 sowie Anhang 4 unter K.
5) Vgl. Abschn. B.I.4.3.2
6) Vgl. Abschn. B.I.4.3.3

nach BetrAVG" insbesondere im Grundmodell[1] zu berücksichtigen. Den Modifikationen des Grundmodells kommt damit eine erhöhte Bedeutung zu:

Alternativ werden die laufenden Renten nach Maßgabe der halben sowie der vollen Inflationsrate angepaßt. Im Fall einer garantierten Rentenanpassung ist mindestens die garantierte Erhöhungsrate anzusetzen.

Wegen des stationären Ansatzes sämtlicher Steigerungsraten ergibt sich der Anpassungsfaktor für einen Drei-Jahres-Zeitraum als dritte Potenz des einjährigen Anpassungsfaktors $1 + d_R$ zu $(1 + d_R)^3$, wobei d_R die auf ein Jahr entfallende Steigerungsrate der laufenden Renten bezeichnet.

Damit können die in Tabelle 6 beschriebenen Umweltsituationen unschwer um die vom Anpassungsmodus abhängenden Rentenerhöhungen ergänzt werden. Zur Vervollständigung der Umweltsituationen fehlt nun noch die Zuordnung des Kalkulationszinsfußes.

3.5 Ansatz des Kalkulationszinsfußes

In Modifikation der von Sturm unter Hinweis auf die "Fisher-Hypothese"[2] verwendeten Verknüpfung zwischen den Größen

- Nominalzins i
- Realzins i_o
- Inflation p

durch Gleichung

(74) $$i = i_o + (1 + i_o)\,p$$

wird hier die im Schrifttum[3] geläufige Erweiterung um einen "Überwälzungsfaktor"[4] a betrachtet:

Def. 24) $$i := i(p) := i_o + (1 + i_o)\,a\,p$$

Für den Zinsfaktor $q = 1 + i$ gilt die äquivalente Gleichung[4]

(75) $$q(p) = (1 + i_o)(1 + ap)$$

Im vorliegenden Substitutionsmodell repräsentiert der Kalkulationszinsfuß i die alternativen langfristigen Finanzierungsmöglichkeiten. Der Überwälzungsfaktor a wird daher unter Berücksichtigung einer von Siebke / Willms Anfang der siebziger Jahre durchgeführten empirischen Untersuchung[5] im Grundmodell mit 80% fixiert: "a = 0,8". Innerhalb der Modellsituation ***C*** kann

---

1) Vgl. die beiden mittleren Ergebnisspalten des Grundmodells in Tab. 6: die Steigerung der Netto-Aktiveneinkommen fällt durchweg niedriger aus als die zugehörige Inflationsrate.
2) Vgl. Sturm, N., (Betriebliche Altersrenten 1980), S. 245 - 247
3) Vgl. etwa Schneider, D., (Investition 1992), S. 392 f.
4) Vgl. ebd., S. 392
5) "In der Bundesrepublik erhöht sich der langfristige Zinssatz im Zeitablauf um 80 bis 85% der erwarteten Inflationsrate." Vgl. Siebke, J. / Willms, M., (Zinsniveau 1972), Kredit und Kapital 1972, S. 199. Im vorliegenden Rechenmodell stimmt die erwartete mit der stationär angesetzten Inflationsrate p überein.

ein modifizierter Ansatz des Überwälzungsfaktors untersucht werden[1].

Im Grundmodell beträgt der Realzins 4,5%; in Abschnitt C.I.2.4.4.2 sowie C.II.2.4.4.2 wird ein Realzins von 3,5% bzw. 5,5% untersucht.

Für das Grundmodell folgt damit

$$(76) \qquad i(p) = 0{,}045 + 0{,}836\ p$$

Demnach fällt der Abstand zwischen Zins und Inflation

$$(77) \qquad i(p) - p = 0{,}045 - 0{,}164\ p$$

stetig von 4,5% (bei p = 0%) auf 0% (bei p = 27,439%). Für den hier untersuchten Bereich von Inflationsraten zwischen 0% und 20% ist die einleuchtende Forderung nach einem über der Inflationsrate liegenden Zins noch[2] erfüllt; für höhere Inflationsraten müßte der Ansatz modifiziert werden.

Der zum Brutto-Dauerschuldzins i gehörige Nettozins i_s wird im folgenden Abschnitt berechnet.

4. Berechnung der Nachsteuergrößen

Aus den in Abschnitt B.II.1 getroffenen Annahmen[3] und den dort abgeleiteten Formeln lassen sich unschwer die Steuer- und Multifaktoren ableiten, die zur angestrebten Berechnung der Periodenliquidität und des Nettozinsfaktors q_s benötigt werden.

Zusammen mit den in Abschnitt B.III.3.2 festgelegten Steigerungsfaktoren der Beginnrenten g = g(p,r) ergibt sich daraus für jede der in Tabelle 6 enthaltenen Umweltsituationen ein zentraler Dynamikfaktor z. Von seiner Größenordnung hängt es ab, ob die Modellsituation ***A***, ***B*** oder ***C*** vorliegt.

4.1 Steuerdaten und Multifaktoren

Im Grundmodell wird mit einem Spitzensatz der Einkommensteuer von 56%[4] und einem Hebesatz von 400%[5] für die Gewerbesteuer gearbeitet. Modifikationen werden in Kapitel C besprochen.

---

1) Vgl. insbesondere Abschn. C.I.2.1.7

2) Bei einer Inflationsrate von 20% bzw. 25% folgt ein Nominalzins von 21,22% bzw. 25,4%.

3) Diese wurden in Abschn. B.III.1 noch um die Prämissen 10 bis 12 erweitert.

4) Der von 1975 bis 1989 geltende Spitzensteuersatz von 56% wurde mit dem StRefG 1990 vom 25. 7. 1988 (BGBl. I 1988, S. 1093) auf den vor 1975 geltenden Spitzensteuersatz von 53% abgesenkt. Vgl. Herb, F., (Prüfstand 1989), DB 1989, S. 62 - 65. Zu den Auswirkungen auf die Rechenergebnisse vgl. insbesondere Abschn. C.I.1.4.2 sowie C.I.2.4.5.1

5) "Der gewogene Durchschnittshebesatz der Gewerbesteuer aller Gemeinden der Größenklasse 50.000 und mehr Einwohner ist auch 1989 weiter angestiegen; mit 406 v.H. lag die Gewerbesteueranspannung geringfügig um 1 Prozentpunkt über der des Vorjahres." Vgl. Institut "Finanzen und Steuern" e.V., (Hrsg.), (Realsteuerhebesätze 1989), S. 5 f.

Der Kirchensteuersatz wird einheitlich mit 9% angesetzt[1]. Der Vermögensteuersatz ist gesetzlich[2] auf 0,5% für natürliche Personen festgelegt.

Die Steuermeßzahlen für den Gewerbeertrag bzw. für das Gewerbekapital werden mit den üblichen[3] Werten von 5% bzw. 0,2% angesetzt.

"Bezeichnet man .... mit e den Einkommensteuerfaktor und mit k den Kirchensteuerfaktor, ..."[4] so gelten mit Rose[5] die Gleichungen

(78) $s_e = e\,(1 + k)\,/\,(1 + e\,k)$

(79) $s_{ge} = H\,/\,(2000 + H)$

(80) $s_{gk} = H\;0{,}00002,$

wobei H den Hebesatz in Prozentpunkten angibt.

Damit folgen[6] für das Grundmodell die in Übersicht 16 zusammengestellten numerischen Werte[7], basierend auf den eben getroffenen Vorgaben

$e = 0{,}56,$
$k = 0{,}09,$
$H = 400\%,$
$s_v = 0{,}005.$

Für den zum Brutto-Zinssatz i gehörigen Netto-Zinssatz i_s folgt[8] mit einer 50-prozentigen Hinzurechnung von Dauerschulden bei der Gewerbesteuer ($h = 0{,}5$) die Beziehung

(81) $i_s = 0{,}38398\;i - 0{,}00515,$

womit für $i = i(p)$ gemäß Gleichung (76) gilt:

(82) $i_s(p) = 0{,}32101\;p + 0{,}01213.$

---

1) Der "Zuschlag zur ESt / LSt" beträgt für nahezu alle Religionsgemeinschaften in den Bundesländern Baden-Württemberg, Bayern, Bremen und Hamburg 8%, in allen übrigen Bundesländern einschließlich Berlin mit der deutlich überwiegenden Einwohneranzahl 9%. Vgl. Meyer, C., (Kirchensteuersätze 1992), NWB 1992, Fach 12, S. 1363 - 1368

2) § 10 Nr. 1 VStG vom 11. 11. 1990 (BGBl. I 1990, S. 2467). Der Satz von 0,5% gilt unverändert seit 1978; er trat mit dem StÄndG 1977 vom 16. 8. 1977 (BGBl. I 1977, S. 1586) an die Stelle des bis 1977 geltenden Satzes von 0,7%.

3) § 11 Abs. 2 bzw. § 13 Abs. 2 GewStG vom 21. 3. 1991 (BGBl. I 1991, S. 814). Die abweichenden Steuermeßzahlen nach § 11 Abs. 3 bzw. nach § 13 Abs. 3 GewStG werden nicht berücksichtigt. Vgl. Haueisen, P., (Gestaltungsformen 1983), S. 86 f.

4) Vgl. Rose, G., (Steuerbelastung 1973), S. 73

5) Vgl. ebd., S. 73 und 77 f.

6) Vgl. Abschn. B.II.1.3.2

7) Vgl. auch Rose, G., (Teilsteuersätze 1984), DB 1984, S. 16, Tabelle 1

8) Vgl. Def. 8

Übersicht 16: Steuer- und Multifaktoren im Grundmodell

Steuerfaktoren (%)			Multifaktoren (%)		
s_e	=	58,111	t_1	=	65,093
s_{ge}	=	16,667	t_2	=	6,981
s_{gk}	=	0,800	t_3	=	0,654
(s_v	=	0,500)[1]	t_4	=	0,279
S_{vu}	=	0,375	(t_5	=	0,500)[1]

Damit können die Modellsituationen ermittelt werden, die sich bei den in Tabelle 6 beschriebenen Umweltsituationen ergeben.

4.2 Resultierende Modellsituationen

Der zentrale Dynamikfaktor z ergibt sich nach Definition 16 aus dem Verhältnis des Nettozinsfaktors q_s zum Steigerungsfaktor der Beginnrenten g.

Bei Anwartschaftsstatik mit "$g \equiv 1$" stimmt z mit dem Nettozinsfaktor $q_s = 1 + i_s$ überein. Für das Grundmodell ist aus Gleichung (82) unmittelbar ersichtlich, daß in dem untersuchten Inflationsbereich zwischen 0% und 20% stets $i_s(p) > 0$ gilt[2]. Bei Anwartschaftsstatik resultiert also die Modellsituation ***A***.

Bei Anwartschaftsdynamik entwickeln sich die Beginnrenten annahmegemäß wie die Brutto-Aktiveneinkommen, d.h.

$$(83) \qquad z \quad = \quad z(p,r) \quad = \quad q_s(p)/g(p,r).$$

Mit $q_s(p)$ gemäß Gleichung (82) und $g(p,r) = l(p,r)$ gemäß Definition 22 folgt die in Tabelle 7 enthaltene numerische Auswertung.

Im Bereich der Modellsituation ***C*** mit $z < 1$ sind die Ergebniszahlen mit einem * gekennzeichnet; im übrigen Bereich resultiert mit $z > 1$ die Modellsituation ***A***.

Die Modellsituation ***B*** mit $z = 1$ erscheint nur zwischen den Zeilen; sie würde sich in Abhängigkeit vom Faktor des Realwachstums r bei folgenden Inflationsraten einstellen:

$$\begin{array}{llll} \text{für } r = 0{,}975 & \text{bei } p & = & 0{,}0568 \\ \text{für } r = 1{,}000 & \text{bei } p & = & 0{,}0179 \\ \text{für } r = 1{,}025 & \text{bei } p & = & -0{,}0183 \end{array}$$

In der Umgebung dieser Inflationsraten liegt z nahe bei Eins, so daß mit einer sehr langsamen Konvergenz der Ergebnisgrößen zu rechnen ist[3].

---

1) Diese Faktoren werden im Rechenmodell nicht unmittelbar benötigt.
2) Ein negativer Nettozins i_s könnte nur mit deutlich erhöhten Steuersätzen auftreten. Auch in den Modifikationen des Grundmodells bleibt in der vorliegenden Untersuchung des Nettozins stets positiv.
3) Vgl. das Ende von Abschn. B.II.3.3.3

Tabelle 7: Zentrale Dynamikfaktoren bei Anwartschaftsdynamik mit unterschiedlicher Realentwicklung der Beginnrenten

Inflationsrate p in %	zentraler Dynamikfaktor z mit Beginnrenten bei realer Schrumpfung r = 0,975	Realkonstanz r = 1,000	realem Wachstum r = 1,025
0,0	1,012133	1,012133	0,987447*
0,5	1,013738	1,008694	0,984092*
1,0	1,015343	1,005290	0,980771*
1,5	1,016948	1,001919	0,977482*
2,0	1,018553	0,998581*	0,974226*
2,5	1,030158	0,995276*	0,971001*
3,0	1,017439	0,992003*	0,967808*
3,5	1,014114	0,988761*	0,964645*
4,0	1,010822	0,985551*	0,961513*
4,5	1,007560	0,982371*	0,958411*
5,0	1,004330	0,979222*	0,955339*
6,0	0,997962*	0,973013*	0,949281*
7,0	0,991712*	0,966919*	0,943336*
8,0	0,985578*	0,960938*	0,937501*
9,0	0,979556*	0,955067*	0,931773*
10,0	0,973644*	0,949303*	0,926150*
12,5	0,959324*	0,935341*	0,912528*
15,0	0,945627*	0,921986*	0,899499*
17,5	0,932512*	0,909199*	0,887024*
20,0	0,919944*	0,896945*	0,875069*

Für das Grundmodell sind die Raten der finanziellen Wachstumsfaktoren z, q_s, q und g mit den Bezeichnungen

$$d_z := z - 1$$
$$i_s := q_s - 1$$
$$i := q - 1$$
$$d_A := g - 1$$

in Abbildung 5 graphisch dargestellt. Die d_z- und die d_A-Geraden gelten für den Fall der Anwartschaftsdynamik mit realkonstanten Beginnrenten entsprechend der mittleren Spalte der Tabelle 7. Im Fall der Anwartschaftsstatik würde die d_A-Gerade mit der x-Achse ($d_A \equiv 0$) und die d_z-Gerade mit der i_s-Geraden zusammenfallen.

Abb. 5: Raten der finanziellen Wachstumsfaktoren im Grundmodell

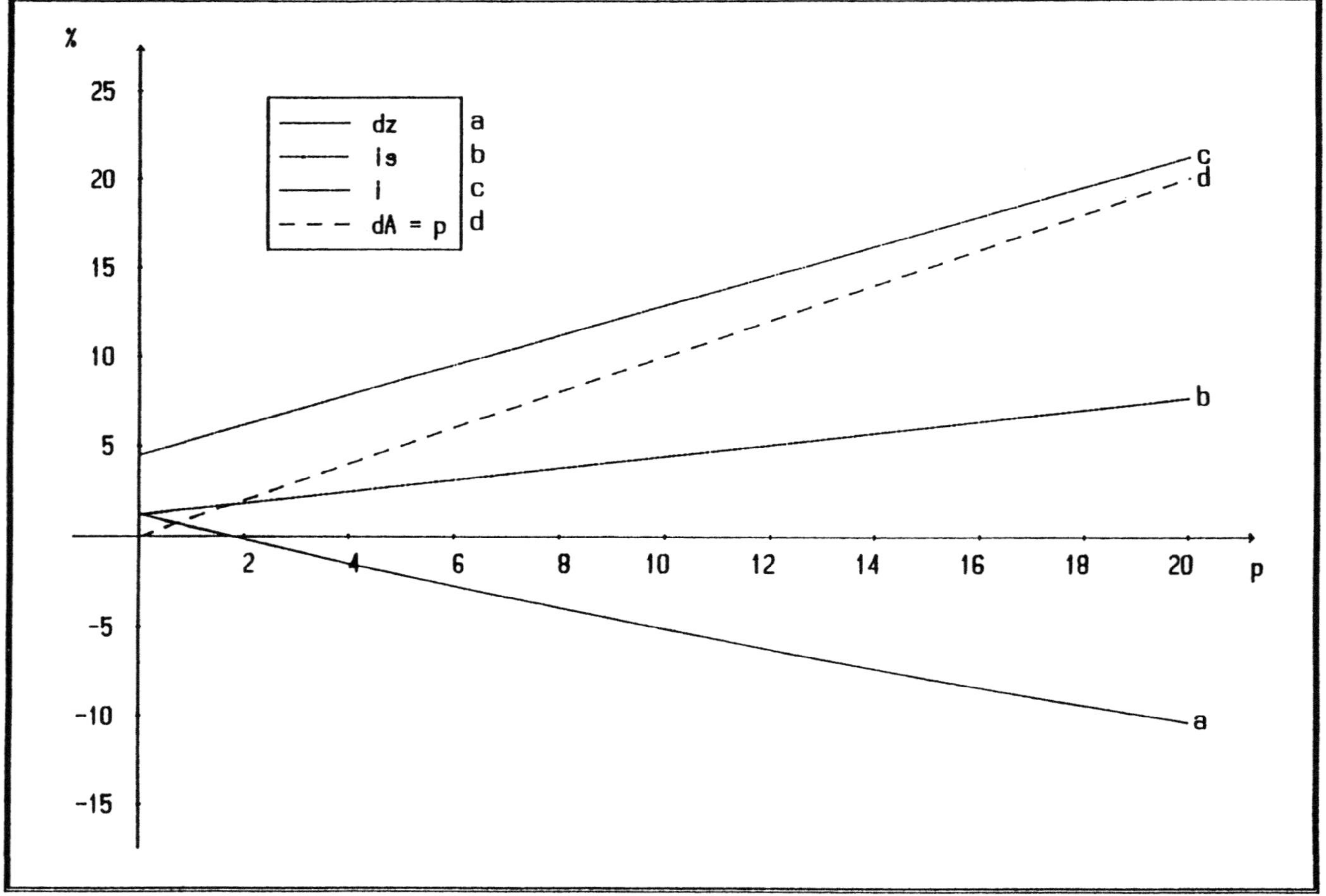

An der Nullstelle der d_z-Geraden liegt die Modellsituation ***B*** vor, für positive d_z die Modellsituation ***A***, für negative d_z die Modellsituation ***C***.

Die Kenntnis der resultierenden Modellsituationen ermöglicht die im folgenden Kapitel durchgeführten Berechnungen der Meßgröße[1] μ; in der Modellsituation ***A*** ergibt sie sich aus der zum Kapitalwert des Versorgungswerks C_0 gehörigen Annuität, in der Modellsituation ***C*** aus der zum Niveauwert des bilanziellen Eigenkapitals EK gehörigen Annuität[2].

Abschließend werden nach einer Kurzbeschreibung des Grundmodells die untersuchten Modifikationen zusammengestellt.

5. Zusammenfassung und Modifikationen des Grundmodells

Alle Berechnungen erfolgen auf der Basis der in Abschnitt B.II.1 und B.III.1 formulierten Prämissen 1 bis 23.

Demnach wird in einer Personengesellschaft die Neueinführung bzw. Änderung eines Versorgungswerks für neueintretende Mitarbeiter mit Hilfe eines Substitutionsmodells[3] untersucht. Bei stationärem Ansatz aller Modellparameter können die Erwartungswerte[4] für Vor- und Nachsteuergrößen im Beharrungszustand bei unterstellten Inflationsraten zwischen 0% und 20% berechnet werden.

Die betrachteten Pensionszusagen sehen Alters-, Invaliden- und 60%-ige Witwen-/Witwerleistungen vor, die entweder als lebenslänglich laufende Renten oder als einmaliger Kapitalbetrag in Höhe des Rentenbarwerts[5] zur Auszahlung kommen. Alternativ werden die Fälle der Anwartschaftsstatik und der Anwartschaftsdynamik[6] untersucht, d.h. die Beginnrenten bleiben im Zeitablauf konstant bzw. folgen der Entwicklung der Brutto-Aktiveneinkommen.

Die Pensionsverpflichtungen werden mit dem Teilwert nach § 6a EStG auf der Basis der Richttafeln mit einem rechnerischen Pensionsalter von 63/60 Jahren für Männer/Frauen bewertet[7].

Der PSVaG-Beitragssatz beträgt 2,5‰.

Die Verwaltungskosten werden mit 15 DM jährlich pro Anwärter zuzüglich 6 DM pro Rentenanpassung bzw. pro Kapitalauszahlung angesetzt.

Im Grundmodell werden jeweils für den Fall der Anwartschaftsstatik und der Anwartschaftsdynamik verglichen

- bei den laufenden Renten die Nullanpassung mit der modellmäßigen Anpassung nach § 16 BetrAVG;

---

1) Vgl. Def. 19
2) Vgl. Def. 17
3) Vgl. Abschn. B.II.1.1.2. und B.II.1.4.4
4) Im Hinblick auf die biologische Unsicherheit bei der Bestandsfortschreibung. Vgl. Abschn. B.II.2.2.2
5) Vgl. Abschn. C.II.1
6) Vgl. Abschn. B.I.3.4
7) Vgl. Abschn. B.III.2.3

- die Leistungsform "Kapital" mit Rentenleistungen, die modellmäßig nach § 16 BetrAVG angepaßt werden.

Das Grundmodell beruht auf der in Übersicht 13 enthaltenen Eintrittsalters- und Bezügestruktur für männliche Neueintritte; die Bestandsfortschreibung erfolgt mit Hilfe der Richttafeln, die um die Fluktuationswahrscheinlichkeiten in Tabelle 4 erweitert werden. Die Aktivenanzahl ändert sich ab dem Eintritt des Beharrungszustands nicht mehr. Es werden realkonstante Brutto-Aktiveneinkommen betrachtet, d.h. die Aktivenbezüge entwickeln sich nach Maßgabe der Inflationsrate.

Im Grundmodell werden für die Inhaber folgende Steuersätze unterstellt:

- Einkommensteuer:	56,0%
- Kirchensteuer[1]	9,0%
- Vermögensteuer:	0,5%

und für die Gewerbesteuer der Personengesellschaft gilt:

- Steuermeßzahl für den Gewerbeertrag[1]:	5,0%
- Steuermeßzahl für das Gewerbekapital[1]:	0,2%
- Hebesatz:	400,0%
- Hinzurechnungsanteil bei Dauerschulden[1]:	50,0%

Die resultierenden Steuer- und Multifaktoren sind in Übersicht 16 enthalten. Der Kalkulationszinsfuß ist gemäß Gleichung (75) linear mit der Inflationsrate verknüpft; der Realzins i_0 beträgt im Grundmodell 4,5%, der Überwälzungsfaktor wird mit 80% angesetzt.

Die bei unterschiedlichen Realsteigerungen der Brutto-Aktiveneinkommen resultierenden Modellsituationen sind in Abhängigkeit von der Höhe des zentralen Dynamikfaktors aus Tabelle 7 ersichtlich.

Die modifizierten Untersuchungsobjekte und Parameter sind zusammen mit dem zugehörigen Grundmodell-Ansatz in der nachfolgenden Übersicht 17 aufgelistet.

Diese Modifikationen betreffen schwerpunktmäßig die Gesichtspunkte (laufende Nr. wie in Übersicht 17):

- Anpassungsmodus der laufenden Renten (Nr. 1)
- Bestands- und Bezügestruktur (Nr. 2 - 5)
- Bestandsfortschreibung (Nr. 6 - 7)
- Struktur der Pensionszusage (Nr. 8)
- Ansatz der gesamtwirtschaftlichen Rahmenbedingungen (Nr. 9 - 11)
- Ansatz der steuerlichen Rahmenbedingungen (Nr. 12 - 15)

Für den Fall der Modellsituation ***C*** wird ferner die Möglichkeit einer einfachen Umrechnung der Ergebniszahlen am Beispiel des PSVaG-Beitragssatzes sowie der Verwaltungskosten aufgezeigt. Innerhalb der Modellsituation ***C*** ist insbesondere eine Modifikation des Überwälzungsfaktors a im inflationsabhängigen Zinskonzept möglich.

Die Gliederung von Kapitel C ist grundsätzlich an der in Übersicht 17 enthaltenen Reihenfolge orientiert.

---

1) Dieser Ansatz gilt auch für die Modifikationen.

Übersicht 17: Modifikationen des Grundmodells

Gesichtspunkt	Ansatz im Grundmodell	Ansatz bei Modifikation
1. Anpassung der laufenden Renten: Vergleich mit "Anpassung nach BetrAVG"	Nullanpassung	Anpassung mit - halber Inflation - voller Inflation - 1-Jahres-Rhythmus - garantierter Anpassung
2. Geschlecht der Mitarbeiter	Männer	Frauen
3. Ausgangsbestand		beispielhafte Vorgabe gemäß Übersicht 15
4. Eintrittsaltersstruktur	Typ 1 und 2 gemäß Übersicht 13	Typ 3 bis 9 gemäß Übersicht 14
5. Bezügestruktur	gemäß Übersicht 13	für Frauen alternativ gemäß Übersicht 15
6. Bestandsumfang im BHZ	konstant	Wachstum 1% p.a. Schrumpfung -1% p.a.
7. Fluktuationswahrscheinlichkeiten	Typ 1 gemäß Tabelle 4	ohne bzw. verdoppelte Wahrscheinlichkeiten
8. Pensionszusage[1]	Typ 1 mit dienstzeitunabhängigen Leistungen	Typ 2 mit dienstzeitabhängigen Leistungen
9. Reallohnentwicklung	konstant	Wachstum: $r = 1{,}025$ Schrumpfung: $r = 0{,}975$
10. Fremdkapitalzins	$i = i_o + (1 + i_o)0{,}8\ p$	$i = 8\ \%$
11. Realzins	$i_o = 4{,}5\%$	$i_o = 3{,}5\%$ bzw. $5{,}5\%$
12. ESt-Spitzensatz	56%	30% bzw. 43%
13. Gewerbesteuer-Hebesatz	400%	0% bzw. 800%
14. Substanzsteuern	derzeitige Rechtslage	ohne bzw. verdoppelte Substanzsteuern
15. Rechnungszinsfuß in § 6a EStG	6%	10%

1) Bei der Untersuchung des Frauen-Kollektivs wird alternativ auch die Pensionszusage Typ 1 ohne Witwerrente betrachtet.

C. Ergebnisse der Modellrechnungen

In diesem Kapitel werden schwerpunktmäßig die numerischen Resultate des im vorangehenden Abschnitt B.III detailliert vorgestellten Rechenmodells beschrieben und erläutert.

Die in Abschnitt B.II.3.2.5 bereitgestellten Erkenntnisse zu den charakteristischen Eigenschaften der Modellsituationen ***A***, ***B*** und ***C*** ermöglichen die Einordnung und Interpretation der Rechenergebnisse. Einführende Zahlenbeispiele sollen den Zugang zum Beharrungszustands–Modell erleichtern.

In Abschnitt C.I werden die Rechenergebnisse aus dem Vergleich unterschiedlich dynamisierter Rentenzusagen besprochen. In Abschnitt C.II folgt der Vorteilsvergleich zwischen den Leistungsformen Kapital und Rente. Im Hinblick auf den Ablauf der Untersuchung und die betrachteten Modifikationen sind die beiden Abschnitte weitgehend parallel aufgebaut.

Auf die Analyse statischer, im Zeitablauf gleichbleibender Beginnrenten ("Anwartschaftsstatik")[1] folgt jeweils die ausführlichere Untersuchung dynamischer, an die Entwicklung der Brutto-Aktiveneinkommen gekoppelten Beginnrenten ("Anwartschaftsdynamik")[2].

Dabei werden zunächst jeweils die Ergebnisse des Grundmodells mit dem Konzept eines inflationsabhängigen Kalkulationszinsfußes besprochen und den Resultaten eines inflations<u>un</u>abhängigen Zinskonzepts gegenübergestellt. Im Fall der Anwartschaftsdynamik kann die Ergebnisauswertung im Bereich der Modellsituation ***C*** ergänzt werden durch Hinweise auf leicht durchführbare Modifikationsmöglichkeiten[3] sowie um die Herleitung der weitgehenden Steuersatz<u>un</u>abhängigkeit[4] der Meßgröße μ; die dabei gefundene Darstellung der Meßgröße μ läßt eine Analyse der Modellkonzeption wichtiger Basisgrößen, insbesondere des Überwälzungsfaktors[5] im Zinskonzept des Grundmodells, zur Frage einer möglichen Eigenkapitaläquivalenz zu.

Auf die Ergebnisse des Grundmodells folgt jeweils die Untersuchung unterschiedlicher Anpassungsmodalitäten bei den laufenden Renten sowie der Auswirkungen der Zusage einer garantierten Rentenanpassung.

Die weiteren Modifikationen des Grundmodells beschränken sich bei Anwartschaftsstatik[6] auf die in diesem Fall besonders interessierende beispielhafte Hinzunahme eines zusätzlichen Ausgangsbestands sowie die Betrachtung unterschiedlicher ESt-Spitzensätze.

Im Fall der Anwartschaftsdynamik erfolgt die angestrebte systematische Modifikation[7] des Grundmodells mit den am Ende von Abschnitt B.III zusammengestellten Modifikationsgruppen anhand der in Übersicht 17 enthaltenen Einzel-Modifikationen.

An die Untersuchung der Modifikationen schließen sich Überlegungen zum Ausmaß der Belastungsveränderung durch die Anpassung der laufenden Renten[8] bzw. zur Lage sowie zur

---

1) Vgl. Abschn. C.I.1 sowie C.II.1
2) Vgl. Abschn. C.I.2 sowie C.II.2
3) Vgl. Abschn. C.I.2.1.5
4) Zur Invarianzeigenschaft von μ vgl. Abschn. C.I.2.1.6
5) Vgl. Abschn. C.I.2.1.7
6) Vgl. Abschn. C.I.1.4 sowie C.II.1.4
7) Vgl. Abschn. C.I.2.4 sowie C.II.2.4
8) Vgl. Abschn. C.I.1.5 sowie C.I.2.5

Stabilität des Vorteilsbereichs beim Vergleich[1] von Kapital und Rente an. Mit einem Blick auf die Veränderung der finanziellen Zielgrößen in Abhängigkeit von der Inflation und mit einer Zusammenfassung werden die Untersuchungen jeweils abgeschlossen.

Sämtliche Ergebniszahlen beruhen auf der "Methode der geschlossenen Kollektive"[2]. Bei der Interpretation ist zu beachten, daß die Erwartungswerte der absoluten Summengrößen lediglich als Hilfsmittel, als "Basiswerte" zur Berechnung der angestrebten Relativangaben aufgeführt werden; nur bei den Relativangaben kann der Aspekt der biologischen Unsicherheit mit zunehmendem Bestandsumfang vernachlässigt werden[3].

I. Unterschiedliche Dynamisierung von Rentenzusagen

Bei Anwartschaftsdynamik steigen die Beginnrenten nach Maßgabe der Brutto-Aktiveneinkommen an; ebenso wie bei Anwartschaftsstatik können dabei unterschiedliche Anpassungsregelungen für die laufenden Renten verglichen werden.

Bei Anwartschaftsstatik bleibt das Beginnrentenniveau im Zeitablauf unverändert. "Erfahrungsgemäß wird jeder mit festen DM-Beträgen (also formal ohne automatische Dynamik) arbeitende Leistungsplan faktisch im Laufe der Zeit angepaßt, d.h. heraufgesetzt."[4] Modellmäßig wird demgegenüber bewußt eine derartige, in größeren Zeitabständen erfolgende Dynamisierung der Beginnrenten ausgeschlossen, um die finanziellen Auswirkungen der Anpassung von laufenden Renten isoliert darzustellen.

1. Anwartschaftsstatik

Bei statischen Beginnrenten ($g \equiv 1$) stimmt der zentrale Dynamikfaktor $z = q_s / g$ mit dem Nettozinsfaktor q_s überein, woraus wegen $q_s > 1$ stets die Modellsituation ***A*** resultiert[5].

Für den Bestand stellt sich mit den getroffenen Annahmen zur Bestandsfortschreibung[6] ein absoluter Beharrungszustand (kurz: BHZ) ein; bei statischen Beginnrenten folgt ein absoluter BHZ auch für die vom Kalkulationszinsfuß unabhängigen finanziellen Vor- und Nachsteuergrößen[7].

Für die Modellsituation ***A*** wurde in Abschnitt B.II.3.3 die Meßgröße μ als geeignete Relativangabe für einen (Vorteils-)Vergleich herausgearbeitet, die auf der zum Kapitalwert C_0 des gesamten Versorgungswerks gehörigen Annuität M beruht. Die im nachfolgenden Abschnitt enthaltene ausführliche Besprechung der BHZ-Werte ergänzt den eigentlichen Vergleich der Alternativen und soll die (kritische) Interpretation der Rechenergebnisse erleichtern.

---

1) Vgl. Abschn. C.II.1.5 sowie C.II.2.5
2) Vgl. Abschn. B.II.3.6. sowie Anhang 7
3) Vgl. Abschn. B.II.2.2.2 und B.II.2.2.3
4) Vgl. Lemitz, H.-G., (Auswirkungen 1970), DB 1970, S. 1552
5) Vgl. Abschn. B.III.4.2
6) Vgl. die Prämissen 21 bis 23 in Abschn. B.III.1.1
7) Für das finanzielle Teilsystem (II) in der Bezeichnungsweise von Abschn. B.II.3.2.1

1.1 Ergebnisse im Grundmodell und Modifikation des Kalkulationszinsfußes

1.1.1 Bestands- und Bezüge-Ergebnisse

Mit der in Übersicht 13 enthaltenen Eintrittsalters- und Bezügestruktur für männliche Neuzugänge ergeben sich die in Übersicht 18 zusammengestellten BHZ-Kenngrößen für den Bestand; die in Klammern gesetzten Prozentzahlen beziehen sich auf die jeweilige Aktivenanzahl.

Demnach führen die Fluktuationswahrscheinlichkeiten der Tabelle 4 im BHZ zu einer (Gesamt-)Fluktuationsquote von 3,7% (EAV Typ 1) bzw. 3,9% (EAV Typ 2)[1].

Übersicht 18: BHZ-Kennzahlen zum Bestand im Grundmodell

Erwartungswert für die Anzahl der	Eintrittsaltersverteilung	
	EAV Typ 1	EAV Typ 2
Aktiven AA	16,1495 (100,0%)	11,3730 (100,0%)
Unverfallbaren AU	2,2449 (13,9%)	1,1353 (10,0%)
Rentner und Witwen AR + AW	14,4354 (89,4%)	14,6037 (128,4%)
Neueintritte pro Periode	1,0000 (6,2%)	1,0000 (8,8%)
Ausgeschiedenen pro Periode	1,0000 (6,2%)	1,0000 (8,8%)
davon durch Fluktuation	0,5911 (3,7%)	0,4480 (3,9%)

Bei der EAV Typ 1 kommen im BHZ auf 100 Aktive 89,4 laufende Renten, bei der EAV Typ 2 mit der vergleichsweise starken Gewichtung der höheren Altersklassen sogar 128,4 laufende Renten. Auch wenn man die mit unverfallbarer Anwartschaft Ausgeschiedenen in die Bezugsbasis miteinbezieht[2] und damit den Quotienten (AR + AW) / (AA + AU) bildet, folgt mit 116,8% für die EAV Typ 2 ein Wert, der deutlich über 100% liegt; für die EAV Typ 1 ergibt sich ein Wert von 78,5%.

Der Erwartungswert für den Niveauwert der (Jahres-)Lohn- und Gehaltssumme LG beträgt

bei der EAV Typ 1: 483.461 DM,
bei der EAV Typ 2: 407.163 DM.

---

1) Der geringe Unterschied zwischen der EAV Typ 1 und 2 beruht auf dem grundsätzlich dienstzeitabhängigen Ansatz der Fluktuationswahrscheinlichkeiten. Vgl. Abschn. B.III.2.1.1

2) Auch aus der Statusgruppe der Unverfallbaren gehen Rentner und Witwen hervor.

Der durchschnittliche Niveauwert des Monatsgehalts liegt demnach mit 2.495 DM bzw. 2.983 DM im BHZ etwas niedriger als die durchschnittlichen Brutto-Monatsbezüge von 2.567 DM bzw. 3.137 DM (EAV Typ 1 bzw. 2), die sich aus Übersicht 13 errechnen.

1.1.2 Erläuterungen zu den finanziellen BHZ-Werten

Die unterschiedlichen Bestandsstrukturen der EAV Typ 1 und 2 spiegeln sich in den finanziellen Ergebnissen wider, die in Tabelle 8 und 9 für die untersuchten zwanzig Umweltsituationen des Grundmodells beim Vergleich zwischen einer Nullanpassung der laufenden Renten und einer Anpassung nach § 16 BetrAVG ausgedruckt sind. Dem inflationsabhängigen Kalkulationszinsfuß des Grundmodells wird alternativ ein Kalkulationszinsfuß von 8% gegenübergestellt.

Die in Blatt 1 bis 3 von Tabelle 8 bzw. 9 enthaltenen Relativangaben beruhen auf den in Blatt 4 in DM[1] wiedergegebenen Absolutzahlen, die für jeden der Vergleichsfälle (Fall A und Fall B) Angaben zum (hier absoluten) BHZ und zur Höhe des Endwerts der geschlossenen Neuzugangs-Kollektive nach Abwicklung zum Ende der Periode "T = 85" enthalten.

Zu den einzelnen BHZ-Werten in Blatt 4 ist anzumerken:

Die Rückstellung[2] R entfällt mit 153.452 (Tab. 8) bzw. 124.768 (Tab. 9) auf die Anwärter, der jeweilige Restbetrag auf die Rentner und die Witwen. Die Erhöhungen der Rückstellung mit steigender Inflation sind ausschließlich durch die Anpassung der laufenden Renten nach § 16 BetrAVG verursacht; sie bleiben erheblich hinter den Erhöhungen der Rentenzahlungen RZ zurück[3], da die stärker angepaßten Renten an ältere Rentner und Witwen mit vergleichsweise niedrigeren Renten-Barwertfaktoren gezahlt werden.

Die Bemessungsgrundlage für den PSVaG-Beitrag ergibt sich aus der jeweiligen Rückstellung durch Abzug eines Betrags von 14.113 (Tab. 8) bzw. 39.162 (Tab. 9); dieser Teilbetrag der Rückstellung entfällt auf diejenigen Aktiven, die die Fristen für den Erwerb einer unverfallbaren Anwartschaft nach § 1 BetrAVG noch nicht erfüllt haben.

In der Höhe der Verwaltungskosten VK kommt zum Ausdruck, daß die Anzahl der "bewertungsrelevanten"[4] Aktiven um ca. 3 (Tab. 8) bzw. 1 (Tab. 9) Anwärter unterhalb der Gesamtanzahl der Aktiven liegt. Im Fall der Anpassung nach BetrAVG erhöhen sich die Verwaltungskosten für positive Inflationsraten um die anpassungsbedingten Zusatzkosten[4].

Die Zuführung zur Rückstellung U beträgt für den Gesamtbestand Null, da sich im absoluten BHZ die individuellen Zuführungen und Auflösungen gegeneinander aufheben[5].

Aus den genannten Vorsteuergrößen kann mit Gleichung (16) das nachsteuerliche Liquiditätsresultat einer Periode vor Hinzunahme eines Kalkulationszinsfußes, also die Periodenliquidität PL im BHZ berechnet werden. Dazu wird nach den Tabellen 8 und 9 ein Beispiel[6] mit der EAV Typ 1 (Tab. 8) für den Stabilitätsfall mit "p = 0" angegeben.

---

1) Auf die Angabe der Währungseinheit wird nachfolgend der Einfachheit halber verzichtet.
2) Gebildet entsprechend den Sollwerten nach § 6a EStG
3) Vgl. jeweils Blatt 1 in Tab. 8 und 9
4) Vgl. Abschn. B.III.2.4
5) Vgl. Abschn. B.II.3.2.4
6) Im absoluten BHZ gilt "E = R".

Tabelle 8: Ergebnisse im Grundmodell und bei konstantem Zins - Eintrittsaltersverteilung Typ 1 -

Blatt 1

Beharrungszustand

Vergleich: Fall A: Anpassung nach BetrAVG
Fall B: Nullanpassung

Geschlecht: Maenner
Pensionszusage Typ 1
Realwachstum von LG: 0.0%

Anwartschaftsstatik
Fluktuation Typ 1
Bestandstrend: 0.0%

p	d R	zusagebedingte Auszahlungen 1)	Rueckstellung in % LG Fall A	Fall B	Diff.	Periodenliquiditaet in % LG nach ErtrSt Fall A	Fall B	Diff.
%	%	%	%	%	%	%	%	%
0.0	0.0	0.0	88.6	88.6	0.0	-5.2	-5.2	0.0
0.5	0.2	3.0	90.1	88.6	-1.4	-5.4	-5.2	0.2
1.0	0.6	9.0	93.0	88.6	-4.4	-5.7	-5.2	0.5
1.5	1.1	16.0	96.4	88.6	-7.8	-6.1	-5.2	0.9
2.0	1.5	23.2	99.9	88.6	-11.2	-6.6	-5.2	1.4
2.5	1.9	31.4	103.7	88.6	-15.1	-7.0	-5.2	1.9
3.0	2.3	40.0	107.8	88.6	-19.1	-7.5	-5.2	2.4
3.5	2.8	50.2	112.5	88.6	-23.9	-8.2	-5.2	3.0
4.0	3.2	60.8	117.4	88.6	-28.8	-8.8	-5.2	3.6
4.5	3.6	72.5	122.7	88.6	-34.1	-9.5	-5.2	4.3
5.0	4.0	86.1	128.8	88.6	-40.2	-10.3	-5.2	5.1
6.0	4.9	117.1	142.5	88.6	-53.8	-12.2	-5.2	7.0
7.0	5.7	154.7	158.7	88.6	-70.1	-14.4	-5.2	9.3
8.0	6.6	202.4	178.9	88.6	-90.2	-17.3	-5.2	12.1
9.0	7.4	261.2	203.1	88.6	-114.5	-20.9	-5.2	15.7
10.0	8.2	335.9	233.4	88.6	-144.7	-25.4	-5.2	20.2
12.5	10.3	625.0	345.5	88.6	-256.8	-43.1	-5.2	37.9
15.0	12.4	1177.2	548.4	88.6	-459.8	-77.0	-5.2	71.8
17.5	14.5	2287.5	935.7	88.6	-847.0	-145.6	-5.2	140.4
20.0	16.5	4571.9	1694.2	88.6	-1605.6	-287.5	-5.2	282.3

1) prozentuale Veraenderung: (Fall A - Fall B) / (Fall B)

Tabelle 8: Ergebnisse im Grundmodell und bei konstantem Zins - Eintrittsaltersverteilung Typ 1 -

Blatt 2

Vergleich: Fall A: Anpassung nach BetrAVG
Fall B: Nullanpassung

Geschlecht: Maenner
Pensionszusage Typ 1
Realwachstum von LG: 0.0%

Anwartschaftsstatik
Fluktuation Typ 1
Bestandstrend: 0.0%

p	d A	i=i(p)	Kapitalwert in % LG nach ErtrSt i=8% Fall A	Fall B	Diff.	i=i(p) Fall A	Fall B	Diff.
%	%	%	%	%	%	%	%	%
0.0	0.0	4.5	7.4	7.4	0.0	-137.1	-137.1	0.0
0.5	0.0	4.9	6.2	7.4	1.2	-104.0	-98.8	5.2
1.0	0.0	5.3	3.9	7.4	3.5	-82.6	-70.3	12.3
1.5	0.0	5.8	1.3	7.4	6.1	-66.3	-48.7	17.6
2.0	0.0	6.2	-1.5	7.4	8.9	-52.8	-32.1	20.7
2.5	0.0	6.6	-4.6	7.4	12.0	-42.0	-19.1	22.9
3.0	0.0	7.0	-7.9	7.4	15.3	-33.0	-9.0	24.0
3.5	0.0	7.4	-11.8	7.4	19.2	-25.8	-1.0	24.9
4.0	0.0	7.8	-15.9	7.4	23.2	-19.6	5.4	24.9
4.5	0.0	8.3	-20.3	7.4	27.7	-14.2	10.4	24.6
5.0	0.0	8.7	-25.5	7.4	32.9	-9.9	14.4	24.3
6.0	0.0	9.5	-37.4	7.4	44.8	-2.9	20.0	22.9
7.0	0.0	10.4	-51.8	7.4	59.2	2.4	23.3	20.9
8.0	0.0	11.2	-70.1	7.4	77.5	6.4	25.2	18.8
9.0	0.0	12.0	-92.7	7.4	100.1	9.5	26.1	16.6
10.0	0.0	12.9	-121.3	7.4	128.7	11.9	26.3	14.4
12.5	0.0	15.0	-231.8	7.4	239.2	16.1	25.2	9.1
15.0	0.0	17.0	-441.7	7.4	449.1	19.0	23.0	4.0
17.5	0.0	19.1	-860.2	7.4	867.6	21.5	20.6	-0.9
20.0	0.0	21.2	-1713.2	7.4	1720.5	24.3	18.3	-6.0

Tabelle 8: Ergebnisse im Grundmodell und bei konstantem Zins
- Eintrittsaltersverteilung Typ 1 -

Blatt 3

Vergleich: Fall A: Anpassung nach BetrAVG
Fall B: Nullanpassung

Geschlecht: Maenner
Pensionszusage Typ 1
Realwachstum von LG: 0.0%

Anwartschaftsstatik
Fluktuation Typ 1
Bestandstrend: 0.0%

p	d_A	i=i(p)	aequivalente Annuitaet in % LG nach ErtrSt - statisch, i=8%, Fall A	i=8%, Fall B	i=8%, Diff.	i=i(p), Fall A	i=i(p), Fall B	i=i(p), Diff.
%	%	%	%	%	%	%	%	%
0.0	0.0	4.5	0.184	0.184	0.000	-1.643	-1.643	0.000
0.5	0.0	4.9	0.155	0.184	0.030	-1.409	-1.339	0.070
1.0	0.0	5.3	0.098	0.184	0.087	-1.249	-1.063	0.186
1.5	0.0	5.8	0.032	0.184	0.153	-1.105	-0.812	0.293
2.0	0.0	6.2	-0.037	0.184	0.222	-0.962	-0.584	0.378
2.5	0.0	6.6	-0.115	0.184	0.299	-0.831	-0.378	0.452
3.0	0.0	7.0	-0.197	0.184	0.381	-0.702	-0.191	0.511
3.5	0.0	7.4	-0.294	0.184	0.478	-0.590	-0.022	0.568
4.0	0.0	7.8	-0.395	0.184	0.580	-0.476	0.131	0.607
4.5	0.0	8.3	-0.506	0.184	0.691	-0.369	0.269	0.638
5.0	0.0	8.7	-0.636	0.184	0.821	-0.272	0.394	0.666
6.0	0.0	9.5	-0.932	0.184	1.117	-0.088	0.608	0.696
7.0	0.0	10.4	-1.292	0.184	1.477	0.081	0.781	0.699
8.0	0.0	11.2	-1.748	0.184	1.933	0.233	0.919	0.687
9.0	0.0	12.0	-2.311	0.184	2.495	0.374	1.029	0.655
10.0	0.0	12.9	-3.025	0.184	3.210	0.505	1.115	0.611
12.5	0.0	15.0	-5.780	0.184	5.964	0.801	1.251	0.450
15.0	0.0	17.0	-11.013	0.184	11.198	1.080	1.309	0.229
17.5	0.0	19.1	-21.449	0.184	21.633	1.373	1.317	-0.055
20.0	0.0	21.2	-42.717	0.184	42.901	1.720	1.296	-0.424

Tabelle 8: Ergebnisse im Grundmodell und bei konstantem Zins
- Eintrittsaltersverteilung Typ 1 -

Blatt 4

Basiswerte

Vergleich: Fall A: Anpassung nach BetrAVG
Fall B: Nullanpassung

Geschlecht: Maenner
Pensionszusage Typ 1
Realwachstum von LG: 0.0%

Anwartschaftsstatik
Fluktuation Typ 1
Bestandstrend: 0.0%

LG = 483461

p	FL	VK	FS	RZ	U	R	i=8%, W 85	i=i(p), W 85
Fall A:								
0.0	-8729	447	1036	31554	0	428486	2660	-7729
0.5	-9029	476	1053	32499	0	435437	2233	-7584
1.0	-9632	476	1089	34457	0	449730	1408	-7689
1.5	-10328	476	1130	36715	0	466031	456	-7778
2.0	-11054	476	1172	39070	0	482842	-538	-7747
2.5	-11870	476	1218	41710	0	501493	-1654	-7646
3.0	-12737	476	1267	44510	0	521064	-2839	-7390
3.5	-13766	476	1325	47830	0	544013	-4245	-7092
4.0	-14836	476	1384	51279	0	567580	-5707	-6545
4.5	-16010	476	1448	55058	0	593127	-7309	-5782
5.0	-17386	476	1521	59480	0	622683	-9186	-4878
6.0	-20525	476	1687	69545	0	688791	-13458	-2060
7.0	-24351	476	1883	81782	0	767377	-18655	2478
8.0	-29211	476	2127	97287	0	864717	-25238	9209
9.0	-35224	476	2420	116420	0	982140	-33356	19267
10.0	-42891	476	2785	140754	0	1128162	-43670	33730
12.5	-72678	476	4140	234890	0	1670155	-83436	102660
15.0	-129949	476	6593	414892	0	2651327	-158973	263930
17.5	-245735	476	11274	776997	0	4523593	-309606	636915
20.0	-485192	476	20442	1522545	0	8190889	-616604	1507824
Fall B:								
0.0	-8729	447	1036	31554	0	428486	2660	-7729
0.5	-8729	447	1036	31554	0	428486	2660	-7207
1.0	-8729	447	1036	31554	0	428486	2660	-6543
1.5	-8729	447	1036	31554	0	428486	2660	-5718
2.0	-8729	447	1036	31554	0	428486	2660	-4706
2.5	-8729	447	1036	31554	0	428486	2660	-3481
3.0	-8729	447	1036	31554	0	428486	2660	-2012
3.5	-8729	447	1036	31554	0	428486	2660	-265
4.0	-8729	447	1036	31554	0	428486	2660	1799
4.5	-8729	447	1036	31554	0	428486	2660	4225
5.0	-8729	447	1036	31554	0	428486	2660	7062
6.0	-8729	447	1036	31554	0	428486	2660	14198
7.0	-8729	447	1036	31554	0	428486	2660	23744
8.0	-8729	447	1036	31554	0	428486	2660	36378
9.0	-8729	447	1036	31554	0	428486	2660	52956
10.0	-8729	447	1036	31554	0	428486	2660	74558
12.5	-8729	447	1036	31554	0	428486	2660	160363
15.0	-8729	447	1036	31554	0	428486	2660	319912
17.5	-8729	447	1036	31554	0	428486	2660	611263
20.0	-8729	447	1036	31554	0	428486	2660	1136480

Tabelle 9: Ergebnisse im Grundmodell und bei konstantem Zins - Eintrittsaltersverteilung Typ 2 -

Blatt 1

Beharrungszustand

Vergleich: Fall A: Anpassung nach BetrAVG
Fall B: Nullanpassung

Geschlecht: Maenner
Pensionszusage Typ 1
Realwachstum von LG: 0.0%

Anwartschaftsstatik
Fluktuation Typ 1
Bestandstrend: 0.0%

p	d R	zusagebedingte Auszahlungen 1)	Rueckstellung in % LG Fall A	Fall B	Diff.	Periodenliquiditaet in % LG nach ErtrSt Fall A	Fall B	Diff.
%	%	%	%	%	%	%	%	%
0.0	0.0	0.0	102.9	102.9	0.0	-6.9	-6.9	0.0
0.5	0.2	2.9	104.6	102.9	-1.7	-7.1	-6.9	0.2
1.0	0.6	8.6	108.2	102.9	-5.3	-7.5	-6.9	0.7
1.5	1.1	15.2	112.2	102.9	-9.3	-8.0	-6.9	1.2
2.0	1.5	22.1	116.3	102.9	-13.4	-8.6	-6.9	1.7
2.5	1.9	29.7	120.8	102.9	-17.9	-9.2	-6.9	2.3
3.0	2.3	37.8	125.5	102.9	-22.6	-9.8	-6.9	2.9
3.5	2.8	47.2	131.0	102.9	-28.1	-10.5	-6.9	3.6
4.0	3.2	57.0	136.6	102.9	-33.7	-11.3	-6.9	4.4
4.5	3.6	67.6	142.7	102.9	-39.8	-12.1	-6.9	5.2
5.0	4.0	79.9	149.6	102.9	-46.7	-13.0	-6.9	6.2
6.0	4.9	107.5	164.9	102.9	-62.0	-15.2	-6.9	8.3
7.0	5.7	140.5	182.7	102.9	-79.8	-17.8	-6.9	10.9
8.0	6.6	181.5	204.4	102.9	-101.5	-21.0	-6.9	14.1
9.0	7.4	230.9	230.1	102.9	-127.2	-24.8	-6.9	18.0
10.0	8.2	292.3	261.2	102.9	-158.3	-29.7	-6.9	22.8
12.5	10.3	518.3	371.6	102.9	-268.7	-47.5	-6.9	40.6
15.0	12.4	919.5	557.7	102.9	-454.8	-79.3	-6.9	72.5
17.5	14.5	1662.6	886.0	102.9	-783.1	-138.6	-6.9	131.8
20.0	16.5	3066.8	1478.6	102.9	-1375.7	-251.2	-6.9	244.3

1) prozentuale Veraenderung: (Fall A - Fall B) / (Fall B)

Tabelle 9: Ergebnisse im Grundmodell und bei konstantem Zins - Eintrittsaltersverteilung Typ 2 -

Blatt 2

Vergleich: Fall A: Anpassung nach BetrAVG
Fall B: Nullanpassung

Geschlecht: Maenner
Pensionszusage Typ 1
Realwachstum von LG: 0.0%

Anwartschaftsstatik
Fluktuation Typ 1
Bestandstrend: 0.0%

p	d A	i=i(p)	Kapitalwert in % LG nach ErtrSt i=8% Fall A	Fall B	Diff.	i=i(p) Fall A	Fall B	Diff.
%	%	%	%	%	%	%	%	%
0.0	0.0	4.5	-16.8	-16.8	0.0	-242.3	-242.3	0.0
0.5	0.0	4.9	-18.8	-16.8	2.1	-193.9	-186.3	7.6
1.0	0.0	5.3	-22.8	-16.8	6.1	-162.1	-143.6	18.5
1.5	0.0	5.8	-27.4	-16.8	10.6	-137.3	-110.4	26.9
2.0	0.0	6.2	-32.1	-16.8	15.4	-116.5	-84.2	32.3
2.5	0.0	6.6	-37.4	-16.8	20.6	-99.5	-63.1	36.4
3.0	0.0	7.0	-43.0	-16.8	26.2	-84.9	-46.1	38.9
3.5	0.0	7.4	-49.5	-16.8	32.7	-73.1	-32.1	41.0
4.0	0.0	7.8	-56.3	-16.8	39.5	-62.5	-20.6	42.0
4.5	0.0	8.3	-63.6	-16.8	46.8	-53.3	-11.0	42.3
5.0	0.0	8.7	-72.1	-16.8	55.3	-45.6	-3.0	42.5
6.0	0.0	9.5	-91.1	-16.8	74.3	-32.5	9.2	41.6
7.0	0.0	10.4	-113.7	-16.8	96.9	-21.9	17.8	39.7
8.0	0.0	11.2	-141.6	-16.8	124.8	-13.4	23.9	37.3
9.0	0.0	12.0	-175.1	-16.8	158.3	-6.3	28.2	34.5
10.0	0.0	12.9	-216.5	-16.8	199.7	-0.3	31.1	31.4
12.5	0.0	15.0	-366.7	-16.8	349.9	11.6	34.8	23.2
15.0	0.0	17.0	-627.0	-16.8	610.2	20.9	35.5	14.6
17.5	0.0	19.1	-1095.5	-16.8	1078.7	29.1	34.8	5.7
20.0	0.0	21.2	-1951.9	-16.8	1935.1	37.2	33.3	-3.9

Tabelle 9: Ergebnisse im Grundmodell und bei konstantem Zins
- Eintrittsaltersverteilung Typ 2 -

Blatt 3

Vergleich: Fall A: Anpassung nach BetrAVG
Fall B: Nullanpassung

Geschlecht: Maenner
Pensionszusage Typ 1
Realwachstum von LG: 0.0%

Anwartschaftsstatik
Fluktuation Typ 1
Bestandstrend: 0.0%

p	d A	i=i(p)	aequivalente Annuitaet in % LG nach ErtrSt - statisch i=8% Fall A	Fall B	Diff.	i=i(p) Fall A	Fall B	Diff.
%	%	%	%	%	%	%	%	%
0.0	0.0	4.5	-0.418	-0.418	0.000	-2.905	-2.905	0.000
0.5	0.0	4.9	-0.470	-0.418	0.051	-2.628	-2.524	0.103
1.0	0.0	5.3	-0.569	-0.418	0.151	-2.450	-2.170	0.279
1.5	0.0	5.8	-0.683	-0.418	0.265	-2.288	-1.841	0.448
2.0	0.0	6.2	-0.802	-0.418	0.383	-2.123	-1.534	0.589
2.5	0.0	6.6	-0.933	-0.418	0.515	-1.966	-1.247	0.719
3.0	0.0	7.0	-1.072	-0.418	0.653	-1.809	-0.981	0.828
3.5	0.0	7.4	-1.235	-0.418	0.816	-1.670	-0.732	0.937
4.0	0.0	7.8	-1.403	-0.418	0.984	-1.523	-0.501	1.022
4.5	0.0	8.3	-1.585	-0.418	1.167	-1.380	-0.285	1.095
5.0	0.0	8.7	-1.797	-0.418	1.378	-1.250	-0.084	1.166
6.0	0.0	9.5	-2.271	-0.418	1.852	-0.988	0.280	1.268
7.0	0.0	10.4	-2.834	-0.418	2.416	-0.731	0.596	1.327
8.0	0.0	11.2	-3.531	-0.418	3.112	-0.489	0.871	1.360
9.0	0.0	12.0	-4.366	-0.418	3.948	-0.247	1.111	1.358
10.0	0.0	12.9	-5.398	-0.418	4.979	-0.012	1.319	1.331
12.5	0.0	15.0	-9.143	-0.418	8.724	0.577	1.731	1.153
15.0	0.0	17.0	-15.634	-0.418	15.216	1.189	2.020	0.831
17.5	0.0	19.1	-27.316	-0.418	26.897	1.860	2.223	0.363
20.0	0.0	21.2	-48.669	-0.418	48.251	2.638	2.362	-0.277

Tabelle 9: Ergebnisse im Grundmodell und bei konstantem Zins
- Eintrittsaltersverteilung Typ 2 -

Blatt 4

Basiswerte

Vergleich: Fall A: Anpassung nach BetrAVG
Fall B: Nullanpassung

Geschlecht: Maenner
Pensionszusage Typ 1
Realwachstum von LG: 0.0%

Anwartschaftsstatik
Fluktuation Typ 1
Bestandstrend: 0.0%

LG = 407163

p	FL	VK	FS	RZ	U	R	i=8% W 85	i=i(p) W 85
Fall A:								
0.0	-9777	392	950	34521	0	419016	-5088	-11508
0.5	-10091	421	967	35504	0	426034	-5713	-11910
1.0	-10718	421	1003	37535	0	440411	-6922	-12702
1.5	-11438	421	1044	39863	0	456716	-8308	-13570
2.0	-12186	421	1086	42276	0	473435	-9745	-14393
2.5	-13020	421	1132	44965	0	491871	-11345	-15244
3.0	-13900	421	1180	47799	0	511095	-13030	-16027
3.5	-14939	421	1236	51137	0	533485	-15013	-16906
4.0	-16010	421	1293	54579	0	556314	-17055	-17620
4.5	-17178	421	1354	58322	0	580881	-19273	-18228
5.0	-18535	421	1425	62667	0	609083	-21845	-18856
6.0	-21588	421	1580	72427	0	671358	-27606	-19433
7.0	-25243	421	1762	84077	0	744080	-34456	-18733
8.0	-29792	421	1983	98544	0	832417	-42920	-16298
9.0	-35297	421	2244	116009	0	936750	-53079	-10710
10.0	-42151	421	2561	137704	0	1063579	-65618	-659
12.5	-67508	421	3684	217643	0	1512920	-111147	62294
15.0	-112767	421	5579	359606	0	2270664	-190057	244838
17.5	-197047	421	8921	622758	0	3607509	-332069	726679
20.0	-357039	421	14953	1120280	0	6020202	-591653	1947808
Fall B:								
0.0	-9777	392	950	34521	0	419016	-5088	-11508
0.5	-9777	392	950	34521	0	419016	-5088	-11442
1.0	-9777	392	950	34521	0	419016	-5088	-11253
1.5	-9777	392	950	34521	0	419016	-5088	-10915
2.0	-9777	392	950	34521	0	419016	-5088	-10399
2.5	-9777	392	950	34521	0	419016	-5088	-9670
3.0	-9777	392	950	34521	0	419016	-5088	-8691
3.5	-9777	392	950	34521	0	419016	-5088	-7416
4.0	-9777	392	950	34521	0	419016	-5088	-5794
4.5	-9777	392	950	34521	0	419016	-5088	-3765
5.0	-9777	392	950	34521	0	419016	-5088	-1260
6.0	-9777	392	950	34521	0	419016	-5088	5499
7.0	-9777	392	950	34521	0	419016	-5088	15257
8.0	-9777	392	950	34521	0	419016	-5088	29026
9.0	-9777	392	950	34521	0	419016	-5088	48127
10.0	-9777	392	950	34521	0	419016	-5088	74278
12.5	-9777	392	950	34521	0	419016	-5088	186777
15.0	-9777	392	950	34521	0	419016	-5088	415940
17.5	-9777	392	950	34521	0	419016	-5088	868608
20.0	-9777	392	950	34521	0	419016	-5088	1743418

$$PL = - A\ (1 - t_1) + U\ t_1 + R\ t_3$$

$$= - (31.554 + 1.036 + 447)\ (1 - 0{,}650927) +$$

$$+ 0 + 428.486 \cdot 0{,}006543$$

$$= - 11.532{,}32 + 0 + 2.803{,}58^{1}$$

$$= - 8.728{,}74 \approx - \underline{8.729}$$

1.1.3 Anmerkungen zu den finanziellen Zielgrößen

Aus der Kenntnis des ab Eintritt in den BHZ zu erwartenden Nachsteuer-Zahlungsstroms kann freilich in der Modellsituation ***A*** keine Aussage über die Entwicklung des Dauerschuldenstandes V_T abgleitet werden[2]. Für einen (Vorteils-)Vergleich eignet sich hier zunächst der Kapitalwert C_o des gesamten Versorgungswerks, der sich nach Gleichung (65) aus den Endwerten der geschlossenen Neuzugangs-Kollektive ergibt.

Dazu ein Beispiel mit der EAV Typ 1 (Tab. 8) mit der Inflationsrate[3] "p = 0" und dem Nettozinsfaktor des Grundmodells[4] q_s = 1,012132838:

$$C_o = q_s^{-85}\ {}_NW_{85}\ q_s / (q_s - 1)$$

$$= q_s^{-85}\ {}_NW_{85} / (1 - q_s^{-1})$$

$$= 0{,}35876592\ (-7.729) / 0{,}011987397$$

$$= - 2.772{,}90 \cdot 83{,}42094688$$

$$= - \underline{231.318}$$

Die zugehörige Annuität M ergibt sich nach Definition 17 durch Multiplikation mit dem Wiedergewinnungsfaktor $(1 - z^{-1})$, der bei Anwartschaftsstatik mit $(1 - q_s^{-1})$ übereinstimmt. Damit kann das zahlenmäßige Ergebnis oben abgelesen werden:

$$M = q_s^{-85}\ {}_NW_{85}$$

$$= - 2.772{,}90 \approx - \underline{2.773}$$

Bezieht man diese Nachsteuer-Ergebnisse auf den Betrag, der sich nach Ertragsteuern aus der Niveaugröße der Lohn- und Gehaltssumme LG ergibt, so folgen die in Blatt 2 bzw. 3 der Tabelle 8 ausgewiesenen prozentualen Relativgrößen:

---

1) Die effektiven Substanzsteuern entlasten im Beispiel den Nachsteuer-Baraufwand um mehr als 24%. Dazu kommt freilich noch die - ggf. gegenläufige - Substanzsteuerwirkung aus einer Veränderung des Dauerschuldenstandes V_T.
2) Vgl. Abschn. B.II.3.2.5
3) Für "p = 0" unterscheidet sich die Anpassung nach BetrAVG nicht von der Nullanpassung.
4) Vgl. Tab. 7 bei "p = 0". Sämtliche Berechnungen wurden ohne Zwischenrundung durchgeführt; erst beim Ausdruck wurde auf das jeweilige Format gerundet. Dadurch können an der letzten Stelle Rundungsdifferenzen auftreten.

$$100\ C_0 / (LG(1 - t_1)) =$$

$$100\ (-\ 231.318) / 168.763 = -\ \underline{137{,}1\%}\ \text{(Blatt 2), bzw.}$$

$$\mu = 100\ M / (LG(1 - t_1)) =$$

$$100\ (-\ 2.773) / 168.763 = -\ \underline{1{,}643\%}\ \text{(Blatt 3).}$$

Der Übergang vom Kapitalwert C_0 zur äquivalenten Annnuität M, also der Übergang von Blatt 2 auf Blatt 3 in Tabelle 8 und 9, erfolgt für jede Umweltsituation zeilenweise durch Multiplikation mit dem zugehörigen Wiedergewinnungsfaktor. Dieser steigt im Grundmodell von dem oben für "p = 0" angegebenen Wert von 0,011987397 monoton bis zum Wert von 0,070920721 bei "p = 20%" an, was eine Erhöhung des Wiedergewinnungsfaktors um einen Faktor von ca. 5,92 bedeutet[1]. Für "p = 10%" resultiert ein Erhöhungsfaktor von ca. 3,53.

Bei der Gegenüberstellung der Ergebniswerte der einzelnen Umweltsituationen, also bei einer spaltenweise orientierten Auswertung, erfahren die Annuitäts-Ergebnisse des Grundmodells in Blatt 3 mit steigender Inflation - und daher steigendem Kalkulationszinsfuß - eine zunehmende Aufwertung gegenüber den Kapitalwert-Ergebnissen des Grundmodells in Blatt 2.

Aus dem vorstehenden Zahlenbeispiel ist ersichtlich, daß der Übergang vom Kapitalwert auf die Annuität eine "Neutralisierung" des Effekts bewirkt, der aus der finanzmathematischen Auswertung von "ewigen Renten" resultiert. Die vorangegangene Aufwertung des Kapitalwerts bei niedrigen Nettozinssätzen wird bei der Annuitätsbetrachtung rückgängig gemacht.

Wenn sich bei der Gegenüberstellung verschiedener Umweltsituationen mit unterschiedlichem Kalkulationszinsfuß[2] für die Umweltsituation I ein höherer Kapitalwert bzw. eine höhere Annuität ergibt als für die Umweltsituation II, dann führt dies nicht notwendig[3] auch zu einem höheren Endwert für die Umweltsituation I. Über die Relation der Endwerte bei großem T kann mit Hilfe des in Anhang 7 Nr. 5 g) hergeleiteten Dominanzkriteriums eine Aussage gemacht werden.

Der Informationswert des Kapitalwerts ist dabei definitionsgemäß beschränkt auf die Beantwortung der Frage, welcher gegenwärtige Kapitalbetrag in der betrachteten Umweltsituation modellmäßig für eine Ausfinanzierung des Versorgungswerks notwendig und hinreichend[4] wäre. Eine am Kapitalwert ausgerichtete finanzwirtschaftliche Zielsetzung könnte folgerichtig als "Finanzierungsstreben" bezeichnet werden.

Die Annuität M (im Nachsteuerbereich) bzw. das hier gewählte Entscheidungskriterium μ (in Prozenten von LG im Vorsteuerbereich) gibt dabei an, wie hoch der gleichbleibende ($g \equiv 1$) Einkommensstrom ist, der aus der Finanzierung über Pensionsrückstellungen im Vergleich zur Fremdfinanzierung resultiert.

Demgegenüber läßt die zeilenweise orientierte Auswertung bei fixierter Umweltsituation einen

1) Spiegelbildlich reduziert sich der Kapitalisierungsfaktor von ca. 83,42 bei „p = 0" auf einen Wert von 14,10 bei "p = 20%".

2) Der Unterschied kann aus der Inflationsabhängigkeit des Bruttozinses oder / und aus der Steuersatzabhängigkeit des Nettozinses folgen. Vgl. dazu Abschn. C.I.1.4.2

3) Beispielsweise steigen in Blatt 2 bzw. 3 der Tab. 9 für die EAV Typ 2 bei „i = i(p)" im Fall A der Anpassung nach BetrAVG die Kapitalwert- sowie Annuitätskurve mit steigender Inflation monoton an, während die zugehörigen Endwerte des geschlossenen Kollektivs W_{85} in Blatt 4 bis zu einer Inflation von 6% monoton fallen.

4) Vgl. Abschn. B.II.3.2.5

finanzwirtschaftlichen Vorteilsvergleich für die Vergleichsalternativen Fall A bzw. B bei identischem Kalkulationszinsfuß zu; die - zeilenweise gültige - Prämisse des unbeschränkten, vollkommenen Kapitalmarkts gewährleistet hier die Äquivalenz von Kapitalwert, Annuität und Endwert.

1.1.4 Auswertung der Ergebnisse

Der (Vorteils-)Vergleich zwischen einer Nullanpassung der laufenden Renten und einer Anpassung nach BetrAVG erfolgt zeilenweise in Blatt 2 bzw. 3 von Tabelle 8 und 9. Das Ergebnis ist als Differenz zwischen dem Fall B (Nullanpassung) und dem Fall A (Anpassung nach BetrAVG) in der "Diff."-Spalte ablesbar.

Die vier Ergebnisspalten aus Blatt 3 der Tabellen 8 und 9 sind in Abbildung 6 zusammengestellt. Die Kurvenzüge ergeben sich durch lineare Interpolation der Ergebnisse für die einzelnen Umweltsituationen. Man sieht auf einen Blick das nicht unerwartete Ergebnis:

Bis auf den Bereich der "unverträglich hohen" Inflationsraten wäre eine konsequent durchgehaltene[1] Nullanpassung der laufenden Renten gegenüber dem untersuchten[2] Modellansatz der Anpassung nach § 16 BetrAVG unter Beachtung der von der Rechtsprechung gebilligten "Reallohnobergrenze" vorteilhaft (**Teilergebnis** 1).

Bei Inflationsraten von mehr als 9% liegt der Kalkulationszinsfuß im Grundmodell über 12%, womit der im Rechenmodell angesetzte Rechnungszinsfuß von 6% für die Teilwertberechnung nach § 6a EStG als unrealistisch niedrig anzusehen ist[3]. Die Ergebnisse der aus Neugierde auch für diesen Bereich durchgeführten Berechnungen sollen dem Leser nicht vorenthalten werden.

Letzteres gilt auch für die Untersuchung des inflationsunabhängigen Kalkulationszinsfußes von 8%; dieser dürfte im Bereich niedriger Inflationsraten überhöht und mit Inflationsraten von 7% und mehr nicht verträglich sein.

Aus den Ergebnisspalten in Blatt 2 bzw. 3 der Tabellen 8 und 9 bei "i = 8%" kann man jedoch die isolierte Auswirkung der Anpassung der laufenden Renten erkennen: das Nachsteuerergebnis[4] verschlechtert sich c.p. monoton mit steigender Rentenanpassung (**Teilergebnis** 2). Das Ausmaß der Verschlechterung beruht zum großen Teil auf der fehlenden Vorausfinanzierung der Rentenerhöhungen gemäß dem Stichtagsprinzip des § 6a EStG[5].

---

1) Sobald die inflationsbedingte Auszehrung der laufenden Renten eine beachtliche Größenordnung annimmt, wird eine Nullanpassung nach allgemeinen Rechtsgrundsätzen (etwa § 242 BGB) problematisch. Vgl. dazu Abschn. B.I.4.3.1

2) Vgl. Abschn. B.III.3.4. Bei realkonstanter Entwicklung der Brutto-Aktiveneinkommen kommt im Grundmodell stets die - im Vergleich zur Inflation niedrigere - Steigerung der Netto-Aktiveneinkommen bei der Anpassung der laufenden Renten zum Tragen. Vgl. Tab. 6

3) Vgl. dazu die Modifikation des Rechnungszinsfußes in Abschn. C.I.2.4.5.4

4) Kapitalwert bzw. Annuität

5) Dies kann am Beispiel der EAV Typ 2 erläutert werden: nach Blatt 4 der Tab. 9 beträgt der BHZ-Wert der Rentenzahlungen bei einer Inflation von 6% mit einer 4,9%igen Anpassung nach BetrAVG 72.427 gegenüber unveränderten 34.521 bei Nullanpassung; das bedeutet eine Erhöhung um den Faktor 2,098. Wenn man von Anfang an eine um diesen Faktor erhöhte Rente zusagt (also 524,50 DM monatlich statt 250 DM) und um diesen Faktor erhöhte Verwaltungskosten unterstellt, dann erhöhen sich bei Nullanpassung auch sämtliche finanziellen Ergebnisgrößen um den Faktor 2,098. Das in Blatt 3 der Tab. 9 unter "i = 8%" für die Nullanpassung ausgewiesene Ergebnis "μ = -0,418%" verschlechtert sich damit auf nur -0,878% gegenüber dem bei einer Inflation von 6% für die Anpassung nach BetrAVG ausgewiesenen Wert von -2,271%.

Abb. 6: Nullanpassung versus Anpassung nach BetrAVG

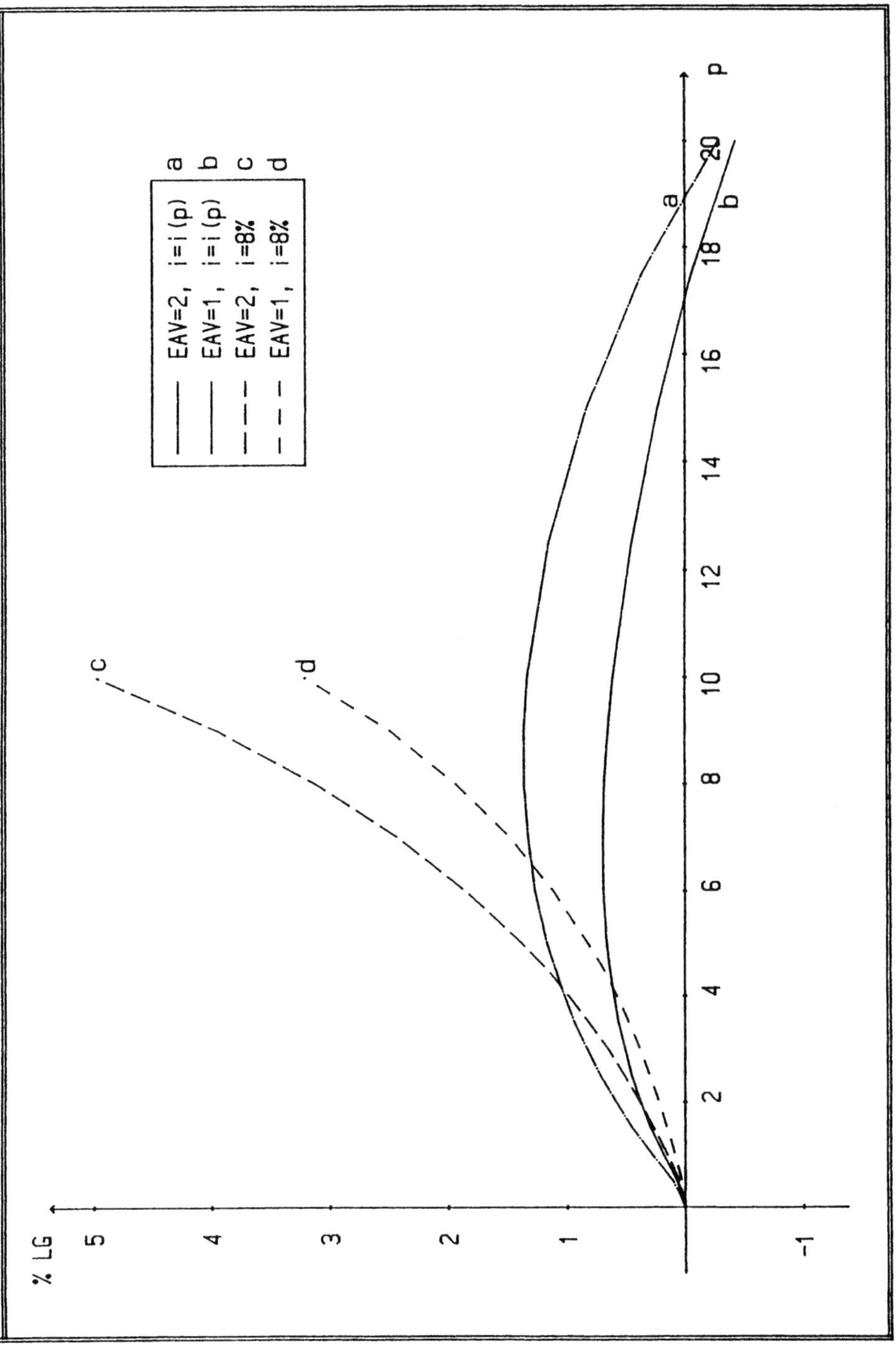

Daneben kann man bei "i = i(p)" in der Spalte der Nullanpassung (Fall B) die isolierte Auswirkung eines veränderten Kalkulationszinsfußes ablesen: bis zu einer Inflationsrate von 10% steigen die Kapitalwert- und die Annuitätskurve[1] c.p. monoton mit steigendem Kalkulationszinsfuß (**Teilergebnis** 3).

Der Saldo aus diesen gegenläufigen Effekten ist bei "i = i(p)" in der Spalte der Anpassung nach BetrAVG (Fall A) ersichtlich: die Kapitalwert- und die Annuitätskurve[1] steigen bei dem hier untersuchten Modellansatz monoton mit steigender Inflation an (**Teilergebnis** 4).

Die vorstehenden Aussagen gelten in gleicher Weise für die unterschiedlichen Personenbestände bei der EAV Typ 1 bzw. 2, obwohl die einzelnen Nachsteuer-Ergebnisse gravierende Differenzen aufweisen. So erweist sich etwa bei Nullanpassung die Finanzierung über Pensionsrückstellungen gegenüber der Fremdfinanzierung mit "i = 8%" bei der EAV Typ 1 als vorteilhaft, bei der EAV Typ 2 dagegen als deutlich unvorteilhaft.

Vor allem im Ausmaß unterscheiden sich die finanziellen Ergebnisse erheblich. Die stärkere Gewichtung der höheren Eintrittsalter bei der EAV Typ 2 führt zu tendenziell höheren zusagebedingten Auswirkungen. Dabei wird die ungünstigere Relation zwischen der Anzahl der Rentenbezieher und Aktiven im Bereich von Inflationsraten bis 8% durch teilweise deutlich verschlechterte Nachsteuerergebnisse bestätigt. Bei höherer Inflation wendet sich diese Tendenz[2].

Positive Kapitalwerte treten im Grundmodell bei der EAV Typ 2 erst bei erheblich höheren Zinssätzen auf als bei der EAV Typ 1. Wenn man die Nullstelle der punktuell berechneten Kapitalwertkurven in Blatt 2 von Tabelle 8 und 9 durch lineare Interpolation schätzt, dann steigt der im Grundmodell[3] für Eigenkapitaläquivalenz erforderliche Zinssatz[4] wie folgt an (**Teilergebnis** 5):

bei Nullanpassung	von 7,5%	(EAV Typ 1)
	auf 8,9%	(EAV Typ 2),
bei Anpassung nach BetrAVG	von 10,0%	(EAV Typ 1)
	auf 12,9%	(EAV Typ 2).

Für den Vergleich zwischen Nullanpassung und Anpassung nach BetrAVG sieht man darüber hinaus in Abbildung 6: der Abstand zwischen den Ergebniskurven des Grundmodells (i = i(p)) ist relativ groß; der Einfluß der Bestandsstruktur darf hier nicht vernachlässigt werden (**Teilergebnis** 6).

---

1) Vgl. dazu allerdings auch den Verlauf der zugehörigen Endwerte des geschlossenen Kollektivs der Neueintritte W_{85} in Blatt 4 von Tab. 8 bzw. 9

2) Hierzu zeigt der Vergleich der Vorsteuergrößen in Blatt 1 von Tab. 8 und 9, daß die zusagebedingten Auszahlungen aufgrund der Anpassung nach BetrAVG bei der EAV Typ 1 stärker ansteigen als bei der EAV Typ 2. Bei niedrigen Inflationsraten ist der Unterschied gering; er wächst bei hohen Inflationsraten überproportional an.

3) Unabhängig vom Zinsansatz des Grundmodells könnte man auch versuchen, die Kurve der für Eigenkapitaläquivalenz erforderlichen Zinssätze $i_k(p)$ für jedes betrachtete p durch Auflösung der Gleichung "$W_{85}(p) = 0$" nach i zu ermitteln, wobei allerdings die Eindeutigkeitsfrage geprüft werden müßte. In der Modellsituation *C* ist dies problemlos möglich. Vgl. Tab. 15 in Abschn. C.I.2.1.4

4) Dieser beschreibt definitonsgemäß die Schwelle zur Vorteilhaftigkeit im isolierten Vorteilsvergleich.

Im Grundmodell steigen die Brutto-Aktiveneinkommen nach Maßgabe der Inflation[1]. Damit übertrifft der Anstieg der Brutto-Aktiveneinkommen bereits nach 22 Jahren[2] die in Blatt 1 der Tabellen 8 und 9 ausgewiesenen Steigerungen der zusagebedingten Auszahlungen, die sich im absoluten BHZ bei einer Anpassung nach BetrAVG im Vergleich zur Nullanpassung einstellen. Gemessen an der Entwicklung der Brutto-Aktiveneinkommen verlieren die zusagebedingten Auszahlungen und die Rückstellungen bei Anwartschaftsstatik im Zeitablauf zunehmend an Gewicht (**Teilergebnis** 7).

Die nachfolgenden Modifikationen des Grundmodells bei Anwartschaftsstatik beinhalten schwerpunktmäßig die isolierte Anpassung der laufenden Renten sowie zwei Gesichtspunkte, bei denen es einen gravierenden Unterschied macht, ob die Modellsituation ***A*** oder ***C*** vorliegt, nämlich die Hinzunahme eines Ausgangsbestands und die Modifikation des Spitzensatzes der Einkommensteuer.

Dazu kann vorweggenommen werden, daß die in den Teilergebnissen 2 bis 4 und 7 formulierten Aussagen in gleicher Weise für die Modifikationen gelten.

1.2 Alternative Anpassung der laufenden Renten

Ausgehend vom Grundmodell wird die Anpassungshöhe modifiziert; die laufenden Renten werden nach Maßgabe der auf den gesetzlichen Drei-Jahres-Turnus entfallenden Inflation entweder voll oder zur Hälfte angepaßt.

Ferner wird eine jährliche Anpassung betrachtet, die sich von der Anpassung nach BetrAVG ausschließlich durch den verkürzten Anpassungsturnus unterscheidet.

Die Aussagen im Schrifttum zur "Mehrbelastung an Renten im Beharrungszustand"[3] ergingen zum vollen Inflationsausgleich im Ein- bzw. Drei-Jahres-Turnus. Für den hier betrachteten Ausgleich der vollen Inflation im Drei-Jahres-Rhythmus ergibt sich folgende Rentenmehrbelastung gegenüber einer Nullanpassung

	für die	
bei einer jährlichen Inflation von	EAV Typ 1	EAV Typ 2
p = 3 %	58 %	54 %
p = 5 %	125 %	114 %
p = 7 %	238 %	210 %

Diese bei Anwartschaftsstatik ermittelten Werte liegen weit über den von Heubeck / Schröder[4] angegebenen Belastungserhöhungen von 40% / 68% / 97% für p = 3% / 5% / 7%, deren Größenordnung in Abschn. C.I.2.2 bei Anwartschaftsdynamik bestätigt werden kann.

---

1) Vgl. Abschn. B.III.3.2
2) Beim Ausgleich der vollen Inflation: nach 28 Jahren
3) Vgl. Abschn. A.I.6
4) Vgl. Heubeck, G. / Schröder, W., (Finanzielle Aspekte 1973), BB 1973, S. 758

Dem Ausgleich der vollen Inflation kommt mit der Notwendigkeit einer "nachholenden Anpassung" eine erhöhte Bedeutung zu[1].

Ergänzend zum oben formulierten Teilergebnis 1 beim Vergleich zwischen Nullanpassung und Anpassung nach BetrAVG ergeben sich aus Abbildung 7 folgende Aussagen[2]:

Bis auf den Bereich der unverträglich hohen Inflationsraten verschlechtert eine Verkürzung des Anpassungsrhythmus von 3 Jahren auf 1 Jahr das Nachsteuerergebnis, wenn auch nicht gravierend (**Teilergebnis** 8); der Ausgleich der vollen Inflation bedeutet eine erhebliche Verschlechterung, die Hälftelung eine erhebliche Verbesserung des Nachsteuerergebnisses im Vergleich zur modellmäßigen Anpassung nach BetrAVG (**Teilergebnis** 9).

Die erheblichen Auswirkungen des Inflationsausgleichs mit 50% bzw. 100% gegenüber einer Anpassung nach BetrAVG[3] sind darauf zurückzuführen, daß bei geometrischer Steigerung bereits geringfügige Abweichungen zwischen den Steigerungsfaktoren über längere Zeiträume hinweg zu überportionalen Unterschieden führen[4].

Betrachtet man zum Beispiel[5] eine stationäre Inflationsrate von 3% p.a., dann werden bei Hälftelung im Drei-Jahres-Turnus nach 18 Jahren 44,5% der bis dahin eingetretenen Teuerung ausgeglichen[6], nach 36 Jahren nur noch 19,8%.

Die vom Bundesverband der Deutschen Arbeitgeberverbände geforderte[7] gesetzliche Verankerung des Hälftelungsprinzips als Obergrenze[8] der Anpassungsverpflichtung würde demnach zu einer deutlichen Entlastung bei den Vorsteuergrößen und zu einer erheblichen Verbesserung des Nachsteuerergebnisses führen.

Zum Unterschied zwischen der ungünstigeren EAV Typ 2 und der EAV Typ 1 ergibt sich für die Anpassungsmodifikationen folgendes Bild: der im Grundmodell für Eigenkapitaläquivalenz erforderliche Zinssatz erhöht sich (**Teilergebnis** 10):

---

1) Vgl. Abschn. B.I.4.3.3 und B.III.3.4
2) Die Ergebniskurven der Abb. 7 bis 10 sind unter Berücksichtigung des unterschiedlichen Ordinatenmaßstabs unmittelbar mit den Kurven des Grundmodells bei "i = i(p)" in Abb. 6 vergleichbar; für jedes feste p können die Meßgrößen "μ = μ(p)" der unterschiedlichen Vergleichsalternativen in Abb. 6 bis 10 addiert / subtrahiert werden (zeilenweiser Vergleich der Ergebnistabellen).
3) Der Anstieg der Netto-Aktiveneinkommen liegt im Grundmodell für Inflationsraten von mehr als 1% zwischen 71% und 83% der Inflation. Vgl. Anhang 12, mittlere Spalte der Kürzungsfaktoren
4) Zu einem Beispiel anhand unterschiedlicher Nettozinsfaktoren vgl. Theurer, C., (Gewerbesteuer 1983), BB 1983, S. 1722
5) Die Auswirkungen wachsen monoton mit steigender Inflation.
6) Für drei Jahre ergibt ein voller Inflationsausgleich einen Steigerungsfaktor von 1,092727; der Steigerungsfaktor bei Hälftelung beträgt demnach 1,0463635. Nach einer Rentenlaufzeit von 18 Jahren folgt daraus für eine Beginnrente von 100 DM eine Erhöhung um 70,24 DM bzw. 31,25 DM bei vollem bzw. halbem Inflationsausgleich und damit das Verhältnis 31,25 / 70,24 = 0,445.
7) Vgl. Hemmer, E., (Betriebliche Altersversorgung 1984), S. 38
8) Nach einem Bericht des Handelsblatts will der CSU-Abgeordnete Faltlhauser eine Ergänzung des § 16 BetrAVG mit folgendem Wortlaut anstreben: "Die Anpassungsverpflichtung des Arbeitgebers beträgt maximal die Hälfte des jährlichen Kaufkraftverlustes." Vgl. o.V., (Begrenzung 1990), Handelsblatt vom 27. 3. 1990, S. 3

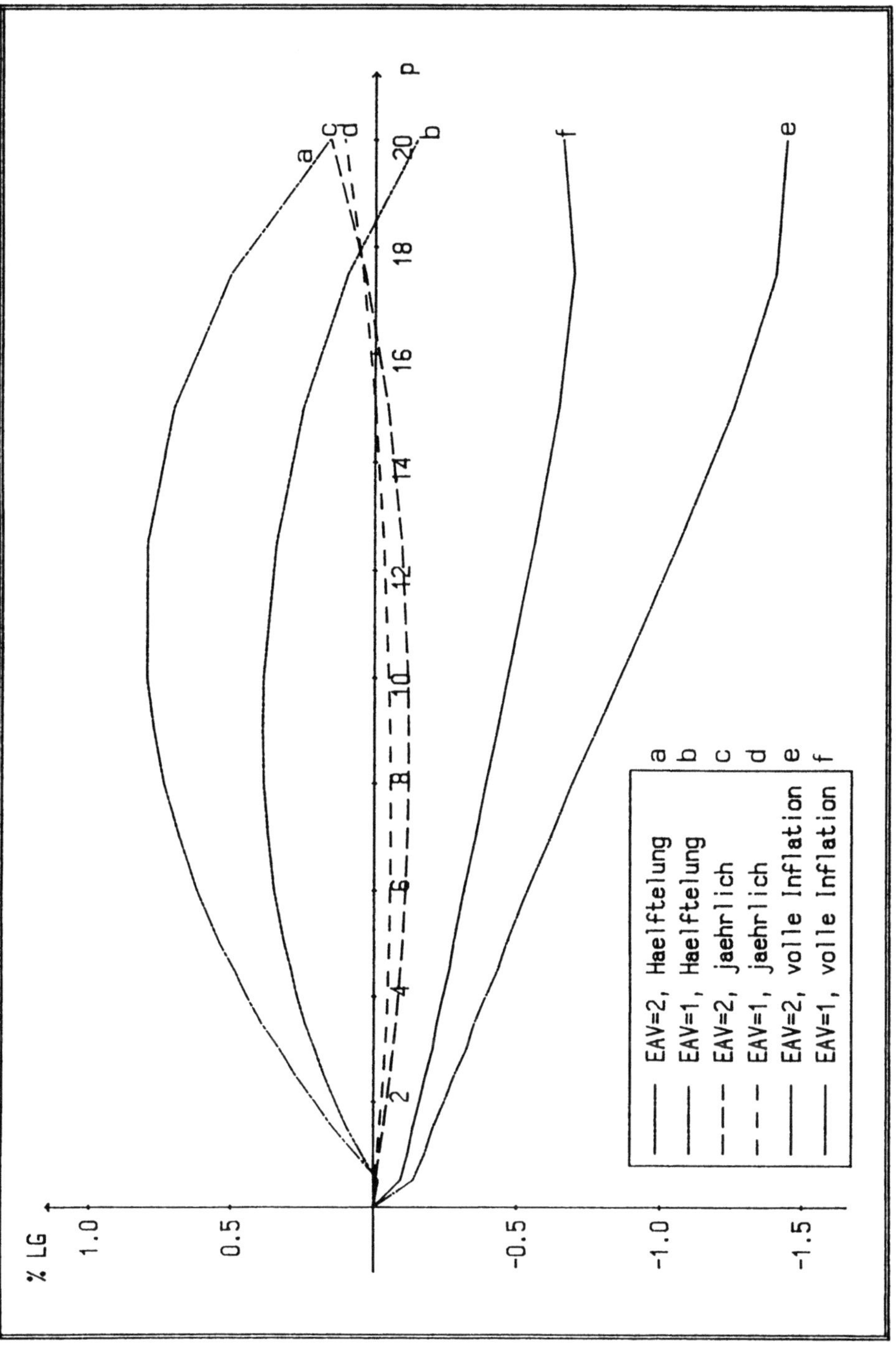

Abb. 7: Alternative Anpassungsmodi versus Anpassung nach BetrAVG

bei jährlicher Anpassung	von	10,2%	(EAV Typ 1)
	auf	13,4%	(EAV Typ 2),
bei Hälftelung	von	8,5%	(EAV Typ 1)
	auf	10,4%	(EAV Typ 2),
bei vollem Inflationsausgleich	von	12,5%	(EAV Typ 1)
	auf	17,3%	(EAV Typ 2).

Wegen des relativ großen Abstands zwischen den Ergebniskurven der EAV Typ 1 und 2 gilt für jede der drei Modifikationen das Teilergebnis 6: der Einfluß der Bestandsstruktur auf die Anpassungsauswirkungen darf nicht vernachlässigt werden.

Der Unterschied zwischen der EAV Typ 1 und 2 wird jedoch mit steigender Anpassungsgarantie relativ kleiner:

1.3 Garantierte Anpassung der laufenden Renten

Mit der Zusage einer von vornherein garantierten Rentenanpassung in angemessener Höhe[1] können die dem Grunde und der Höhe nach feststehenden Mindest-Rentenerhöhungen voll vorausfinanziert werden.

Wenn die nach § 16 BetrAVG erforderliche Anpassung höher ausfällt als die garantierte Mindestanpassung, dann ändert sich an den Rentenzahlungen nichts; im umgekehrten Fall führt die garantierte Mindestanpassung zu erhöhten Rentenzahlungen.

Jedenfalls erhöht sich auf Grund der erhöhten Bemessungsgrundlage der Beitrag an den PSVaG.

In Abbildung 8 werden mit 1,5% p.a. und 3% p.a. garantierte Anpassungshöhen untersucht, deren Angemessenheit man allgemein bejahen wird[2], während bei 5% p.a. bereits Zweifel bestehen könnten.

Die in Abbildung 9 wiedergegebenen Ergebnisse für die aus heutiger Sicht sicher unangemessenen garantierten Anpassungshöhen von 10% p.a. bis 20% p.a. sind für sich genommen und im Hinblick auf den mit 6% fixierten Rechnungszins für die Teilwertberechnung völlig unrealistisch[3], können jedoch einen theoretischen Beitrag zum Ausloten der Entwicklungstendenz leisten.

Der Vorteilsvergleich zwischen garantierter Rentenanpassung und Anpassung nach BetrAVG geht im modifizierten Grundmodell für Inflationsraten von mehr als 2,5% deutlich zugunsten der garantierten Rentenanpassung aus (**Teilergebnis** 11). Im Bereich kleinerer Inflationsraten sinkt die Überlegenheit der garantierten Rentenanpassung; die jeweils kritische Inflationsrate hängt von der Höhe der garantierten Anpassungsrate ab. Bei einer Inflationsrate von 1% oder weniger ist die garantierte Rentenanpassung nicht mehr vorteilhaft; trotz der erhöhten Vorausfinanzierung kann in diesem Bereich mit dem niedrigen Brutto-Kalkulationszins des Grundmodells zwischen

1) Vgl. Abschn. B.I.4.4.3.3
2) Vgl. Abschn. B.I.4.4.3.3 sowie Anhang 1
3) Dabei könnte auch der finanzielle Rahmen des Modellunternehmens gesprengt werden; das Teilergebnis 7 wäre in Frage gestellt.

Abb. 8: Garantierte Anpassung versus Anpassung nach BetrAVG

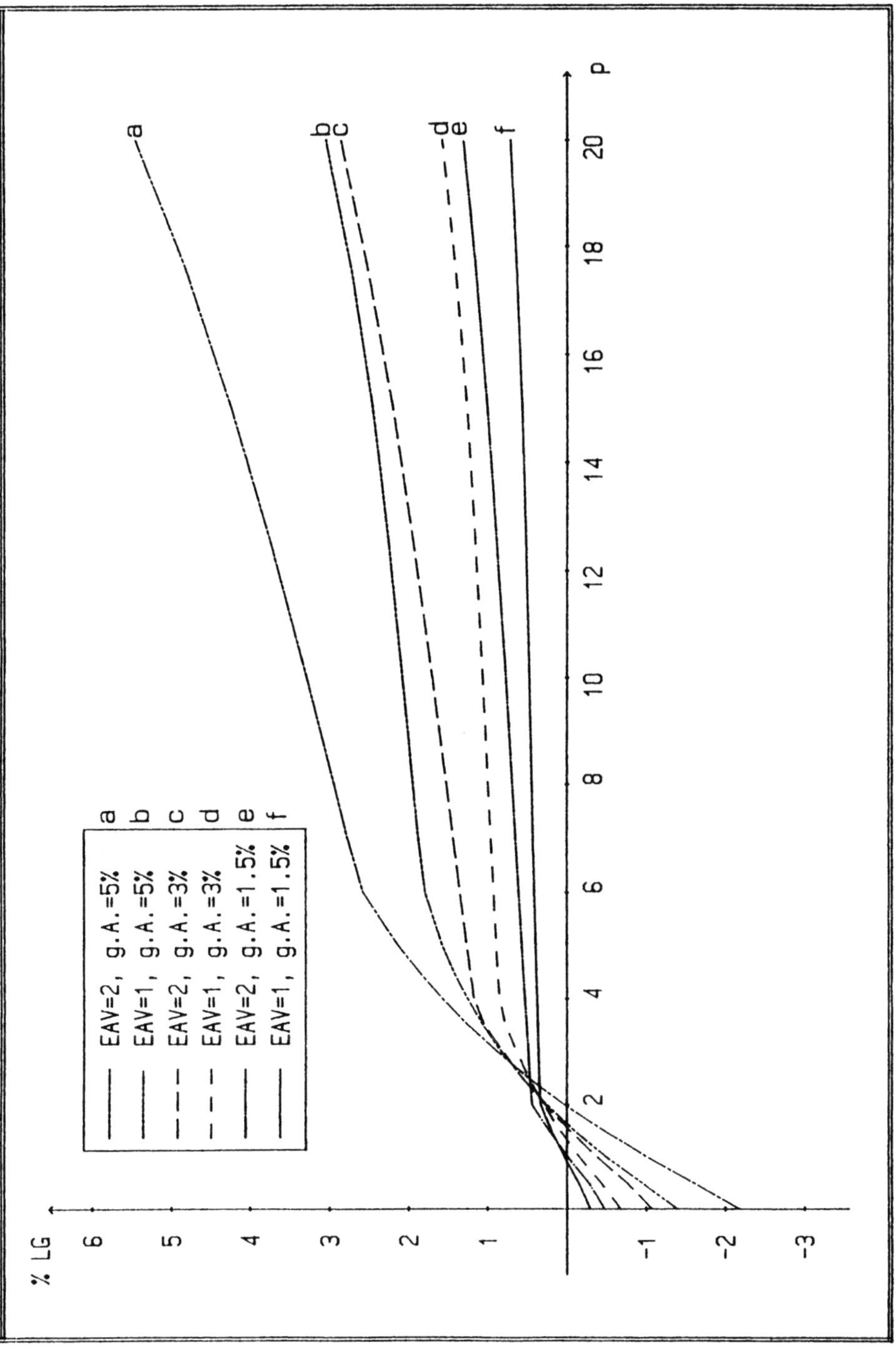

Abb. 9: Garantierte Anpassung versus Anpassung nach BetrAVG

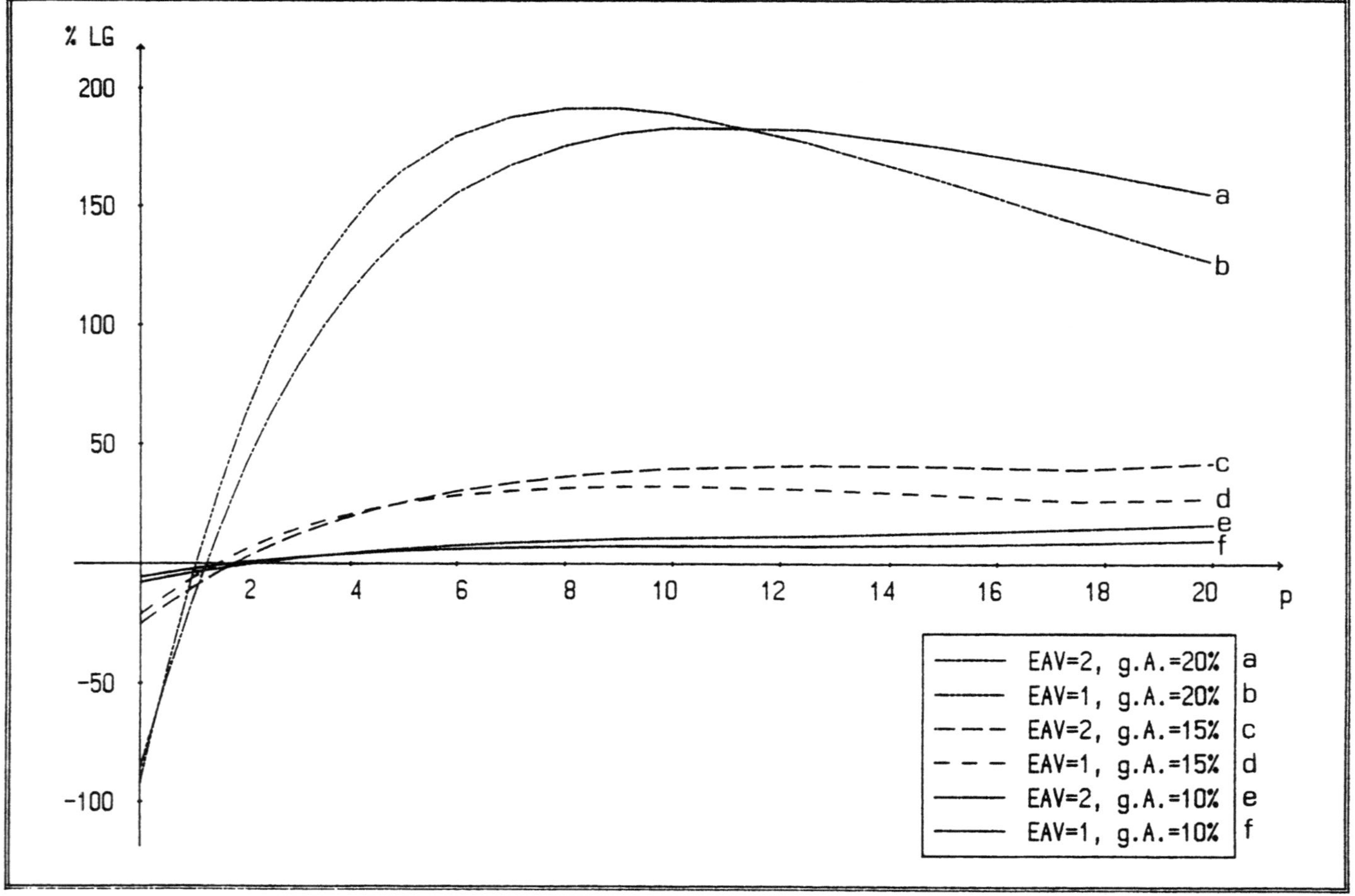

4,5% und 5,3% der Anstieg des Baraufwands durch erhöhte Rentenzahlungen und PSV-Beiträge nicht kompensiert werden. Im ungünstigsten Fall bei Stabilität mit "p = 0" ist ein Belastungsanstieg aufgrund der garantierten Rentenanpassung von

1,5% p.a.	um	0,290 / 1,643	=	17,7%	(EAV Typ 1)
	um	0,471 / 2,905	=	16,2%	(EAV Typ 2)
3,0% p.a.	um	0,670 / 1,643	=	40,8%	(EAV Typ 1)
	um	1,072 / 2,905	=	36,9%	(EAV Typ 2)
5,0% p.a.	um	1,390 / 1,643	=	84,6%	(EAV Typ 1)
	um	2,171 / 2,905	=	74,7%	(EAV Typ 2)

der mit der Einführung des Versorgungswerks ohne Rentengarantie verbundenen Gesamtbelastung zu erwarten (**Teilergebnis** 12).

Beim Vergleich der Abbildungen 8 und 9 fällt auf, daß die kritische Inflationsrate mit steigender Anpassungsgarantie von 1% auf 2,5% bei einer garantierten Anpassung von 10% ansteigt, um bei einer garantierten Anpassung von 15% bzw. 20% wieder auf knapp unter 2% bzw. knapp über 1% zurückzufallen. Die Dimension der unrealistischen Ergebnisse in Abbildung 9 ist gewaltig.

Bei alternativem Ansatz eines inflationsunabhängigen Kalkulationszinsfußes von 8% wäre die garantierte Anpassung für alle untersuchten Inflationsraten sowohl für die EAV Typ 1 wie Typ 2 vorteilhaft. Damit wird das von Haueisen für die Einzelbetrachtung festgestellte[1] Ergebnis für die Kollektivbetrachtung bestätigt (**Teilergebnis** 13).

Der im Grundmodell für Eigenkapitaläquivalenz erforderliche Zinssatz verändert sich beim Übergang von der EAV Typ 1 zur EAV Typ 2 bei einer garantierten Rentenanpassung mit der Höhe

0,0% p.a.	von 10,0%	(EAV Typ 1)	auf 12,9%	(EAV Typ 2),
1,5% p.a.	von 8,6%	(EAV Typ 1)	auf 10,6%	(EAV Typ 2),
3,0% p.a.	von 7,1%	(EAV Typ 1)	auf 8,7%	(EAV Typ 2),
5,0% p.a.	von 6,9%	(EAV Typ 1)	auf 7,8%	(EAV Typ 2),
10,0% p.a.	von 6,3%	(EAV Typ 1)	auf 6,9%	(EAV Typ 2),
15,0% p.a.	von 5,8%	(EAV Typ 1)	auf 6,2%	(EAV Typ 2),
20,0% p.a.	von 5,7%	(EAV Typ 1)	auf 5,6%	(EAV Typ 2).

Aus den Spalten dieser Zusammenstellung kann man ablesen: sowohl für die EAV Typ 1 als auch für die EAV Typ 2 sinkt der für Eigenkapitaläquivalenz erforderliche Zinssatz mit steigender garantierter Rentenanpassung monoton (**Teilergebnis** 14), wobei der zeilenweise ersichtliche Unterschied zwischen den Eintrittsaltersverteilungen zunehmend geringer ausfällt. Letzteres wird in Abbildung 8 und 9 anhand der Zielgröße μ bestätigt:

Der Abstand zwischen den Ergebniskurven der EAV Typ 1 und Typ 2 verringert sich mit steigenden garantierten Anpassungsraten relativ zum Abstand der Ergebnisse von der Abszisse zusehends. Der Einfluß der Bestandsstruktur auf das Ergebnis des Vorteilsvergleichs verliert damit an Bedeutung (**Teilergebnis** 15).

Alle bisher besprochenen Ergebnisse betreffen ausschließlich (männliche) Neueintritte, also den Fall einer Änderung der Pensionszusage, die zunächst nur die künftigen Mitarbeiter betrifft.

1) Vgl. Haueisen, P., (Gestaltungsformen 1983), S. 250 - 253

Nachfolgend wird ein Beispiels-Ausgangsbestand in der Periode "t = 0" in die Untersuchung miteinbezogen.

1.4 Ergebnisse im modifizierten Grundmodell bei Nullanpassung versus Anpassung nach BetrAVG

1.4.1 Beispielhafte Hinzunahme eines Ausgangsbestands

Hier wird der Fall einer Unternehmensneugründung in der Periode "t = 0" betrachtet. Der im BHZ erreichte Bestandsumfang der Aktiven AA wird für die Periode "t = 0" dadurch hergestellt, daß zu den Neueintritten mit der EAV Typ 1 bzw. 2 vom Umfang 1 weitere Neueinstellungen vom Umfang AA - 1 mit der in Übersicht 15 enthaltenen (beispielhaften) Altersstruktur für Männer hinzugenommen werden[1]. Für die Folgeperioden t = 1, 2, ... bleibt es wie bisher bei Neueintritten mit der EAV Typ 1 bzw. 2 vom Umfang 1[2].

Die Bestandsstruktur im BHZ wird durch die Hinzunahme des Ausgangsbestands nicht verändert; sie hängt ausschließlich von der Eintrittsaltersverteilung des Kollektivs der Neueintritte ab.

In den Kapitalwert des gesamten Versorgungswerks geht zusätzlich der Kapitalwert des geschlossenen Ausgangskollektivs gemäß Gleichung (65) ein. Die zugehörige Annuität M sowie die Meßgröße μ ändern sich entsprechend.

Die in Abbildung 10 für den Vergleich zwischen der Nullanpassung und der Anpassung nach BetrAVG enthaltenen Ergebniskurven "ohne Ausgangsbestand" sind diejenigen des Grundmodells; sie stimmen - bis auf den Maßstab - mit den Ergebniskurven in Abbildung 6 für den Fall "i = i(p)" überein.

Man sieht, daß sich der Kurvenverlauf durch die Hinzunahme des Ausgangsbestands kaum in der charakteristischen Form, jedoch durch einen wesentlich höheren Vergleichsabstand ändert. Bei der EAV Typ 1 erhält man bis zu 100% erhöhte Werte, was auf die vergleichsweise ungünstigere Altersstruktur des Ausgangsbestands zurückzuführen ist; bei der EAV Typ 2 bleibt die Erhöhung dagegen unterhalb von 50% (**Teilergebnis** 16).

Dadurch rücken die Ergebniskurven der EAV Typ 1 und 2 mit der Hinzunahme des (identischen) Ausgangsbestands etwas zusammen, der Einfluß der unterschiedlichen Neueintritte wird geringer (**Teilergebnis** 17).

Der trotzdem verbleibende Unterschied bei den Neueintritten wird an dem im Grundmodell für Eigenkapitaläquivalenz erforderlichen Zinssatz ersichtlich; dieser steigt unter Einschluß des Ausgangsbestands wie folgt an (**Teilergebnis** 18):

bei Nullanpassung	von	7,9%	(EAV Typ 1)
	auf	8,9%	(EAV Typ 2),
bei Anpassung nach BetrAVG	von	11,1%	(EAV Typ 1)
	auf	12,8%	(EAV Typ 2).

---

1) Es wird also ein geschlossenes Kollektiv mit dem Ausgangsumfang AA - 1 in der Periode „t = 0" (einmalig) zusätzlich eingestellt.

2) Die Aktivenanzahl beträgt damit in der Ausgangsperiode "t = 0" und ab Eintritt des BHZ für den Aktivenbestand ab T ≥ 42 gerade AA; in den Zwischenperioden der Anlaufphase dürfte sie etwas mehr oder weniger als AA betragen, da sich der Aktivenbestand der Ausgangsperiode nicht im BHZ befindet.

Abb. 10: Nullanpassung versus Anpassung nach BetrAVG

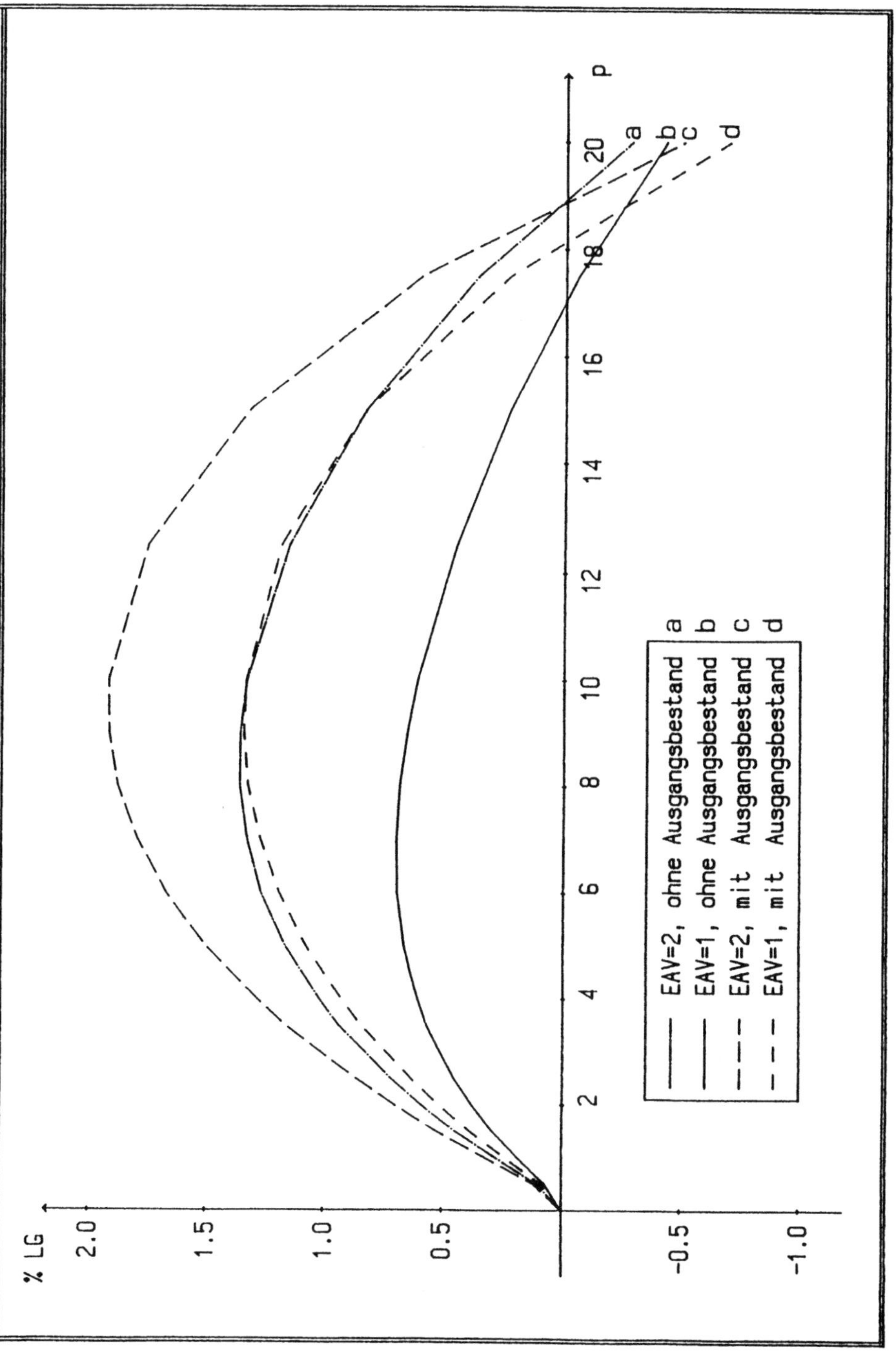

Durch die Hinzunahme des Ausgangsbestands erhöht sich gegenüber den Werten des Teilergebnisses 5 der erforderliche Zinssatz für die EAV Typ 1 um 0,4% bei Nullanpassung und um 1,1% bei Anpassung nach BetrAVG; für die EAV Typ 2 hingegen ändert sich im Fall der Nullanpassung nichts, bei Anpassung nach BetrAVG ergibt sich sogar eine Reduktion um 0,1% (**Teilergebnis** 19).

Ebenso wie die Hinzunahme eines Ausgangsbestands wirkt sich ein veränderter Spitzensatz bei der Einkommensteuer in der Modellsituation ***A*** gravierend auf die Meßgröße μ aus. Bei der Interpretation wird nachfolgend allerdings ein weiterer Gesichtspunkt zu beachten sein.

1.4.2 Modifikation der Einkommensteuer

Eine Reduktion des im Grundmodell mit 56% angesetzten ESt-Spitzensatzes auf 43% bzw. 30% liefert die in Abbildung 11 wiedergegebenen Ergebniskurven für den Vergleich zwischen der Nullanpassung und der Anpassung nach BetrAVG.

Bis auf den Bereich der unverträglich hohen Inflationsraten verringert sich demnach mit sinkender ESt-Belastung der mit μ gemessene Vorsprung der Nullanpassung gegenüber der Anpassung nach BetrAVG (**Teilergebnis** 20).

Dabei ist allerdings zu beachten, daß sich die Bezugsbasis LG $(1 - t_1)$ mit sinkender ESt-Belastung erhöht, womit μ c.p. sinkt; bei einer am (Personal-)Aufwand vor Steuern orientierten Vergleichsbasis ist das durchaus folgerichtig. Der Rückschluß auf die Nachsteuer-Relativangabe M / LG ist durch einfache Multiplikation von μ mit dem jeweiligen Faktor $(1 - t_1)$ möglich. Das Resultat kann aus Abbildung 11 a abgelesen werden.

Demnach rücken die Ergebniskurven für die bei Entnahmestreben maßgebliche Meßgröße M / LG relativ eng zusammen, insbesondere bei der EAV Typ 2. Bis auf den Bereich der unverträglich hohen Inflationsraten wirkt sich die unterschiedliche ESt-Belastung nicht sehr stark auf den Vorsprung der Nullanpassung gegenüber der Anpassung nach BetrAVG aus (**Teilergebnis** 21).

Die vorstehenden Aussagen sind noch um die folgenden Überlegungen zu ergänzen:

Definitionsgemäß[1] gehen "mit einer Steuersatzänderung bei gegebenem Kalkulationszinssatz i vor Steuern zwangsläufig Änderungen des für die Rechnung *faktisch relevanten* steuerverkürzten Kalkulationszinssatzes i_s einher."[2] Anders als in den vorhergehenden Abschnitten resultiert hier auch bei fixierter Inflationsrate p mit identischem Bruttozins i(p) aus einem unterschiedlichen Steuersatz eine veränderte Umweltsituation.

Während bei den Ergebniskurven des Grundmodells in den Abbildungen 6 bis 10 bei gleicher Inflation p stets ein und derselbe Nettozins $i_s(p)$ gemäß Gleichung (82) in die Rechnung eingeht, beruhen die drei Kurvenpaare (jeweils EAV Typ 1 und 2) in Abbildung 11 bzw. 11 a auf grundlegend verschiedenen Nettozinssätzen $i_s(p)$, nämlich bei einer ESt-Belastung von

---

1) Vgl. Def. 8

2) Hieraus folgert Steiner im Hinblick auf das "Steuerparadoxon" von Dieter Schneider, daß der Kapitalwert für die Messung der Auswirkung von Steuersatzänderungen auf die Zielgröße Endvermögens- bzw. Einkommenszuwachs im "Standardmodell" mit $i_s = i\,(1-s)$ "als Ersatzzielgröße nicht geeignet" ist; denn die durch i_s repräsentierten "verschiedenen Vergleichsbasen" schließen "einen sinnvollen Vergleich der Kapitalwerte untereinander aus." Vgl. Steiner, J., (Gewinnsteuern 1980), S. 102 - 108, insbesondere S. 106 f.

Abb. 11: Nullanpassung versus Anpassung nach BetrAVG

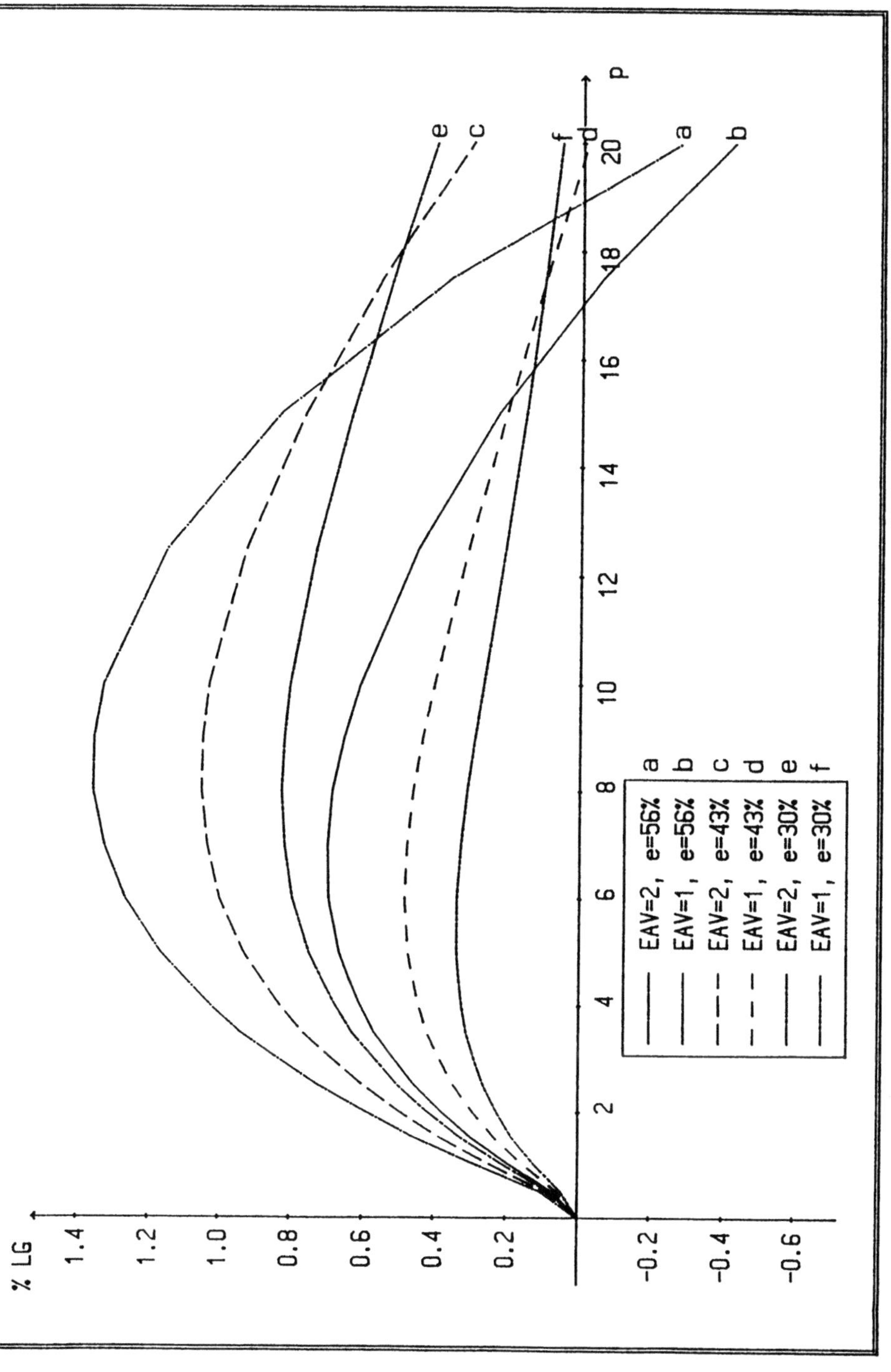

Abb. 11 a: Nullanpassung versus Anpassung nach BetrAVG

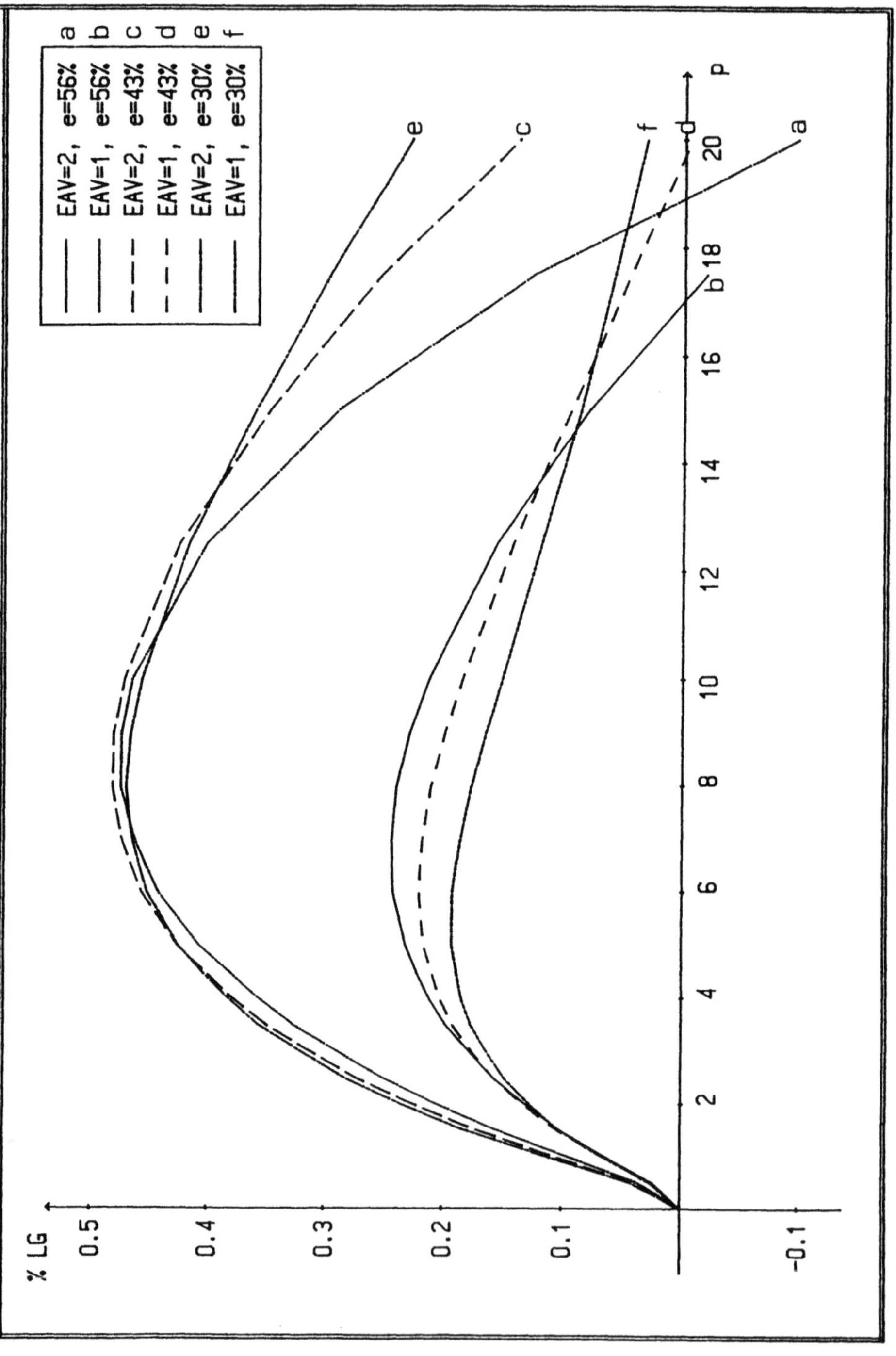

e = 56% auf $i_s(p)$ = $0{,}32101\,p + 0{,}01213$[1],
e = 43% auf $i_s(p)$ = $0{,}42054\,p + 0{,}01706$,
e = 30% auf $i_s(p)$ = $0{,}52233\,p + 0{,}02209$.

Der zugehörige Multifaktor für die Ertragsteuern t_1 stellt sich bei einer ESt-Belastung von

e = 56% auf t_1 = 0,65093[2],
e = 43% auf t_1 = 0,54270,
e = 30% auf t_1 = 0,43200.

Für eine genauere Analyse der Steuersatzänderungen sind in Tabelle 10 bzw. 11 die Endwerte der geschlossenen Neuzugangskollektive W_{85} nach Abwicklung für die EAV Typ 1 bzw. 2 zusammengestellt.

Ein Vergleich der Endwerte in Tabelle 10 bzw. 11 mit den für e = 56% in Blatt 4 der Tabelle 8 bzw. 9 wiedergegebenen[3] Endwerten zeigt: solange die Schwelle der Eigenkapitaläquivalenz nicht deutlich überschritten wird, verschlechtern sich die Endwerte W_{85} mit sinkender ESt-Belastung ganz erheblich, d.h. die Finanzierung über Pensionsrückstellungen wird im Vergleich zur Fremdfinanzierung ungünstiger (**Teilergebnis** 22).

Obwohl die Vergleichsalternative "Fremdfinanzierung" bei gleichem Bruttozins i(p) ebenfalls mit sinkender ESt-Belastung ungünstiger wird, da sich der durch $i_s(p)$ repräsentierte Nachsteueraufwand für die alternativen Dauerschulden deutlich erhöht, schneidet die Finanzierung über Pensionsrückstellungen im oben genannten Bereich noch ungünstiger ab. Dies liegt an der doppelten Verschlechterung der Periodenliquiditäten[4] für das Neuzugangskollektiv nach der Formel

$$PL_t = -A_t\,(1 - t_1) + U_t\,t_1 + E_t\,t_3\,,$$

bei denen ein höherer Nachsteuer-Baraufwand mit einer verminderten Steuerstundung aufgrund der Zuführung zur Pensionsrückstellung zusammentrifft, was den gegenläufigen Substanzsteuereffekt bei der effektiven Gewerbekapitalsteuer[5] deutlich überwiegt. Erst wenn auch bei niedriger ESt-Belastung positive Endwerte auftreten, wendet sich die Tendenz.

Demgegenüber kann der mit sinkender ESt-Belastung steigende Nettozins beim Kapitalwert des gesamten Versorgungswerks $C_0 = q_s^{-85}\,W_{85} / (1 - q_s^{-1})$ bewirken, daß trotz eines verschlechterten Endwerts W_{85} für das geschlossene Neuzugangskollektiv der Ausfinanzierungsbedarf in der Periode "t = 0" sinkt. Das Beispiel in Übersicht 19 illustriert dieses Analogon zum "Steuerparadoxon" von Schneider[6].

Damit interessiert auch die Frage, welche Aussagen man erhalten würde, hätte man in Abschnitt B.II.3.3.1 an dem dort für ein BHZ-Modell als unrealistisch eingestuften Vermögensstreben festgehalten. Die Antwort kann aus dem Dominanzkriterium[7] gewonnen werden. Auf die langfristige Entwicklung des zusagebedingten bilanziellen Eigenkapitalstands wirkt sich eine verminderte ESt-Belastung folgendermaßen aus: Bei gleichem Bruttozins i(p) wird der Nettozinsfaktor $q_s(p)$ bei niedrigerer ESt-Belastung zum dominierenden finanziellen Wachstumsfaktor.

---

1) Vgl. Gl. (82)
2) Vgl. Übersicht 16
3) Dort in der rechten Spalte, für Fall A und B untereinander
4) Vgl. Gl. (16)
5) Wegen $t_3 = s_{vu} + s_{gk}\,(1 - t_1)$ steigt t_3 mit sinkender Ertragsteuerbelastung. Vgl. Abschn. B.II.1.3.2
6) Vgl. Schneider, D., (Investition 1992), S. 246 - 250
7) Vgl. Anhang 7, Nr. 5 g)

Tabelle 10: Absolute Endwerte des Neuzugangskollektivs W_{85} nach Abwicklung im Grundmodell mit einem ESt-Spitzensatz von 43% bzw. 30% - EAV Typ 1 -

p	Fall A: Anpassung nach BetrAVG		Fall B: Nullanpassung	
%	e = 43 %	e = 30 %	e = 43 %	e = 30 %
0,0	-13973	-24179	-13973	-24179
0,5	-14288	-25782	-13657	-24773
1,0	-15064	-28291	-13099	-25067
1,5	-15868	-31052	-12248	-24960
2,0	-16517	-33780	-11039	-24322
2,5	-17091	-36621	-9400	-22994
3,0	-17428	-39308	-7242	-20779
3,5	-17727	-42213	-4463	-17435
4,0	-17584	-44603	-943	-12662
4,5	-17035	-46535	3461	-6095
5,0	-16208	-48250	8914	2712
6,0	-12386	-48325	23777	29353
7,0	-4529	-41124	45626	73216
8,0	9004	-22214	77164	143095
9,0	31720	18018	122062	251904
10,0	67542	91863	185305	418541
12,5	263712	589519	473947	1300945
15,0	791705	2218663	1114654	3653657
17,5	2148735	7109356	2503675	9734117
20,0	5576189	21182077	5466663	25124735

Tabelle 11: Absolute Endwerte des Neuzugangskollektivs W_{85} nach Abwicklung im Grundmodell mit einem ESt-Spitzensatz von 43% bzw. 30% - EAV Typ 2 -

p	Fall A: Anpassung nach BetrAVG		Fall B: Nullanpassung	
%	e = 43 %	e = 30 %	e = 43 %	e = 30 %
0,0	-21726	-39235	-21726	-39235
0,5	-23468	-44252	-22635	-42830
1,0	-26074	-51244	-23412	-46555
1,5	-29031	-59484	-24004	-50346
2,0	-32142	-68745	-24343	-54114
2,5	-35572	-79473	-24347	-57734
3,0	-39160	-91524	-23918	-61037
3,5	-43278	-105832	-22931	-63797
4,0	-47416	-121599	-21239	-65718
4,5	-51727	-139374	-18662	-66413
5,0	-56536	-160173	-14983	-65382
6,0	-66145	-208991	-3219	-55394
7,0	-75048	-268589	16840	-28222
8,0	-82368	-341176	49183	28154
9,0	-84493	-422886	99488	132630
10,0	-77694	-510370	175782	314565
12,5	38121	-634958	565950	1466207
15,0	544696	68253	542438	5090806
17,5	2226481	4417569	877805	15708908
20,0	7260197	22082763	293952	45441448

Übersicht 19: Relationen der einzelnen Berechnungsfaktoren und Ergebnisse bei unterschiedlicher ESt-Belastung am Beispiel der EAV Typ 1 bei Stabilität (p = 0)

(1)	(2)	(3)	(4)
Berechnungsfaktor bzw. Ergebnis	e = 30 %	e = 56 %	Verhältnis (2) : (3)
q_s^{-85}	0,1561	0,3588	0,4350
$1/(1 - q_s^{-1})$	46,2614	83,4209	0,5546
W_{85}	-24.179	-7.729	3,1283
$M = q_s^{-85} W_{85}$	-3.773	-2.773	1,3608
C_0	-174.558	-231.318	0,7546
$1/(1 - t_1)$	1,7606	2,8647	0,6146
μ	-1,3740	-1,6431	0,8362

Nach dem Dominanzkriterium kommt es daher in der Modellsituation ***A*** allein auf das Vorzeichen des Kapitalwerts C_0 bei niedriger ESt-Belastung und im Fall der Anpassung nach BetrAVG bei einem ESt-Spitzensatz der Höhe an. Wenn C_0 mit "e = 30%" negativ / positiv ausfällt, dann verschlechtert / verbessert sich der zusagebedingte bilanzielle Eigenkapitalstand für "e = 30%" auf die Dauer zusehends gegenüber demjenigen für "e = 43%" oder "e = 56%" (**Teilergebnis** 23).

Ob C_0 bei "e = 30%" negativ oder positiv ausfällt, kann auch an den zugehörigen finanziellen Zielgrößen W_{85} (etwa in Tabelle 10 und 11), M oder μ abgelesen werden, die alle ein und dasselbe Vorzeichen tragen.

Die in Abbildung 11 zu "e = 30%" enthaltenen Ergebniskurven für den mit μ gemessenen Vorsprung der Nullanpassung gegenüber der Anpassung nach BetrAVG verlaufen durchweg im positiven Bereich. Daraus kann mit dem Dominanzkriterium gefolgert werden, daß sich dieser Vorsprung, gemessen am langfristigen bilanziellen Eigenkapitalstand, für "e = 30%" auf die Dauer zusehends gegenüber den Fällen "e = 43%" und "e = 56%" vergrößert (**Teilergebnis** 24).

Der Vergleich dieser Aussage mit dem Teilergebnis 21 zeigt einmal mehr[1], daß Vermögens- bzw. Entnahmestreben bei Steuersatzänderungen zu durchaus unterschiedlichen Ergebnissen führen können.

Daß eine verminderte ESt-Belastung die Position der Finanzierung über Pensionsrückstellungen gegenüber der Fremdfinanzierung verschlechtert, wird auch am Anstieg des im Grundmodell für Eigenkapitaläquivalenz erforderlichen Zinssatzes deutlich. Er erhöht sich beim Übergang von der EAV Typ 1 zur EAV Typ 2 im Fall der Nullanpassung bei einem ESt-Spitzensatz der Höhe

1) Vgl. Steiner, J., (Gewinnsteuern 1980), S. 117 f.

e = 56% von 7,5% (EAV Typ 1) auf 8,9% (EAV Typ 2)[1],
e = 43% von 8,0% (EAV Typ 1) auf 9,7% (EAV Typ 2),
e = 30% von 8,6% (EAV Typ 1) auf 10,9% (EAV Typ 2),

und im Fall der Anpassung nach BetrAVG bei einem ESt-Spitzensatz der Höhe

e = 56% von 10,0% (EAV Typ 1) auf 12,9% (EAV Typ 2)[1],
e = 43% von 10,7% (EAV Typ 1) auf 14,6% (EAV Typ 2),
e = 30% von 11,8% (EAV Typ 1) auf 17,0% (EAV Typ 2).

Demnach steigen die im Grundmodell erforderlichen Zinssätze mit sinkender ESt-Belastung bei der Anpassung nach BetrAVG stärker (EAV Typ 1) bzw. wesentlich stärker (EAV Typ 2) an als bei der Nullanpassung (**Teilergebnis** 25).

Jedes der drei Kurvenpaare (jeweils EAV Typ 1 und 2) der Abbildungen 11 und 11 a zeigt einen relativ großen Abstand zwischen der EAV Typ 1 und 2, so daß unabhängig von der ESt-Belastung wiederum das Teilergebnis 6 bestätigt wird: der Einfluß der Bestandsstruktur auf das Vergleichsergebnis darf nicht vernachlässigt werden.

Abschließend ist auf die kontrovers diskutierte[2] Frage nach der Größenordnung und der Kalkulierbarkeit der Anpassungsbelastung aufgrund § 16 Betriebsrentengesetz anhand der Rechenergebnisse einzugehen.

1.5 Zum Ausmaß der Belastung durch die Anpassung der laufenden Renten

Die in den vorangehenden Abschnitten enthaltenen Ergebniszahlen ermöglichen höchst unterschiedliche Auswertungen. So könnte aus Blatt 3 der Tabelle 8 für "p = 3,5%" im Grundmodell mit dem Ansatz "i = i(p)" die folgende Aussage gewonnen werden:

> "Die Anpassungsverpflichtung des § 16 Betriebsrentengesetz führt bereits bei einer Erhöhung der Betriebsrenten von jährlich 2,77% im gesetzlichen Drei-Jahres-Turnus auf die Dauer zu einer Erhöhung der Nachsteuerbelastung um mehr als 2.500%."

Ein Blick in Blatt 3 der Tabelle 8 zeigt zunächst, daß diese "Sensations-Aussage" numerisch völlig korrekt ist[3]. Weiter sieht man, daß die Aussage nur möglich ist, weil die als Referenzgröße gewählte Annuitätskurve bei Nullanpassung zwischen "p = 3,5%" und "p = 4,0%" eine Nullstelle hat; jede feste Zahl wächst durch den Bezug auf eine genügend kleine Referenzgröße beliebig hoch an.

Bei der Meßgröße μ mit der in mehrfacher Hinsicht geeigneten[4] Bezugsbasis LG kann diese "Nullstellen-Problematik" nicht auftreten. Im Fall der Anwartschaftsstatik gibt μ die bei Entnahmestreben äquivalente, periodisch gleichbleibende Veränderung des durch die Niveaugröße LG repräsentierten Personalaufwands in Prozentpunkten an[5].

---

1) Vgl. das Teilergebnis 5
2) Vgl. Abschn. A.I.6
3) Bei "p = 3,5%" beträgt die jährliche Anpassungsrate nach BetrAVG 2,77% entsprechend Tab. 6, mittlere Doppelspalte. Das Nachsteuerergebnis fällt von -0,022% der LG bei Nullanpassung auf -0,59% der LG bei Anpassung nach BetrAVG, also um das -0,568/-0,022 ≈ 25,8-fache auf das -0,59/-0,022 ≈ 26,8-fache von -0,022% der LG.
4) Vgl. Abschn. B.II.3.3.2
5) Vgl. dazu Def. 19 in Abschn. B.II.3.3.2

Für das mit der Pensionszusage Typ 1 vorgesehene durchschnittliche Zusageniveau von 9,7% (EAV Typ 1) bzw. 8,0% (EAV Typ 2) der Ausgangsbezüge[1] kann die mit μ gemessene Mehrbelastung durch § 16 BetrAVG gegenüber der Nullanpassung unmittelbar graphisch aus Abbildung 6 und numerisch aus Blatt 3 der Tabellen 8 und 9 abgelesen werden.

Demnach steigt die Mehrbelastung bei der Annahme eines inflationsunabhängigen Kalkulationszinsfußes (i = 8%) mit steigender Inflation zunehmend steiler und - soweit ersichtlich - ohne Obergrenze an; hier würde man das Risiko einer hohen Anpassungsbelastung als unkalkulierbar einstufen müssen (**Teilergebnis** 26).

Unter der Annahme des im Grundmodell angesetzten inflationsabhängigen Kalkulationszinsfußes (i = i(p)) hingegen ist die Mehrbelastung auf ein Maximum begrenzt, und zwar auf

0,699% von LG für die EAV Typ 1 bei p = 7%,
1,360% von LG für die EAV Typ 2 bei p = 8%.

Wenn man den Stabilitätsfall mit "p = 0" als Bezugsbasis wählt, dann ergibt sich im Grundmodell eine Obergrenze von

100 (0,699 / 1,643) = 42,5% ≈ 43% für die EAV Typ 1
100 (1,360 / 2,905) = 46,8% ≈ 47% für die EAV Typ 2

der im stabilen Fall bei "i(0) = 4,5%" mit der Einführung des Versorgungswerks zu erwartenden Gesamtbelastung.

Die entsprechenden Obergrenzen für die Modifikationen des Grundmodells sind in Übersicht 20 zusammengestellt.

Im Vergleich zur Nullanpassung sind demnach bei allen untersuchten Anpassungsregelungen bedeutende Belastungserhöhungen zu erwarten. Die maximale Mehrbelastung tritt beim Ausgleich der vollen Inflation für die ungünstige Bestandsstruktur der EAV Typ 2 bei einer Inflationsrate von 12,5% auf.

Bei inflationsabhängigem Ansatz des Kalkulationszinsfußes ist demnach das Ausmaß der Mehrbelastung immerhin eingrenzbar, wenn auch beim Ausgleich der vollen Inflation erst im Bereich der unverträglich hohen Inflationsraten (**Teilergebnis** 27).

Allerdings reagieren die Ergebniszahlen der Übersicht 20 empfindlich auf einen veränderten Ansatz des Kalkulationszinsfußes bei Stabilität (p = 0) und sind insofern leicht manipulierbar.

Wenn man - etwa im Hinblick auf den hohen Abstand zwischen dem Nominalzinsniveau und der Inflation zu Beginn der neunziger Jahre[2] - den Kalkulationszins des Grundmodells gemäß Gleichung (76) mit

$$i(p) \quad = \quad 0{,}045 + 0{,}836\ p$$

dahingehend modifiziert, daß der Zins für Inflationsraten von weniger als 1,5% auf den für "p = 1,5%" geltenden Wert von 5,754% als "Mindestzins" angehoben wird, dann veringert sich die Be-

---

1) Vgl. Abschn. B.III.2.2
2) Einer durchschnittlichen Umlaufsrendite von 8,9% stand 1990 ein Anstieg des in Anhang 1 wiedergegebenen Preisindex von 2,7% gegenüber. Vgl. Deutsche Bundesbank, (Renditen 1991), S. 57* sowie Anhang 1. Der hohe Nominalzins dürfte durch den erhöhten Kapitalbedarf aufgrund der Deutschen Wiedervereinigung (mit-)verursacht worden sein.

Übersicht 20: Maximale Anpassungs-Mehrbelastung im Vergleich zur Nullanpassung in Prozent der jeweiligen Gesamtbelastung bei Stabilität

Modifikation des Grundmodells	Obergrenze der Anpassungsbelastung[1]	
	EAV Typ 1	EAV Typ 2
Ausgleich der halben Inflation	21 %	22 %
Anpassung nach BetrAVG (Grundmodell)	43 %	47 %
Anpassung nach BetrAVG jedoch jährlich	46 %	51 %
Ausgleich der vollen Inflation	66 %	77 %
Anpassung nach BetrAVG mit Ausgangsbestand	65 %	59 %
Anpassung nach BetrAVG mit e=43%	33 %	39 %
Anpassung nach BetrAVG mit e=30%	25 %	32 %

zugsbasis, die Gesamtbelastung des Grundmodells im Stabilitätsfall[2] für die

EAV Typ 1 von μ = -1,643% auf -0,812%
EAV Typ 2 von μ = -2,905% auf -1,841%

und die zugehörige Obergrenze der Anpassungs-Mehrbelastung erhöht sich bei der EAV Typ 1 um den Faktor 2 (≈ 1,643 / 0,812) von 43% auf 86%, bei der EAV Typ 2 von 47% auf 74% um den Faktor 1,6 (≈ 2,905 / 1,841).

Ohne gesicherte empirische Erkenntnisse über die Höhe des Kalkulationszinsfußes im Stabilitätsfall besteht demnach für die Größenordnung der in Übersicht 20 enthaltenen Ergebnisse in Abhängigkeit von der zu setzenden Prämisse ein beachtlicher Spielraum.

1) Aufgerundet auf volle Prozentpunkte
2) Vgl. dazu die im Teilergebnis 3 besprochene Ergebnisspalte der Nullanpassung (Fall B) bei "i = i(p)" in den Tabellen 8 und 9. Die Ergebnisse dieser Spalte können auch als die zu erwartende Gesamtbelastung im Stabilitätsfall interpretiert werden, falls der bei Stabilität modellmäßig angenommene (Brutto-)Kalkulationszins abweichend vom Grundmodell mit dem in der Spalte "i = i(p)" angegebenen Zinsfuß gemäß Gl. (76) übereinstimmt.

Wenn man den auf Dauer zu erwartenden Kalkulationszinsfuß bei Stabilität nicht höher als 6% ansetzt[1] - was plausibel erscheint -, dann gilt im derart modifizierten Grundmodell c.p. weiterhin[2] das Teilergebnis 27.

1.6 Isolierte Betrachtung der Ergebnisspalten

Bei der vorstehend untersuchten Fragestellung spielt die Nullanpassung als - historisch durchaus berechtigter[3] - Ausgangspunkt eine wesentliche Rolle. Durch die Wahl der Nullanpassung oder der Volldynamik[4] als Ausgangspunkt der Untersuchung wird allerdings die Richtung, die "Tendenz" der Ergebnisaussagen ("Mehrbelastungen" oder "Inflationsgewinne"[5]) vorab festgelegt.

Wenn man die Frage nach der Auswirkung einer inflationsbedingten Anpassung der laufenden Renten ohne Bezugnahme auf eine (Nicht-)Anpassungs-Alternative stellt, dann entfällt die Möglichkeit, einen bei der zeilenweise orientierten Auswertung der Ergebnistabellen mit unveränderten Steuerdaten gegebenen identischen Nettozinssatz mit äquivalenten Meßgrößen auszunutzen. Bei der spaltenweise orientierten Auswertung ergeben sich in Abhängigkeit von der Zielsetzung höchst unterschiedliche Aussagen.

Bei Entnahmestreben mit einem im Zeitablauf gleichbleibenden Entnahmestrom[6] sowie bei Finanzierungsstreben folgt entsprechend dem Teilergebnis 4 für alle betrachteten Anpassungsregelungen, daß sich die Position der Finanzierung über Pensionsrückstellungen mit steigender Inflation trotz erhöhter Anpassungsleistungen gegenüber der zunehmend ungünstigeren Fremdfinanzierung verbessert (**Teilergebnis** 28).

Bei Vermögensstreben verschlechtert sich der langfristige bilanzielle Eigenkapitalstand nach dem Dominanzkriterium[7] mit steigender Inflation zunehmend, solange nicht Eigenkapitaläquivalenz erreicht ist; der hierfür im Grundmodell erforderliche Zinssatz erhöht sich aufgrund der Anpassung der laufenden Renten erheblich (**Teilergebnis** 29).

Dem für Eigenkapitaläquivalenz erforderlichen Zinssatz kommt unter diesem Aspekt die Rolle einer entscheidenden Kennziffer zu. Die Zinssätze sind daher für das modifizierte Grundmodell im folgenden Abschnitt in Übersicht 21 nochmals zusammengestellt.

---

1) Die Annahme höherer Zinssätze bei "p = 0" würde bei Annäherung an den bei Nullanpassung für Eigenkapitaläquivalenz erforderlichen Zinssatz (7,5% für die EAV Typ 1; 8,9% für die EAV Typ 2) wieder auf eine Nullstellen-Problematik hinauslaufen.

2) Allerdings mit evtl. erhöhten Belastungs-Obergrenzen, denn es gilt ja die Schlußkette: je höher c.p. der Zins bei "p = 0", desto kleiner die Bezugsbasis der Ergebniszahlen, desto höher das Niveau der Belastungs-Obergrenzen.

3) Aus der Sicht eines Arbeitgebers, der vor dem Inkrafttreten des § 16 BetrAVG oder schon vor der vorgesetzlichen Anpassungsrechtsprechung des BAG Pensionszusagen erteilt hatte, war die durch die gesetzliche Anpassungsregelung verursachte Mehrbelastung von besonderem Interesse.

4) Vgl. etwa Haegert: "Der Wahl des Barwerts bei vollständiger Dynamisierung des Rentenanspruchs als Bezugsbasis liegt die Überlegung zugrunde, daß die Altersversorgung nach allgemeiner Auffassung als Gegenleistung für die Dienste des Arbeitnehmers gewährt wird und der Arbeitgeber infolgedessen auf Kosten des Versorgungsberechtigten bereichert wäre, wenn er ihm den in Form einer Rente zugesagten Entgeltanteil in Geldeinheiten mit verminderter Kaufkraft auszahlen würde." Vgl. Haegert, L., (Unternehmensfinanzierung 1987), S. 167

5) Vgl. ebd., S. 167

6) Das bedeutet die zusätzliche Prämisse, daß diese Entnahmestrukur für alle betrachteten Umweltsituationen akzeptiert wird. Vgl. auch Abschn. C.I.2.1.3

7) Vgl. Anhang 7, Nr. 5 g)

1.7 Zusammenfassung

Die Untersuchung einer dauerhaft durchgehaltenen Anwartschaftsstatik ermöglicht die isolierte Analyse der mit steigender Inflation zu erwartenden Anpassungsauswirkungen bei den laufenden Renten. Für männliche Neueintritte liefern die BHZ-Modellrechnungen im (modifizierten) Grundmodell die folgenden Hauptergebnisse:

Erwartungsgemäß wäre eine Nullanpassung der laufenden Renten gegenüber der Anpassung nach BetrAVG vorteilhaft.

Der Vorsprung der Nullanpassung wird beim Ausgleich der halben Inflation ("Hälftelung") überraschend deutlich reduziert, beim Ausgleich der vollen Inflation auffallend deutlich verstärkt, während die Verkürzung des Anpassungsturnus von drei Jahren auf ein Jahr erwartungsgemäß keine erhebliche Verschlechterung ergibt.

Mit der Zusage einer angemessenen garantierten Rentenanpassung kann im Bereich einer Inflation von mehr als 2,5% eine deutliche Ergebnisverbesserung gegenüber der Anpassung nach BetrAVG erreicht werden.

Bei einer Modifikation der ESt-Belastung hängen die Auswirkungen von der Zielsetzung ab: bei Entnahmestreben ändert sich der Vorsprung der Nullanpassung vor der Anpassung nach BetrAVG im Nachsteuerbereich nicht wesentlich; bei Vermögensstreben bewirkt eine verminderte ESt-Belastung für alle positiven Inflationsraten einen im Zeitablauf zunehmend wachsenden Vorsprung der Nullanpassung.

Durch die beispielhafte Hinzunahme eines Ausgangsbestands erhöht sich der Vorsprung der Nullanpassung gegenüber der Anpassung nach BetrAVG in Abhängigkeit von der Bestandsstruktur der Neueintritte um bis zu 100% bei der relativ günstigen Eintrittsaltersverteilung vom Typ 1, und um nicht mehr als 50% bei der relativ ungünstigen Eintrittsaltersverteilung vom Typ 2.

Generell ist der Einfluß der Bestandsstruktur (EAV Typ 1 bzw. 2) auf die Größenordnung der Ergebnisse sowie der Vergleichsergebnisse relativ groß; er vermindert sich bei den Vergleichsergebnissen zunehmend mit steigender Anpassungsgarantie.

Beim Ansatz eines inflationsunabhängigen Kalkulationszinsfußes von "i = 8%" wächst die im Vergleich zur Nullanpassung zu verzeichnende Anpassungs-Mehrbelastung mit steigender Inflation zunehmend an; eine Obergrenze ist nicht ersichtlich.

Dagegen bleibt die Anpassungs-Mehrbelastung beim Ansatz des inflationsabhängigen Kalkulationszinsfußes "i = i(p)" begrenzt, beim Ausgleich der vollen Inflation allerdings erst im Bereich der unverträglich hohen Inflationsraten, bei denen der Ansatz eines Rechnungszinsfußes von 6% für die Berechnung der Pensionsrückstellungen nach § 6a EStG unrealistisch ist; die Mehrbelastung beträgt im ungünstigsten betrachteten Fall[1] maximal 77% der mit der Einführung des Versorgungswerks bei Stabilität verbundenen Gesamtbelastung. Die bei den einzelnen Modifikationen des Grundmodells zu erwartenden Belastungs-Obergrenzen sind in Übersicht 20 zusammengestellt. Ihre Größenordnung reagiert empfindlich auf den Ansatz des Kalkulationszinsfußes bei Stabilität.

Wenn man versucht, die Auswirkungen der inflationsbedingten Anpassungsleistungen ohne Bezugnahme auf andere Anpassungsregelungen zu untersuchen, dann ergibt sich bei Finanzierungs- und Entnahmestreben ein mit steigender Inflation trotz erhöhter Anpassungsleistungen zunehmend verbessertes Nachsteuer-Resultat. Bei Vermögensstreben kann gefolgert werden,

1) Beim Ausgleich der vollen Inflation

Übersicht 21: Höhe der im (modifizierten) Grundmodell für Eigenkapitaläquivalenz erforderlichen Zinssätze i_k bei Anwartschaftsstatik

Anpassungsregelung bzw. Modifikation	kritischer Zinssatz i_k für die EAV	
	Typ 1	Typ 2
Anpassung nach BetrAVG, mit garantierter Anpassung von 3,0% p.a.	7,1 %	8,7 %
Nullanpassung, Grundmodell	7,5 %	8,9 %
Nullanpassung, mit Ausgangsbestand	7,9 %	8,9 %
Nullanpassung, e = 43 %	8,0 %	9,7 %
Ausgleich der halben Inflation	8,5 %	10,4 %
Anpassung nach BetrAVG, mit garantierter Anpassung von 1,5% p.a.	8,6 %	10,6 %
Nullanpassung, e = 30%	8,6 %	10,9 %
Anpassung nach BetrAVG, Grundmodell	10,0 %	12,9 %
Anpassung nach BetrAVG, jährlich	10,2 %	13,4 %
Anpassung nach BetrAVG, e = 43 %	10,7 %	14,6 %
Anpassung nach BetrAVG, mit Ausgangsbestand	11,1 %	12,8 %
Anpassung nach BetrAVG, e = 30 %	11,8 %	17,0 %
Ausgleich der vollen Inflation	12,5 %	17,3 %

daß sich das bilanzielle Eigenkapital auf die Dauer mit steigender Inflation zunehmend verschlechtert, solange nicht Eigenkapitaläquivalenz erreicht wird. Die hierfür im (modifizierten) Grundmodell erforderlichen Zinssätze sind in Übersicht 21 zusammengestellt.

Wesentlich erscheint der folgende qualitative Aspekt: die regelmäßige Erhöhung der laufenden Renten bei unverändert hohen Beginnrenten stellt für die Arbeitnehmer ein Argument bei der Forderung nach einer Erhöhung der Beginnrenten dar, dessen Bedeutung im Zeitablauf anwächst. Es dürfte problematisch sein, ein anwartschaftsstatisches System auf die Dauer "durchzuhalten".

2. Anwartschaftsdynamik

Bei der nachfolgend untersuchten Anwartschaftsdynamik werden sich Gemeinsamkeiten, aber auch fundamentale Unterschiede zum Fall der Anwartschaftsstatik ergeben.

Die Beginnrenten steigen im folgenden nach Maßgabe der Brutto-Aktiveneinkommen mit g(p,r) = l(p,r) gemäß Definition 22 in Abhängigkeit von der Inflation p und dem realen Wachstumsfaktor r an. Die resultierenden Modellsituationen wurden bereits in Abschnitt B.III.4.2 ermittelt.

Die Bestandsentwicklung wird durch den Übergang von der Anwartschaftsstatik auf die Anwartschaftsdynamik nicht berührt. Bei g-dynamischen Beginnrenten folgt nunmehr für die vom Kalkulationszinsfuß unabhängigen Vor- und Nachsteuergrößen[1] ein g-relativer BHZ. In der Modellsituation ***C*** konvergiert das finanzielle Gesamtsystem gegen einen g-relativen BHZ[2].

2.1 Ergebnisse im Grundmodell und Modifikation des Kalkulationszinsfußes

Die Bestands- und Bezüge-Ergebnisse stimmen mit den bei Anwartschaftsstatik beschriebenen Ergebnissen überein[3].

Im Grundmodell wird eine realkonstante Bezügeentwicklung untersucht; die Brutto-Aktiveneinkommen und die Beginnrenten steigen hier nach Maßgabe der Inflation an, d.h. es gilt $l(p) = g(p) = 1 + p$.

2.1.1 Erläuterungen zu den finanziellen BHZ-Werten

Die Tabellen 12 und 13 entsprechen im Aufbau[4] den Tabellen 8 und 9 und enthalten wiederum die numerischen Ergebnisse für die unterschiedlichen Bestandsstrukturen der EAV Typ 1 und 2.

Aus Blatt 1 der Tabellen 12 und 13 ergibt sich zunächst, daß der durch die Anpassung nach BetrAVG verursachte Anstieg der zusagebedingten Auszahlungen mit steigender Inflation deutlich niedriger ausfällt als bei Anwartschaftsstatik in den Tabellen 8 und 9. Da die gesamten Rentenzahlungen[5] bei Nullanpassung als Bezugsbasis bei g-dynamischen Beginnrenten vergleichsweise höher ausfallen als bei Anwartschaftsstatik, geht der Einfluß der Anpassung der laufenden Renten auf den Anstieg der gesamten Rentenzahlungen zurück.

Ferner stellt man in Blatt 1 fest, daß die auf die Niveaugröße LG bezogenen Rückstellungen sowohl bei Nullanpassung wie auch bei Anpassung nach BetrAVG mit steigender Inflation monoton fallen. Dazu zeigt ein Blick in Blatt 4 der Tabellen folgendes:

Im Gegensatz zu den entsprechenden Werten in Tabelle 8 und 9 findet man in Blatt 4 der Tabellen 12 und 13 für die Renten und Rückstellungen[6] Niveauwerte vor, die mit steigendem $g = 1 + p$ monoton fallen. Darin spiegelt sich das bei Anwartschaftsstatik bzw. -dynamik unterschiedliche Verhältnis der Dynamisierung der Renten zur g-Dynamik des g-relativen BHZ[7] wider.

Bei Anwartschaftsstatik bedeutet eine Anpassung der laufenden Renten, daß die Renten insgesamt trotz gleichbleibender Beginnrenten stärker steigen als mit dem Faktor $g \equiv 1$. Wenn die Anpassung mit steigendem p höher ausfällt, ergeben sich mit p ansteigende Niveauwerte.

---

1) Für das um die Lohn- und Gehaltssumme erweiterte finanzielle Teilsystem (II) in der Bezeichnungsweise von Abschn. B.II.3.2.1
2) Vgl. Abschn. B.II.3.2.6
3) Vgl. Abschn. C.I.1.1.1
4) Vgl. Abschn. C.I.1.1.2
5) Diese bilden die Hauptkomponente der zusagebedingten Auszahlungen.
6) Und damit auch für die Beiträge an den PSVaG
7) Auch der absolute BHZ kann als g-relativer BHZ mit $g \equiv 1$ aufgefaßt werden. Vgl. Abschn. B.II.3.2.3

Tabelle 12: Ergebnisse im Grundmodell und bei konstantem Zins - Eintrittsaltersverteilung Typ 1 -

Blatt 1

Beharrungszustand

Vergleich: Fall A: Anpassung nach BetrAVG
Fall B: Nullanpassung

Geschlecht: Maenner
Pensionszusage Typ 1
Realwachstum von LG: 0.0%

Anwartschaftsdynamik
Fluktuation Typ 1
Bestandstrend: 0.0%

p	d R	zusagebedingte Auszahlungen 1)	Rueckstellung in % LG Fall A	Fall B	Diff.	Periodenliquiditaet in % LG nach ErtrSt Fall A	Fall B	Diff.
%	%	%	%	%	%	%	%	%
0.0	0.0	0.0	88.6	88.6	0.0	-5.2	-5.2	0.0
0.5	0.2	2.9	86.1	84.8	-1.3	-4.1	-3.9	0.1
1.0	0.6	8.3	85.0	81.4	-3.6	-3.2	-2.8	0.4
1.5	1.1	14.1	84.1	78.3	-5.7	-2.3	-1.8	0.5
2.0	1.5	19.5	83.1	75.5	-7.5	-1.5	-0.9	0.6
2.5	1.9	25.1	82.2	73.0	-9.2	-0.7	-0.1	0.6
3.0	2.3	30.4	81.3	70.7	-10.5	0.1	0.7	0.6
3.5	2.8	36.1	80.6	68.6	-11.9	0.8	1.4	0.6
4.0	3.2	41.4	79.8	66.7	-13.0	1.5	2.0	0.5
4.5	3.6	46.5	79.0	65.0	-14.0	2.2	2.6	0.4
5.0	4.0	52.0	78.4	63.4	-15.0	2.9	3.2	0.3
6.0	4.9	62.3	77.2	60.5	-16.6	4.3	4.2	-0.0
7.0	5.7	72.0	75.9	58.1	-17.8	5.5	5.2	-0.4
8.0	6.6	81.5	74.9	56.0	-18.9	6.7	6.0	-0.7
9.0	7.4	90.2	73.9	54.2	-19.7	7.9	6.8	-1.1
10.0	8.2	98.7	73.0	52.6	-20.4	9.0	7.5	-1.5
12.5	10.3	117.7	70.9	49.4	-21.6	11.5	9.1	-2.5
15.0	12.4	133.8	69.1	46.9	-22.2	13.9	10.4	-3.4
17.5	14.5	147.6	67.6	45.0	-22.6	16.0	11.7	-4.3
20.0	16.5	158.6	66.1	43.5	-22.6	18.0	12.8	-5.2

1) prozentuale Veraenderung: (Fall A - Fall B) / (Fall B)

Tabelle 12: Ergebnisse im Grundmodell und bei konstantem Zins - Eintrittsaltersverteilung Typ 1 -

Blatt 2

Vergleich: Fall A: Anpassung nach BetrAVG
Fall B: Nullanpassung

Geschlecht: Maenner
Pensionszusage Typ 1
Realwachstum von LG: 0.0%

Anwartschaftsdynamik
Fluktuation Typ 1
Bestandstrend: 0.0%

p	d A	i=i(p)	Kapitalwert bzw. Niveauwert EK in % LG nach ErtrSt i=8% Fall A	i=8% Fall B	i=8% Diff.	i=i(p) Fall A	i=i(p) Fall B	i=i(p) Diff.
%	%	%	%	%	%	%	%	%
0.0	0.0	4.5	7.4	7.4	0.0	-137.1	-137.1	0.0
0.5	0.5	4.9	6.6	8.2	1.7	-191.8	-182.5	9.3
1.0	1.0	5.3	1.7	9.1	7.5	-328.7	-282.5	46.3
1.5	1.5	5.8	-12.2	9.9	22.1	-949.9	-721.4	228.4
2.0	2.0	6.2	-59.6	10.1	69.6	-1306.9*	-876.2*	430.7*
2.5	2.5	6.6	-1061.5	-14.0	1047.4	-387.4*	-231.7*	155.6*
3.0	3.0	7.0	-218.8*	-50.1*	168.7*	-225.3*	-120.6*	104.6*
3.5	3.5	7.4	-142.4*	-47.4*	95.0*	-159.2*	-75.7*	83.5*
4.0	4.0	7.8	-117.9*	-46.2*	71.7*	-122.3*	-51.9*	70.3*
4.5	4.5	8.3	-105.6*	-45.3*	60.3*	-99.0*	-37.6*	61.4*
5.0	5.0	8.7	-98.6*	-44.5*	54.1*	-83.5*	-28.1*	55.4*
6.0	6.0	9.5	-90.0*	-43.3*	46.6*	-63.3*	-16.9*	46.4*
7.0	7.0	10.4	-84.7*	-42.4*	42.3*	-50.8*	-10.7*	40.1*
8.0	8.0	11.2	-81.2*	-41.5*	39.7*	-42.6*	-7.0*	35.5*
9.0	9.0	12.0	-78.6*	-40.8*	37.7*	-36.5*	-4.7*	31.8*
10.0	10.0	12.9	-76.5*	-40.2*	36.3*	-32.1*	-3.2*	28.9*
12.5	12.5	15.0	-72.6*	-38.9*	33.7*	-24.7*	-1.3*	23.4*
15.0	15.0	17.0	-69.8*	-37.9*	31.9*	-20.2*	-0.6*	19.6*
17.5	17.5	19.1	-67.7*	-37.2*	30.5*	-17.2*	-0.4*	16.8*
20.0	20.0	21.2	-65.8*	-36.6*	29.3*	-15.1*	-0.4*	14.7*

Tabelle 12: Ergebnisse im Grundmodell und bei konstantem Zins
- Eintrittsaltersverteilung Typ 1 -

Blatt 3

Vergleich: Fall A: Anpassung nach BetrAVG
Fall B: Nullanpassung

Geschlecht: Maenner
Pensionszusage Typ 1
Realwachstum von LG: 0.0%

Anwartschaftsdynamik
Fluktuation Typ 1
Bestandstrend: 0.0%

p	d_A	i=i(p)	aequivalente Annuitaet in % LG nach ErtrSt - dynamisch: i=8% Fall A	i=8% Fall B	i=8% Diff.	i=i(p) Fall A	i=i(p) Fall B	i=i(p) Diff.
%	%	%	%	%	%	%	%	%
0.0	0.0	4.5	0.184	0.184	0.000	-1.643	-1.643	0.000
0.5	0.5	4.9	0.131	0.165	0.034	-1.653	-1.573	0.080
1.0	1.0	5.3	0.025	0.139	0.113	-1.730	-1.486	0.243
1.5	1.5	5.8	-0.125	0.103	0.228	-1.819	-1.382	0.438
2.0	2.0	6.2	-0.324	0.055	0.378	-1.854*	-1.243*	0.611*
2.5	2.5	6.6	-0.592	-0.008	0.584	-1.830*	-1.095*	0.735*
3.0	3.0	7.0	-0.940*	-0.215*	0.725*	-1.801*	-0.965*	0.837*
3.5	3.5	7.4	-1.297*	-0.432*	0.866*	-1.789*	-0.851*	0.938*
4.0	4.0	7.8	-1.635*	-0.640*	0.995*	-1.767*	-0.750*	1.016*
4.5	4.5	8.3	-1.963*	-0.841*	1.122*	-1.745*	-0.662*	1.083*
5.0	5.0	8.7	-2.294*	-1.036*	1.258*	-1.735*	-0.584*	1.151*
6.0	6.0	9.5	-2.922*	-1.407*	1.515*	-1.708*	-0.455*	1.253*
7.0	7.0	10.4	-3.517*	-1.759*	1.758*	-1.680*	-0.354*	1.327*
8.0	8.0	11.2	-4.095*	-2.093*	2.002*	-1.662*	-0.274*	1.388*
9.0	9.0	12.0	-4.643*	-2.412*	2.231*	-1.642*	-0.212*	1.430*
10.0	10.0	12.9	-5.174*	-2.719*	2.455*	-1.627*	-0.163*	1.464*
12.5	12.5	15.0	-6.415*	-3.440*	2.976*	-1.597*	-0.086*	1.511*
15.0	15.0	17.0	-7.554*	-4.106*	3.448*	-1.577*	-0.049*	1.528*
17.5	17.5	19.1	-8.608*	-4.728*	3.880*	-1.566*	-0.038*	1.528*
20.0	20.0	21.2	-9.570*	-5.314*	4.257*	-1.555*	-0.043*	1.513*

Tabelle 12: Ergebnisse im Grundmodell und bei konstantem Zins
- Eintrittsaltersverteilung Typ 1 -

Blatt 4

Basiswerte

Vergleich: Fall A: Anpassung nach BetrAVG
Fall B: Nullanpassung

Geschlecht: Maenner
Pensionszusage Typ 1
Realwachstum von LG: 0.0%

Anwartschaftsdynamik
Fluktuation Typ 1
Bestandstrend: 0.0%

LG = 483461

p	PL	VK	PS	RZ	U	R	i=8% W_{85}	i=i(p) W_{85}
Fall A:								
0.0	-8729	447	1036	31554	0	428486	2660	-7729
0.5	-6905	476	1001	29930	2071	416330	1897	-8897
1.0	-5395	476	982	29206	4068	410853	366	-10650
1.5	-3962	476	966	28608	6005	406350	-1810	-12812
2.0	-2559	476	950	27966	7873	401536	-4673	-15321
2.5	-1211	476	935	27392	9689	397263	-8548	-18348
3.0	102	476	919	26799	11442	392857	-13595	-21853
3.5	1358	476	907	26341	13172	389504	-20492	-26231
4.0	2591	476	893	25819	14834	385672	-29283	-31164
4.5	3788	476	880	25315	16449	381977	-40702	-36881
5.0	4947	476	869	24905	18049	379038	-55919	-43882
6.0	7183	476	846	24064	21113	372995	-100673	-60760
7.0	9311	476	825	23251	24021	367179	-174701	-81448
8.0	11341	476	806	22538	26827	362161	-298210	-105667
9.0	13280	476	787	21840	29497	357246	-500861	-126667
10.0	15140	476	770	21203	32074	352815	-835539	-132875
12.5	19470	476	730	19754	38089	342805	-2939396	201728
15.0	23410	476	696	18493	43589	334183	-10222492	3077536
17.5	27025	476	665	17395	48664	326741	-35530915	19291326
20.0	30327	476	637	16378	53293	319757	-122857509	98556556
Fall B:								
0.0	-8729	447	1036	31554	0	428486	2660	-7729
0.5	-6658	447	985	29092	2040	410057	2386	-8464
1.0	-4796	447	939	26920	3896	393523	2002	-9151
1.5	-3111	447	898	24994	5596	378640	1480	-9731
2.0	-1580	447	861	23281	7161	365198	788	-10117
2.5	-180	447	827	21752	8610	353019	-113	-10189
3.0	1107	447	796	20382	9960	341952	-1272	-9783
3.5	2294	447	768	19150	11223	331866	-2746	-8671
4.0	3395	447	742	18039	12410	322648	-4607	-6548
4.5	4421	447	718	17034	13530	314202	-6939	-3002
5.0	5381	447	696	16122	14592	306442	-9847	2516
6.0	7132	447	657	14536	16568	292700	-17914	22617
7.0	8697	447	623	13208	18379	280941	-30166	62827
8.0	10115	447	594	12085	20059	270793	-48602	138689
9.0	11413	447	568	11128	21630	261968	-76175	276490
10.0	12613	447	546	10304	23113	254239	-117275	520175
12.5	15284	447	499	8683	26512	238611	-330937	2191615
15.0	17611	447	462	7500	29583	226805	-919136	8225614
17.5	19696	447	433	6605	32411	217618	-2605935	28772399
20.0	21600	447	409	5908	35049	210292	-7736602	95511946

Tabelle 13: Ergebnisse im Grundmodell und bei konstantem Zins
- Eintrittsaltersverteilung Typ 2 -

Blatt 1

Beharrungszustand

Vergleich: Fall A: Anpassung nach BetrAVG
Fall B: Nullanpassung

Geschlecht: Maenner
Pensionszusage Typ 1
Realwachstum von LG: 0.0%

Anwartschaftsdynamik
Fluktuation Typ 1
Bestandstrend: 0.0%

p	d_R	zusagebedingte Auszahlungen 1)	Rueckstellung in % LG Fall A	Fall B	Diff.	Periodenliquiditaet in % LG nach ErtrSt Fall A	Fall B	Diff.
%	%	%	%	%	%	%	%	%
0.0	0.0	0.0	102.9	102.9	0.0	-6.9	-6.9	0.0
0.5	0.2	2.8	100.3	98.7	-1.6	-5.6	-5.4	0.2
1.0	0.6	8.0	99.3	94.9	-4.4	-4.6	-4.1	0.5
1.5	1.1	13.6	98.5	91.5	-7.0	-3.6	-3.0	0.6
2.0	1.5	18.8	97.6	88.3	-9.3	-2.6	-1.9	0.8
2.5	1.9	24.2	96.8	85.4	-11.4	-1.7	-0.9	0.8
3.0	2.3	29.3	95.9	82.8	-13.1	-0.8	0.0	0.8
3.5	2.8	34.9	95.3	80.3	-14.9	0.1	0.9	0.8
4.0	3.2	40.0	94.5	78.1	-16.4	1.0	1.7	0.7
4.5	3.6	45.0	93.8	76.0	-17.7	1.9	2.4	0.5
5.0	4.0	50.4	93.2	74.1	-19.0	2.7	3.1	0.4
6.0	4.9	60.5	91.9	70.7	-21.2	4.3	4.3	0.0
7.0	5.7	70.0	90.7	67.8	-22.9	5.8	5.4	-0.4
8.0	6.6	79.4	89.6	65.2	-24.4	7.3	6.4	-0.8
9.0	7.4	88.2	88.5	62.9	-25.6	8.7	7.3	-1.3
10.0	8.2	96.8	87.5	60.9	-26.6	10.0	8.2	-1.9
12.5	10.3	116.1	85.2	56.9	-28.4	13.2	10.0	-3.2
15.0	12.4	132.9	83.1	53.7	-29.4	16.0	11.6	-4.5
17.5	14.5	147.4	81.3	51.3	-30.1	18.6	12.9	-5.7
20.0	16.5	159.3	79.6	49.3	-30.3	21.0	14.2	-6.8

1) prozentuale Veraenderung: (Fall A - Fall B) / (Fall B)

Tabelle 13: Ergebnisse im Grundmodell und bei konstantem Zins
- Eintrittsaltersverteilung Typ 2 -

Blatt 2

Vergleich: Fall A: Anpassung nach BetrAVG
Fall B: Nullanpassung

Geschlecht: Maenner
Pensionszusage Typ 1
Realwachstum von LG: 0.0%

Anwartschaftsdynamik
Fluktuation Typ 1
Bestandstrend: 0.0%

p	d_A	i=i(p)	Kapitalwert bzw. Niveauwert EK in % LG nach ErtrSt i=8% Fall A	Fall B	Diff.	i=i(p) Fall A	Fall B	Diff.
%	%	%	%	%	%	%	%	%
0.0	0.0	4.5	-16.8	-16.8	0.0	-242.3	-242.3	0.0
0.5	0.5	4.9	-26.2	-23.4	2.8	-333.1	-320.1	13.0
1.0	1.0	5.3	-46.4	-34.8	11.7	-556.9	-494.1	62.8
1.5	1.5	5.8	-90.4	-57.7	32.7	-1567.5	-1266.8	300.6
2.0	2.0	6.2	-220.9	-123.4	97.5	-2129.5*	-1571.4*	558.1*
2.5	2.5	6.6	-2748.8	-1359.6	1389.2	-633.4*	-430.5*	202.8*
3.0	3.0	7.0	-451.3*	-228.7*	222.7*	-369.7*	-232.6*	137.1*
3.5	3.5	7.4	-259.0*	-133.4*	125.6*	-261.7*	-151.7*	109.9*
4.0	4.0	7.8	-198.6*	-103.7*	94.9*	-201.5*	-108.5*	93.0*
4.5	4.5	8.3	-168.9*	-88.9*	80.0*	-163.5*	-81.9*	81.6*
5.0	5.0	8.7	-151.8*	-80.0*	71.8*	-138.0*	-64.2*	73.8*
6.0	6.0	9.5	-131.6*	-69.5*	62.1*	-104.8*	-42.4*	62.3*
7.0	7.0	10.4	-119.9*	-63.4*	56.5*	-84.2*	-30.0*	54.2*
8.0	8.0	11.2	-112.4*	-59.3*	53.1*	-70.5*	-22.3*	48.2*
9.0	9.0	12.0	-106.8*	-56.2*	50.6*	-60.5*	-17.1*	43.4*
10.0	10.0	12.9	-102.6*	-53.9*	48.7*	-53.1*	-13.6*	39.5*
12.5	12.5	15.0	-95.2*	-49.8*	45.4*	-40.6*	-8.4*	32.2*
15.0	15.0	17.0	-90.2*	-47.1*	43.1*	-33.0*	-5.8*	27.1*
17.5	17.5	19.1	-86.5*	-45.2*	41.3*	-27.9*	-4.5*	23.4*
20.0	20.0	21.2	-83.5*	-43.7*	39.8*	-24.2*	-3.7*	20.5*

Tabelle 13: Ergebnisse im Grundmodell und bei konstantem Zins - Eintrittsaltersverteilung Typ 2 -

Blatt 3

Vergleich: Fall A: Anpassung nach BetrAVG
Fall B: Nullanpassung

Geschlecht: Maenner
Pensionszusage Typ 1
Realwachstum von LG: 0.0%

Anwartschaftsdynamik
Fluktuation Typ 1
Bestandstrend: 0.0%

p	d_A	i=i(p)	aequivalente Annuitaet in % LG nach ErtrSt - dynamisch i=8% Fall A	i=8% Fall B	i=8% Diff.	i=i(p) Fall A	i=i(p) Fall B	i=i(p) Diff.
%	%	%	%	%	%	%	%	%
0.0	0.0	4.5	-0.418	-0.418	0.000	-2.905	-2.905	0.000
0.5	0.5	4.9	-0.525	-0.470	0.056	-2.871	-2.759	0.112
1.0	1.0	5.3	-0.705	-0.528	0.177	-2.931	-2.600	0.331
1.5	1.5	5.8	-0.931	-0.594	0.337	-3.002	-2.427	0.576
2.0	2.0	6.2	-1.200	-0.671	0.530	-3.021*	-2.229*	0.792*
2.5	2.5	6.6	-1.534	-0.759	0.775	-2.992*	-2.034*	0.958*
3.0	3.0	7.0	-1.940*	-0.983*	0.957*	-2.956*	-1.860*	1.096*
3.5	3.5	7.4	-2.359*	-1.215*	1.144*	-2.941*	-1.705*	1.235*
4.0	4.0	7.8	-2.755*	-1.438*	1.317*	-2.911*	-1.567*	1.344*
4.5	4.5	8.3	-3.141*	-1.653*	1.487*	-2.882*	-1.444*	1.439*
5.0	5.0	8.7	-3.531*	-1.861*	1.670*	-2.868*	-1.333*	1.534*
6.0	6.0	9.5	-4.274*	-2.258*	2.016*	-2.828*	-1.145*	1.682*
7.0	7.0	10.4	-4.978*	-2.632*	2.346*	-2.785*	-0.993*	1.792*
8.0	8.0	11.2	-5.663*	-2.986*	2.677*	-2.754*	-0.870*	1.884*
9.0	9.0	12.0	-6.314*	-3.325*	2.989*	-2.719*	-0.769*	1.950*
10.0	10.0	12.9	-6.944*	-3.649*	3.295*	-2.690*	-0.687*	2.003*
12.5	12.5	15.0	-8.415*	-4.405*	4.010*	-2.625*	-0.542*	2.084*
15.0	15.0	17.0	-9.762*	-5.101*	4.661*	-2.573*	-0.455*	2.118*
17.5	17.5	19.1	-11.006*	-5.748*	5.258*	-2.533*	-0.406*	2.127*
20.0	20.0	21.2	-12.135*	-6.354*	5.781*	-2.493*	-0.382*	2.111*

Tabelle 13: Ergebnisse im Grundmodell und bei konstantem Zins - Eintrittsaltersverteilung Typ 2 -

Blatt 4

Basiswerte

Vergleich: Fall A: Anpassung nach BetrAVG
Fall B: Nullanpassung

Geschlecht: Maenner
Pensionszusage Typ 1
Realwachstum von LG: 0.0%

Anwartschaftsdynamik
Fluktuation Typ 1
Bestandstrend: 0.0%

LG = 407163

p	FL	VK	PS	RZ	U	R	i=8% W_{BS}	i=i(r) W_{PS}
Fall A:								
0.0	-9777	392	950	34521	0	419016	-5088	-11508
0.5	-7993	421	918	32962	2032	408342	-6387	-13015
1.0	-6521	421	904	32322	4003	404255	-8569	-15196
1.5	-5116	421	891	31799	5926	401009	-11323	-17805
2.0	-3730	421	878	31215	7790	397304	-14592	-20759
2.5	-2391	421	865	30690	9610	394029	-18643	-24226
3.0	-1079	421	853	30133	11374	390502	-23506	-28145
3.5	181	421	842	29709	13120	387967	-29718	-32894
4.0	1423	421	831	29209	14802	384840	-37108	-38137
4.5	2633	421	820	28719	16440	381772	-46154	-44085
5.0	3808	421	810	28324	18068	379420	-57614	-51172
6.0	6084	421	790	27492	21189	374346	-88795	-67824
7.0	8258	421	771	26669	24159	369285	-136103	-87856
8.0	10339	421	754	25939	27028	364880	-209499	-111377
9.0	12331	421	737	25211	29760	360431	-322325	-134227
10.0	14243	421	721	24539	32397	356368	-498542	-150218
12.5	18700	421	684	22984	38547	346919	-1510773	-7781
15.0	22752	421	651	21603	44154	338517	-4716402	1415904
17.5	26463	421	621	20383	49312	331095	-15142829	9203762
20.0	29842	421	593	19240	53994	323965	-49358639	45533766
Fall B:								
0.0	-9777	392	950	34521	0	419016	-5088	-11508
0.5	-7732	392	902	32081	2000	401945	-5708	-12506
1.0	-5880	392	860	29901	3826	386462	-6416	-13482
1.5	-4196	392	821	27947	5503	372381	-7225	-14391
2.0	-2658	392	785	26191	7050	359539	-8154	-15169
2.5	-1248	392	753	24608	8483	347797	-9221	-15732
3.0	52	392	723	23176	9817	337034	-10452	-15965
3.5	1253	392	696	21877	11063	327144	-11875	-15715
4.0	2368	392	670	20696	12232	318037	-13524	-14781
4.5	3406	392	647	19620	13333	309631	-15439	-12897
5.0	4377	392	625	18636	14374	301856	-17669	-9720
6.0	6144	392	587	16908	16299	287957	-23314	2435
7.0	7716	392	553	15444	18051	275927	-31064	27061
8.0	9132	392	524	14194	19662	265439	-41789	73011
9.0	10420	392	498	13118	21157	256235	-56743	154716
10.0	11602	392	475	12185	22555	248108	-77757	295491
12.5	14197	392	427	10327	25720	231482	-177799	1208824
15.0	16418	392	390	8954	28532	218747	-431053	4287213
17.5	18375	392	361	7906	31087	208729	-1115928	14139218
20.0	20138	392	336	7084	33445	200673	-3112235	44458854

Bei Anwartschaftsdynamik mit $g = 1 + p$ bleibt die Entwicklung der Renten insgesamt trotz g-dynamischer Beginnrenten aus zwei Gründen hinter einem g-dynamischen Anstieg zurück. Die laufenden Renten steigen bei einer Anpassung nach § 16 BetrAVG im Grundmodell[1] und erst recht bei einer Nullanpassung schwächer an als mit dem Faktor $g = 1 + p$; und bei den mit unverfallbarer Anwartschaft Ausgeschiedenen entfällt zwischen dem Ausscheiden und dem Eintritt des Versorgungsfalles wegen § 2 Abs. 5 BetrAVG die Dynamisierung der Beginnrenten[2]. Steigendes p verstärkt diese Wirkungen und hat fallende Niveauwerte zur Folge.

Daraus folgt aber, daß ein Niveauwert im Fall $g \neq 1$ für sich genommen so gut wie keinen Informationswert besitzt; aussagekräftig sind hier allein die Relationen zwischen den unterschiedlichen Größen.

Diejenigen Größen, die von Periode zu Periode gerade um den Faktor g ansteigen, besitzen nach der Definition des g-relativen BHZ[3] einen g-relativen Niveauwert, der nicht von g abhängt und daher für unterschiedliche g identisch ausfällt. Dies ist eine der wesentlichen Eigenschaften[4] der Lohn- und Gehaltssumme, deren g-relativer Niveauwert LG mit $l = g$ unabhängig von g und damit auch von p ist.

Da nunmehr auch die Verwaltungskosten[5] entsprechend der Bezügeentwicklung mit $l = g$ dynamisiert sind, hängen die Niveauwerte VK nicht von g ab. Damit wächst das Gewicht der Verwaltungskosten gegenüber den Rentenzahlungen und den Beiträgen an den PSVaG mit steigender Inflation an.

Der Niveauwert der Zuführung zur Rückstellung U beträgt für den Gesamtbestand gemäß Gleichung (48)

$$U = (g - 1)\, g^{-1} R,$$

da der Niveauwert der Vorjahres-Rückstellung im g-relativen BHZ gerade $g^{-1} R$ beträgt. Ebenso gilt für den Niveauwert des Abzugsbetrags bei der Einheitsbewertung des Betriebsvermögens

$$E = g^{-1} R.$$

Damit kann wiederum eine Beispielsberechnung für die Ermittlung des Niveauwerts der Periodenliquidität im g-relativen BHZ aufgemacht werden. Für die EAV Typ 1 (Tab. 12, Blatt 4) ergibt sich für die Alternative A "Anpassung nach BetrAVG" bei einer Inflation von 5% mit $g = 1{,}05$:

$$\begin{aligned} PL &= -A\,(1 - t_1) + U\,t_1 + E\,t_3 \\ &= -(24.905 + 869 + 476)\,(1 - 0{,}650927) + \\ &\quad + 18.049 \cdot 0{,}650927 + (1/1{,}05)\; 379.038 \cdot 0{,}006543 \\ &= -9.163{,}17 + 11.748{,}58 + 2.361{,}95 \\ &= 4.947{,}36 \approx \underline{4.947} \end{aligned}$$

---

1) Vgl. das Ende von Abschn. B.III.3.4
2) Vgl. Abschn. B.I.2.1.3 sowie B.I.4.2.3
3) Vgl. Abschn. B.II.3.2.3, insbesondere die äquivalenten Gleichungen (45) bis (47)
4) Vgl. Abschn. B.II.3.3.2
5) Vgl. Abschn. B.III.2.4

Aus Blatt 1 der Tabellen 12 und 13 kann abgelesen[1] werden, daß sich die Periodenliquiditäten sowohl bei Nullanpassung wie auch bei Anpassung nach BetrAVG mit steigender Inflation monoton verbessern.

Bis zu einer Inflation von 5% bei der EAV Typ 1 (Tab. 12) bzw. von 6% bei der EAV Typ 2 (Tab. 13) fällt die Periodenliquidität bei Nullanpassung günstiger aus als bei Anpassung nach BetrAVG; für darüber liegende Inflationsraten wendet sich das Blatt zugunsten der Anpassung nach BetrAVG.

2.1.2 Anmerkungen zu den finanziellen Zielgrößen

Nach Abschnitt B.II.3.2.6 können die im letzten Absatz des vorstehenden Abschnitts für die Periodenliquiditäten getroffenen Aussagen in der Modellsituation ***C*** unmittelbar auf den Niveauwert der zusagebedingten Reduktion des Dauerschuldenstandes V übertragen werden, da entsprechend Gleichung (61) gilt:

$$V = PL / (1 - z).$$

Aus dieser Darstellung von V wird ersichtlich, daß ebenso wie beim Kapitalwert C_0 in der Modellsituation ***A*** mit[2]

$$C_0 = q_s^{-85} \, {}_N W_{85} / (1 - z^{-1})$$

für z-Werte nahe bei der Eins, also in der Umgebung der Modellsituation ***B***, für C_0 bzw. V und damit auch für EK = V - R Ergebnisse zu erwarten sind, die bei Annäherung von z an die Eins über alle Grenzen wachsen. Ein Blick in Blatt 2 der Tabellen 12 und 13 bestätigt diese Erwartung.

Die Explosion der Ergebniswerte in der nahen Umgebung der Modellsituation ***B***, die im Grundmodell bei "p = 1,79%" und im Fall "i = 8%" bei "p = 2,56%" auftritt, hat ihren Grund in der mathematischen Gestalt der Größen C_0 bzw. V; ihre Bedeutung ist wegen des langsamen Konvergenzverhaltens[3] in der Umgebung der Modellsituation ***B*** stark eingeschränkt.

Wie man aus Blatt 4 der Tabellen 12 und 13 ersieht, weisen die eigentlich zusagebedingten Größen W_{85} bzw. PL in der Umgebung der Modellsituation ***B*** keine erkennbaren Besonderheiten auf. Dem entspricht der glatte Verlauf der Ergebniskurven für die Meßgröße μ in Blatt 3 der Tabellen 12 und 13.

Für Blatt 2 und 3 aller Ergebnistabellen bei Anwartschaftsdynamik gilt wie schon für die Tabelle 7: Im Bereich der Modellsituation ***C*** mit z < 1 sind die Ergebniszahlen mit einem * gekennzeichnet; im übrigen Bereich liegt mit z > 1 die Modellsituation ***A*** vor.

Der Übergang von C_0 bzw. EK zur äquivalenten Annuität M erfolgt wiederum[4] für jede Umweltsituation zeilenweise durch Multiplikation mit dem zugehörigen Wiedergewinnungsfaktor[5] $(1 - z^{-1})$ bzw. $(1 - z)$. Dabei fällt $(1 - z^{-1})$ im Grundmodell von dem in Abschnitt C.I.1.1.3 für

1) Die zugehörigen Niveauangaben sind aus Blatt 4 ersichtlich.
2) Vgl. Gl. (65)
3) Vgl. das Ende von Abschn. B.II.3.3.3
4) Vgl. Abschn. C.I.1.1.3
5) Die Wiedergewinnungsfaktoren können unmittelbar aus Tab. 7 errechnet werden.

"p = 0" angegebenen Wert von 0,011987397 auf Null bei "p = 1,79%", während (1 - z) von Null für "p = 1,79%" auf[1] den Wert von 0,103054657 bei "p = 20,0%" anwächst.

Ähnlich wie bei Anwartschaftsstatik[2] bewirkt der Übergang von C_0 bzw. EK auf die zugehörige Annuität eine Neutralisierung der starken Aufwertung von C_0 bzw. EK bei niedrigem "Realzins"[3].

Bei der Interpretation der Meßgröße μ ist nunmehr zu beachten, daß der g-dynamische Zahlungsstrom[4] der $M_t = g^t M$ ebenso wie die Lohn- und Gehaltssumme $LG_t = g^t LG$ im Zeitablauf geometrisch anwächst. Demnach beschreibt die Relativangabe μ den im Zeitablauf gleichbleibenden Anteil am äquivalenten (Personal-)Aufwand, der von Periode zu Periode mit dem Faktor g anwächst.

Für die Gegenüberstellung verschiedener Umweltsituationen mit unterschiedlichem Steigerungsfaktor[5] g folgt daraus auch eine unterschiedliche Entnahmestruktur; dies ist bei einer spaltenweise orientierten Auswertung der Tabellenergebnisse zu berücksichtigen und wird im folgenden Abschnitt untersucht.

Die zeilenweise orientierte Ergebnisauswertung bei fixierter Umweltsituation mit identischen finanziellen Wachstumsfaktoren q_s und g ermöglicht wiederum[6] einen Vorteilsvergleich zwischen den Alternativen bei Äquivalenz von Kapitalwert, Annuität und Endwert.

An dieser Stelle ist anzumerken, daß man in der Modellsituation ***A***, solange der Kapitalwert C_0 des gesamten Versorgungswerks existiert, anstelle der in Abschnitt B.II.3.3.1 gewählten g-dynamischen Annuität mit dem Niveauwert M auch einen statischen, im Zeitablauf gleichbleibenden äquivalenten Zahlungsstrom gemäß

$$(84) \qquad \tilde{M}_t := \tilde{M} \qquad \text{für} \qquad t = 0, 1, 2, ...$$

wählen könnte. Hierfür ist als Wiedergewinnungsfaktor $(1 - q_s^{-1})$ anstelle $(1 - z^{-1})$ anzuwenden, womit[7] dann $\tilde{M}$ angegeben werden kann:

$$\text{Def. 25)} \quad \tilde{M} := C_0 (1 - q_s^{-1})$$
$$= q_s^{-85} \, {}_N W_{85} \, (1 - q_s^{-1}) / (1 - z^{-1}).$$

Für g > 1 ist $(1 - q_s^{-1})$ größer als $(1 - z^{-1})$, womit $\tilde{M}$ folgerichtig größer ausfällt als M; bei Annäherung von z an die Eins wächst auch $\tilde{M}$ über alle Grenzen.

In der Modellsituation ***C*** ist die Angabe einer im Zeitablauf gleichbleibenden äquivalenten Annuität nicht mehr möglich[8].

---

1) Die Wiedergewinnungsfaktoren können unmittelbar aus Tab. 7 errechnet werden.
2) Vgl. Abschn. C.I.1.1.3
3) Vgl. Abschn. B.II.3.3.1
4) Vgl. Abschn. B.II.3.3.1
5) Und ggf. mit unterschiedlichem Nettozins
6) Vgl. Abschn. C.I.1.1.3
7) Vgl. Gl. (65) und Def. 17
8) Denn für $q_s > 1$ besitzt eine "ewige Rente" mit gleichbleibendem Betrag stets einen (äquivalenten) Kapitalwert, wogegen in der Modellsituation ***C*** der Kapitalwert des Versorgungswerks über alle Grenzen wächst. Vgl. Abschn. B.II.3.2.5

Die mit $\tilde{M}$ gebildete Relativangabe gemäß

Def. 26) $\tilde{\mu} := \tilde{M}/(LG(1 - t_1))$

ist unmittelbar mit der für Anwartschaftsstatik ermittelten Meßgröße μ vergleichbar. Um eine Vorstellung von der Größenordnung der $\tilde{\mu}$-Werte als Brücke zur Anwartschaftsstatik zu ermöglichen, werden bei der Auswertung der Ergebnisse die in der Modellsituation ***A*** bei Anwartschaftsdynamik für die EAV Typ 1 vorgefundenen μ-Werte des Grundmodells durch Multiplikation mit dem Faktor $(1 - q_s^{-1}) / (1 - z^{-1})$ in $\tilde{\mu}$-Werte umgerechnet.

Die Vergleichbarkeit der $\tilde{\mu}$-Werte mit den bei Anwartschaftsstatik berechneten μ-Angaben beruht auf der identischen Entnahmestruktur eines im Zeitablauf gleichbleibenden Zahlungsstroms. Da in der Modellsituation ***C*** ein vergleichbarer äquivalenter Zahlungsstrom nicht angegeben werden kann, wird nachfolgend geprüft, welche Ergebnisaussagen bei g-dynamischen Zahlungsströmen mit unterschiedlichem g möglich und sinnvoll sind.

2.1.3 Zum Vergleich unterschiedlicher Umweltsituationen

Der mit Definition 17 und Gleichung (68) festgelegte annuitätische Zahlungsstrom besitzt das Entnahmeniveau M und die Entnahmestruktur[1] $(1, g, g^2, g^3, ..., g^t, ...)$.

Beim (zeilenweisen Vorteils-)Vergleich unterschiedlicher Anpassungsregelungen in einer fixierten Umwelt bei identischem q_s und g hängt das Resultat mit Prämisse 6 nicht von der gewählten (und ebenfalls fixierten) Entnahmestruktur ab; diese bedarf daher keiner weiteren Begründung.

Läßt man unterschiedliche Umweltsituationen mit verschiedenen Inflationsraten und daraus folgend unterschiedlichen q_s und g zu, dann erscheint der beschriebene Ansatz für ein BHZ-Modell nicht unplausibel: er beinhaltet einen relativ zur Entwicklung der Löhne und Gehälter konstanten Entnahmestrom, im Grundmodell also einen gleichbleibenden, jedoch inflationsgesicherten Entnahmestrom.

Wenn man diesen Ansatz akzeptiert und als ergänzende Prämisse hinzunimmt[2], dann steht man vor der Frage der Vergleichbarkeit von Entnahmeströmen mit unterschiedlicher Entnahmestruktur. Es liegt auf der Hand, daß es beim Vergleich der Ergebnisse zweier Umweltsituationen 1 und 2 mit $g_1 < g_2$ nicht immer ausreicht, die relativen[3] Niveaugrößen μ_1 und μ_2 miteinander zu vergleichen. Dazu ein Beispiel mit der EAV Typ 1 in Blatt 3 der Tabelle 12:

Im Grundmodell bei "i = i(p)" beträgt die Meßgröße μ bei Nullanpassung mit einer Inflationsrate von

p = 2,0% : μ_1 = -1,243% der Niveaugröße LG,
p = 2,5% : μ_2 = -1,095% der Niveaugröße LG.

---

1) Vgl. Kruschwitz, L., (Investitionsrechnung 1990), S. 55 f.
2) Vgl. Abschn. C.I.1.6
3) Bei identischem Multifaktor t_1 können die zu den absoluten Niveaugrößen M_1 und M_2 gehörigen Zahlungsströme äquivalent mit den Relativangaben μ_1 und μ_2 beschrieben werden, da die Niveaugröße LG nicht von g abhängt. Vgl. Abschn. B.II.3.3.2

Der Vergleich der resultierenden Entnahmeströme ergibt, daß in den Perioden t = 0, ..., 25 für "p = 2,5%" ein besseres Ergebnis als für "p = 2,0%" folgt, daß aber ab der Periode t = 26 nur noch schlechtere Ergebnisse für "p = 2,5%" folgen können. Für t = 25 gilt noch

$$1{,}02^{25}\,\mu_1 \;=\; 1{,}6406\ (-1{,}243\%) = -2{,}0393\%,$$
$$1{,}025^{25}\,\mu_2 \;=\; 1{,}8539\ (-1{,}095\%) = -2{,}0301\%,$$

während sich für t = 26 die Rangfolge umkehrt:

$$1{,}02^{26}\,\mu_1 \;=\; 1{,}6734\ (-1{,}243\%) = -2{,}0801\%,$$
$$1{,}025^{26}\,\mu_2 \;=\; 1{,}9003\ (-1{,}095\%) = -2{,}0808\%.$$

Allgemein geht es um die Auflösung der Gleichung

$$(85)\qquad g_1^{t_o}\ \mu_1 \;=\; g_2^{t_o}\ \mu_2$$

nach t_o, die immer dann eine (eindeutige) Lösung hat, wenn μ_1 und μ_2 von Null verschieden sind und dasselbe Vorzeichen besitzen, also entweder beide positiv oder beide negativ sind[1]:

$$(86)\qquad t_o \;=\; \ln(\mu_1/\mu_2)/(\ln(g_2/g_1)$$

Im obigen Beispiel ergibt sich t_o = 25,9251; als maximaler[2] Wert für t_o resultieren in Blatt 3 der Tabelle 12 bei einer Inflation von 9,0% bzw. 10,0% im Fall der Nullanpassung 28,7803 Jahre:

$$t_o \;=\; \ln(-0{,}212\ /\ -0{,}163)\ /\ \ln(1{,}1\ /\ 1{,}09)$$
$$\;=\; 0{,}262836\ /\ 0{,}009132 = 28{,}7803.$$

Bei Anpassung nach BetrAVG fällt der maximale[3] Wert in Blatt 3 der Tabelle 12 bei einer Inflation von 2,5% bzw. 3,0% mit 3,2826 Jahren deutlich niedriger aus:

$$t_o \;=\; \ln(-1{,}830\ /\ -1{,}801)\ /\ \ln(1{,}03\ /\ 1{,}025)$$
$$\;=\; 0{,}015974\ /\ 0{,}004866 = 3{,}2826,$$

womit bereits ab der Periode t = 4 für "p = 3,0%" nur noch schlechtere Ergebnisse folgen als für "p = 2,5%".

Damit kann für den Vergleich der Entnahmeströme bei unterschiedlichen Umweltsituationen 1 und 2 mit $g_1 < g_2$ und den Meßgrößen μ_1 und μ_2 bei identischem Multifaktor t_1 eine dem Dominanzkriterium[4] ähnliche Aussage formuliert werden: da g_1 von g_2 dominiert wird, hängt es allein vom Vorzeichen des von Null verschiedenen[5] μ_2 ab, ob die Komponenten des zugehörigen Entnahmestroms auf die Dauer, d.h. in schließlich allen Perioden $t \geq t_o$ mit einem festen

---

1) t_o kann auch negativ ausfallen, wenn μ_2 negativ und schlechter (kleiner) als μ_1 ist, oder wenn μ_2 positiv und besser (größer) als μ_1 ist. In diesen Fällen ist der zu μ_2 gehörige Entnahmestrom von Anfang an (ab der Periode t = 0) durchweg schlechter oder besser als der zu μ_1 gehörige Entnahmestrom. Beispiele hierfür findet man in Blatt 3 der Tab. 12 für "i = 8%" bei "p = 2,5%".

2) Maximal unter sämtlichen μ_1-μ_2-Kombinationen innerhalb ein und derselben Spalte mit $g_1 < g_2$

3) Maximal unter sämtlichen μ_1-μ_2-Kombinationen innerhalb der Spalten „Fall A" mit $g_1 < g_2$

4) Vgl. Anhang 7, Nr. 5 g)

5) Wenn μ_2 = 0 gilt, dann hängt es vom Vorzeichen von μ_1 ab, ob sämtliche Komponenten des zu μ_2 gehörigen Entnahmestroms besser (μ_1 ist negativ) oder schlechter (μ_1 ist positiv) ausfallen. Falls auch μ_1 = 0 gilt, dann sind die Ergebnisse gleichwertig.

Zeitpunkt t_0, zunehmend besser (μ_2 ist positiv) oder schlechter (μ_2 ist negativ) ausfallen als die Komponenten des zu μ_1 gehörigen Entnahmestroms (**Teilergebnis** 30).

Im Gegensatz zum Dominanzkriterium hat man allerdings in den Fällen, in denen nicht sämtliche Komponenten des Entnahmestroms 2 besser bzw. schlechter sind als diejenigen des Entnahmestroms 1, noch keine vollständige Entscheidungsregel; ohne zusätzliche Informationen über die Zeitpräferenzen der Inhaber kommt man im allgemeinen Fall[1] nicht weiter. Diese Situation kann jedoch nur dann auftreten, wenn μ_2

entweder positiv, aber schlechter (kleiner)[2]
oder negativ, aber besser (größer)[3]

als μ_1 ausfällt. Ansonsten[4] sind die Entnahmeströme in sämtlichen Komponenten durchweg entweder besser oder gleich oder schlechter, womit bei Entnahmestreben mit der eingangs beschriebenen Entnahmestruktur ein Vergleich der absoluten Entnahmeströme möglich ist.

Bei Vermögensstreben hängt das Vergleichsergebnis nach dem Dominanzkriterium[5] wiederum nur vom Vorzeichen von μ_2 ab. Da sowohl q_s als auch g mit steigender Inflation monoton wachsen, verbessert / verschlechtert sich der zu positivem / negativem μ_2 gehörige bilanzielle Eigenkapitalstand im Zeitablauf zunehmend gegenüber dem zu μ_1 gehörigen bilanziellen Eigenkapitalstand (**Teilergebnis** 31).

Hier erhebt sich allerdings die Frage, ob in den anhand der absoluten Zahlungsströme gefundenen Ergebnissen nicht nur eine Binsenweisheit zum Ausdruck kommt: wenn eine höhere Inflationsrate mit einem schneller ansteigenden Werteniveau zu im Zeitablauf zunehmend wachsenden Zahlungsströmen führt, dann ist eben auch das investitionsrechnerische Ergebnis zunehmend besser oder schlechter - je nach Vorzeichen - als bei einer niedrigeren Inflationsrate. Insofern erscheint es fraglich, ob ein sinnvoller Vergleich zwischen Umweltsituationen mit unterschiedlicher Dynamik anhand der absoluten Zahlungsströme überhaupt möglich ist.

Darüber hinaus fehlt bei der isolierten Betrachtung der absoluten zusagebedingten Zahlungsströme die Verbindung zur - ebenfalls inflationsbeeinflußten - Entwicklung des Unternehmens-Restsystems. Als Bindeglied bietet sich die Entwicklung der die Personalkosten repräsentierenden Lohn- und Gehaltssumme an[6].

Die zeitliche Entwicklung der Lohn- und Gehaltssumme beinhaltet in anschaulicher und transparenter Weise den Kern der obigen Binsenweisheit: modellmäßig wächst die Lohn- und Gehaltssumme geometrisch mit ihrem Steigerungsfaktor g von Periode zu Periode an. Die

---

1) In Blatt 3 der Tabelle 12 fällt der Zeitpunkt t_0 bei der Anpassung nach BetrAVG im Grundmodell stets kleiner als 4 aus; hier wird man annehmen dürfen, daß den Entnahmen in den Perioden t = 0, 1, 2, 3 nur in Sonderfällen ein höheres Gewicht eingeräumt wird als den Entnahmen aller Folgeperioden mit $t \geq 4$. Bei der Nullanpassung im Grundmodell dagegen reichen die Werte von t_0 bis knapp unter 29, womit ein Vergleich der Entnahmeströme ohne Hinzunahme weiterer Vorgaben problematisch erscheint.

2) Hier gilt also $0 < \mu_2 < \mu_1$. Beispiele dazu findet man in Blatt 3 der Tabelle 12 im Fall „i = 8%", etwa für "p = 0%" im Vergleich zu "p = 0,5%".

3) Hier gilt also $\mu_1 < \mu_2 < 0$ wie in den für das Grundmodell besprochenen Beispielen.

4) In den vorstehenden beiden Fußnoten besitzen μ_1 und μ_2 das gleiche Vorzeichen und μ_2 liegt zwischen 0 und μ_1. Falls bei gleichem Vorzeichen μ_2 nicht zwischen 0 und μ_1 liegt, dann hat man den in FN 1 auf S. 244 besprochenen Fall. Wenn μ_1 und μ_2 unterschiedliches Vorzeichen besitzen, dann gilt das auch für sämtliche Komponenten des zugehörigen Entnahmestroms.

5) Vgl. Anhang 7, Nr. 5 g)

6) Vgl. Abschn. B.II.3.3.2

Relationen der zusagebedingten Größen zur Lohn- und Gehaltssumme beinhalten andererseits Informationen, die aus den mit steigender Inflation zunehmend stärker über alle Grenzen wachsenden absoluten Zahlungsströmen nicht unmittelbar hervorgehen.

Wenn man die zur jeweiligen Umweltsituation gehörige Entwicklung der Lohn- und Gehaltssumme als Bezugsbasis wählt, so bedeutet das eine veränderte Fragestellung, die auf die Relation der zusagebedingten Ergebnisse zu den jeweiligen Personalkosten abzielt. Die Ergebnisse werden dabei in Einheiten der jeweiligen Lohn- und Gehaltssumme gemessen, und dadurch vergleichbar gemacht. An die Stelle des (absoluten) Entnahme-/Vermögensstrebens tritt damit ein relatives Entnahme-/Vermögensstreben. Die Antworten auf die veränderte Fragestellung können natürlich anders ausfallen als bei der Frage nach der Entwicklung der absoluten zusagebedingten Zahlungsströme.

Damit schließt sich der Kreis: die in Blatt 3 der Tabellen 12 und 13 enthaltenen Meßgrößen μ sind bei dieser relativen Betrachtungsweise unmittelbar miteinander vergleichbar, wobei nicht mehr nur das Vorzeichen, sondern auch der numerische Wert zählt. Sie charakterisieren den zusagebedingten Entnahmestrom im Vergleich mit der Entwicklung der jeweiligen Lohn- und Gehaltssumme.

Diese Betrachtungsweise liegt den nachfolgenden Ergebnisauswertungen zugrunde, soweit sie spaltenweise vorgenommen werden.

2.1.4 Auswertung der Ergebnisse

Völlig analog zur Auswertung in Abschnitt C.I.1.1.4 enthält die Abbildung 12 die aus dem zeilenweise vorgenommenen (Vorteils-) Vergleich zwischen den Fällen "Nullanpassung" und "Anpassung nach BetrAVG" gewonnenen Differenz-Ergebnisse aus Blatt 3 der Tabellen 12 und 13. Das Resultat bei Anwartschaftsdynamik ist klar und deutlich:

Eine konsequent durchgehaltene Nullanpassung der laufenden Renten wäre gegenüber der modellmäßigen Anpassung nach § 16 BetrAVG unter Beachtung der "Reallohnobergrenze" vorteilhaft (**Teilergebnis** 32)[1].

Im Vergleich zur Anwartschaftsstatik steigen die Ergebniskurven beim inflationsunabhängigen Kalkulationszinsfuß "i = 8%" mit zunehmender Inflation weniger steil an, während sie im Grundmodell mit "i = i(p)" auch im Bereich der unverträglich[2] hohen Inflationsraten von mehr als 9% auf höherem Niveau nahezu parallel zur p-Achse verlaufen.

Mit dem Ziel, prinzipielle Erkenntnisse zu gewinnen[2], wurden auch hier Berechnungen mit "i = 8%" durchgeführt; aus der resultierenden Spalte der Nullanpassung (Fall B) in Blatt 3 der Tabellen 12 und 13 erhält man analog zum Teilergebnis 2 eine Aussage zur isolierten Auswirkung der Beginnrentendynamik: die Annuitätskurve in Einheiten der jeweiligen Lohn- und Gehaltssumme verschlechtert sich mit inflationsbedingt steigenden Beginnrenten c.p. monoton (**Teilergebnis** 33).

Der Saldo aus diesem negativen Effekt und dem aus dem Teilergebnis 3 bekannten Resultat tendenziell verbesserter Ergebniswerte bei steigendem Kalkulationszinsfuß kann im Grundmodell bei "i = i(p)" ebenfalls in der Spalte der Nullanpassung abgelesen werden: die Annuitätskurve

---

1) Vgl. das Teilergebnis 1 und die Erläuterungen hierzu in Abschn. C.I.1.1.4
2) Vgl. den Beginn von Abschn. C.I.1.1.4

Abb. 12: Nullanpassung versus Anpassung nach BetrAVG

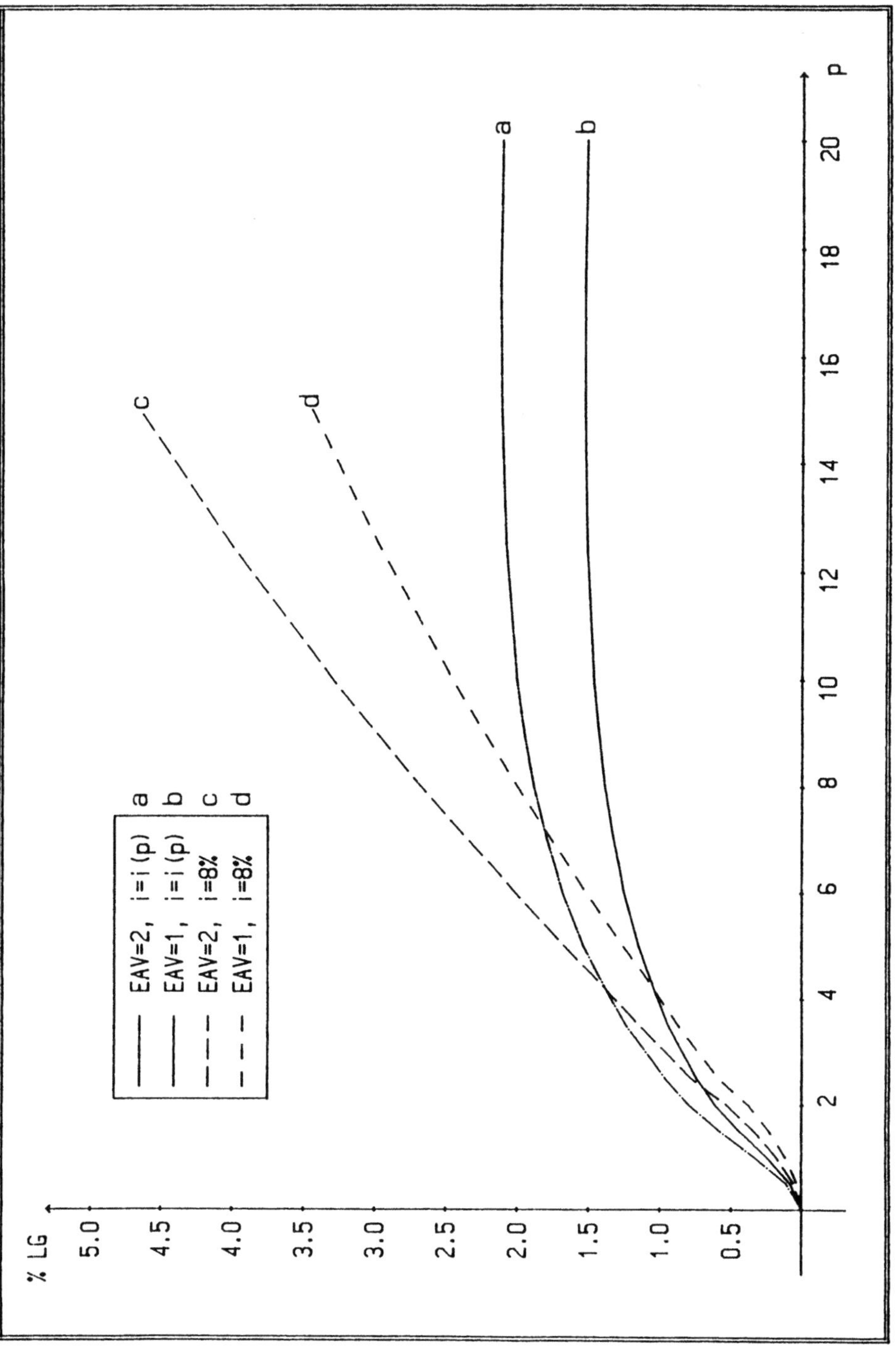

verbessert sich in Einheiten der jeweiligen Lohn- und Gehaltssumme monoton[1] mit steigender Inflation (**Teilergebnis** 34).

Nimmt man zur Dynamik der Beginnrenten noch die Anpassung der laufenden Renten nach BetrAVG (Fall A) hinzu, dann gilt bei "i = 8%" mit verstärktem Ausmaß das Teilergebnis 33.

Dagegen bleibt bei "i = i(p)" die Gültigkeit von Teilergebnis 34 auf den Bereich der Modellsituation ***C*** beschränkt und ist im Bereich der Modellsituation ***A*** ins Gegenteil[2] verkehrt (**Teilergebnis** 35).

Mit der in Abschnitt C.I.2.1.2 angekündigten und in Tabelle 14 vorgenommenen Umrechnung der g-dynamischen μ-Werte in äquivalente statische $\bar{\mu}$-Werte stellt sich im Bereich der Modellsituation ***A*** das diesbezügliche Teilergebnis 35 bei "i = i(p)" auch für den Fall der Nullanpassung (Fall B) ein: die $\bar{\mu}$-Werte verschlechtern sich mit steigender Inflation; der inflationsbedingte Zinsanstieg kann die Auswirkungen der steigenden Beginnrenten bei statischen Annuitäten $\bar{M}$ bzw. $\bar{\mu}$ nicht kompensieren. Bei der EAV Typ 2 führt der Übergang von der dynamischen zur statischen Annuität zum prinzipiell gleichen Bild[3], allerdings in dem durch die Bestandsstruktur bedingten höheren Ausmaß; die zugehörigen $\bar{\mu}$-Werte können unmittelbar aus den μ-Werten in Blatt 3 der Tabelle 13 durch Multiplikation mit dem auch für die Umrechnung der g-dynamischen μ-Werte in Tabelle 14 verwendeten Faktor $(1 - q_s^{-1}) / (1 - z^{-1})$ ermittelt werden, der folgende Werte annimmt:

1,5722 bei p = 0,5%,
2,8716 bei p = 1,0%,
8,7004 bei p = 1,5%.

Bei Annäherung an p = 1,786889% ≈ 1,79% wächst der Umrechnungsfaktor über alle Grenzen.

Tabelle 14: Umrechnung der g-dynamischen in statische Annuitäten und Vergleich mit den Werten bei Anwartschaftsstatik im Grundmodell bei "i = i(p)" für die EAV Typ 1

	äquivalente Annuität in % LG nach ErtrSt im					
	Fall A Anpassung nach BetrAVG			Fall B Nullanpassung		
	Anwartschafts-dynamik		Anwartschafts-statik	Anwartschafts-dynamik		Anwartschafts-statik
p %	μ dynamisch	$\bar{\mu}$ statisch	μ statisch	μ dynamisch	$\bar{\mu}$ statisch	μ statisch
0,0	-1,643	-1,643	-1,643	-1,643	-1,643	-1,643
0,5	-1,653	-2,599	-1,409	-1,573	-2,473	-1,339
1,0	-1,730	-4,968	-1,249	-1,486	-4,267	-1,063
1,5	-1,819	-15,826	-1,105	-1,382	-12,024	-0,812

1) Mit Ausnahme des in der Tab. 12 für die EAV Typ 1 bei "p = 20%" ersichtlichen Werts von μ = -0,043% nach μ = -0,038% bei "p = 17,5%"

2) Mit Ausnahme des in der Tab. 13 für die EAV Typ 2 bei "p = 0,5%" auftretenden Werts fällt hier die Annuitätskurve in Einheiten der jeweiligen Lohn- und Gehaltssumme.

3) Das gilt auch bei "i = 8%".

Eindrucksvoller als der Anstieg der μ-Werte stellt sich der steile Absturz der Kapitalwerte C_o in Blatt 2 der Tabellen 12 und 13 auf ein negatives Vielfaches der Nachsteuer-Lohn- und Gehaltssumme der Ausgangsperiode dar, der bei "i = i(p)" allgemein und bei "i = 8%" mit Ausnahme[1] des Falls B der Nullanpassung für die EAV Typ 1 zu verzeichnen ist. Im Bereich der Modellsituation ***A*** fällt demnach die Kapitalwertkurve mit steigender Inflation monoton (**Teilergebnis** 36), bis auf die genannte Ausnahme.

Demgegenüber verbessern sich im Bereich der Modellsituation ***C*** die Niveauwerte für das bilanzielle Eigenkapital EK in Einheiten der jeweiligen Lohn- und Gehaltssumme mit steigender Inflation ausnahmslos monoton (**Teilergebnis** 37), ohne daß jedoch Eigenkapitaläquivalenz erreicht wird (**Teilergebnis** 38).

Die für Eigenkapitaläquivalenz erforderlichen, jedoch mit dem hier unterstellten Modellansatz nicht erreichten Zinssätze sind für den Bereich der Modellsituation ***C*** für jede durch p charakterisierte Umweltsituation berechenbar, sofern mit dem Resultat i_k die Modellsituation ***C*** nicht verlassen wird. Dann gilt:

$$\begin{aligned} EK = 0 &\iff V - R = 0 \\ &\iff PL / (1 - z_k) - R = 0 \\ &\iff PL = (1 - z_k)\, R \\ &\iff z_k = 1 - PL / R \qquad (*) \end{aligned}$$

Die Periodenliquidität PL sowie die Rückstellung R hängen annahmegemäß[2] nicht vom Kalkulationszinsfuß i ab, womit unter Beachtung von $z = q_s / g$ und der Definitionen 8 und 9 für i_s bzw. q_s der zu Eigenkapitaläquivalenz führende Zinssatz i_k der folgenden Gleichung gehorcht:

$$(87) \quad i_k = (g\,(1 - PL / R) - 1 + t_3 - h\, s_{gk}\,(1 - t_1)) / (1 - s_e)\,(1 - (1 - h)\, s_{ge})$$

Mit den Steuerdaten des Grundmodells ergibt sich

$$i_k = (g\,(1 - PL / R) - 0{,}994853707) / 0{,}383980706,$$

woraus i_k bei Auswertung der in Blatt 4 von Tabelle 12 bzw. 13 ausgewiesenen Werte für PL und R unmittelbar berechnet werden kann, vorausgesetzt, daß mit dem resultierenden Wert für i_k die Modellsituation ***C*** nicht verlassen wird. Letzteres ist genau dann erfüllt, wenn $z_k < 1$ bleibt, also genau dann, wenn $PL > 0$ gilt, wie aus der Darstellung (*) ersehen werden kann. Beispielsweise ergäbe sich bei Anpassung nach BetrAVG für die EAV Typ 2 bei "p = 3%" nach Gleichung (87) formal der Wert "i_k = 9,9%", mit dem jedoch der Bereich der Modellsituation ***C*** verlassen würde:

$$\begin{aligned} z_k &= 1 - PL / R \\ &= 1 - (-1.079) / 390.502 \\ &= 1{,}00276311 > 1. \end{aligned}$$

---

1) Bis zu "p = 2%" steigt hier die Kapitalwertkurve im positiven Bereich an; der erste negative Wert fällt mit -14,0% bei "p = 2,5%" deshalb so glimpflich aus, weil die Kurve der Endwerte W_{85} des geschlossenen Kollektivs der Neueintritte mit -113 nahe einer Nullstelle liegt. Vgl. Blatt 4 der Tab. 12, "i = 8%", Fall B, "p = 2,5%"

2) Allerdings muß auf die Verträglichkeit des für R maßgebenden Rechnungszinsfußes von 6% gemäß § 6a EStG mit der Höhe des stationär angesetzten Kalkulationszinsfußes geachtet werden. Vgl. Abschn. C.I.1.1.4

Tabelle 15: Vergleich der für Eigenkapitaläquivalenz erforderlichen Zinssätze mit dem Kalkulationszins des Grundmodells bei Anwartschaftsdynamik in der Modellsituation ***C***

p %	i(p) %	i_k in %			
		Nullanpassung		Anpassung nach BetrAVG	
		EAV Typ 1	EAV Typ 2	EAV Typ 1	EAV Typ 2
3,0	7,0	8,3	9,1	9,1	→***A***
3,5	7,4	8,6	9,4	9,5	10,3
4,0	7,8	8,9	9,7	9,9	10,8
4,5	8,3	9,2	10,1	10,4	11,2
5,0	8,7	9,6	10,4	10,8	11,6
6,0	9,5	10,2	11,1	11,6	12,5
7,0	10,4	10,9	11,8	12,5	13,3
8,0	11,2	11,7	12,5	13,4	14,2
9,0	12,0	12,4	13,2	14,2	15,1
10,0	12,9	13,2	14,0	15,1	15,9
12,5	15,0	15,1	15,9	17,3	18,1
15,0	17,0	17,1	17,9	19,4	20,3
17,5	19,1	19,2	20,0	21,6	22,5
20,0	21,2	21,3	22,1	23,8	24,6

Aus den in Tabelle 15 zusammengestellten Werten ist ersichtlich, daß in allen Zeilen mit p > 3% von links nach rechts eine "<"-Relation gilt, womit insbesondere der Zins i(p) des Grundmodells stets unterhalb der für Eigenkapitaläquivalenz erforderlichen Zinssätze $i_k(p)$ liegt.

Beim Übergang von der EAV Typ 1 auf die EAV Typ 2 erhöht sich i_k c.p. um 0,8% oder 0,9%, und zwar weitgehend unabhängig vom Anstieg der Inflation. Damit wird erneut das Teilergebnis 5 bestätigt: die Bestandsstruktur darf nicht vernachlässigt werden.

Beim Übergang von der Nullanpassung auf die Anpassung nach BetrAVG erhöht sich i_k c.p. mit steigender Inflation zunehmend; die Erhöhung wächst - weitgehend unabhängig von der Bestandsstruktur - von 0,9% (bei p = 3,5%) auf 2,5% (bei p = 20%) an (**Teilergebnis** 39).

Wollte man i_k als Entscheidungskriterium für den (Vorteils-)Vergleich zwischen der "Nullanpassung" und der "Anpassung nach BetrAVG" heranziehen, so könnte man das anhand der Meßgröße μ formulierte Teilergebnis 32 für den Bereich $p > 3\%$ wortwörtlich übernehmen. Trotz der hier festzustellenden Übereinstimmung muß davor gewarnt werden, i_k über einen isolierten Vorteilsvergleich hinaus als Entscheidungskriterium zwischen unterschiedlichen Alternativen zu verwenden. Denn i_k kann zu ebenso irreführenden Ergebnissen führen wie der interne Zinsfuß[1]. Ein Beispiel hierfür ist nachfolgend in Abschnitt C.II.2.1.2 beim Vorteilsvergleich zwischen Kapital- und Rentenzusage im Grundmodell aufgeführt.

Die in dieser Untersuchung berechneten i_k-Werte liefern als wichtige Kennziffern für den jeweils betrachteten isolierten Vorteilsvergleich einen ergänzenden Beitrag zur Abrundung des Gesamtbildes. Ein weitergehender Schluß auf die Vorteilhaftigkeit unterschiedlicher Alternativen bei der Zielsetzung der Entnahme- oder Vermögensmaximierung führt jedoch nicht immer zum richtigen Ergebnis.

Bemerkenswert bleibt jedoch, daß sich - bei unterstellter Unabhängigkeit der Niveaugrößen PL und R vom Kalkulationszinsfuß - der für Eigenkapitaläquivalenz erforderliche Zinssatz relativ einfach[2] aus Gleichung (87) errechnen läßt, solange die Modellsituation ***C*** nicht verlassen wird.

Dies gilt ebenso für die Niveaugröße der Annuität M sowie für die Meßgröße μ, und eröffnet die Möglichkeit zu einfachen, aber durchaus interessanten Modifikationen einzelner Modellparameter.

*2.1.5 Modifikationsmöglichkeiten innerhalb der Modellsituation **C***

Aus Definition 17 ergibt sich in der Modellsituation ***C*** wegen $V = PL / (1 - z)$ gemäß Gleichung (61) für den Niveauwert der Annuität M die anschauliche Gleichung

$$(88) \quad M = (1 - z)\, EK = (1 - z)\,(V - R) = PL - (1 - z)\, R,$$

wonach zur annuitätischen Finanzierung der "Restverpflichtung"[3] R der Niveauwert der zugehörigen "ewigen Rente" (1 - z) R vom Niveauwert der Periodenliquidität abzuziehen ist.

Mit Definition 19 folgt die Gleichung

$$(89) \quad \mu = M / (LG\,(1 - t_1)) = (PL - (1 - z)\, R) / (LG\,(1 - t_1)),$$

womit wegen

$$PL = -A\,(1 - t_1) + U\, t_1 + E\, t_3$$

1) Vgl. statt vieler Kruschwitz, L., (Investitionsrechnung 1990), S. 85 - 90

2) Im Vergleich zu der ansonsten meist anzutreffenden Aufgabe, Polynome höheren Grades (approximativ) aufzulösen

3) Vgl. Abschn. B.I.1.5.2 und B.II.3.3.1

der Einfluß des Baraufwands A auf die Meßgröße μ mit

$$-A / LG = -(RZ + PS + VK) / LG$$

einfach und anschaulich darstellbar ist.

Aus den in Blatt 4 der Tabellen 12 und 13 enthaltenen Basiswerten des Grundmodells können aufgrund dieser Beziehung beliebige Modifikationen für die Höhe der Verwaltungskosten sowie für die Höhe des PSVaG-Beitragssatzes durchgerechnet werden.

So führt eine Verdoppelung der Verwaltungskosten[1] im Bereich der Modellsituation ***C*** im Fall A der Anpassung nach BetrAVG zu einer Veränderung von μ um

100 (-476 / 483.461) = -0,098% für die EAV Typ 1,
100 (-421 / 407.163) = -0,103% für die EAV Typ 2,

also um ca. 1‰ von LG. Dies gilt bei g-dynamischem Ansatz der Verwaltungskosten mit VK(p) ≡ VK im gesamten Bereich der Modellsituation ***C***, also im Grundmodell mit "i = i(p)" für p > 1,79% und im modifizierten Grundmodell mit "i = 8%" für p > 2,56%.

Völlig analog ergäbe eine dauerhafte Absenkung des PSVaG-Beitragssatzes von dem im Grundmodell unterstellten Wert von 2,5‰ auf 1‰ im Fall B der Nullanpassung bei einer Inflation von 5% eine Veränderung von μ um

100 (1,5 · 696) / (2,5 · 483.461) = +0,086% für die EAV Typ 1,
100 (1,5 · 625) / (2,5 · 407.163) = +0,092% für die EAV Typ 2,

woraus für diesen Fall weiter gefolgert werden kann, daß eine Erhöhung des PSVaG-Beitragssatzes um je einen Promille-Punkt eine Verschlechterung von μ um je

-0,086% / 1,5 = -0,058% für die EAV Typ 1
-0,092% / 1,5 = -0,061% für die EAV Typ 2

bedeutet.

Für den Fall B der Nullanpassung kann bei der EAV Typ 1 festgestellt werden, daß eine Vernachlässigung der Verwaltungskosten sowie des PSVaG-Beitrags im Bereich der unverträglich hohen Inflationsraten mit p > 9% dazu führt, daß die Finanzierung über Pensionsrückstellungen der Fremdfinanzierung geringfügig überlegen ist. Dazu als Beispiel für "p = 10%" mit "μ = -0,163%" im Grundmodell:

100 ((546 + 447) / 483.461) = +0,205%,

womit sich das modifizierte μ auf +0,042% stellen würde[2], wollte man im Rechenmodell die Verwaltungskosten und die PSVaG-Beiträge ignorieren.

Der Leser kann also relativ einfach die ihn interessierenden Wertansätze bei der Höhe der Verwaltungskosten und des PSVaG-Beitragssatzes ins Grundmodell einbringen und die modifizierten Resultate ermitteln.

---

1) Zum Ansatz der Verwaltungskosten im Grundmodell vgl. Abschn. B.III.2.4
2) Für p > 10% fällt der Vorsprung der Finanzierung über Pensionsrückstellungen etwas deutlicher aus.

Etwas mühsamer, aber immerhin möglich ist eine Modifikation des Kalkulationszinsfußes oder etwa der steuerlichen Daten, solange dabei die Modellsituation ***C*** nicht verlassen wird. Hierzu muß nur geprüft werden, ob für das aus der gewünschten Modifikation resultierende q_s die Forderung $q_s < g = 1 + p$ erfüllt bleibt.

Mit den Gleichungen (61), (88) sowie (89) können in diesem Fall die resultierenden Niveaugrössen V und M sowie die Meßgröße μ ermittelt werden. Dabei gelten die Beziehungen

$$PL = -A\,(1 - t_1) + U\,t_1 + E\,t_3,$$

$$V = PL\,/\,(1 - z),$$

$$EK = V - R,$$

$$M = PL - (1 - z)\,R,$$

$$\mu = M\,/\,(LG\,(1 - t_1)).$$

Das Vorgehen soll am Beispiel einer Reduktion des ESt-Spitzensatzes von 56% auf 30% erläutert werden, wobei zum Vergleich vorab nochmals die Ergebnisse im Grundmodell berechnet werden. Die Beispielsrechnung erfolgt für die EAV Typ 1 im Fall A der Anpassung nach BetrAVG bei "p = 5%"; hierzu war in Abschnitt B.II.2.1.1 bereits der Niveauwert PL ermittelt worden mit

$$PL = 4.947,$$

woraus mit "i = i(p)" folgt:

$$V = 4.947\,/\,0{,}020777876$$
$$= 238.090$$

$$EK = 238.090 - 379.038$$
$$= -140.948$$

$$M = 4.947 - 0{,}020777876 \cdot 379.038$$
$$= -2.929$$

$$\mu = (-2.929)\,/\,(483.461\,(1 - 0{,}65093))$$
$$= -1{,}735\%$$

Die Untersuchung eines ESt-Spitzensatzes von 30% anstelle des Werts von 56% liefert c.p. zunächst[1]

$$q_s = 1{,}04821 < 1{,}05 = g,$$

$$z = 0{,}998295,$$

womit also auch hier die Modellsituation ***C***, allerdings nahe der Modellsituation ***B*** vorliegt. Es folgt:

---

1) Vgl. auch Abschn. B.II.1.4.2

$$
\begin{aligned}
PL &= -(24.905 + 869 + 476)\,(1 - 0{,}432) \\
&\quad + 18.049 \cdot 0{,}432 \\
&\quad + (1 / 1{,}05)\ 379.038 \cdot 0{,}008294 \\
&= -4.118{,}79 \approx -4.119
\end{aligned}
$$

$$
\begin{aligned}
V &= (-4119) / 0{,}001705 \\
&= -2.415.836
\end{aligned}
$$

$$
\begin{aligned}
EK &= -2.415.836 - 379.038 \\
&= -2.794.874
\end{aligned}
$$

$$
\begin{aligned}
M &= -4.119 - 0{,}001705 \cdot 379.038 \\
&= -4.765
\end{aligned}
$$

$$
\begin{aligned}
\mu &= (-4.765) / (483.461\ (1 - 0{,}432)) \\
&= -1{,}735\%
\end{aligned}
$$

Der Vergleich der modifizierten Ergebnisse mit den Zahlen des Grundmodells liefert gewaltige[1] Unterschiede bei den Niveauwerten V und EK; trotzdem nimmt die Meßgröße μ den gleichen Wert an.

Letzteres gilt - bis auf Rundungseffekte - auch für die Vorsteuer-Annuität $M / (1 - t_1)$ mit den Werten

$$
\begin{aligned}
(-2.929) / (1 - 0{,}65093) &= -8.391 \text{ für } e = 56\%, \\
(-4.765) / (1 - 0{,}43200) &= -8.389 \text{ für } e = 30\%.
\end{aligned}
$$

Damit stellt sich die Frage, ob die Vermutung

$$M / (1 - t_1) \equiv const(e)$$

allgemein gültig ist, oder ob diese Beziehung - zufällig - nur für das betrachtete Beispiel gilt. Es ist kein Zufall.

*2.1.6 Invarianzeigenschaften der Meßgröße μ innerhalb der Modellsituation **C***

Unter Ausnutzung der in Abschnitt C.I.2.1.1 für den g-dynamischen BHZ aufgeführten Beziehungen

$$U = (g - 1)\, g^{-1}\, R$$

$$E = g^{-1}\, R$$

sowie der nützlichen technischen Gleichungen[2]

1) Den modifizierten Ergebnissen kommt wegen der Nähe der Modellsituation ***B*** und der daraus folgenden langsamen Konvergenz im Zeitablauf nur eine eingeschränkte Bedeutung zu.

2) Diese folgen unmittelbar aus den jeweiligen Definitionen bzw. aus Gl. (79), wobei - wie bisher - H den gewerbesteuerlichen Hebesatz in Prozentpunkten, h den gewerbesteuerlich hinzuzurechnenden Anteil bei Dauerschulden bezeichnet.

$$(90)\quad 1 - t_1 = 1 - s_e - s_{ge}(1 - s_e)$$
$$= (1 - s_e)(1 - s_{ge})$$

$$(91)\quad s_{ge} / (1 - s_{ge}) = (H / (2.000 + H)) / (1 - H / (2.000 + H))$$
$$= H / (2.000 + H - H)$$
$$= H / 2.000$$

$$(92)\quad s_{ge}(1 - s_e) = s_{ge}(1 - t_1) / (1 - s_{ge})$$
$$= (1 - t_1)\, H / 2.000$$

$$(93)\quad i_s = i\,(1 - t_1 + h\, s_{ge}\,(1 - s_e)) - t_3 + h\, s_{gk}\,(1 - t_1)$$
$$= i\,(1 - t_1)(1 + h\, H / 2.000) - t_3 + h\, s_{gk}\,(1 - t_1)$$

folgt aus Gleichung (88) für die Modellsituation ***C***:

$$(94)\quad M = PL - (1 - z)\, R$$
$$= -A\,(1 - t_1) + U\, t_1 + E\, t_3 - R + z\, R$$
$$= -A\,(1 - t_1) + (g - 1)\, g^{-1}\, R\, t_1 + g^{-1}\, R\, t_3 - R + R\, q_s / g$$
$$= -A\,(1 - t_1) + g^{-1}\, R\,(g - 1)\, t_1 + g^{-1}\, R\, t_3 - g^{-1}\, R\, g + g^{-1}\, R\, q_s$$
$$= -A\,(1 - t_1) + g^{-1}\, R\,((g - 1)\, t_1 + t_3 - g +$$
$$+ 1 + i\,(1 - t_1)(1 + h\, H / 2.000) - t_3 + h\, s_{gk} \cdot (1 - t_1))$$
$$= -A\,(1 - t_1) + g^{-1}\, R\,((g - 1)(t_1 - 1) +$$
$$+ i\,(1 - t_1)(1 + h\, H / 2.000) + h\, s_{gk}\,(1 - t_1))$$
$$= (1 - t_1)(-A + g^{-1}\, R\,(i\,(1 + h\, H / 2.000) - (g - 1) + h\, s_{gk}))$$
$$= (1 - t_1)(-A - U + g^{-1}\, R\,(i\,(1 + h\, H / 2.000) + h\, H\, 0{,}00002))$$
$$= (1 - t_1)(-A - U + g^{-1}\, R\, \hat{\imath}),$$

wobei $\hat{\imath}$ gemäß Definition 27 den um den Effekt aus der Fremdkapitalsubstitution erhöhten Kalkulationszins bedeuten soll:

Def. 27) $\hat{\imath} := \hat{\imath}(i, h, H) := i\,(1 + h\, H / 2.000) + h\, H\, 0{,}00002$

Damit erhält man die interpretationsfreundliche Gleichung

(95) $M / (1 - t_1) = \hat{\imath} (g^{-1} R) - A - U$,

wonach sich die zusagebedingte Annuität v o r Ertragsteuern aus dem Zins auf die Vorjahres-Rückstellung unter Berücksichtigung des Substitutionsvorteils durch Abzug des Baraufwands sowie der Zuführung zur Rückstellung ergibt.

Das in Gleichung (95) gefundene einfache Ergebnis beruht darauf, daß im g-relativen BHZ neben der modellimmanenten Beziehung $U = (g - 1) g^{-1} R$ für die Zuführung zur Rückstellung

- mit § 104 BewG gilt[1]: $E = g^{-1} R$,
- mit der Wahl der Rückstellung als Restverpflichtung gilt[2]: $EK = V - R$.

Damit kommt dem Niveauwert der Rückstellung R eine Schlüsselrolle zu, durch die in der Herleitung der Gleichung (94) die erforderlichen Kürzungen und Zusammenfassungen ermöglicht werden.

Wegen $\mu\, LG = M / (1 - t_1)$

folgt insbesondere, daß die Meßgröße μ in der Modellsituation ***C*** nicht von der Höhe der Einkommen-, Kirchen- und Vermögensteuer abhängt und damit invariant ist gegenüber beliebigen Veränderungen der zugehörigen Steuersätze (**Teilergebnis** 40).

Bei Kapitalakkumulation[3] entfällt schließlich auch der gewerbesteuerliche Substitutionseffekt; mit der Setzung[3] "h = 0" folgt $\hat{\imath} = i$ und damit gilt in der Modellsituation ***C***

(96) $\mu\, LG = M / (1 - t_1) = i (g^{-1} R) - A - U$.

In diesem Fall ist die Meßgröße μ vollständig steuersatzunabhängig und damit invariant gegenüber der Höhe aller im Modell berücksichtigten Steuerarten[4] (**Teilergebnis** 41).

Ganz nebenbei beinhaltet die Definition 27 die quantifizierte Auswirkung des Substitutionseffekts auf die Zielgrößen M bzw. μ: im Akkumulationsmodell muß der (Brutto-)Kalkulationszins i um den Faktor $k_1 := 1 + h\, H / 2.000$ und um den Fixbetrag $k_2 := h\, s_{gk}$ erhöht werden, um dasselbe M bzw. μ zu erhalten wie im entsprechenden Substitutionsmodell (**Teilergebnis** 42). In diesem Ausmaß verbessert sich umgekehrt bei gleichem Kalkulationszins die Position der Finanzierung über Pensionsrückstellungen gegenüber der Fremdfinanzierung mit Dauerschulden aufgrund der gewerbesteuerlichen Hinzurechnungsvorschriften[5].

Konkret bedeutet das in Abhängigkeit vom gewerbesteuerlichen Hebesatz H in Prozentpunkten beim geltenden h = 0,5:

---

1) Vgl. Abschn. B.I.2.2.3
2) Vgl. Abschn. B.II.3.3.1
3) Vgl. Abschn. B.II.1.4.4
4) Vgl. Abschn. B.II.1.3.2
5) Vgl. Abschn. B.II.1.4.2

$$\hat{\imath} = \begin{cases} i\ 1{,}075 + 0{,}003 & \text{für } H = 300 \\ i\ 1{,}100 + 0{,}004 & \text{für } H = 400 \\ i\ 1{,}125 + 0{,}005 & \text{für } H = 500 \end{cases}$$

Im Grundmodell resultiert demnach aus dem unterstellten Substitutionsansatz ein mit dem Faktor 1,1 und um 0,4 Prozentpunkte erhöhter Kalkulationszinsfuß gegenüber dem ansonsten identischen Akkumulationsmodell; das ist durchaus beachtlich, wenn man bedenkt, welches Gewicht einige Prozentpunkte beim Kalkulationszins für die Frage nach der Schwelle zur Eigenkapitaläquivalenz haben können.

Über die bemerkenswerten Teilergebnisse 40 bis 42 hinaus ermöglichen die Gleichungen (95) und (96) weitere Schlußfolgerungen zur Modell-Konstruktion. Es kann überprüft werden, wie sich der Ansatz von grundlegenden finanziellen Modell-Parametern auf die Rechenergebnisse auswirkt.

*2.1.7 Zur Eigenkapitaläquivalenz innerhalb der Modellsituation **C** in Abhängigkeit von der Modell-Konzeption wesentlicher Basisgrößen*

Eigenkapitaläquivalenz liegt in der Modellsituation ***C*** genau dann vor, wenn EK = 0 gilt; das ist gleichbedeutend mit M = 0 bzw. $\mu = 0$. Aus Gleichung (95) ergibt sich dann die folgende Schlußkette[1]:

$$\begin{aligned} & 0 \leq M \\ \Leftrightarrow\quad & 0 \leq M / (1 - t_1) \\ \Leftrightarrow\quad & 0 \leq \hat{\imath}\,(g^{-1} R) - A - U \\ \Leftrightarrow\quad & A \leq \hat{\imath}\,(g^{-1} R) - (g - 1)\, g^{-1} R \\ \Leftrightarrow\quad & A / R \leq g^{-1} (1 + \hat{\imath} - g) \qquad (^*) \end{aligned}$$

Auf der linken Seite der Ungleichung (*) steht das Verhältnis des Baraufwands A zur Rückstellung R. Auf die Bedeutung dieser wichtigen Kennziffer hat Neuburger für den Fall A = RZ bereits hingewiesen[2] und hierzu Heubeck zitiert, der bei einer bezügeabhängigen Pensionszusage mit Alters-, Invaliden- und 60%-igen Witwenleistungen "für die langfristige Entwicklung ("Beharrungszustand") bei etwa konstanten Beständen"[3] folgende Größenordnungen angibt:

> "Die jährliche Belastung mit baren Renten liegt zwischen 5 und 8% der gebildeten Rückstellung (="Fremdgeldzins")."[3]

---

1) Hinweis: Die resultierende Ungleichung (*) könnte unter Beschränkung auf das "="-Zeichen auch als Bestimmungsgleichung für den zu Eigenkapitaläquivalenz führenden Zinssatz i_k verwendet werden, die zu Gleichung (87) äquivalent, jedoch transparenter ist: mit k_1, k_2 wie im vorangehenden Abschn. gilt $i_k = (g\,(1 + A / R) - 1 - k_2) / k_1$.

2) Vgl. Neuburger, E., (Prognoseverfahren 1983), Blätter DGVM 1983, S. 260 f.

3) Vgl. Heubeck, G., (Gestaltung 1979), S. 25

Durch Umformung der einen nichtnegativen Niveauwert der Fremdkapitalreduktion V charakterisierenden Ungleichung

$$0 \leq V$$

erhält man die von Neuburger für den Fall A = RZ angegebene[1] Obergrenze für die Kennziffer A / R in der Notation der vorliegenden Arbeit:

$$0 \leq V$$

$$\Leftrightarrow \quad 0 \leq PL / (1 - z)$$

$$\Leftrightarrow \quad 0 \leq PL$$

$$\Leftrightarrow \quad 0 \leq -A (1 - t_1) + U t_1 + E t_3$$

$$\Leftrightarrow \quad A (1 - t_1) \leq (g - 1) g^{-1} R t_1 + g^{-1} R t_3$$

$$\Leftrightarrow \quad A / R \leq g^{-1} ((g - 1) t_1 + t_3) / (1 - t_1) \qquad (^{**})$$

"Liquiditätsäquivalenz" liegt mit V = 0 genau dann vor, wenn in der vorstehenden Herleitung die "="-Beziehung an die Stelle der "≤"-Beziehung tritt.

Interessant ist an den beiden Ungleichungen (*) und (**)[2], daß auf der linken Seite in ein und derselben[3] Kennziffer A / R die zusagebedingten Komponenten zusammengefaßt sind, nämlich die gegebene Pensionszusage, die Dynamisierung der Beginnrenten sowie der laufenden Renten, die angenommene Bestandsstruktur und -fortentwicklung der Neueintritte sowie die Annahmen über die Nebenkosten in Gestalt von Verwaltungskosten und PSVaG-Beiträgen.

Auf der rechten Seite der beiden Ungleichungen "geht 'zusagebedingt' lediglich noch die Gehaltsabhängigkeit der Zusage ein"[4], die freilich Voraussetzung für das Vorliegen der Modellsituation ***C*** ist. Ein Blick auf die rechte Seite der Ungleichungen zeigt:

Während die Obergrenze für A / R im Hinblick auf Liquiditätsäquivalenz nach Neuburger "lediglich von den Steuersätzen und dem Gehaltssteigerungsfaktor abhängt"[5], ist die Obergrenze für A / R im Hinblick auf Eigenkapitaläquivalenz - abgesehen vom gewerbesteuerlichen Substitutionseffekt - lediglich von den Annahmen über den (Brutto-)Kalkulationszinsfuß i und über den Steigerungsfaktor der Beginnrenten g, nicht jedoch von den Steuersätzen abhängig (**Teilergebnis** 43).

Nachfolgend gilt das Interesse der rechten Seite der Ungleichung (*). Unter Verwendung der Abkürzungen aus dem vorangehenden Abschnitt

$$k_1 := 1 + h H / 2.000$$

---

1) Vgl. Neuburger, E., (Prognoseverfahren 1983), Blätter DGVM 1983, S. 260 f.
2) Vgl. Neuburger, E., (Prognoseverfahren 1983), Blätter DGVM 1983, S. 261
3) Damit erscheint die Aufgabe lohnend, nach Gestaltungen von Pensionszusagen zu suchen, bei denen A / R minimiert wird.
4) Vgl. ebd., S. 261
5) Vgl. ebd., S. 261

$k_2 := h\, s_{gk}$

kann der Ausdruck

$$g^{-1}\,(1 + \hat{\imath} - g) \;=\; (1 + \hat{\imath})\,/\,g - 1$$

durch definitionsgemäßes Einsetzen der Größen

$$g \;=\; g(p,\, r) \;=\; \max\,(1,\, r\,(1 + p)) \qquad \text{(Def. 22)}$$

$$i \;=\; i(i_0,\, p,\, a) = \; i_0 + (1 + i_0)\; a\, p \qquad \text{(Def. 24)}$$

$$\hat{\imath} \;=\; \hat{\imath}(i,\, h,\, H) \;=\; i\, k_1 + k_2 \qquad \text{(Def. 27)}$$

als Funktion f(...) der Basis-Modellgrößen dargestellt werden mit den bekannten Symbolen

- p als Inflationsrate,
- r als Faktor für die reale Entwicklung der Brutto-Aktiveneinkommen,
- i_0 als "Realzins",
- a als "Überwälzungsfaktor",
- h als gewerbesteuerlicher Hinzurechungsanteil bei Dauerschulden,
- H als gewerbesteuerlicher Hebesatz in Prozentpunkten.

Innerhalb der Modellsituation ***C*** folgt wegen[1] $1 < q_s < g$ notwendig stets $1 < r\,(1 + p)$, so daß hier mit $g(p,\, r) = r\,(1 + p)$ gilt:

$$g^{-1}\,(1 + \hat{\imath} - g) \;=:\; f(p,\, r,\, i_0,\, a,\, h,\, H) \text{ mit}$$

$$f(...) \;=\; \frac{1 + (i_0 + (1 + i_0)\; ap\;)\; k_1 + k_2}{r(1 + p)} \; - \; 1 \qquad (***)$$

Die Schwelle zur Eigenkapitaläquivalenz ist genau dann überschritten, wenn für A / R die Ungleichung (*) erfüllt ist, wenn also gilt:

$$A\,/\,R \;\leq\; f(...).$$

Aus der Darstellung (***) ersieht man unmittelbar, daß die Obergrenze f(...) c.p. mit steigendem i_0, a, h bzw. H sowie mit fallendem r ansteigt. Da die Niveaugrößen A und R[2] im vorliegenden Modell annahmegemäß weder vom Kalkulationszins noch vom Substitutionseffekt beeinflußt werden, ist Eigenkapitaläquivalenz c.p. eher erreichbar mit dem Ansatz eines höheren Realzinses i_0 und/oder eines höheren Überwälzungsfaktors a und/oder mit einem erhöhten Substitutionseffekt (**Teilergebnis** 44).

Dagegen wirkt sich eine Veränderung des Realwachstums der Brutto-Aktiveneinkommen r auf beiden Seiten der Ungleichung aus, ebenso wie die in dieser Arbeit besonders interessierenden Veränderungen der Inflationsrate p.

---

1) Vgl. Abschn. B.III.4.2

2) Allerdings muß auf die Verträglichkeit des für R maßgebenden Rechnungszinsfußes von 6% gemäß § 6a EStG mit der Höhe des stationär angesetzten Kalkulationszinsfußes geachtet werden. Vgl. Abschn. C.I.1.1.4

Ob die Obergrenze f(...) mit zunehmender Inflation steigt oder fällt, kann durch Betrachtung der partiellen Ableitung der Funktion f nach der Variablen p geklärt werden. Aus den allgemein bekannten Ableitungsregeln[1] folgen zunächst die Hilfsbeziehungen

$$\frac{d}{dp}\left(\frac{1}{1+p}\right) = -\frac{1}{(1+p)^2},$$

$$\frac{d}{dp}\left(\frac{p}{1+p}\right) = +\frac{1}{(1+p)^2},$$

woraus mit dem geeignet zusammengefaßten f(...)

$$f(\ldots) = \frac{(1+i_o)\,ak_1}{r}\,\frac{p}{1+p} + \frac{1+i_o k_1 + k_2}{r}\,\frac{1}{1+p} - 1$$

weiter folgt

$$\frac{d}{dp} f(\ldots) = \frac{(1+i_o)\,ak_1 - 1 - i_o k_1 - k_2}{r(1+p)^2}.$$

Dieser Ausdruck steigt c.p. monoton mit wachsendem a, womit man durch Nullsetzen des Zählers zunächst den "kritischen" Überwälzungsfaktor

$$\hat{a} := \left(\frac{1+k_2}{k_1}\right) + i_o)\,/\,(1+i_o)$$

und damit das Ergebnis erhält:

$$\frac{d}{dp} f(\ldots) \begin{cases} > 0 \text{ für } a > \hat{a} \\ = 0 \text{ für } a = \hat{a} \\ < 0 \text{ für } a < \hat{a} \end{cases}$$

Demnach steigt/fällt die Obergrenze f(...) c.p. mit zunehmender Inflation beim Ansatz eines Überwälzungsfaktors a, der über/unter dem kritischen Überwälzungsfaktor â liegt; beim Ansatz "a = â" hängt die Obergrenze f(...) nicht von der Inflation ab (**Teilergebnis** 45).

Wegen $0 < \frac{1+k_2}{k_1} = \frac{1 + h\,H\,0{,}00002}{1 + h\,H\,0{,}00050} \leq 1$ gilt auch $0 < \hat{a} \leq 1$,

wobei das Gleichheitszeichen im Akkumulationsfall mit "h = 0" angenommen wird.

---

1) Vgl. statt vieler: Bronstein, I.N. / Semendjajew, K.A., (Taschenbuch 1979), S. 316 - 326

Mit dem Ansatz des "kritischen" Überwälzungsfaktors im Rechenmodell (a = â) erhält man durch Einsetzen in Definition 27 bzw. 24 das interessante[1] Resultat

$$1 + \hat{\imath}(p) = (1 + i_o k_1 + k_2)(1 + p),$$

womit die inflationsunabhängige Obergrenze

$$f(...) = \frac{1 + i_o k_1 + k_2}{r} - 1$$

verbunden ist, die sich für "r = 1" im Akkumulationsmodell reduziert zu

$$f(...) = i_o.$$

Mit dem Substitutionsansatz[2] des Grundmodells errechnet sich der kritische Überwälzungsfaktor bei einem Realzins von "i_o = 4,5%" zu

$$\hat{a} = 0{,}916485.$$

Würde man das Rechenmodell c.p. mit dem Ansatz "a = â" konzipieren, so ergäben sich folgende Werte

		bei Kapital- Akkumulation	Substitution
für r =	(1,025:	1,95%	2,78%
	(1.000:	4,50%	5.35%
	(0,975:	7,18%	8,05%

als inflationsunabhängige Obergrenzen f(...) für die Kennziffer A / R.

Im Grundmodell dieser Arbeit sinkt die Obergrenze f(...) wegen "a = 0,8 < â" mit steigender Inflation monoton ab. Würde man mit der hier unterstellten Fremdkapitalsubstitution den Überwälzungsfaktor alternativ mit "a = 1 > â" oder sogar mit "a = 1,2 > â" ansetzen, so ergäben sich für "r = 1" die in Tabelle 16 aufgeführten Werte als inflationsabhängige Obergrenzen f(...) für die Kennziffer A / R. Man sieht, daß mit der Auswahl des Überwälzungsfaktors a für das Rechenmodell erhebliche Auswirkungen auf die rechte Seite der Ungleichung (*) verbunden sind (**Teilergebnis** 46).

Ein Vergleich mit der linken Seite der Ungleichung (*) kann aufzeigen, ob dem Teilergebnis 46 im Hinblick auf ein mögliches Überschreiten der Schwelle zur Eigenkapitaläquivalenz Bedeutung zukommt. Hierzu sind in Tabelle 17 die Werte der Kennziffer A / R zusammengestellt, die im Grundmodell mit "r = 1" aus Blatt 4 der Tabellen 12 und 13 resultieren.

Offenbar fällt die Kennziffer A / R im Grundmodell monoton mit zunehmender Inflation (**Teilergebnis** 47).

---

1) Hier wird bei einem effektiven Überwälzungsfaktor von Eins der Realzins i_o um den Substitutionseffekt erhöht auf $i_o k_1 + k_2$.

2) Mit "h = 0,5" und "H = 400"

Tabelle 16: Vergleich der Obergrenzen f(...) für die Kennziffer A / R bei unterschiedlichem Ansatz des Überwälzungsfaktors a innerhalb der Modellsituation *C* im Grundmodell mit "r = 1"

p %	f(...) in % bei Ansatz eines Überwälzungsfaktors von		
	a=0,8	a=1,0	a=1,2
2,0	5,09	→ ***A***	→ ***A***
2,5	5,02	5,58	6,14
3,0	4,96	5,63	6,30
3,5	4,90	5,67	6,45
4,0	4,83	5,72	6,60
4,5	4,77	5,76	6,75
5,0	4,71	5,81	6,90
6,0	4,59	5,89	7,19
7,0	4,47	5,98	7,48
8,0	4,36	6,06	7,76
9,0	4,24	6,14	8,04
10,0	4,13	6,22	8,31
12,5	3,86	6,42	8,97
15,0	3,60	6,60	9,60
17,5	3,36	6,78	10,20
20,0	3,12	6,95	10,78

Der Vergleich der Tabellen 16 und 17 bestätigt zunächst das Teilergebnis 38: mit dem im Grundmodell angesetzten "a = 0,8" gilt durchweg A / R > f(...); die Ungleichung (*) ist nicht erfüllt, Eigenkapitaläquivalenz ist nicht erzielbar.

Dasselbe Ergebnis ist auch mit den modifizierten, höheren Überwälzungsfaktoren im Bereich der niedrigen Inflationsraten beim Eintritt in die Modellsituation *C* zu verzeichnen.

Tabelle 17: Werte der Kennziffer A / R innerhalb der Modellsituation *C* im Grundmodell mit "r = 1"

p %	A / R in %			
	Nullanpassung		Anpassung nach BetrAVG	
	EAV Typ 1	EAV Typ 2	EAV Typ 1	EAV Typ 2
2,0	6,73	7,61	7,32	8,18
2,5	6,52	7,40	7,25	8,12
3,0	6,32	7,21	7,18	8,04
3,5	6,14	7,02	7,12	7,98
4,0	5,96	6,84	7,05	7,92
4,5	5,79	6,67	6,98	7,85
5,0	5,63	6,51	6,93	7,79
6,0	5,34	6,21	6,81	7,67
7,0	5,08	5,94	6,69	7,54
8,0	4,85	5,69	6,58	7,43
9,0	4,64	5,47	6,47	7,32
10,0	4,44	5,26	6,36	7,21
12,5	4,04	4,82	6,11	6,94
15,0	3,71	4,45	5,88	6,70
17,5	3,44	4,15	5,67	6,47
20,0	3,22	3,89	5,47	6,25

Dagegen zeigt sich im Fall der Nullanpassung, daß mit dem Ansatz "a = 1" und erst recht mit "a = 1,2" die Schwelle zur Eigenkapitaläquivalenz schon relativ bald überschritten ist, und zwar für Inflationsraten ab

$$p \geq \begin{pmatrix} 5{,}0\% \text{ mit } a = 1{,}0 \\ \\ 3{,}5\% \text{ mit } a = 1{,}2 \end{pmatrix} \qquad \text{für die EAV Typ 1,}$$

$$p \geq \begin{pmatrix} 7{,}0\% \text{ mit } a = 1{,}0 \\ \\ 4{,}5\% \text{ mit } a = 1{,}2 \end{pmatrix} \quad \text{für die EAV Typ 2,}$$

also in einem Bereich, in dem die resultierenden Brutto-Kalkulationszinsfüße noch mit der Beibehaltung des Rechnungszinsfußes von 6% gemäß § 6a EStG verträglich sein dürften.

Letzteres gilt wohl nicht mehr im Fall der Anpassung nach BetrAVG; hier ist die Schwelle zur Eigenkapitaläquivalenz erst für Inflationsraten ab

$$p \geq \begin{pmatrix} 12{,}5\% \text{ mit } a = 1{,}0 \\ \\ 6{,}0\% \text{ mit } a = 1{,}2 \end{pmatrix} \quad \text{für die EAV Typ 1,}$$

$$p \geq \begin{pmatrix} 15{,}0\% \text{ mit } a = 1{,}0 \\ \\ 8{,}0\% \text{ mit } a = 1{,}2 \end{pmatrix} \quad \text{für die EAV Typ 2}$$

überschritten. Die mit den erhöhten Überwälzungsfaktoren resultierenden Kalkulationszinsfüße liegen mehr oder minder deutlich über 12%, womit die Annahme eines Rechnungszinsfußes von 6% in § 6a EstG nicht mehr verträglich sein dürfte. Ein höherer Rechnungszinsfuß führt jedoch c.p. bei identischem Baraufwand A zu einem verminderten Niveauwert der Rückstellung R, d.h. die Kennziffer A / R fällt höher aus als im Grundmodell[1].

Für die Konzeption eines Rechenmodells ist festzuhalten: im Grundmodell kann c.p. mit dem Ansatz eines Überwälzungsfaktors von "a = 1" oder gar "a = 1,2" im Fall der Nullanpassung erreicht werden, daß die Schwelle zur Eigenkapitaläquivalenz innerhalb der Modellsituation ***C*** mit steigender Inflation überschritten wird; im Fall der Anpassung nach BetrAVG dürfte dies erst im Bereich der unverträglich hohen Inflationsraten in Frage kommen (**Teilergebnis** 48).

Interessant erscheint in diesem Zusammenhang noch ein Blick auf den Fall der "Volldynamik" mit einer "volldynamischen" Pensionszusage, bei der alle laufenden Renten sowie auch die Beginnrenten der mit einer unverfallbaren Anwartschaft ausgeschiedenen Mitarbeiter auch nach deren Ausscheiden von Periode zu Periode mit dem Steigerungsfaktor g erhöht werden sollen, und mit PSVaG-Beiträgen, die c.p. aus der Bemessungsgrundlage der jeweiligen Periode anstatt der Vorperiode berechnet werden. In diesem Fall hängen die Niveauwerte RZ, R und folglich auch PS nicht vom Steigerungsfaktor g ab, ebensowenig wie die Niveaugrößen[2] LG und VK, und stimmen daher mit den für den Spezialfall "g = 1" bei Stabilität berechneten Niveauwerten überein[3].

Aus den in Blatt 4 der Tabellen 12 und 13 enthaltenen Basiswerten ergeben sich für die Pensionszusage Typ 1 unter Verwendung der für die Anpassung nach BetrAVG ausgewiesenen Verwaltungskosten VK die folgenden Relationen im Fall der Volldynamik für die EAV Typ 1:

---

1) Vgl. dazu Abschn. C.I.2.4.5.4
2) Vgl. Abschn. C.I.2.1.1
3) Bei den Verwaltungskosten sind zusätzlich die Kosten des Anpassungsvorgangs zu berücksichtigen.

A / R = (476 + 1.036 + 31.554) / 428.486 = 7,72%

bzw. für die EAV Typ 2:

A / R = (421 + 950 + 34.521) / 419.016 = 8,57%.

Der Vergleich mit den in Tabelle 16 enthaltenen Obergrenzen f(...) zeigt, daß allenfalls mit dem Überwälzungsfaktor "a = 1,2" die Schwelle zur Eigenkapitaläquivalenz überschritten werden kann, und zwar ab Inflationsraten

zwischen 7% und 8% für die EAV Typ 1,

zwischen 10% und 12,5% für die EAV Typ 2,

also erst im Bereich der unverträglich hohen Inflationsraten (**Teilergebnis** 49).

Mit diesem Ergebnis für den Fall der Volldynamik werden die Überlegungen zu den Auswirkungen der Basis-Modellgrößen hier[1] abgeschlossen.

Nach den zusätzlichen Erkenntnissen der Abschnitte C.I.2.1.5 bis C.I.2.1.7, die bei Anwartschaftsdynamik innerhalb der Modellsituation ***C*** Geltung besitzen, werden nachfolgend - analog zur Anwartschaftsstatik - die Auswirkungen unterschiedlicher Anpassungsmodi bei den laufenden Renten sowie einer garantierten Rentenanpassung untersucht.

2.2 Alternative Anpassung der laufenden Renten

Zunächst kann im Vorsteuerbereich die Größenordnung der im Schrifttum zur "Mehrbelastung an Renten im Beharrungszustand"[2] angegebenen Ergebnisse bestätigt werden. Für den hier betrachteten Ausgleich der vollen Inflation im Drei-Jahres-Turnus ergibt sich folgende Rentenmehrbelastung gegenüber einer Nullanpassung:

bei einer jährlichen Inflation von	für die EAV Typ 1	EAV Typ 2
p = 3 %	44%	41%
p = 5 %	75%	71%
p = 7 %	100%	101%

Diese Werte liegen etwas über den von Heubeck / Schröder[3] angegebenen, vermutlich mit den Richttafeln von Dr. Heubeck / Dr. Fischer[4] ermittelten Belastungserhöhungen von 40% / 68% / 97% für p = 3% / 5% / 7%; diese Erhöhung kann im Hinblick auf die aktuelleren, mit Projektivität versehenen Richttafeln von Dr. Klaus Heubeck[5] als durchaus plausibel angesehen werden. Für den Nachsteuerbereich gilt folgendes:

1) Eine weitergehende Analyse grundsätzlicher Zusammenhänge erscheint mit Hilfe der einfachen und anschaulichen Gl. (95) möglich und erfolgversprechend, würde jedoch den Rahmen dieser Arbeit sprengen. Kurze Ergänzungen sind noch in den nachfolgenden Abschn. enthalten.
2) Vgl. Abschn. A.I.6
3) Vgl. Heubeck, G. / Schröder, W., (Finanzielle Aspekte 1973), BB 1973, S. 758
4) Vgl. Heubeck, G. / Fischer, K., (Hauptband Richttafeln 1959)
5) Vgl. ausführlich Abschn. B.II.2.2.1

Mit den in Abschnitt C.I.1.2 beschriebenen Modifikationen bei der Anpassung der laufenden Renten kann man für den - zeilenweise vorgenommenen - (Vorteils-)Vergleich mit der Anpassung nach BetrAVG bei Anwartschaftsdynamik aus Abbildung 13 folgendes ersehen:

Die Verkürzung des Anpassungsrhythmus von drei Jahren auf ein Jahr verschlechtert das Nachsteuerergebnis bei niedriger Inflation zunächst nicht gravierend, jedoch mit steigender Inflation zunehmend[1] (**Teilergebnis** 50).

Ebenfalls mit steigender Inflation zunehmend[1] fällt die erhebliche[2] Verschlechterung beim Ausgleich der vollen Inflation sowie die erhebliche[2] Verbesserung des Nachsteuerergebnisses bei der Hälftelung gegenüber der modellmäßigen Anpassung nach BetrAVG aus (**Teilergebnis** 51).

In der Grundtendenz stimmen diese Resultate mit den in Teilergebnis 8 und 9 enthaltenen Aussagen für Anwartschaftsstatik überein. Gegenüber der Anwartschaftsstatik fällt allerdings der Abstand zwischen den jeweiligen Ergebniskurven der EAV Typ 1 und 2 im Vergleich zum Kurvenabstand von der Abszisse in Abbildung 13 deutlich niedriger aus als in Abbildung 6: der Einfluß der Bestandsstruktur auf die Unterschiede[3] verschiedener Anpassungsregelungen bei den laufenden Renten verliert bei Anwartschaftsdynamik mit "i = i(p)" an Bedeutung (**Teilergebnis** 52).

Die Auswertung der Ergebnis-**Spalten** führte im Grundmodell[4] zu den relativ stark aufgefächerten Aussagen der Teilergebnisse 33 bis 37, verglichen mit den übersichtlichen Teilergebnissen 2 bis 4 bei Anwartschaftsstatik, die sowohl für die EAV Typ 1 wie 2 und sowohl für den Kapitalwert C_0 wie für die Annuität μ gelten.

Die nachfolgenden Aussagen für den Kurvenverlauf von C_0 bzw. EK gelten einheitlich für die drei unterschiedlichen Anpassungsregelungen, für die EAV Typ 1 und 2 sowie für "i = i(p)" und "i = 8%"; für den Kurvenverlauf der Annuität μ hingegen sind unterschiedliche Aussagen zu verzeichnen.

So wird das Teilergebnis 35 für die Annuitätskurve - monotones Fallen in der Modellsituation ***A***, monotones Ansteigen in der Modellsituation ***C*** - im modifizierten Grundmodell bei "i = i(p)"[5] nur bei **Hälftelung** für die EAV Typ 1 uneingeschränkt bestätigt; bei der EAV Typ 2 ist - analog zum Teilergebnis 34 - auch in der Modellsituation ***A*** ein monotoner Anstieg der μ-Werte zu verzeichnen (**Teilergebnis** 53).

Bei **jährlichem** Anpassungsrhythmus gilt das Teilergebnis 35 unabhängig von der Bestandsstruktur mit der Maßgabe, daß die Annuitätskurve im Bereich der hohen Inflationsraten nicht monoton ansteigt, sondern einen Wendepunkt erreicht und dann monoton fällt (**Teilergebnis** 54).

Beim Ausgleich der **vollen Inflation** schließlich fällt die Annuitätskurve durchgehend monoton, und zwar sowohl bei der EAV Typ 1 wie 2 (**Teilergebnis** 55).

---

1) Im Gegensatz zur Anwartschaftsstatik gilt dies auch im Bereich der unverträglich hohen Inflationsraten.
2) Vgl. dazu Abschn. C.I.1.2
3) Wenn man dagegen bei fixierter Anpassungsregelung die Ergebnisse für die EAV Typ 1 mit denen der EAV Typ 2 vergleicht, dann stellt man erhebliche Unterschiede fest, so wie oben beim Vergleich der Werte in Tab. 8 bzw. 9, 10 bzw. 11 sowie 12 bzw. 13.
4) Vgl. Abschn. C.I.2.1.4
5) Bei "i = 8%" gilt einheitlich die im Teilergebnis 33 für den Fall der Nullanpassung formulierte Aussage: die Annuitätskurve verschlechtert sich c.p. mit steigender Inflation. Vgl. Abschn. C.I.2.1.4

Abb. 13: Alternative Anpassungsmodi versus Anpassung nach BetrAVG

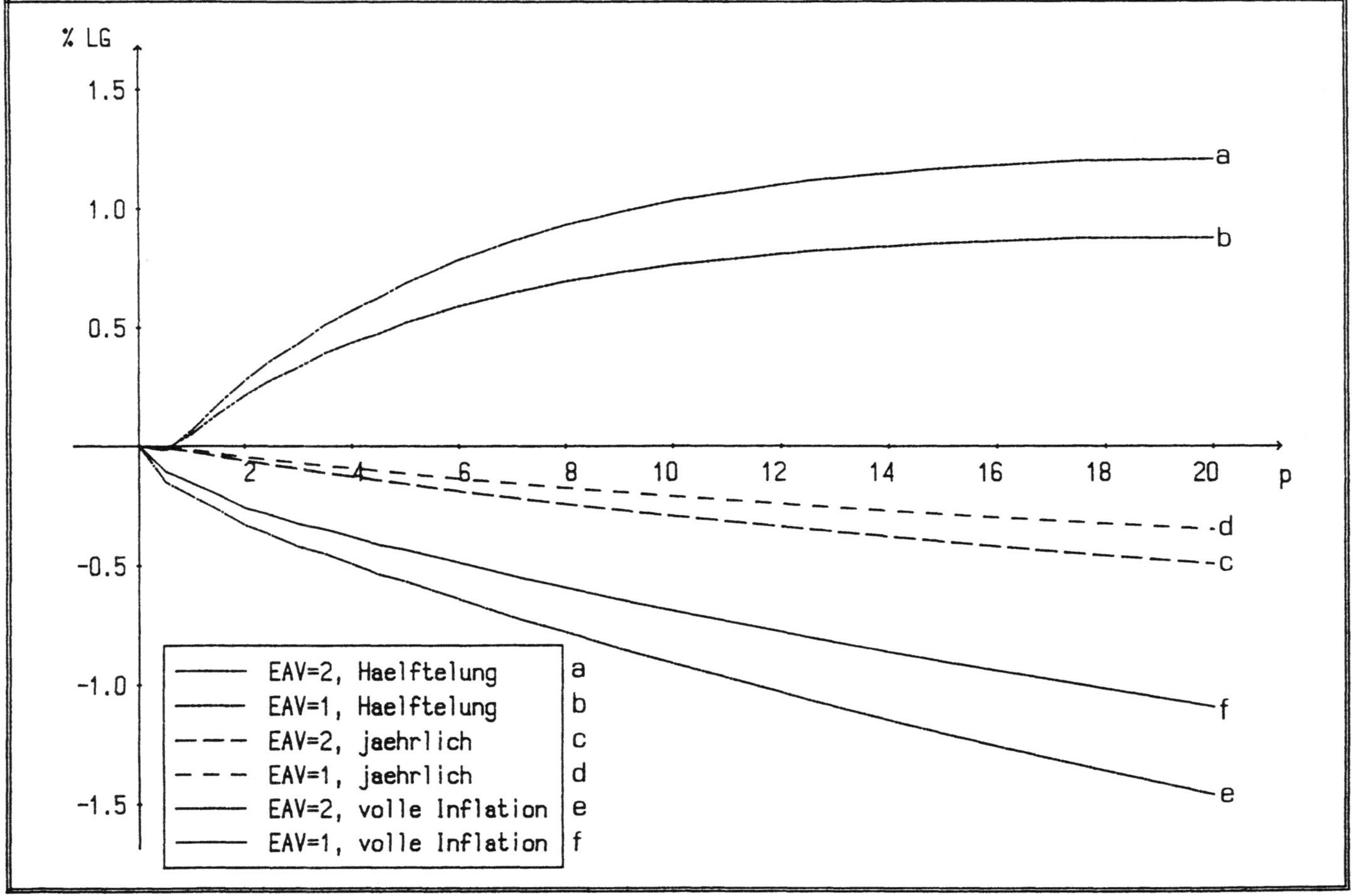

Ergänzend kann die Gültigkeit des Teilergebnisses 55 für den Fall der Volldynamik, der am Ende des letzten Abschnitts besprochen wurde, im Bereich der Modellsituation ***C*** analytisch bestätigt werden. Denn mit der umgeformten Gleichung (95)

$$\mu = (M / (1 - t_1)) / LG$$

$$= (R\, f(...) - A) / LG$$

folgt wegen der im Spezialfall der Volldynamik geltenden Beziehungen

$$\frac{d}{dp} R(p) = \frac{d}{dp} A(p) = \frac{d}{dp} LG(p) = 0$$

das einfache Ergebnis:

$$\frac{d}{dp} \mu(p) = (R / LG) \frac{d}{dp} f(\ ...\ )\,.$$

Zusammen mit dem Teilergebnis 45 folgt daraus weiter, daß sich die Annuitätskurve bei Volldynamik im Bereich der Modellsituation ***C*** mit steigender Inflation verschlechtert/nicht ändert/verbessert, wenn der Überwälzungsfaktor a im Rechenmodell mit "a < â"/"a = â"/"a > â" angesetzt wird (**Teilergebnis** 56)[1].

Für das Grundmodell ergab sich im vorangehenden Abschnitt

$$a = 0{,}8 < 0{,}916485 = \hat{a},$$

womit insbesondere das Teilergebnis 55 für den Fall der Volldynamik im Bereich der Modellsituation ***C*** bestätigt wird.

Im Grundmodell hängt es demnach[2] wesentlich von der Höhe und vom Zeitraum der Anpassung der laufenden Renten ab, ob bei Anwartschaftsdynamik mit steigender Inflation eine Verbesserung - wie im Extremfall der Nullanpassung - oder eine Verschlechterung - wie im Extremfall der Volldynamik - des Annuitätsergebnisses zu verzeichnen ist. Bei den unterschiedlichen Zwischenformen im Anpassungsmodus der laufenden Renten ergibt sich je nach der Nähe zu den beiden Extremfällen ein Umkippen der Entwicklungstendenz, wobei die Bestandsstruktur eine nicht vernachlässigbare Rolle spielt (**Teilergebnis** 57).

Dagegen kann für die inflationsbedingte Entwicklungstendenz des Kapitalwerts C_0 bzw. des Niveauwerts EK eine klare, einheitliche Bestätigung der Teilergebnisse 36 bis 38 sowohl bei Hälftelung und jährlicher Anpassung wie beim Ausgleich der vollen Inflation festgestellt werden: mit steigender Inflation verschlechtern sich die Kapitalwerte C_0 in der Modellsituation ***A*** monoton (**Teilergebnis** 58), während sich die Niveauwerte des bilanziellen Eigenkapitals EK im Bereich der Modellsituation ***C*** monoton verbessern (**Teilergebnis** 59), aber keine Eigenkapitaläquivalenz erreichen (**Teilergebnis** 60); dies gilt für die EAV Typ 1 und 2 und sowohl für "i = i(p)" als auch für "i = 8%".

---

1) Dabei kommt es nur noch darauf an, daß die Pensionsleistungen volldynamisch angepaßt werden. Ansonsten spielt die Ausgestaltung der Pensionszusage keine Rolle, so daß das Teilergebnis 56 für alle volldynamischen Zusagen gilt.

2) Vgl. die Teilergebnisse 34, 35 und 53 bis 56

Für den Bereich der Modellsituation *C* kann mit den Mitteln des vorangegangenen Abschnitts der Nachweis geführt werden[1], daß das Teilergebnis 59 für die EAV Typ 1 und 2 mit der Pensionszusage Typ 1 auch im Fall der Volldynamik sowohl bei "i = i(p)" wie auch bei "i = 8%" Gültigkeit besitzt.

Im Fall einer garantierten Rentenanpassung jedoch gilt das Teilergebnis 59 nicht mehr uneingeschränkt.

2.3 Garantierte Anpassung der laufenden Renten

Vollständig analog zur Auswertung in Abschnitt C.I.1.3 enthalten die Abbildungen 14 und 15 den zeilenweise vorgenommenen Vorteilsvergleich zwischen der garantierten Rentenanpassung und der Anpassung nach BetrAVG.

Die Beschreibung der Modifikationen sowie die zugehörige Ergebnisauswertung können - mit den Abbildungen 14 bzw. 15 anstelle der Abbildungen 8 bzw. 9 - wortwörtlich vom Beginn des Abschnitts C.I.1.3 bis hin zum Teilergebnis 13 übernommen werden. Insbesondere gelten die Teilergebnisse 11[2] und 12[3] in gleicher Weise.

Ferner gilt das Teilergebnis 15 auch bei Anwartschaftsdynamik: der Einfluß der Bestandsstruktur auf das Ergebnis des Vorteilsvergleichs verliert bei der garantierten Rentenanpassung an Bedeutung.

Dagegen ist das Teilergebnis 13 bei Anwartschaftsdynamik nur eingeschränkt gültig; beim Ansatz eines inflationsunabhängigen Kalkulationszinsfußes mit "i = 8%" geht der Vorteilsvergleich bei einer garantierten Rentenanpassung von

1,5% / 3,0% / 5,0% p.a. ab einer Inflation zwischen 8% und 9%

10% / 15% / 20% p.a. ab einer Inflation zwischen 6% und 7%

zuungunsten der garantierten Rentenanpassung aus, und zwar zunehmend mit weiter steigender Inflation (**Teilergebnis** 61).

Mit dem inflationsabhängigen Kalkulationszinsfuß des Grundmodells "i= i(p)" bleibt[4] die garantierte Rentenanpassung auch im Bereich der höheren Inflationsraten vorteilhaft, der Vorsprung fällt dort jedoch deutlich geringer aus als bei Anwartschaftsstatik. So steigen in Abbildung 8 alle Kurven mit steigender Inflation monoton an[5], während in Abbildung 14 spätestens bei einer Inflation von 6% ein Wendepunkt erreicht wird, ab dem der Vorsprung der garantierten Rentenanpassung mehr oder minder schwach, aber monoton absinkt.

Die Auswertung der Ergebnis-**Spalten** im modifizierten Grundmodell mit "i = i(p)" führt zu einem uneinheitlichen Bild. In Übersicht 22 sind die feststellbaren Wendepunkte der Annuitätskurve μ

---

1) Auf den umfangreichen analytischen und rechnerischen Beweis soll an dieser Stelle verzichtet werden.
2) Vorteilhaftigkeit der garantierten Rentenanpassung im Bereich der Inflationsraten von mehr als 2,5%
3) Obergrenzen des Belastungsanstiegs durch die garantierte Rentenanpassung im ungünstigsten Fall bei Stabilität. Vgl. Abschn. C.I.1.3
4) Vgl. Abb. 14 und 15
5) Man beachte den unterschiedlichen Maßstab der y-Achse.

Abb. 14: Garantierte Anpassung versus Anpassung nach BetrAVG

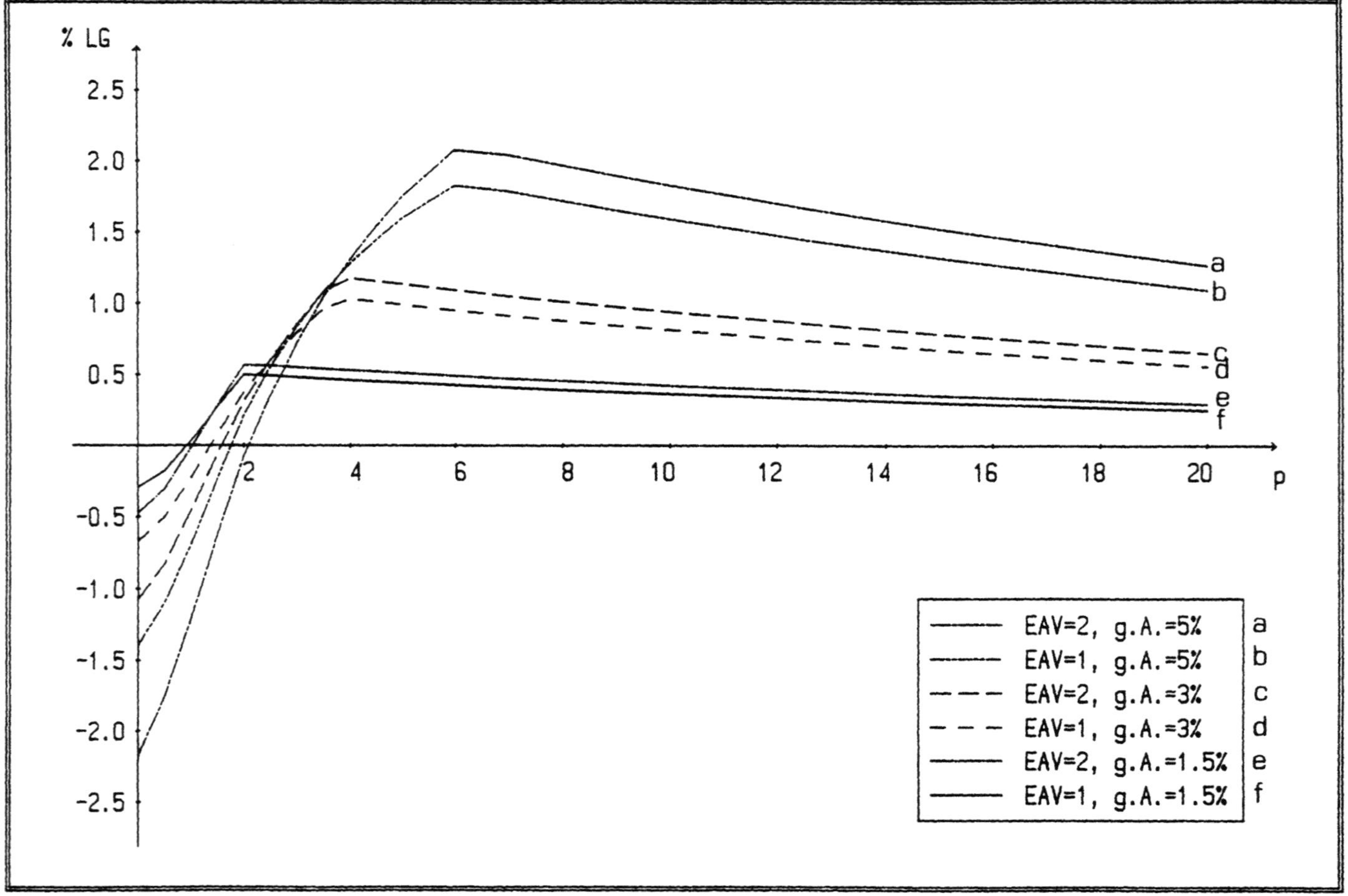

Abb. 15: Garantierte Anpassung versus Anpassung nach BetrAVG

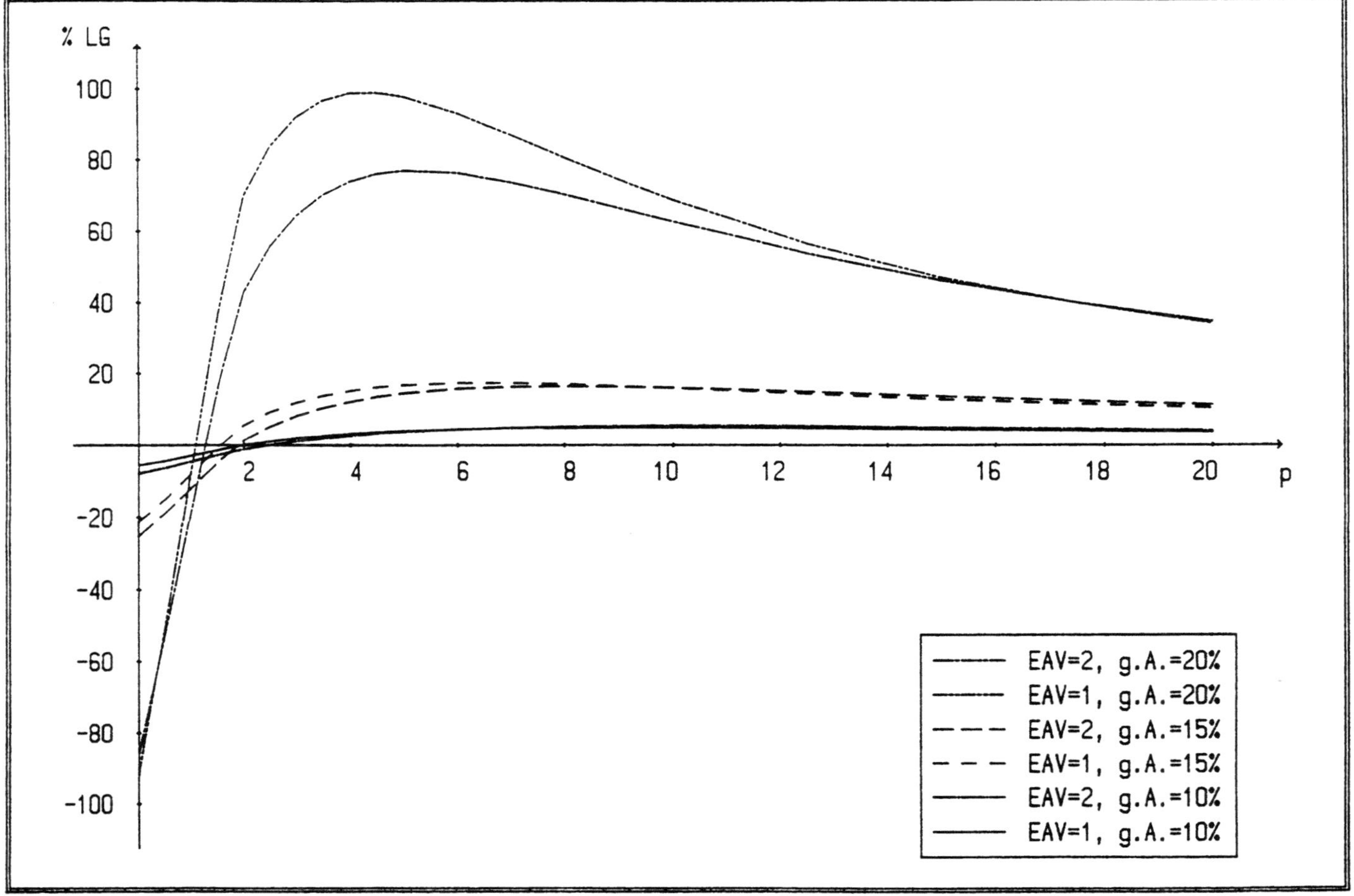

Übersicht 22: Charakterisierung der Ergebnis-Spalten bei garantierter Rentenanpassung im modifizierten Grundmodell mit "i = i(p)"

Höhe der garantierten Rentenanpassung[1] p.a.		μ steigt[2] monoton mindestens bis p =	$\mu > 0$ <==> C_0 / EK > 0 im Bereich	EK steigt[3] monoton mindestens bis p =
1,5%	EAV Typ 1	10,0%	-	20,0%
	EAV Typ 2	20,0%	-	20,0 %
3,0%	EAV Typ 1	4,5%	-	20,0%
	EAV Typ 2	4,5%	-	20,0%
5,0%	EAV Typ 1	6,0%	6,0% ≤ p ≤ 9,0%	6,0%
	EAV Typ 2	7,0%	-	20,0%
10,0%	EAV Typ 1	10,0%	3,0% ≤ p	5,0%
	EAV Typ 2	12,5%	4,5% ≤ p	7,0%
15,0%	EAV Typ 1	7,0%	2,0% ≤ p	2,0%
	EAV Typ 2	8,0%	2,5% ≤ p	4,5%
20,0%	EAV Typ 1	4,5%	1,5% ≤ p	2,0%
	EAV Typ 2	5,0%	1,5% ≤ p	2,0%

und der EK-Kurve sowie der Bereich, in dem die Schwelle zur Eigenkapitaläquivalenz überschritten ist, für alle untersuchten Anpassungsgarantien zusammengestellt.

Generell ist im Stabilitätsfall bei "p = 0" ein negatives[4] Ergebnis zu verzeichnen, wobei sich die Annuitätskurve einheitlich zunächst mit steigender Inflation verbessert. Mit Ausnahme der garantierten Rentenanpassung von 1,5% p.a. bei der EAV Typ 2 wird dann ein Wendepunkt erreicht, ab dem sich die Annuität μ mit weiter steigender Inflation monoton[5] verschlechtert (**Teilergebnis** 62).

Für den Kapitalwert C_0 im Bereich der Modellsituation ***A*** ist bis zu einer Anpassungsgarantie von 10% p.a. in Übereinstimmung mit dem Teilergebnis 36 eine monotone Ergebnisverschlechterung mit steigender Inflation zu verzeichnen, bei einer Anpassungsgarantie von 15% p.a. gilt dies nur noch für die EAV Typ 2, während für die EAV Typ 1 ebenso wie bei einer Anpassungsgarantie von 20% p.a. bereits in der Modellsituation ***A*** eine monotone Ergebnisverbesserung auftritt (**Teilergebnis** 63).

---

1) Im Drei-Jahres-Turnus erfolgend
2) Ausgehend vom Stabilitätsfall "p = 0"
3) Innerhalb der Modellsituation ***C***
4) Vgl. das Teilergebnis 12 in Abschn. C.I.1.3
5) Bei der garantierten Rentenanpassung von 3,0% p.a. ist bei der EAV Typ 2 eine einmalige Verbesserung für "p = 7%" als Ausnahme festzustellen.

Für Anpassungsgarantien von 5% p.a. und mehr gilt auch das - sogar bei Volldynamik gültige - Teilergebnis 59 nicht mehr. Während mit einer Anpassungsgarantie von 1,5% p.a. und 3% p.a. in Übereinstimmung mit den Teilergebnissen 37 und 59 eine bei steigender Inflation monotone Verbesserung der EK-Kurve im Bereich der Modellsituation *C* zu beobachten ist, erreicht die EK-Kurve bei einer Anpassungsgarantie von 5% und mehr einen Wendepunkt, ab dem sich die Niveauwerte des bilanziellen Eigenkapitalstands mit weiter steigender Inflation monoton verschlechtern (**Teilergebnis** 64).

Sobald die nach § 16 BetrAVG erforderliche Anpassung höher ausfällt als die garantierte Mindestanpassung, steigt der Baraufwand A nur um die aus der höheren Rückstellung R resultierende Erhöhung des Beitrags an den PSVaG, womit im Vergleich zum Grundmodell c.p. eine Reduktion der Kennziffer A / R aus Abschnitt C.I.2.1.7 aufgrund der garantierten Rentenanpassung verbunden ist.

Damit kann innerhalb der Modellsituation *C* nach den Erkenntnissen aus Abschnitt C.I.2.1.7 die von der garantierten Rentenanpassung unabhängige Obergrenze f(...) für die Kennziffer A / R eher unterschritten werden als im Grundmodell mit der Anpassung nach BetrAVG ohne garantierte Rentenanpassung.

Aus der mittleren Ergebnisspalte der Übersicht 22 geht hervor, daß mit den als angemessen eingestuften Mindestanpassungshöhen von 1,5% p.a. und 3,0% p.a. im modifizierten Grundmodell mit dem Überwälzungsfaktor "a = 0,8" die Schwelle zur Eigenkapitaläquivalenz nicht überschritten wird (**Teilergebnis** 65). Dieses Ergebnis wird bestätigt, wenn man die in Tabelle 18 zusammengestellten Kennziffern A / R mit den zum Grundmodell gehörigen Obergrenzen f(...) bei "a = 0,8" aus Tabelle 16 vergleicht: es gilt stets A / R > f(...).

Der Vergleich mit den Obergrenzen f(...) der Tabelle 16 bei "a = 1,0" bzw. "a = 1,2" zeigt weiter, daß mit den höheren Überwälzungsfaktoren die Schwelle zur Eigenkapitaläquivalenz überschritten wird, und zwar bei einer Anpassungsgarantie von 1,5% p.a. für Inflationsraten ab

$$p \geq \begin{pmatrix} 7{,}0\% \text{ mit } a = 1{,}0 \\ \\ 3{,}5\% \text{ mit } a = 1{,}2 \end{pmatrix} \quad \text{für die EAV Typ 1,}$$

$$p \geq \begin{pmatrix} 12{,}5\% \text{ mit } a = 1{,}0 \\ \\ 6{,}0\% \text{ mit } a = 1{,}2 \end{pmatrix} \quad \text{für die EAV Typ 2,}$$

und bei einer Anpassungsgarantie von 3,0% p.a. für Inflationsraten ab

$$p \geq \begin{pmatrix} 4{,}0\% \text{ mit } a = 1{,}0 \\ \\ 2{,}5\% \text{ mit } a = 1{,}2 \end{pmatrix} \quad \text{für die EAV Typ 1,}$$

$$p \geq \begin{pmatrix} 7{,}0\% \text{ mit } a = 1{,}0 \\ \\ 3{,}5\% \text{ mit } a = 1{,}2 \end{pmatrix} \quad \text{für die EAV Typ 2.}$$

Im Vergleich zur Anpassung nach BetrAVG[1] sinkt hier die Schwelle zur Eigenkapitaläquivalenz deutlich nach unten, bei der EAV Typ 1 sogar in den "realistischen" Bereich der nicht zu hohen Inflationsraten und Kalkulationszinsfüße[1] (**Teilergebnis** 66).

---

1) Vgl. Abschn. C.I.2.1.7

Tabelle 18: Werte der Kennziffer A / R innerhalb der Modellsituation *C* bei angemessener garantierter Rentenanpassung

p %	A / R in %			
	Anpassungsgarantie 1,5% p.a.		Anpassungsgarantie 3,0% p.a.	
	EAV Typ 1	EAV Typ 2	EAV Typ 1	EAV Typ 2
2,0	6,54	7,33	6,34	7,05
2,5	6,47	7,26	6,11	6,82
3.0	6,40	7,20	5,89	6,61
3,5	6,35	7,14	5,69	6,41
4,0	6,29	7,08	5,56	6,28
4,5	6,23	7,02	5,50	6,23
5,0	6,18	6,97	5,46	6,18
6,0	6,07	6,86	5,36	6,08
7,0	5,96	6,75	5,26	5,98
8,0	5,86	6,64	5,18	5.89
9,0	5,76	6,54	5,09	5,79
10,0	5,67	6,44	5,01	5,71
12,5	5,45	6,20	4,81	5,49
15,0	5,24	5,98	4,62	5,30
17,5	5,05	5,78	4,45	5,11
20,0	4,87	5,58	4,29	4,94

Mit den sicher unangemessenen garantierten Anpassungshöhen von 10% p.a. bis 20% p.a. resultieren auch im modifizierten Grundmodell mit "a = 0,8" positive Niveauwerte für das bilanzielle Eigenkapital bereits bei recht niedrigen Inflationsraten[1].

Es fällt auf, daß sich die EK-Kurve mit steigender Inflation erst dann verschlechtert, wenn die Schwelle zur Eigenkapitaläquivalenz erreicht oder überschritten ist[1], wobei sich die EK-Kurve mit

1) Vgl. Übersicht 22

einer Anpassungsgarantie von 5% p.a. im Bereich "9% < p" auch bei negativem EK weiter verschlechtert[1].

Nachfolgend gilt das Interesse der Frage, wie sich Veränderungen bei der untersuchten Bestandsstruktur und -fortschreibung, eine dienstzeitabhängige Pensionszusage sowie veränderte gesamtwirtschaftliche und steuerliche Rahmenbedingungen[2] auf den Vorsprung der Nullanpassung vor der Anpassung nach BetrAVG im (Vorteils-)Vergleich auswirken.

2.4 *Ergebnisse im modifizierten Grundmodell bei Nullanpassung versus Anpassung nach BetrAVG*

Mit den Modifikationen der folgenden Abschnitte soll geklärt werden, in welchem Ausmaß und in welcher Richtung sich das Ergebnis des (Vorteils-)Vergleichs in Abhängigkeit vom Untersuchungsobjekt bzw. Parameter des Rechenmodells verändert.

2.4.1 Modifikation der Bestands- und Bezügestruktur

Hier erfolgt die Bestandsfortschreibung unverändert wie im Grundmodell, d.h. mit derselben Ausscheideordnung und den daraus abgeleiteten Übergangswahrscheinlichkeiten[3] sowie mit der Annahme eines konstanten Bestandsumfangs im BHZ.

Untersucht werden die wesentlichen Strukturmerkmale[4] eines versorgungsberechtigten Personalbestands, nämlich das Geschlecht und die Eintrittsaltersverteilung der Neueintritte[5] sowie die beispielhafte Hinzunahme eines Ausgangsbestands.

2.4.1.1 Einfluß des Geschlechts

Alle bisher besprochenen Ergebnisse betreffen für die künftigen Neueintritte ausschließlich männliche Versorgungsberechtigte mit der in Übersicht 13 enthaltenen Eintrittsalters- und Bezügestruktur.

Wenn man das Grundmodell c.p. nur dahingehend modifiziert, daß weibliche Versorgungsberechtigte mit dem niedrigeren Pensionierungsalter von 60 anstelle 63 Jahren[6] untersucht werden, dann erhält man abweichend von Übersicht 18 die BHZ-Kennzahlen der Übersicht 23.

Die in Klammern gesetzten Prozentzahlen der Übersicht 23 beziehen sich wieder auf die jeweilige Aktivenanzahl.

---

1) Dies spricht gegen die Vermutung, daß bei der EK-Kurve ein „dämpfender Mechanismus" wirksam sei, der mit steigender Inflation bei positivem EK zu einer Verschlechterung und bei negativem EK zu einer Verbesserung führt.

2) Vgl. im einzelnen Übersicht 17

3) Vgl. Abschn. B.III.2.1.1 und B.III.2.1.2

4) Vgl. Abschn. B.II.2.2.4

5) Und damit auch die Altersverteilung des BHZ-Bestands

6) Das "Schlußalter für Aktive" wird generell für Männer mit dem Alter 63 und für Frauen mit dem Alter 60 angesetzt. Vgl. Anhang 8, Blatt 9. Damit stimmt das bei der Berechnung des Teilwerts nach § 6a EStG verwendete "rechnerische" Endalter mit dem "planmäßigen Pensionierungsalter" für die Bestandsfortschreibung überein.

Übersicht 23: BHZ-Kennzahlen zum Frauen-Bestand im modifizierten Grundmodell mit der EAV Typ 1 und 2

Erwartungswert für die Anzahl der	Eintrittsaltersverteilung	
	EAV Typ 1	EAV Typ 2
Aktiven AA	15,7272 (100,0%)	10,6453 (100,0%)
Unverfallbaren AU	2,0650 (13,1%)	1,0103 (9,5%)
Rentnerinnen und Witwer AR + AW	13,3477 (84,9%)	12,1797 (114,4%)
Neueintritte pro Periode	1,0000 (6,4%)	1,0000 (9,4%)
Ausgeschiedenen pro Periode	1,0000 (6,4%)	1,0000 (9,4%)
davon durch Fluktuation	0,5948 (3,8%)	0,4493 (4,2%)

Der Erwartungswert für den Niveauwert der (Jahres-)Lohn- und Gehaltssumme LG beträgt mit der Bezügestruktur der Übersicht 13

bei der EAV Typ 1: 469.984 DM,
bei der EAV Typ 2: 378.584 DM.

Der durchschnittliche Niveauwert des Monatsgehalts liegt demnach mit 2.490 DM bzw. 2.964 DM im BHZ für die Frauen nur geringfügig niedriger als die in Abschnitt C.I.1.1.1 für die Männer errechneten Niveauwerte von 2.495 DM bzw. 2.983 DM (EAV Typ 1 bzw. 2).

In Abbildung 16 erhöht sich der Vorsprung der Nullanpassung vor der Anpassung nach BetrAVG bei Frauen mit Pensionierungsalter 60 gegenüber Männern mit Pensionierungsalter 63 bei der EAV Typ 1 nur geringfügig, bei der EAV Typ 2 etwas deutlicher (**Teilergebnis** 67).

Bei gleicher Eintrittsaltersverteilung und gleicher Bezügestruktur für die Neueintritte ergeben sich also anhand der Meßgröße μ nur geringe Unterschiede. Will man jedoch berücksichtigen, daß das Bezügeniveau der Frauen in der Praxis[1] deutlich unter demjenigen der Männer liegt, und daß der Eintritt ins Erwerbsleben bei Frauen vielfach durch die Phase der Kindererziehung[2] beeinflußt wird, dann steigt der mit μ gemessene Unterschied zu den Männern erheblich an.

Wenn man daher mit der für die Frauen vorgesehenen niedrigeren Bezügestruktur aus Übersicht 15 und mit der in Übersicht 14 enthaltenen EAV Typ 5 anstelle der EAV Typ 1 rechnet, so

---

1) In den alten Bundesländern lagen 1991 die Durchschnittsverdienste der Männer um mehr als 40% höher als die der Frauen. Vgl. Statistisches Bundesamt (Hrsg.), (Statistisches Jahrbuch 1992), S. 585, Tab. 22.3.2 und S. 594, Tab. 22.7.2

2) Einer verminderten Erwerbstätigkeit der Frauen im Alter bis zu ca. 35 Jahren steht eine erhöhte Rückkehr ins Arbeitsleben im höheren Alter gegenüber.

Abb. 16: Nullanpassung versus Anpassung nach BetrAVG

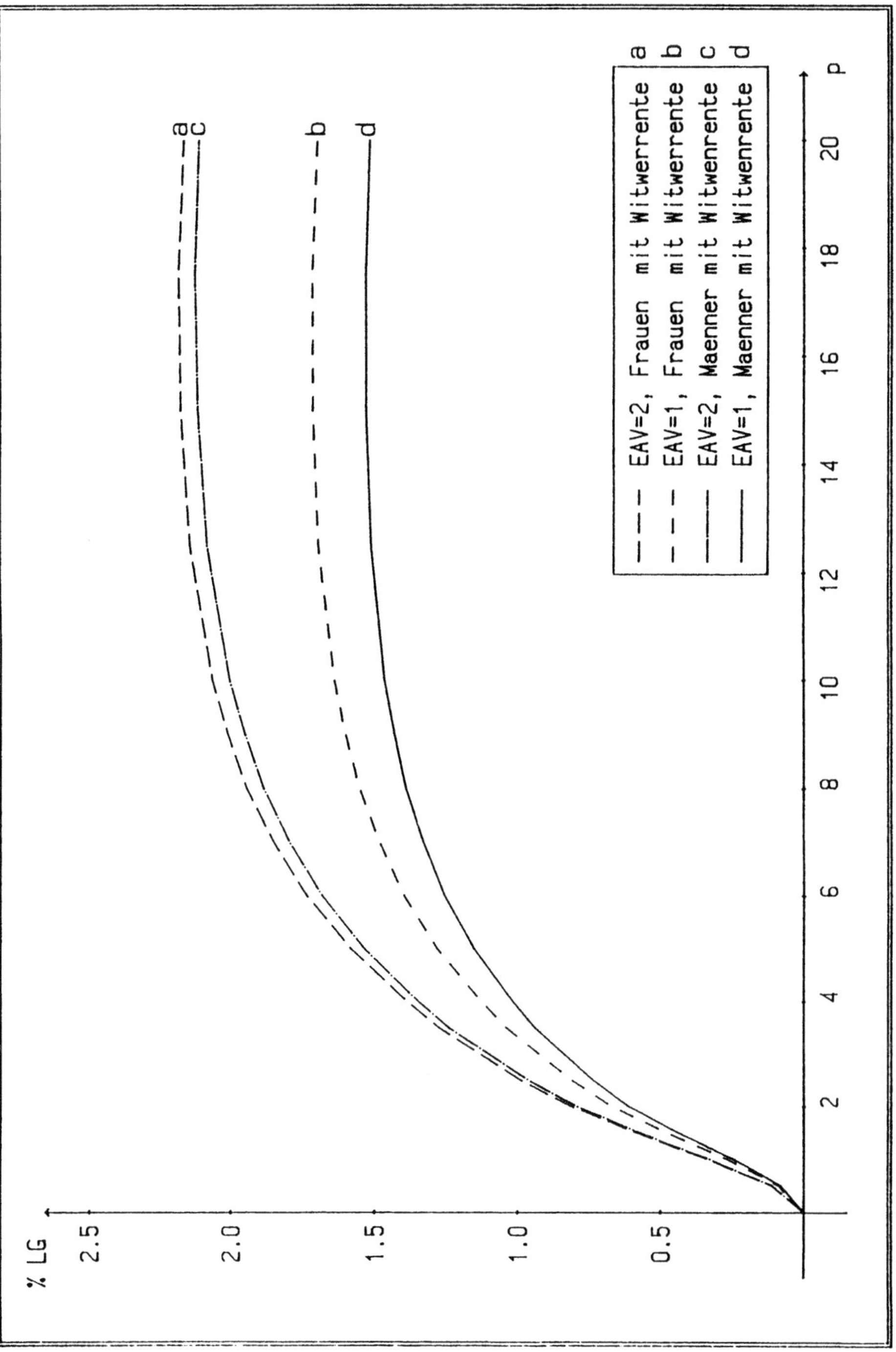

Übersicht 24: BHZ-Kennzahlen zum Frauen-Bestand im modifizierten Grundmodell mit der EAV Typ 5 und 2

Erwartungswert für die Anzahl der	Eintrittsaltersverteilung	
	EAV Typ 5	EAV Typ 2
Aktiven AA	13,8239 (100,0%)	10,6453 (100,0%)
Unverfallbaren AU	1,5094 (10,9%)	1,0103 (9,5%)
Rentnerinnen und Witwer AR + AW	13,1035 (94,8%)	12,1797 (114,4%)
Neueintritte pro Periode	1,0000 (7,2%)	1,0000 (9,4%)
Ausgeschiedenen pro Periode	1,0000 (7,2%)	1,0000 (9,4%)
davon durch Fluktuation	0,5458 (3,9%)	0,4493 (4,2%)

erhält man die BHZ-Kennzahlen der Übersicht 24, die zusätzlich nochmals die Ergebnisse zur EAV Typ 2 enthält.

Der Vergleich der in Klammern gesetzten Struktur-Kennziffern in den Übersichten 23 und 24 zeigt, daß sich die auf die jeweilige Aktivenanzahl bezogenen Quotienten der Unverfallbaren, der Rentnerinnen und Witwer, der Neueintritte und Ausgeschiedenen durch den Übergang von der EAV Typ 1 auf die EAV Typ 5 in die Richtung der für die EAV Typ 2 geltenden Quotienten bewegen[1], was auf erhöhte zusagebedingte Auswirkungen hindeutet.

Der Erwartungswert für den Niveauwert der (Jahres-)Lohn- und Gehaltssumme LG beträgt nunmehr

bei der EAV Typ 5: 331.179 DM,
bei der EAV Typ 2: 275.272 DM.

Der durchschnittliche Niveauwert des Monatsgehalts liegt also mit 1.996 DM bzw. 2.155 DM (EAV Typ 5 bzw. 2) im BHZ für die Frauen erheblich niedriger als die Niveauwerte der Männer mit 2.495 DM bzw. 2.983 DM (EAV Typ 1 bzw. 2).

Die hier untersuchten Pensionszusagen knüpfen nicht[2] an die individuellen Bezüge des Mitarbeiters an, so daß für Männer und Frauen c.p. trotz des unterschiedlichen Bezügeniveaus die gleiche Rentenhöhe vorgesehen ist. Durch die Bezugnahme auf die Niveaugröße LG als Re-

1) Am deutlichsten beim Quotienten der Unverfallbaren
2) Vgl. Abschn. B.III.2.2

Abb. 17: Nullanpassung versus Anpassung nach BetrAVG

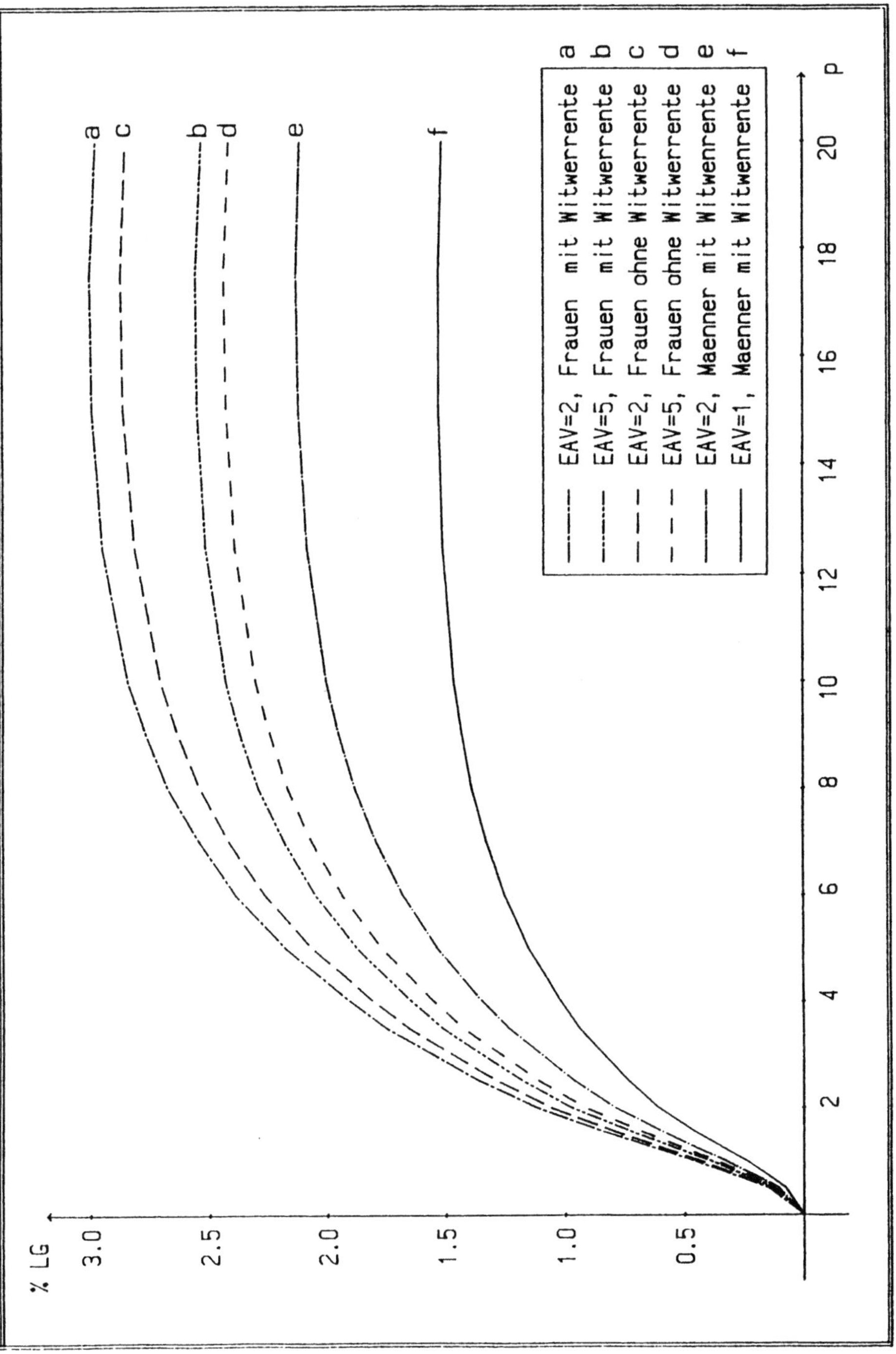

präsentant der Personalkosten fällt zwangsläufig die Meßgröße μ für Frauen c.p. höher aus als für Männer.

Folgerichtig fällt der Vorsprung der Nullanpassung vor der Anpassung nach BetrAVG in Abbildung 17 bei den Frauen mit reduziertem Bezügeniveau deutlich höher aus als bei den Männern (**Teilergebnis** 68).

Wenn also die Rentenformel eine proportionale Abhängigkeit der Rentenhöhe von den individuellen Bezügen vorsieht, was bei Anwartschaftsdynamik überwiegend der Fall sein dürfte, dann spielt nach dem Teilergebnis 67 das Geschlecht keine große Rolle für das Ergebnis des (Vorteils-)Vergleichs. Bei bezüge<u>un</u>abhängigen Pensionszusagen, insbesondere also bei festen DM-Beträgen im Fall der Anwartschaftsstatik[1], wirken sich geschlechtsspezifische Unterschiede im Bezügeniveau analog zum Teilergebnis 68 aus.

In Abbildung 17 sind zusätzlich die Ergebniskurven enthalten, die man mit der Pensionszusage Typ 1 ohne die 60%-ige Witwerrentenzusage an die Frauen erhält[2]. Der Wegfall der Witwerrente[3] wirkt sich überraschend[4] geringfügig auf den Vorsprung der Nullanpassung vor der Anpassung nach BetrAVG aus (**Teilergebnis** 69).

Der Abstand[5] zwischen den Ergebniskurven der EAV Typ 1 und 2 fällt in Abbildung 16 bei den Frauen etwas niedriger aus als bei den Männern, während in Abbildung 17 der Übergang von der EAV Typ 1 auf die EAV Typ 5 bei den Frauen eine deutlichere Abstandsverringerung bewirkt (**Teilergebnis** 70).

Inwieweit die Ergebniskurven des (Vorteils-)Vergleichs vom Ansatz unterschiedlicher Eintrittsaltersverteilungen abhängen, soll nachfolgend untersucht werden.

2.4.1.2 Einfluß der Eintrittsaltersverteilungen

Ausgehend von der EAV Typ 1, bei der 95% aller Neueintritte im Alter bis zu 40 Jahren erfolgen[6], werden bei den alternativen Eintrittsaltersverteilungen der Übersicht 14 die höheren Eintrittsalter auf unterschiedliche Weise stärker gewichtet, wobei die EAV Typ 9 bereits in der Nähe der gleichverteilten EAV Typ 2 liegt.

Der Anteil der bis zu einem bestimmten Alter[7] Eintretenden fällt bei der EAV Typ 1 bzw. 2 höher bzw. niedriger aus als bei den übrigen Eintrittsaltersverteilungen, d.h. die derart kumulierten Gewichtungsziffern der EAV Typ 3 bis 9 liegen stets zwischen denjenigen der EAV Typ 1 und 2. Fraglich ist, ob dies auch für die zeilenweise verglichenen Ergebniszahlen gilt.

---

1) Die Teilergebnisse 67 und 68 gelten in gleicher Weise bei Anwartschaftsstatik wie bei Anwartschaftsdynamik.
2) Dabei reduziert sich der Erwartungswert für die Anzahl der laufenden Renten auf die Anzahl der Rentnerinnen AR mit 12,1017 (= 87,5% von AA) bei der EAV Typ 5 und mit 11,3090 (= 106,2% von AA) bei der EAV Typ 2.
3) Oder anders herum: die Einführung einer Witwerrente
4) Bei zugesagter Witwer- oder Witwenrente verlängert sich c.p. die Dauer des Rentenbezugs, was bei einer Rentenanpassung mit geometrischen Steigerungen zu überproportional erhöhten Renten führt.
5) Vgl. das Teilergebnis 52
6) Vgl. Übersicht 13
7) Bzw. bis zu einer bestimmten Altersklasse. Vgl. Prämisse 20

Tabelle 19: Werte der C_o-/EK-Ergebniskurve beim (Vorteils-)Vergleich zwischen der Nullanpassung und der Anpassung nach BetrAVG im Grundmodell bei unterschiedlichen Eintrittsaltersverteilungen

p %	C_o-/EK-Differenz bei der EAV Typ .... in % LG nach ErtrSt								
	1	3	4	5	6	7	8	9	2
0,0	0,0	0,0	0,0	0,0	0,0	0,0	0,0	0,0	0,0
0,5	9,3	9,9	10,5	10,8	11,3	9,6	10,6	11,7	13,0
1,0	46,3	48,8	51,5	52,9	55,1	47,2	51,7	56,5	62,8
1,5	228,4	239,0	249,9	258,0	267,3	232,1	251,2	272,1	300,6
2,0	430,7*	448,7*	467.3*	483,5*	500,0*	436,6*	470,1*	506,7*	558,1*
2,5	155,6*	162,4*	169,3*	175,2*	181,3*	157,9*	170,3*	183,9*	202,8*
3,0	104,6*	109,3*	114,1*	118,1*	122,3*	106,2*	114,8*	124,1*	137,1*
3,5	83,5*	87,3*	91,3*	94,5*	97,9*	84,8*	91,8*	99,4*	109,9*
4,0	70,3*	73,6*	77,0*	79,8*	82,7*	71,5*	77,5*	84,0*	93,0*
4,5	61,4*	64,4*	67,4*	69,8*	72,4*	62,5*	67,8*	73,7*	81,6*
5,0	55,4*	58,1*	60,9*	63,1*	65,4*	56,3*	61,2*	66,6*	73,8*
6,0	46,4*	48,8*	51,2*	53,0*	55,1*	47,3*	51,5*	56,1*	62,3*
7,0	40,1*	42,2*	44,4*	46,0*	47,7*	40,9*	44,6*	48,7*	54,2*
8,0	35,5*	37,4*	39,4*	40,8*	42,4*	36,2*	39,6*	43,3*	48,2*
9,0	31,8*	33,6*	35,3*	36,6*	38,1*	32,4*	35,5*	38,9*	43,4*
10,0	28,9*	30,5*	32,1*	33,3*	34,6*	29,4*	32,3*	35,4*	39,5*
12,5	23,4*	24,7*	26,1*	27,0*	28,2*	23,8*	26,2*	28,8*	32,2*
15,0	19,6*	20,7*	21,9*	22,7*	23,7*	20,0*	22,0*	24,2*	27,1*
17,5	16,8*	17,8*	18,8*	19,6*	20,4*	17,2*	18,9*	20,9*	23,4*
20,0	14,7*	15,5*	16,4*	17,1*	17,8*	15,0*	16,5*	18,2*	20,5*

Diese Frage kann sowohl für die Ergebnisse der isoliert betrachteten Alternativen, also der "Nullanpassung" oder der "Anpassung nach BetrAVG", wie auch für das Differenzergebnis des (Vorteils-)Vergleichs gestellt werden.

Die Untersuchung kann in äquivalenter Weise anhand der Meßgröße μ oder mit Hilfe der C_0-/EK-Werte vorgenommen werden, da sich die Annuität M gemäß Definition 17 durch Multiplikation mit dem - zeilenweise fixierten - Faktor $(1 - z^{-1})$ aus C_0 bzw. (1 - z) aus EK errechnet.

Für das Differenzergebnis des (Vorteils-)Vergleichs im Grundmodell sind die C_0-/EK-Werte[1] für die EAV Typ 1 bis 9 in Tabelle 19 zusammengestellt, wobei die Werte der EAV Typ 2 - der Größenordnung der Ergebnisse entsprechend - ganz rechts stehen.

Demnach liegen im Grundmodell die Ergebnisse des (Vorteils-)Vergleichs zwischen der Nullanpassung und der Anpassung nach BetrAVG für die EAV Typ 3 bis 9 bei allen untersuchten Inflationsraten vollständig zwischen den Ergebnissen für die EAV Typ 1 und 2 (**Teilergebnis** 71).

Das Teilergebnis 71 gilt ebenso für Frauen mit der Bezügestruktur aus Übersicht 15 und wird für Männer und Frauen auch bei "i = 8%" bestätigt. Dies gilt auch beim (Vorteils-)Vergleich zwischen dem Ausgleich der vollen bzw. halben Inflation und der Anpassung nach BetrAVG, nicht jedoch beim Vorteilsvergleich mit einer garantierten Rentenanpassung in Höhe von 3% p.a. und 10% p.a., bei denen teilweise "Ausreißer" zu verzeichnen sind.

Insbesondere verlaufen demnach die Ergebniskurven für die EAV Typ 3 bis 9 in den Abbildungen 12 und 13 innerhalb des durch die Ergebniskurven der EAV Typ 1 und 2 abgesteckten Bereichs.

Die bisherigen Aussagen zum Fall der Anwartschaftsdynamik gelten mit einer Ausnahme auch für die Anwartschaftsstatik: bei Männern treten mit "i = 8" Ausreißer auf[2].

Auch bei der isolierten Betrachtung der Ergebnisse der einzelnen Alternativen erhält man mit Ausnahme der garantierten Rentenanpassung grundsätzlich dasselbe Bild: die zur EAV Typ 1 und 2 gehörigen Ergebniskurven hüllen die Ergebniskurven der EAV Typ 3 bis 9 weitgehend ein (**Teilergebnis** 72).

2.4.1.3 Beispielhafte Hinzunahme eines Ausgangsbestands

Mit der in Abschnitt C.I.1.4.1 beschriebenen Ergänzung des Grundmodells um einen beispielhaften Ausgangsbestand ändert sich an den BHZ-Ergebnissen bei Anwartschaftsdynamik im Bereich der Modellsituation ***C*** nichts gegenüber dem Grundmodell, da die g-relativen Niveauwerte nicht von einem Ausgangsbestand abhängen[3].

Im Bereich der Modellsituation ***A*** kommt wie bei Anwartschaftsstatik der Kapitalwert für das geschlossene Ausgangskollektiv zum Kapitalwert für die Neuzugänge hinzu. Die resultierenden μ-Werte sind für einen Vergleich mit den aus Tabelle 12 bzw. 13 entnommenen μ-Werten des Grundmodells in Übersicht 25 zusammen mit den auf den Ausgangsbestand entfallenden prozentualen Steigerungen untereinandergestellt. Man sieht:

---

1) Diese sind optisch leichter vergleichbar als die mit drei Nachkommastellen versehenen μ-Werte.
2) Beim (Vorteils-)Vergleich mit der Nullanpassung und der Hälftelung für „p = 20%" und mit dem vollen Inflationsausgleich für $p \geq 12{,}5\%$
3) Vgl. Abschn. B.II.3.2.6

Übersicht 25: Werte der Meßgröße μ im Grundmodell sowie bei Hinzunahme eines Ausgangsbestands und prozentualer Anstieg der Werte durch den Ausgangsbestand

Fall A: Anpassung nach BetrAVG
Fall B: Nullanpassung

p	EAV Typ 1			EAV Typ 2		
%	Fall A	Fall B	Diff.	Fall A	Fall B	Diff.
	(1) μ-Werte im Grundmodell ohne Ausgangsbestand (%)					
0,0	-1,643	-1,643	0,000	-2,905	-2,905	0,000
0,5	-1,653	-1,573	0,080	-2,871	-2,759	0,112
1,0	-1,730	-1,486	0,243	-2,931	-2,600	0,331
1,5	-1,819	1,382	0,438	-3,002	-2,427	0,576
2,0	-1,854*	-1,243*	0,611*	-3,021*	-2,229*	0,792*
	(2) μ-Werte im Grundmodell mit Ausgangsbestand (%)					
0,0	-2,088	-2,088	0,000	-3,267	-3,267	0,000
0,5	-1,969	-1,876	0,093	-3,128	-3,006	0,122
1,0	-1,926	-1,661	0,266	-3,090	-2,742	0,349
1,5	-1,893	-1,441	0,452	-3,062	-2,475	0,587
2,0	-1,854*	-1,243*	0,611*	-3,021*	-2,229*	0,792*
	(3) Prozentuale Erhöhung der Werte (2) gegenüber (1)					
0,0	27,1%	27,1%	-	12,5%	12,5%	-
0,5	19,1%	19,3%	16,3%	9,9%	9,0%	8,9%
1,0	11,3%	11,8%	9,5%	5,4%	5,5%	5,4%
1,5	4,1%	4,3%	3,2%	2,0%	2,0%	1,9%
2,0	0,0%*	0,0%*	0,0%*	0,0%*	0,0%*	0,0%*

Verglichen mit den Auswirkungen der Neuzugänge geht das Gewicht der auf den Ausgangsbestand entfallenden Auswirkungen mit steigender Inflation zurück und sinkt bei Annäherung an die Modellsituation ***C*** auf Null ab; dies gilt sowohl für die isoliert betrachteten Ergebnisse der Alternativen als auch - verstärkt - für das Ergebnis des (Vorteils-)Vergleichs (**Teilergebnis** 73).

Durch die Hinzunahme des Ausgangsbestands ändert sich die Bestandsstruktur bei unveränderter Eintrittsaltersverteilung der Neuzugänge lediglich während der Anlaufphase bis zum Eintritt in den BHZ. Dagegen bewirkt eine veränderte Bestandsfortschreibung der Neuzugänge auch eine andere BHZ-Bestandsstruktur mit entsprechend veränderten Ergebniszahlen.

2.4.2 Modifikation der Bestandsfortschreibung

Die Bestandsprognose setzt eine Vorgabe des für den Bestandsumfang maßgebenden Wachstumsfaktors[1] w sowie die Festlegung einer Ausscheideordnung[2] voraus.

---

1) Vgl. Abschn. B.III.1, Prämisse 22
2) Vgl. Abschn. B.III.2.1.1

2.4.2.1 Einfluß der Fluktuation

Die Ausscheideordnung des Grundmodells beruht auf den biologischen Ausscheideursachen der "Richttafeln"[1] und den in Tabelle 4 wiedergegebenen Fluktuationswahrscheinlichkeiten. Da das Fluktuationsverhalten von Unternehmen zu Unternehmen sowie im Zeitablauf schwankt[2], soll überprüft werden, wie sich die stationäre Annahme einer erhöhten bzw. verminderten Fluktuation auf das Ergebnis des (Vorteils-)Vergleichs auswirkt.

Dazu werden die einjährigen Fluktuationswahrscheinlichkeiten des Grundmodells ("Fluktuation Typ 1") mit dem Faktor Null ("Fluktuation Typ 0") bzw. zwei ("Fluktuation Typ 2") multipliziert. Das Grundmodell wird also c.p. ohne Fluktuation bzw. mit verdoppelten[3] Fluktuationswahrscheinlichkeiten durchgerechnet.

Übersicht 26 enthält einen Vergleich der bei unterschiedlicher Fluktuation zu erwartenden Belegung der Statusgruppen und der Erwartungswerte für den Niveauwert der (Jahres-)Lohn- und Gehaltssumme LG sowie des zugehörigen durchschnittlichen Monatsgehalts.

Die Zahlen sprechen für sich selbst. Aussagekräftiger als das Verhältnis der laufenden Renten zu den Aktiven (AR + AW) / AA dürfte der Quotient[4] (AR + AW) / (AA + AU) sein, der folgende Werte annimmt:

		EAV Typ 1	EAV Typ 2
bei der Fluktuation Typ	0:	87,4%	124,4%
	1:	78,5%	116,8%
	2:	66,9%	107,5%

Die Ergebniskurven[5] in Abbildung 18 bestätigen die mit diesen Kennziffern verbundene Vermutung: der Vorsprung der Nullanpassung vor der Anpassung nach BetrAVG erhöht sich mit sinkender Fluktuation (**Teilergebnis** 74).

Der Abstand zwischen den Ergebniskurven der EAV Typ 1 und Typ 2 veringert sich mit sinkender Fluktuation relativ zum Abstand der Ergebnisse von der Abszisse, d.h. der Einfluß der Bestandsstruktur auf das Ergebnis des (Vorteils-)Vergleichs verliert mit sinkender Fluktuation an Bedeutung (**Teilergebnis** 75).

Trotz identischer Bestands- und Bezügeergebnisse ergibt sich bei Anwartschaftsstatik ein anderes Bild: die drei Ergebniskurven für die EAV Typ 1 einerseits und die EAV Typ 2 andererseits verlaufen trotz der unterschiedlichen Fluktuation nahe beieinander. Das Teilergebnis 75 gilt so gut wie nicht; das Teilergebnis 74 gilt für die EAV Typ 2 nur bis zu einer Inflation von 6% - und dies auch nur sehr knapp -, für die EAV Typ 1 etwas deutlicher und bis zu einer Inflation von ca. 19%, also weit in den Bereich der unverträglich hohen Inflationsraten hinein. Festzuhalten ist,

---

1) Vgl. Abschn. B.II.2.2.1

2) Vgl. Abschn. B.II.2.2.1 und B.III.2.1.1

3) Eine Verdoppelung der einjährigen Fluktuationswahrscheinlichkeiten führt im allgemeinen nicht zu einer Verdoppelung der Fluktuationsquote. Vgl. das Ergebnis in Übersicht 26

4) Vgl. Abschn. C.I.1.1.1

5) Durch den Bezug auf die jeweilige Niveaugröße LG werden die Ergebnisse erst vergleichbar, weil damit gewährleistet ist, daß man in der Ausgangsperiode "t = 0" von ein und derselben Lohn- und Gehaltssumme ausgeht. Vgl. Abschn. B.II.3.3.2

Übersicht 26: BHZ-Kennzahlen zum Bestand im Grundmodell sowie ohne Fluktuation und mit verdoppelten Fluktuationswahrscheinlichkeiten

a) = Fluktuation Typ 0 (ohne Fluktuation)
b) = Fluktuation Typ 1 (Grundmodell)
c) = Fluktuation Typ 2 (verdoppelte Fluktuationswahrscheinlichkeiten)

Erwartungswert für		Eintrittsaltersverteilung	
die Anzahl der		EAV Typ 1	EAV Typ 2
Aktiven AA	a)	30,5014 (100,0%)	19,3942 (100,0%)
	b)	16,1495 (100,0%)	11,3730 (100,0%)
	c)	9,2137 (100,0%)	7,2265 (100,0%)
Unverfallbaren AU	a)	0,0000 (0,0%)	0,0000 (0,0%)
	b)	2,2449 (13,9%)	1,1353 (10,0%)
	c)	2,0824 (22,6%)	1,0690 (14,8%)
Rentner und	a)	26,6480 (87,4%)	24,1279 (124,4%)
Witwen AR + AW	b)	14,4354 (89,4%)	14,6037 (128,4%)
	c)	7,5592 (82,0%)	8,9156 (123,4%)
Neueintritte	a)	1,0000 (3,3%)	1,0000 (5,2%)
pro Periode	b)	1,0000 (6,2%)	1,0000 (8,8%)
	c)	1,0000 (10,9%)	1,0000 (13,8%)
Ausgeschiedenen	a)	1,0000 (3,3%)	1,0000 (5,2%)
pro Periode	b)	1,0000 (6,2%)	1,0000 (8,8%)
	c)	1,0000 (9,1%)	1,0000 (13,8%)
davon durch	a)	0,0000 (0,0%)	0,0000 (0,0%)
Fluktuation	b)	0,5911 (3,7%)	0,4480 (3,9%)
	c)	0,8352 (9,1%)	0,6614 (9,2%)
den Niveauwert	a)	904.298 DM	679.839 DM
LG	b)	483.461 DM	407.163 DM
	c)	278.486 DM	263.627 DM
den Niveauwert	a)	2.471 DM	2.921 DM
LG / (12 AA)	b)	2.495 DM	2.983 DM
	c)	2.519 DM	3.040 DM

daß sich der Einfluß der Fluktuation auf das Ergebnis des (Vorteils-)Vergleichs bei Anwartschaftsstatik in vergleichsweise engen Grenzen bewegt (**Teilergebnis** 76).

Auch im folgenden Abschnitt werden sich die Aussagen für Anwartschaftsdynamik und -statik nicht decken.

Abb. 18: Nullanpassung versus Anpassung nach BetrAVG

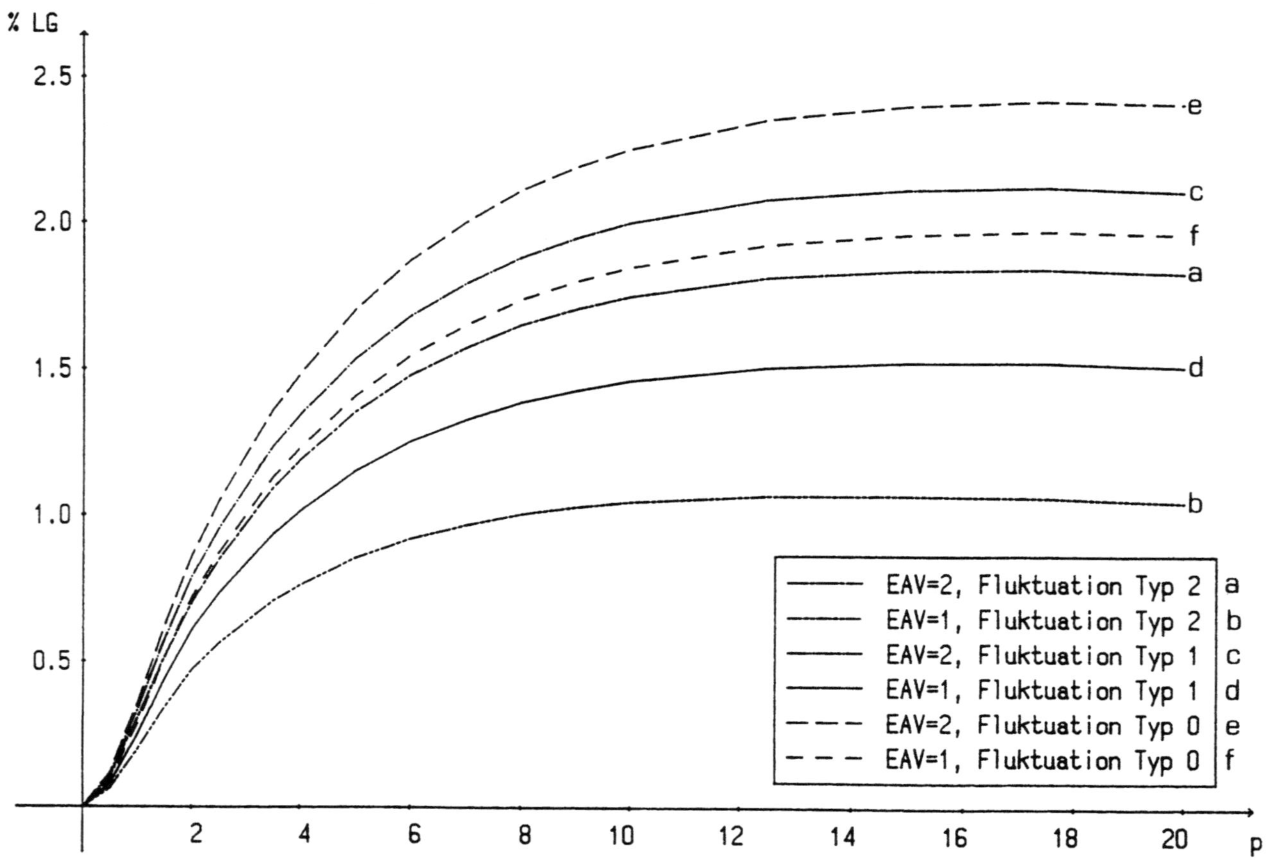

2.4.2.2 Einfluß des Bestandswachstums

Bisher war der stationäre Wachstumsfaktor w für den Bestand mit dem Wert "w = 1" des Grundmodells angesetzt. In Abschnitt B.II.3.1.2 war bereits festgestellt worden, daß der Bestandsumfang[1] mit einem stationären Ansatz "w > 1" bzw. "w < 1" auf die Dauer beliebig groß bzw. klein sein wird.

Demnach macht es scheinbar wenig Sinn, vom Ansatz "w = 1" abzugehen. Indes, die Modellrechnung liefert Niveauwerte, deren Relationen von Interesse sind, wenn man nach den tendenziellen Auswirkungen eines wachsenden oder schrumpfenden Bestands fragt.

Hierzu sollen alternativ die stationär angenommenen Werte "w = 1,01" bzw. "w = 0,99" untersucht werden, was mit der Bezeichnung b := w - 1, also mit w = 1 + b auf die Betrachtung einer Wachstumsrate von "b = +1%" bzw. einer Schrumpfungsrate von "b = -1%" hinausläuft[2].

In Übersicht 27 sind die bei unterschiedlichem Bestandswachstum zu erwartenden Bestands- und Bezügeergebnisse zusammengestellt. Anders als bei den bisherigen Bestandsergebnissen stellen die Erwartungswerte für die Belegung der Statusgruppen bei Bestandswachstum bzw. -schrumpfung echte Niveauwerte dar, deren absolute Höhe im Gegensatz zu den Relativangaben ohne Bedeutung ist[3]. Mit steigender Wachstumsrate b stellen sich wiederum[3] fallende Niveauwerte ein.

An die Stelle des finanziellen Wachstumsfaktors g tritt nach den Überlegungen in Abschnitt B.II.3.2.3 nunmehr der Faktor (w g), woraus auch bei fixierter Inflationsrate p mit identischem Steigerungsfaktor g und identischem Nettozins $i_s(p)$ ein mit w veränderter zentraler Dynamikfaktor $z = q_s / (w\ g)$ resultiert.

Damit verschiebt sich zunächst die Position der Modellsituation ***B*** mit den zugehörigen Bereichen der Modellsituation ***A*** und ***C***. Die Modellsituation ***B*** würde sich bei dem hier unterstellten Realwachstum der Löhne und Gehälter mit "r = 1" bei folgenden Inflationsraten einstellen:

für b = -1% bei p = 3,31%,
für b = 0% bei p = 1,79% (Grundmodell),
für b = +1% bei p = 0,31%.

Ferner wird die Entnahmestruktur des äquivalenten annuitätischen Zahlungsstroms mit dem Entnahmeniveau M nunmehr durch $(1, (w\ g), (w\ g)^2, \ldots\ldots, (w\ g)^t, \ldots\ldots)$ beschrieben und ist bis auf den Spezialfall "w = 1" unmittelbar mit dem Bestandswachstum verknüpft.

Wenn man diesen Ansatz akzeptiert und als ergänzende Prämisse hinzunimmt, dann gelten für die Vergleichbarkeit der resultierenden (absoluten) Entnahmeströme die in Abschnitt C.I.2.1.3 angestellten Überlegungen entsprechend[4].

---

1) Und damit wegen der Linearität des Erwartungswerts auch die übrigen Ergebniszahlen
2) Damit verdoppelt bzw. halbiert sich der Bestandsumfang alle 69,66 bzw. 68,97 Jahre.
3) Vgl. zu wachsendem g Abschn. C.I.2.1.1
4) Um eine vergleichbare Ausgangsbasis in der Ausgangsperiode "t = 0" sicherzustellen, sind bei unterschiedlichem w die Annuitäten M, die zu den in Übersicht 27 enthaltenen Ergebnissen gehören, vor einem Vergleich noch geeignet zu normieren, etwa mit dem Niveauwert der Aktivenanzahl AA (gleicher Bestandsumfang) oder mit der Lohn- und Gehaltssumme LG (gleiche Personalkosten). Insofern eignen sich gerade die zur Meßgröße μ gehörigen Entnahmeströme für einen Vergleich (Normierungsfunktion von LG).

Übersicht 27: BHZ-Kennzahlen zum Bestand im Grundmodell sowie bei Bestandswachstum/-schrumpfung um 1% pro Periode

a) = Bestandsschrumpfung (b = -1%)
b) = Bestandskonstanz (b = 0%)
c) = Bestandswachstum (b = +1%)

Erwartungswert für den Niveauwert der Anzahl der		Eintrittsaltersverteilung EAV Typ 1	EAV Typ 2
Aktiven AA	a)	18,5261 (100,0%)	12,6262 (100,0%)
	b)	16,1495 (100,0%)	11,3730 (100,0%)
	c)	14,2489 (100,0%)	10,3392 (100,0%)
Unverfallbaren AU	a)	2,8478 (15,4%)	1,4162 (11,2%)
	b)	2,2449 (13,9%)	1,1353 (10,0%)
	c)	1,7822 (12,5%)	0,9162 (8,9%)
Rentner und Witwen AR + AW	a)	22,8783 (123,5%)	20,7824 (164,6%)
	b)	14,4354 (89,4%)	14,6037 (128,4%)
	c)	9,2932 (65,2%)	10,5204 (101,8%)
Neueintritte pro Periode	a)	1,0000 (5,4%)	1,0000 (7,9%)
	b)	1,0000 (6,2%)	1,0000 (8,8%)
	c)	1,0000 (7,0%)	1,0000 (9,7%)
Ausgeschiedenen pro Periode	a)	1,0000 (5,4%)	1,0000 (7,9%)
	b)	1,0000 (6,2%)	1,0000 (8,8%)
	c)	1,0000 (7,0%)	1,0000 (9,7%)
davon durch Fluktuation	a)	0,6353 (3,4%)	0,4769 (3,8%)
	b)	0,5911 (3,7%)	0,4480 (3,9%)
	c)	0,5520 (3,9%)	0,4222 (4,1%)
LG	a)	552.040 DM	448.864 DM
	b)	483.461 DM	407.163 DM
	c)	428.295 DM	372.407 DM
LG / (12 AA)	a)	2.483 DM	2.962 DM
	b)	2.495 DM	2.983 DM
	c)	2.505 DM	3.002 DM

Wählt man - wie am Ende von Abschnitt C.I.2.1.3 - die zur jeweiligen Entwicklung des Bestandsumfangs gehörige Lohn- und Gehaltssumme als Bezugsbasis, dann sind die Meßgrößen μ wiederum insofern miteinander vergleichbar, als sie den äquivalenten zusagebedingten Entnahmestrom in Einheiten der jeweiligen Lohn- und Gehaltssumme charakterisieren.

Mit dieser Interpretation der Ergebnisse können die drei Kurvenpaare (jeweils EAV Typ 1 und 2) in Abbildung 19 unmittelbar verglichen werden. Allerdings stößt das Auflösungsvermögen der Abbildungen hier an seine Grenze, da die Ergebniskurven in der Nähe der Inflationsrate "p = 0" sehr eng beisammen verlaufen.

Abb. 19: Nullanpassung versus Anpassung nach BetrAVG

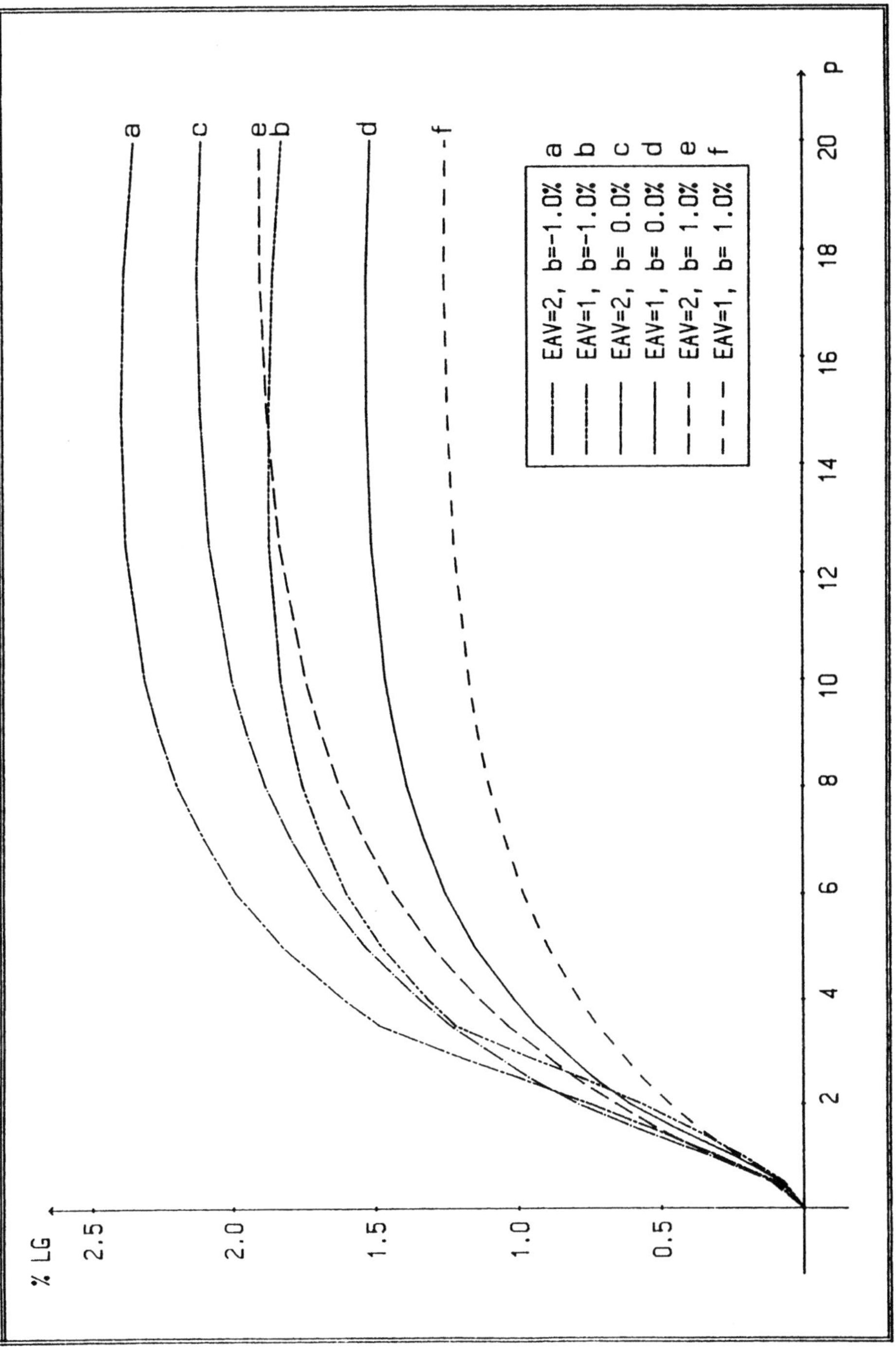

Aus Abbildung 19 ist klar erkennbar, daß der Vorsprung der Nullanpassung vor der Anpassung nach BetrAVG für Inflationsraten von 2,5% und mehr umso geringer ausfällt, je höher die Wachstumsrate für den Bestandsumfang ist (**Teilergebnis** 77).

Für Inflationsraten mit 1% $\leq p \leq$ 2% gilt das Teilergebnis 77 auch für den Vergleich von "b = 0%" und "b = +1%", während sich beim Vergleich von "b = -1%" und "b = 0%" die Verhältnisse gerade umkehren (**Teilergebnis** 78); bei "p = 0,5%" schließlich fällt der Vorsprung der Nullanpassung vor der Anpassung nach BetrAVG umso geringer aus, je niedriger die Wachstumsrate für den Bestandsumfang ist (**Teilergebnis** 79).

Bei Anwartschaftsstatik hingegen gilt das Teilergebnis 79 für alle untersuchten Inflationsraten mit 0% < p $\leq$ 20% (**Teilergebnis** 80). Dieses Ergebnis folgt auch aus der Überlegung, daß der Niveauwert der Annuität M innerhalb der Modellsituation ***A*** mit[1] $M = q_s^{-85} W_{85}$ nicht vom Bestandswachstum abhängt; erst durch die Bezugnahme auf die mit sinkender Wachstumsrate b ansteigende Niveaugröße LG ergeben sich unterschiedliche Werte der Meßgröße $\mu = M / (LG (1 - t_1))$. Damit erhält man die μ-Werte für "b = -1%" aus den mit "b = 0%" berechneten Werten des Grundmodells durch Kürzung mit dem Faktor[2]

483.461 / 552.040 = 0,8758 für die EAV Typ 1,
407.163 / 448.864 = 0,9071 für die EAV Typ 2,

und für "b = +1%" durch Streckung mit dem Faktor[2]

483.461 / 428.295 = 1,1290 für die EAV Typ 1,
407.163 / 372.407 = 1,0933 für die EAV Typ 2.

Dieser einfache Zusammenhang gilt einheitlich innerhalb der Modellsituation ***A***, insbesondere also bei Anwartschaftsstatik.

Bei Anwartschaftsdynamik dagegen erhält man mit den unterschiedlichen Positionen der verschiedenen Modellsituationen die uneinheitlichen Aussagen der Teilergebnisse 77 bis 79. Das Teilergebnis 79 bzw. 77 scheint sich umso eher einzustellen, je deutlicher man im Bereich der Modellsituation ***A*** bzw. ***C*** ist; in der Umgebung der Modellsituation ***B***, insbesondere wenn die verglichenen Kurven in unterschiedlichen Modellsituationen verlaufen, können sich die Verhältnisse umkehren (**Teilergebnis** 81).

Die Aussagen zum Einfluß des Bestandswachstums auf das Ergebnis des (Vorteils-)Vergleichs fallen also bei Anwartschaftsdynamik bereichsweise recht unscharf aus. Immerhin: die Teilergebnisse 77 bis 81 gelten sowohl für die EAV Typ 1 wie für die EAV Typ 2. Bei der Frage nach dem Einfluß der Ausgestaltung der Pensionszusage - dienstzeitabhängig oder -unabhängig - sind die Ergebnisse klarer.

2.4.3 Modifikation der Pensionszusage

Mit dem in Abschnitt B.III.2.2 angekündigten Übergang von der dienstzeitunabhängigen Pensionszusage Typ 1 des Grundmodells auf die dienstzeitabhängige Rentenformel der Pensionszusage Typ 2 soll die Frage untersucht werden, wie sich die "unterschiedliche Struktur" der Rentenformel auf das Ergebnis des (Vorteils-)Vergleichs auswirkt.

---

1) Vgl. Def. 17 und Gl. (65) sowie Def. 19
2) Vgl. Übersicht 27

Zunächst ist zu klären, wann hier von einer "gleichen Struktur" von Rentenformeln gesprochen werden soll.

Dazu wird bei vorgegebener Pensionszusage[1] eine Verdoppelung[2] der zugesagten Rentenhöhe[3] sowie der Verwaltungskosten[4] betrachtet; wegen der Linearitätseigenschaft des Erwartungswerts[5] folgt damit eine Verdoppelung aller absoluten zusagebedingten finanziellen Ergebnisgrößen[6] und aller auf LG bezogenen Relativangaben. Die Kennziffer A / R würde sich jedoch durch diese Modifikation der Rentenformel nicht ändern. In diesem Fall soll von einer "gleichen Struktur" der Rentenformel gesprochen werden[7].

Die Rentenformeln der Pensionszusagen Typ 1 und 2 haben offensichtlich nicht die gleiche Struktur. Der dienstzeitunabhängige Monatsbetrag von g^t 250,-- DM einer in der Periode t fälligen Beginnrente nach der Pensionszusage Typ 1 wird mit der Pensionszusage Typ 2 bei einem Steigerungsbetrag von g^t 10,-- DM pro anrechenbarem[8] Dienstjahr gerade mit einer Dienstzeit von 25 Jahren erreicht. Längere/kürzere Dienstzeiten führen zu höheren/niedrigeren Renten.

Verglichen mit der "Einheitsrente" der Pensionszusage Typ 1 schafft die dienstzeitabhängige Pensionszusage Typ 2 insofern einen Ausgleich, als die älteren Neuzugänge sowie die vorzeitigen Versorgungsfälle mit kürzerer Anwartschaftsphase und früherem Rentenbeginn eine niedrigere Rente erhalten.

Folgerichtig erhält man im BHZ beim Übergang auf die Pensionszusage Typ 2 im Stabilitätsfall bei "p = 0" für die EAV Typ 1 einen höheren Niveauwert für die Rentenzahlungen RZ mit

36.694 anstelle 31.554 bei der Pensionszusage Typ 1,

und für die EAV Typ 2 erheblich niedrigere Rentenzahlungen RZ mit

25.581 anstelle 34.521 bei der Pensionszusage Typ 1.

Damit hat man mit der Pensionszusage Typ 1 und 2 bei fixierter Eintrittsaltersverteilung zwei Versorgungswerke mit unterschiedlichem BHZ-Zusageniveau. Die Struktur-Unterschiede der Rentenformeln werden sichtbar, wenn man die mit der Pensionszusage Typ 2 berechneten finanziellen Ergebnisgrößen bei unverändertem Niveauwert LG linear mit einem Korrekturfaktor umrechnet[9], und zwar bei der

EAV Typ 1 mit 0,859923 = 31.554 / 36.694,
EAV Typ 2 mit 1,349478 = 34.521 / 25.581.

---

1) Bis auf die Rentenformel stimmen also die Leistungsarten, -formen und -voraussetzungen, kurz: alle übrigen Bestandteile der Pensionszusage überein.
2) Allgemeiner: eine lineare Transformation
3) Exakter: aller Komponenten des Rentenanspruchsvektors
4) Wenn man die Verwaltungskosten mit einem festen Prozentsatz der laufenden Renten ansetzt, folgt ihre Verdoppelung aus der verdoppelten Rentenhöhe.
5) Vgl. Gl. (25)
6) Bei unverändertem Niveauwert LG
7) Allgemeiner könnte man definieren: Zwei Rentenformeln besitzen die gleiche Struktur, wenn alle Komponenten der zugehörigen Rentenanspruchsvektoren durch eine lineare Transformation verknüpft sind.
8) Vgl. Abschn. B.III.2.2
9) Damit ergibt sich anstelle des Steigerungsbetrags von 10,-- DM bei der EAV Typ 1 ein modifizierter Steigerungsbetrag von 8,60 DM und bei der EAV Typ 2 ein modifizierter Steigerungsbetrag von 13,49 DM pro anrechenbarem Dienstjahr.

Abb. 20: Nullanpassung versus Anpassung nach BetrAVG

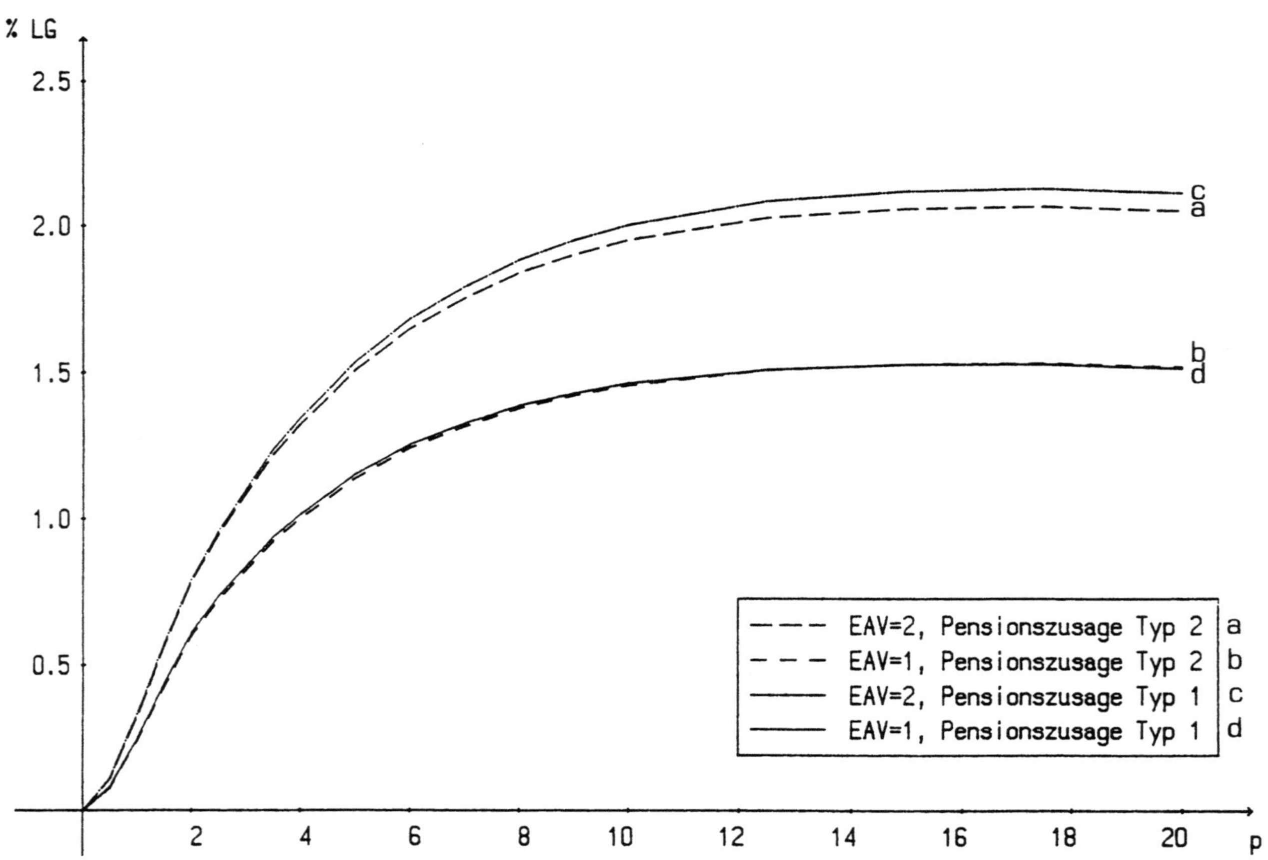

Mit dieser linearen Umrechnung ist sichergestellt, daß im Stabilitätsfall bei "p = 0" ein identisches Zusageniveau resultiert.

Die Ergebniskurven in Abbildung 20 zeigen, daß sich der Übergang von der Pensionszusage Typ 1 auf die modifizierte Pensionszusage Typ 2 bei der EAV Typ 1 praktisch nicht und bei der EAV Typ 2 nur mit einer geringfügigen Reduktion auf den Vorsprung der Nullanpassung vor der Anpassung nach BetrAVG auswirkt (**Teilergebnis** 82).

Bei Anwartschaftsstatik fällt die Reduktion[1] dieses Vorsprungs deutlicher aus: mit der modifizierten Pensionszusage Typ 2 verringert sich der Vorsprung bei der EAV Typ 1 maximal um ca. 12%, bei der EAV Typ 2 maximal immerhin um knapp 30% der mit der Pensionszusage Typ 1 vorgefundenen Werte (**Teilergebnis** 83).

Tendenziell fällt also der Vorsprung der Nullanpassung vor der Anpassung nach BetrAVG - gleiches Zusageniveau im Stabilitätsfall vorausgesetzt - bei einer dienstzeitabhängigen Pensionszusage mit einem für alle anrechenbaren Dienstjahre gleichen Steigerungsbetrag geringer aus als bei einer dienstzeitunabhängigen Pensionszusage mit einem für alle aktiven Mitarbeiter einheitlichen Rentenbetrag.

Deutlicher als bei den Strukturunterschieden der Rentenformel fallen die Auswirkungen einer Modifikation der für den zentralen Dynamikfaktor z maßgebenden finanziellen Wachstumsfaktoren aus.

2.4.4 Modifikation der gesamtwirtschaftlichen Rahmenbedingungen

Die Höhe der Inflation beeinflußt im vorliegenden Rechenmodell sowohl die Höhe des Kalkulationszinsfußes als auch die Entwicklung der Brutto-Aktiveneinkommen sowie der Beginnrenten bei Anwartschaftsdynamik. Das inflationsbereinigte Surrogat beschreibt den "realen" Kern der finanziellen Wachstumsfaktoren, der nachfolgend modifiziert werden soll.

2.4.4.1 Einfluß der Reallohnentwicklung

Der hier untersuchte Ansatz unterschiedlicher realer Wachstumsfaktoren r für die Entwicklung der Brutto-Aktiveneinkommen sowie der Beginnrenten ist in Abschnitt B.III.3.2 ausführlich beschrieben.

Tabelle 6 enthält die zugehörigen nominalen Steigerungsraten der Brutto- und Netto-Aktiveneinkommen. Letztere fallen bei realer Schrumpfung (r = 0,975) und bei der Realkonstanz des Grundmodells (r = 1) durchweg kleiner aus als die korrespondierenden Inflationsraten, bei realem Wachstum (r = 1,025) dagegen nur für Inflationsraten oberhalb von 12,5%.

Demnach[2] bedeutet der Übergang vom Grundmodell mit "r = 1" auf "r = 0,975" eine in Richtung Nullanpassung bzw. Hälftelung[3] verminderte "Anpassung nach BetrAVG"; bei "r = 1,025" deckt sich die "Anpassung nach BetrAVG" bis zu einer Inflation von 12,5% mit dem Ausgleich der vollen Inflation. Nach den Aussagen zum Ausgleich der halben bzw. vollen Inflation in Abschnitt

---

1) Bis auf den Bereich der unverträglich hohen Inflationsraten verlaufen die Ergebniskurven der modifizierten Pensionszusage Typ 2 unterhalb der Kurven der Pensionszusage Typ 1; bei einer Inflation von ca. 15% bzw. 19% (EAV Typ 1 bzw. 2) schneiden sich die Ergebniskurven.

2) Vgl. Abschn. B.III.3.4

3) Vgl. Tab. 6

Abb. 21: Nullanpassung versus Anpassung nach BetrAVG

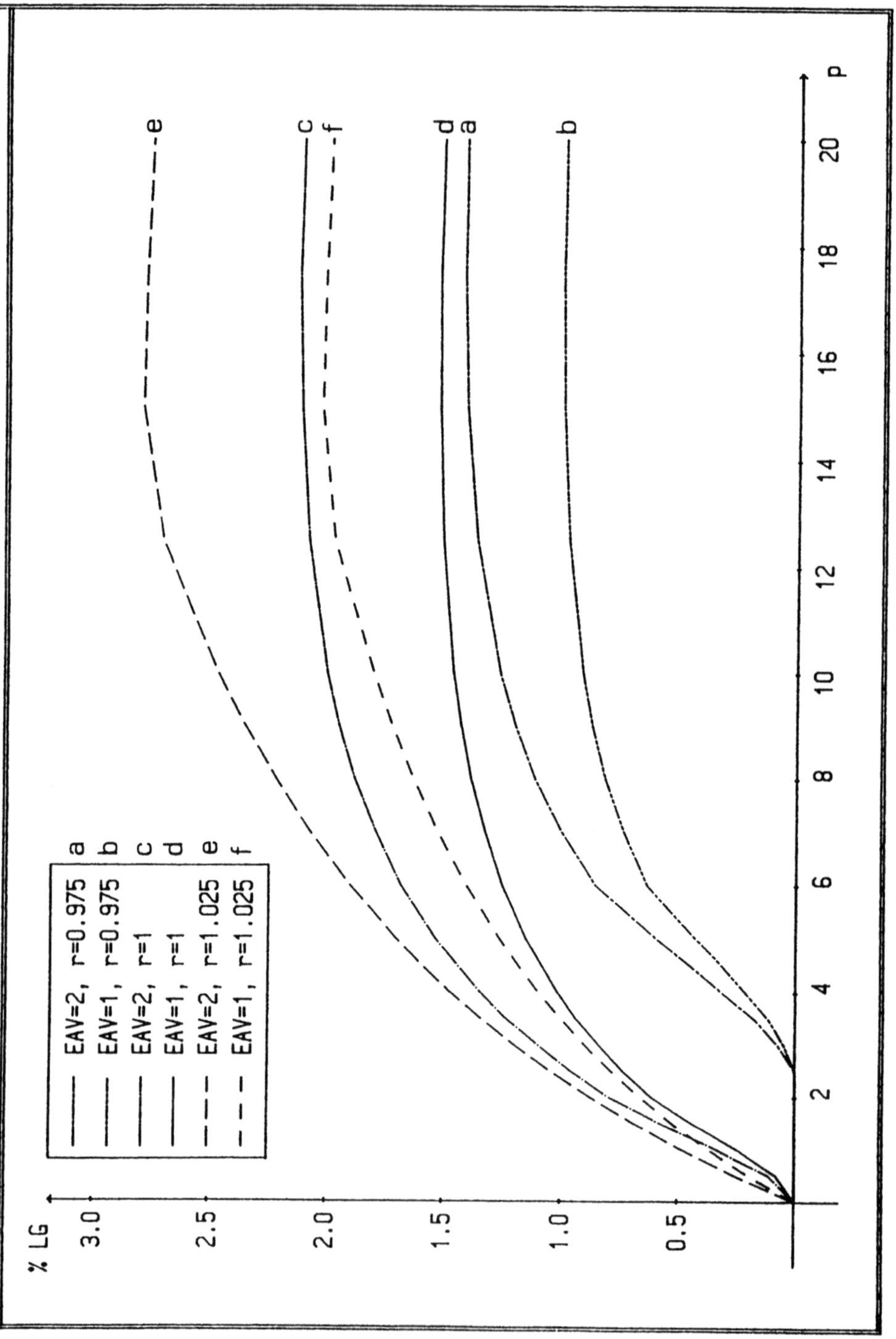

C.I.2.2 überrascht der Verlauf der Ergebniskurven in Abbildung 21 nicht:

Mit zunehmendem Realwachstum r erhöht sich der Vorsprung der Nullanpassung vor der "Anpassung nach BetrAVG" beträchtlich (**Teilergebnis** 84).

Bei Anwartschaftsstatik fällt das Teilergebnis 84 bis auf den Bereich der unverträglich hohen Inflationsraten noch deutlicher aus, insbesondere bei der EAV Typ 2; im Gegensatz zur Anwartschaftsdynamik läuft dabei die Modifikation von r ausschließlich auf die unterschiedliche "Anpassung nach BetrAVG" hinaus, weil sich wegen $g \equiv 1$ zeilenweise für alle r ein und derselbe zentrale Dynamikfaktor $z = q_s(p)$ einstellt.

Im Fall der Anwartschaftsdynamik liegt bei fixierter Inflationsrate p, also beim zeilenweise vorgenommenen Vergleich, für jedes der drei Kurvenpaare (jeweils EAV Typ 1 und 2) eine unterschiedliche Umweltsituation vor, wobei sich auch der Bereich der Modellsituationen ***A*** und ***C*** ganz erheblich unterscheidet[1]. Für die Interpretation der zeilenweise verglichenen µ-Werte können die Überlegungen des Abschnitts C.I.2.1.3 zum spaltenweise vorgenommenen Vergleich entsprechend angestellt werden.

In den folgenden vier Abschnitten ändert sich entweder mit einem unterschiedlichen Brutto-Kalkulationszins i oder - bei identischem i - durch veränderte Steuer- und Hebesätze der Netto-Kalkulationszins[2] i_s, und damit der Zähler des zentralen Dynamikfaktors $z = q_s / g$; für das vorstehend modifizierte $g = g(p,r)$ wird nachfolgend wiederum nur der realkonstante Ansatz des Grundmodells mit "r = 1" betrachtet.

2.4.4.2 Einfluß des Realzinses

Aus dem in Abschnitt B.III.3.5 angekündigten Übergang vom Realzins "i_0 = 4,5%" des Grundmodells auf "i_0 = 3,5%" bzw. "i_0 = 5,5%" folgt ein im gesamten Untersuchungsbereich um einen Prozentpunkt verminderten bzw. erhöhten Kalkulationszins. Damit stellt sich die Modellsituation ***B*** bei den folgenden Inflationsraten ein:

	(	5,5%	bei	p = 2,36%,
	(			
für i_0 =	(	4,5%	bei	p = 1,79% (Grundmodell),
	(			
	(	3,5%	bei	p = 1,22%.

Bei dieser Modifikation des Realzinses fällt die Größenordnung der Ergebnisveränderungen nicht so gravierend aus wie im vorhergehenden Abschnitt; die Abbildung 22 erlaubt aber eine klare Aussage:

Der Vorsprung der Nullanpassung vor der Anpassung nach BetrAVG nimmt mit steigendem Realzins c.p. ab (**Teilergebnis** 85).

---

1) Bei "r = 1,025" führen alle untersuchten Inflationsraten zur Modellsituation ***C***, bei "r = 0,975" liegt für Inflationsraten von weniger als 5,68% die Modellsituation ***A*** vor. Vgl. Abschn. B.III.4.2 mit Tab. 7

2) Damit können für Vermögens- bzw. Entnahmestreben auch beim zeilenweisen Vergleich verschiedener Umweltsituationen unterschiedliche Ergebnisse auftreten. Zur Entwicklung des langfristigen bilanziellen Eigenkapitalstands in absoluten Zahlen können auch hier Aussagen aus dem Dominanzkriterium gewonnen werden. Vgl. Abschn. C.I.1.4.2

Abb. 22: Nullanpassung versus Anpassung nach BetrAVG

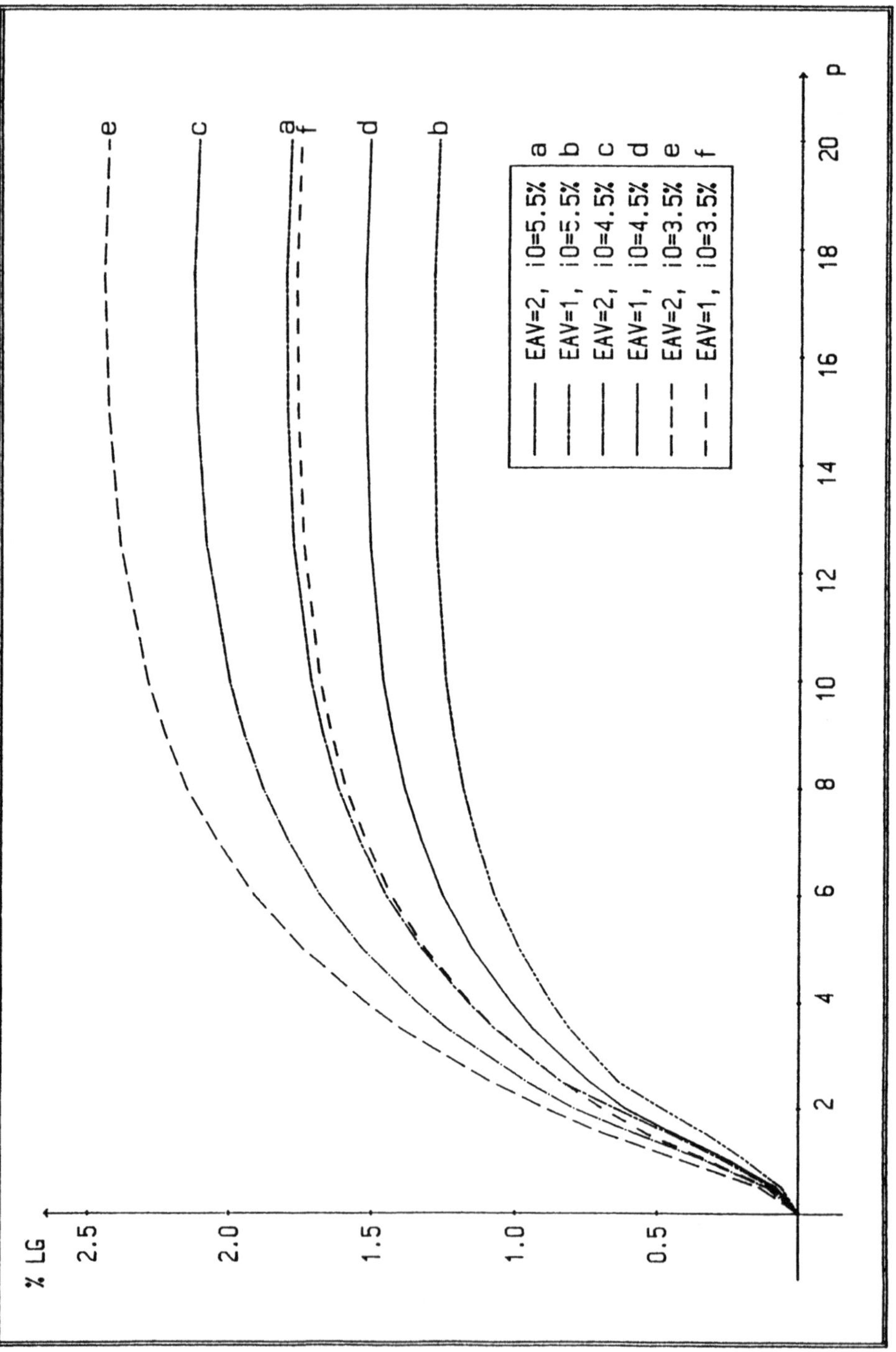

Bis auf den Bereich der unverträglich hohen Inflationsraten wird das Teilergebnis 85 bei Anwartschaftsstatik voll bestätigt.

Angemerkt sei hier noch, daß im Bereich der Modellsituation ***C*** mit steigendem Realzins i_0 c.p. eine Verbesserung der Meßgröße μ verbunden ist (**Teilergebnis** 86); dies folgt unmittelbar aus Gleichung (95).

Aus dem Teilergebnis 86 folgt nicht notwendig das die Vergleichsergebnisse betreffende Teilergebnis 85 für den Bereich der Modellsituation ***C***.

Mit Gleichung (95) kann jedoch der analytische Nachweis geführt werden, daß für eine beliebig fixierte Pensionszusage sowie Eintrittsaltersverteilung bei beliebiger, fester Inflationsrate $p > 0$ das Teilergebnis 85 sowie die entsprechenden, nachfolgend formulierten Teilergebnisse 87, 90 bis 92, 95 und 100 aus Abschnitt C.I.2.4.5 im Bereich der Modellsituation ***C*** gültig sind.

Die Ergebnisse im Bereich der Modellsituation ***A*** sowie der gesamte konkrete Kurvenverlauf können allerdings nur mit Hilfe des Rechenmodells ermittelt und - bei ausreichendem Auflösungsvermögen - aus den Abbildungen ersehen werden.

2.4.5 Modifikation der steuerlichen Rahmenbedingungen

Hier wird der Einfluß der Einkommen- und Gewerbesteuer sowie - zusammengefaßt - der Substanzsteuern untersucht. Abschließend wird das Grundmodell noch mit einem erhöhten Rechnungszinsfuß für die Rückstellungsberechnung durchgerechnet.

2.4.5.1 Einfluß der Einkommensteuer

Wie in Abschnitt C.I.1.4.2 wird eine Reduktion des im Grundmodell mit 56% angesetzten ESt-Spitzensatzes auf 43% bzw. 30% betrachtet.

Die Ergebniskurven in Abbildung 23 illustrieren das Teilergebnis 40: sobald die Modellsituation ***C*** erreicht wird, fallen die Kurven trotz unterschiedlicher ESt-Belastung wegen der Invarianzeigenschaft der Meßgröße μ zusammen (**Teilergebnis** 87).

Die Modellsituation ***B*** als Grenze zwischen ***A*** und ***C*** stellt sich bei den folgenden Inflationsraten ein:

$$\text{mit } e = \begin{cases} 56\% & \text{bei} \quad p = 1{,}79\% \text{ (Grundmodell)}, \\ 43\% & \text{bei} \quad p = 2{,}94\%, \\ 30\% & \text{bei} \quad p = 4{,}63\%. \end{cases}$$

Ab der Inflationsrate "p = 5%" hat man demnach in Abbildung 23 nur noch ein Kurvenpaar (EAV Typ 1 und 2) mit ein und demselben zusagebedingten Anteil μ an der Niveaugröße LG vor Ertragsteuern.

Für den Bereich der Modellsituation ***A*** wird das bei Anwartschaftsstatik festgestellte Teilergebnis 20 bestätigt: mit sinkender ESt-Belastung verringert sich der mit μ gemessene Vorsprung der Nullanpassung vor der Anpassung nach BetrAVG (**Teilergebnis** 88).

Abb. 23: Nullanpassung versus Anpassung nach BetrAVG

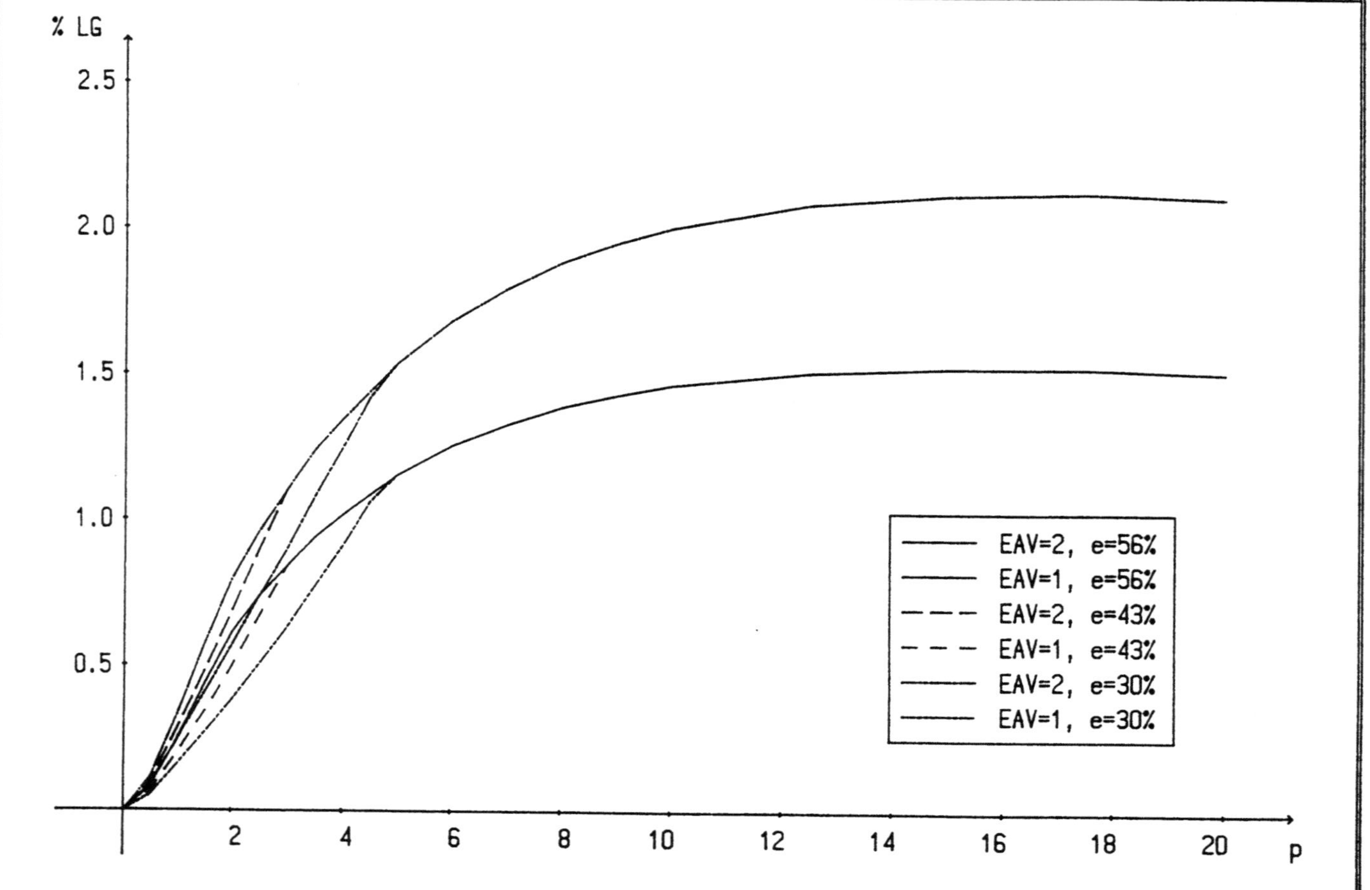

Wenn man die auf den (Personal-)Aufwand vor Steuern abzielende Meßgröße μ durch Multiplikation mit dem Faktor[1] $(1 - t_1)$ auf die bei Entnahmestreben maßgebliche Nachsteuer-Relativangabe M / LG umrechnet, dann wendet sich das Blatt. In der gemeinsamen Modellsituation ***A*** fallen die drei Kurvenpaare (jeweils EAV Typ 1 und 2) praktisch[2] zu einem Kurvenpaar zusammen (**Teilergebnis** 89)[3].

Mit Annäherung an die Modellsituation ***C*** stellt sich zunehmend das gewohnte Ergebnis ein, das man beim Übergang vom Vorsteuer- zum Nachsteueraufwand in ein und derselben Periode kennt: mit sinkender ESt-Belastung steigt c.p. der Nachsteuer-Vorsprung der Nullanpassung vor der Anpassung nach BetrAVG (**Teilergebnis** 90).

Der Abstand der Kurvenpaare hängt im Bereich der Inflationsraten von 5% und mehr einheitlich vom Verhältnis der Umrechnungsfaktoren $(1 - t_1)$ ab. Man erhält das Kurvenpaar für "e = 43%" bzw. "e = 30%" aus dem mit "e = 56%" berechneten Nachsteuer-Kurvenpaar des Grundmodells durch Streckung mit dem Faktor

$$(1 - 0{,}54270) / (1 - 0{,}65093) = 1{,}31 \quad (e = 43\%),$$
$$(1 - 0{,}43200) / (1 - 0{,}65093) = 1{,}63 \quad (e = 30\%).$$

Das Teilergebnis 90 wird im folgenden Abschnitt noch verstärkt durch den Substitutionseffekt.

2.4.5.2 Einfluß der Gewerbesteuer

Der im Grundmodell mit 400% angesetzte Hebesatz für die Gewerbesteuer wird alternativ auf Null abgesenkt bzw. auf 800% verdoppelt, womit auch der am Ende von Abschnitt C.I.2.1.6 beschriebene Substitutionseffekt wegfällt[4] oder verdoppelt wird. Mit einem Hebesatz von 800% erhöht sich der Kalkulationszinsfuß mit dem Faktor 1,2 und um 0,8 Prozentpunkte gegenüber dem ansonsten identischen Akkumulationsmodell.

Nach Abbildung 24 unterscheiden sich die Kurvenpaare (EAV Typ 1 und 2) bis zu einer Inflation von 1,5% praktisch nicht[5]; ab einer Inflation von 2% und mehr steigt der mit μ gemessene Vorsprung der Nullanpassung vor der Anpassung nach BetrAVG mit sinkender GewSt-Belastung (**Teilergebnis** 91).

Die unterschiedlichen Positionen der Modellsituation ***B*** weichen hier nicht sonderlich voneinander ab; die Grenze zwischen der Modellsituation ***A*** und ***C*** liegt

$$\text{mit } H = \begin{cases} 800\% & \text{bei } p = 1{,}43\%, \\ 400\% & \text{bei } p = 1{,}79\% \text{ (Grundmodell)}, \\ 0\% & \text{bei } p = 2{,}32\%. \end{cases}$$

---

1) Die Multifaktoren t_1 sind in Abschn. C.I.1.4.2 aufgeführt.
2) Der maximale Abstand beträgt 0,030% von LG; die Rangfolge fällt bei der EAV Typ 1 und 2 unterschiedlich aus.
3) Vgl. das Teilergebnis 21 in Abschn. C.I.1.4.2
4) Damit hat man das zugehörige Akkumulationsmodell.
5) Der maximale Abstand beträgt 0,039% von LG; die Rangfolge fällt bei der EAV Typ 1 und 2 unterschiedlich aus.

Abb. 24: Nullanpassung versus Anpassung nach BetrAVG

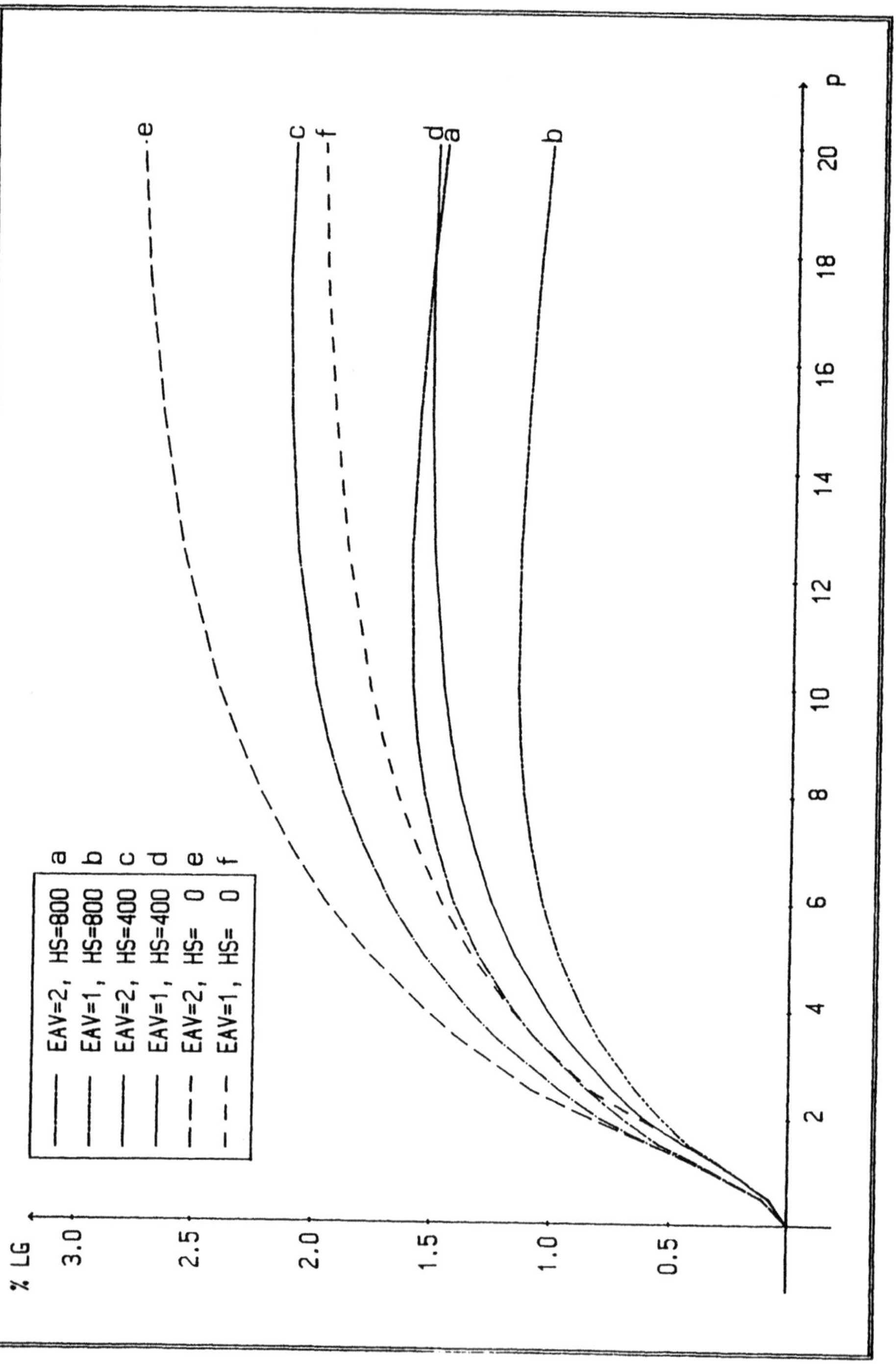

Ab Eintritt in die Modellsituation ***C*** beruht der unterschiedliche Verlauf der Kurvenpaare ausschließlich auf dem Substitutionseffekt. Das oberste Kurvenpaar beschreibt den Akkumulationsfall.

Durch den Übergang von der Meßgröße μ auf die bei Entnahmestreben relevante Nachsteuer-Relativangabe M / LG wird der in Abbildung 24 für $p \geq 2\%$ ersichtliche Effekt noch verstärkt. Der Umrechnungsfaktor $(1 - t_1)$ stellt sich bei einem Hebesatz von

$$H = \begin{cases} 800\% \text{ auf } (1 - t_1) = 0{,}29921, \\ 400\% \text{ auf } (1 - t_1) = 0{,}34907 \text{ (Grundmodell)}, \\ 0\% \text{ auf } (1 - t_1) = 0{,}41889, \end{cases}$$

womit sich der Abstand zwischen den drei Kurvenpaaren im Vergleich zu ihrem Abstand von der Abszisse noch erhöht. Auch im Bereich der Modellsituation ***A*** stellt sich bei den Nachsteuer-Ergebnissen ein einheitliches Bild für die EAV Typ 1 und 2 ein:

Mit sinkender GewSt-Belastung steigt c.p. der Nachsteuer-Vorsprung der Nullanpassung vor der Anpassung nach BetrAVG (**Teilergebnis** 92).

Bis auf den Bereich der unverträglich hohen Inflationsraten werden die Teilergebnisse 91 und 92 für die Anwartschaftsstatik bestätigt.

Für die Anwartschaftsdynamik scheint erwähnenswert, daß mit einem Hebesatz von 800% trotz des im Grundmodell geltenden Überwälzungsfaktors "a = 0,8" bei einer konsequent durchgehaltenen[1] Nullanpassung die Schwelle zur Eigenkapitaläquivalenz im Bereich der Modellsituation ***C*** überschritten wird, und zwar bei einer Inflation zwischen

3,5% und 4,0%	für die EAV Typ 1,
7,0% und 8,0%	für die EAV Typ 2,

also noch unterhalb des Bereichs der unverträglich hohen Inflationsraten; im Fall der Anpassung nach BetrAVG hingegen ist durchweg ein deutlicher Abstand von der Schwelle zur Eigenkapitaläquivalenz zu verzeichnen (**Teilergebnis** 93).

Die Behauptung von Sturm[2], der "positive Steuereffekt" eines Substitutionsmodells sei "wegen der relativen Geringfügigkeit der Gewerbeertragsteuern im Vergleich zu den übrigen Erfolgsteuerarten ohne große Bedeutung", darf nach den vorstehenden Ergebnissen als widerlegt gelten[3].

Denn die vorstehenden Ergebnisse beruhen auf einer mit dem veränderten Hebesatz gleichlaufenden Veränderung der GewSt-Belastung in Gestalt der GewErtrSt und der GewKapSt, wobei die substitutionsbedingte[4] Erhöhung des Kalkulationszinsfußes i auf $\hat{i} = i\, k_1 + k_2$ mit $i\,(k_1 - 1)$

1) Vgl. Abschn. C.I.1.1.4
2) Vgl. Sturm, N., (Betriebliche Altersrenten 1980), S. 389 f.
3) Vgl. die diesbezügliche Vermutung von Theurer, C., (Gewerbesteuer 1983), BB 1983, S. 1723, FN 64
4) Vgl. Def. 27

auf die GewErtrSt und mit k_2 auf die GewKapSt entfällt. Unter der Voraussetzung[1] "i > 4%" überwiegt im Substitutionsmodell mit h H > 0 der Einfluß der GewErtrSt[2]:

$$i\,h\,H / 2.000 > h\,H\,0{,}00002$$
$$\Leftrightarrow \quad i\,0{,}0005 > 0{,}00002$$
$$\Leftrightarrow \quad i > 0{,}04$$

Man sieht: mit steigendem i verstärkt sich der Einfluß der GewErtrSt auf den Substitutionseffekt (**Teilergebnis** 94). Eine optische Bestätigung hierfür kann man durch den Vergleich der Kurven in Abbildung 24 und der nachfolgenden Abbildung 25 erhalten.

2.4.5.3 Einfluß der Substanzsteuern

Analog zum vorangehenden Abschnitt wird hier der Ansatz der Vermögensteuer und der Gewerbekapitalsteuer im Vergleich zum Grundmodell ganz weggelassen oder aber verdoppelt.

Damit stellt sich die Modellsituation ***B*** bei den folgenden Inflationsraten ein:

mit doppelten Substanzsteuern bei	p = 1,03%,
im Grundmodell bei	p = 1,79%,
ohne Substanzsteuern bei	p = 2,54%.

Sobald die Modellsituation ***C*** erreicht ist, wird die Meßgröße μ nicht mehr durch die Höhe des VSt-Satzes beeinflußt[3]; der unterschiedliche Verlauf der drei Kurvenpaare beruht innerhalb der Modellsituation ***C*** ausschließlich auf dem durch die GewKapSt bewirkten Substitutionseffekt.

Der Abstand der drei Kurvenpaare (jeweils EAV Typ 1 und 2) in Abbildung 25 fällt deutlich niedriger aus als in Abbildung 24, aber ab einer Inflation von 2,5% und mehr, insbesondere also im gemeinsamen Bereich der Modellsituation ***C*** ist klar erkennbar, daß der Vorsprung der Nullanpassung vor der Anpassung nach BetrAVG mit sinkender Substanzsteuerbelastung, d.h. für p = 3% mit sinkender GewKapSt-Belastung steigt (**Teilergebnis** 95).

Im Bereich $0 < p \leq 1{,}5\%$, insbesondere also im gemeinsamen Bereich der Modellsituation ***A*** nimmt dagegen der Vorsprung der Nullanpassung vor der Anpassung nach BetrAVG mit sinkender Substanzsteuer-Belastung ab (**Teilergebnis** 96); für "p = 2%" fällt der Vorsprung im Grundmodell höher aus als mit verdoppelten Substanzsteuern, und nimmt den geringsten Wert beim einzigen Kurvenpaar in der Modellsituation ***A*** "ohne Substanzsteuern" an.

Bis auf den Bereich der unverträglich hohen Inflationsraten wird bei Anwartschaftsstatik das Teilergebnis 96 bestätigt.

Der auf die verdoppelte GewKapSt entfallende Substititionseffekt reicht bei Anwartschaftsdynamik im Bereich der Modellsituation ***C*** immerhin aus, um bei Nullanpassung wenigstens für die EAV Typ 1, nicht jedoch für die EAV Typ 2 ein Überschreiten der Schwelle zur Eigenkapitaläquivalenz zu ermöglichen, und zwar bei einer Inflation zwischen 9% und 10%, also im Bereich der unverträglich hohen Inflationsraten; im Fall der Anpassung nach BetrAVG bleiben die Ergebnisse sowohl für die EAV Typ 1 wie 2 deutlich von der Schwelle zur Eigenkapitaläquivalenz entfernt (**Teilergebnis** 97).

---

1) Im Grundmodell gilt stets "i ≥ 4,5%". Vgl. Abschn. B.III.3.5
2) Vgl. die Analyse des Substitutionseffekts am Ende von Abschn. C.I.2.1.6
3) Wegen der Invarianzeigenschaft von μ; vgl. Abschn. C.I.2.1.6

Abb. 25: Nullanpassung versus Anpassung nach BetrAVG

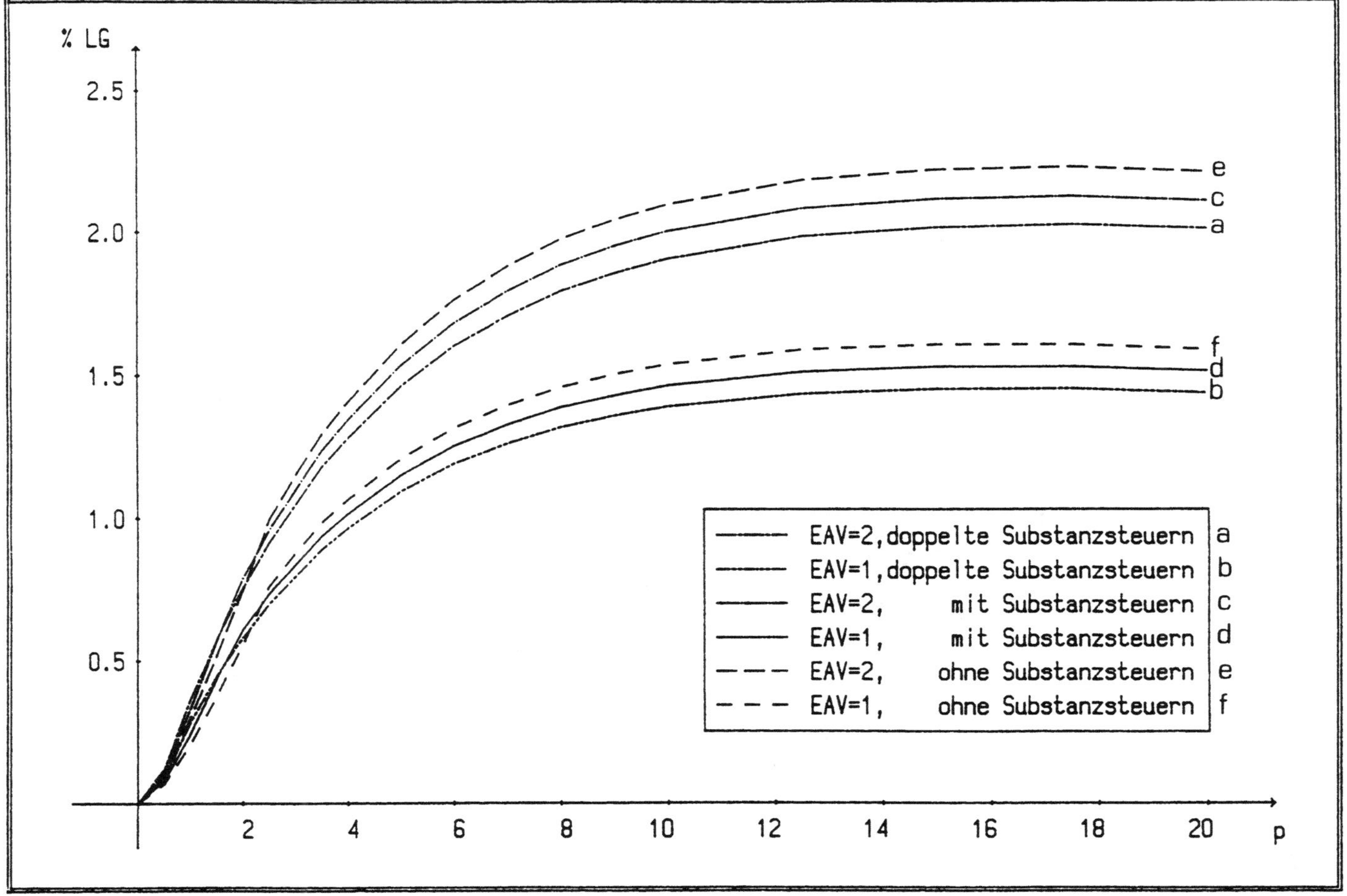

Eine gesonderte Betrachtung des Nachsteuer-Vorsprungs erübrigt sich hier, da der Multifaktor t_1 von den Substanzsteuern nicht berührt wird. Die Multiplikation der μ-Ergebnisse mit dem Umrechnungsfaktor $(1 - t_1)$ würde wie im Grundmodell lediglich eine maßstabsgetreue Verkleinerung der Ergebniskurven bewirken.

Dies gilt auch im folgenden Abschnitt, in dem zusätzlich die Position der Modellsituationen mit derjenigen des Grundmodells übereinstimmt.

2.4.5.4 Einfluß des Rechnungszinsfußes nach § 6a EStG

Abweichend von sämtlichen vorstehenden Berechnungen mit dem in § 6a EStG fixierten Rechnungszins von 6% wird hier das Grundmodell c.p. mit einem Rechnungszins von 10% durchgerechnet. Dadurch verschiebt sich der Bereich der bislang unverträglich hohen Inflationsraten von mehr als 9% nach oben.

Gegenüber dem Grundmodell vermindern sich die Rückstellungen, Zuführungen und PSVaG-Beiträge bei unveränderten Rentenzahlungen und Verwaltungskosten. Die Reduktion des Niveauwerts der Rückstellung[1] R beträgt im Stabilitätsfall 29,4% bzw. 26,9% der Werte im Grundmodell für die EAV Typ 1 bzw. 2.

Folgerichtig steigt die Kennziffer A / R erheblich an; für den am Ende von Abschnitt C.I.2.1.7 besprochenen Fall der Volldynamik erhöht sie sich für die EAV Typ 1 von 7,72% im Grundmodell auf nunmehr

$$A / R = (476 + 739 + 31.554) / 302.455 = 10,83\%$$

und für die EAV Typ 2 von 8,57% im Grundmodell auf nunmehr

$$A / R = (421 + 706 + 34.521) / 306.349 = 11,64\%.$$

Ein Blick auf die Werte der Obergrenze f(...) in Tabelle 16 zeigt, daß mit einem Rechnungszins von 10% bei Volldynamik selbst mit einem Überwälzungsfaktor von "a = 1,2" die Schwelle zur Eigenkapitaläquivalenz innerhalb des Untersuchungsbereichs nicht überschritten werden kann (**Teilergebnis** 98).

Der Vergleich der in Tabelle 20 zusammengestellten Werte für die Kennziffer A / R im modifizierten Grundmodell mit den Werten des Grundmodells in Tabelle 17 ergibt, daß ein Rechnungszinsfuß von 10% anstelle von 6% zu einer Erhöhung der Kennziffer A / R um mehr als ein Drittel, höchstens jedoch um 55% führt.

Das Teilergebnis 47 wird bestätigt: auch im modifizierten Grundmodell fällt die Kennziffer A / R monoton mit zunehmender Inflation.

Der Vergleich der Tabellen 16 und 20 zeigt, daß mit dem Ansatz der erhöhten Überwälzungsfaktoren "a = 1" bzw. "a = 1,2" die Schwelle zur Eigenkapitaläquivalenz im Fall der Nullanpassung überschritten werden kann, und zwar für Inflationsraten ab

---

1) Man beachte: und damit auch der mit R angesetzten Restverpflichtung

Tabelle 20: Werte der Kennziffer A / R innerhalb der Modellsituation *C* im modifizierten Grundmodell mit einem Rechnungszinsfuß von 10%

p %	A / R in %			
	Nullanpassung		Anpassung nach BetrAVG	
	EAV Typ 1	EAV Typ 2	EAV Typ 1	EAV Typ 2
2,0	9,64	10,50	10,34	11,16
2,5	9,38	10,25	10,25	11,08
3,0	9,13	10,01	10,16	10,99
3,5	8,89	9,78	10,08	10,91
4,0	8,67	9,56	9,99	10,82
4,5	8.45	9,35	9,90	10,74
5,0	8,25	9,15	9,83	10,66
6,0	7,87	8,78	9,67	10,51
7,0	7,53	8,43	9,52	10,35
8,0	7,22	8,12	9,37	10,20
9,0	6,94	7,83	9,23	10,06
10,0	6,68	7,56	9,09	9,92
12,5	6,12	6,98	8,76	9,58
15,0	5,67	6,50	8,46	9,26
17,5	5,29	6,09	8,18	8,96
20,0	4,97	5,74	7,90	8,68

$$p \geq \begin{pmatrix} 12{,}5\% \text{ mit } a = 1{,}0 \\ \\ 8{,}0\% \text{ mit } a = 1{,}2 \end{pmatrix} \quad \text{für die EAV Typ 1,}$$

$$p \geq \begin{pmatrix} 15{,}0\% \text{ mit } a = 1{,}0 \\ \\ 9{,}0\% \text{ mit } a = 1{,}2 \end{pmatrix} \quad \text{für die EAV Typ 2,}$$

also für "a = 1,2" und bei der EAV Typ 1 auch für "a = 1" in einem Bereich, in dem die resultierenden Brutto-Kalkulationszinsfüße mit 14,1% bzw. 15,3% (EAV Typ 1 bzw. 2) und 17,0% bei der EAV Typ 1 noch mit dem Ansatz eines Rechnungszinsfußes von 10% verträglich sein dürften, was man für "a = 1" bei der EAV Typ 2 mit einem Kalkulationszins von 19,5% wohl bezweifeln darf.

Im Fall der Anpassung nach BetrAVG fällt A / R durchweg größer aus als die Obergrenze f(...) mit "a = 1"; mit "a = 1,2" kann die Schwelle zur Eigenkapitaläquivalenz zwar überschritten werden, aber erst bei Inflationsraten ab

$$p \geq \begin{cases} 12{,}5\% & \text{für die EAV Typ 1,} \\ 15{,}0\% & \text{für die EAV Typ 2,} \end{cases}$$

also mit einem Brutto-Kalkulationszins von 19,5% bzw. 22,5% in einem auch beim Rechnungszins von 10% unverträglich hohen Bereich.

Für die Konzeption eines Rechenmodells kann in Anlehnung an das Teilergebnis 48 festgehalten werden: im modifizierten Grundmodell bei einem Rechnungszinsfuß von 10% kann c.p. mit dem Ansatz eines Überwälzungsfaktors von "a = 1" für die EAV Typ 1 oder gar von "a = 1,2" für die EAV Typ 1 und 2 im Fall der Nullanpassung erreicht werden, daß die Schwelle zur Eigenkapitaläquivalenz innerhalb der Modellsituation ***C*** mit steigender Inflation überschritten wird; im Fall der Anpassung nach BetrAVG ist dies mit "a = 1" nicht möglich, mit "a = 1,2" dürfte dies erst im nach oben verschobenen Bereich der unverträglich hohen Inflationsraten in Frage kommen (**Teilergebnis** 99).

Aus Abbildung 26 ist ersichtlich, daß der Vorsprung der Nullanpassung vor der Anpassung nach BetrAVG mit dem erhöhten Rechnungszins von 10% höher ausfällt als mit dem Rechnungszins des Grundmodells von 6% (**Teilergebnis** 100).

Bei Anwartschaftsstatik wird das Teilergebnis 100 mit einem deutlich höheren Abstand der Kurvenpaare bestätigt.

Mit diesem Exkurs in den Bereich der Rechenergebnisse mit einem auf 10% erhöhten Rechnungszinsfuß wird die Modifikation der wesentlichsten Einflußkomponenten des Rechenmodells abgeschlossen.

Vor der Zusammenfassung der bei Anwartschaftsdynamik erhaltenen Resultate ist nochmals auf die Frage nach der Größenordnung und der Kalkulierbarkeit der Anpassungsbelastung bei den laufenden Renten einzugehen.

2.5 Zum Ausmaß der Belastung durch die Anpassung der laufenden Renten

Die Meßgröße μ charakterisiert den zusagebedingten Entnahmestrom bei Anwartschaftsdynamik in Einheiten der jeweiligen Lohn- und Gehaltssumme[1]. Anknüpfend an die Überlegungen in Abschnitt C.I.1.5 kann für das Zusageniveau[2] des Grundmodells die mit μ gemessene Mehrbelastung durch die Anpassung nach BetrAVG gegenüber der Nullanpassung unmittelbar graphisch aus Abbildung 12 und numerisch aus Blatt 3 der Tabellen 12 und 13 abgelesen werden.

1) Vgl. das Ende von Abschn. C.I.2.1.3
2) Vgl. Abschn. B.III.2.2

Abb 26: Nullanpassung versus Anpassung nach BetrAVG

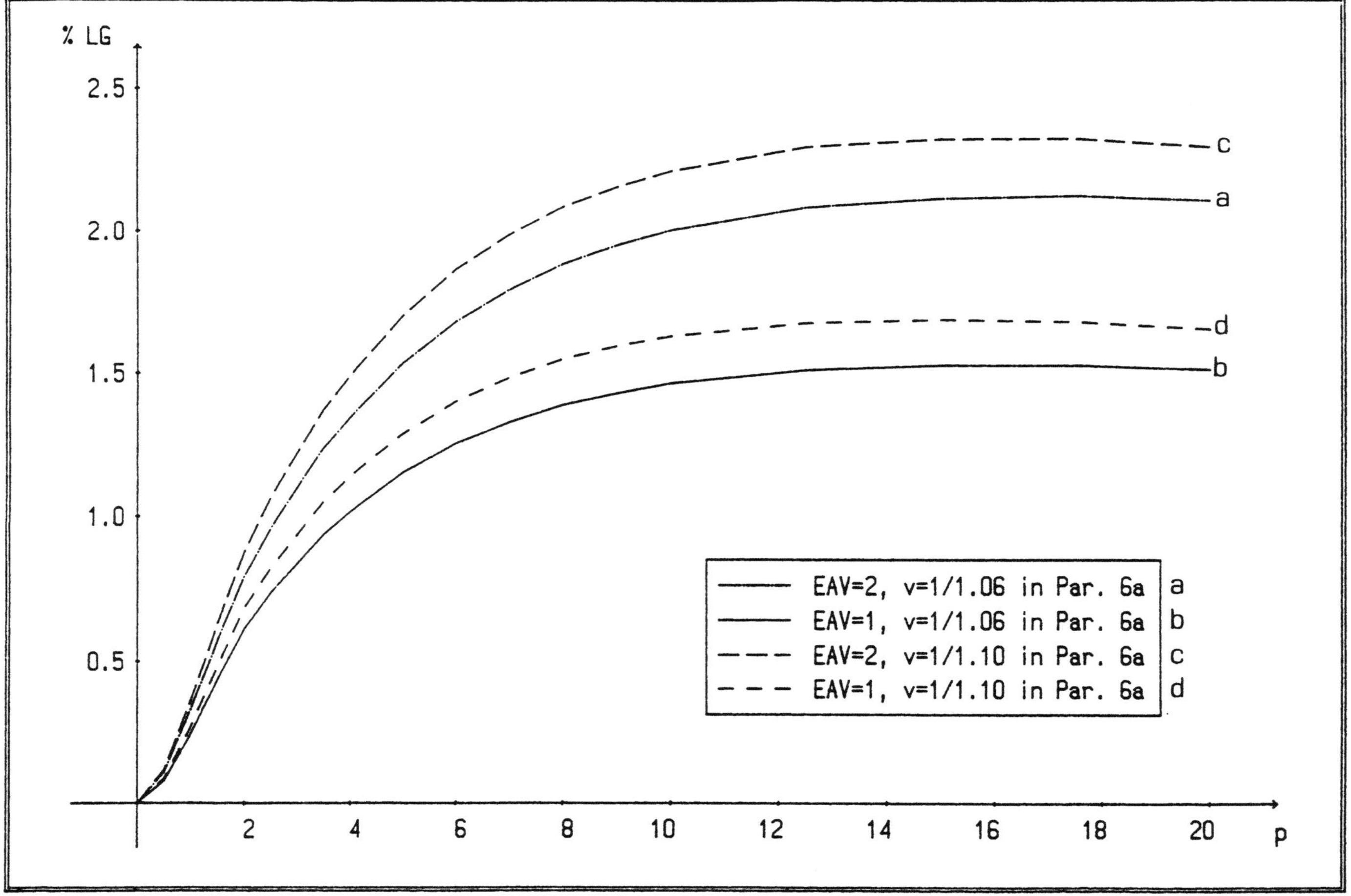

Bei der Annahme eines inflationsunabhängigen Kalkulationszinsfußes (i = 8%) steigt die Mehrbelastung mit steigender Inflation weniger steil an als bei Anwartschaftsstatik, wächst aber deutlich und - soweit ersichtlich - ohne Obergrenze an; ebensowenig wie beim Teilergebnis 26 kann hier das Risiko einer hohen Anpassungsbelastung ausgeschlossen werden (**Teilergebnis** 101).

Im Grundmodell mit dem inflationsabhängigen Ansatz "i = i(p)" ist die Mehrbelastung - soweit ersichtlich - noch auf einen maximalen Wert begrenzt, der jedoch erst im Bereich der unverträglich hohen Inflationsraten angenommen wird, und zwar mit

1,528% von LG für die EAV Typ 1 bei p = 15% und p = 17,5%,
2,127% von LG für die EAV Typ 2 bei p = 17,5%.

Bezogen auf die Werte bei Stabilität (p = 0) folgt für das Grundmodell eine Obergrenze von

100 (1,528 / 1,643) = 93,0% ≈ 93% für die EAV Typ 1
100 (2,127 / 2,905) = 73,2% ≈ 74% für die EAV Typ 2

der im stabilen Fall bei i(0) = 4,5% und g(0) = 1 mit der Einführung des Versorgungswerks zu erwartenden Gesamtbelastung.

Für die alternativen Anpassungsmodi der laufenden Renten sind die bis zu einer Inflation von 20% feststellbaren Maximalwerte in Übersicht 28 zusammengestellt. Im Vergleich zu den Obergrenzen der Anpassungsmehrbelastung bei Anwartschaftsstatik[1] schießen die Maxima hier - besonders bei der EAV Typ 1 - deutlich in die Höhe.

Eine mit steigender Inflation abnehmende Anpassungsmehrbelastung ist nur bei der Anpassung nach BetrAVG und am deutlichsten[2] bei der Hälftelung festzustellen. Bei der Anpassung nach BetrAVG bewirkt bereits der Übergang vom Drei-Jahres-Turnus zur jährlichen Anpassung[3], daß die Mehrbelastung mit zunehmender Inflation monoton bis zum Ende des Untersuchungsbereichs bei "p = 20%" anwächst, allerdings schwächer als beim Ausgleich der vollen Inflation[4] oder gar bei Volldynamik; der zugehörige Kurvenverlauf deutet auf einen weiteren Anstieg der Anpassungsmehrbelastung für höhere Inflationsraten bei "p > 20%" hin.

Damit ist das Ausmaß der Mehrbelastung auch beim inflationsabhängigen Ansatz das Kalkulationszinsfußes mit dem Überwälzungsfaktor des Grundmodells "a = 0,8" nur bei Hälftelung, und bei der Anpassung nach BetrAVG erst im Bereich der unverträglich hohen Inflationsraten eingrenzbar, nicht jedoch bei jährlichem Anpassungsrhythmus, beim Ausgleich der vollen Inflation sowie bei Volldynamik (**Teilergebnis** 102).

Für den Fall der Volldynamik wurde untersucht, wie sich der Ansatz eines Überwälzungsfaktors von "a = 1" bzw. "a = 1,2" auf die Entwicklung der Mehrbelastung gegenüber der Nullanpassung auswirkt. Es zeigt sich, daß die Anpassungsmehrbelastung mit "a = 1" ein Maximum bei einer Inflation von 15% bzw. 17,5% (EAV Typ 1 bzw. 2) erreicht sowie mit "a = 1,2" ein Maximum be-

1) Vgl. Übersicht 20
2) Das Maximum der Mehrbelastung tritt bei der EAV Typ 1 mit 0,658% von LG bei "p = 8%" und "p = 9%" auf, bei der EAV Typ 2 mit 0,909% von LG bei "p = 9%".
3) Vgl. auch das Teilergebnis 50
4) Vgl. auch das Teilergebnis 51

Übersicht 28: Maximale Anpassungs-Mehrbelastung bei unterschiedlicher Dynamisierung der laufenden Renten im Vergleich zur Nullanpassung in Prozent der jeweiligen Gesamtbelastung bei Stabilität

Modifikation des Grundmodells	Obergrenze der Anpassungsbelastung[1]	
	EAV Typ 1	EAV Typ 2
Ausgleich der halben Inflation	40 %	32 %
Anpassung nach BetrAVG (Grundmodell)	93 %	74 %
Anpassung nach BetrAVG jedoch jährlich	114 %	90 %
Ausgleich der vollen Inflation	159 %	123 %
Volldynamik	246 %	180 %

reits bei einer Inflation von 7% bzw. 8% (EAV Typ 1 bzw. 2) annimmt[2], und mit weiter steigender Inflation monoton fällt.

Dabei ergeben sich als Obergrenzen der Anpassungsbelastung bei Volldynamik im Bereich der untersuchten Inflationsraten

	mit a=0,8	mit a=1,0	mit a=1,2
für die EAV Typ 1	246%	143%	98%
für die EAV Typ 2	180%	110%	75%

der jeweiligen - von einer Veränderung des Überwälzungsfaktors nicht berührten - Gesamtbelastung bei Stabilität. Mit den erhöhten Überwälzungsfaktoren ist hier also eine ganz erhebliche Reduktion der Anpassungsmehrbelastung verbunden (**Teilergebnis** 103).

Den Obergrenzen in Übersicht 28 liegt ein und dieselbe Bezugsbasis zugrunde, nämlich die Gesamtbelastung bei Stabilität im Grundmodell mit

-1,643% von LG für die EAV Typ 1,
-2,905% von LG für die EAV Typ 2.

1) Aufgerundet auf volle Prozentpunkte
2) Die resultierenden Bruttokalkulationszinsfüße von 13,3% bzw. 14,5% sind mit dem Rechnungszinsfuß von 6% gemäß § 6a EStG nicht mehr verträglich, so daß auch hier die Obergrenzen der Mehrbelastung erst im Bereich der unverträglich hohen Inflationsraten angenommen werden.

Bei den untersuchten Modifikationen des Grundmodells ändert sich fast immer auch die Bezugsbasis. In Übersicht 29 wird daher neben den jeweiligen Obergrenzen für die Anpassungsmehrbelastung auch die zugehörige Gesamtbelastung bei Stabilität im modifizierten Grundmodell aufgeführt. Der Vergleich dieser Bezugsbasen ermöglicht auch Schlußfolgerungen zu den Auswirkungen der einzelnen Modifikationen: für den Stabilitätsfall ist ersichtlich, ob die jeweilige Modifikation zu einer Verbesserung oder Verschlechterung der Meßgröße μ führt.

Mit Ausnahme des Realwachstums der Brutto-Aktiveneinkommen bei "r = 1,025" stimmt die Bezugsbasis für Anwartschaftstatik und Anwartschaftsdynamik überein. In Ergänzung von Abschnitt C.I.1.5 enthält die Übersicht 29 auch die Obergrenzen bei Anwartschaftsstatik.

Übersicht 29 ist noch zu ergänzen um die Ergebniszahlen, die sich für die Frauen mit der EAV Typ 5 anstelle der EAV Typ 1 sowie mit der in Übersicht 15 enthaltenen niedrigeren Bezügestruktur für die EAV Typ 5 und 2 einstellen[1]. Mit einer Bezugsbasis von

-3,067% von LG für die EAV Typ 5,
-3,983% von LG für die EAV Typ 2

ergeben sich als Obergrenzen für die Anpassungs-Mehrbelastung bei Anwartschaftsstatik bzw. -dynamik

45% bzw. 84% für die EAV Typ 5,
48% bzw. 76% für die EAV Typ 2.

Ohne Witwerrente[2] stellt sich die Bezugsbasis geringfügig niedriger auf

-2,934% von LG für die EAV Typ 5,
-3,832% von LG für die EAV Typ 2

mit Obergrenzen für die Anpassungsmehrbelastung bei Anwartschaftsstatik bzw. -dynamik von

45% bzw. 83% für die EAV Typ 5,
48% bzw. 75% für die EAV Typ 2.

Aus den vorstehenden Zahlen und aus Übersicht 29 ersieht man, daß die maximale Anpassungs-Mehrbelastung durch die Anpassung nach BetrAVG gegenüber der Nullanpassung bei Anwartschaftsdynamik ein deutlich[3] höheres Niveau erreicht als bei Anwartschaftsstatik, und zwar erst bei weit höheren Inflationsraten:

Bis auf wenige Ausnahmen werden die Maxima im Bereich einer Inflation von

$5{,}0\% \leq p \leq 9{,}0\%$ bei Anwartschaftsstatik[4]
$15{,}0\% \leq p \leq 17{,}5\%$ bei Anwartschaftsdynamik[5]

---

1) Vgl. Abschn. C.I.2.4.1.1
2) Vgl. Abschn. C.I.2.4.1.1
3) Insbesondere bei der EAV Typ 1
4) Ausnahmen sind hier bei der EAV Typ 2 zu verzeichnen: das Maximum wird mit „i_0 = 3,5%" bei einer Inflation von 10%, mit "r = 1,025", mit "H = 0%" sowie mit einem Rechnungszinsfuß von 10% erst bei einer Inflation von 12,5% angenommen.
5) Ausnahmen treten hier bei der Modifikation der GewSt auf: mit "H = 0%" wächst die Mehrbelastung mit steigender Inflation monoton bis "p = 20%" an; mit "H = 800%" dagegen wird das Maximum für die EAV Typ 1 bei einer Inflation von 10%, für die EAV Typ 2 bei einer Inflation von 12,5% angenommen. Ferner tritt der Maximalwert mit "b =+1%" für die EAV Typ 2 sowohl bei "p = 17,5%" als auch bei "p = 20%" auf.

Übersicht 29: Maximale Anpassungs-Mehrbelastung bei Anpassung nach BetrAVG im Vergleich zur Nullanpassung in Prozent der jeweiligen Gesamtbelastung bei Stabilität (Bezugsbasis) im modifizierten Grundmodell

Modifikation des Grundmodells	Obergrenze der Anpassungsbelastung[1]					
	EAV Typ 1			EAV Typ 2		
	Bezugs-basis in % LG	Anwartschafts-statik	Anwartschafts-dynamik	Bezugs-basis in % LG	Anwartschafts-statik	Anwartschafts-dynamik
Geschlecht: Frauen	-1,856	43%	93%	-2,896	48%	76%
mit Ausgangsbestand	-2,088	65%	93%	-3,267	59%	74%
Fluktuation Typ 0	-1,912	41%	104%	-2,994	45%	81%
Typ 2	-1,284	45%	84%	-2,749	49%	68%
Bestandswachstum						
b=+1%	-1,855	43%	68%	-3,176	47%	60%
b=-1%	-1,439	43%	130%	-2,635	47%	91%
Pensionszusage[2]						
Typ 2	-1,505	42%	102%	-2,417	45%	86%
Realwachstum						
r=1,025[3]	-2,732	66%	75%	-3,950	77%	71%
r=0,975	-1,643	20%	62%	-2,905	24%	49%
Realzins i_0=3,5%	-2,501	40%	71%	-3,934	48%	63%
i_0=5,5%	-0,961	51%	135%	-2,038	49%	89%
ESt e=43%	-1,501	33%	102%	-2,771	39%	77%
e=30%	-1,374	25%	112%	-2,648	32%	81%
GewSt H= 0%	-2,007	39%	100%	-3,423	49%	81%
H=800%	-1,177	51%	98%	-2,289	47%	71%
Substanzsteuern:						
ohne	-1,694	38%	95%	-3,034	44%	74%
verdoppelte	-1,536	51%	95%	-2,717	52%	75%
Rechnungszins 10%	-2,352	41%	72%	-3,731	53%	63%

1) Aufgerundet auf volle Prozentpunkte
2) In der modifizierten Form mit identischem Zusageniveau im Stabilitätsfall wie im Grundmodell. Vgl. Abschn. C.I.2.4.3
3) Bei Anwartschaftsstatik stimmt die Bezugsbasis mit den für r = 0,975 angegebenen Werten des Grundmodells überein.

angenommen. Bei einem Rechnungszinsfuß von 6% werden die Maxima im Fall der Anwartschaftsdynamik also erst[1] im Bereich der unverträglich hohen Inflationsraten erreicht; bei einem Rechnungszinsfuß von 10% dürfte dies auch für die EAV Typ 2 gelten[2], während für die EAV Typ 1 ein Kalkulationszins[3] von 17,04% noch mit dem Rechnungszinsfuß von 10% verträglich sein dürfte.

Damit ist das Ausmaß der Mehrbelastung durch die Anpassung nach BetrAVG gegenüber der Nullanpassung beim inflationsabhängigen Ansatz des Kalkulationszinsfußes mit dem Überwälzungsfaktor "a = 0,8" auch im modifizierten Grundmodell bis auf den Fall "H = 0%"[4] immerhin eingrenzbar, allerdings erst im Bereich der unverträglich hohen Inflationsraten (**Teilergebnis** 104).

Die größte Anpassungs-Mehrbelastung stellt sich bei Anwartschaftsdynamik in Übersicht 29 für die EAV Typ 1 bei einem Realzins von "i_0 = 5,5%" mit 135% ein, was hauptsächlich auf die niedrige Bezugsbasis im Stabilitätsfall mit 0,961% von LG zurückzuführen ist. Die zu einem "Mindestzins" im Bereich kleiner Inflationsraten in Abschnitt C.I.1.5 angestellten Überlegungen lassen sich völlig analog auf den Fall der Anwartschaftsdynamik übertragen. Wenn man demnach den Kalkulationszinsfuß bei Stabilität nicht höher als 6% ansetzt, dann gilt im derart modifizierten Grundmodell c.p. weiterhin das Teilergebnis 104, wenn auch mit höheren Belastungs-Obergrenzen[5].

Insgesamt ergibt sich bei Anwartschaftsdynamik ein deutlich schlechteres Bild als bei Anwartschaftsstatik; durch die Dynamik der Beginnrenten erhöht sich das Risiko aus der Anpassung der laufenden Renten selbst in Einheiten der jeweiligen Lohn- und Gehaltssumme (**Teilergebnis** 105).

Die Aussagen dieses Abschnitts beruhen auf dem zeilenweise vorgenommenen (Vorteils-) Vergleich zwischen den Ergebnissen bei unterschiedlicher Anpassung der laufenden Renten und bei Nullanpassung. Nachfolgend soll zusammengestellt werden, wie sich die Ergebnisse bei fixiertem Anpassungsmodus mit steigender Inflation entwickeln.

2.6 Isolierte Betrachtung der Ergebnisspalten

Wenn man wie in Abschnitt C.I.1.6 die spaltenweise orientierte Auswertung ohne Bezugnahme auf eine (Nicht-)Anpassungs-Alternative vornimmt, dann hängen die Resultate nicht nur von der - absoluten oder relativen[6] - Zielsetzung, sondern im allgemeinen auch von der vorgefundenen Modellsituation - ***A*** oder ***C*** - ab.

Bei relativer Betrachtungsweise werden die finanziellen Ergebnisse unmittelbar durch die Niveaugrößen der g-dynamischen Annuität M bzw. der Meßgröße μ oder in der Modellsituation ***C*** durch die Niveaugröße des bilanziellen Eigenkapitals EK in Einheiten der jeweiligen Lohn- und Gehaltssumme charakterisiert. Diese Fragestellung ist in den Abschnitten C.I.2.1.4 und C.I.2.2 für das Grundmodell und die alternativen Anpassungsmodi bei den laufenden Renten im einzelnen untersucht worden.

---

1) Mit "p = 15%" ergibt sich im Grundmodell ein Kalkulationszinsfuß von 17,04%, mit „p = 17,5%" folgt ein Kalkulationszins von 19,13%.
2) Das Maximum tritt bei "p = 17,5%" auf.
3) Das Maximum tritt bei "p = 15%" auf.
4) Und ggf. im Fall "b =+1%"; vgl. FN 5 auf Seite 310
5) Vgl. Abschn. C.I.1.5
6) Vgl. dazu Abschn. C.I.2.1.3

Bei "relativem Entnahmestreben" ergab das Teilergebnis 57, daß sich die Position der Finanzierung über Pensionsrückstellungen mit steigender Inflation gegenüber der zunehmend ungünstigeren Fremdfinanzierung bei der Nullanpassung monoton verbessert, beim Ausgleich der vollen Inflation oder gar bei Volldynamik monoton verschlechtert; bei Anpassungs-Zwischenformen hängt das Ergebnis von der Höhe und vom Zeitraum der Anpassung der laufenden Renten sowie von der Bestandsstruktur ab[1].

Konzipiert man das Rechenmodell mit einem Überwälzungsfaktor, der im Gegensatz zum Grundmodell den kritischen Überwälzungsfaktor[2] übersteigt, dann folgt mit dem Teilergebnis 56 im Bereich der Modellsituation ***C*** auch bei Volldynamik ein mit steigender Inflation monoton verbessertes Annuitätsergebnis.

Bei "relativem Vermögensstreben" im Bereich der Modellsituation ***C*** besagen die Teilergebnisse 59 und 60 in recht allgemeiner Form für das Grundmodell sowie alle untersuchten Anpassungsmodi bei den laufenden Renten, daß sich die Position der Finanzierung über Pensionsrückstellungen gegenüber der Fremdfinanzierung mit steigender Inflation zwar monoton verbessert, ihr jedoch im gesamten Untersuchungsbereich bis zu einer Inflation von 20% unterlegen bleibt.

Bei "Finanzierungsstreben" im Bereich der Modellsituation ***A*** ist nach dem Teilergebnis 58 eine monotone Ergebnisverschlechterung mit steigender Inflation verbunden.

Bei "absolutem Vermögensstreben" bestätigt das Teilergebnis 31 das bei Anwartschaftsstatik erhaltene Teilergebnis 29 uneingeschränkt: nach dem Dominanzkriterium verschlechtert sich der langfristige bilanzielle Eigenkapitalstand mit steigender Inflation zunehmend, solange nicht Eigenkapitaläquivalenz erreicht ist. Analog hierzu besagt das Teilergebnis 30:

Bei "absolutem Entnahmestreben" verschlechtert sich der zusagebedingte Entnahmestrom auf die Dauer mit steigender Inflation zunehmend, solange nicht Eigenkapitaläquivalenz erreicht ist.

Ebenso wie im Fall des (absoluten) Vermögensstrebens bei Anwartschaftsstatik[3] kommt hier dem für Eigenkapitaläquivalenz erforderlichen Zinssatz die Rolle einer entscheidenden Kennziffer zu. Für die Modifikationen des Grundmodells in Abschnitt C.I.2.4 sowie die zugehörigen Untersuchungen bei Anwartschaftsstatik sind daher die kritischen Zinssätze im folgenden Abschnitt in Übersicht 30 und 31 zusammengestellt.

2.7 Zusammenfassung

Bei Anwartschaftsdynamik mit Beginnrenten, die wie die Brutto-Aktiveneinkommen ansteigen, liefern die Modellrechnungen im (modifizierten) Grundmodell ein stärker aufgefächertes Bild als bei Anwartschaftsstatik. Vielfach sind unterschiedliche Resultate für die Modellsituationen ***A*** und ***C*** zu verzeichnen. Zusammen mit den analytisch herleitbaren Schlußfolgerungen lassen sich die folgenden Hauptergebnisse formulieren:

Im Kern deckt sich das Ergebnis des anhand der Meßgröße[4] μ vorgenommenen (Vorteils-)Vergleichs zwischen der Nullanpassung und der Anpassung nach BetrAVG im Drei- bzw. Ein-

---

1) Vgl. im einzelnen die Teilergebnisse 34, 35 und 53 bis 57
2) Vgl. dazu Abschn. C.I.2.1.7, Teilergebnis 45
3) Vgl. das Teilergebnis 29 in Abschn. C.I.1.6
4) Bei Anwartschaftsdynamik beschreibt die zur Niveaugröße M gehörige Relativangabe μ den im Zeitablauf gleichbleibenden Anteil des zusagebedingten Entnahmestroms an der jeweiligen Lohn- und Gehaltssumme $LG_t = g^t$ LG. Vgl. Abschn. C.I.2.1.3

Jahres-Turnus sowie dem Ausgleich der halben bzw. vollen Inflation mit den für Anwartschaftsstatik gewonnenen Aussagen[1].

Im Vergleich zur Anwartschaftsstatik rücken die Vergleichskurven der EAV Typ 1 und 2 näher zusammen, der Einfluß der Bestandsstruktur auf das Ergebnis des (Vorteils-)Vergleichs nimmt ab; ferner streben die Vergleichskurven im Bereich der mit dem Rechnungszinsfuß von 6% gemäß § 6a EStG unverträglich hohen Inflationsraten nicht mehr zur p-Achse zurück, sondern verlaufen nahezu parallel zur p-Achse oder entfernen sich schwach weiter von ihr.

Im Gegensatz zur Anwartschaftsstatik kann im Grundmodell nicht einmal bei Nullanpassung, geschweige denn bei den alternativen Anpassungsmodi für die laufenden Renten Eigenkapitaläquivalenz erzielt werden, jedenfalls nicht im Bereich der untersuchten Inflationsraten bis zu 20%.

Dies gilt auch bei der Zusage einer angemessenen garantierten Rentenanpassung. Allerdings kann damit wie bei Anwartschaftsstatik im Bereich einer Inflation von mehr als 2,5% eine deutliche Ergebnisverbesserung gegenüber der Anpassung nach BetrAVG erreicht werden.

Eigenkapitaläquivalenz wird jedoch erreichbar, wenn man eine verstärkte Inflationsabhängigkeit des Kalkulationszinsfußes annimmt. Mit der Erhöhung des im Grundmodell angesetzten Überwälzungsfaktors von 80% auf 100% oder gar 120% kann die Schwelle zur Eigenkapitaläquivalenz überschritten werden, und zwar bei der Nullanpassung sowohl für die EAV Typ 1 wie 2 noch unterhalb des Bereichs der unverträglich hohen Inflationsraten[2]. Bei hinzutretender, zunehmend verstärkter Anpassung der laufenden Renten verschiebt sich die Schwelle zur Eigenkapitaläquivalenz - insbesondere bei der ungünstigen Bestandsstruktur der EAV Typ 2 - in den Bereich der unverträglich hohen Inflationsraten. Im Extremfall einer volldynamischen[3] Pensionszusage wird Eigenkapitaläquivalenz sowohl mit einem Überwälzungsfaktor von 100% als auch von 120% erst im Bereich der unverträglich hohen Inflationsraten erreicht.

Der Einfluß des Überwälzungsfaktors auf die Eigenkapitaläquivalenz-Schwelle kann innerhalb der Modellsituation ***C*** mit Hilfe der einfachen Ungleichung

$$A / R \leq g^{-1} (1 + \hat{\imath} - g) \;=:\; f(\ldots)$$

analysiert werden, deren Gültigkeit notwendig und hinreichend ist für das Überschreiten der Schwelle zur Eigenkapitaläquivalenz.

Mit dem Verhältnis des Baraufwands A zur Rückstellung R sind in Gestalt der Kennziffer A / R auf der linken Seite der Ungleichung alle zusagebedingten Komponenten zusammengefaßt, während die rechte Seite der Ungleichung nur noch vom Steigerungsfaktor der Beginnrenten g und von dem um den gewerbesteuerlichen Substitutionseffekt erhöhten Brutto-Kalkulationszinsfuß $\hat{\imath}$ abhängt. Insbesondere hängt also die Frage, o b die Schwelle zur Eigenkapitaläquivalenz überschritten werden kann, in der Modellsituation ***C*** nicht von der Höhe des ESt-, KiSt- und VSt-Satzes ab.

Ferner kann der Einfluß der Basis-Modellgrößen

---

1) Vgl. Abschn. C.I.1.7
2) Dies gilt auch bei der Anpassung nach BetrAVG mit der Zusage einer garantierten Rentenanpassung von 3% p.a. im Drei-Jahres-Rhythmus. Vgl. Abschn. C.I.2.3
3) Bei Volldynamik erhöhen sich insbesondere alle Beginnrenten sowie die laufenden Renten von Periode zu Periode mit dem Steigerungsfaktor g der Löhne und Gehälter. Vgl. das Ende von Abschn. C.I.2.1.7

- Inflationsrate
- Realzins
- Überwälzungsfaktor
- Faktor für die reale Entwicklung der Brutto-Aktiveneinkommen

sowie des gewerbesteuerlichen Substitutionseffekts in Gestalt des Hinzurechnungsanteils bei Dauerschulden und des Hebesatzes auf die rechte Seite der Ungleichung f(...) untersucht werden. Diese erhöht sich c.p. mit einem reduzierten Faktor für die reale Entwicklung der Brutto-Aktiveneinkommen und/oder mit dem Ansatz eines höheren Realzinses und/oder eines höheren Überwälzungsfaktors und/oder mit einem erhöhten Substitutionseffekt.

Bei gegebenem Realzins und fixiertem Substitutionseffekt läßt sich ein "kritischer" Überwälzungsfaktor angeben[1], bei dessen Ansatz die Funktion f(...) nicht von der Höhe der Inflation abhängt; beim Ansatz eines höheren/niedrigeren Überwälzungsfaktors ergibt sich ein mit steigender Inflation monoton wachsendes/fallendes f(...).

Mit einem erhöhten Ansatz des Realzinses/Überwälzungsfaktors/Substitutionseffekts ist c.p. eher Eigenkapitaläquivalenz erreichbar, da f(...) bei modellmäßig unverändertem A / R steigt. Dagegen beeinflußt ein veränderter Ansatz der Inflation und/oder des Faktors für die reale Entwicklung der Brutto-Aktiveneinkommen auch die Höhe der Kennziffer A / R, womit Aussagen zur Eigenkapitaläquivalenz erst durch den Vergleich von f(...) mit den Ergebnissen der Modellrechnung für A / R ermöglicht werden. Die oben zu den Auswirkungen eines Überwälzungsfaktors von 100% bzw. 120% zusammengefaßten Aussagen resultieren aus diesem Vergleich; dabei zeigt sich, daß die Kennziffer A / R im Grundmodell mit steigender Inflation monoton fällt und bei Volldynamik nicht von der Inflation abhängt.

Für den Spezialfall der Volldynamik kann weiter gezeigt werden, daß auch die Meßgröße μ innerhalb der Modellsituation ***C*** beim Ansatz des kritischen Überwälzungsfaktors nicht von der Inflation abhängt; beim Ansatz eines höheren/niedrigeren Überwälzungsfaktors folgt eine mit zunehmender Inflation monoton steigende/fallende Meßgröße μ.

Diese Aussage zur Volldynamik beruht auf der im (modifizierten) Grundmodell für den Bereich der Modellsitutation ***C*** allgemein geltenden transparenten Beziehung[2]

$$\mu\, LG = \hat{\imath}\,(g^{-1} R) - A - U,$$

aus der sich unmittelbar die Invarianzeigenschaft von μ ablesen läßt: bis auf den gewerbesteuerlichen Substitutionsvorteil ist die Meßgröße μ steuersatz<u>un</u>abhängig. Darüber hinaus können auf denkbar einfache Weise beliebige Modifikationen der im Baraufwand A enthaltenen Verwaltungskosten und PSVaG-Beiträge vorgenommen werden; solange der Bereich der Modellsituation ***C*** nicht verlassen wird, lassen sich auch die Auswirkungen eines modifizierten Kalkulationszinsfußes sowie des Substitutionseffekts auf die Meßgröße μ ermitteln.

Im Bereich der Modellsituation ***C*** stellen sich demnach leicht durchschaubare Zusammenhänge ein, die verallgemeinerbare Schlußfolgerungen zulassen; durch einfaches Umrechnen der einmal durch die Modellrechung bereitgestellten Ergebniszahlen sind Modifikationen möglich, die in der Modellsituation ***A*** eine erneute, vollständige Durchführung der Modellrechnung erfordern.

---

1) Der kritische Überwälzungsfaktor beträgt im Akkumulationsmodell gerade 100%; er reduziert sich mit steigendem Substitutionseffekt und beträgt im Grundmodell ca. 91,6%. Vgl. Abschn. C.I.2.1.7

2) Die zusagebedingte Annuität vor Ertragsteuern ergibt sich aus dem Zins auf die Vorjahres-Rückstellung unter Berücksichtigung des Substitutionseffekts durch Abzug des Baraufwands sowie der Zuführung zur Rückstellung. Vgl. Gl. (95)

Die Ergebnisse des im modifizierten Grundmodell anhand der Meßgröße µ vorgenommenen (Vorteils-)Vergleichs zwischen der Nullanpassung und der Anpassung nach BetrAVG können - auch innerhalb der Modellsituation ***C*** - überwiegend nicht durch Umrechnung aus den für das Grundmodell vorliegenden Ergebniszahlen gewonnen werden.

Zur Bestands- und Bezügestruktur wurde der Einfluß des Geschlechts, der Eintrittsaltersverteilung und der Hinzunahme eines Ausgangsbestands untersucht:

> Bei identischer Eintrittsalters- und Bezügestruktur erhöht sich der Vorsprung der Nullanpassung vor der Anpassung nach BetrAVG - im folgenden kurz: der "Vorsprung" - für *Frauen* mit dem niedrigeren Pensionierungsalter von 60 anstelle von 63 Jahren gegenüber den Männern des Grundmodells c.p. nur geringfügig. Beim Ansatz eines niedrigeren Bezügeniveaus und der zu den höheren Eintrittsaltern hin verschobenen EAV Typ 5 anstelle der EAV Typ 1 fällt der "Vorsprung" für Frauen c.p. erwartungsgemäß deutlich höher aus als bei Männern. Der Einfluß der Witwerrenten-Zusage auf den "Vorsprung" wirkt sich überraschend gering aus. Die Aussagen gelten sowohl bei Anwartschaftsdynamik als auch bei Anwartschaftsstatik.
>
> Die Ergebniskurven der in Übersicht 14 zusammengestellten alternativen *EAV* Typ 3 bis 9 verlaufen sowohl bei Anwartschaftsdynamik als auch bei Anwartschaftsstatik - abgesehen vom Fall der garantierten Rentenanpassung - fast ausnahmslos zwischen den Ergebniskurven der EAV Typ 1 und 2; dies gilt sowohl für die alternativen Anpassungsmodi der laufenden Renten als auch für "i = i(p)" und "i = 8%" sowie für Männer und Frauen, und zwar sowohl für die isoliert betrachteten Alternativen als auch für die Differenz-Ergebnisse des (Vorteils-)Vergleichs.
>
> Der Einfluß der auf die Hinzunahme des beispielhaften *Ausgangsbestands* entfallenden Auswirkungen fällt bei Anwartschaftsdynamik im Bereich der Modellsituation ***A*** mit steigender Inflation und sinkt bei Annäherung an die Modellsituation ***C*** auf Null ab.

Zur Bestandsfortschreibung wurde der Einfluß der Fluktuation sowie eines wachsenden / schrumpfenden Bestandsumfangs untersucht:

> Bei Anwartschaftsdynamik erhöht sich der "Vorsprung" c.p. mit sinkender *Fluktuation* bei gleichzeitig reduziertem Einfluß der Bestandsstruktur. Bei Anwartschaftsstatik bewegt sich der Einfluß der Fluktuation auf den "Vorsprung" in vergleichsweise engen Grenzen.
>
> Beim *Bestandswachstum* erhält man höchst unterschiedliche Resultate: bei Anwartschaftsdynamik für "p = 0,5%" und generell bei Anwartschaftsstatik fällt der "Vorsprung" c.p. umso geringer aus, je niedriger die Wachstumsrate für den Bestandsumfang liegt. Bei Anwartschaftsdynamik ist für "p $\geq$ 2,5%" ein umso geringerer "Vorsprung" festzustellen, je höher die Wachstumsrate für den Bestandsumfang liegt; für "1% $\leq$ p $\leq$ 2%" ist ein uneinheitliches Bild zu verzeichnen.

Der Vergleich der dienstzeitabhängigen Rentenformel der *Pensionszusage* Typ 2 mit der "Einheitsrente" der Pensionszusage Typ 1 ergibt, daß der "Vorsprung" - gleiches Zusageniveau im Stabilitätsfall vorausgesetzt - bei einer dienstzeitabhängigen Pensionszusage mit einem für alle anrechenbaren Dienstjahre gleichen Steigerungsbetrag c.p. tendenziell geringer ausfällt als bei einer dienszeit<u>un</u>abhängigen Pensionszusage mit einem für alle Mitarbeiter einheitlichen Rentenbetrag. Bei Anwartschaftsstatik ist eine weit deutlichere Reduktion des "Vorsprungs" zu verzeichnen als bei Anwartschaftsdynamik.

Von den gesamtwirtschaftlichen Rahmenbedingungen wurde der Einfluß der Reallohnentwicklung sowie des Realzinses mit klaren Ergebnissen untersucht:

> Der "Vorsprung" erhöht sich c.p. mit zunehmendem *Realwachstum* der Brutto-Aktiveneinkommen beträchtlich; er sinkt c.p. mit steigendem *Realzins*. Dies gilt bis auf den Bereich der unverträglich hohen Inflationsraten auch bei Anwartschaftsstatik.

Von den steuerlichen Rahmenbedingungen wurde der Einfluß der ESt, der GewSt und der zusammengefaßten Substanzsteuern sowie eines auf 10% erhöhten Rechnungszinsfußes für die Berechnung der Pensionsrückstellung untersucht:

> Sobald die gemeinsame Modellsituation ***C*** erreicht wird, fallen die Kurvenpaare (EAV Typ 1 und 2) in Abbildung 23 trotz unterschiedlicher *ESt*-Belastung c.p. wegen der Invarianzeigenschaft der Meßgröße μ zusammen. Für den Bereich der Modellsituation ***A*** wird das bei Anwartschaftsstatik bereits festgestellte Ergebnis bestätigt: mit sinkender ESt-Belastung verringert sich der mit μ gemessene "Vorsprung".
>
> Beim Übergang von der auf den Aufwand vor Ertragsteuern abzielenden Meßgröße μ auf den Nachsteuer-Aufwand μ $(1 - t_1)$ fallen die Ergebnisse beim "Vorsprung" in der gemeinsamen Modellsitutation ***A*** praktisch gleich aus; mit Annäherung an die gemeinsame Modellsituation ***C*** steigt der Nachsteuer-Vorsprung c.p. mit sinkender ESt-Belastung nach Maßgabe des Umrechnungsfaktors $(1 - t_1)$ an.
>
> Der mit μ gemessene "Vorsprung" steigt c.p. mit sinkender *GewSt*-Belastung für Inflationsraten von 2% und mehr; für kleinere Inflationsraten ist praktisch kein Unterschied festzustellen. Beim Übergang auf die Nachsteuergröße μ $(1 - t_1)$ steigt der "Vorsprung" c.p. mit sinkender GewSt-Belastung deutlich an. Dies gilt ebenso bei Anwartschaftsstatik bis auf den Bereich der unverträglich hohen Inflationsraten.
>
> Die Behauptung von Sturm[1], der "positive Steuereffekt" eines Substitutionsmodells sei "wegen der relativen Geringfügigkeit der Gewerbeertragsteuern im Vergleich zu den übrigen Erfolgsteuerarten ohne große Bedeutung", kann als widerlegt angesehen werden; denn im gemeinsamen Bereich der Modellsituation ***C*** beruht der unterschiedliche Verlauf der Kurvenpaare in Abbildung 24 ausschließlich auf dem Substitutionseffekt, wobei der Einfluß der GewErtrSt den der GewKapSt für "i > 4%" übersteigt, und zwar zunehmend mit steigendem Kalkulationszins.
>
> Mit sinkender *Substanzsteuerbelastung* steigt der "Vorsprung" c.p. für Inflationsraten von 2,5% und mehr; im gemeinsamen Bereich der Modellsituaticn ***C*** spielt die Höhe der VSt wegen der Invarianz von μ keine Rolle. Im gemeinsamen Bereich der Modellsitutation ***A*** erhält man das umgekehrte Ergebnis: mit sinkender Substanzsteuerbelastung sinkt c.p. auch der "Vorsprung"; letzteres gilt auch bei Anwartschaftsstatik bis auf den Bereich der unverträglich hohen Inflationsraten.
>
> Mit dem erhöhten *Rechnungszinsfuß* von 10% fällt der "Vorsprung" klar höher aus als mit dem Rechnungszins des Grundmodells von 6%. Dies gilt auch bei Anwartschaftsstatik mit deutlich erhöhtem "Vorsprung".

Generell ist der Einfluß der Bestandsstruktur (EAV Typ 1 und 2) auf die Größenordnung der Ergebnisse sowie der Vergleichsergebnisse relativ groß. Gegenüber der Anwartschaftsstatik sinkt der Einfluß der Bestandsstruktur auf die Vergleichsergebnisse etwas ab. Wie bei Anwartschafts-

1) Vgl. Sturm, N., (Betriebliche Altersrenten 1980), S. 389 f.

statik vermindert sich der Einfluß bei den Vergleichsergebnissen im Fall der garantierten Rentenanpassung.

Beim Ansatz eines inflationsunabhängigen Kalkulationszinsfußes von "i = 8%" wächst die im Vergleich zur Nullanpassung zu verzeichnende Anpassungs-Mehrbelastung mit steigender Inflation zunehmend an, wenn auch nicht mehr so steil wie bei Anwartschaftsstatik; eine Obergrenze ist nicht ersichtlich.

Aber auch beim inflationsabhängigen Ansatz des Kalkulationszinsfußes "i = i(p)" mit dem Überwälzungsfaktor des Grundmodells von 80% ist das Ausmaß der Anpassungs-Mehrbelastung nur beim Ausgleich der halben Inflation, und bei der Anpassung nach BetrAVG erst im Bereich der unverträglich hohen Inflationsraten eingrenzbar, nicht jedoch bei jährlichem Anpassungsrhythmus, beim Ausgleich der vollen Inflation sowie bei Volldynamik.

Die Anpassungs-Mehrbelastung beträgt im ungünstigsten betrachteten Fall bei einer Inflation von 20% im Fall der Volldynamik 246% der mit der Einführung des Versorgungswerks bei Stabilität verbundenen Gesamtbelastung. Für die unterschiedlichen Anpassungsmodi der laufenden Renten sind die auftretenden Maximalwerte in Übersicht 28 zusammengestellt. Ihre Größenordnung reagiert empfindlich auf den Ansatz des Kalkulationszinsfußes bei Stabilität.

Mit dem erhöhten Ansatz eines Überwälzungsfaktors von 100% bzw. 120% ist eine ganz erhebliche Reduktion der Anpassungs-Mehrbelastung bei Volldynamik verbunden; das Maximum der Mehrbelastung wird allerdings erst im Bereich der unverträglich hohen Inflationsraten angenommen.

Mit den in Übersicht 29 angegebenen Belastungs-Obergrenzen für die Modifikation des Grundmodells mit dem Überwälzungsfaktor von 80% ist das Ausmaß der Mehrbelastung durch die Anpassung nach BetrAVG gegenüber der Nullanpassung nahezu ausnahmslos eingrenzbar, allerdings erst im Bereich der unverträglich hohen Inflationsraten.

Zur spaltenweise orientierten Ergebnisauswertung ohne Bezugnahme auf eine (Nicht-)Anpassungs-Alternative kann auf die im vorangehenden Abschnitt C.I.2.6 enthaltene Zusammenfassung verwiesen werden. Die Aussagen hängen hierbei stark von der relativen oder absoluten Zielsetzung ab.

Bei absoluter Fragestellung verschlechtert sich das Ergebnis auf die Dauer mit steigender Inflation zunehmend, solange nicht Eigenkapitaläquivalenz erreicht wird. Die hierfür im modifizierten Grundmodell bei Nullanpassung bzw. Anpassung nach BetrAVG erforderlichen Zinssätze sind nachstehend in Übersicht 30 bzw. 31 zusammengestellt, soweit bis zu einer Inflation von 20% Eigenkapitaläquivalenz erzielbar ist; ansonsten ist ein "-" zu verzeichnen. In Ergänzung von Übersicht 21 in Abschnitt C.I.1.7 enthalten die Übersichten 30 und 31 auch die Zinssätze bei Anwartschaftsstatik.

Insgesamt ergibt sich für die Anpassung der laufenden Renten bei Anwartschaftsdynamik ein deutlich schlechteres Bild als bei Anwartschaftsstatik; durch die Dynamik der Beginnrenten erhöht sich das Risiko aus der Anpassung der laufenden Renten sogar in Einheiten der jeweiligen Lohn- und Gehaltssumme.

Will man ein Risiko aus der Anpassung von laufenden Renten vermeiden, so kann man die Leistungsform der Kapitalzahlung wählen. Inwieweit dies vorteilhaft ist, soll nachfolgend im einzelnen untersucht werden.

Übersicht 30: Höhe der im modifizierten Grundmodell für Eigenkapitaläquivalenz erforderlichen Zinssätze i_k bei Nullanpassung

Modifikation des Grundmodells	Kritischer Zinssatz i_k für die			
	EAV Typ 1		EAV Typ 2	
	Anwartschafts-statik	Anwartschafts-dynamik	Anwartschafts-statik	Anwartschafts-dynamik
Geschlecht: Frauen[1]	7,6%	-	8,7%	-
mit Ausgangsbestand	7,9%	-	8,9%	-
Fluktuation Typ 0	7,6%	-	8,8%	-
Fluktuation Typ 2	7,3%	15,6%	9,1%	-
Bestandswachstum b=+1%	7,5%	-	8,9%	-
Bestandswachstum b=-1%	7,5%	10,6%	8,9%	18,4%
Pensionszusage[2] Typ 2	7,2%	14,5%	7,9%	-
Realwachstum r=1,025	7,5%	-	8,9%	-
Realwachstum r=0,975	7,5%	7,7%	8,9%	9,2%
Realzins i_o=3,5%	7,5%	-	8,9%	-
Realzins i_o=5,5%	7,5%	9,0%	8,9%	14,7%
ESt e=43%	8,0%	-	9,7%	-
ESt e=30%	8,6%	-	10,9%	-
GewSt H= 0%	9,2%	-	11,0%	-
GewSt H=800%	6,3%	7,8%	7,4%	10,9%
Substanzsteuern: ohne	8,2%	-	9,7%	-
Substanzsteuern: verdoppelte	6,8%	12,3%	8,1%	-
Rechnungszins 10%	10,5%	-	12,1%	-

1) Mit der EAV Typ 5 ergibt sich für Frauen bei Anwartschaftsstatik "i_k = 8,1%", bei Anwartschaftsdynamik tritt bis "p = 20%" keine Eigenkapitaläquivalenz auf.

2) In der modifizierten Form mit identischem Zusageniveau im Stabilitätsfall wie im Grundmodell. Vgl. Abschn. C.I.2.4.3

Übersicht 31: Höhe der im modifizierten Grundmodell für Eigenkapitaläquivalenz erforderlichen Zinssätze i_k bei Anpassung nach BetrAVG

Modifikation des Grundmodells	Kritischer Zinssatz i_k für die			
	EAV Typ 1		EAV Typ 2	
	Anwartschafts-statik	Anwartschafts-dynamik	Anwartschafts-statik	Anwartschafts-dynamik
Geschlecht: Frauen[1]	10,1%	-	12,6%	-
mit Ausgangsbestand	11,1%	-	12,8%	-
Fluktuation Typ 0	10,2%	-	12,7%	-
Typ 2	9,6%	-	13,3%	-
Bestandswachstum				
b=+1%	10,0%	-	12,9%	-
b=-1%	10,0%	-	12,9%	-
Pensionszusage[2]				
Typ 2	9,2%	-	10,7%	-
Realwachstum				
r=1,025	12,5%	-	16,7%	-
r=0,975	7,9%	8,8%	10,4%	-
Realzins i_o=3,5%	11,4%	-	14,6%	-
i_o=5,5%	8,8%	-	11,6%	-
ESt e=43%	10,7%	-	14,6%	-
e=30%	11,8%	-	17,0%	-
GewSt H= 0%	14,8%	-	19,9%	-
H=800%	7,4%	-	9,4%	-
Substanzsteuern:				
ohne	11,1%	-	14,4%	-
verdoppelte	8,8%	-	11,4%	-
Rechnungszins 10%	20,1%	-	-	-

1) Mit der EAV Typ 5 ergibt sich für Frauen bei Anwartschaftsstatik "i_k = 11,4%", bei Anwartschaftsdynamik tritt bis "p = 20%" keine Eigenkapitaläquivalenz auf.

2) In der modifizierten Form mit identischem Zusageniveau im Stabilitätsfall wie im Grundmodell. Vgl. Abschn. C.I.2.4.3

II. Kapitalzusage versus Rentenzusage

Verglichen wird im Grundmodell der Fall der Anpassung nach BetrAVG mit dem alternativen Fall von Kapitalabfindungen anstelle der laufenden Renten. Wie bei der garantierten Rentenanpassung liegt hier ein echter Vorteilsvergleich vor: über eine Gestaltungsmöglichkeit ist zu entscheiden; die Alternativen bewegen sich innerhalb des gegebenen rechtlichen Rahmens.

Für die Konzeption des Rechenmodells stellt sich die Frage, wie die unterschiedlichen Leistungsformen "Kapital" und "Rente" zweckmäßigerweise verglichen werden können. Wenn man auf den "Verrentungseffekt"[1] von Blomeyer abzielt, dann muß notwendig der Rückstellungsverlauf während der Anwartschaftsphase für beide Leistungsformen identisch ausfallen.

Dies wird erreicht, indem man die mit Eintritt eines Versorgungsfalls ansonsten einsetzenden Rentenzahlungen durch eine Kapitalabfindung in Höhe des versicherungsmathematischen Barwerts der Renten ablöst, der mit den für die Rückstellungsberechnung maßgebenden Rechnungsgrundlagen berechnet wird. Offensichtlich beruht der Modellansatz von Rhiel auf denselben Überlegungen:

"Um eine Rente mit einer Kapitalzusage vergleichbar zu machen, wird bei Eintritt des Versorgungsfalls ein Kapital gezahlt, das dem Barwert der ansonsten zu zahlenden lebenslänglichen Rente einschließlich Witwenrentenanwartschaft entspricht. Der Barwert wird mit 6% Zins und ohne Dynamik ermittelt. Während der Anwartschaftszeit ergeben sich somit die gleichen Rückstellungen wie bei der Rentenzusage. Bei Eintritt des Versorgungsfalles wird das Kapital fällig und belastet, im Gegensatz zur laufenden Rentenzahlung, die Liquidität des Unternehmens sofort in voller Höhe. Die Rückstellung wird sofort aufgelöst und baut sich nicht langsam ab wie bei Rentenzusagen."[2]

Dies gilt sowohl bei Anwartschaftsstatik wie bei Anwartschaftsdynamik.

1. Anwartschaftsstatik

Durch den Übergang von Renten- auf Kapitalleistungen ändern sich zwar die finanziellen Ergebniswerte, die Grundsatzüberlegungen des Abschnitts C.I.1 können jedoch unverändert übertragen werden. Insbesondere erhält man auch bei statischen Kapitalleistungen stets die Modellsituation ***A***.

1.1 Ergebnisse im Grundmodell und Modifikation des Kalkulationszinsfußes

Für den Fall der Kapitalabfindungen gelten im Grundmodell die Bestands- und Bezüge-Ergebnisse des Abschnitts C.I.1.1.1 mit der Maßgabe, daß zusagegemäß keine Rentner und Witwen auftreten; es gilt "AR = AW = 0".

Die finanziellen Basis- und Ergebniswerte für die unterschiedlichen Bestandsstrukturen der EAV Typ 1 und 2 sind analog zu den Tabellen 8 und 9 in den Tabellen 21 und 22 enthalten. Um den Vergleich zu erleichtern, wurden die Ergebnisse für den Fall A der Anpassung nach BetrAVG

---

1) Vgl. Abschn. A.I.7
2) Vgl. Rhiel, R., (Prognoserechnungen 1987), WPg 1987, S. 605

Tabelle 21: Ergebnisse im Grundmodell und bei konstantem Zins - Eintrittsaltersverteilung Typ 1 - Blatt 1

Beharrungszustand

Vergleich: Fall A: Anpassung nach BetrAVG
Fall B: Kapitalabfindungen

Geschlecht: Maenner
Pensionszusage Typ 1
Realwachstum von LG: 0.0%

Anwartschaftsstatik
Fluktuation Typ 1
Bestandstrend: 0.0%

p	d B	zusagebedingte Auszahlungen 1)	Rueckstellung in % LG Fall A	Fall B	Diff.	Periodenliquiditaet in % LG nach ErtrSt Fall A	Fall B	Diff.
%	%	%	%	%	%	%	%	%
0.0	0.0	103.5	88.6	31.7	-56.9	-5.2	-2.8	2.4
0.5	0.2	109.6	90.1	31.7	-58.3	-5.4	-2.8	2.6
1.0	0.6	121.9	93.0	31.7	-61.3	-5.7	-2.8	2.9
1.5	1.1	136.0	96.4	31.7	-64.7	-6.1	-2.8	3.4
2.0	1.5	150.8	99.9	31.7	-68.1	-6.6	-2.8	3.8
2.5	1.9	167.3	103.7	31.7	-72.0	-7.0	-2.8	4.3
3.0	2.3	184.9	107.8	31.7	-76.0	-7.5	-2.8	4.8
3.5	2.8	205.7	112.5	31.7	-80.8	-8.2	-2.8	5.4
4.0	3.2	227.3	117.4	31.7	-85.7	-8.8	-2.8	6.0
4.5	3.6	250.9	122.7	31.7	-90.9	-9.5	-2.8	6.7
5.0	4.0	278.6	128.8	31.7	-97.1	-10.3	-2.8	7.5
6.0	4.9	341.6	142.5	31.7	-110.7	-12.2	-2.8	9.4
7.0	5.7	418.2	158.7	31.7	-127.0	-14.4	-2.8	11.7
8.0	6.6	515.2	178.9	31.7	-147.1	-17.3	-2.8	14.5
9.0	7.4	634.8	203.1	31.7	-171.4	-20.9	-2.8	18.1
10.0	8.2	787.0	233.4	31.7	-201.6	-25.4	-2.8	22.7
12.5	10.3	1375.1	345.5	31.7	-313.7	-43.1	-2.8	40.3
15.0	12.4	2498.8	548.4	31.7	-516.7	-77.0	-2.8	74.2
17.5	14.5	4757.8	935.7	31.7	-903.9	-145.6	-2.8	142.8
20.0	16.5	9406.0	1694.2	31.7	-1662.5	-287.5	-2.8	284.7

Tabelle 21: Ergebnisse im Grundmodell und bei konstantem Zins - Eintrittsaltersverteilung Typ 1 - Blatt 2

Vergleich: Fall A: Anpassung nach BetrAVG
Fall B: Kapitalabfindungen

Geschlecht: Maenner
Pensionszusage Typ 1
Realwachstum von LG: 0.0%

Anwartschaftsstatik
Fluktuation Typ 1
Bestandstrend: 0.0%

p	d A	i=i(p)	Kapitalwert in % LG nach ErtrSt i=8% Fall A	Fall B	Diff.	i=i(p) Fall A	Fall B	Diff.
%	%	%	%	%	%	%	%	%
0.0	0.0	4.5	7.4	-17.3	-24.7	-137.1	-113.6	23.5
0.5	0.0	4.9	6.2	-17.3	-23.6	-104.0	-90.2	13.8
1.0	0.0	5.3	3.9	-17.3	-21.3	-82.6	-72.2	10.4
1.5	0.0	5.8	1.3	-17.3	-18.6	-66.3	-58.2	8.1
2.0	0.0	6.2	-1.5	-17.3	-15.9	-52.8	-46.9	5.9
2.5	0.0	6.6	-4.6	-17.3	-12.8	-42.0	-37.8	4.2
3.0	0.0	7.0	-7.9	-17.3	-9.5	-33.0	-30.4	2.6
3.5	0.0	7.4	-11.8	-17.3	-5.6	-25.8	-24.2	1.6
4.0	0.0	7.8	-15.9	-17.3	-1.5	-19.6	-19.0	0.5
4.5	0.0	8.3	-20.3	-17.3	3.0	-14.2	-14.7	-0.5
5.0	0.0	8.7	-25.5	-17.3	8.2	-9.9	-11.1	-1.2
6.0	0.0	9.5	-37.4	-17.3	20.0	-2.9	-5.4	-2.5
7.0	0.0	10.4	-51.8	-17.3	34.5	2.4	-1.2	-3.7
8.0	0.0	11.2	-70.1	-17.3	52.8	6.4	1.8	-4.6
9.0	0.0	12.0	-92.7	-17.3	75.3	9.5	4.0	-5.5
10.0	0.0	12.9	-121.3	-17.3	104.0	11.9	5.7	-6.2
12.5	0.0	15.0	-231.8	-17.3	214.5	16.1	8.0	-8.1
15.0	0.0	17.0	-441.7	-17.3	424.3	19.0	9.0	-10.0
17.5	0.0	19.1	-860.2	-17.3	842.9	21.5	9.1	-12.3
20.0	0.0	21.2	-1713.2	-17.3	1695.8	24.3	8.9	-15.3

1) prozentuale Veraenderung: (Fall A - Fall B) / (Fall B)

Tabelle 21: Ergebnisse im Grundmodell und bei konstantem Zins
- Eintrittsaltersverteilung Typ 1 -

Blatt 3

Vergleich: Fall A: Anpassung nach BetrAVG
Fall B: Kapitalabfindungen

Geschlecht: Maenner
Pensionszusage Typ 1
Realwachstum von LG: 0.0%

Anwartschaftsstatik
Fluktuation Typ 1
Bestandstrend: 0.0%

p	d A	i=i(p)	aequivalente Annuitaet in % LG nach ErtrSt - statisch i=8% Fall A	Fall B	Diff.	i=i(p) Fall A	Fall B	Diff.
%	%	%	%	%	%	%	%	%
0.0	0.0	4.5	0.184	-0.433	-0.617	-1.643	-1.362	0.281
0.5	0.0	4.9	0.155	-0.433	-0.587	-1.409	-1.222	0.187
1.0	0.0	5.3	0.098	-0.433	-0.530	-1.249	-1.092	0.157
1.5	0.0	5.8	0.032	-0.433	-0.464	-1.105	-0.969	0.135
2.0	0.0	6.2	-0.037	-0.433	-0.395	-0.962	-0.855	0.108
2.5	0.0	6.6	-0.115	-0.433	-0.318	-0.831	-0.747	0.083
3.0	0.0	7.0	-0.197	-0.433	-0.236	-0.702	-0.647	0.056
3.5	0.0	7.4	-0.294	-0.433	-0.138	-0.590	-0.552	0.038
4.0	0.0	7.8	-0.395	-0.433	-0.037	-0.476	-0.464	0.012
4.5	0.0	8.3	-0.506	-0.433	0.074	-0.369	-0.381	-0.013
5.0	0.0	8.7	-0.636	-0.433	0.204	-0.272	-0.304	-0.032
6.0	0.0	9.5	-0.932	-0.433	0.500	-0.088	-0.161	-0.076
7.0	0.0	10.4	-1.292	-0.433	0.860	0.081	-0.041	-0.123
8.0	0.0	11.2	-1.748	-0.433	1.316	0.233	0.066	-0.167
9.0	0.0	12.0	-2.311	-0.433	1.878	0.374	0.159	-0.216
10.0	0.0	12.9	-3.025	-0.433	2.593	0.505	0.240	-0.264
12.5	0.0	15.0	-5.780	-0.433	5.348	0.801	0.399	-0.402
15.0	0.0	17.0	-11.013	-0.433	10.581	1.080	0.509	-0.570
17.5	0.0	19.1	-21.449	-0.433	21.016	1.373	0.584	-0.789
20.0	0.0	21.2	-42.717	-0.433	42.284	1.720	0.632	-1.088

Tabelle 21: Ergebnisse im Grundmodell und bei konstantem Zins
- Eintrittsaltersverteilung Typ 1 -

Blatt 4

Basiswerte

Vergleich: Fall A: Anpassung nach BetrAVG
Fall B: Kapitalabfindungen

Geschlecht: Maenner
Pensionszusage Typ 1
Realwachstum von LG: 0.0%

Anwartschaftsstatik
Fluktuation Typ 1
Bestandstrend: 0.0%

LG = 483461

p	FL	VK	FS	RZ	U	F	i=8% W 85	i=i(p) W 85
Fall A:								
0.0	-8729	447	1036	31554	0	428486	2660	-7729
0.5	-9029	476	1053	32499	0	435437	2233	-7584
1.0	-9632	476	1089	34457	0	449730	1408	-7689
1.5	-10328	476	1130	36715	0	466031	456	-7778
2.0	-11054	476	1172	39070	0	482842	-538	-7717
2.5	-11870	476	1218	41710	0	501493	-1654	-7646
3.0	-12737	476	1267	44510	0	521064	-2839	-7390
3.5	-13766	476	1325	47830	0	544013	-4245	-7092
4.0	-14836	476	1384	51279	0	567580	-5707	-6545
4.5	-16010	476	1448	55058	0	593127	-7309	-5782
5.0	-17386	476	1521	59480	0	622683	-9186	-4878
6.0	-20525	476	1687	69545	0	688791	-13458	-2060
7.0	-24351	476	1883	81782	0	767377	-18655	2478
8.0	-29211	476	2127	97287	0	864717	-25238	9209
9.0	-35224	476	2420	116420	0	982140	-33356	19267
10.0	-42891	476	2785	140754	0	1128162	-43670	33730
12.5	-72678	476	4140	234890	0	1670155	-83436	102660
15.0	-129949	476	6593	414892	0	2651327	-158973	263930
17.5	-245735	476	11274	776997	0	4523593	-309606	636915
20.0	-485192	476	20442	1522545	0	8190889	-616604	1507824
Fall B:								
0.0	-4664	236	348	15653	0	153452	-6244	-6406
0.5	-4664	236	348	15653	0	153452	-6244	-6579
1.0	-4664	236	348	15653	0	153452	-6244	-6722
1.5	-4664	236	348	15653	0	153452	-6244	-6826
2.0	-4664	236	348	15653	0	153452	-6244	-6882
2.5	-4664	236	348	15653	0	153452	-6244	-6878
3.0	-4664	236	348	15653	0	153452	-6244	-6802
3.5	-4664	236	348	15653	0	153452	-6244	-6640
4.0	-4664	236	348	15653	0	153452	-6244	-6374
4.5	-4664	236	348	15653	0	153452	-6244	-5984
5.0	-4664	236	348	15653	0	153452	-6244	-5448
6.0	-4664	236	348	15653	0	153452	-6244	-3829
7.0	-4664	236	348	15653	0	153452	-6244	-1261
8.0	-4664	236	348	15653	0	153452	-6244	2594
9.0	-4664	236	348	15653	0	153452	-6244	8175
10.0	-4664	236	348	15653	0	153452	-6244	16052
12.5	-4664	236	348	15653	0	153452	-6244	51171
15.0	-4664	236	348	15653	0	153452	-6244	124524
17.5	-4664	236	348	15653	0	153452	-6244	270819
20.0	-4664	236	348	15653	0	153452	-6244	553747

Tabelle 22: Ergebnisse im Grundmodell und bei konstantem Zins
- Eintrittsaltersverteilung Typ 2 -
Blatt 1

Beharrungszustand

Vergleich: Fall A: Anpassung nach BetrAVG
Fall B: Kapitalabfindungen

Geschlecht: Maenner
Pensionszusage Typ 1
Realwachstum von LG: 0.0%

Anwartschaftsstatik
Fluktuation Typ 1
Bestandstrend: 0.0%

p	d R	zusagebedingte Auszahlungen 1)	Rueckstellung in % LG Fall A	Fall B	Diff.	Periodenliquiditaet in % LG nach ErtrSt Fall A	Fall B	Diff.
%	%	%	%	%	%	%	%	%
0.0	0.0	100.2	102.9	30.6	-72.3	-6.9	-3.8	3.1
0.5	0.2	105.9	104.6	30.6	-74.0	-7.1	-3.8	3.3
1.0	0.6	117.4	108.2	30.6	-77.5	-7.5	-3.8	3.7
1.5	1.1	130.7	112.2	30.6	-81.5	-8.0	-3.8	4.2
2.0	1.5	144.4	116.3	30.6	-85.6	-8.6	-3.8	4.7
2.5	1.9	159.6	120.8	30.6	-90.2	-9.2	-3.8	5.3
3.0	2.3	175.7	125.5	30.6	-94.9	-9.8	-3.8	6.0
3.5	2.8	194.7	131.0	30.6	-100.4	-10.5	-3.8	6.7
4.0	3.2	214.2	136.6	30.6	-106.0	-11.3	-3.8	7.4
4.5	3.6	235.4	142.7	30.6	-112.0	-12.1	-3.8	8.3
5.0	4.0	260.1	149.6	30.6	-118.9	-13.0	-3.8	9.2
6.0	4.9	315.4	164.9	30.6	-134.2	-15.2	-3.8	11.4
7.0	5.7	381.5	182.7	30.6	-152.1	-17.8	-3.8	13.9
8.0	6.6	463.4	204.4	30.6	-173.8	-21.0	-3.8	17.1
9.0	7.4	562.4	230.1	30.6	-199.4	-24.8	-3.8	21.0
10.0	8.2	685.2	261.2	30.6	-230.6	-29.7	-3.8	25.8
12.5	10.3	1137.7	371.6	30.6	-340.9	-47.5	-3.8	43.7
15.0	12.4	1940.6	557.7	30.6	-527.0	-79.3	-3.8	75.5
17.5	14.5	3428.1	886.0	30.6	-855.4	-138.6	-3.8	134.8
20.0	16.5	6238.7	1478.6	30.6	-1447.9	-251.2	-3.8	247.4

1) prozentuale Veraenderung: (Fall A - Fall B) / (Fall B)

Tabelle 22: Ergebnisse im Grundmodell und bei konstantem Zins
- Eintrittsaltersverteilung Typ 2 -
Blatt 2

Vergleich: Fall A: Anpassung nach BetrAVG
Fall B: Kapitalabfindungen

Geschlecht: Maenner
Pensionszusage Typ 1
Realwachstum von LG: 0.0%

Anwartschaftsstatik
Fluktuation Typ 1
Bestandstrend: 0.0%

p	d A	i=i(p)	Kapitalwert in % LG nach ErtrSt i=8% Fall A	Fall B	Diff.	i=i(p) Fall A	Fall B	Diff.
%	%	%	%	%	%	%	%	%
0.0	0.0	4.5	-16.8	-59.2	-42.4	-242.3	-208.5	33.9
0.5	0.0	4.9	-18.8	-59.2	-40.4	-193.9	-173.8	20.1
1.0	0.0	5.3	-22.8	-59.2	-36.4	-162.1	-146.8	15.3
1.5	0.0	5.8	-27.4	-59.2	-31.8	-137.3	-125.3	12.0
2.0	0.0	6.2	-32.1	-59.2	-27.1	-116.5	-107.8	8.8
2.5	0.0	6.6	-37.4	-59.2	-21.8	-99.5	-93.3	6.2
3.0	0.0	7.0	-43.0	-59.2	-16.2	-84.9	-81.2	3.8
3.5	0.0	7.4	-49.5	-59.2	-9.7	-73.1	-70.9	2.2
4.0	0.0	7.8	-56.3	-59.2	-2.9	-62.5	-62.2	0.4
4.5	0.0	8.3	-63.6	-59.2	4.4	-53.3	-54.6	-1.3
5.0	0.0	8.7	-72.1	-59.2	12.9	-45.6	-48.1	-2.5
6.0	0.0	9.5	-91.1	-59.2	31.9	-32.5	-37.4	-4.9
7.0	0.0	10.4	-113.7	-59.2	54.5	-21.9	-29.0	-7.2
8.0	0.0	11.2	-141.6	-59.2	82.4	-13.4	-22.5	-9.0
9.0	0.0	12.0	-175.1	-59.2	115.9	-6.3	-17.2	-10.9
10.0	0.0	12.9	-216.5	-59.2	157.3	-0.3	-12.9	-12.7
12.5	0.0	15.0	-366.7	-59.2	307.5	11.6	-5.3	-17.0
15.0	0.0	17.0	-627.0	-59.2	567.8	20.9	-0.6	-21.5
17.5	0.0	19.1	-1095.5	-59.2	1036.3	29.1	2.5	-26.5
20.0	0.0	21.2	-1951.9	-59.2	1892.7	37.2	4.6	-32.6

Tabelle 22: Ergebnisse im Grundmodell und bei konstantem Zins - Eintrittsaltersverteilung Typ 2 -

Blatt 3

Vergleich: Fall A: Anpassung nach BetrAVG
Fall B: Kapitalabfindungen

Geschlecht: Maenner
Pensionszusage Typ 1
Realwachstum von LG: 0.0%

Anwartschaftsstatik
Fluktuation Typ 1
Bestandstrend: 0.0%

r	d A	i=i(r)	aequivalente Annuitaet in % LG nach ErtrSt - statisch i=8% Fall A	i=8% Fall B	i=8% Diff.	i=i(r) Fall A	i=i(r) Fall B	i=i(r) Diff.
%	%	%	%	%	%	%	%	%
0.0	0.0	4.5	-0.418	-1.476	-1.058	-2.905	-2.499	0.406
0.5	0.0	4.9	-0.470	-1.476	-1.006	-2.628	-2.356	0.272
1.0	0.0	5.3	-0.569	-1.476	-0.907	-2.450	-2.219	0.231
1.5	0.0	5.8	-0.683	-1.476	-0.793	-2.288	-2.088	0.200
2.0	0.0	6.2	-0.802	-1.476	-0.675	-2.123	-1.963	0.160
2.5	0.0	6.6	-0.933	-1.476	-0.543	-1.966	-1.843	0.123
3.0	0.0	7.0	-1.072	-1.476	-0.404	-1.809	-1.729	0.080
3.5	0.0	7.4	-1.235	-1.476	-0.241	-1.670	-1.619	0.051
4.0	0.0	7.8	-1.403	-1.476	-0.073	-1.523	-1.514	0.009
4.5	0.0	8.3	-1.585	-1.476	0.109	-1.380	-1.414	-0.034
5.0	0.0	8.7	-1.797	-1.476	0.321	-1.250	-1.318	-0.068
6.0	0.0	9.5	-2.271	-1.476	0.795	-0.988	-1.137	-0.149
7.0	0.0	10.4	-2.834	-1.476	1.358	-0.731	-0.971	-0.240
8.0	0.0	11.2	-3.531	-1.476	2.054	-0.489	-0.818	-0.329
9.0	0.0	12.0	-4.366	-1.476	2.890	-0.247	-0.678	-0.430
10.0	0.0	12.9	-5.398	-1.476	3.921	-0.012	-0.548	-0.536
12.5	0.0	15.0	-9.143	-1.476	7.667	0.577	-0.265	-0.842
15.0	0.0	17.0	-15.634	-1.476	14.158	1.189	-0.032	-1.221
17.5	0.0	19.1	-27.316	-1.476	25.840	1.860	0.162	-1.698
20.0	0.0	21.2	-48.669	-1.476	47.193	2.638	0.324	-2.315

Tabelle 22: Ergebnisse im Grundmodell und bei konstantem Zins - Eintrittsaltersverteilung Typ 2 -

Blatt 4

Basiswerte

Vergleich: Fall A: Anpassung nach BetrAVG
Fall B: Kapitalabfindungen

Geschlecht: Maenner
Pensionszusage Typ 1
Realwachstum von LG: 0.0%

Anwartschaftsstatik
Fluktuation Typ 1
Bestandstrend: 0.0%

LG = 407163

r	FL	VK	FS	RZ	U	R	i=8% W 85	i=i(r) W 85
Fall A:								
0.0	-9777	392	950	34521	0	419016	-5088	-11508
0.5	-10091	421	967	35504	0	426034	-5713	-11910
1.0	-10718	421	1003	37535	0	440411	-6922	-12702
1.5	-11438	421	1044	39863	0	456716	-8308	-13570
2.0	-12186	421	1086	42276	0	473435	-9745	-14393
2.5	-13020	421	1132	44965	0	491871	-11345	-15244
3.0	-13900	421	1180	47799	0	511095	-13030	-16027
3.5	-14939	421	1236	51137	0	533485	-15013	-16906
4.0	-16010	421	1293	54579	0	556314	-17055	-17620
4.5	-17178	421	1354	58322	0	580881	-19273	-18228
5.0	-18535	421	1425	62667	0	609083	-21845	-18856
6.0	-21588	421	1580	72427	0	671358	-27606	-19433
7.0	-25243	421	1762	84077	0	744080	-34456	-18733
8.0	-29792	421	1983	98544	0	832417	-42920	-16298
9.0	-35297	421	2244	116009	0	936750	-53079	-10710
10.0	-42151	421	2561	137704	0	1063579	-65618	-659
12.5	-67508	421	3684	217643	0	1512920	-111147	62294
15.0	-112767	421	5579	359606	0	2270664	-190057	244838
17.5	-197047	421	8921	622758	0	3607509	-332069	726679
20.0	-357039	421	14953	1120280	0	6020202	-591653	1947808
Fall B:								
0.0	-5438	177	214	17526	0	124768	-17947	-9900
0.5	-5438	177	214	17526	0	124768	-17947	-10678
1.0	-5438	177	214	17526	0	124768	-17947	-11505
1.5	-5438	177	214	17526	0	124768	-17947	-12383
2.0	-5438	177	214	17526	0	124768	-17947	-13311
2.5	-5438	177	214	17526	0	124768	-17947	-14289
3.0	-5438	177	214	17526	0	124768	-17947	-15318
3.5	-5438	177	214	17526	0	124768	-17947	-16394
4.0	-5438	177	214	17526	0	124768	-17947	-17517
4.5	-5438	177	214	17526	0	124768	-17947	-18681
5.0	-5438	177	214	17526	0	124768	-17947	-19882
6.0	-5438	177	214	17526	0	124768	-17947	-22363
7.0	-5438	177	214	17526	0	124768	-17947	-24872
8.0	-5438	177	214	17526	0	124768	-17947	-27274
9.0	-5438	177	214	17526	0	124768	-17947	-29364
10.0	-5438	177	214	17526	0	124768	-17947	-30842
12.5	-5438	177	214	17526	0	124768	-17947	-28596
15.0	-5438	177	214	17526	0	124768	-17947	-6518
17.5	-5438	177	214	17526	0	124768	-17947	63324
20.0	-5438	177	214	17526	0	124768	-17947	239115

nochmals vollständig ausgedruckt; an die Stelle der Nullanpassung tritt nunmehr die untersuchte Alternative der Kapitalabfindungen als Fall B.

1.1.1 Erläuterungen zu den finanziellen BHZ-Werten

Mit dem Wegfall der Rentenphase ist im BHZ eine erhebliche Reduktion der Vorsteuer-Größen für die Kapitalzusage verbunden. Der Vergleich der Basiswerte in Blatt 4 der Tabellen 21 bzw. 22 zeigt, daß selbst im Stabilitätsfall insbesondere die Rückstellung und damit auch der Beitrag an den PSVaG bei Kapitalabfindungen deutlich stärker absinken als die Rentenzahlungen und die Verwaltungskosten, nämlich auf

	für die EAV Typ 1	EAV Typ 2
VK:	53%	45%
PS:	34%	23%
RZ:	50%	51%
R:	36%	30%

der für die Rentenzusage im Grundmodell ermittelten Werte. Im BHZ entfallen demnach im Stabilitätsfall mehr als 60% der Rückstellung auf die laufenden Renten.

Die vielleicht überraschend hohe Reduktion der Versorgungszahlungen RZ im BHZ findet ihre Begründung "darin, daß die Kapitalzahlung etwa nur die Hälfte der erwartungsmäßigen nominellen Auszahlungssumme einer lebenslänglichen Rente beträgt."[1]

Mit steigender Inflation erhöhen sich bei Anwartschaftsstatik die Vorsteuer-Größen im absoluten BHZ bei der Anpassung nach BetrAVG aufgrund der zunehmend erhöhten laufenden Renten, während die Kapitalabfindungen auf der Basis gleichbleibender Beginnrenten (g = 1) nicht von der Inflation abhängen. Ebenso wie bei der Nullanpassung resultieren bei der Kapitalzusage im Fall der Anwartschaftsstatik inflationsunabhängige Vorsteuer-Größen.

Bei der Ermittlung der Nachsteuer-Größen und der finanziellen Zielgrößen treten im Fall der Kapitalzusage keine Besonderheiten auf. Zur Interpretation der finanziellen Zielgrößen kann auf Abschnitt C.I.1.1.3 verwiesen werden.

1.1.2 Auswertung der Ergebnisse

Der zeilenweise vorgenommene Vorteilsvergleich zwischen den Kapitalabfindungen und der Anpassung nach BetrAVG kann für den Kapitalwert C_0 aus Blatt 2 und für die Meßgröße μ aus Blatt 3 der Tabellen 21 und 22 entnommen werden.

Die vier "Diff."-Spalten aus Blatt 3 dieser Tabellen sind in Abbildung 27 mittels linearer Interpolation der Ergebnisse für die einzelnen Umweltsituationen graphisch dargestellt. Soweit die Kurven im positiven Bereich oberhalb der p-Achse verlaufen, ist die Kapitalzusage vorteilhaft.

Demnach erhält man offenbar gegenläufige Aussagen für das Grundmodell einerseits und den modifizierten Ansatz des Kalkulationszinsfußes mit fixiertem "i = 8%" andererseits.

---

1) Vgl. Rhiel, R., (Betriebliche Altersversorgung 1990), S. 23. Die Kapitalbeträge errechnen sich als Erwartungswert der mit dem Rechnungszinsfuß von 6% abgezinsten Rentenzahlungen.

Abb. 27: Kapital- versus Rentenleistungen

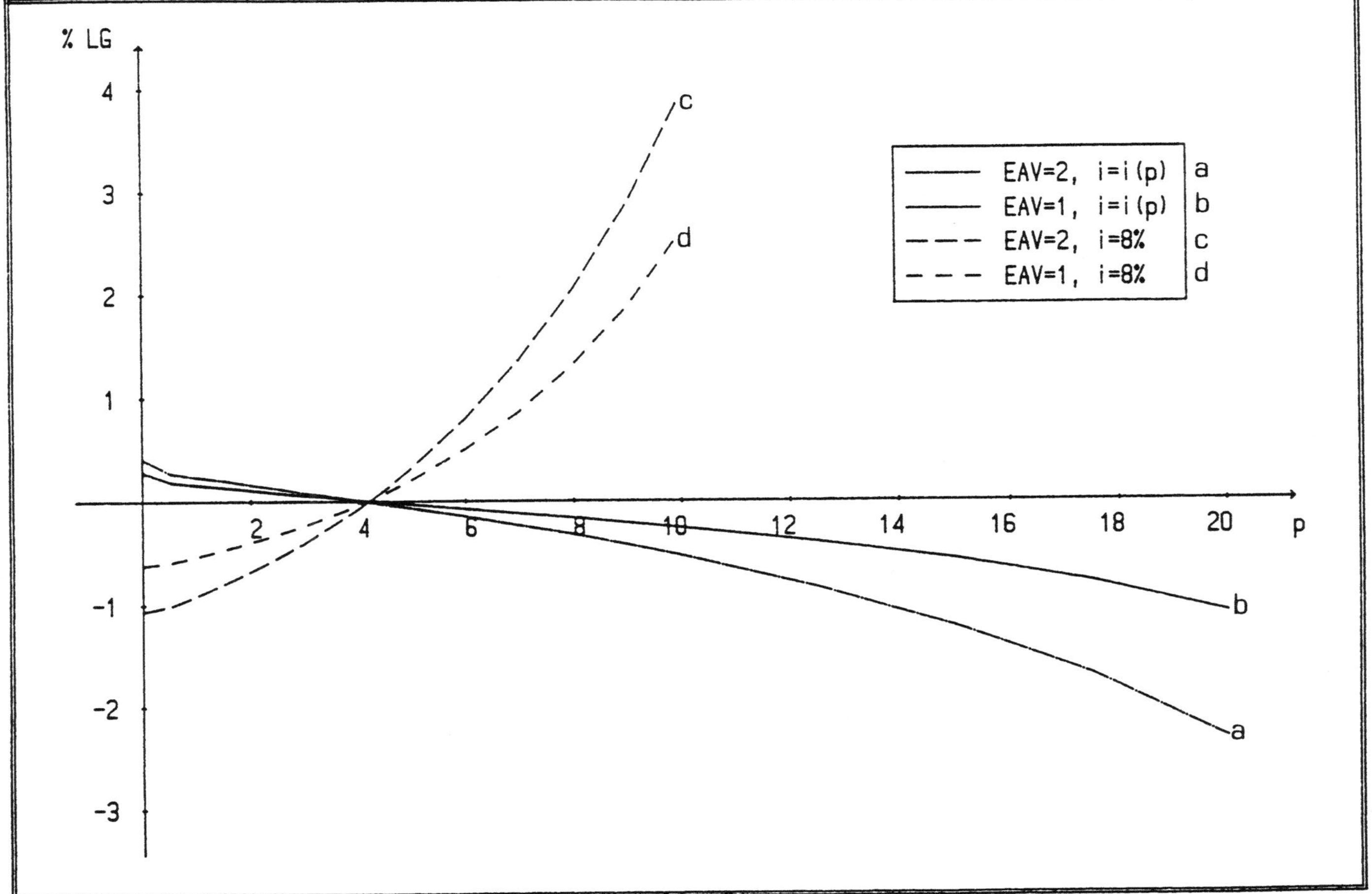

Mit dem im Bereich niedriger Inflationsraten wohl überhöhten und mit Inflationsraten von 7% und mehr kaum verträglichen Kalkulationszins von "i = 8%" erweist sich die Rentenzusage im Stabilitätsfall sowie bei niedrigen Inflations- und Anpassungsraten als vorteilhaft; mit steigender Rentenanpassung verschlechtert sich nach dem Teilergebnis 2 das Nachsteuerergebnis[1] monoton, so daß der Vorteilhaftigkeitsbereich der Rentenzusage zwischen einer Inflation von 4,0% und 4,5% endet, während der Vorsprung der Kapital- vor der Rentenzusage mit weiter steigender Inflation relativ steil ansteigt (**Teilergebnis** 106).

Beim inflationsabhängigen Zinskonzept des Grundmodells mit "i = i(p)" ist dagegen die Kapitalzusage im Stabilitätsfall und im Bereich niedriger Inflationsraten und Kalkulationszinsfüße vorteilhaft, wobei sich der Vorsprung der Kapitalzusage in Grenzen hält; das Blatt wendet sich wiederum bei einer Inflation zwischen 4,0% und 4,5% zugunsten der Rentenzusage, die mit weiter steigender Inflation zunächst moderat und im Bereich der unverträglich hohen Inflationsraten zunehmend vorteilhafter wird (**Teilergebnis** 107).

Bei "i = i(p)" kann der Spalte der Kapitalabfindungen (Fall B) in Blatt 2 und 3 der Tabellen 21 und 22 die isolierte Auswirkung eines veränderten Kalkulationszinsfußes entnommen werden: mit einer Ausnahme[2] steigen die Kapitalwert- und die Annuitätskurve[3] bei der Kapitalzusage c.p. monoton mit steigendem Kalkulationszinsfuß (**Teilergebnis** 108).

Die vorstehenden Aussagen gelten mit der genannten Ausnahme[2] in gleicher Weise für die unterschiedlichen Personenbestände bei der EAV Typ 1 bzw. 2, wobei sowohl mit "i = 8%" als auch mit "i = i(p)" der für die EAV Typ 2 mit den stärker gewichteten höheren Eintrittsaltern ermittelte Vor- bzw. Nachteil zum großen Teil deutlich höher ausfällt als für die EAV Typ 1.

Der im Grundmodell bei der Kapitalzusage für Eigenkapitaläquivalenz erforderliche Zinssatz[4] steigt beim Übergang von der EAV Typ 1 auf die EAV Typ 2 ganz erheblich an (**Teilergebnis** 109); er beträgt

10,7% für die EAV Typ 1,
17,4% für die EAV Typ 2.

Wie in Abschnitt C.I.1.1.4 weisen die isoliert betrachteten Nachsteuer-Ergebnisse für die unterschiedlichen Bestandsstrukturen der EAV Typ 1 und 2 gravierende Differenzen auf.

Dagegen fällt in Abbildung 27 der Abstand zwischen den Ergebniskurven der EAV Typ 1 und 2 relativ zum Abstand der Kurven von der p-Achse geringer aus als in Abbildung 6; der Einfluß der Bestandsstruktur auf die Vergleichsergebnisse nimmt beim Vorteilsvergleich zwischen Kapital und Rente gegenüber dem (Vorteils-)Vergleich zwischen der Nullanpassung und der Anpassung nach BetrAVG ab (**Teilergebnis** 110).

Mangelndes Auflösungsvermögen vermittelt in Abbildung 27 den Eindruck, die vier Kurven würden sich in ein und demselben Punkt schneiden, der überdies noch auf der p-Achse liegt. Richtig ist, daß sich bei fixierter EAV die Kurven für "i = 8%" und "i = i(p)" stets bei der Inflationsrate von ca. 4,19% schneiden müssen, denn mit "p = 4,19%" folgt "i(p) = 8%". Alles weitere beruht auf der speziellen Konstellation in Abbildung 27 und kann nicht verallgemeinert werden. Erst bei näherem Hinsehen stellt man Unterschiede fest.

---

1) Kapitalwert bzw. Annuität
2) Für die EAV Typ 1 fällt der Kapitalwert bei "p = 20%" niedriger aus als bei „p = 17,5%".
3) Vgl. dazu allerdings auch den Verlauf der zugehörigen Endwerte W_{85} des geschlossenen Kollektivs der Neueintritte in Blatt 4 der Tab. 21 bzw. 22
4) Vgl. das Teilergebnis 5 in Abschn. C.I.1.1.4

Wenn man für "i = i(p)" die Nullstellen der punktuell berechneten "Diff."-Kurven in Blatt 2 von Tabelle 21 und 22 durch lineare Interpolation schätzt, dann erhält man eine "kritische" Inflationsrate von (**Teilergebnis** 111)

4,25% für die EAV Typ 1,
4,12% für die EAV Typ 2.

Der zugehörige kritische Zins für den Vorteilsvergleich zwischen der Anpassung nach BetrAVG und Kapitalabfindungen beträgt auf eine Nachkommastelle gerundet im Grundmodell

8,1% für die EAV Typ 1,
7,9% für die EAV Typ 2;

die ungerundete Differenz der kritischen Zinsfüße beträgt nicht 0,2%, sondern nur ca. 0,11%.

Durch Subtraktion der zu den Abbildungen 6 bis 8 gehörigen "Diff."-Spalten des Grundmodells von den jeweils zugehörigen "Diff."-Spalten in Tabelle 21 bzw. 22 erhält man unmittelbar die Ergebnisse der zwei folgenden Abschnitte.

1.2 Alternative Anpassung der laufenden Renten

Mit den in Abschnitt C.I.1.2 beschriebenen Modifikationen bei der Anpassung der laufenden Renten, hier noch ergänzt um den Fall der Nullanpassung, verschiebt sich der Vorteilsbereich der Kapitalzusage bzw. der Rentenzusage wie folgt:

Für den Vergleich zwischen dem jeweils betrachteten Anpassungsmodus und den Kapitalabfindungen erhält man als kritische Inflationsrate[1] (**Teilergebnis** 112)

	für die EAV Typ 1	EAV Typ 2
bei Nullanpassung	0,91%	0,90%
bei Hälftelung	1,80%	1,78%
bei jährlicher Anpassung	5,54%	5,46%
bei vollem Inflationsausgleich	16,16%	15,29%.

Der Vorteilsbereich der Kapital- bzw. Rentenzusage erweist sich damit bei fixiertem Anpassungsmodus als recht stabil gegenüber der unterschiedlichen Bestandsstruktur der EAV Typ 1 und 2 (**Teilergebnis** 113).

Dagegen wirkt sich die unterschiedliche Anpassung der laufenden Renten ganz erheblich auf den Vorteilsbereich aus; während die Rentenzusage bei Nullanpassung bereits für Inflationsraten von 1% und mehr vorteilhaft ist, verschiebt sich der Beginn des Vorteilsbereichs der Rentenzusage mit steigender Anpassungshöhe und/oder verkürztem Anpassungsrhythmus bis in den Bereich der unverträglich hohen Inflationsraten hinein (**Teilergebnis** 114).

Durch die Zusage einer garantierten Rentenanpassung erreicht man im Vergleich zur Anpassung

1) Die zugehörigen kritischen Zinssätze des Vorteilsvergleichs sind - auch für die nachfolgenden Abschnitte - in Übersicht 34 zusammengestellt.

nach BetrAVG eine verbesserte Position der Rentenzusage gegenüber den ohne garantierte Anpassung berechneten Kapitalabfindungen.

1.3 Garantierte Anpassung der laufenden Renten

Wenn man bei der Rentenzusage, nicht jedoch bei der Kapitalzusage, eine von vornherein garantierte Rentenanpassung[1] hinzunimmt, dann unterscheidet sich - ebenso wie in Abschnitt C.I.1.3 - der Rückstellungsverlauf bereits während der Anwartschaftsphase.

Damit sinkt die Schwelle zum Vorteilsbereich der Rentenzusage nicht unerheblich gegenüber der Anpassung nach BetrAVG ohne garantierte Rentenanpassung ab. Die kritische Inflationsrate beträgt bei einer garantierten Rentenanpassung (**Teilergebnis** 115)

		für die EAV Typ 1	 EAV Typ 2
von	1,5% p.a.	1,34%	1,45%
von	3,0% p.a.	1,61%	1,86%
von	5,0% p.a.	1,82%	2,15%.

Die kritische Inflationsrate liegt damit jeweils etwas höher als die beim Vorteilsvergleich zwischen der garantierten Rentenanpassung und der Anpassung nach BetrAVG in Abbildung 8 resultierende kritische Inflationsrate und steigt deshalb mit zunehmender, aber noch angemessener Anpassungsgarantie an (**Teilergebnis** 116).

Durch die insbesondere bei Anwartschaftsstatik mit der Modellsituation ***A*** interessierende Hinzunahme eines Ausgangsbestands verschiebt sich der Vorteilsbereich des Grundmodells nur geringfügig.

1.4 Ergebnisse im modifizierten Grundmodell bei Kapitalabfindungen versus Anpassung nach BetrAVG

1.4.1 Beispielhafte Hinzunahme eines Ausgangsbestands

Die in Abschnitt C.I.1.4.1 beschriebene Ergänzung des Grundmodells um einen beispielhaften Ausgangsbestand liefert für den Vorteilsvergleich zwischen Kapitalabfindungen und der Rentenzusage mit Anpassung nach BetrAVG die in Abbildung 28 ausgewiesenen Ergebniskurven.

Wie in Abschnitt C.I.1.4.1 bewirkt die Hinzunahme des Ausgangsbestands einen - im Bereich der unverträglich hohen Inflationsraten deutlich - erhöhten Vergleichsabstand mit einem steileren Kurvenverlauf.

Die kritische Inflationsrate erweist sich jedoch als überraschend stabil; durch die Hinzunahme des Ausgangsbestands sinkt sie gegenüber dem Grundmodell von (**Teilergebnis** 117)

4,25%	auf	4,20%	für die EAV Typ 1,
4,12%	auf	4,11%	für die EAV Typ 2.

1) Zu den Auswirkungen vgl. Abschn. C.I.1.3

Abb. 28: Kapital- versus Rentenleistungen

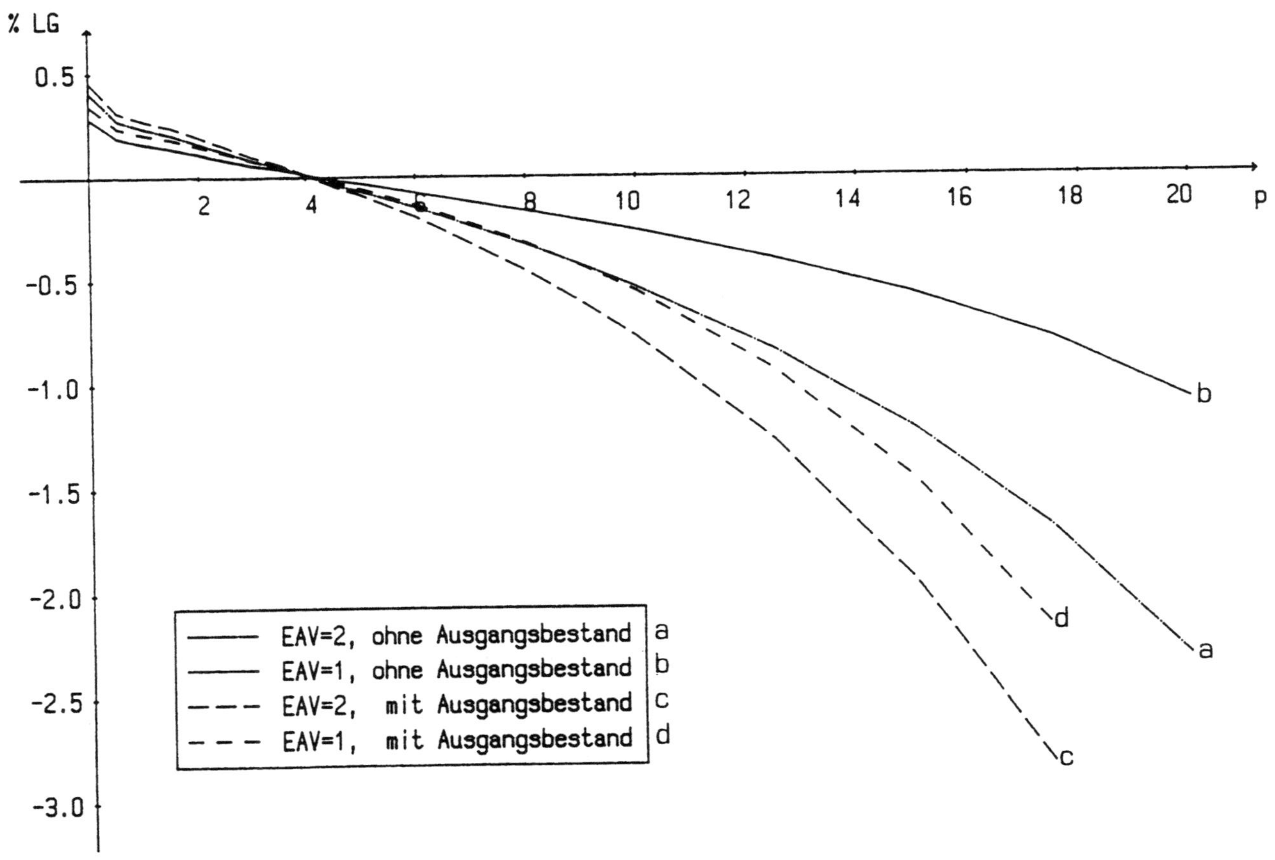

Der mit der Hinzunahme des Ausgangsbestands bei der Kapitalzusage für Eigenkapitaläquivalenz erforderliche Zinssatz[1] beträgt

13,0% für die EAV Typ 1,
17,0% für die EAV Typ 2,

was gegenüber dem Grundmodell[2] für die EAV Typ 1 einen deutlichen Anstieg um 2,3%, für die EAV Typ 2 eine Reduktion um 0,4%, und insgesamt ein Zusammenrücken der Werte für die unterschiedlichen Bestandsstrukturen bedeutet (**Teilergebnis** 118).

Letzteres kann mit dem veränderten Ansatz des Spitzensteuersatzes bei der Einkommensteuer nicht verzeichnet werden.

1.4.2 Modifikation der Einkommensteuer

Eine Reduktion des im Grundmodell mit 56% angesetzten ESt-Spitzensatzes auf 43% bzw. 30% liefert die in Abbildung 29 wiedergegebenen Ergebniskurven für den Vorteilsvergleich zwischen der Kapitalzusage und der Rentenzusage mit Anpassung nach BetrAVG.

Bis auf den Bereich der Inflationsraten zwischen 3% und 5%, in dem die Ergebniskurven eng beieinander die p-Achse schneiden und teilweise ihre Wendepunkte durchlaufen und/oder sich überkreuzen, bis auf diesen Bereich kann man aus Abbildung 29 ersehen, daß sich sowohl für die EAV Typ 1 wie 2 der mit μ gemessene Vor- bzw. Nachteil der Kapital- gegenüber der Rentenzusage mit sinkender ESt-Belastung c.p. verringert (**Teilergebnis** 119).

Wenn man die auf den (Personal-)Aufwand vor Steuern abzielende Meßgröße μ durch Multiplikation mit dem Faktor[3] $(1 - t_1)$ auf die bei Entnahmestreben maßgebliche Nachsteuer-Relativangabe M / LG umrechnet, dann zeigen die Ergebniskurven[4] der Abbildung 29 a, daß die Aussage des Teilergebnisses 119 im Nachteilsbereich der Kapitalzusage bei Inflationsraten von 5% und mehr unverändert Gültigkeit besitzt, während im Vorteilsbereich der Kapitalzusage bei Inflationsraten von 3% und weniger die gegenteilige Aussage resultiert: hier steigt der Vorteil der Kapitalzusage mit sinkender ESt-Belastung c.p. an; das bedeutet aber, daß sich bei Entnahmestreben eine sinkende ESt-Belastung c.p. zugunsten der Kapitalzusage auswirkt (**Teilergebnis** 120).

Von der Umrechnung mit dem Faktor $(1 - t_1)$ werden die kritischen Inflationsraten nicht tangiert; sie betragen

		für die EAV Typ 1	für die EAV Typ 2
im Grundmodell	mit e = 56%	4,25%	4,12%
	mit e = 43%	4,63%	4,40%
	mit e = 30%	5,00%	4,88%

und steigen demnach mit sinkender ESt-Belastung an (**Teilergebnis** 121).

---

1) Vgl. das Teilergebnis 18 in Abschn. C.I.1.4.1
2) Vgl. das Teilergebnis 19 in Abschn. C.I.1.4.1 und das Teilergebnis 109 in Abschn. C.II.1.1.2
3) Die Multifaktoren t_1 sind in Abschn. C.I.1.4.2 aufgeführt.
4) Mit einem gegenüber der Abb. 29 um den Faktor 3 vergrößerten Ordinatenmaßstab

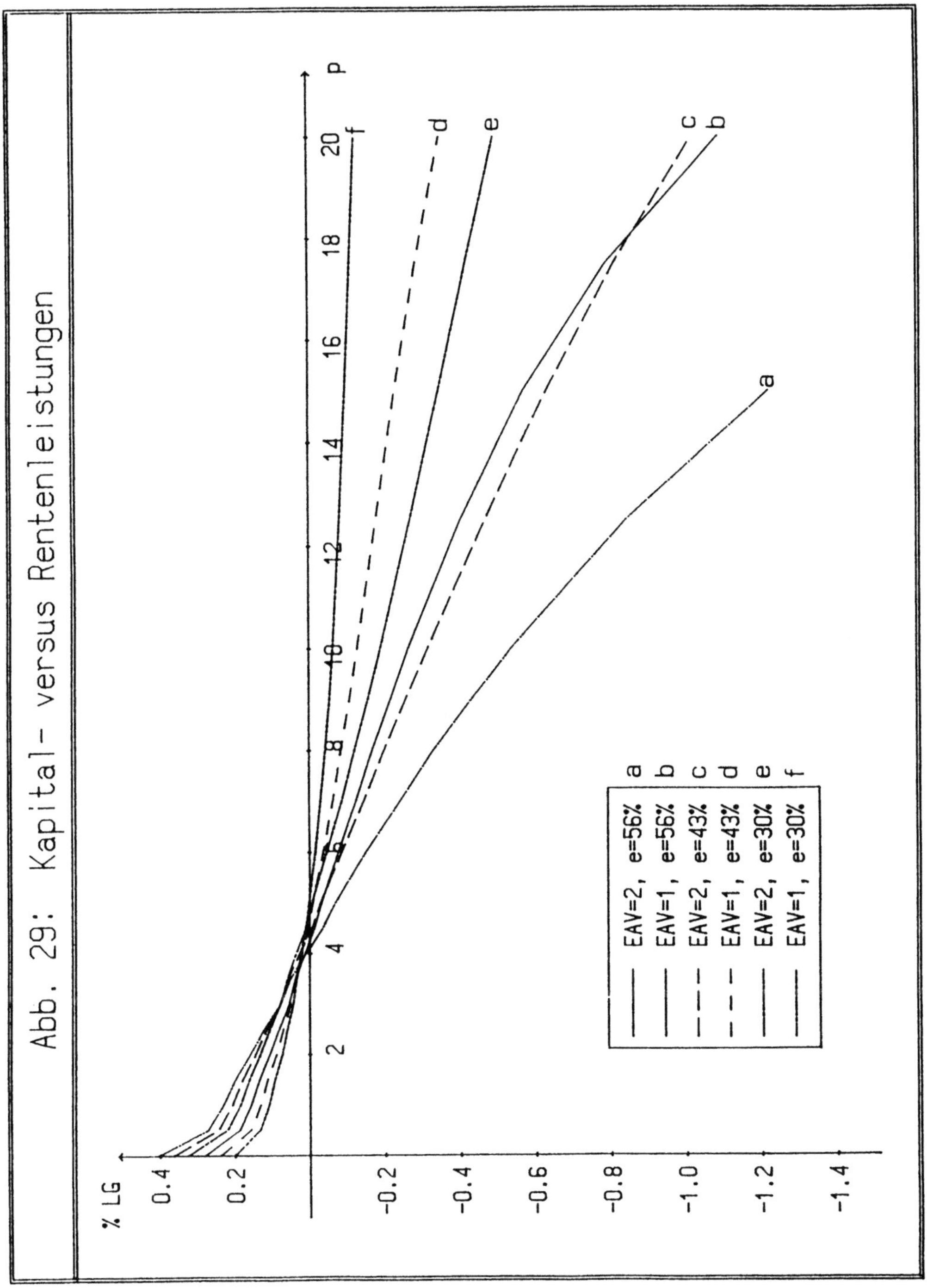

Abb. 29: Kapital- versus Rentenleistungen

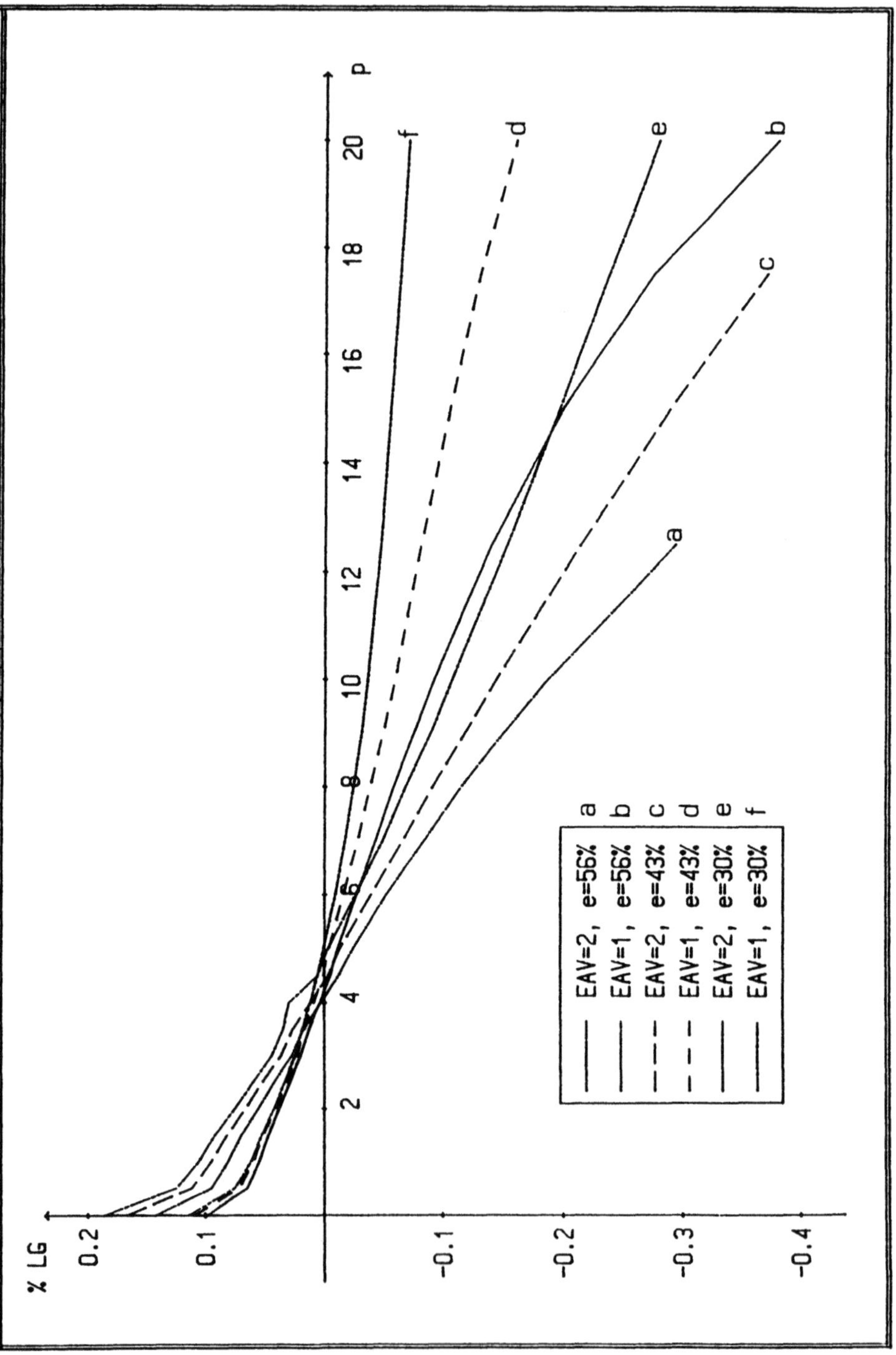

Abb. 29 a: Kapital- versus Rentenleistungen

Die in Abschnitt C.I.1.4.2 angestellten Überlegungen zum isolierten Vorteilsvergleich sowie zu unterschiedlichen Zielsetzungen bei Steuersatzänderungen lassen sich völlig analog auf die Kapitalzusage übertragen; insbesondere folgt:

Soweit die in Abbildung 29 zu "e = 30%" gehörigen Ergebniskurven im positiven/negativen Bereich verlaufen, wird sich nach dem Dominanzkriterium[1] der jeweilige Vor-/Nachteil, gemessen am langfristigen bilanziellen Eigenkapitalstand, für "e = 30" auf die Dauer gegenüber den Fällen "e = 43" und "e = 56%" im Zeitablauf zunehmend vergrößern[2] (**Teilergebnis** 122).

Im isolierten Vorteilsvergleich steigt der für Eigenkapitaläquivalenz bei der Kapitalzusage erforderliche Zinssatz mit sinkender ESt-Belastung c.p. an, insbesondere für die EAV Typ 2; er beträgt (**Teilergebnis** 123)

		für die EAV Typ 1	EAV Typ 2
im Grundmodell	mit e = 56%	10,7%	17,4%
	mit e = 43%	11,5%	20,2%
	mit e = 30%	12,6%	mehr als 21,2%.

Für die EAV Typ 2 ist Eigenkapitaläquivalenz bei der Kapitalzusage erst im Bereich der unverträglich hohen Inflationsraten erzielbar und wird mit "e = 30%" selbst mit einer Inflationsrate von 20% noch nicht erzielt.

Gegenüber dem Grundmodell[3] bleibt bei "e = 43%" und "e = 30%" der Abstand zwischen den Ergebniskurven für die EAV Typ 1 und 2 gegenüber dem Abstand der Kurvenpaare von der p-Achse durchaus beachtlich: der Einfluß der Bestandsstruktur auf die Vergleichsergebnisse ist bei niedrigerer ESt-Belastung stärker ausgeprägt als im Grundmodell (**Teilergebnis** 124).

Der folgende Abschnitt dient der Abrundung der besprochenen numerischen Resultate des Vorteilsvergleichs.

1.5 Ergänzende Anmerkungen

Bei Annahme des inflationsunabhängigen Kalkulationszinsfußes von "i = 8%" ergibt sich ein ebenfalls inflations<u>un</u>abhängiger Nachteil der Kapital- gegenüber der Rentenzusage mit Nullanpassung; mit μ gemessen beträgt er[4] unabhängig von p beachtliche

-0,617% von LG	für die EAV Typ 1,
-1,058% von LG	für die EAV Typ 2,

was einen entsprechenden positiven Verrentungseffekt bedeutet.

Die Anpassung der laufenden Renten nach § 16 BetrAVG bewirkt beim Ansatz "i = 8%" eine mit steigender Inflation wachsende Umverteilung dieses Verrentungseffekts zugunsten der Betriebs-

1) Vgl. Anhang 7, Nr. 5 g)
2) Vgl. das Teilergebnis 24 in Abschn. C.I.1.4.2
3) Vgl. das Teilergebnis 110 in Abschn. C.II.1.2
4) Die Werte sind in Blatt 3 der Tab. 21 bzw. 22 unter "i = 8%" bei "p = 0" enthalten ; vgl. auch die Spalte der Nullanpassung (Fall B) in Blatt 3 der Tab. 8 bzw. 9 unter "i = 8%".

rentner; sie führt zu dem in Abbildung 27 enthaltenen[1] und im Teilergebnis 106 besprochenen[2] Kurvenverlauf bei "i = 8%", wonach sich die Position der Kapital- gegenüber der Rentenzusage mit Anpassung nach BetrAVG mit steigender Inflation monoton zunehmend und - soweit ersichtlich - ohne Obergrenze verbessert. Genau wie beim Vergleich mit der Nullanpassung wäre hier die Rentenzusage mit Anpassung nach BetrAVG gegenüber der Kapitalzusage mit dem unkalkulierbaren Risiko einer hohen Anpassungsbelastung verbunden (**Teilergebnis** 125).

Mit dem inflationsabhängigen Zinskonzept des Grundmodells (i = i(p)) verschlechtert sich dagegen die Position der Kapital- gegenüber der Rentenzusage bis auf eine Ausnahme[3] monoton mit steigender Inflation; der mit μ gemessene Vorteil der Kapitalzusage beträgt bei Stabilität

0,281% von LG für die EAV Typ 1,
0,406% von LG für die EAV Typ 2,

und sinkt bis zu einer Inflation von 9% vor dem Eintritt der Ergebniskurven in den Bereich der unverträglich hohen Inflationsraten auf die in Übersicht 32 zusammengestellten Werte.

Während die Kapital- gegenüber der Rentenzusage im Bereich höherer Inflationsraten bei Nullanpassung und Hälftelung deutlich unterlegen ist, verlaufen die Ergebniskurven bei der Anpassung nach BetrAVG sowie bei jährlichem Anpassungsrhythmus in einer relativ schmalen Umgebung der p-Achse; bei vollem Inflationsausgleich sinkt der Vorteil der Kapitalzusage mit steigender Inflation sehr langsam ab und beträgt bei einer Inflation von 9% noch mehr als 75% seines Maximalwertes bei Stabilität. (**Teilergebnis** 126).

Mit einem Realzins von 4,5% hat man im Grundmodell einen "negativen Verrentungseffekt". Allerdings ist der Vorteil der Kapital- gegenüber der Rentenzusage mit Nullanpassung auch im Grundmodell auf eine Inflation von weniger als 1% beschränkt und steht von seiner Größenordnung her auf wackeligen Beinen:

Mit der in Abschnitt C.I.1.5 vorgenommenen Modifikation des Grundmodells durch einen "Mindestzins" von 5,754% entsprechend dem im Grundmodell mit "p = 1,5%" resultierenden Wert verschwindet der Vorteilsbereich der Kapital- gegenüber der Rentenzusage mit Nullanpassung vollständig[4], gegenüber der Rentenzusage mit Anpassung nach BetrAVG bzw. mit den alternativen Anpassungsmodi beginnt die Überlegenheit der Kapitalzusage nicht bereits bei Stabilität, sondern erst im Bereich "$0 < p < 1,5\%$".

Es kann festgehalten werden, daß das Ergebnis eines anhand des Verrentungseffekts vorgenommenen Vorteilsvergleichs zwischen Kapital und Rente empfindlich von einem veränderten Ansatz des Kalkulationszinsfußes abhängt (**Teilergebnis** 127). Diese Aussage wird in Abschnitt C.II.2.4.4.2 noch deutlicher bestätigt werden.

Ohne an dieser Stelle auf die Problematik der "Leistungsäquivalenz nach Steuern auf seiten des

---

1) Die Kurvenpaare in Abb. 27 ergeben sich aus den zugehörigen Kurvenpaaren in Abb. 6 durch Subtraktion des jeweiligen Verrentungseffekts bei Nullanpassung; mit "i = 8%" werden also inflationsunabhängig 0,617% bzw. 1,058% von LG für die EAV Typ 1 bzw. 2 abgezogen.

2) Vgl. Abschn. C.II.1.1.2

3) Bei vollem Inflationsausgleich erhöht sich der Vorteil der Kapitalzusage für die EAV Typ 2 von "μ = 0,406%" bei Stabilität auf "μ = 0,409%" bei einer Inflationsrate von 0,5%, um bei weiter steigender Inflation langsam, aber monoton zu fallen.

4) Beim Ansatz des Mindestzinses beträgt der mit μ gemessene Vorteil der Nullanpassung im Bereich $0 \leq p \leq 1,5\%$ immerhin 0,157% von LG für die EAV Typ 1 und 0,247% von LG für die EAV Typ 2. Vgl. den Fall B bei "i = i(p)" für "p = 1,5%" in den Tab. 8 bzw. 9 sowie 21 bzw. 22

Übersicht 32: Werte der μ-Ergebniskurven beim Vorteilsvergleich zwischen Kapital und Rente mit unterschiedlicher Dynamisierung der laufenden Renten im (modifizierten) Grundmodell bei einer Inflation von 9%

Modifikation des Grundmodells	μ-Vorteil der Kapitalzusage in % LG bei p = 9 %	
	EAV Typ 1	EAV Typ 2
Nullanpassung	-0,871	-1,788
Ausgleich der halben Inflation	-0,627	-1,245
Anpassung nach BetrAVG (Grundmodell)	-0,216	-0,430
Anpassung nach BetrAVG jedoch jährlich	-0,161	-0,311
Ausgleich der vollen Inflation	+0,212	+0,343

Arbeitnehmers"[1] einzugehen[2], sei angemerkt, daß aus Blatt 2 oder 3 der Tabellen 21 bzw. 22 unschwer der "Spielraum" ermittelt werden kann, der bei Entscheidungsneutralität für eine Erhöhung der Kapitalleistungen (einschließlich der Verwaltungskosten) zur Abmilderung[3] einer durch die Kapitalzahlung ggf. beim begünstigten Arbeitnehmer entstehenden Steuerbelastung zur Verfügung steht.

Bei einer Erhöhung der Kapitalleistungen sowie der Verwaltungskosten um

20,63% für die EAV Typ 1[4]
16,25% für die EAV Typ 2[5]

stimmen die finanziellen Ergebniswerte[6] für die erhöhte Kapitalzusage und für die unveränderte Rentenzusage im Grundmodell bei Stabilität überein; mit steigender Inflation sinkt die Möglichkeit einer entscheidungsneutralen Erhöhung der Kapitalzusage bis zur kritischen Inflationsrate auf Null ab (**Teilergebnis** 128).

---

1) Vgl. Haueisen, P., (Gestaltungsformen 1983), S. 94
2) Vgl. dazu die kritischen Anmerkungen von Sigloch / Haueisen in: Sigloch, J. / Haueisen, P., (Vergleich 1983), DB 1983, S. 350 - 353
3) Vgl. auch Rhiel, R., (Prognoserechnungen 1987), WPg 1987, S. 606
4) 1,643 / 1,362 = 1,2063; vgl. Blatt 3 der Tab. 21 unter "i = i(p)"
5) 2,905 / 2,499 = 1,1625; vgl. Blatt 3 der Tab. 22 unter "i = i(p)"
6) Kapitalwert bzw. Annuität

Mit diesen Größenordnungen dürfte eine entscheidungsneutrale Erhöhung der Kapitalleistungen, die den Steuernachteil des begünstigten Arbeitnehmers ausgleicht, im allgemeinen[1] nicht einmal im Stabilitätsfall möglich sein.

1.6 Isolierte Betrachtung der Ergebnisspalten

Wie in Abschnitt C.I.1.6 für die Rentenzusage folgt bei der spaltenweise orientierten Auswertung für die Kapitalzusage:

Bei Entnahmestreben mit einem im Zeitablauf gleichbleibenden Entnahmestrom[2] und - mit einer Ausnahme[3] - bei Finanzierungsstreben verbessert sich die Position der Finanzierung über Pensionsrückstellungen im Fall der Kapitalzusage mit steigender Inflation gegenüber der zunehmend ungünstigeren Fremdfinanzierung, allerdings langsamer als im Fall der Rentenzusage sogar beim Ausgleich der vollen Inflation (**Teilergebnis** 129).

Bei Vermögensstreben verschlechtert sich wiederum[4] der langfristige bilanzielle Eigenkapitalstand nach dem Dominanzkriterium[5] mit steigender Inflation zunehmend, solange nicht Eigenkapitaläquivalenz erreicht ist (**Teilergebnis** 130). Die hierfür erforderlichen Zinssätze für das (modifizierte) Grundmodell sind in Übersicht 33 zusammengestellt.

Übersicht 33: Höhe der im (modifizierten) Grundmodell bei Kapitalzusage für Eigenkapitaläquivalenz erforderlichen Zinssätze i_k bei Anwartschaftsstatik

Kapitalleistungen in Höhe des versicherungsmathematischen Barwerts der zugesagten Rentenleistungen bei Eintritt des Versorgungsfalles	kritischer Zinssatz i_k für die EAV	
	Typ 1	Typ 2
Kapitalzusage, Grundmodell	10,7%	17,4%
Kapitalzusage, e = 43 %	11,5%	20,2%
Kapitalzusage, e = 30%	12,6%	>21,2%
Kapitalzusage, mit Ausgangsbestand	13,0%	17,0%

Ein Vergleich der kritischen Zinssätze des isolierten Vorteilsvergleichs in Übersicht 33 mit den zugehörigen Werten für die Rentenzusage in Übersicht 21 zeigt, daß bei der Kapitalzusage durchweg höhere Zinssätze für Eigenkapitaläquivalenz erforderlich sind als bei der Rentenzusage (**Teilergebnis** 131).

---

1) Die Steuerbelastung beim begünstigten Arbeitnehmer hängt von der Höhe der Kapitalleistung und dem damit insgesamt zu versteuernden Einkommen ab.
2) Vgl. die FN zum Teilergebnis 28
3) Vgl. das Teilergebnis 108
4) Vgl. das Teilergebnis 28
5) Vgl. Anhang 7, Nr. 5 g)

1.7 Zusammenfassung

Bei einer dauerhaft durchgehaltenen Anwartschaftsstatik werden die unterschiedlichen Leistungsformen "Kapital" und "Rente" verglichen; dazu werden die mit Eintritt eines Versorgungsfalles ansonsten einsetzenden Rentenleistungen wie bei der Berechnung der Pensionsrückstellung kapitalisiert und als Kapitalabfindung sofort ausgezahlt. Die Auswirkungen des offenkundigen Liquiditätsvorteils der Rentenzusage bei Eintritt des Versorgungsfalls sind als finanzwirtschaftlicher "Verrentungseffekt" zu quantifizieren. Für männliche Neueintritte liefern die BHZ-Modellrechnungen im (modifizierten) Grundmodell die folgenden Hauptaussagen:

Für das inflationsabhängige Zinskonzept des Grundmodells mit "i = i(p)" einerseits und den modifizierten fixen Ansatz mit "i = 8%" andererseits erhält man gegenläufige Aussagen zum Vorteilsbereich der Kapital- gegenüber der Rentenzusage mit Anpassung nach BetrAVG.

Mit "i = 8%" ergibt sich bei Stabilität ein Vorteil der Rentenzusage, also ein positiver Verrentungseffekt, der bis zu einer Inflation von ca. 4,2% auf Null absinkt; mit weiter steigender Inflation erhält man einen zunehmend steil ansteigenden Vorteil der Kapitalzusage.

Mit "i = i(p)" im Grundmodell resultiert bei Stabilität ein Vorteil der Kapitalzusage, also ein negativer Verrentungseffekt, der wiederum bis zu einer Inflation von ca. 4,2% auf Null absinkt; mit weiter steigender Inflation ergibt sich ein moderat wachsender Vorteil der Rentenzusage.

Durch die beispielhafte Hinzunahme eines Ausgangsbestands verschiebt sich der Vorteilsbereich des Grundmodells nur unwesentlich; die Vorteilshöhe steigt jedoch deutlich.

Dagegen wirkt sich der Anpassungsmodus der laufenden Renten ganz erheblich auf den Vorteilsbereich aus. Bei Nullanpassung bzw. Hälftelung ist die Kapitalzusage nicht einmal bis zu einer Inflation von 1% bzw. 2% vorteilhaft, beim Ausgleich der vollen Inflation jedoch weit bis in den Bereich der unverträglich hohen Inflationsraten hinein; bei der Anpassung nach BetrAVG führt die Verkürzung des Anpassungsturnus von drei Jahren auf ein Jahr zu einem bis zu einer Inflation von ca. 5,5% verlängerten Vorteilsbereich der Kapitalzusage.

Mit der Zusage einer angemessenen garantierten Rentenanpassung befindet sich die Rentenzusage bei einer Inflation von mehr als 2,15% im Vorteil.

Eine verminderte ESt-Belastung wirkt sich bei Entnahmestreben zugunsten der Kapitalzusage aus; bei Vermögensstreben ergibt sich im Vor-/Nachteilsbereich bei verminderter ESt-Belastung ein im Zeitablauf zunehmend wachsender Vor-/Nachteil. Der Vorteilsbereich der Kapitalzusage vergrößert sich mit sinkender ESt-Belastung.

Für das inflationsabhängige Zinskonzept des (modifizierten) Grundmodells sind die kritischen Inflationsraten sowie die zugehörigen Kalkulationszinsfüße in Übersicht 34 zusammengestellt. Offensichtlich ist die Lage des Vorteilsbereichs überraschend stabil gegenüber der unterschiedlichen Bestandsstruktur der EAV Typ 1 bzw. 2.

Denn ansonsten ist der Einfluß der Bestandsstruktur auf die Größenordnung der Ergebnisse sowie der Vergleichsergebnisse relativ groß; er fällt bei den Vergleichsergebnissen allerdings geringer aus als beim Vergleich zwischen Nullanpassung und Anpassung nach BetrAVG.

Übersicht 34: Kritische Inflationsraten und zugehörige kritische Zinssätze im (modifizierten) Grundmodell beim Vorteilsvergleich zwischen Kapital und Rente bei Anwartschaftsstatik

Anpassungsregelung bzw. Modifikation	Die Rentenzusage wird vorteilhaft ab			
	einer Inflation von ... für die EAV		einem Zins von ... für die EAV	
	Typ 1	Typ 2	Typ 1	Typ 2
Nullanpassung, Grundmodell	0,91%	0,90%	5,3%	5,3%
Anpassung nach BetrAVG, mit garantierter Anpassung von 1,5% p.a.	1,34%	1,45%	5,6%	5,7%
Anpassung nach BetrAVG, mit garantierter Anpassung von 3,0% p.a.	1,61%	1,86%	5,8%	6,1%
Ausgleich der halben Inflation	1,80%	1,78%	6,0%	6,0%
Anpassung nach BetrAVG, mit garantierter Anpassung von 5,0% p.a.	1,82%	2,15%	6,0%	6,3%
Anpassung nach BetrAVG, mit Ausgangsbestand	4,20%	4,11%	8,0%	7,9%
Anpassung nach BetrAVG, Grundmodell	4,25%	4,12%	8,1%	8,0%
Anpassung nach BetrAVG, e = 43%	4,63%	4,40%	8.4%	8,2%
Anpassung nach BetrAVG, e = 30%	5,00%	4,88%	8,7%	8,6%
Anpassung nach BetrAVG, jährlich	5,54%	5,46%	9,1%	9,1%
Ausgleich der vollen Inflation	16,16%	15,29%	18,0%	17,3%

Mit dem inflationsunabhängigen Ansatz eines Kalkulationszinsfußes von "i = 8%" wäre die Rentenzusage mit Anpassung nach BetrAVG gegenüber der Kapitalzusage mit dem unkalkulierbaren Risiko einer hohen Anpassungsbelastung verbunden.

Mit dem inflationsabhängigen Zinskonzept des Grundmodells verbessert sich dagegen die Position der Renten- gegenüber der Kapitalzusage mit steigender Inflation; außer beim Ausgleich der vollen Inflation ist die Rentenzusage bei einer Inflation von 9% vorteilhaft.

Der Spielraum für eine entscheidungsneutrale Erhöhung der Kapitalleistungen zur Abmilderung einer durch die Kapitalzahlung ggf. beim begünstigten Arbeitnehmer entstehenden Steuerbelastung erweist sich als gering.

Zur isolierten Betrachtung der Ergebnisspalten für die Kapitalzusage kann auf den vorangehenden Abschnitt C.II.1.6 verwiesen werden. Die beim isolierten Vorteilsvergleich für Eigenkapitaläquivalenz im Grundmodell erforderlichen Zinssätze sind in Übersicht 33 zusammengestellt.

Grundsätzlich hängt das Ergebnis eines anhand des Verrentungseffekts vorgenommenen Vorteilsvergleichs zwischen Kapital und Rente empfindlich von einem veränderten Ansatz des Kalkulationszinsfußes ab.

Nachfolgend soll noch untersucht werden, inwieweit die bei Anwartschaftsstatik gefundenen Ergebnisse mit dynamisierten Kapitalleistungen bei Anwartschaftsdynamik bestätigt werden.

2. Anwartschaftsdynamik

Mit der zu Beginn von Abschnitt C.II beschriebenen Kapitalisierung der bei Eintritt eines Versorgungsfalles ansonsten einsetzenden Rentenleistungen folgen bei g-dynamischen Beginnrenten auch g-dynamische Kapitalabfindungen. Die Grundsatzüberlegungen des Abschnitts C.I.2 können unverändert übertragen werden; insbesondere führt der Übergang von Renten- auf Kapitalleistungen zu identischen Modellsituationen[1].

Wie bei der Rentenzusage folgt bei g-dynamischen Kapitalleistungen für die vom Kalkulationszinsfuß unabhängigen Vor- und Nachsteuergrößen ein g-relativer BHZ; in der Modellsituation ***C*** konvergiert das finanzielle Gesamtsystem gegen einen g-relativen BHZ[2].

2.1 Ergebnisse im Grundmodell und Modifikation des Kalkulationszinsfußes

Die Bestands- und Bezüge-Ergebnisse stimmen mit den Resultaten bei Anwartschaftsstatik überein[3].

Mit der realkonstanten Bezügeentwicklung des Grundmodells steigen die Brutto-Aktiveneinkommen sowie die Beginnrenten und Kapitalleistungen der Aktiven nach Maßgabe der Inflation mit $l(p) = g(p) = 1 + p$.

---

1) Vgl. Abschn. B.III.4.2
2) Vgl. den Beginn von Abschn. C.I.2
3) Vgl. Abschn. C.II.1.1

2.1.1 Erläuterungen zu den finanziellen BHZ-Werten

Die Tabellen 23 bzw. 24 entsprechen im Aufbau den Tabellen 21 bzw. 22 und enthalten wiederum die numerischen Basis- und Ergebniswerte des Grundmodells sowie der Modifikation "i = 8%" für die unterschiedlichen Bestandsstrukturen der EAV Typ 1 bzw. 2.

Zur Interpretation der in Blatt 1 und 4 enthaltenen Größen sei auf die Erläuterungen in Abschnitt C.I.2.1.1 sowie C.II.1.1.1 verwiesen.

Bei Anwartschaftsdynamik fällt als Besonderheit der Kapitalzusage auf, daß die in Blatt 4 der Tabellen 23 und 24 enthaltenen g-relativen Niveauwerte der Kapitalzahlungen sowie der zugehörigen Rückstellung und des Beitrags an den PSVaG mit steigender Inflation wesentlich langsamer abfallen als die jeweiligen Werte bei der Rentenzusage mit Anpassung nach BetrAVG.

Das leuchtet insofern ein, als die Kapitalzusage nur deshalb nicht zu g-dynamischen Leistungen[1] im BHZ führt, weil bei den mit unverfallbarer Anwartschaft Ausgeschiedenen nach der Austritts-Periode die Dynamisierung der Beginnrenten bzw. der Kapitalleistungen wegen § 2 Abs. 5 BetrAVG entfällt[2]. Durch den Wegfall der Rentenphase mit Anpassung nach BetrAVG fehlt die dynamisierungsdämpfende Wirkung der schwächer als mit dem Faktor $g = 1 + p$ angepaßten laufenden Renten.

Folgerichtig vermindert[3] sich mit steigender Inflation der Abstand zwischen den g-relativen Niveauwerten der Kapital- und Rentenzusage für die Versorgungszahlungen, Rückstellungen und Beiträge an den PSVaG[4].

Entsprechend dem unterschiedlichen Rückstellungsvolumen liegen die Niveauwerte der Zuführung bei der Kapital- weit unter denjenigen bei der Rentenzusage.

Aus Blatt 1 der Tabellen 23 und 24 ist ersichtlich, daß sich die Periodenliquiditäten auch bei der Kapitalzusage mit steigender Inflation monoton verbessern, allerdings wesentlich langsamer als bei der Rentenzusage mit Anpassung nach BetrAVG.

Bis zu einer Inflation von 1,5% fällt die Periodenliquidität sowohl für die EAV Typ 1 wie 2 bei der Kapitalzusage günstiger aus als bei der Anpassung nach BetrAVG, für Inflationsraten von 2% und mehr ist es umgekehrt.

Für die Ermittlung der Nachsteuer-Größen und der finanziellen Zielgrößen ergeben sich bei der Kapitalzusage keine Besonderheiten. Zur Interpretation der finanziellen Zielgrößen kann auf Abschnitt C.I.2.1.2 und zum Vergleich unterschiedlicher Umweltsituationen bei Anwartschaftsdynamik auf Abschnitt C.I.2.1.3 verwiesen werden.

Soweit nachfolgend die Ergebnisse spaltenweise ausgewertet werden, liegt die am Ende von Abschnitt C.I.2.1.3 erläuterte relative Betrachtungsweise zugrunde; die Ergebnisse werden in Einheiten der jeweiligen Lohn- und Gehaltssumme gemessen.

---

1) Damit hätte man g-unabhängige Niveauwerte.
2) Vgl. Abschn. B.I.2.1.3 sowie B.I.4.2.3
3) Ganz im Gegensatz zum absoluten BHZ bei Anwartschaftsstatik: vgl. Tab. 21 bzw. 22 sowie Abschn. C.I.2.1.1
4) Dies wird besonders deutlich in der Spalte „zusagebedingte Auszahlungen" in Blatt 1 der Tab. 23 bzw. 24.

Tabelle 23: Ergebnisse im Grundmodell und bei konstantem Zins
- Eintrittsaltersverteilung Typ 1 -
Platt 1

Beharrungszustand

Vergleich: Fall A: Anpassung nach BetrAVG
Fall B: Kapitalabfindungen

Geschlecht: Maenner
Pensionszusage Typ 1
Realwachstum von LG: 0.0%

Anwartschaftsdynamik
Fluktuation Typ 1
Bestandstrend: 0.0%

p	d R	zusagebedingte Auszahlungen 1)	Rueckstellung in % LG Fall A	Fall B	Diff.	Periodenliquiditaet in % LG nach ErtrSt Fall A	Fall B	Diff.
%	%	%	%	%	%	%	%	%
0.0	0.0	103.5	88.6	31.7	-56.9	-5.2	-2.8	2.4
0.5	0.2	95.3	86.1	31.6	-54.6	-4.1	-2.4	1.6
1.0	0.6	92.4	85.0	31.4	-53.6	-3.2	-2.1	1.1
1.5	1.1	90.1	84.1	31.2	-52.8	-2.3	-1.8	0.5
2.0	1.5	87.3	83.1	31.1	-52.0	-1.5	-1.5	-0.0
2.5	1.9	84.8	82.2	30.9	-51.3	-0.7	-1.3	-0.5
3.0	2.3	82.1	81.3	30.8	-50.5	0.1	-1.0	-1.0
3.5	2.8	80.1	80.6	30.7	-49.9	0.8	-0.7	-1.5
4.0	3.2	77.6	79.8	30.5	-49.2	1.5	-0.4	-2.0
4.5	3.6	75.1	79.0	30.4	-48.6	2.2	-0.2	-2.4
5.0	4.0	73.1	78.4	30.3	-48.1	2.9	0.1	-2.8
6.0	4.9	68.8	77.2	30.2	-47.0	4.3	0.6	-3.7
7.0	5.7	64.5	75.9	30.0	-46.0	5.5	1.1	-4.4
8.0	6.6	60.5	74.9	29.8	-45.1	6.7	1.6	-5.1
9.0	7.4	56.5	73.9	29.7	-44.2	7.9	2.0	-5.8
10.0	8.2	52.8	73.0	29.6	-43.4	9.0	2.5	-6.5
12.5	10.3	44.0	70.9	29.4	-41.5	11.5	3.6	-8.0
15.0	12.4	36.1	69.1	29.2	-40.0	13.9	4.6	-9.3
17.5	14.5	28.9	67.6	29.0	-38.6	16.0	5.5	-10.5
20.0	16.5	22.2	66.1	28.9	-37.2	18.0	6.5	-11.5

1) prozentuale Veraenderung: (Fall A - Fall B) / (Fall B)

Tabelle 23: Ergebnisse im Grundmodell und bei konstantem Zins
- Eintrittsaltersverteilung Typ 1 -
Platt 2

Vergleich: Fall A: Anpassung nach BetrAVG
Fall B: Kapitalabfindungen

Geschlecht: Maenner
Pensionszusage Typ 1
Realwachstum von LG: 0.0%

Anwartschaftsdynamik
Fluktuation Typ 1
Bestandstrend: 0.0%

p	d A	i=i(p)	Kapitalwert bzw. Niveauwert EK in % LG nach ErtrSt i=8% Fall A	Fall B	Diff.	i=i(p) Fall A	Fall B	Diff.
%	%	%	%	%	%	%	%	%
0.0	0.0	4.5	7.4	-17.3	-24.7	-137.1	-113.6	23.5
0.5	0.5	4.9	6.6	-26.7	-33.2	-191.8	-166.7	25.0
1.0	1.0	5.3	1.7	-43.4	-45.0	-328.7	-288.7	40.0
1.5	1.5	5.8	-12.2	-78.2	-66.0	-949.9	-839.9	110.0
2.0	2.0	6.2	-59.6	-180.7	-121.2	-1306.9*	-1173.9*	133.0*
2.5	2.5	6.6	-1061.5	-2137.5	-1076.1	-387.4*	-353.5*	33.8*
3.0	3.0	7.0	-218.8*	-313.9*	-95.1*	-225.3*	-209.5*	15.7*
3.5	3.5	7.4	-142.4*	-164.1*	-21.7*	-159.2*	-149.7*	9.5*
4.0	4.0	7.8	-117.9*	-118.2*	-0.3*	-122.3*	-116.9*	5.3*
4.5	4.5	8.3	-105.6*	-95.8*	9.8*	-99.0*	-96.3*	2.7*
5.0	5.0	8.7	-98.6*	-82.6*	15.9*	-83.5*	-82.1*	1.4*
6.0	6.0	9.5	-90.0*	-67.7*	22.2*	-63.3*	-63.9*	-0.6*
7.0	7.0	10.4	-84.7*	-59.5*	25.2*	-50.8*	-52.8*	-2.0*
8.0	8.0	11.2	-81.2*	-54.3*	26.9*	-42.6*	-45.3*	-2.7*
9.0	9.0	12.0	-78.6*	-50.7*	27.8*	-36.5*	-39.9*	-3.3*
10.0	10.0	12.9	-76.5*	-48.1*	28.4*	-32.1*	-35.8*	-3.7*
12.5	12.5	15.0	-72.6*	-43.8*	28.8*	-24.7*	-29.0*	-4.3*
15.0	15.0	17.0	-69.8*	-41.2*	28.6*	-20.2*	-24.8*	-4.6*
17.5	17.5	19.1	-67.7*	-39.5*	28.2*	-17.2*	-22.0*	-4.8*
20.0	20.0	21.2	-65.8*	-38.3*	27.6*	-15.1*	-20.0*	-4.9*

Tabelle 23: Ergebnisse im Grundmodell und bei konstantem Zins - Eintrittsaltersverteilung Typ 1 -

Blatt 3

Vergleich: Fall A: Anpassung nach BetrAVG
Fall B: Kapitalabfindungen

Geschlecht: Maenner
Pensionszusage Typ 1
Realwachstum von LG: 0.0%

Anwartschaftsdynamik
Fluktuation Typ 1
Bestandstrend: 0.0%

r	d A	i=i(r)	aequivalente Annuitaet in % LG nach ErtrSt - dynamisch i=8% Fall A	i=8% Fall B	i=8% Diff.	i=i(r) Fall A	i=i(r) Fall B	i=i(r) Diff.
%	%	%	%	%	%	%	%	%
0.0	0.0	4.5	0.184	-0.433	-0.617	-1.643	-1.362	0.281
0.5	0.5	4.9	0.131	-0.535	-0.667	-1.653	-1.437	0.216
1.0	1.0	5.3	0.025	-0.658	-0.684	-1.730	-1.519	0.211
1.5	1.5	5.8	-0.125	-0.806	-0.680	-1.819	-1.609	0.211
2.0	2.0	6.2	-0.324	-0.982	-0.658	-1.854*	-1.665*	0.189*
2.5	2.5	6.6	-0.592	-1.193	-0.600	-1.830*	-1.670*	0.160*
3.0	3.0	7.0	-0.940*	-1.349*	-0.409*	-1.801*	-1.676*	0.126*
3.5	3.5	7.4	-1.297*	-1.495*	-0.198*	-1.789*	-1.682*	0.107*
4.0	4.0	7.8	-1.635*	-1.639*	-0.004*	-1.767*	-1.690*	0.077*
4.5	4.5	8.3	-1.963*	-1.782*	0.181*	-1.745*	-1.698*	0.048*
5.0	5.0	8.7	-2.294*	-1.923*	0.371*	-1.735*	-1.706*	0.029*
6.0	6.0	9.5	-2.922*	-2.200*	0.722*	-1.708*	-1.726*	-0.017*
7.0	7.0	10.4	-3.517*	-2.471*	1.045*	-1.680*	-1.746*	-0.066*
8.0	8.0	11.2	-4.095*	-2.737*	1.357*	-1.662*	-1.768*	-0.106*
9.0	9.0	12.0	-4.643*	-2.998*	1.645*	-1.642*	-1.791*	-0.149*
10.0	10.0	12.9	-5.174*	-3.253*	1.921*	-1.627*	-1.815*	-0.188*
12.5	12.5	15.0	-6.415*	-3.871*	2.544*	-1.597*	-1.876*	-0.279*
15.0	15.0	17.0	-7.554*	-4.460*	3.093*	-1.577*	-1.938*	-0.361*
17.5	17.5	19.1	-8.608*	-5.024*	3.585*	-1.566*	-2.000*	-0.434*
20.0	20.0	21.2	-9.570*	-5.563*	4.008*	-1.555*	-2.061*	-0.505*

Tabelle 23: Ergebnisse im Grundmodell und bei konstantem Zins - Eintrittsaltersverteilung Typ 1 -

Blatt 4

Basiswerte

Vergleich: Fall A: Anpassung nach BetrAVG
Fall B: Kapitalabfindungen

Geschlecht: Maenner
Pensionszusage Typ 1
Realwachstum von LG: 0.0%

Anwartschaftsdynamik
Fluktuation Typ 1
Bestandstrend: 0.0%

LG = 483461

r	PL	VK	PS	KZ	U	R	i=8% W 85	i=i(r) W 85
Fall A:								
0.0	-8729	447	1036	31554	0	428486	2660	-7729
0.5	-6905	476	1001	29930	2071	416330	1897	-8897
1.0	-5395	476	982	29206	4068	410853	366	-10650
1.5	-3962	476	966	28608	6005	406350	-1810	-12812
2.0	-2559	476	950	27966	7873	401536	-4673	-15321
2.5	-1211	476	935	27392	9689	397263	-8548	-18348
3.0	102	476	919	26799	11442	392857	-13595	-21853
3.5	1358	476	907	26341	13172	389504	-20492	-26231
4.0	2591	476	893	25819	14834	385672	-29283	-31164
4.5	3788	476	880	25315	16449	381977	-40702	-36881
5.0	4947	476	869	24905	18049	379038	-55919	-43882
6.0	7183	476	846	24064	21113	372995	-100673	-60760
7.0	9311	476	825	23251	24021	367179	-174701	-81448
8.0	11341	476	806	22538	26827	362161	-298210	-105667
9.0	13280	476	787	21840	29497	357246	-500861	-126667
10.0	15140	476	770	21203	32074	352815	-835539	-132875
12.5	19470	476	730	19754	38089	342805	-2939396	201728
15.0	23410	476	696	18493	43589	334183	-10222492	3077536
17.5	27025	476	665	17395	48664	326741	-35530915	19291326
20.0	30327	476	637	16378	53293	319757	-122857509	98556556
Fall B:								
0.0	-4664	236	348	15653	0	153452	-6244	-6406
0.5	-4126	236	344	15501	759	152541	-7727	-7735
1.0	-3604	236	341	15363	1502	151694	-9504	-9354
1.5	-3094	236	337	15237	2230	150907	-11631	-11329
2.0	-2598	236	333	15122	2945	150173	-14175	-13739
2.5	-2112	236	330	15017	3646	149488	-17214	-16688
3.0	-1638	236	327	14921	4335	148849	-20841	-20297
3.5	-1173	236	324	14834	5013	148252	-25165	-24722
4.0	-718	236	321	14753	5680	147693	-30318	-30153
4.5	-271	236	318	14679	6337	147169	-36452	-36826
5.0	168	236	316	14611	6985	146678	-43750	-45035
6.0	1022	236	311	14490	8252	145784	-62734	-67603
7.0	1849	236	306	14388	9485	144993	-89495	-101955
8.0	2652	236	301	14300	10688	144290	-127130	-154417
9.0	3432	236	297	14225	11862	143663	-179936	-234758
10.0	4192	236	293	14160	13009	143102	-253873	-358078
12.5	6011	236	284	14032	15770	141934	-593260	-1040555
15.0	7731	236	276	13940	18394	141022	-1366523	-3055663
17.5	9364	236	268	13873	20895	140297	-3107922	-9012810
20.0	10920	236	262	13822	23285	139711	-6985207	-26573517

Tabelle 24: Ergebnisse im Grundmodell und bei konstantem Zins
- Eintrittsaltersverteilung Typ 2 -
Blatt 1

Beharrungszustand

Vergleich: Fall A: Anpassung nach BetrAVG
Fall B: Kapitalabfindungen

Geschlecht: Maenner
Pensionszusage Typ 1
Realwachstum von LG: 0.0%

Anwartschaftsdynamik
Fluktuation Typ 1
Bestandstrend: 0.0%

p	d R	zusagebedingte Auszahlungen 1)	Rueckstellung in % LG Fall A	Fall B	Diff.	Periodenliquiditaet in % LG nach ErtrSt Fall A	Fall B	Diff.
%	%	%	%	%	%	%	%	%
0.0	0.0	100.2	102.9	30.6	-72.3	-6.9	-3.8	3.1
0.5	0.2	92.4	100.3	30.5	-69.8	-5.6	-3.5	2.1
1.0	0.6	89.5	99.3	30.4	-68.8	-4.6	-3.2	1.4
1.5	1.1	87.3	98.5	30.3	-68.1	-3.6	-2.9	0.7
2.0	1.5	84.6	97.6	30.3	-67.3	-2.6	-2.7	-0.0
2.5	1.9	82.1	96.8	30.2	-66.6	-1.7	-2.4	-0.7
3.0	2.3	79.5	95.9	30.1	-65.8	-0.8	-2.1	-1.4
3.5	2.8	77.5	95.3	30.0	-65.3	0.1	-1.8	-2.0
4.0	3.2	75.1	94.5	30.0	-64.6	1.0	-1.6	-2.6
4.5	3.6	72.7	93.8	29.9	-63.9	1.9	-1.3	-3.2
5.0	4.0	70.8	93.2	29.8	-63.4	2.7	-1.1	-3.7
6.0	4.9	66.6	91.9	29.7	-62.2	4.3	-0.6	-4.9
7.0	5.7	62.3	90.7	29.6	-61.1	5.8	-0.1	-5.9
8.0	6.6	58.5	89.6	29.5	-60.1	7.3	0.4	-6.9
9.0	7.4	54.6	88.5	29.4	-59.1	8.7	0.9	-7.8
10.0	8.2	51.0	87.5	29.4	-58.2	10.0	1.3	-8.7
12.5	10.3	42.5	85.2	29.2	-56.0	13.2	2.4	-10.8
15.0	12.4	34.7	83.1	29.1	-54.1	16.0	3.4	-12.6
17.5	14.5	27.7	81.3	29.0	-52.3	18.6	4.4	-14.2
20.0	16.5	21.1	79.6	28.9	-50.7	21.0	5.3	-15.7

1) prozentuale Veraenderung: (Fall A - Fall B) / (Fall B)

Tabelle 24: Ergebnisse im Grundmodell und bei konstantem Zins
- Eintrittsaltersverteilung Typ 2 -
Blatt 2

Vergleich: Fall A: Anpassung nach BetrAVG
Fall B: Kapitalabfindungen

Geschlecht: Maenner
Pensionszusage Typ 1
Realwachstum von LG: 0.0%

Anwartschaftsdynamik
Fluktuation Typ 1
Bestandstrend: 0.0%

p	d A	i=i(r)	Kapitalwert bzw. Niveauwert EK in % LG nach ErtrSt i=8% Fall A	Fall B	Diff.	i=i(p) Fall A	Fall B	Diff.
%	%	%	%	%	%	%	%	%
0.0	0.0	4.5	-16.8	-59.2	-42.4	-242.3	-208.5	33.9
0.5	0.5	4.9	-26.2	-80.3	-54.1	-333.1	-298.5	34.6
1.0	1.0	5.3	-46.4	-115.9	-69.5	-556.9	-503.8	53.1
1.5	1.5	5.8	-90.4	-187.0	-96.7	-1567.5	-1427.4	140.1
2.0	2.0	6.2	-220.9	-389.7	-168.7	-2129.5*	-1964.9*	164.7*
2.5	2.5	6.6	-2748.8	-4176.6	-1427.7	-633.4*	-591.9*	41.5*
3.0	3.0	7.0	-451.3*	-578.3*	-126.9*	-369.7*	-350.7*	18.9*
3.5	3.5	7.4	-259.0*	-288.9*	-29.8*	-261.7*	-250.4*	11.2*
4.0	4.0	7.8	-198.6*	-200.0*	-1.4*	-201.5*	-195.5*	6.0*
4.5	4.5	8.3	-168.9*	-156.9*	12.0*	-163.5*	-160.8*	2.7*
5.0	5.0	8.7	-151.8*	-131.4*	20.4*	-138.0*	-136.9*	1.1*
6.0	6.0	9.5	-131.6*	-102.7*	28.9*	-104.8*	-106.2*	-1.5*
7.0	7.0	10.4	-119.9*	-86.9*	33.0*	-84.2*	-87.4*	-3.2*
8.0	8.0	11.2	-112.4*	-76.8*	35.5*	-70.5*	-74.6*	-4.1*
9.0	9.0	12.0	-106.8*	-69.9*	36.9*	-60.5*	-65.4*	-4.9*
10.0	10.0	12.9	-102.6*	-64.9*	37.7*	-53.1*	-58.4*	-5.4*
12.5	12.5	15.0	-95.2*	-56.7*	38.5*	-40.6*	-46.8*	-6.2*
15.0	15.0	17.0	-90.2*	-51.8*	38.4*	-33.0*	-39.6*	-6.6*
17.5	17.5	19.1	-86.5*	-48.5*	38.0*	-27.9*	-34.7*	-6.8*
20.0	20.0	21.2	-83.5*	-46.2*	37.3*	-24.2*	-31.1*	-6.9*

Tabelle 24: Ergebnisse im Grundmodell und bei konstantem Zins
- Eintrittsaltersverteilung Typ 2 -

Blatt 3

Vergleich: Fall A: Anpassung nach BetrAVG
Fall B: Kapitalabfindungen

Geschlecht: Maenner
Pensionszusage Typ 1
Realwachstum von LG: 0.0%

Anwartschaftsdynamik
Fluktuation Typ 1
Bestandstrend: 0.0%

F	d A	i=i(F)	aequivalente Annuitaet in % LG nach ErtrSt - dynamisch i=8% Fall A	Fall B	Diff.	i=i(F) Fall A	Fall B	Diff.
%	%	%	%	%	%	%	%	%
0.0	0.0	4.5	-0.418	-1.476	-1.058	-2.905	-2.499	0.406
0.5	0.5	4.9	-0.525	-1.610	-1.085	-2.871	-2.573	0.298
1.0	1.0	5.3	-0.705	-1.760	-1.055	-2.931	-2.651	0.280
1.5	1.5	5.8	-0.931	-1.928	-0.997	-3.002	-2.734	0.268
2.0	2.0	6.2	-1.200	-2.117	-0.917	-3.021*	-2.787*	0.234*
2.5	2.5	6.6	-1.534	-2.330	-0.797	-2.992*	-2.796*	0.196*
3.0	3.0	7.0	-1.940*	-2.486*	-0.546*	-2.956*	-2.805*	0.152*
3.5	3.5	7.4	-2.359*	-2.631*	-0.272*	-2.941*	-2.814*	0.126*
4.0	4.0	7.8	-2.755*	-2.775*	-0.019*	-2.911*	-2.824*	0.087*
4.5	4.5	8.3	-3.141*	-2.917*	0.224*	-2.882*	-2.835*	0.048*
5.0	5.0	8.7	-3.531*	-3.058*	0.474*	-2.868*	-2.845*	0.022*
6.0	6.0	9.5	-4.274*	-3.335*	0.939*	-2.828*	-2.867*	-0.040*
7.0	7.0	10.4	-4.978*	-3.606*	1.372*	-2.785*	-2.890*	-0.105*
8.0	8.0	11.2	-5.663*	-3.873*	1.791*	-2.754*	-2.914*	-0.161*
9.0	9.0	12.0	-6.314*	-4.134*	2.180*	-2.719*	-2.938*	-0.219*
10.0	10.0	12.9	-6.944*	-4.390*	2.554*	-2.690*	-2.963*	-0.273*
12.5	12.5	15.0	-8.415*	-5.010*	3.405*	-2.625*	-3.025*	-0.399*
15.0	15.0	17.0	-9.762*	-5.602*	4.160*	-2.573*	-3.087*	-0.514*
17.5	17.5	19.1	-11.006*	-6.168*	4.838*	-2.533*	-3.148*	-0.615*
20.0	20.0	21.2	-12.135*	-6.711*	5.425*	-2.493*	-3.208*	-0.715*

Tabelle 24: Ergebnisse im Grundmodell und bei konstantem Zins
- Eintrittsaltersverteilung Typ 2 -

Blatt 4

Basiswerte

Vergleich: Fall A: Anpassung nach BetrAVG
Fall B: Kapitalabfindungen

Geschlecht: Maenner
Pensionszusage Typ 1
Realwachstum von LG: 0.0%

Anwartschaftsdynamik
Fluktuation Typ 1
Bestandstrend: 0.0%

LG = 407163

F	FL	VK	FS	RZ	U	R	i=8% W 85	i=i(F) W 85
Fall A:								
0.0	-9777	392	950	34521	0	419016	-5088	-11508
0.5	-7993	421	918	32962	2032	408342	-6387	-13015
1.0	-6521	421	904	32322	4003	404255	-8569	-15196
1.5	-5116	421	891	31799	5926	401009	-11323	-17805
2.0	-3730	421	878	31215	7790	397304	-14592	-20759
2.5	-2391	421	865	30690	9610	394029	-18643	-24226
3.0	-1079	421	853	30133	11374	390502	-23506	-28145
3.5	181	421	842	29709	13120	387967	-29718	-32894
4.0	1423	421	831	29209	14802	384840	-37108	-38137
4.5	2633	421	820	28719	16440	381772	-46154	-44085
5.0	3808	421	810	28324	18068	379420	-57614	-51172
6.0	6084	421	790	27492	21189	374346	-88795	-67824
7.0	8258	421	771	26669	24159	369285	-136103	-87856
8.0	10339	421	754	25939	27028	364880	-209499	-111377
9.0	12331	421	737	25211	29760	360431	-322325	-134227
10.0	14243	421	721	24539	32397	356368	-498542	-150218
12.5	18700	421	684	22984	38547	346919	-1510773	-7781
15.0	22752	421	651	21603	44154	338517	-4716402	1415904
17.5	26463	421	621	20383	49312	331095	-15142829	9203762
20.0	29842	421	593	19240	53994	323965	-49358639	45533766
Fall B:								
0.0	-5438	177	214	17526	0	124768	-17947	-9900
0.5	-5013	177	212	17444	619	124333	-19575	-11663
1.0	-4596	177	210	17368	1227	123927	-21397	-13747
1.5	-4188	177	208	17298	1826	123547	-23440	-16214
2.0	-3787	177	206	17234	2415	123190	-25737	-19137
2.5	-3393	177	204	17175	2996	122855	-28326	-22603
3.0	-3007	177	202	17119	3569	122541	-31251	-26715
3.5	-2626	177	201	17068	4134	122245	-34562	-31601
4.0	-2252	177	199	17021	4691	121966	-38319	-37410
4.5	-1883	177	197	16977	5241	121703	-42592	-44323
5.0	-1520	177	196	16935	5784	121455	-47460	-52559
6.0	-810	177	193	16861	6849	120999	-59372	-74109
7.0	-119	177	190	16797	7889	120590	-75003	-104892
8.0	554	177	188	16740	8905	120223	-95640	-149053
9.0	1211	177	185	16690	9899	119891	-123031	-212679
10.0	1852	177	183	16646	10872	119590	-159551	-304746
12.5	3392	177	177	16556	13217	118953	-314910	-762997
15.0	4853	177	172	16487	15449	118441	-642262	-1959700
17.5	6242	177	168	16434	17578	118024	-1337954	-5148700
20.0	7568	177	164	16392	19613	117679	-2820779	-13778228

2.1.2 Auswertung der Ergebnisse

Abbildung 30 enthält die aus dem zeilenweise vorgenommenen Vorteilsvergleich zwischen der Kapital- und der Rentenzusage mit Anpassung nach BetrAVG gewonnenen Differenz-Ergebnisse aus Blatt 3 der Tabellen 23 und 24.

Bei Anwartschaftsdynamik ergibt sich nunmehr für das Grundmodell und den Ansatz "i = 8%" ein gemeinsamer Vorteilsbereich der Kapitalzusage im Bereich einer Inflation von ca. 4% und 5% bis 6%; außerhalb dieses Bereichs erhält man wiederum gegenläufige Aussagen.

Für den inflationsunabhängigen Zins mit "i = 8%" wird das Teilergebnis 106 mit der Maßgabe bestätigt, daß der bei Stabilität beginnende Vorteil der Rentenzusage zunächst bis zu einer Inflation von 1% (EAV Typ 1) bzw. 0,5% (EAV Typ 2) ansteigt, und dann monoton fallend bei einer Inflation knapp über 4% endet; von dort steigt der Vorteil der Kapitalzusage mit weiter steigender Inflation weniger steil als bei Anwartschaftsstatik, aber dennoch deutlich an (**Teilergebnis** 132).

Im Grundmodell mit "i = i(p)" hingegen verlängert sich der bei Stabilität beginnende Vorteilsbereich der Kapitalzusage gegenüber dem Teilergebnis 107 bis zu einer kritischen Inflationsrate von

5,70% für die EAV Typ 1,
5,42% für die EAV Typ 2;

mit weiter steigender Inflation wächst der Vorteil der Rentenzusage vergleichsweise langsam an, auch im Bereich der unverträglich hohen Inflationsraten (**Teilergebnis** 133).

Der zugehörige kritische Zins für den Vorteilsvergleich zwischen der Anpassung nach BetrAVG und Kapitalabfindungen beträgt auf eine Nachkommastelle gerundet im Grundmodell (**Teilergebnis** 134)

9,3% für die EAV Typ 1,
9,0% für die EAV Typ 2.

Bei "i = 8%" kann der Spalte der Kapitalabfindungen (Fall B) in Blatt 3 der Tabellen 23 und 24 die isolierte Auswirkung der Anwartschaftsdynamik entnommen werden: die Annuitätskurve in Einheiten der jeweiligen Lohn- und Gehaltssumme verschlechtert sich mit inflationsbedingt steigenden Kapitalabfindungen c.p. monoton (**Teilergebnis** 135).

Der Saldo aus diesem negativen Effekt und der ergebnisverbessernden Auswirkung eines mit steigender Inflation erhöhten Kalkulationszinsfußes bleibt bei "i = i(p)" für Kapitalabfindungen entgegen dem Teilergebnis 108 negativ: auch im Grundmodell verschlechtert sich die Annuitätskurve in Einheiten der jeweiligen Lohn- und Gehaltssumme[1] c.p. monoton mit steigender Inflation (**Teilergebnis** 136).

Bei der Kapitalzusage erhält man demnach für die Annuitätskurve das gleiche Bild wie im Teilergebnis[2] 55 für die Rentenzusage bei vollem Inflationsausgleich, was angesichts der im vorangehenden Abschnitt festgestellten Nähe der Kapitalzusage zur g-Dynamik nicht überrascht[3].

---

1) "Erst recht" verschlechtern sich damit die zugehörigen äquivalenten statischen Annuitäten $\bar{\mu}$, die mit den zu Tab. 14 gehörigen Umrechnungsfaktoren aus den μ-Werten ermittelt werden können. Vgl. Abschn. C.I.2.1.4

2) Vgl. Abschn. C.I.2.2

3) Vgl. auch das Teilergebnis 57 in Abschn. C.I.2.2

Abb. 30: Kapital- versus Rentenleistungen

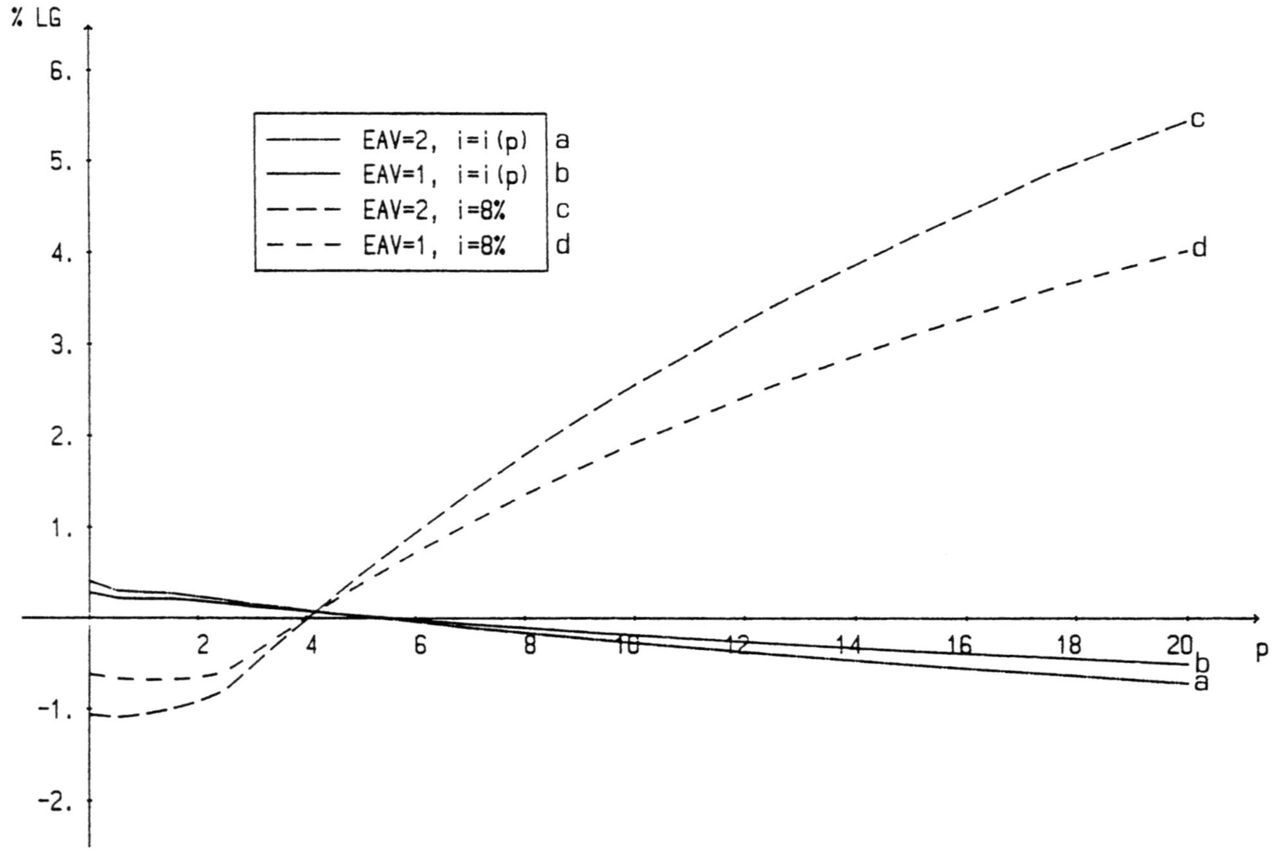

Für die inflationsbedingte Entwicklungstendenz des Kapitalwerts C_0 bzw. des Niveauwerts EK werden die Teilergebnisse[1] 36 bis 38 sowie[2] 58 bis 60 bei der Kapitalzusage klar und eindeutig bestätigt: mit steigender Inflation verschlechtern sich die Kapitalwerte C_0 in der Modellsituation ***A*** monoton (**Teilergebnis** 137), während sich die Niveauwerte des bilanziellen Eigenkapitals EK im Bereich der Modellsituation ***C*** monoton verbessern (**Teilergebnis** 138), aber keine Eigenkapitaläquivalenz erreichen (**Teilergebnis** 139); dies gilt wiederum übereinstimmend für die EAV Typ 1 und 2 und sowohl für "i = i (p)" als auch für "i = 8%".

Die für Eigenkapitaläquivalenz erforderlichen Zinssätze i_k können für die Kapitalzusage wieder[3] unmittelbar aus den in Blatt 4 der Tabelle 23 bzw. 24 enthaltenen Basiswerten unter der aus Abschnitt C.I.2.1.4 bekannten Voraussetzung berechnet werden, daß mit dem Resultat i_k die Modellsituation ***C*** nicht verlassen wird.

Ein Blick in die Tabelle 25 zeigt, daß diese Voraussetzung bei der Kapitalzusage erst ab einer Inflation von 5% bzw. 8% für die EAV Typ 1 bzw. 2 erfüllt ist; beim Übergang von der EAV Typ 1 auf die EAV Typ 2 erhöht sich i_k c.p. bei einer Inflation von 8% um beachtliche 3,9% und mit steigender Inflation um bis zu 4,3%, was auf einen gravierenden Einfluß der Bestandsstruktur schließen läßt.

Beim Übergang von der Rentenzusage mit Anpassung nach BetrAVG auf die Kapitalzusage springt i_k c.p. noch deutlicher in die Höhe: der Abstand der $i_k(p)$ wächst für die EAV Typ 1 von 3,2% (bei p = 5%) auf 5,2% (bei p = 20%) und für die EAV Typ 2 von sage und schreibe 6,7% (bei p = 8%) auf 8,7% (bei p = 20%) an; die Größenordnung der i_k-Werte für die Kapitalzusage muß mit einem Minimalwert von 14% als unverträglich mit dem modellmäßig für die Berechnung der Pensionsrückstellungen angesetzten Rechnungszinsfuß von 6% gemäß § 6a EStG angesehen werden, d.h., Eigenkapitaläquivalenz kann bei der Kapitalzusage allenfalls bei unternehmensspezifisch ungünstigen Fremdfinanzierungskonditionen, normalerweise jedoch nicht erreicht werden (**Teilergebnis** 140).

Aus Tabelle 25 kann auch das in Abschnitt C.I.2.1.4 angekündigte Beispiel abgelesen werden, in dem ein Vorteilsvergleich zwischen Kapital und Rente anhand der i_k-Werte bei der Zielsetzung der Entnahme- oder Vermögensmaximierung zu einem falschen Schluß führt, und zwar für die EAV Typ 1 bei der Inflation "p = 5%"; dort ergibt sich für die

Rentenzusage: i_k = 10,8%,
Kapitalzusage: i_k = 14,0%,

wonach die Rentenzusage klar überlegen wäre. Mit dem Kalkulationszins des Grundmodells von 8,7% befindet man sich jedoch noch im Vorteilsbereich der Kapitalzusage; die beim zeilenweise vorgenommenen Vorteilsvergleich äquivalenten Entscheidungskriterien EK und μ in Blatt 2 und 3 der Tabelle 23 zeigen einen knappen, aber klaren Vorsprung der Kapital- vor der Rentenzusage.

Mit den in der Tabelle 26 zusammengestellten Werten der Kennziffer A / R für die Kapitalzusage erhält man eine Bestätigung des Teilergebnisses 140; denn die Grenze zur Eigenkapitaläquivalenz kann nur dann überschritten werden, wenn die Bedingung

---

1) Vgl. Abschn. C.I.2.1.4
2) Vgl. Abschn. C.I.2.2
3) Aus PL und R mit Gl. (87) in Abschn. C.I.2.1.4 oder aus A und R mit der einfachen Formel zu Beginn von Abschn. C.I.2.1.7

Tabelle 25: Vergleich der für Eigenkapitaläquivalenz erforderlichen Zinssätze mit dem Kalkulationszins des Grundmodells bei Anwartschaftsdynamik in der Modellsituation ***C***

p	i (p)	i_k in %			
		Anpassung nach BetrAVG		Kapitalabfindungen	
%	%	EAV Typ 1	EAV Typ 2	EAV Typ 1	EAV Typ 2
3,0	7,0	9,1	→ ***A***	→ ***A***	→ ***A***
3,5	7,4	9,5	10,3	→ ***A***	→ ***A***
4,0	7,8	9,9	10,8	→ ***A***	→ ***A***
4,5	8,3	10,4	11,2	→ ***A***	→ ***A***
5,0	8,7	10,8	11,6	14,0	→ ***A***
6,0	9,5	11,6	12,5	15,0	→ ***A***
7,0	10,4	12,5	13,3	16,0	→ ***A***
8,0	11,2	13,4	14,2	17,0	20,9
9,0	12,0	14,2	15,1	18,0	21,9
10,0	12,9	15,1	15,9	19,0	22,9
12,5	15,0	17,3	18,1	21,5	25,5
15,0	17,0	19,4	20,3	24,0	28,1
17,5	19,1	21,6	22,5	26,5	30,7
20,0	21,2	23,8	24,6	29,0	33,3

$$A / R \le f(...)$$

für die in Abschnitt C.I.2.1.7 beschriebene Obergrenze f(...) erfüllt ist.

Der Vergleich der Kennziffern A / R mit den in Tabelle 16 bei Realkonstanz (r = 1) für die alternativen Überwälzungsfaktoren "a = 0,8"/"a = 1,0"/"a = 1,2" berechneten Werte der Obergrenze f(...) zeigt, daß diese Bedingung allenfalls für die EAV Typ 1 mit dem Überwälzungsfaktor "a = 1,2" bei einer Inflation von 17,7% erfüllt ist; dann gilt nämlich

$$A / R = 10,25\% = f(...).$$

Tabelle 26: Werte der Kennziffer A / R innerhalb der Modellsituation *C* im Grundmodell mit "r = 1"

p	A / R in %			
	Anpassung nach BetrAVG		Kapitalabfindungen	
%	EAV Typ 1	EAV Typ 2	EAV Typ 1	EAV Typ 2
2,0	7,32	8,18	10,45	14,30
2,5	7,25	8,12	10,42	14,29
3,0	7,18	8,04	10,40	14,28
3,5	7,12	7,98	10,38	14,27
4,0	7,05	7,92	10,37	14,26
4,5	6,98	7,85	10,35	14,26
5,0	6,93	7,79	10,34	14,25
6,0	6,81	7,67	10,31	14,24
7,0	6,69	7,54	10,30	14,23
8,0	6,58	7,43	10,28	14,23
9,0	6,47	7,32	10,27	14,22
10,0	6,36	7,21	10,26	14,22
12,5	6,11	6,94	10,25	14,22
15,0	5,88	6,70	10,25	14,21
17,5	5,67	6,47	10,25	14,22
20,0	5,47	6,25	10,25	14,22

Der zugehörige Kalkulationszins beträgt 26,7% und ist mit einem Rechnungszinsfuß von 6% nicht verträglich; Eigenkapitaläquivalenz ist bei der Kapitalzusage normalerweise nicht erreichbar.

Beim Vergleich der Kennziffern A / R für die Kapital- und Rentenzusage mit Anpassung nach BetrAVG in Tabelle 26 fällt neben deren deutlichem Abstand[1] besonders auf, daß die Werte bei

---

1) Damit wird die folgende Aussage von Lemitz zu A / R bestätigt: „Auch wenn man extreme Annahmen zur Anpassung der Rentenleistungen zugrunde legt, stellt sich dieses betriebswirtschaftlich maßgebliche Verhältnis bei Rentenzusagen stets wesentlich günstiger als bei Kapitalzusagen." Vgl. Lemitz, H.-G., (Durchführungswege 1978), BFuP 1978, S. 415

der Kapitalzusage mit steigender Inflation vergleichsweise sehr langsam und im Bereich der unverträglich hohen Inflationsraten nicht mehr absinken, was auf die Nähe der Kapitalzusage zur g-Dynamik zurückzuführen ist.

Betont sei an dieser Stelle noch, daß die Kennziffer A / R, mit der ein möglicher Einfluß der Basis-Modellgrößen auf die Frage der Eigenkapitaläquivalenz analysiert werden kann, als Entscheidungskriterium für den Vorteilsvergleich zwischen unterschiedlichen Alternativen untauglich ist[1]; im Grundmodell ist dies evident im Vorteilsbereich der Kapitalzusage bis zu einer Inflation von mehr als 5% gemäß dem Teilergebnis 133. Die Kennziffer A / R wird ja ebenso wie die für Eigenkapitaläquivalenz erforderlichen Zinssätze i_k ohne Berücksichtigung des im Rechenmodell relevanten Kalkulationszinsfußes ermittelt.

Abschließend ist noch darauf hinzuweisen, daß für den Bereich der Modellsituation ***C*** die in Abschnitt C.I.2.1.5 aufgeführten Möglichkeiten und die in Abschnitt C.I.2.1.6 sowie C.I.2.1.7 hergeleiteten Erkenntnisse problemlos und völlig analog vom Fall der Renten- auf den der Kapitalzusage übertragen werden können.

Die Subtraktion der zu den Abbildungen 12 bis 14 gehörigen "Diff."-Spalten des modifizierten Grundmodells von den jeweils zugehörigen "Diff."-Spalten in Tabelle 23 bzw. 24 liefert wieder unmittelbar die Ergebnisse der folgenden zwei Abschnitte bei Anwartschaftsdynamik.

2.2 Alternative Anpassung der laufenden Renten

Mit den in Abschnitt C.I.1.2 beschriebenen Modifikationen bei der Anpassung der laufenden Renten, hier wieder ergänzt um den Fall der Nullanpassung, verschiebt sich der Vorteilsbereich der Kapital- und damit der Rentenzusage wie folgt:

Die Kapitalzusage bleibt vorteilhaft bis zu einer kritischen Inflationsrate von (**Teilergebnis** 141)

	für die EAV Typ 1	EAV Typ 2
bei Nullanpassung	0,86%	0,85%
bei Hälftelung	1,82%	1,78%
bei jährlicher Anpassung	11,11%	10,83%
bei vollem Inflationsausgleich	>20,00%	>20,00%.

Damit finden die Teilergebnisse 113 und 114 eine etwas deutlichere Bestätigung als bei Anwartschaftsstatik: der Vorteilsbereich ist weitgehend stabil gegenüber der Bestandsstruktur, reagiert aber empfindlich auf Änderungen beim Anpassungsmodus der laufenden Renten (**Teilergebnis** 142).

Bedingt durch den flachen Verlauf des Grundmodell-Kurvenpaars in Abbildung 30 führt bereits der Übergang vom dreijährigen Anpassungsturnus der Anpassung nach BetrAVG auf die jährliche Anpassung zu einer Erhöhung der kritischen Inflationsrate um 5,4%.

Bei der garantierten Rentenanpassung ändert sich das Bild bei Anwartschaftsdynamik nicht wesentlich gegenüber der Anwartschaftsstatik.

---

1) So formuliert Lemitz etwas mißverständlich: "Es kommt entscheidend auf das Verhältnis..." A / R "an.", und auch im Zitat der vorangehenden FN könnte man das "betriebswirtschaftlich maßgebliche Verhältnis" mißverstehen. Vgl. Lemitz, H.-G., ebd., S. 415

2.3 Garantierte Anpassung der laufenden Renten

Wie in Abschnitt C.II.1.3 wird hier bei der Renten-, nicht jedoch bei der Kapitalzusage eine von vorneherein garantierte Rentenanpassung[1] zugesagt.

Damit schrumpft der Vorteilsbereich der Kapitalzusage gegenüber dem Fall der Anpassung nach BetrAVG; die kritische Inflationsrate beträgt bei einer garantierten Rentenanpassung (**Teilergebnis** 143)

	für die EAV Typ 1	EAV Typ 2
von 1,5% p.a.	1,25%	1,43%
von 3,0% p.a.	1,67%	1,88%
von 5,0% p.a.	1,97%	2,44%.

Damit halten sich die Abweichungen gegenüber den Ergebnissen bei Anwartschaftsstatik in engen Grenzen[2].

In den folgenden Abschnitten wird untersucht, wie sich Veränderungen bei der Bestandsstruktur und -fortschreibung, eine dienstzeitabhängige Pensionszusage sowie veränderte gesamtwirtschaftliche und steuerliche Rahmenbedingungen[3] auf den Vorteilsbereich der Kapital- bzw. Rentenzusage mit Anpassung nach BetrAVG auswirken.

2.4 Ergebnisse im modifizierten Grundmodell bei Kapitalabfindungen versus Anpassung nach BetrAVG

Analog zu Abschnitt C.I.2.4 soll nachfolgend geprüft werden, in welchem Ausmaß und in welcher Richtung sich das Ergebnis des Vorteilsvergleichs zwischen Kapital und Rente bei Kapitalisierung der ansonsten fälligen Rentenzahlungen in Abhängigkeit vom Untersuchungsobjekt bzw. Parameter des Rechenmodells verändert.

2.4.1 Modifikation der Bestands- und Bezügestruktur

Bei unveränderter Bestandsfortschreibung gilt hier das Interesse den Merkmalen der Bestandsstruktur "Geschlecht", "Eintrittsaltersverteilung der Neueintritte" und "beispielhafte Hinzunahme eines Ausgangsbestands".

2.4.1.1 Einfluß des Geschlechts

Wenn man wie in Abschnitt C.I.2.4.1.1 das Grundmodell c.p. zunächst nur dahingehend modifiziert, daß weibliche Versorgungsberechtigte mit dem niedrigeren Pensionierungsalter von 60 anstelle von 63 Jahren untersucht werden, dann geht aus Abbildung 31 - man beachte den Maßstab, insbesondere auch die Verkürzung der p-Achse - hervor, daß die Ergebniskurven für

1) Vgl. Abschn. C.I.1.3
2) Vgl. Abschn. C.II.1.3
3) Vgl. im einzelnen Übersicht 17

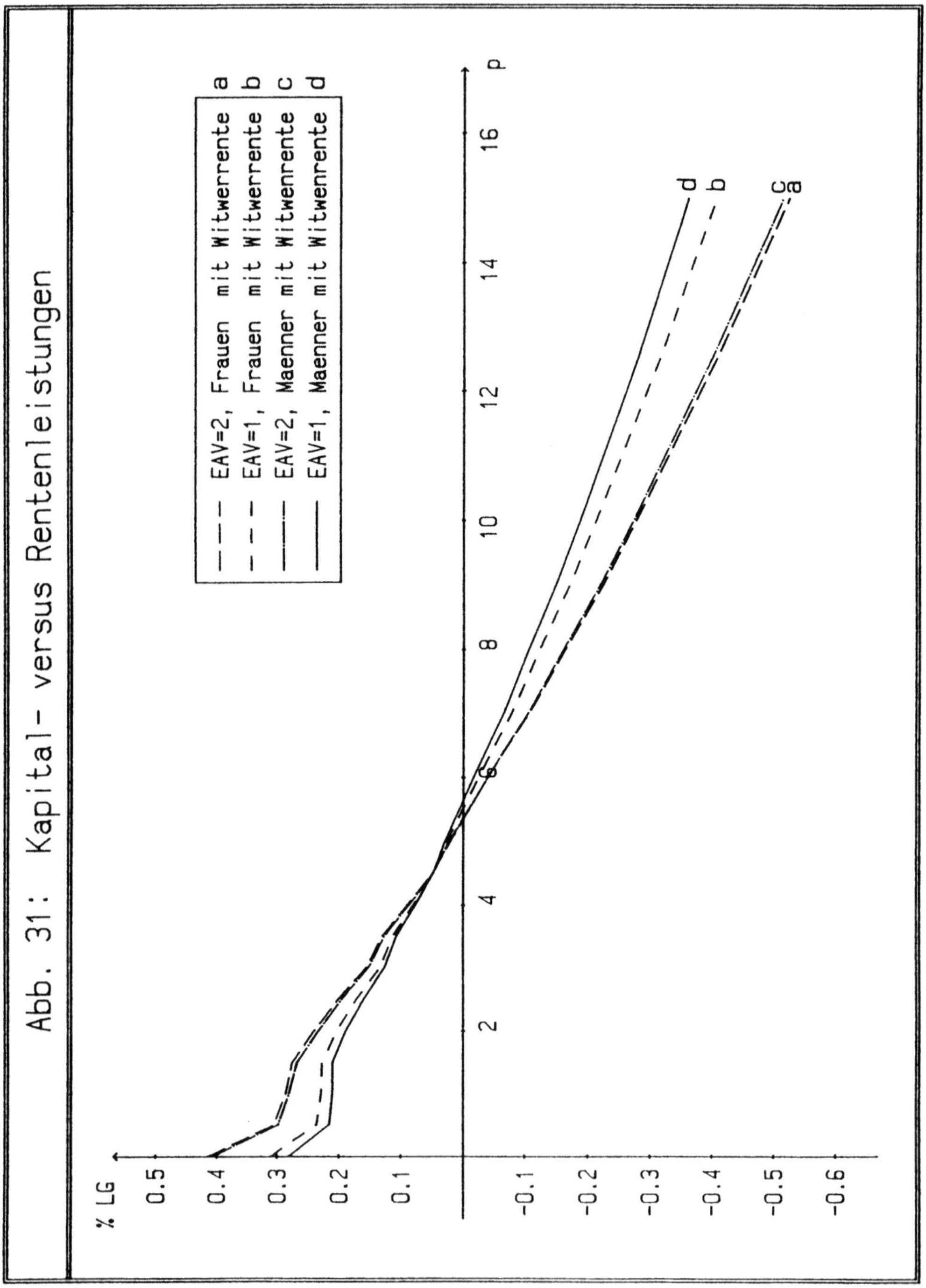
Abb. 31: Kapital- versus Rentenleistungen
EAV=2, Frauen mit Witwerrente a
EAV=1, Frauen mit Witwerrente b
EAV=2, Maenner mit Witwenrente c
EAV=1, Maenner mit Witwenrente d
% LG
0.5
0.4
0.3
0.2
0.1
-0.1
-0.2
-0.3
-0.4
-0.5
-0.6
2
4
6
8
10
12
14
16
p
d
b
c
a

Männer und Frauen sowohl bei der EAV Typ 1 wie 2 sehr eng beieinander verlaufen; die kritische Inflationsrate reduziert sich für die EAV Typ 1 von

5,70% bei Männern auf 5,59% bei Frauen

und bleibt für die EAV Typ 2 mit 5,42% unverändert (**Teilergebnis** 144).

Wenn man dagegen mit der für die Frauen vorgesehenen[1] niedrigeren Bezügestruktur aus Übersicht 15 sowie der in Übersicht 14 enthaltenen EAV Typ 5 anstelle der EAV Typ 1 rechnet, dann fällt der Vor- bzw. Nachteil der Kapitalzusage bei Stabilität bzw. bei Inflationsraten von mehr als 8% für die Frauen in Abbildung 32 zwar deutlicher aus als für die Männer, aber sichtbar geringer als in Abbildung 17 beim Vergleich der Nullanpassung mit der Anpassung nach BetrAVG; die kritische Inflationsrate reduziert sich auf (**Teilergebnis** 145)

5,50% für Frauen mit der EAV Typ 5

und steigt ausschließlich rundungsbedingt[2] auf

5,44% für Frauen mit der EAV Typ 2.

Wie in Abschnitt C.I.2.4.1.1 kann man daraus als Schlußfolgerung ableiten:

Wenn die Rentenformel eine proportionale Abhängigkeit der Rentenhöhe von den individuellen Bezügen vorsieht, was bei Anwartschaftsdynamik überwiegend der Fall sein dürfte, dann hängt das Ergebnis des Vorteilsvergleichs zwischen Kapital und Rente entsprechend dem Teilergebnis 144 nur unwesentlich vom Geschlecht ab. Bei bezügeunabhängigen Pensionszusagen, insbesondere also bei festen DM-Beträgen im Fall der Anwartschaftsstatik[3], fällt der Vor-/Nachteil der Kapital- bzw. Rentenzusage bei nur geringfügig verschobenem Vorteilsbereich für die Frauen mit reduziertem Bezügeniveau deutlicher aus als für die Männer.

In Abbildung 32 sind wiederum die Ergebniskurven enthalten, die man mit der Pensionszusage Typ 1 ohne die 60%-ige Witwerrentenzusage an die Frauen erhält. Ohne die Witwerrente würde sich demnach der Vor-/Nachteil der Kapital- bzw. Rentenzusage nur geringfügig verringern; die kritische Inflationsrate erhöht sich ein wenig auf (**Teilergebnis** 146)

5,53% für Frauen mit der EAV Typ 5,

5,49% für Frauen mit der EAV Typ 2.

Analog zum Teilergebnis 70 verringert sich der Abstand zwischen den Ergebniskurven der EAV Typ 5 und 2 bei den Frauen in Abbildung 32 gegenüber dem Kurvenabstand zwischen der EAV Typ 1 und 2 bei den Männern (**Teilergebnis** 147).

Auch die Untersuchung der unterschiedlichen Eintrittsaltersverteilungen liefert Aussagen, die weitgehend analog zu den Ergebnissen des Abschnitts C.I.2.4.1.2 ausfallen.

---

1) Vgl. dazu Abschn. C.I.2.4.1.1

2) Durch die lineare Interpolation der auf eine Nachkommastelle gerundeten EK-Werte; ohne diese Rundung ergibt sich ein übereinstimmender Wert von 5,43% für die kritische Inflationsrate bei Frauen mit der EAV Typ 2.

3) Bei Anwartschaftsstatik gelten die Teilergebnisse 144 und 145 völlig analog; zur geschlechtsbedingten Verschiebung des Vorteilsbereichs vgl. die kritischen Inflationsraten in Übersicht 40

Abb. 32: Kapital- versus Rentenleistungen

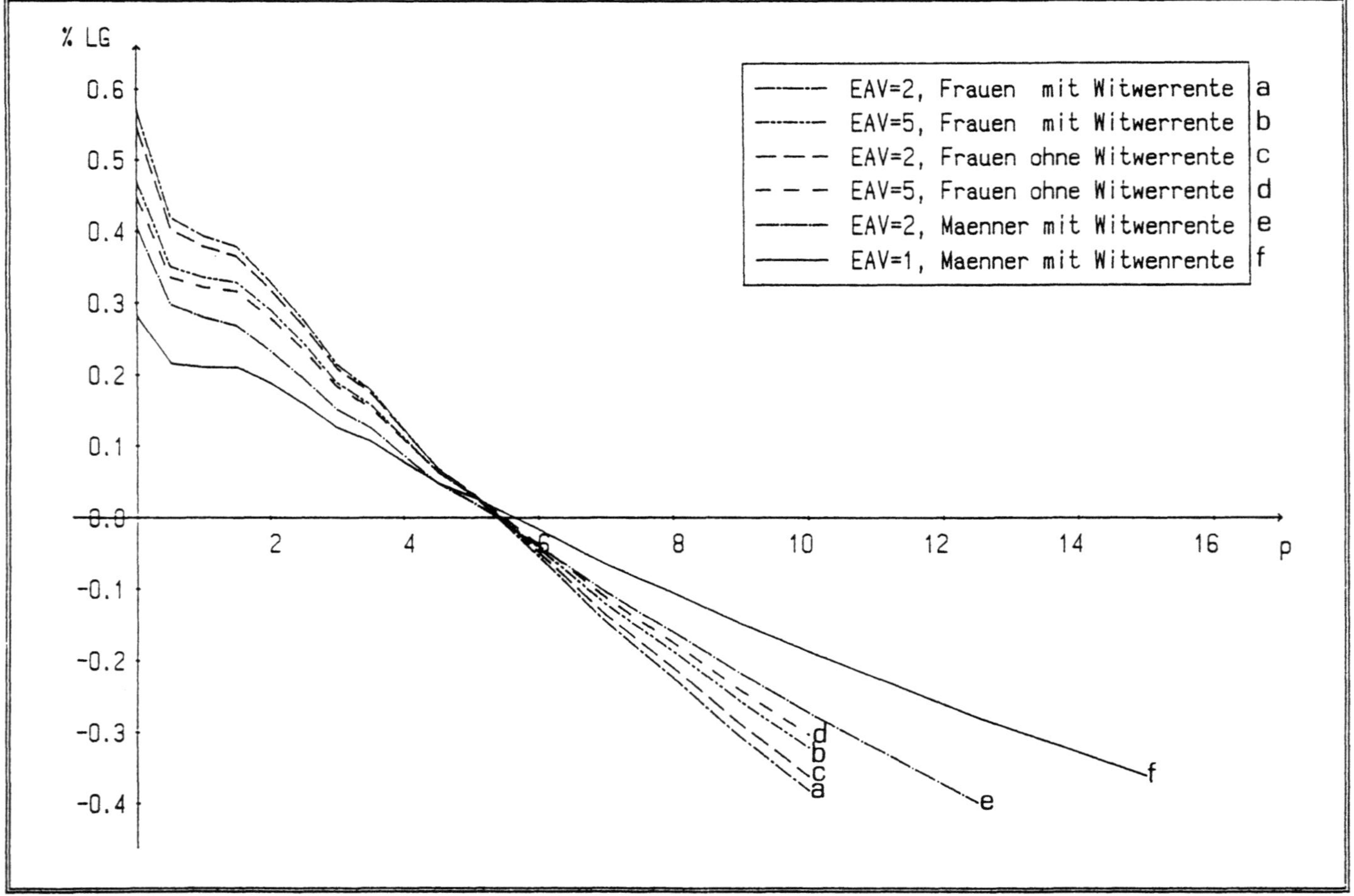

2.4.1.2 Einfluß der Eintrittsaltersverteilungen

Für die Differenzergebnisse des Vorteilsvergleichs zwischen Kapital und Rente sowie für die isoliert betrachteten Ergebnisse der Kapitalzusage soll wiederum[1] überprüft werden, ob die zeilenweise verglichenen Ergebniszahlen der in Übersicht 14 enthaltenen alternativen EAV Typ 3 bis 9 zwischen denjenigen der EAV Typ 1 und 2 liegen.

Wie in Tabelle 19 sind die C_0-/EK-Werte des Differenzergebnisses aus dem Vorteilsvergleich zwischen der Kapital- und der Rentenzusage mit Anpassung nach BetrAVG für die EAV Typ 1 bis 9 in Tabelle 27 zusammengestellt.

Demnach liegen die Vergleichsergebnisse im Grundmodell für die EAV Typ 3 bis 9 bei allen untersuchten Inflationsraten bis auf zwei Ausnahmen[2] vollständig zwischen den Werten für die EAV Typ 1 und 2 (**Teilergebnis** 148).

Das Teilergebnis 148 gilt ohne jede Ausnahme sowohl für Frauen mit der Bezügestruktur aus Übersicht 15 wie auch für Männer und Frauen bei "i = 8%" und wird bei Anwartschaftsstatik ausnahmslos bestätigt.

Auch bei der isolierten Betrachtung der Ergebnisse für die Kapitalzusage liegen die Ergebniskurven der EAV Typ 3 bis 9 im Grundmodell und bei "i = 8%" sowohl für Männer wie Frauen vollständig zwischen den Ergebniskurven der EAV Typ 1 und 2 (**Teilergebnis** 149).

2.4.1.3 Beispielhafte Hinzunahme eines Ausgangsbestands

Wie in Abschnitt C.I.2.4.1.3 genügt es bei Anwartschaftsdynamik, die Modellsituation ***A*** zu betrachten, da im BHZ die g-relativen Niveauwerte im Bereich der Modellsituation ***C*** nicht von einem Ausgangsbestand abhängen.

Insbesondere ändert sich damit nichts am Vorteilsbereich der Kapital- bzw. Rentenzusage, da die kritischen Inflationsraten im Grundmodell klar im Bereich der Modellsituation ***C*** liegen.

Im Bereich der Modellsituation ***A*** kommt wie bei Anwartschaftsstatik der Kapitalwert für das geschlossene Ausgangskollektiv zum Kapitalwert für die Neuzugänge hinzu. Die resultierenden μ-Werte sind für einen Vergleich mit den aus Tabelle 23 bzw. 24 entnommenen μ-Werten des Grundmodells in Übersicht 35 zusammen mit den auf den Ausgangsbestand entfallenden prozentualen Steigerungen untereinandergestellt. Man sieht:

Verglichen mit den Auswirkungen der Neuzugänge geht das Gewicht der auf den Ausgangsbestand entfallenden Auswirkungen mit steigender Inflation zurück und sinkt bei Annäherung an die Modellsituation ***C*** auf Null ab; dies gilt sowohl für die isoliert betrachteten Ergebnisse der Alternativen als auch für das Ergebnis des Vorteilsvergleichs zwischen Kapital und Rente (**Teilergebnis** 150).

---

1) Vgl. Abschn. C.I.2.4.1.2

2) Die "Ausreißer" treten mit der EAV Typ 7 bei einer Inflation von 4% und mit der EAV Typ 4 bei einer Inflation von 4,5% auf, also in dem Bereich, in dem die Ergebniskurven sehr nahe beieinander verlaufen.

Tabelle 27: Werte der C_o-/EK-Ergebniskurve beim Vorteilsvergleich zwischen der Kapitalzusage und der Anpassung nach BetrAVG im Grundmodell bei unterschiedlichen Eintrittsaltersverteilungen

p %	C_o-/EK-Differenz bei der EAV Typ .... in % LG nach ErtrSt								
	1	3	4	5	6	7	8	9	2
0,0	23,5	25,2	27,0	27,5	28,9	24,2	27,0	30,1	33,9
0,5	25,1	26,6	28,2	28,8	30,1	25,7	28,2	31,1	34.7
1,0	40,1	42,1	44,1	45,3	47,0	40,8	44,3	48,1	53,2
1,5	110,1	114,3	118,7	122,4	126,3	111,5	119,4	128,0	140,2
2,0	133,2*	137,3*	141,6*	146,3*	150,5*	134,3*	142,5*	151,5*	164,9*
2,5	33,9*	34,9*	35,9*	37,1*	38,1*	34,1*	36,1*	38,3*	41,6*
3,0	15,8*	16,1*	16,5*	17,1*	17,5*	15,8*	16,7*	17,6*	19,0*
3,5	9,5*	9,7*	9,9*	10,3*	10,5*	9,6*	10,0*	10,5*	11,3*
4,0	5,4*	5,4*	5,5*	5,7*	5,7*	5,3*	5,5*	5,7*	6,0*
4,5	2,7*	2,7*	2,6*	2,7*	2,7*	2,7*	2,7*	2,7*	2,7*
5,0	1,4*	1,3*	1,2*	1,3*	1,2*	1,3*	1,3*	1,2*	1,1*
6,0	-0,6*	-0,8*	-0,9*	-1,0*	-1,1*	-0,7*	-0,9*	-1,2*	-1,5*
7,0	-2,0*	-2,2*	-2,4*	-2,5*	-2,6*	-2,1*	-2,4*	-2,7*	-3,2*
8,0	-2,7*	-2,9*	-3,2*	-3,3*	-3,5*	-2,8*	-3,2*	-3,6*	-4,1*
9,0	-3,3*	-3,6*	-3,8*	-4,0*	-4,2*	-3,4*	-3,8*	-4,3*	-4,9*
10,0	-3,7*	-4,0*	-4,2*	-4,4*	-4,6*	-3,8*	-4,2*	-4,7*	-5,4*
12,5	-4,3*	-4,6*	-4,9*	-5,1*	-5,3*	-4,4*	-4,9*	-5,5*	-6,2*
15,0	-4,6*	-4,9*	-5,2*	-5,4*	-5,7*	-4,7*	-5,3*	-5,8*	-6,6*
17,5	-4,8*	-5,1*	-5,4*	-5,6*	-5,9*	-4,9*	-5,4*	-6,0*	-6,8*
20,0	-4,9*	-5,2*	-5,5*	-5,7 *	-6,0*	-5,0*	-5,6*	-6,1*	-6,9*

Übersicht 35: Werte der Meßgröße μ im Grundmodell sowie bei Hinzunahme eines Ausgangsbestands und prozentualer Anstieg der Werte durch den Ausgangsbestand

Fall A: Anpassung nach BetrAVG
Fall B: Kapitalabfindung

p %	EAV Typ 1			EAV Typ 2		
	Fall A	Fall B	Diff.	Fall A	Fall B	Diff.
	(1) μ-Werte im Grundmodell ohne Ausgangsbestand (%)					
0,0	-1,643	-1,362	0,281	-2,905	-2,499	0,406
0,5	-1,653	-1,437	0,216	-2,871	-2,573	0,298
1,0	-1,730	-1,519	0,211	-2,931	-2,651	0,280
1,5	-1,819	-1,609	0,211	-3,002	-2,734	0,268
2,0	-1,854*	-1,665*	0,189*	-3,021*	-2,787*	0,234*
	(2) μ-Werte im Grundmodell mit Ausgangsbestand (%)					
0,0	-2,088	-1,744	0,344	-3,267	-2,810	0,457
0,5	-1,969	-1,720	0,249	-3,128	-2,802	0,326
1,0	-1,926	-1,697	0,230	-3,090	-2,795	0,295
1,5	-1,893	-1,675	0,218	-3,062	-2,788	0,274
2,0	-1,854*	-1,665*	0,189*	-3,021*	-2,787*	0,234*
	(3) Prozentuale Erhöhung der Werte (2) gegenüber (1)					
0,0	27,1%	28,0%	22,4%	12,5%	12,4%	12,6%
0,5	19,1%	19,7%	15,3%	9,0%	8,9%	9.4%
1,0	11,3%	11,7%	9,0%	5,4%	5,4%	5.4%
1,5	4,1%	4,1%	3,3%	2,0%	2,0%	2.2%
2,0	0,0%*	0,0%*	0,0%*	0,0%*	0,0%*	0,0%*

Damit wird das Teilergebnis 73 auch für den Fall der Kapitalabfindungen vollständig bestätigt.

2.4.2 Modifikation der Bestandsfortschreibung

Die in Abschnitt C.I.2.4.2 ermittelten[1] Bestands- und Bezüge-Ergebnisse bei der Modifikaton der Fluktuation sowie des Bestandswachstums gelten für den Fall der Kapitalabfindungen mit der Maßgabe, daß zusagegemäß keine Rentner und Witwen auftreten; wie im Grundmodell gilt also "AR = AW = 0".

2.4.2.1 Einfluß der Fluktuation

Genau wie in Abschnitt C.I.2.4.2.1 wird hier das Grundmodell ("Fluktuation Typ 1") c.p. ohne Fluktuation ("Typ 0") bzw. mit verdoppelten Fluktuationswahrscheinlichkeiten ("Typ 2") durchgerechnet.

---

1) Vgl. Übersicht 26 und 27

Den Ergebniskurven in Abbildung 33 ist zu entnehmen, daß der Vor- bzw. Nachteil der Kapitalzusage in der Umgebung der Stabilität geringfügig und bei Inflationsraten von 7% und mehr etwas deutlicher mit sinkender Fluktuation c.p. ansteigt (**Teilergebnis** 151).

Der Vorteilsbereich der Kapitalzusage wird mit sinkender Fluktuation etwas verkürzt; die kritische Inflationsrate beträgt (**Teilergebnis** 152)

		für die EAV Typ 1	EAV Typ 2
bei der Fluktuation Typ	(0	5,39%	5,32%
	(1	5,70%	5,42%
	(2	5,94%	5,48%.

Das Teilergebnis 75 wird bestätigt: der Abstand zwischen den Kurvenpaaren für die EAV Typ 1 und 2 verringert sich mit sinkender Fluktuation relativ zum Kurvenabstand von der Abszisse, d.h. der Einfluß der Bestandsstruktur auf das Ergebnis des Vorteilsvergleichs nimmt mit sinkender Fluktuation ab (**Teilergebnis** 153).

Ausgehend von den in Abbildung 33 bei Stabilität ersichtlichen Werten nähern sich die Ergebniskurven bei Anwartschaftsstatik schneller aneinander an und schneiden sich praktisch gemeinsam bei einer Inflation von ca. 3,85%; die p-Achse wird zwischen einer Inflation von 4,09% und 4,32% geschnitten[1]. Mit weiter steigender Inflation fallen die Ergebniskurven zunehmend steiler ab, wobei die drei jeweils zur EAV Typ 1 bzw. 2 gehörigen Kurven relativ zum Abstand von der p-Achse eng (EAV Typ 1) bzw. sehr eng (EAV Typ 2) beieinander verlaufen[2]. Das Teilergebnis 76 wird bestätigt: der Einfluß der Fluktuation auf das Ergebnis des Vorteilsvergleichs bewegt sich bei Anwartschaftsstatik in vergleichsweise engen Grenzen (**Teilergebnis** 154).

2.4.2.2 Einfluß des Bestandswachstums

Die Frage nach den tendenziellen Auswirkungen eines wachsenden oder schrumpfenden Personalbestands auf den Vorteilsvergleich zwischen Kapital und Rente soll wie in Abschnitt C.I.2.4.2.2 anhand einer Wachstums- bzw. Schrumpfungsrate von "b = +1%" bzw. "b = -1%" untersucht werden[3], womit sich die Modellsituation ***B*** wiederum bei folgenden Inflationsraten einstellt:

für b = -1%   bei p = 3,31%
für b = 0%   bei p = 1,79% (Grundmodell),
für b = +1%   bei p = 0,31%.

Aus der resultierenden Abbildung 34 ist ersichtlich, daß außerhalb des Bereichs 1 ≤ p ≤ 4,5% bei fixierter EAV (Typ 1 oder Typ 2) mit niedrigerem b eine verschlechterte Position der Kapitalzusage verbunden ist (**Teilergebnis** 155).

Für Inflationsraten mit 1 ≤ p ≤ 4,5% ergibt sich ein sehr uneinheitliches Bild; der Einfluß des

1) Zu den exakten kritischen Inflationsraten vgl. Übersicht 40
2) Deutlicher als in Abschn. C.I.2.4.2.1
3) Zur Interpretation der Ergebnisse vgl. Abschn. C.I.2.4.2.2

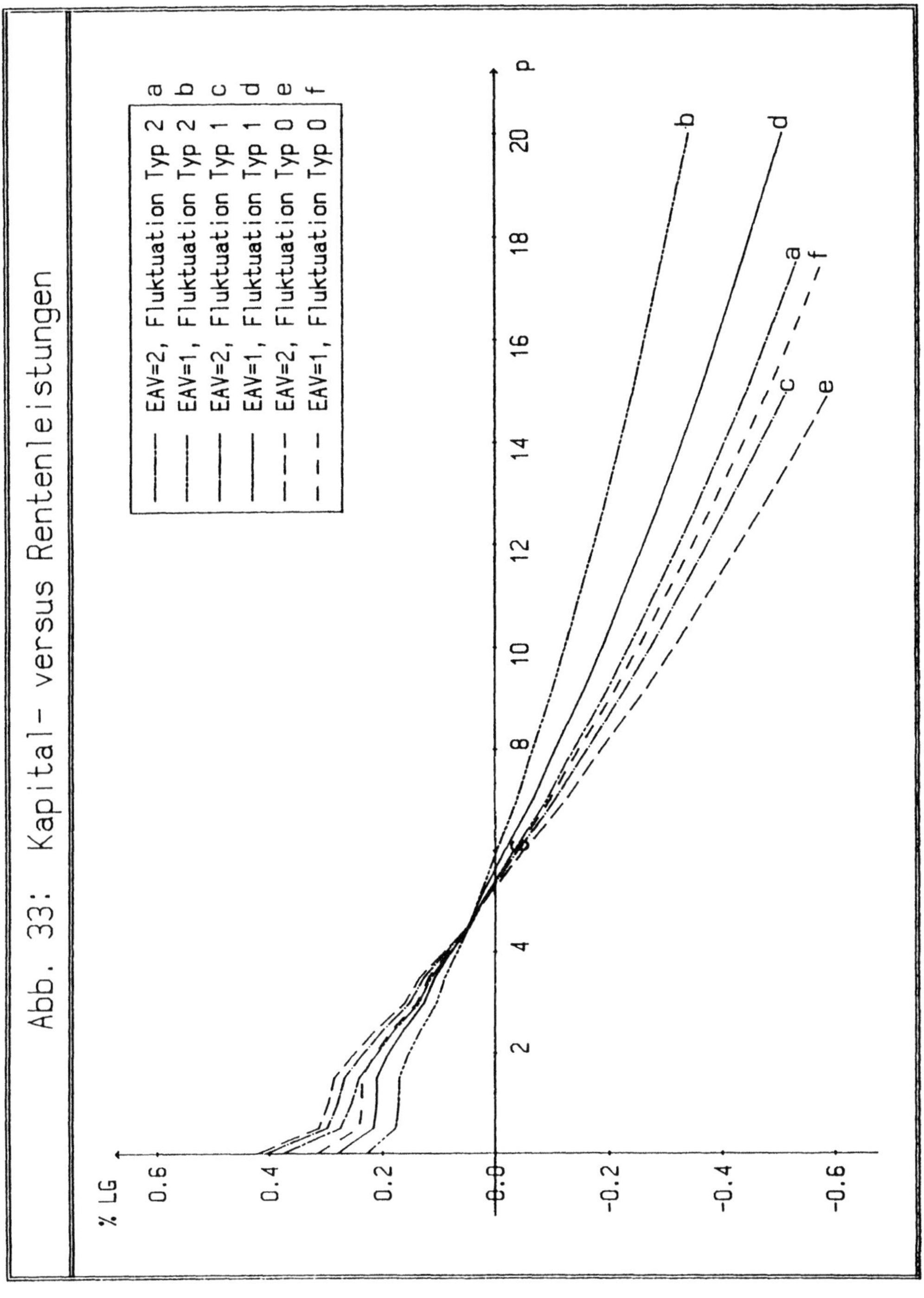

Abb. 33: Kapital- versus Rentenleistungen

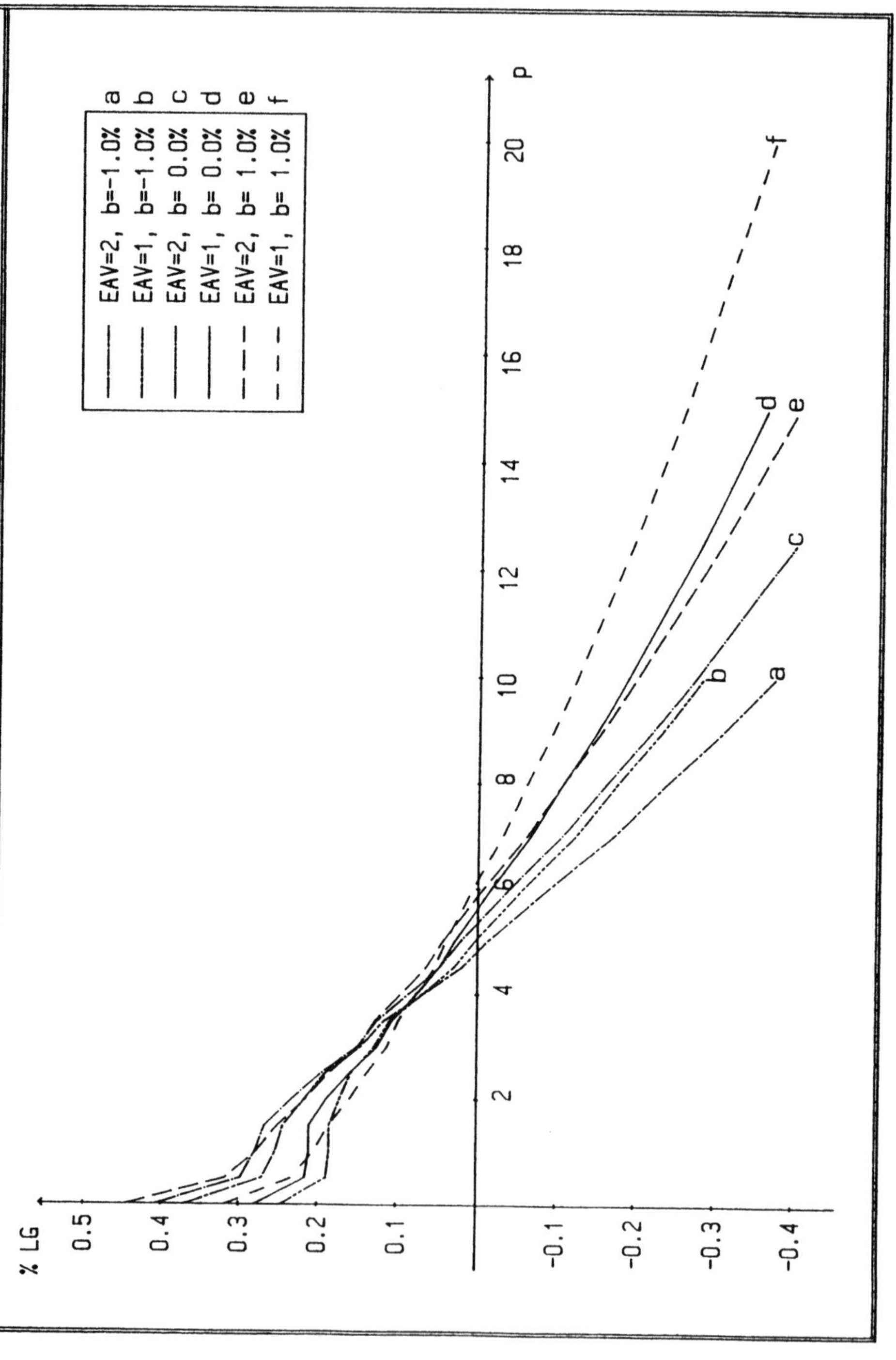

Abb. 34: Kapital- versus Rentenleistungen

Bestandswachstums auf den Vorteil der Kapitalzusage hält sich in vergleichsweise engen Grenzen (**Teilergebnis** 156).

In Übereinstimmung mit dem Teilergebnis 155 wird der Vorteilsbereich der Kapitalzusage mit sinkender Wachstumsrate für den Bestandsumfang verkürzt; die kritische Inflationsrate beträgt (**Teilergebnis** 157)

	für die EAV Typ 1	EAV Typ 2
für b = -1%	5,11%	4,85%
für b = 0%	5,70%	5,42%
für b = +1%	6,22%	5,88%.

Bei Anwartschaftsstatik dagegen wird der Vorteilsbereich der Kapital- bzw. Rentenzusage durch das unterschiedliche Bestandswachstum nicht[1] berührt (**Teilergebnis** 158), da der Niveauwert der Annuität M entsprechend den Ausführungen in Abschnitt C.I.2.4.2.2 im Bereich der Modellsituation ***A*** unabhängig von b ist. Die μ-Ergebniskurven für "b = ± 1%" ergeben sich aus dem Kurvenpaar des Grundmodells durch Umrechnung mit dem inflationsunabhängigen Verhältnis der unterschiedlichen Bezugsbasis LG, das in Abschnitt C.I.2.4.2.2 jeweils für "b = ± 1%" und für die EAV Typ 1 bzw. 2 angegeben ist[2]. Daraus folgt, daß der jeweilige (Kapital bzw. Rente) mit μ gemessene Vorteil bei niedrigerem Bestandswachstum c.p. geringer ausfällt (**Teilergebnis** 159).

Anders als bei der veränderten Bestandsfortschreibung ergeben sich beim Übergang von der dienstzeitunabhängigen Pensionszusage Typ 1 auf die dienstzeitabhängige Pensionszusage Typ 2 keine gegenläufigen Resultate für den Fall der Anwartschaftsstatik bzw. -dynamik.

2.4.3 Modifikation der Pensionszusage

Da die Höhe der bei Eintritt eines Versorgungsfalles auszuzahlenden Kapitalabfindung bei Kapitalisierung der ansonsten einsetzenden Renten unmittelbar von der Rentenhöhe abhängt, sind für die Kapitalzusage ähnliche Auswirkungen wie für die Rentenzusage aus dem Ersatz der "Einheitsrente" der Pensionszusage Typ 1 durch die auf dienstzeitabhängigen Steigerungsbeträgen beruhende Pensionszusage Typ 2 zu erwarten.

Wie in Abschnitt C.I.4.2.3 erhält man im BHZ beim Übergang auf die Pensionszusage Typ 2 im Stabilitätsfall bei "p = 0" für die EAV Typ 1 einen höheren Niveauwert für die Kapitalabfindungen mit

18.562 anstelle 15.653 bei der Pensionszusage Typ 1,

und für die EAV Typ 2 deutlich niedrigere Kapitalabfindungen mit

13.055 anstelle 17.526 bei der Pensionszusage Typ 1.

Damit ergeben sich mit der Pensionszusage Typ 1 und 2 bei fixierter Eintrittsaltersverteilung auch bei Kapitalabfindungen zwei Versorgungswerke mit unterschiedlichem BHZ-Zusageniveau.

---

1) Allenfalls rundungsbedingt ergeben sich geringfügige Verschiebungen bei der linearen Interpolation der auf eine Nachkommastelle gerundeten EK-Werte. Vgl. Übersicht 38

2) Vgl. die Erläuterung zum Teilergebnis 80 in Abschn. C.I.2.4.2.2

Die Struktur-Unterschiede[1] der Rentenformeln werden wiederum sichtbar, wenn man die mit der Pensionszusage Typ 2 berechneten finanziellen Ergebnisgrößen bei unverändertem Niveauwert LG linear mit dem Verhältnis der Kapitalabfindungen bei Stabilität umrechnet[2], also bei der

EAV Typ 1 mit 0,843282 = 15.653 / 18.562,
EAV Typ 2 mit 1,342474 = 17.526 / 13.055.

Mit dieser linearen Umrechnung ist sichergestellt, daß im Stabilitätsfall bei "p = 0" im BHZ ein identisches Zusageniveau bei den Kapitalzusagen resultiert.

Die Ergebniskurven in Abbildung 35 zeigen, daß sich die Position der Kapitalzusage gegenüber der Rentenzusage beim Übergang von der Pensionszusage Typ 1 auf die modifizierte Pensionszusage Typ 2 mit Ausnahme des Bereichs $0 \leq p \leq 0{,}5\%$ für die EAV Typ 2 geringfügig verbessert (**Teilergebnis** 160), womit auch ein Anstieg der kritischen Inflationsrate von

5,70% auf 6,07% für die EAV Typ 1
5,42% auf 5,93% für die EAV Typ 2

verbunden ist (**Teilergebnis** 161).

Bei Anwartschaftsstatik gilt das Teilergebnis 160, allerdings im Vorteilsbereich der Kapitalzusage sehr knapp (**Teilergebnis** 162). Die kritische Inflationsrate ändert sich bei der EAV Typ 1 praktisch nicht und steigt bei der EAV Typ 2 etwas an[3].

Tendenziell verbessert sich also die Position der Kapitalzusage gegenüber der Rentenzusage - gleiches Zusageniveau bei Stabilität vorausgesetzt - bei einer dienstzeitabhängigen Pensionszusage mit einem für alle anrechenbaren Dienstjahre gleichen Steigerungsbetrag anstelle einer dienstzeitunabhängigen Pensionszusage mit einem für alle aktiven Mitarbeiter einheitlichen Rentenbetrag.

Verglichen mit der bisher besprochenen Modifikation der Bestandsstruktur und -fortschreibung sowie der Pensionszusage fallen die Ergebnisse in den nachfolgenden Abschnitten wesentlich klarer aus.

2.4.4 Modifikation der gesamtwirtschaftlichen Rahmenbedingungen

Zur Beschreibung und Erläuterung der hier untersuchten finanziellen Wachstumsfaktoren sei auf Abschnitt C.I.2.4.4 verwiesen. Die Resultate lauten beim Vorteilsvergleich zwischen Kapital und Rente wie folgt:

2.4.4.1 Einfluß der Reallohnentwicklung

Nach Abbildung 36 verbessert sich die Position der Kapital- gegenüber der Rentenzusage mit

---

1) Zum Begriff der "gleichen Struktur" von Rentenformeln vgl. Abschn. C.I.2.4.3
2) Damit ergibt sich anstelle des Steigerungsbetrags von ursprünglich 10,-- DM bei der EAV Typ 1 ein modifizierter Steigerungsbetrag von 8,43 DM und bei der EAV Typ 2 ein modifizierter Steigerungsbetrag von 13,42 DM pro anrechenbarem Dienstjahr. Die modifizierten Werte liegen nahe an den Steigerungsbeträgen für die Rentenzusage. Vgl. Abschn. C.I.2.4.3
3) Vgl. Übersicht 40

Abb. 35: Kapital- versus Rentenleistungen

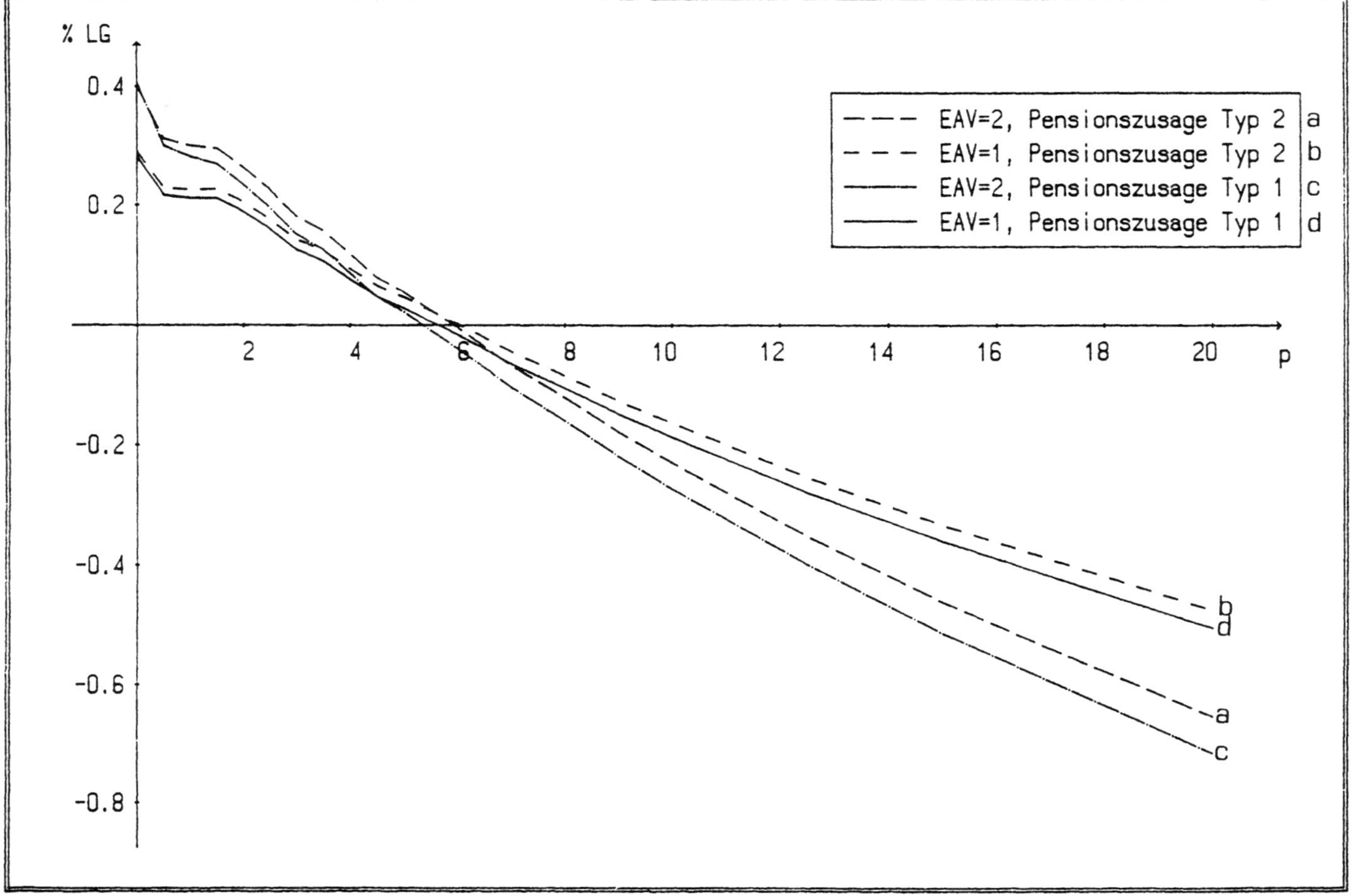

Abb. 36: Kapital- versus Rentenleistungen

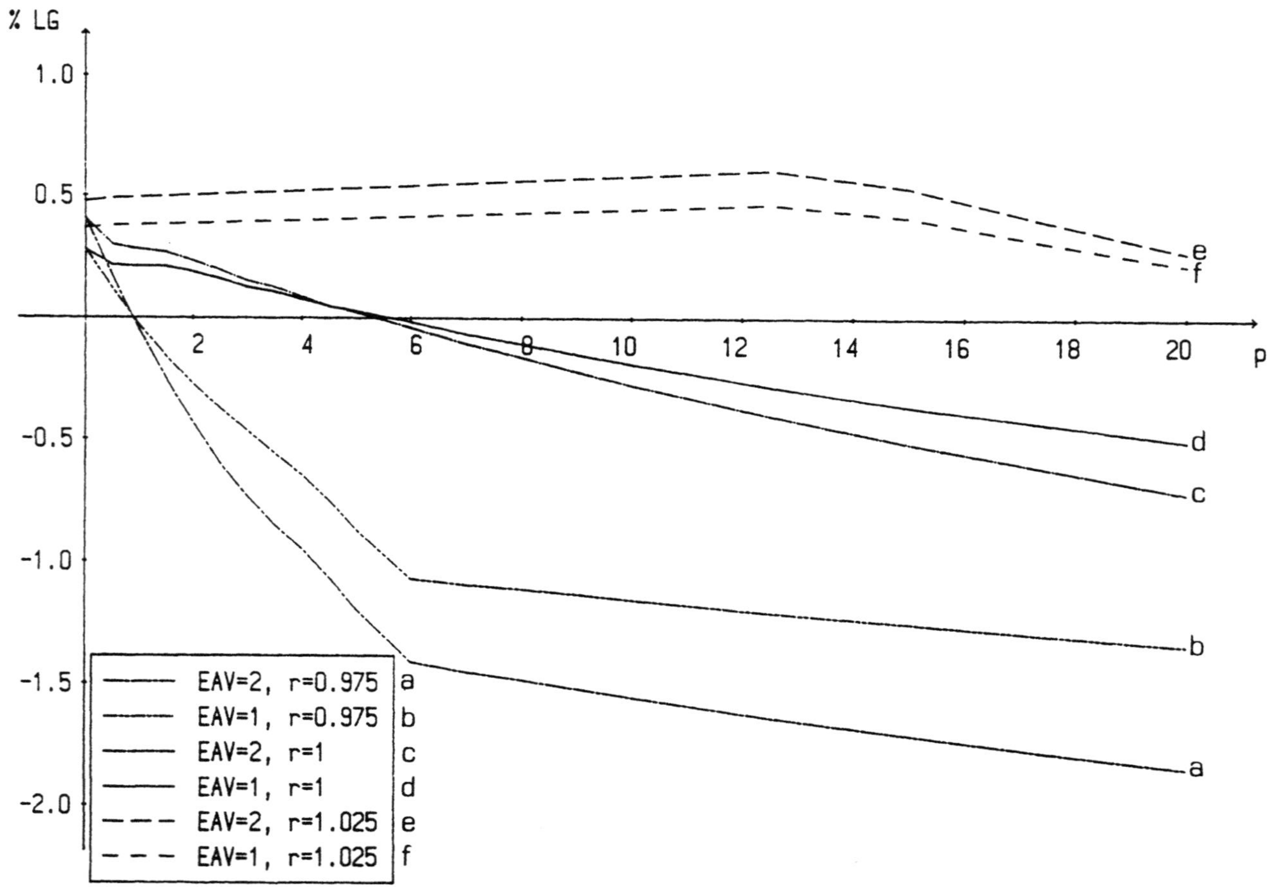

zunehmendem Realwachstum r und der damit modellmäßig erhöhten[1] "Anpassung nach BetrAVG" bei den laufenden Renten c.p. ganz erheblich; mit "r = 1,025" ist die Kapitalzusage im gesamten Untersuchungsbereich vorteilhaft, mit "r = 0,975" gilt bis auf den Bereich[2] einer Inflation von 0 ≤ p ≤ 0,9% mit deutlich höherem Ausmaß das Gegenteil[3] (**Teilergebnis** 163).

Der Einfluß der Bestandsstruktur (EAV Typ 1 bzw. 2) auf den Verlauf der Ergebniskurven ist bei "r = 0,975" deutlich stärker ausgeprägt als bei "r = 1" oder "r = 1,025" (**Teilergebnis** 164); dies gilt auch im Fall der Anwartschaftsstatik, allerdings nicht so deutlich.

Das Teilergebnis 163 wird bei Anwartschaftsstatik bis auf eine Ausnahme[4] mit der Maßgabe bestätigt, daß bei "r = 1,025" die Rentenzusage oberhalb einer Inflation von 14,78% (EAV Typ 1) bzw. 14,19% (EAV Typ 2) vorteilhaft wird, also erst im Bereich der unverträglich hohen Inflationsraten (**Teilergebnis** 165).

In den folgenden Abschnitten wird durchweg wieder der realkonstante Ansatz des Grundmodells mit "r = 1" betrachtet.

2.4.4.2 Einfluß des Realzinses

Mit dem Ansatz eines gegenüber dem Grundmodell um einen Prozentpunkt erhöhten bzw. verminderten Realzinses erhält man die in Abbildung 37 enthaltenen Ergebniskurven.

Demnach verschlechtert sich die Position der Kapital- gegenüber der Rentenzusage mit steigendem Realzins c.p. deutlich; mit "i = 5,5%" ist die Rentenzusage im gesamten Untersuchungsbereich vorteilhaft, mit "i = 3,5%" bleibt die Kapitalzusage bis zu einer Inflation von 17,00% (EAV Typ 1) bzw. 16,43% (EAV Typ 2) vorteilhaft (**Teilergebnis** 166).

Bei Anwartschaftsstatik verkürzt sich der Vorteilsbereich der Kapitalzusage mit "i_0 = 3,5%" bis zu einer Inflation von 11,25% (EAV Typ 1) bzw. 10,85% (EAV Typ 2); ansonsten wird das Teilergebnis 166 voll bestätigt. Dieses Ergebnis zeigt, daß der Vorteilsvergleich zwischen Kapital und Rente ganz empfindlich von den Annahmen über den Realzins und damit über den Kalkulationszins abhängt.

2.4.5 Modifikation der steuerlichen Rahmenbedingungen

Abschließend sollen noch wie in Abschnitt C.I.2.4.5 der Einfluß der Einkommens- und Gewerbesteuer sowie - zusammengefaßt - der Substanzsteuern und schließlich die Auswirkungen eines erhöhten Rechnungszinsfußes für die Rückstellungsbildung nach § 6a EStG untersucht werden.

---

1) Vgl. Abschn. C.I.2.4.4.1 sowie Tab. 6
2) Die kritische Inflationsrate beträgt 0,91% bzw. 0,90% für die EAV Typ 1 bzw. 2.
3) Der auffällige "Knick" des Kurvenpaars mit "r = 0,975" bei einer Inflation von 6% dürfte neben dem erheblichen Anstieg der Anpassungsrate für die laufenden Renten von 1,80% bei "p = 5%" auf 2,63% bei "p = 6% auf dem Übergang von der Modellsituation ***A*** bei "p = 5%" auf die Modellsituation ***C*** bei "p = 6%" beruhen; die Modellsituation ***B*** tritt bei „p = 5,68% auf. Vgl. Abschn. B.III.4.2 mit Tab. 7
4) Für die EAV Typ 1 ist bei "p = 20%" ein Ausreißer zu verzeichnen: hier liegt das Ergebnis bei "r = 0,975" knapp günstiger als bei "r = 1".

Abb. 37: Kapital- versus Rentenleistungen

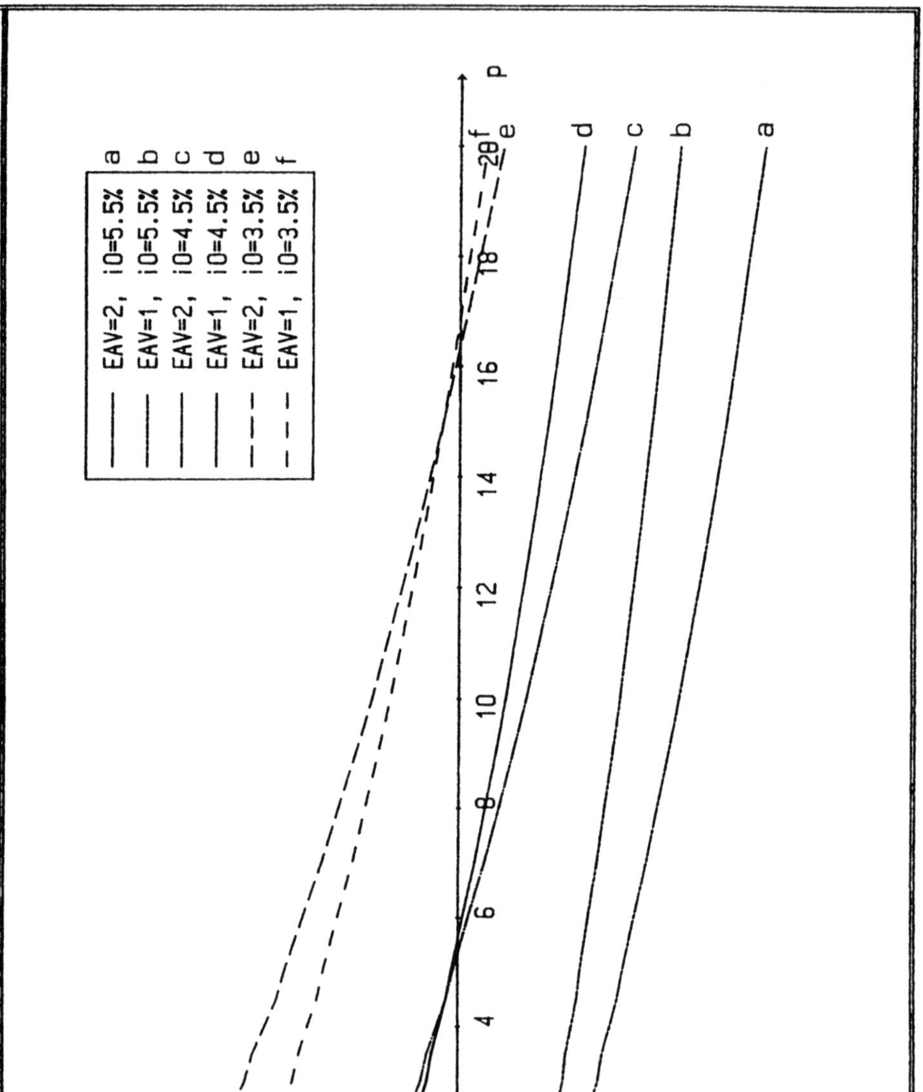

2.4.5.1 Einfluß der Einkommensteuer

Aus Abschnitt C.I.2.4.5.1 ist bekannt, daß man bei der Reduktion des im Grundmodell mit 56% angesetzten ESt-Spitzensatzes auf 43% bzw. 30% ab einer Inflation von 4,63% im gemeinsamen Bereich der Modellsituation ***C*** nur noch ein Kurvenpaar (EAV Typ 1 und 2), nämlich das des Grundmodells, mit ein und demselben zusagebedingten Anteil μ an der Niveaugröße LG vor Ertragsteuern erhält; auf eine Abbildung hierfür wurde daher verzichtet.

Da auch die kritischen Inflationsraten des Grundmodells mit 5,70% (EAV Typ 1) bzw. 5,42% (EAV Typ 2) im gemeinsamen Bereich der Modellsituation ***C*** liegen, ändert sich mit dem auf 43% bzw. 30% reduzierten ESt-Spitzensatz nichts am Vorteilsbereich der Kapital- bzw. Rentenzusage (**Teilergebnis** 167).

Im Bereich der Modellsituation ***A*** verringert sich in Übereinstimmung mit dem Teilergebnis 119 der mit μ gemessene Vorteil der Kapital- gegenüber der Rentenzusage c.p. mit sinkender ESt-Belastung bis auf zwei "Ausreißer"[1] (**Teilergebnis** 168).

Durch den Übergang[2] von der Meßgröße μ auf die bei Entnahmestreben maßgebliche Nachsteuer-Relativangabe M / LG ändert sich die Rangfolge: in der gemeinsamen Modellsituation ***A*** steigt der Vorteil der Kapital- gegenüber der Rentenzusage c.p. mit sinkender ESt-Belastung geringfügig[3] an (**Teilergebnis** 169).

Mit Annäherung an die (gemeinsame) Modellsituation ***C*** hängt der Abstand der Nachsteuer-Kurvenpaare zunehmend vom Verhältnis der Umrechnungsfaktoren $(1 - t_1)$ ab. Im Bereich einer Inflation von 5% und mehr ergeben sich die Kurvenpaare für "e = 43%" bzw. "e = 30%" aus dem mit "e = 56%" berechneten Nachsteuer-Kurvenpaar des Grundmodells durch Streckung mit dem Faktor[4] 1,31 (e = 43%) bzw. 1,63 (e = 30%); damit erhöht sich bei identischem Vorsteuer-Resultat der Nachsteuer-Vor- bzw. Nachteil der Kapital- gegenüber der Rentenzusage im gemeinsamen Bereich der Modellsituation ***C*** c.p. mit sinkender ESt-Belastung (**Teilergebnis** 170).

Zusammenfassend ist bei Entnahmestreben mit sinkender ESt-Belastung c.p. eine Erhöhung des Vor- und Nachteils der Kapital gegenüber der Rentenzusage festzustellen.

2.4.5.2 Einfluß der Gewerbesteuer

Mit der Verdoppelung des im Grundmodell mit 400% angesetzten Hebesatzes für die Gewerbesteuer auf "H = 800%" und der Betrachtung des zugehörigen Akkumulationsmodells bei "H = 0%" erhält man die in Abbildung 38 enthaltenen Kurvenpaare mit einem klaren, deutlichen Ergebnis:

---

1) Für die EAV Typ 2 fällt der Vorteil der Kapitalzusage bei "p = 4%" und "p = 4,5%" mit "e = 30%" hauchdünn günstiger aus als mit "e = 43%" und "e = 56%".

2) Durch Multiplikation der μ-Ergebniswerte mit dem jeweiligen Faktor $(1 - t_1)$; vgl. Abschn. C.I.2.4.5.1

3) Der maximale Abstand tritt bei Stabilität auf und beträgt 0,016% (EAV Typ 1) bzw. 0,043% (EAV Typ 2) von LG, so daß die Kurvenpaare sehr eng beieinander verlaufen. Vgl. die Teilergebnisse 21 und 89

4) Vgl. Abschn. C.I.2.4.5.1

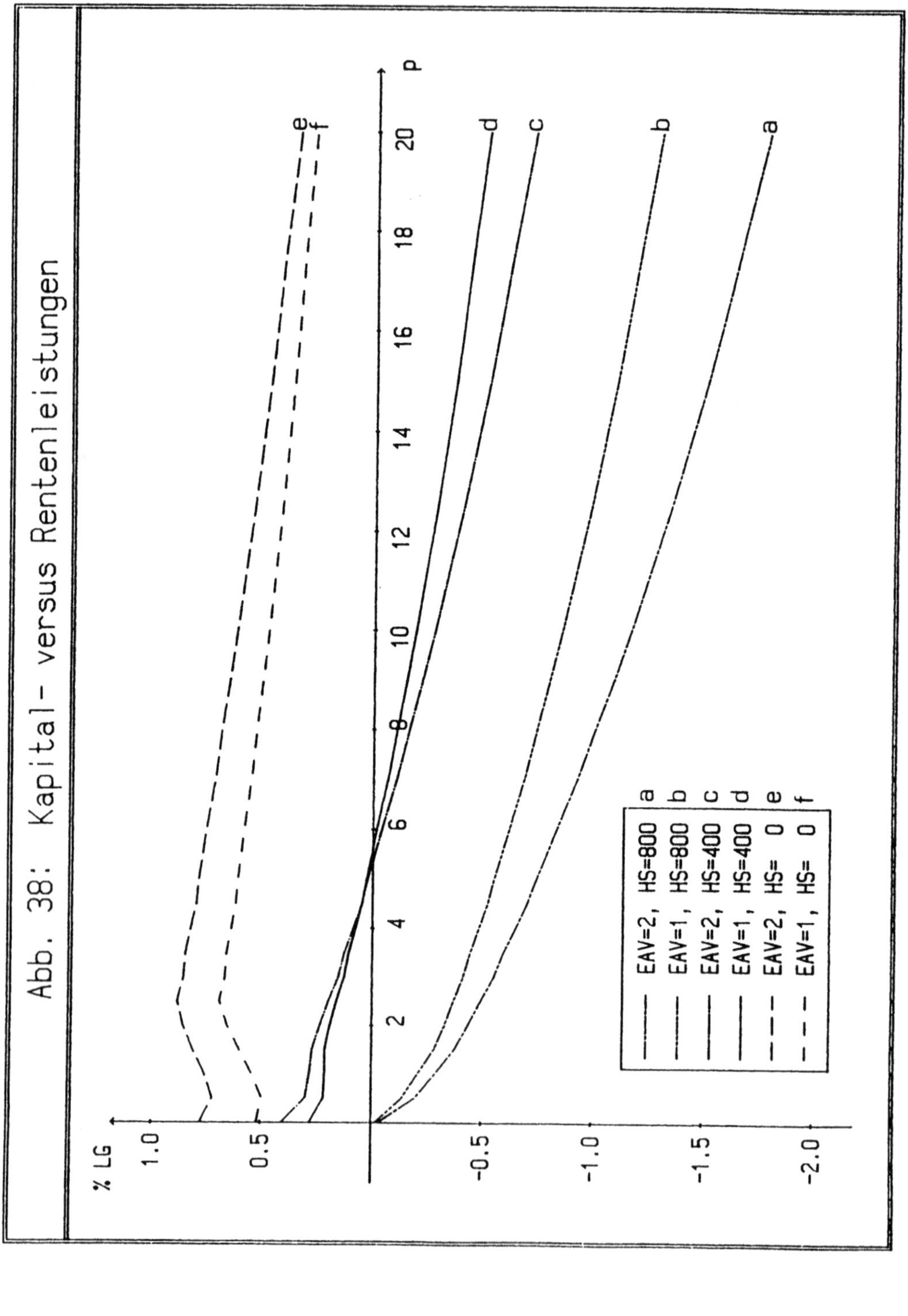

Abb. 38: Kapital- versus Rentenleistungen

Mit sinkender GewSt-Belastung erhöht sich c.p. der mit μ gemessene Vorteil der Kapital- gegenüber der Rentenzusage; mit "H = 800%" ist die Rentenzusage, mit "H = 0%" die Kapitalzusage im gesamten Untersuchungsbereich vorteilhaft (**Teilergebnis** 171).

Ab Eintritt in die gemeinsame[1] Modellsituation ***C*** beruht der unterschiedliche Verlauf der Kurvenpaare nach den Teilergebnissen 40 bis 42 ausschließlich auf dem Substitutionseffekt. Das oberste Kurvenpaar beschreibt den Akkumulationsfall.

Der Übergang von der Meßgröße μ auf die bei Entnahmestreben maßgebliche Nachsteuer-Relativangabe M / LG durch Multiplikation mit dem jeweiligen Faktor[2] $(1 - t_1)$ bewirkt, daß sich die drei Kurvenpaare mehr oder minder stark an die p-Achse annähern, wodurch sich jedoch am charakteristischen Bild der Abbildung 38 kaum etwas ändert; insbesondere gilt das Teilergebnis 171 auch im Nachsteuerbereich.

Bei Anwartschaftsstatik gilt das Teilergebnis 171 mit der Maßgabe, daß im Akkumulationsfall bei "H = 0%" der Vorteilsbereich der Kapitalzusage bei einer Inflation von 17,5% (EAV Typ 1) bzw. 16,56% (EAV Typ 2) endet (**Teilergebnis** 172).

Im Nachsteuerbereich wird das Teilergebnis 172 bei Anwartschaftsstatik in vollem Umfang bestätigt.

Die Beschränkung auf den GewKapSt-Effekt[3] bewirkt nachfolgend eine sichtbare Verschlechterung für die Position der Kapitalzusage im Bereich der Modellsituation ***C***.

2.4.5.3 Einfluß der Substanzsteuern

Wie in Abschnitt C.I.2.4.5.3 wird hier der Ansatz der Vermögensteuer und der Gewerbekapitalsteuer im Vergleich zum Grundmodell ganz weggelassen oder aber verdoppelt.

Nach Abbildung 39 verbessert sich die Position der Kapital- gegenüber der Rentenzusage c.p. mit sinkender Substanzsteuerbelastung (**Teilergebnis** 173).

Der Vorteilsbereich der Kapitalzusage verschiebt sich durch den Wegfall bzw. die Verdoppelung der Substanzsteuern im Vergleich zum Grundmodell nicht unerheblich; die kritischen Inflationsraten betragen (**Teilergebnis** 174)

	für die EAV Typ 1	für die EAV Typ 2
mit doppelten Substanzsteuern	1,84%	1,70%
im Grundmodell	5,70%	5,42%
ohne Substanzsteuern	9,33%	8,95%.

Wegen der Invarianzeigenschaft[4] der Meßgröße μ spielt die Höhe des VSt-Satzes im Bereich der Modellsituation ***C*** keine Rolle; im Bereich einer Inflation von 3% und mehr[5] wird daher der

1) Diese liegt ab einer Inflation von mehr als 2,32% vor; vgl. Abschn. C.I.2.4.5.2
2) Vgl. Abschn. C.I.2.4.5.2
3) Vgl. das Ende von Abschn. C.I.2.4.5.2
4) Vgl. Abschn. C.I.2.1.6
5) Der gemeinsame Bereich der Modellsituation ***C*** beginnt bei einer Inflation von mehr als 2,54%; vgl. Abschn. C.I.2.4.5.3

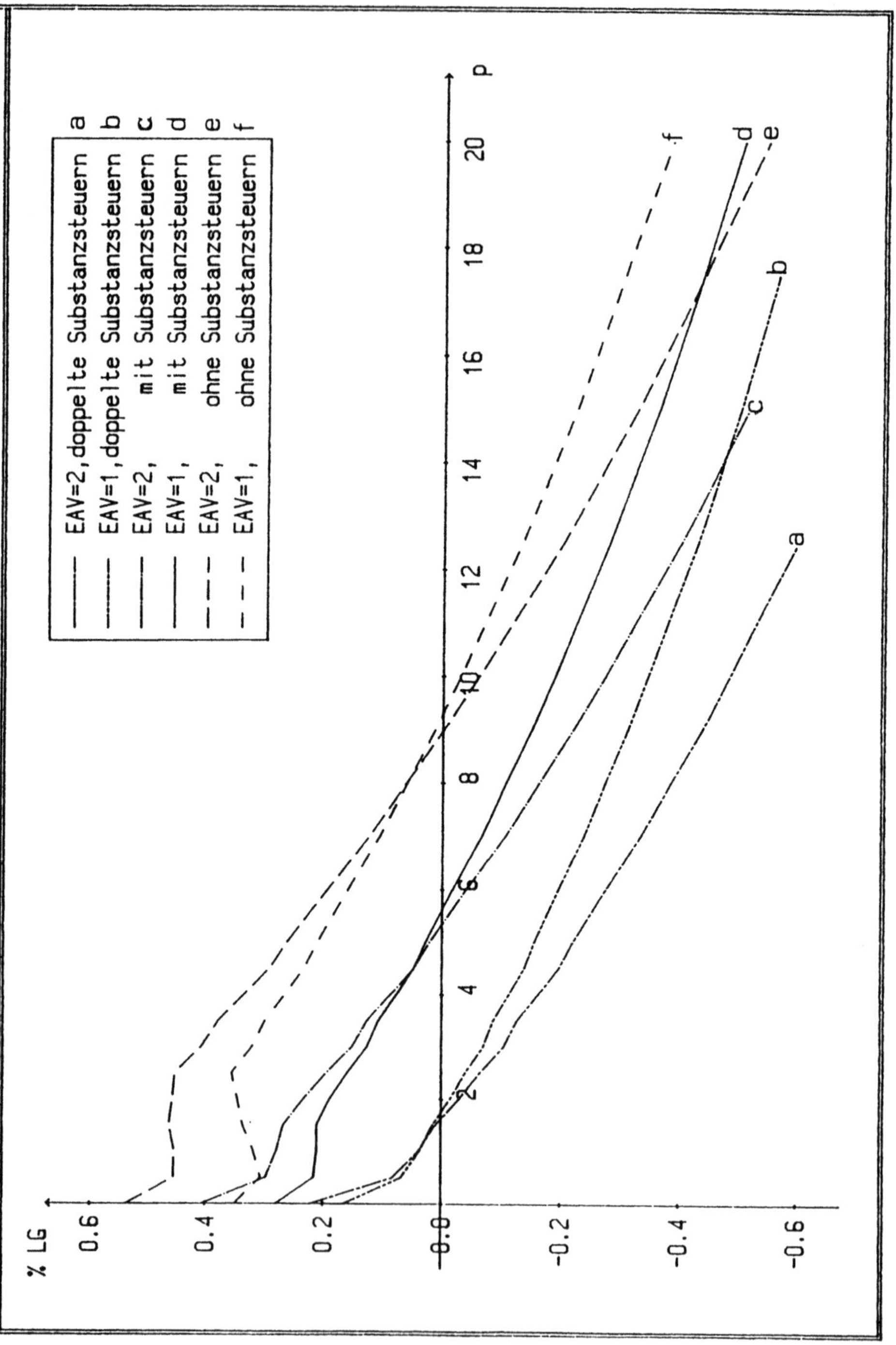

Abb. 39: Kapital- versus Rentenleistungen

unterschiedliche Verlauf der drei Kurvenpaare (jeweils EAV Typ 1 und 2) ausschließlich durch den auf die GewKapSt entfallenden Substitutionseffekt bewirkt, der in einer effektiven Erhöhung des Kalkulationszinsfußes "i = i(p)" um 0,4 Prozentpunkte im Grundmodell und um 0,8 Prozentpukte bei verdoppelter GewKapSt besteht[1].

Dies zeigt deutlich, daß das Ergebnis des Vorteilsvergleichs zwischen Kapital und Rente sehr empfindlich von der Höhe des Kalkulationszinsfußes abhängt (**Teilergebnis** 175).

Auch bei Anwartschaftsstatik wird das Teilergebnis 173 ausnahmslos bestätigt; die Position der Kapital- gegenüber der Rentenzusage verbessert sich c.p. mit sinkender Substanzsteuerbelastung.

Analog zum Teilergebnis 174 verschiebt sich durch den Wegfall bzw. die Verdoppelung der Substanzsteuern der Vorteilsbereich der Kapitalzusage nicht unerheblich; die kritischen Inflationsraten betragen (**Teilergebnis** 176)

	für die EAV Typ 1	für die EAV Typ 2
mit doppelten Substanzsteuern	1,46%	1,37%
im Grundmodell	4,25%	4,12%
ohne Substanzsteuern	7,00%	6,81%.

Wie in Abschnitt C.I.2.4.5.3 erübrigt sich eine gesonderte Betrachtung des Nachsteuer-Resultats, da der Multifakor t_1 nicht von den Substanzsteuern abhängt.

2.4.5.4. Einfluß des Rechnungszinsfußes nach § 6a EStG

Durch den Übergang auf einen Rechnungszinsfuß von 10% für die Berechnung der Pensionsrückstellungen verschiebt sich der Bereich der mit dem Rechnungszinsfuß des Grundmodells von 6% unverträglich hohen Inflationsraten von mehr als 9% nach oben.

Auch die zu Beginn von Abschnitt C.II. beschriebene Kapitalisierung der bei Eintritt eines Versorgungsfalles ansonsten einsetzenden Rentenleistungen erfolgt nunmehr auf der Basis des erhöhten Rechnungszinsfußes von 10%, womit sichergestellt ist, daß sich der Rückstellungsverlauf während der Anwartschaftsphase für die Leistungsformen "Kapital" und "Rente" nicht unterscheidet.

Gegenüber dem Grundmodell vermindern sich damit bei Kapitalabfindungen nicht nur die Rückstellungen, Zuführungen und PSVaG-Beiträge, sondern auch die Kapitalzahlungen. Anders als bei den vom Rechnungszins unabhängigen Rentenzahlungen steht hier nicht von vornherein fest, ob mit dem erhöhten Rechnungszins auch eine Erhöhung der Kennziffer A / R verbunden ist; hierfür müßte die Reduktion der Niveaugröße R höher ausfallen als die Reduktion der Niveaugröße A. Das ist tatsächlich der Fall:

Für den am Ende von Abschnitt C.I.2.1.7 besprochenen Fall der Volldynamik erhöht sich die Kennziffer

$$A / R = (VK + PS + RZ) / R$$

---

1) Vgl. das Ende von Abschn. C.I.2.4.5.3

bei Kapitalabfindungen durch den Übergang vom Rechnungszins von 6% des Grundmodells auf einen Rechnungszins von 10% für die EAV Typ 1

von (236 + 348 + 15.653) / 153.452 = 10,58% bei v = 1 / 1,06
auf (236 + 205 + 11.365) / 88.798 = 13,30% bei v = 1 / 1,10

und für die EAV Typ 2

von (177 + 214 + 17.526) / 124.768 = 14,36% bei v = 1 / 1,06
auf (177 + 131 + 12.795) / 76.294 = 17,17% bei v = 1 / 1,10.

Demnach bleibt die Reduktion des Niveauwerts der Kapitalzahlungen RZ mit 27,4% (EAV Typ 1) bzw. 27,0% (EAV Typ 2) deutlich hinter der Reduktion des Niveauwerts der Rückstellung R um 42,1% (EAV Typ 1) bzw. 38,9% (EAV Typ 2) zurück, mit der Folge, daß die Kennziffer A / R trotz fallendem A steigt.

Der Vergleich der bei Kapitalabfindungen oben ermittelten Kennziffern A / R mit den Werten der Obergrenze f(...) in Tabelle 16 ergibt, daß mit einem Rechnungszinsfuß von 10% bei Volldynamik auch mit einem Überwälzungsfaktor von "a = 1,2" die Schwelle zur Eigenkapitaläquivalenz innerhalb des Untersuchungsbereichs nicht überschritten werden kann (**Teilergebnis** 177).

Ein Blick auf die in Tabelle 28 zusammengestellten Werte der Kennziffer A / R zeigt ferner, daß bei Kapitalabfindungen wegen ihrer Nähe zur g-Dynamik auch im modifizierten Grundmodell das Teilergebnis 177 gilt; Eigenkapitaläquivalenz ist bei der Kapitalzusage normalerweise nicht erreichbar (**Teilergebnis** 178).

Der durch den erhöhten Rechnungszins von 10% bewirkte Anstieg der in Tabelle 28 enthaltenen Werte von A / R gegenüber den in Tabelle 26 ausgewiesenen Werten des Grundmodells liegt bei Kapitalabfindungen zwischen 19% und 26% und fällt damit deutlich niedriger aus als die entsprechende Erhöhung bei der Rentenzusage[1] zwischen 33% und 55%.

Der Vergleich der in Tabelle 28 zusammengestellten Werte der Kennziffer A / R für die Anpassung nach BetrAVG und für die Kapitalabfindungen mit den Ergebniskurven der Abbildung 40 liefert nochmals[2] einen schlagenden Beweis für die Untauglichkeit der Kennziffer A / R als Entscheidungskriterium im Vorteilsvergleich bei Entnahmestreben.

Nach Abbildung 40 ist die Kapitalzusage mit dem erhöhten Rechnungszinsfuß von 10% der Rentenzusage im gesamten Untersuchungsbereich klar überlegen (**Teilergebnis** 179).

Auch bei Anwartschaftsstatik wird das Teilergebnis 179 bestätigt.

Mit diesen eindeutigen Aussagen zum Einfluß des Rechnungszinsfußes gemäß § 6a EStG kann die Untersuchung des modifizierten Grundmodells zum Vorteilsvergleich zwischen Kapital und Rente abgeschlossen werden.

1) Vgl. Abschn. C.I.2.4.5.4
2) Vgl. Abschn. C.II.2.1.2

Abb. 40: Kapital- versus Rentenleistungen

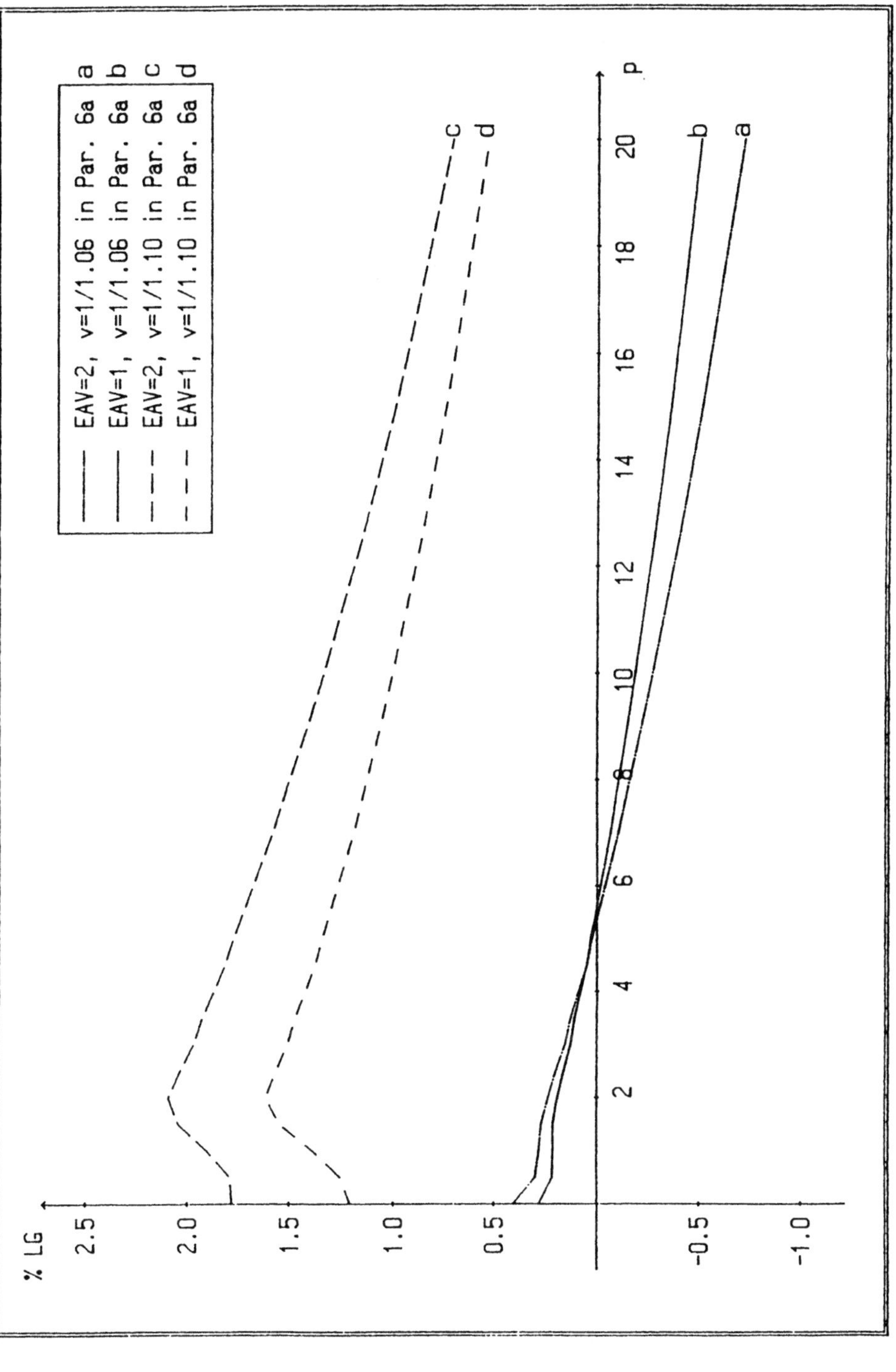

Tabelle 28: Werte der Kennziffer A / R innerhalb der Modellsituation ***C*** im modifizierten Grundmodell mit einem Rechnungszinsfuß von 10%

p	A / R in %			
	Anpassung nach BetrAVG		Kapitalabfindungen	
%	EAV Typ 1	EAV Typ 2	EAV Typ 1	EAV Typ 2
2,0	10,34	11,16	13,14	17,10
2,5	10,25	11,08	13,11	17,09
3,0	10,16	10,99	13,09	17,08
3,5	10,08	10,91	13,06	17,07
4,0	9,99	10,82	13,04	17,06
4,5	9,90	10,74	13,03	17,05
5,0	9,83	10,66	13,01	17,05
6,0	9,67	10,51	12,98	17,03
7,0	9,52	10,35	12,96	17,02
8,0	9,37	10,20	12,95	17,02
9,0	9,23	10,06	12,94	17,01
10,0	9,09	9,92	12,93	17,01
12,5	8,76	9,58	12,91	17,00
15,0	8,46	9,26	12,91	17,00
17,5	8,18	8,96	12,91	17,00
20,0	7,90	8,68	12,91	17,00

2.5 Ergänzende Anmerkungen

Bei Annahme des inflations<u>un</u>abhängigen Kalkulationszinsfußes von "i = 8%" ergibt sich bei Anwartschaftsdynamik innerhalb der Modellsituation ***A*** ein relativ schnell[1] anwachsender Nachteil der Kapital- gegenüber der Rentenzusage mit Nullanpassung, der sich ab Eintritt in die

1) Die µ-Ergebniskurven fallen von -0,617% (EAV Typ 1) bzw. -1,058% (EAV Typ 2) bei Stabilität auf -1,184% (EAV Typ 1) bzw. -1,571% (EAV Typ 2) bei einer Inflation von 2,5%.

Modellsituation *C* vergleichsweise langsam, aber monoton verringert[1]. Bei Nullanpassung hat man im gesamten Untersuchungsbereich einen positiven Verrentungseffekt.

Die Anpassung der laufenden Renten nach § 16 BetrAVG bewirkt beim Ansatz "i = 8%" auch bei Anwartschaftsdynamik eine mit steigender Inflation wachsende Umverteilung dieses Verrentungseffekts zugunsten der Betriebsrentner; sie führt zu dem in Abbildung 30 enthaltenen und im Teilergebnis 132 besprochenen[2] Kurvenverlauf bei "i = 8%", wonach sich die Position der Kapital- gegenüber der Rentenzusage mit Anpassung nach BetrAVG ab einer Inflation von 1% mit steigender Inflation monoton und - soweit ersichtlich - ohne Obergrenze verbessert. Wie beim Vergleich mit der Nullanpassung wäre hier die Rentenzusage mit Anpassung nach BetrAVG gegenüber der Kapitalzusage mit dem unkalkulierbaren Risiko einer hohen Anpassungsbelastung verbunden (**Teilergebnis** 180).

Mit dem inflationsabhängigen Zinskonzept des Grundmodells (i = i(p)) dagegen erhält man bei Stabilität wie bei Anwartschaftsstatik einen "negativen Verrentungseffekt"[3], der bei Anwartschaftsdynamik im Fall des vollen Inflationsausgleichs und erst recht im Fall der Volldynamik mit steigender Inflation zunimmt; im Fall der Nullanpassung, der Hälftelung sowie der Anpassung nach BetrAVG im Drei- und Ein-Jahresturnus fällt der Vorteil der Kapitalzusage ab einer Inflation von 1,5% streng monoton mit steigender Inflation (**Teilergebnis** 181).

Bevor die Ergebniskurven in den Bereich der unverträglich hohen Inflationsraten eintreten, werden bei einer Inflation von 9% die in Übersicht 36 zusammengestellten Werte angenommenen.

Ein Vergleich mit Übersicht 32 zeigt, daß der im Teilergebnis 126 beschriebene Verlauf der Ergebniskurven im Bereich höherer Inflationsraten bei Anwartschaftsdynamik noch deutlicher ausgeprägt ist: bei Nullanpassung und Hälftelung ist die Rentenzusage, beim Ausgleich der vollen Inflation die Kapitalzusage klar überlegen; bei Anpassung nach BetrAVG und bei jährlichem Anpassungsrhythmus verlaufen die Ergebniskurven so nahe bei der p-Achse, daß das Ergebnis einen relativ instabilen Eindruck macht (**Teilergebnis** 182).

Der in Übersicht 36 für den Fall der Volldynamik bei einer Inflation von 9% ausgewiesene Vorteil der Kapitalzusage beruht auf dem Überwälzungsfaktor des Grundmodells von "a = 0,8"; damit ist die Kapitalzusage klar überlegen. Beim Übergang auf die höheren Überwälzungsfaktoren von "a = 1" bzw. "a = 1,2" wird erneut[4] die Empfindlichkeit der Ergebnisse des Vorteilsvergleichs zwischen Kapital und Rente gegenüber einem veränderten Ansatz des Kalkulationszinsfußes bestätigt; bei einer Inflation von 9% schlägt das Ergebnis des Vorteilsvergleichs bereits um, der Vorteil der Kapital- gegenüber der Rentenzusage beträgt bei Volldynamik in % von LG

	für die EAV Typ 1	EAV Typ 2
mit "a = 0,8"	+1,067%	+1,347%
mit "a = 1,0"	-0,014%	-0,024%
mit "a = 1,2"	-1,093%	-1,396%.

1) Die μ-Ergebniskurven nehmen bei einer Inflation von 9% einen Wert von -0,586% (EAV Typ 1) bzw. -0,809% (EAV Typ 2) an und steigen bis zur Inflation von 20% auf -0,249% (EAV Typ 1) bzw. -0,356% (EAV Typ 2) an.
2) Vgl. Abschn. C.II.2.1.2
3) Vgl. Abschn. C.II.1.5
4) Vgl. Abschn. C.II.2.4.4.2 sowie das Teilergebnis 175 in Abschn. C.II.2.4.5.3

Übersicht 36: Werte der µ-Ergebniskurven beim Vorteilsvergleich zwischen Kapital und Rente mit unterschiedlicher Dynamisierung der laufenden Renten im (modifizierten) Grundmodell bei einer Inflation von 9%

Modifikation des Grundmodells	µ-Vorteil der Kapitalzusage in % LG bei p = 9 %	
	EAV Typ 1	EAV Typ 2
Nullanpassung	-1,579	-2,169
Ausgleich der halben Inflation	-0,879	-1,260
Anpassung nach BetrAVG (Grundmodell)	-0,149	-0,219
Anpassung nach BetrAVG jedoch jährlich	+0,043	+0,048
Ausgleich der vollen Inflation	+0,492	+0,627
Volldynamik[1]	+1,067	+1,347

Mit Hilfe von Gleichung (95) kann die kritische Inflationsrate bei Volldynamik mit den erhöhten Überwälzungsfaktoren ermittelt werden; sie beträgt (**Teilergebnis** 183)

	für die EAV Typ 1	EAV Typ 2
mit "a = 1,0"	8,71%	8,58%
mit "a = 1,2"	2,42%	2,38%.

Sowohl die Ergebniskurven mit den erhöhten Überwälzungsfaktoren als auch die zu den Modifikationen der Übersicht 36 gehörenden Ergebniskurven besitzen mit dem Realzins des Grundmodells ein und denselben Startpunkt bei Stabilität mit

0,281% von LG für die EAV Typ 1,
0,406% von LG für die EAV Typ 2.

Bei den untersuchten Modifikationen des Vorteilsvergleichs zwischen der Kapital- und der Rentenzusage mit Anpassung nach BetrAVG ändert sich nahezu ausnahmslos auch der Startpunkt bei Stabilität; er ist daher in Übersicht 37 zusammen mit den Ergebniswerten bei einer Inflation von 9% aufgeführt.

---

1) Sowohl bei der Renten- wie bei der Kapitalzusage

Übersicht 37: Werte der µ-Ergebniskurven beim Vorteilsvergleich zwischen Kapital- und Rentenzusage mit Anpassung nach BetrAVG bei Stabilität und bei einer Inflation von 9% im modifizierten Grundmodell

Modifikation des Grundmodells	µ-Vorteil der Kapitalzusage in % LG					
	EAV Typ 1			EAV Typ 2		
	bei p = 0%	bei p = 9% Anwartschafts-statik	dynamik	bei p = 0%	bei p = 9% Anwartschafts-statik	dynamik
Geschlecht: Frauen	0,309	-0,224	-0,170	0,414	-0,402	-0,224
mit Ausgangsbestand	0,344	-0,216	-0,149	0,457	-0,430	-0,219
Fluktuation Typ 0	0,316	-0,240	-0,202	0,422	-0,424	-0,253
Typ 2	0,229	-0,178	-0,096	0,376	-0,425	-0,189
Bestandswachstum						
b=+1%	0,318	-0,243	-0,094	0,444	-0,471	-0,155
b=-1%	0,247	-0,189	-0,232	0,368	-0,390	-0,309
Pensionszusage[1]						
Typ 2	0,289	-0,192	-0,127	0,401	-0,324	-0,179
Realwachstum						
r=1,025[2]	0,369	0,212	0,438	0,477	0,343	0,571
r=0,975	0,282	-0,566	-1,133	0,406	-1,117	-1,519
Realzins i_0=3,5%	0,767	0,125	0,329	1,065	0,194	0,420
i_0=5,5%	-0,081	-0,457	-0,627	-0,129	-0,923	-0,858
ESt e=43%	0,238	-0,107	-0,149	0,364	-0,257	-0,219
e=30%	0,201	-0,054	-0,149	0,326	-0,156	-0,219
GewSt H= 0%	0,517	0,200	0,501	0,776	0,375	0,649
H=800%	-0,018	-0,795	-0,798	-0,031	-1,447	-1,088
Substanzsteuern:						
ohne	0,350	-0,074	0,013	0,538	-0,172	-0,002
verdoppelte	0,166	-0,420	-0,311	0,223	-0,769	-0,436
Rechnungszins 10%	1,211	0,633	1,064	1,778	1,179	1,416

1) In der modifizierten Form mit identischem Zusageniveau im Stabilitätsfall wie im Grundmodell. Vgl. Abschn. C.II.2.4.3

2) Bei Anwartschaftsstatik stimmen die Werte bei Stabilität mit den für „r = 0,975" angegebenen Werten des Grundmodells überein.

Mit Ausnahme des Realwachstums der Brutto-Aktiveneinkommen bei "r = 1,025" stimmt der Startpunkt für Anwartschaftsstatik und Anwartschaftsdynamik überein. In Ergänzung von Abschnitt C.II.1.5 enthält die Übersicht 37 auch die Ergebniswerte bei Anwartschaftsstatik.

Übersicht 37 ist noch zu ergänzen um die Ergebnisse, die sich für die Frauen mit der EAV Typ 5 anstelle der EAV Typ 1 sowie mit der in Übersicht 15 enthaltenen niedrigeren Bezügestruktur für die EAV Typ 5 und 2 einstellen[1]. Von einem Startpunkt bei "p = 0%" von

0,468% von LG	für die EAV Typ 5,
0,569% von LG	für die EAV Typ 2

fallen die Ergebniskurven bis zu einer Inflation von 9% bei Anwartschaftsstatik bzw. -dynamik auf

-0,397% bzw. -0,258% von LG	für die EAV Typ 5,
-0,552% bzw. -0,308% von LG	für die EAV Typ 2.

Ohne Witwerrente[2] nähern sich die Ergebniskurven geringfügig an die p-Achse an[3]; vom Startpunkt bei Stabilität in Höhe von

0,446% von LG	für die EAV Typ 5,
0,545% von LG	für die EAV Typ 2

fallen die Ergebniskurven bis zu einer Inflation von 9% bei Anwartschaftsstatik bzw. -dynamik auf

-0,367% bzw. -0,243% von LG	für die EAV Typ 5,
-0,514% bzw. -0,290% von LG	für die EAV Typ 2.

Die Erhöhung der vorstehenden Vergleichsergebnisse gegenüber den in Übersicht 37 für Frauen ausgewiesenen Werten beruht hauptsächlich[4] auf der Reduktion der Bezugsbasis LG mit der in Übersicht 15 enthaltenen niedrigeren Bezügestruktur. Ohne diesen Effekt erweisen sich die Vergleichsergebnisse als überraschend stabil gegenüber den Modifikationen der Bestandsstruktur, der Bestandsfortschreibung und der untersuchten Pensionszusage (**Teilergebnis** 184). Im Stabilitätsfall beträgt der maximale Abstand der Ergebniskurven nur

0,115% von LG	für die EAV Typ 1,
0,089% von LG	für die EAV Typ 2,

und bei einer Inflation von 9% im Fall der Anwartschaftsstatik bzw. -dynamik nur

0,065% bzw. 0,130% von LG	für die EAV Typ 1,
0,147% bzw. 0,154% von LG	für die EAV Typ 2.

Bei einer Inflation von 9% ergibt sich mit dem Zinskonzept des Grundmodells grundsätzlich ein positiver Verrentungseffekt in Übersicht 37; Ausnahmen hat man beim Realwachstum der Brutto-Aktiveneinkommen mit "r = 1,025" aufgrund der damit verbundenen höheren Anpassung der laufenden Renten, bei einem unmittelbar mit "i_o = 3,5%" oder mittelbar aufgrund des Substitutions-

1) Vgl. Abschn. C.I.2.4.1.1 sowie C.II.2.4.1.1
2) Vgl. das Teilergebnis 146 in Abschn. C.II.2.4.1.1
3) Vgl. Abb. 32
4) Vgl. Abschn. C.I.2.4.1.1 sowie C.II.2.4.1.1

effekts mit "H = 0%" reduzierten Kalkulationszins[1], und am deutlichsten mit dem auf 10% erhöhten Rechnungszinsfuß (v = 1/1,10) aufgrund des reduzierten Zinsträgers sowie der niedrigeren Kapitalabfindungen (**Teilergebnis** 185).

Umgekehrt stellt sich bei Stabilität in Übersicht 37 nur bei dem unmittelbar mit "i_o = 5,5%" oder mittelbar aufgrund des Substitutionseffekts mit "H = 800%" erhöhten Kalkulationszins ein positiver Verrentungseffekt ein (**Teilergebnis** 186). Der ansonsten festzustellende negative Verrentungseffekt ist jedoch bei Anwartschaftsdynamik genau wie im Fall der Anwartschaftsstatik in der Umgebung des Stabilitätsfalls "p = 0%" anfällig gegenüber dem Ansatz eines Mindestzinses; die hierzu in Abschnitt C.II.1.5 enthaltenen Ausführungen können völlig analog auf den Fall der Anwartschaftsdynamik übertragen werden.

Letzteres gilt auch für den "Spielraum" zur entscheidungsneutralen Abmilderung einer beim Arbeitnehmer durch die Kapitalabfindung ggf. entstehenden Steuerbelastung[2].

Abschließend soll noch die von Rhiel angegebene Formel[3] zum Vorteilsbereich der Kapital- bzw. Rentenzusage untersucht werden. In der Notation der vorliegenden Arbeit sagt Rhiel: Bei Betrachtung der Erwartungswerte[4] ist die Rentenzusage vorteilhaft, solange die Ungleichung[5]

$$(*) \qquad d_R \leq i\,(1 + h\, s_{ge}) + h\, s_{gk} - (1/v - 1) - vk - ps$$

erfüllt ist, solange nämlich "der Anpassungssatz p.a. für laufende Renten geringer ist als die Differenz zwischen Fremdkapitalzins und Rechnungszins plus einem Aufschlag von im Beispiel rd. 0,3%, der sich als Saldo von Gewerbesteuervorteilen und Verwaltungskostennachteilen (Verwaltungskosten + PSV-Beitrag) von Pensionsrückstellungen gegenüber anderweitigem Fremdkapital ergibt."[6]

Der Ansatz von Rhiel basiert auf einer Abwicklung der Rentenzusage im Vorsteuerbereich; Versuche, die Formel unter Einbeziehung der Steuerwirkungen analytisch herzuleiten, führten stets zu Lösungen mit Störgliedern. Die Brauchbarkeit der Formel soll daher durch einen Ergebnisvergleich mit den Resultaten der vorliegenden Arbeit untersucht werden.

Im modifizierten Grundmodell kann die Ungleichung (*) im Fall der Volldynamik[7] bei realkonstanter Bezügentwicklung ohne große Mühe ausgewertet werden; der jährliche Anpassungssatz stimmt mit der Inflationsrate überein: d_R = p. Mit den Verwaltungskosten des Grundmodells erhält man den auf die laufenden Renten entfallenden Anteil im Verhältnis zur Rückstellung bei Volldynamik im BHZ mit

$$\begin{aligned} vk &= (476 - 236) / (428.486 - 153.452) \\ &= 0{,}000873 \quad \text{für die EAV Typ 1,} \end{aligned}$$

$$\begin{aligned} vk &= (421 - 177) / (419.016 - 124.768) \\ &= 0{,}000829 \quad \text{für die EAV Typ 2.} \end{aligned}$$

---

1) Beim Ansatz "ohne Substanzsteuern" mit dem geringfügig um den Substitutionseffekt aus der Gewerbekapitalsteuer reduzierten Kalkulationszins erhält man immerhin für die EAV Typ 1 bei Anwartschaftsdynamik einen (positiven) Vorteil der Kapital- gegenüber der Rentenzusage.

2) Vgl. das Ende von Abschn. C.II.1.5

3) Vgl. Abschn. A.I.6

4) Das folgt aus der Voraussetzung: "bei rechnungsmäßigem Risikoverlauf". Vgl. Rhiel, R., (Prognoserechnungen 1987), WPg 1987, S. 606

5) Dabei bezeichnet vk bzw. ps das Verhältnis der Verwaltungskosten bzw. des PSVaG-Beitrags zur Rückstellung.

6) Vgl. ebd., S. 606

7) Vgl. das Ende von Abschn. C.I.2.1.7

Als einheitlicher mittlerer Wert soll daher nachfolgend "vk = 0,00085" in Ansatz kommen. Der PSVaG-Beitrag beträgt im Grundmodell bei Volldynamik[1] für laufende Renten 0,25% der Rückstellung: ps = 0,0025.

Aus Ungleichung (*) folgt dann bei einem Hebesatz von "H = 400%" unter hälftiger Hinzurechnung von Dauerschulden mit "h = 0,5" und bei einem Rechnungszinsfuß gemäß § 6a EStG von 6% für das Zinskonzept des Grundmodells mit "i = i(p)" bei einem Überwälzungsfaktor a die Ungleichung

$$(^{**})\quad d_R \leq i\,(1 + 0{,}083333) + 0{,}004 - 0{,}06 - 0{,}00085 - 0{,}0025$$

$$\Leftrightarrow\quad d_R \leq (0{,}045 + 1{,}045\,a\,p)\;1{,}083333 - 0{,}05935$$

$$\Leftrightarrow\quad d_R \leq -0{,}0106 + a\;1{,}132083\,p$$

$$\Leftrightarrow\quad d_R \leq -0{,}0106 + \begin{cases} 1{,}3585\,p & \text{für } a = 1{,}2, \\ 1{,}1321\,p & \text{für } a = 1{,}0, \\ 0{,}9057\,p & \text{für } a = 0{,}8. \end{cases}$$

Man sieht unmittelbar: bei Stabilität mit "d_R = p = 0" ist die Ungleichung (**) nicht erfüllt, die Kapitalzusage demzufolge vorteilhaft. Ersetzt man das "≤"-Zeichen durch das "="-Zeichen, dann liefert die Auflösung dieser Gleichung nach p die kritische Inflationsrate.

Bei Volldynamik mit "d_R = p" erhält man anstelle der im Teilergebnis 183 zu Beginn dieses Abschnitts ermittelten Werte[2] als kritische Inflationsraten

2,96% für a = 1,2 anstelle von ca. 2,40%,
8,03% für a = 1,0 anstelle von ca. 8,64%,
-11,24% für a = 0,8, d.h. für p ≥ 0 ist die Kapitalzusage bei Volldynamik vorteilhaft.

Bei Nullanpassung bzw. Hälftelung sowie Anpassung nach BetrAVG im Ein-Jahres-Turnus liefert[3] die Ungleichung (**) mit dem Überwälzungsfaktor des Grundmodells von "a = 0,8" und "d_R = 0" bzw. "d_R = 0,5 p" sowie "d_R = 0,827 p"[4] kritische Inflationsraten von

1,17% anstelle von ca. 0,90% bzw.	0,85%	bei Nullanpassung,
2,61% anstelle von ca. 1,79% bzw.	1,80%	bei Hälftelung im Drei-Jahres-Rhythmus,
13,47% anstelle von ca. 5,50% bzw.	10,97%	bei Anpassung nach BetrAVG im Ein-Jahres-Rhythmus,

jeweils im Fall der Anwartschaftsstatik[5] bzw. -dynamik[6].

Mit dem Ansatz eines inflationsunabhängigen Kalkulationszinsfußes von "i = 8%" erhält man aus der Ungleichung (*) völlig analog die Beziehung

1) Vgl. das Ende von Abschn. C.I.2.1.7
2) Die Werte für die EAV Typ 1 und 2 werden hier gemittelt.
3) Unter Beibehaltung des geringfügig überhöhten Werts "ps = 0,25%", angewandt auf die Rückstellung anstelle der Vorjahres-Rückstellung. Vgl. Rhiel, R., (Prognoserechnungen 1987), WPg 1987, S. 606
4) Für "p = 13,5%" gilt im Grundmodell gerade "d_R = 0,827 p". Vgl. Anhang 12
5) Vgl. Abschn. C.II.1.2, Teilergebnis 112
6) Vgl. Abschn. C.II.2.2, Teilergebnis 141

$$d_R \leq 0{,}08 \cdot 1{,}083333 + 0{,}004 - 0{,}06 - 0{,}00085 - 0{,}0025$$

$$\Leftrightarrow \quad d_R \leq 0{,}027313,$$

wonach die Rentenzusage bei Stabilität mit "$d_R = 0$" vorteilhaft ist. Bei realkonstanter Bezügeentwicklung ergibt sich mit den Anpassungssätzen des Grundmodells[1] bei jährlicher Anpassung eine kritische Inflationsrate von ca.

3,5% anstelle von ca. 4,18% bzw. 4,03%

bei Anwartschaftsstatik[2] bzw. -dynamik[3] für die Anpassung nach BetrAVG im Drei-Jahres-Rhythmus.

Bis auf den Fall der Anpassung nach BetrAVG im Ein-Jahres-Turnus beim Zinskonzept des Grundmodells erweist sich demnach der Ansatz von Rhiel als praktikable Faustformel zur groben Abschätzung der kritischen Inflationsrate im Vorteilsvergleich zwischen Kapital und Rente (**Teilergebnis** 187).

Damit sollen die Überlegungen zum Vorteilsvergleich zwischen der Kapital- und Rentenzusage abgeschlossen werden. Zum isolierten Vorteilsvergleich zwischen Kapitalabfindungen und Fremdfinanzierung kann weitgehend auf Abschnitt C.I.2.6 verwiesen werden.

2.6 Isolierte Betrachtung der Ergebnisspalten

Wegen der in Abschnitt C.II.2.1.1 festgestellten Nähe der Kapitalzusage zur g-Dynamik erhält man im isolierten Vorteilsvergleich bei Anwartschaftsdynamik für die Kapitalzusage[4] die in Abschnitt C.I.2.6 für die Rentenzusage bei vollem Inflationsausgleich bzw. bei Volldynamik formulierten Aussagen (**Teilergebnis** 188). Ferner gelten die von der Ausgestaltung der Pensionszusage unabhängigen[5] Ergebnisse "natürlich" auch für die Kapitalzusage.

Insbesondere verschlechtert sich das finanzielle Ergebnis bei "absoluter Zielsetzung"[6] auf die Dauer mit steigender Inflation zunehmend, solange nicht Eigenkapitaläquivalenz erreicht ist. Die hierfür im modifizierten Grundmodell bei Kapitalabfindungen erforderlichen Zinssätze sind in Ergänzung der Übersicht 33 für den Fall der Anwartschaftsstatik in Übersicht 38 zusammengestellt.

Damit wird das Teilergebnis 140 auch im modifizierten Grundmodell bestätigt: Eigenkapitaläquivalenz ist bei einer anwartschaftsdynamischen Kapitalzusage normalerweise nicht erreichbar.

Ein Vergleich der kritischen Zinssätze in Übersicht 38 mit den zugehörigen Werten für die Rentenzusage in den Übersichten 30 und 31 bestätigt das Teilergebnis 131 auch im modifizierten Grundmodell: bei der Kapitalzusage sind durchweg höhere Zinssätze für Eigenkapitaläquivalenz erforderlich als bei der Rentenzusage.

---

1) Bei einer Inflation von 3,5% beträgt der Anpassungssatz gerade 2,77%. Vgl. die mittlere Doppelspalte in Tab. 6
2) Vgl. Abschn. C.II.1.1.2, Teilergebnis 106
3) Vgl. Abschn. C.II.2.1.2, Teilergebnis 132
4) Aus den Teilergebnissen 136 - 139 in Abschn. C.II.2.1.2
5) Vgl. die Teilergebnisse 56 sowie 30 und 31 mit den in Abschn. C.I.2.6 daraus abgeleiteten Aussagen
6) Bei absolutem Vermögens- oder Entnahmestreben

Übersicht 38: Höhe der im modifizierten Grundmodell für Eigenkapitaläquivalenz erforderlichen Zinssätze i_k bei Kapitalabfindungen

Modifikation des Grundmodells		Kritischer Zinssatz i_k für die			
		EAV Typ 1		EAV Typ 2	
		Anwartschafts-		Anwartschafts-	
		statik	dynamik	statik	dynamik
Geschlecht: Frauen[1]		10,8%	-	16,0%	-
mit Ausgangsbestand		13,0%	-	17,0%	-
Fluktuation	Typ 0	11,1%	-	16,7%	-
	Typ 2	10,2%	-	18,5%	-
Bestandswachstum					
	b=+1%	10,7%	-	17,4%	-
	b=-1%	10,7%	-	17,4%	-
Pensionszusage[2]					
	Typ 2	9,5%	-	11,9%	-
Realwachstum					
	r=1,025	10,7%	-	17,4%	-
	r=0,975	10,7%	-	17,4%	-
Realzins	i_0=3,5%	10,6%	-	17,7%	-
	i_0=5,5%	10,6%	-	17,4%	-
ESt	e=43%	11,5%	-	20,2%	-
	e=30%	12,6%	-	-	-
GewSt	H= 0%	12,9%	-	-	-
	H=800%	9,1%	-	14,5%	-
Substanzsteuern:					
	ohne	11,4%	-	18,6%	-
	verdoppelte	10.0%	-	16,4%	-
Rechnungszins 10%		13,6%	-	21,0%	-

1) Mit der EAV Typ 5 ergibt sich für Frauen bei Anwartschaftsstatik "i_k = 13,3%", bei Anwartschaftsdynamik tritt bis "p = 20%" keine Eigenkapitaläquivalenz auf.

2) In der modifizierten Form mit identischem Zusageniveau im Stabilitätsfall wie im Grundmodell. Vgl. Abschn. C.II.2.4.3

Ferner macht der Abstand zwischen den kritischen Zinssätzen für die EAV Typ 1 und 2 bei Anwartschaftsstatik einmal mehr[1] deutlich: der Einfluß der Bestandsstruktur darf nicht vernachlässigt werden.

2.7 Zusammenfassung

Bei Anwartschaftsdynamik steigen mit den Beginnrenten auch die durch deren Kapitalisierung[2] berechneten Kapitalabfindungen wie die Brutto-Aktiveneinkommen an. Zur Quantifizierung des finanzwirtschaftlichen "Verrentungseffekts" liefert die BHZ-Modellrechnung folgende Hauptergebnisse:

Die anhand der Meßgröße[3] μ gewonnenen Aussagen zum Vorteilsvergleich zwischen "Kapital" und "Rente" stimmen im wesentlichen mit den Ergebnissen bei Anwartschaftsstatik überein.

Auch bei Anwartschaftsdynamik erhält man für das inflationsabhängige Zinskonzept des Grundmodells mit "i = i(p)" einerseits und den modifizierten fixen Ansatz "i = 8%" andererseits gegenläufige Aussagen zum Vorteilsbereich der Kapital- gegenüber der Rentenzusage mit Anpassung nach BetrAVG[4].

Mit "i = 8%" sinkt der bei Anwartschaftsstatik für "p = 0%" bei Stabilität bereits festgestellte positive Verrentungseffekt nach kurzem Anstieg bis zu einer Inflation knapp über 4% auf Null ab; mit weiter steigender Inflation ergibt sich ein zunehmender Vorteil der Kapitalzusage, der weniger steil als bei Anwartschaftsstatik, aber dennoch deutlich ansteigt.

Im Grundmodell mit "i = i(p)" dagegen verlängert sich der bei Stabilität beginnende Vorteilsbereich der Kapitalzusage bis zu einer kritischen Inflationsrate von 5,70% bzw. 5,42% für die EAV Typ 1 bzw. 2 gegenüber einer kritischen Inflationsrate von ca. 4,2% bei Anwartschaftsstatik; mit weiter steigender Inflation stellt sich ein vergleichsweise langsam wachsender Vorteil der Rentenzusage ein.

Wie bei der Rentenzusage[5] kann Eigenkapitaläquivalenz im Grundmodell - anders als bei Anwartschaftsstatik - mit der Kapitalzusage im Bereich der untersuchten Inflationsraten bis zu 20% nicht erzielt werden.

Im Gegensatz zur Rentenzusage[5] kann Eigenkapitaläquivalenz bei der Kapitalzusage auch mit der Annahme eines von 80% auf 100% erhöhten Überwälzungsfaktors nicht, und mit einem Überwälzungsfaktor von 120% allenfalls im Bereich der mit dem Rechnungszinsfuß nach § 6a EStG von 6% unverträglich hohen Inflationsraten erreicht werden, d.h. Eigenkapitaläquivalenz ist bei Anwartschaftsdynamik mit der Kapitalzusage normalerweise nicht erreichbar.

Der Ansatz erhöhter Überwälzungsfaktoren wirkt sich jedoch im Vorteilsvergleich zwischen Kapital und Rente deutlich zugunsten der Rentenzusage aus. Im Fall der Volldynamik[6] wird die Ren-

---

1) Vgl. etwa Abschn. C.I.1.1.4, Teilergebnis 5 und 6 sowie Abschn. C.II.2.1.2, Erläuterungen zur Tab. 25

2) Vgl. dazu den Beginn von Abschn. C.II

3) Bei Anwartschaftsdynamik beschreibt die zur Niveaugröße der Annuität M gehörige Relativangabe μ den im Zeitablauf gleichbleibenden Anteil des zusagebedingten Entnahmestroms an der jeweiligen Lohn- und Gehaltssumme $LG_t = g^t\,LG$. Vgl. Abschn. C.I.2.1.3

4) Vgl. Abb. 30

5) Vgl. Abschn. C.I.2.7

6) Zur Volldynamik vgl. das Ende von Abschn. C.I.2.1.7

tenzusage mit einem Überwälzungsfaktor von 100% bzw. 120% ab einer Inflation von ca. 8,65% bzw. ca. 2,4% vorteilhaft.

Mit dem Überwälzungsfaktor von 80% im Grundmodell ist die Kapitalzusage bei Volldynamik und gegenüber der Rentenzusage mit vollem Inflationsausgleich im gesamten Untersuchungsbereich vorteilhaft. Bei Nullanpassung bzw. Hälftelung dagegen ist die Kapitalzusage nicht einmal bis zu einer Inflation von 1% bzw. 2% vorteilhaft; bei der Anpassung nach BetrAVG führt die Verkürzung des Anpassungsturnus von drei Jahren auf ein Jahr zu einem bis zu einer Inflation von ca. 11% verlängerten Vorteilsbereich der Kapitalzusage.

Mit der Zusage einer angemessenen garantierten Rentenanpassung befindet sich die Rentenzusage bei Anwartschaftsdynamik ab Inflationsraten zwischen 1,25% und 2,44% im Vorteil.

Die in Übersicht 39 für das (modifizierte) Grundmodell zusammengestellten kritischen Inflationsraten und die zugehörigen kritischen Zinssätze bestätigen das bei Anwartschaftsstatik bereits verzeichnete Hauptergebnis: die Lage des Vorteilsbereichs erweist sich als überraschend stabil gegenüber der unterschiedlichen Bestandsstruktur der EAV Typ 1 bzw. 2 und hängt empfindlich vom Anpassungsmodus der laufenden Renten sowie von einem veränderten Ansatz des Kalkulationszinsfußes ab.

Die Modifikationen des Grundmodells mit dem fixierten Anpassungsmodus der Anpassung nach BetrAVG bei der Rentenzusage wirken sich auf den Vorteilsbereich und die Vorteilshöhe beim Vergleich "Kapital versus Rente" anhand der Meßgröße μ wie folgt aus:

Die Vergleichsergebnisse erweisen sich als relativ stabil gegenüber Veränderungen bei der Bestandsstruktur und -fortschreibung sowie bei der untersuchten Pensionszusage:

Bei identischer Eintrittsalters- und Bezügestruktur verlaufen die Ergebniskurven für *Frauen* mit dem niedrigeren Pensionierungsalter von 60 anstelle von 63 Jahren gegenüber den Männern des Grundmodells c.p. sehr eng beieinander. Beim Ansatz eines niedrigeren Bezügeniveaus und der zu den höheren Eintrittsaltern hin verschobenen EAV Typ 5 anstelle der EAV Typ 1 fällt der Vor- bzw. Nachteil der Kapitalzusage bei Stabilität und für Inflationsraten von mehr als 8% für die Frauen erwartungsgemäß deutlicher aus als für die Männer. Der Einfluß der Witwerrenten-Zusage hält sich in sehr engen Grenzen. Die Aussagen gelten sowohl bei Anwartschaftsdynamik wie auch bei Anwartschaftsstatik.

Die Ergebniskurven der in Übersicht 14 zusammengestellten alternativen *EAV* Typ 3 bis 9 verlaufen sowohl bei Anwartschaftsdynamik als auch bei Anwartschaftsstatik nahezu ausnahmslos zwischen den Ergebniskurven der EAV Typ 1 und 2; dies gilt sowohl für "i = i(p)" als auch für "i = 8%" sowie für Männer und Frauen, und zwar sowohl bei den isoliert betrachteten Ergebnissen für die Kapitalzusage als auch bei den Differenz-Ergebnissen des Vorteilsvergleichs.

Der Einfluß der auf die Hinzunahme des beispielhaften *Ausgangsbestands* entfallenden Auswirkungen fällt bei Anwartschaftsdynamik im Bereich der Modellsituation ***A*** mit steigender Inflation und sinkt bei Annäherung an die Modellsituation ***C*** auf Null ab.

Bei Anwartschaftsdynamik erhöht sich der Vor- bzw. Nachteil der Kapitalzusage c.p. mit sinkender *Fluktuation* bei gleichzeitig reduziertem Einfluß der Bestandsstruktur. Bei Anwartschaftsstatik bewegt sich der Einfluß der Fluktuation in vergleichsweise engen Grenzen.

Zum *Bestandswachstum* erhält man bei Anwartschaftsdynamik im Bereich einer Inflation von "1% $\leq$ p $\leq$ 4,5%" ein uneinheitliches Bild, wobei sich die Auswirkungen in vergleichsweise

Übersicht 39: Kritische Inflationsraten und zugehörige kritische Zinssätze im (modifizierten) Grundmodell beim Vorteilsvergleich zwischen Kapital und Rente bei Anwartschaftsdynamik

Anpassungsregelung bzw. Modifikation	Die Rentenzusage wird vorteilhaft ab einer Inflation von ... für die EAV		einem Zins von .... für die EAV	
	Typ 1	Typ 2	Typ 1	Typ 2
Nullanpassung, Grundmodell	0,86%	0,85%	5,2%	5,2%
Anpassung nach BetrAVG, mit garantierter Anpassung von 1,5% p.a.	1,25%	1,43%	5,5%	5,7%
Anpassung nach BetrAVG, mit garantierter Anpassung von 3% p.a.	1,67%	1,88%	5,9%	6,1%
Ausgleich der halben Inflation	1,82%	1,78%	6,0%	6,0%
Anpassung nach BetrAVG, mit garantierter Anpassung von 5,0% p.a.	1,97%	2,44%	6,1%	6,5%
Volldynamik[1] mit "a = 1,2"	2,42%	2,38%	7,5%	7,5%
Anpassung nach BetrAVG, Grundmodell	5,70%	5,42%	9,3%	9,0%
Volldynamik[1] mit " a = 1,0"	8,71%	8,58%	13,6%	13,5%
Anpassung nach BetrAVG, jährlich	11,11%	10,83%	13,8%	13,6%
Ausgleich der vollen Inflation	-	-	-	-
Volldynamik[1] mit "a = 0,8"	-	-	-	-

engen Grenzen halten; außerhalb dieses Bereichs verschlechtert sich die Position der Kapital- gegenüber der Rentenzusage c.p. mit sinkender Bestandswachstumsrate. Bei Anwartschaftsstatik hängt der Niveauwert der Annuität M nicht vom Bestandswachstum ab; der mit μ

1) Sowohl bei der Renten- wie bei der Kapitalzusage

gemessene Vor- bzw. Nachteil der Kapitalzusage fällt bei niedrigem Bestandswachstum c.p. geringer aus.

Der Vergleich der dienstzeitabhängigen Rentenformel der *Pensionszusage* Typ 2 mit der "Einheitsrente" der Pensionszusage Typ 1 ergibt, daß sich die Position der Kapitalzusage - gleiches Zusageniveau im BHZ bei Stabilität vorausgesetzt - bei einer dienstzeitabhängigen Pensionszusage mit einem für alle anrechenbare Dienstjahre gleichen Steigerungsbetrag c.p. tendenziell verbessert gegenüber einer dienstzeitunabhängigen Pensionszusage mit einem für alle Mitarbeiter einheitlichen Rentenbetrag. Bei Anwartschaftsstatik ergibt sich im Vorteilsbereich der Kapitalzusage bis zu einer Inflation von ca. 4,3% praktisch kein Unterschied.

Von den gesamtwirtschaftlichen Rahmenbedingungen wurde der Einfluß der Reallohnentwicklung sowie des Realzinses mit klaren Ergebnissen untersucht:

Die Position der Kapital- gegenüber der Rentenzusage verbessert sich mit zunehmendem *Realwachstum* und der damit modellmäßig erhöhten Anpassung der laufenden Renten c.p. ganz erheblich. Mit einem Realwachstum von 2,5% ist die Kapitalzusage im gesamten Untersuchungsbereich vorteilhaft, bei einer Realschrumpfung von 2,5% ist die Rentenzusage ab einer Inflation von 0,9% vorteilhaft. Bis auf den Bereich der unverträglich hohen Inflationsraten gilt dies auch bei Anwartschaftsstatik.

Mit steigendem *Realzins* verschlechtert sich c.p. die Position der Kapital- gegenüber der Rentenzusage deutlich. Mit einem Realzins von 5,5% ist die Rentenzusage im gesamten Untersuchungsbereich vorteilhaft; bei einem Realzins von 3,5% bleibt die Kapitalzusage bis in den Bereich der unverträglich hohen Inflationsraten hinein vorteilhaft. Dies gilt auch bei Anwartschaftsstatik.

Von den steuerlichen Rahmenbedingungen wurde der Einfluß der ESt, der GewSt und der zusammengefaßten Substanzsteuern sowie eines auf 10% erhöhten Rechnungszinsfußes für die Berechnung der Pensionsrückstellung untersucht:

Im gemeinsamen Bereich der Modellsituation ***C*** erhält man bei fixierter Bestandsstruktur wegen der Invarianzeigenschaft der Meßgröße μ trotz unterschiedlicher *ESt*-Belastung identische Vorsteuer-Resultate. Für den Bereich der Modellsituation ***A*** wird das bei Anwartschaftsstatik bereits festgestellte Ergebnis bestätigt: mit sinkender ESt-Belastung verringert sich der mit μ gemessene Vorteil der Kapital- gegenüber der Rentenzusage.

Beim Übergang von der auf den Vorsteuer-Aufwand abzielenden Meßgröße μ auf den Nachsteuer-Aufwand μ $(1 - t_1)$ erhält man mit sinkender *ESt*-Belastung c.p. eine Erhöhung des Vor- bzw. Nachteils der Kapital- gegenüber der Rentenzusage, und zwar im gemeinsamen Bereich der Modellsituation ***C*** nach Maßgabe des Umrechnungsfaktors $(1 - t_1)$.

Die Position der Kapital- gegenüber der Rentenzusage verbessert sich sowohl im Vor- wie im Nachsteuerbereich mit sinkender *GewSt*-Belastung c.p. erheblich. Mit "H = 800%" ist die Rentenzusage, mit "H = 0%" die Kapitalzusage im gesamten Untersuchungsbereich vorteilhaft. Bis auf den Bereich der unverträglich hohen Inflationsraten gilt dies auch bei Anwartschaftsstatik. Im gemeinsamen Bereich der Modellsituation ***C*** beruhen die unterschiedlichen Ergebnisse ausschließlich auf dem Substitutionseffekt.

Mit sinkender *Substanzsteuerbelastung* verbessert sich die Posititon der Kapital- gegenüber der Rentenzusage c.p. deutlich. Dies gilt auch bei Anwartschaftsstatik. Im gemeinsamen

Bereich der Modellsituation *C* beruhen die unterschiedlichen Ergebnisse ausschließlich auf dem auf die GewKapSt entfallenden Substitutionseffekt.

Mit dem erhöhten Rechnungszinsfuß von 10% und den damit verminderten Rückstellungen und Kapitalabfindungen ist die Kapital- gegenüber der Rentenzusage im gesamten Untersuchungsbereich klar überlegen; dies gilt auch bei Anwartschaftsstatik.

Zur Veränderung des Vorteilsbereichs für die Kapital- bzw. Rentenzusage im modifizierten Grundmodell sind die kritischen Inflationsraten in Übersicht 40 sowie die zugehörigen kritischen Zinssätze in Übersicht 41 zusammengestellt. In Ergänzung von Übersicht 34 werden auch die Werte bei Anwartschaftsstatik ausgewiesen, die ausnahmslos nicht höher, teilweise jedoch deutlich niedriger ausfallen als bei Anwartschaftsdynamik, d.h. der Vorteilsbereich der Kapitalzusage verlängert sich beim Übergang von der Anwartschaftsstatik auf die -dynamik.

Ferner erweist sich die Lage des Vorteilsbereichs erneut[1] als überraschend stabil gegenüber der unterschiedlichen Bestandsstruktur der EAV Typ 1 bzw. 2. Der ansonsten nicht vernachläßigbare Einfluß der Bestandsstruktur auf die Größenordnung der Vergleichsergebnisse kann aus Übersicht 37 ersehen werden.

Mit dem inflationsunabhängigen Ansatz eines Kalkulationszinsfußes von "i = 8%" wäre auch bei Anwartschaftsdynamik die Rentenzusage mit Anpassung nach BetrAVG gegenüber der Kapitalzusage mit dem unkalkulierbaren Risiko einer hohen Anpassungsbelastung verbunden.

Aber auch beim inflationsabhängigen Zinskonzept des Grundmodells mit einem Überwälzungsfaktor von 80% wächst der Vorteil der Kapitalzusage gegenüber der Rentenzusage beim Ausgleich der vollen Inflation und erst recht im Fall der Volldynamik mit steigender Inflation monoton an, allerdings erheblich schwächer als mit dem Ansatz "i = 8%"; bei der Anpassung nach BetrAVG im Drei- und Ein-Jahres-Turnus, bei der Hälftelung sowie der Nullanpassung sinkt der Vorteil der Kapitalzusage ab einer Inflation von 1,5% streng monoton mit steigender Inflation.

Im modifizierten Grundmodell liefert der Vorteilsvergleich zwischen der Kapitalzusage und der Rentenzusage mit Anpassung nach BetrAVG bei einer Inflation von 9% nach Übersicht 37 grundsätzlich einen positiven Verrentungseffekt, d.h. die Rentenzusage ist vorteilhaft; Ausnahmen ergeben sich mit einem Realwachstum der Brutto-Aktiveneinkommen von 2,5%, einem niedrigen Realzins von 3,5% und mit dem Wegfall der GewSt sowie mit einem von 6% auf 10% erhöhten Rechnungszins nach § 6a EStG.

Umgekehrt hat man im modifizierten Grundmodell bei Stabilität grundsätzlich einen negativen Verrentungseffekt, d.h. die Kapitalzusage ist vorteilhaft; Ausnahmen ergeben sich mit dem erhöhten Realzins von 5,5% sowie mit dem erhöhten Hebesatz für die Gewerbesteuer von 800%.

Wie bei Anwartschaftsstatik ist der Vorteil der Kapitalzusage in der Umgebung des Stabilitätsfalls anfällig gegenüber dem Ansatz eines im Vergleich zum Grundmodell erhöhten Mindestzinses.

Die von Rhiel angegebene Formel zum Vorteilsbereich der Kapital- bzw. Rentenzusage erweist sich als praktikable Faustformel zur groben Abschätzung der kritischen Inflationsrate.

Zur spaltenweise orientierten Ergebnisauswertung kann auf die im vorangehenden Abschnitt C.II.2.6 enthaltene Zusammenfassung mit einer Auflistung der im modifizierten Grundmodell bei Anwartschaftsstatik und -dynamik mit der Kapitalzusage für Eigenkapitaläquivalenz erforderlichen

1) Vgl. Abschn. C.II.1.7

Übersicht 40: Kritische Inflationsraten im modifizierten Grundmodell beim Vorteilsvergleich zwischen Kapital und Rente

Modifikation des Grundmodells	Die Rentenzusage wird vorteilhaft ab einer Inflation von ...... für die			
	EAV Typ 1		EAV Typ 2	
	Anwartschafts-statik	Anwartschafts-dynamik	Anwartschafts-statik	Anwartschafts-dynamik
Geschlecht: Frauen[1]	4,27%	5,59%	4,21%	5,42%
mit Ausgangsbestand	4,20%	5,70%	4,11%	5,42%
Fluktuation Typ 0	4,28%	5,39%	4,12%	5,32%
Typ 2	4,31%	5,94%	4,09%	5,48%
Bestandswachstum				
b=+1%	4,25%	6,22%	4,12%	5,88%
b=-1%	4,25%	5,11%	4,12%	4,85%
Pensionszusage[2]				
Typ 2	4,28%	6,07%	4,36%	5,93%
Realwachstum				
r=1,025	14,78%	-	14,19%	-
r=0,975	0,91%	0,91%	0,90%	0,90%
Realszins i_o=3,5%	11,25%	17,00%	10,85%	16,43%
i_o=5,5%	0,00%	0,00%	0,00%	0,00%
ESt e=43%	4,63%	5,71%	4,40%	5,45%
e=30%	5,00%	5,86%	4,88%	5,68%
GewSt H= 0%	17,50%	-	16,56%	-
H=800%	0,00%	0,00%	0,00%	0,00%
Substanzsteuern:				
ohne	7,00%	9,33%	6,81%	8,95%
verdoppelte	1,46%	1,84%	1,37%	1,70%
Rechnungszins 10%	-	-	-	-

1) Mit der EAV Typ 5 ergibt sich für Frauen bei Anwartschaftsstatik bzw. -dynamik ein Wert von 4,24% bzw 5,50%.

2) In der modifizierten Form mit identischem Zusageniveau im Stabilitätsfall wie im Grundmodell. Vgl. Abschn. C.II.2.4.3

Übersicht 41: Kritische Zinssätze im modifizierten Grundmodell beim Vorteilsvergleich zwischen Kapital und Rente

Modifikation des Grundmodells	Die Rentenzusage wird vorteilhaft ab einem Zins von ...... für die			
	EAV Typ 1		EAV Typ 2	
	Anwartschafts-statik	Anwartschafts-dynamik	Anwartschafts-statik	Anwartschafts-dynamik
Geschlecht: Frauen[1]	8,1%	9,2%	8,0%	9,0%
mit Ausgangsbestand	8,0%	9,3%	7,9%	9,0%
Fluktuation Typ 0	8,1%	9,0%	7,9%	8,9%
Fluktuation Typ 2	8,1%	9,5%	7,9%	9,1%
Bestandswachstum b=+1%	8,1%	9,7%	8,0%	9,4%
Bestandswachstum b=-1%	8,1%	8,8%	8,0%	8,6%
Pensionszusage[2] Typ 2	8,1%	9,6%	8,1%	9,5%
Realwachstum r=1,025	16,9%	-	16,4%	-
Realwachstum r=0,975	5,3%	5,3%	5,3%	5,3%
Realzins i_o=3,5%	13,9%	18,7%	13,6%	18,2%
Realzins i_o=5,5%	5,5%	5,5%	5,5%	5,5%
ESt e=43%	8,4%	9,3%	8,2%	9,1%
ESt e=30%	8,7%	9,4%	8,6%	9,2%
GewSt H= 0%	19,1%	-	18,3%	-
GewSt H=800%	4,5%	4,5%	4,5%	4,5%
Substanzsteuern: ohne	10,4%	12,3%	10,2%	12,0%
Substanzsteuern: verdoppelte	5,7%	6,0%	5,6%	5,9%
Rechnungszins 10%	-	-	-	-

1) Mit der EAV Typ 5 ergibt sich für Frauen bei Anwartschaftsstatik bzw. -dynamik ein Wert von 8,0% bzw 9,1%.

2) In der modifizierten Form mit identischem Zusageniveau im Stabilitätsfall wie im Grundmodell. Vgl. Abschn. C.II.2.4.3

Zinssätze in Übersicht 39 verwiesen werden. Festzuhalten bleibt, daß Eigenkapitaläquivalenz bei einer anwartschaftsdynamischen Kapitalzusage normalerweise nicht erreichbar ist.

Ein Vergleich zwischen "Kapital" und "Rente" kann nicht ohne Hinweis auf den Aspekt der biologischen Unsicherheit abgeschlossen werden: Es leuchtet unmittelbar ein, daß bei gegebenem Bestandsumfang der Streubereich um die Erwartungswerte der zusagebedingten finanziellen Ergebnisgrößen bei Kapitalabfindungen größer ausfällt als bei der Rentenzusage. Für Unternehmen mit mittleren oder gar kleineren Personalbeständen ist dies ein durchaus ernst zu nehmender Gesichtspunkt. Unter diesem Aspekt ist die Rentenzusage "im Vorteil".

D. Schlußbetrachtung

Hier sollen aus den Zusammenfassungen in Kapitel B und C zunächst die wichtigsten Ergebnisse zusammengestellt werden, die in der Fülle der mit einer systematischen Untersuchung der Modellparameter verbundenen Informationen untergehen können.

Dazu gehören insbesondere die gefundenen verallgemeinerbaren Beziehungen, die in jedem Beharrungszustands-Modell Gültigkeit besitzen, ferner die Antworten auf die in Abschnitt A.I.7 aufgeworfenen Fragen.

I. Hauptergebnisse der Untersuchung

1. Ergebnisse zum Beharrungszustands-Modell

Mit der für den interessierten Leser ausführlich gestalteten Einführung des Beharrungszustands in Abschnitt B.II.3.1 und zum Beginn von Abschnitt B.II.3.2 wurden die bekannten charakteristischen Eigenschaften zusammengestellt, die sich für den versorgungsberechtigten Personenbestand und die zusagebedingten finanziellen Größen im Beharrungszustand ergeben.

Demnach läßt sich der absolute bzw. relative Beharrungszustand eines Systems finanzieller Größen dadurch charakterisieren, daß alle absoluten bzw. g-relativen finanziellen Größen stationär sind, d.h. im zeitlichen Ablauf verändern sich die finanziellen Größen X_t von Periode zu Periode um den stationär vorgegebenen Wachstumsfaktor der Beginnrenten g:

$$X_{t+1} = g\, X_t \quad \text{für} \quad t = 0, 1, 2, \ldots.$$

Bei stationären Beginnrenten mit "g = 1" erhält man den absoluten Beharrungszustand mit zeitlich konstanten absoluten finanziellen Größen.

Aus der Konvergenz der Bestandsentwicklung gegen einen Beharrungszustand folgt mit stationär angenommenen wichtigen Rahmendaten und Parametern die Konvergenz der Vorsteuergrößen sowie der Nachsteuergrößen innerhalb der einzelnen Perioden, also auch der Periodenliquidität gegen einen Beharrungszustand.

Fraglich war jedoch das Konvergenzverhalten der Dauerschuldenreduktion V_T und der finanziellen Zielgröße "bilanzieller Eigenkapitalstand" EK_T bei einer Ausweitung des Planungshorizonts T über alle Grenzen. Es konnte[1] gezeigt werden, daß hierfür die Größe des "zentralen Dynamikfaktors" z die entscheidende Rolle spielt, wobei $z = q_s / g$ die Relation der finanziellen Wachstumsfaktoren angibt: q_s für Dauerschulden (nach Steuern) und g für die Beginnrenten.

Damit war eine Klassifizierung aller in Frage kommenden Modellsituationen möglich:

In der Modellsituation ***A*** mit $z > 1$ existiert der Kapitalwert des gesamten künftigen zusagebedingten Nachsteuer-Zahlungsstroms und stimmt mit dem Kapitalwert des bilanziellen Eigenkapitalstands überein; dem Ausgangsbestand kommt eine gewichtige Rolle zu.

In der Modellsituation ***B*** bei "z = 1" wachsen sowohl der Barwert wie der g-relative Endwert des zusagebedingten Nachsteuer-Zahlungsstroms im allgemeinen über alle Grenzen.

---

1) Vgl. Abschn. B.II.3.2.5

In der Modellsituation *C* mit z < 1 kann die Konvergenz der g-relativen Endwerte des zusagebedingten Nachsteuer-Zahlungsstroms gegen einen vom Ausgangsbestand unabhängigen Niveauwert gefolgert werden. Damit konvergiert das finanzielle Gesamtsystem gegen einen g-relativen Beharrungszustand mit vom Ausgangsbestand unabhängigen Niveauwerten.

Darüber hinaus konnte ein Ergebnis festgehalten werden, das für die Beurteilung des mit der Dynamisierung der Beginnrenten verbundenen Risikos wesentlich ist: in der Modellsituation *C* kann ein Versorgungswerk mit g-dynamischen Beginnrenten auch durch Bereitstellung eines noch so hohen Kapitalstocks nicht vorausfinanziert werden. Mit der Zusage g-dynamischer Beginnrenten riskiert man demnach die Übernahme des Prinzips des Generationenvertrags in das einzelne Unternehmen.

In einem Unternehmen auf Dauer bietet sich bei fortgesetzter ordnungsgemäßer Erfüllung der Pensionsverpflichtungen das bilanzielle Eigenkapital als Entscheidungskriterium eines Endwertmodells an[1]. Mit dieser Wahl des zusagebedingten Endvermögens betrachtet man die zusagebedingte langfristige Rücklagenveränderung.

Dieser Ansatz führt in der Modellsituation *A* zum Kapitalwert des zusagebedingten Zahlungsstroms C_0 und in der Modellsituation *C* zum g-relativen Niveauwert des bilanziellen Eigenkapitals EK als Meßgrößen.

Für ein Beharrungszustands-Modell mit einem über alle Grenzen wachsenden Planungszeitraum ist es in einer Personengesellschaft plausibler, das Unternehmensziel der Einkommensmaximierung anstelle der Endwertmaximierung zu unterstellen. Hierfür kann eine g-dynamische Annuität mit dem Ausgangsbetrag M angegeben werden, die bei identischem zentralen Dynamikfaktor z eine äquivalente Meßgröße darstellt.

Als geeignete Bezugsgröße für die in dieser Arbeit angestrebten Relativangaben[2] erweist sich die Lohn- und Gehaltssumme[3] des begünstigten Mitarbeiterkreises; sie ermöglicht eine Einordnung der Größenordnung zusagebedingter Ergebnisse sowie den Vergleich unterschiedlicher Pensionszusagen; ferner ist sie invariant gegenüber ihrem stationären Steigerungsfaktor l. Bei unterschiedlicher Bestands- oder Bezügeentwicklung kommt ihr eine Normierungsfunktion zu.

Als relative Meßgröße μ wurde daher das Verhältnis der zusagebedingten Annuität M zur Niveaugröße der Lohn- und Gehaltssumme nach Ertragsteuern LG $(1 - t_1)$ festgelegt:

$$\mu := M / (LG(1 - t_1)).$$

Anhand dieser Meßgröße μ konnten nach Festlegung des konkreten Rechenmodells in Abschnitt B.III mit einem Grundmodell und der Auswahl geeigneter Modifikationen die Vergleichsberechnungen des Kapitels C zu den unterschiedlichen Anpassungsmodi der laufenden Renten sowie zur Vorteilhaftigkeit einer garantierten Rentenanpassung bzw. einer Kapital- anstelle einer Rentenzusage vorgenommen werden.

---

1) Vgl. Abschn. B.II.3.3.1

2) Die Meßgrößen C_0, EK und M sind Erwartungswerte von über den gesamten Bestand hin aufaddierten absoluten Summengrößen, bei deren Prognose im Hinblick auf die biologische Ungewißheitskomponente weitere Angaben zur Verteilung oder zumindest zum Streubereich erforderlich sind. Bei den Relativangaben dagegen kann der Aspekt der biologischen Unsicherheit mit zunehmendem Bestandsumfang vernachlässigt werden. Vgl. Abschn. B.II.2.2.2

3) Vgl. Abschn. B.II.3.3.2

Darüber hinaus konnten innerhalb der Modellsituation *C* allgemein gültige Zusammenhänge aufgezeigt werden, insbesondere die Invarianz[1] der Meßgröße μ gegenüber der Höhe wichtiger Steuersätze und - daraus abgeleitet - die Analysemöglichkeiten[2] zur Eigenkapitaläquivalenz-Schwelle f(...) als Funktion von Modellparametern:

Der Einfluß der Modellkonzeption für den Kalkulationszinsfuß auf die Eigenkapitaläquivalenz-Schwelle kann innerhalb der Modellsituation *C* mit Hilfe der einfachen Ungleichung

$$A / R \leq g^{-1} \ (1 + \hat{\imath} - g) =: f(\ldots)$$

analysiert werden, deren Gültigkeit notwendig und hinreichend ist für das Überschreiten der Schwelle zur Eigenkapitaläquivalenz.

Mit dem Verhältnis des Baraufwands A zur Rückstellung R sind in Gestalt der Kennziffer A / R auf der linken Seite der Ungleichung alle zusagebedingten Komponenten zusammengefaßt, während die rechte Seite der Ungleichung nur noch vom Steigerungsfaktor der Beginnrenten g und von dem um den gewerbesteuerlichen Substitutionseffekt[3] erhöhten Brutto-Kalkulationszinsfuß $\hat{\imath}$ abhängt. Insbesondere hängt also die Frage, o b die Schwelle zur Eigenkapitaläquivalenz überschritten werden kann, in der Modellsituation *C* nicht von der Höhe des ESt-, KiSt- und VSt-Satzes ab.

Ferner kann der Einfluß der für das inflationsabhängige Zins- und Bezügekonzept des Grundmodells wichtigen Basis-Modellgrößen

- Inflationsrate
- Realzins
- Überwälzungsfaktor
- Faktor für die reale Entwicklung der Brutto-Aktiveneinkommen

sowie des gewerbesteuerlichen Substitutionseffekts in Gestalt des Hinzurechnungsanteils bei Dauerschulden und des Hebesatzes auf die rechte Seite der Ungleichung f(...) untersucht werden.

Diese erhöht sich c.p. mit

- höherem Realzins
- höherem Überwälzungsfaktor
- erhöhtem Substitionseffekt
- niedrigerer Entwicklung der Brutto-Aktiveneinkommen.

Bei gegebenem Realzins und fixiertem Substitutionseffekt läßt sich ein "kritischer" Überwälzungsfaktor angeben[4], bei dessen Ansatz die Funktion f(...) nicht von der Höhe der Inflation abhängt; beim Ansatz eines höheren/niedrigeren Überwälzungsfaktors ergibt sich ein mit steigender Inflation monoton wachsendes/fallendes f(...).

Mit einem erhöhten Ansatz des Realzinses/Überwälzungsfaktors/Substitutionseffekts ist c.p. eher Eigenkapitaläquivalenz erreichbar, da f(...) bei modellmäßig unverändertem A / R steigt. Dagegen

---

1) Vgl. Abschn. C.I.2.1.6
2) Vgl. Abschn. C.I.2.1.7
3) Vgl. Abschn. C.I.2.1.6
4) Der kritische Überwälzungsfaktor beträgt im Akkumulationsmodell gerade 100%; er reduziert sich mit steigendem Substitutionseffekt und beträgt im Grundmodell ca. 91,6%. Vgl. Abschn. C.I.2.1.7

beeinflußt ein veränderter Ansatz der Inflation und/oder des Faktors für die reale Entwicklung der Brutto-Aktiveneinkommen auch die Höhe der Kennziffer A / R, womit Aussagen zur Eigenkapitaläquivalenz erst durch den Vergleich von f(...) mit den Ergebnissen der Modellrechnung für A / R ermöglicht werden. Es zeigte sich, daß die Kennziffer A / R im Grundmodell mit steigender Inflation monoton fällt und bei Volldynamik[1] nicht von der Inflation abhängt.

Für den Spezialfall der Volldynamik konnte weiter gezeigt werden, daß auch die Meßgröße μ innerhalb der Modellsituation ***C*** beim Ansatz des kritischen Überwälzungsfaktors nicht von der Inflation abhängt; beim Ansatz eines höheren/niedrigeren Überwälzungsfaktors folgt eine mit zunehmender Inflation monoton steigende/fallende Meßgröße μ.

Diese Aussage zur Volldynamik beruht auf der im (modifizierten) Grundmodell für den Bereich der Modellsitutation ***C*** allgemein geltenden transparenten Beziehung[2]

$$\mu \, LG = \hat{\imath} \, (g^{-1} R) - A - U,$$

aus der sich unmittelbar die Invarianzeigenschaft von μ ablesen läßt: bis auf den gewerbesteuerlichen Substitutionsvorteil ist die Meßgröße μ innerhalb der Modellsituation ***C*** steuersatz<u>un</u>abhängig.

Darüber hinaus können auf denkbar einfache Weise beliebige Modifikationen der im Baraufwand A enthaltenen Verwaltungskosten und PSVaG-Beiträge vorgenommen werden[3]; solange der Bereich der Modellsituation ***C*** nicht verlassen wird, lassen sich auch die Auswirkungen eines modifizierten Kalkulationszinsfußes sowie des Substitutionseffekts auf die Meßgröße μ ermitteln.

Im Bereich der Modellsituation ***C*** stellen sich demnach leicht durchschaubare Zusammenhänge ein, die verallgemeinerbare Schlußfolgerungen zulassen; durch einfaches Umrechnen der einmal durch die Modellrechung bereitgestellten Ergebniszahlen sind Modifikationen möglich, die in der Modellsituation ***A*** eine erneute, vollständige Durchführung der Modellrechnung erfordern.

2. Hauptaussagen aus den Modellrechnungen

Zu den in Abschnitt A.I.7 gestellten Fragen lauten die wichtigsten Ergebnisse wie folgt:

2.1 Anpassung der laufenden Renten

Zu den unterschiedlichen Anpassungsmodi der laufenden Renten haben die Modellrechnungen sowohl beim Ansatz des inflationsunabhängigen Kalkulationszinsfußes (i = 8%) als auch beim Konzept des von der Inflationsrate p abhängigen Kalkulationszinsfußes (i = i(p)) ergeben, daß sich im Beharrungszustand sowohl bei Entnahmestreben als auch bei Vermögensstreben die finanziellen Zielgrößen c.p. verschlechtern, wenn bei fixierter Inflationsrate der Anpassungsmodus eine erhöhte Anpassung vorsieht oder in kürzeren Zeitabständen angepaßt wird.

---

1) Bei Volldynamik erhöhen sich insbesondere alle Beginnrenten sowie die laufenden Renten von Periode zu Periode mit dem Steigerungsfaktor g der Löhne und Gehälter. Vgl. das Ende von Abschn. C.I.2.1.7

2) Die zusagebedingte Annuität vor Ertragsteuern ergibt sich aus dem Zins auf die Vorjahres-Rückstellung unter Berücksichtigung des Substitutionseffekts durch Abzug des Baraufwands sowie der Zuführung zur Rückstellung. Vgl. Gl. (95)

3) Vgl. Abschn. C.I.2.1.5

Ausgehend von einer Nullanpassung der laufenden Renten verschlechtert sich also - erwartungsgemäß - die Position der Finanzierung über Pensionsrückstellungen gegenüber der alternativen Fremdfinanzierung zunehmend beim

a) Ausgleich der halben Inflation im Drei-Jahres-Rhythmus ("Hälftelung"),

b) Ausgleich der vollen Inflation im Drei-Jahres-Rhythmus, jedoch begrenzt auf den Anstieg der Netto-Aktiveneinkommen (modellmäßige "Anpassung nach BetrAVG"),

c) Anpassung wie in Buchstabe b), jedoch mit jährlicher Anpassung,

d) Ausgleich der vollen Inflation im Drei-Jahres-Rhythmus,

wobei die Ergebnisdifferenzen zwischen den unterschiedlichen Anpassungsmodi a), b), und d), überraschend deutlich ausfallen[1].

Das vorstehende Ergebnis gilt sowohl für im Zeitablauf unverändert hohe, also statische Beginnrenten ("Anwartschaftsstatik") als auch für dynamisch an die Entwicklung der Brutto-Aktiveneinkommen gekoppelte Beginnrenten ("Anwartschaftsdynamik").

Zu den Auswirkungen einer ansteigenden Inflation kann im Fall der Anwartschaftsstatik[2] bei fixiertem Anpassungsmodus ohne Bezugnahme auf einen alternativen Anpassungsmodus festgestellt werden, daß sich die Position der Finanzierung über Pensionsrückstellungen gegenüber der alternativen Fremdfinanzierung bei Entnahmestreben mit einem im Zeitablauf gleichbleibenden Entnahmestrom c.p. mit steigender Inflation und entsprechend erhöhten Anpassungsbelastungen beim

a) inflationsunabhängigen Zinskonzept (i = 8%) monoton verschlechtert,
b) inflationsabhängigen Zinskonzept des Grundmodells (i = i(p)) monoton verbessert.

Im Gegensatz zu Aussage a) gilt die Aussage b) im Fall der Anwartschaftsdynamik[3] im relativen Beharrungszustand mit einem g-dynamischen Entnahmestrom bei relativem Entnahmestreben (Annuität in Einheiten der jeweiligen, inflationsbedingt erhöhten Lohn- und Gehaltssumme) nur mehr für die Nullanpassung, während sich beim Ausgleich der vollen Inflation oder gar bei Volldynamik eine monotone Verschlechterung ergibt; bei Anpassungs-Zwischenformen hängt das Ergebnis von der Höhe und vom Zeitraum der Anpassung der laufenden Renten sowie von der Bestandsstruktur ab[4].

Konzipiert man das Rechenmodell mit einem Überwälzungsfaktor, der im Gegensatz zum Grundmodell den kritischen Überwälzungsfaktor[5] übersteigt, dann folgt[6] im Bereich der Modellsituation ***C*** auch bei Volldynamik eine mit steigender Inflation monoton verbesserte Meßgröße μ.

Übereinstimmend gilt sowohl bei Anwartschaftsstatik wie bei Anwartschaftsdynamik: Bei absolutem[7] Vermögensstreben verschlechtert sich nach dem Dominanzkriterium[8] der bilanzielle

1) Vgl. Abb. 6 und 7 sowie 12 und 13
2) Vgl. Abschn. C.I.1.6
3) Vgl. Abschn. C.I.2.6
4) Vgl. im einzelnen die Teilergebnisse 34, 35 und 53 bis 57
5) Vgl. dazu Abschn. C.I.2.1.7, Teilergebnis 45
6) Vgl. dazu Abschn. C.I.2.2, Teilergebnis 56
7) Zum relativen Vermögensstreben vgl. Abschn. C.I.2.6
8) Vgl. Anhang 7, Nr. 5 g)

Eigenkapitalstand auf die Dauer mit steigender Inflation zunehmend, solange nicht Eigenkapitaläquivalenz[1] erreicht ist.

Analog dazu ergibt sich im Fall der Anwartschaftsdynamik: Bei absolutem Entnahmestreben verschlechtert sich der zusagebedingte Entnahmestrom auf die Dauer mit steigender Inflation zunehmend, solange nicht Eigenkapitaläquivalenz erreicht ist.

Im Gegensatz zur Anwartschaftsstatik kann bei Anwartschaftsdynamik im Grundmodell nicht einmal bei Nullanpassung, geschweige denn bei den alternativen Anpassungsmodi für die laufenden Renten Eigenkapitaläquivalenz erzielt werden, jedenfalls nicht im Bereich der untersuchten Inflationsraten bis zu 20%.

Eigenkapitaläquivalenz wird jedoch erreichbar[2], wenn man eine verstärkte Inflationsabhängigkeit des Kalkulationszinsfußes annimmt. Mit der Erhöhung des im Grundmodell angesetzten Überwälzungsfaktors von 80% auf 100% oder gar 120% kann die Schwelle zur Eigenkapitaläquivalenz überschritten werden, und zwar bei der Nullanpassung noch unterhalb des Bereichs der unverträglich[3] hohen Inflationsraten. Bei hinzutretender, zunehmend verstärkter Anpassung der laufenden Renten verschiebt sich die Schwelle zur Eigenkapitaläquivalenz - insbesondere bei ungünstiger Bestandsstruktur - in den Bereich der unverträglich hohen Inflationsraten. Im Extremfall der Volldynamik wird Eigenkapitaläquivalenz sowohl mit einem Überwälzungsfaktor von 100% als auch von 120% erst im Bereich der unverträglich hohen Inflationsraten erreicht.

Zum Ausmaß der Belastung durch die laufenden Renten ergaben sich die folgenden Aussagen:

Die im Vergleich zur Nullanpassung zu verzeichnende, mit der Meßgröße μ gemessene Anpassungs-Mehrbelastung wächst sowohl bei Anwartschaftsstatik[4] als auch bei Anwartschaftsdynamik[5] beim Ansatz eines inflationsunabhängigen Kalkulationszinsfußes von 8% mit steigender Inflation relativ steil an; eine Obergrenze ist nicht ersichtlich.

Dagegen ist das Ausmaß der Anpassungs-Mehrbelastung beim inflationsabhängigen Ansatz des Kalkulationszinsfußes "$i = i(p)$" mit dem Überwälzungsfaktor des Grundmodells von 80% immerhin unterhalb einer Inflation von 20%, vielfach allerdings erst im Bereich der unverträglich hohen Inflationsraten eingrenzbar; dies gilt nicht mehr im Fall der Anwartschaftsdynamik bei der Anpassung nach BetrAVG im jährlichen Anpassungsrhythmus, beim Ausgleich der vollen Inflation sowie bei Volldynamik.

Die Anpassungs-Mehrbelastung beträgt mit dem Überwälzungsfaktor des Grundmodells von 80% im ungünstigsten betrachteten Fall bei Volldynamik 246% der mit der Einführung des Versorgungswerks bei Stabilität verbundenen Gesamtbelastung. Für die unterschiedlichen Anpassungsmodi der laufenden Renten sowie für die übrigen Modifikationen sind die auftretenden Maximalwerte in den Übersichten 20, 28 und 29 zusammengestellt. Ihre Größenordnung reagiert empfindlich auf den Ansatz des Kalkulationszinsfußes bei Stabilität.

---

1) Die hierfür im (modifizierten) Grundmodell erforderlichen kritischen Zinssätze sind in den Übersichten 21, 30 und 31 zusammengestellt. Sie erhöhen sich aufgrund der Anpassung der laufenden Renten erheblich.

2) Vgl. Abschn. C.I.2.1.7

3) Bei Inflationsraten von mehr als 9% liegt der Kalkulationszinsfuß im Grundmodell über 12%, womit der im Rechenmodell angesetzte Rechnungszinsfuß von 6% für die Teilwertberechnung nach § 6a EStG als unrealistisch niedrig anzusehen ist. Vgl. dazu die Modifikation des Rechnungszinsfußes in Abschn. C.I.2.4.5.4

4) Vgl. Abschn. C.I.1.5

5) Vgl. Abschn. C.I.2.5

Mit dem erhöhten Ansatz eines Überwälzungsfaktors von 100% bzw. 120% ist eine ganz erhebliche Reduktion der Anpassungs-Mehrbelastung bei Volldynamik verbunden; das Maximum der Mehrbelastung wird allerdings erst im Bereich der unverträglich hohen Inflationsraten angenommen.

Generell ist der Einfluß der Bestandsstruktur auf die Größenordnung der Ergebnisse sowie der Vergleichsergebnisse relativ groß.

Die wohl wichtigste Erkenntnis aus den Modellrechnungen zur Anpassung der laufenden Renten lautet:

Insgesamt ergibt sich für die Anpassung der laufenden Renten bei Anwartschaftsdynamik ein deutlich schlechteres Bild als bei Anwartschaftsstatik; durch die Dynamik der Beginnrenten erhöht sich das Risiko aus der Anpassung der laufenden Renten sogar in Einheiten der jeweiligen Lohn- und Gehaltssumme.

2.2 Garantierte Anpassung der laufenden Renten

Mit der Zusage einer von vornherein garantierten Rentenanpassung in angemessener Höhe können die dem Grunde und der Höhe nach feststehenden Mindest-Rentenerhöhungen voll vorausfinanziert werden.

Für das inflationsabhängige Zinskonzept des Grundmodells liefern die Modellrechnungen die für Anwartschaftsstatik und Anwartschaftsdynamik übereinstimmenden Aussagen:

Der Vorteilsvergleich zwischen garantierter Rentenanpassung und modellmäßiger Anpassung nach BetrAVG geht im modifizierten Grundmodell für Inflationsraten von mehr als 2,5% deutlich zugunsten der garantierten Rentenanpassung aus. Im Bereich kleinerer Inflationsraten sinkt die Überlegenheit der garantierten Rentenanpassung; die jeweils kritische Inflationsrate hängt von der Höhe der garantierten Anpassungsrate ab. Bei einer Inflationsrate von 1% oder weniger ist die garantierte Rentenanpassung nicht mehr vorteilhaft; trotz der erhöhten Vorausfinanzierung kann in diesem Bereich mit dem niedrigen Brutto-Kalkulationszins des Grundmodells zwischen 4,5% und 5,3% der Anstieg des Baraufwands durch erhöhte Rentenzahlungen und PSVaG-Beiträge nicht kompensiert werden[1].

Bei alternativem Ansatz eines inflationsunabhängigen Kalkulationszinsfußes von 8% erweist sich die garantierte Anpassung bei Anwartschaftsstatik für alle untersuchten Inflationsraten als vorteilhaft; bei Anwartschaftsdynamik[2] allerdings endet der Vorteilsbereich einer angemessenen garantierten Rentenanpassung bei einer Inflation zwischen 8% und 9%, also erst in dem für einen Kalkulationszins von 8% unrealistischen Bereich.

Der im Grundmodell für Eigenkapitaläquivalenz erforderliche Zinssatz reduziert sich bei Anwartschaftsstatik durch die Zusage einer angemessenen garantierten Rentenanpassung nicht unerheblich. Bei Anwartschaftsdynamik ist mit dem Zinskonzept des Grundmodells bei einem Überwälzungsfaktor von 80% mit garantierten Anpassungsraten von 1,5% p.a. und 3% p.a. Eigenkapitaläquivalenz nicht erzielbar; beim Ansatz eines Überwälzungsfaktors von 100% bzw. 120% kann die Eigenkapitaläquivalenz-Schwelle überschritten werden, bei günstiger Bestandsstruktur

---

1) Vgl. Abschn. C.I.1.3
2) Vgl. Abschn. C.I.2.3

sogar im realistischen Bereich der nicht zu hohen Inflationsraten bzw. Kalkulationszinsfüße.

Als Hauptergebnis kann festgehalten werden:

Beim inflationsabhängigen Zinskonzept des Grundmodells kann mit der Zusage einer angemessenen garantierten Rentenanpassung im Bereich einer Inflation von mehr als 2,5% eine deutliche Ergebnisverbesserung gegenüber der modellmäßigen Anpassung nach BetrAVG erreicht werden, beim Ansatz eines inflationsunabhängigen Kalkulationszinsfußes von 8% gilt dies auch im Bereich der niedrigen Inflationsraten von 2,5% und weniger.

2.3 Kapitalzusage versus Rentenzusage

Beim Vergleich der unterschiedlichen Leistungsformen "Kapital" und "Rente" werden die mit Eintritt eines Versorgungsfalles ansonsten einsetzenden Rentenleistungen wie bei der Berechnung der Pensionsrückstellung kapitalisiert und als Kapitalabfindung sofort ausgezahlt. Die Auswirkungen des offenkundigen Liquiditätsvorteils der Rentenzusage bei Eintritt des Versorgungsfalls sind als finanzwirtschaftlicher "Verrentungseffekt" zu quantifizieren. Dazu liefern die Beharrungszustands-Modellrechnungen im (modifizierten) Grundmodell die folgenden Aussagen:

Für das inflationsabhängige Zinskonzept des Grundmodells[1] mit "i = i(p)" einerseits und den modifizierten fixen Ansatz mit "i = 8%" andererseits erhält man gegenläufige Aussagen zum Vorteilsbereich der Kapital- gegenüber der Rentenzusage mit modellmäßiger Anpassung nach BetrAVG.

Mit "i = 8%" ergibt sich bei Stabilität ein Vorteil der Rentenzusage, also ein positiver Verrentungseffekt, der bis zu einer Inflation von etwas über 4% auf Null absinkt; mit weiter steigender Inflation erhält man einen zunehmend weiter ansteigenden Vorteil der Kapitalzusage.

Mit "i = i(p)" im Grundmodell resultiert bei Stabilität ein Vorteil der Kapitalzusage, also ein negativer Verrentungseffekt, der bis zu einer Inflation von etwas über 4% bei Anwartschaftsstatik und bestandsabhängig zwischen 5,4% und 5,7% bei Anwartschaftsdynamik auf Null absinkt; mit weiter steigender Inflation ergibt sich ein moderat wachsender Vorteil der Rentenzusage.

Ferner wirkt sich der Anpassungsmodus der laufenden Renten[2] ganz erheblich auf den Vorteilsbereich aus. Bei Nullanpassung bzw. Hälftelung ist die Kapitalzusage im modifizierten Grundmodell mit "i = i(p)" nicht einmal bis zu einer Inflation von 1% bzw. 2% vorteilhaft, beim Ausgleich der vollen Inflation jedoch weit bis in den Bereich der unverträglich hohen Inflationsraten hinein (Anwartschaftsstatik) bzw. bis ans Ende des Untersuchungsbereichs mit einer Inflation von 20% (Anwartschaftsdynamik).

Für das (modifizierte) Grundmodell war festzustellen, daß bei der Kapitalzusage durchweg höhere Zinssätze für Eigenkapitaläquivalenz erforderlich sind als bei der Rentenzusage[3].

Der Ansatz eines erhöhten Überwälzungsfaktors wirkt sich im Vorteilsvergleich zwischen Kapital und Rente deutlich zugunsten der Rentenzusage aus[4].

---

1) Vgl. Abschn. C.II.1.1.2 und C.II.2.1.2
2) Vgl. Abschn. C.II.1.2 und C.II.2.2
3) Vgl. Abschn. C.II.1.6 und C.II.2.6
4) Vgl. Abschn. C.II.2.5

Als Hauptergebnis kann festgehalten werden:

Die Lage des Vorteilsbereichs erweist sich als überraschend stabil gegenüber der Bestandsstruktur und hängt empfindlich vom Anpassungsmodus der laufenden Renten sowie von einem veränderten Ansatz des Kalkulationszinsfußes ab.

II. Ausblick

Beim Vergleich zwischen der Kapital- und Rentenzusage ist besonders deutlich geworden, wie stark sich der Ansatz einzelner Modelleinflußgrößen auf das Ergebnis des Vorteilsvergleichs auswirken kann. Auch aus der systematischen Untersuchung der Modifikationen zum Grundmodell kann man ersehen, daß es bei geeigneter Kombination der Modellparameter vielfach möglich ist, tendenziell vorgegebene Aussagen mit einem passenden, nicht unplausiblen Modell-Ansatz zu "belegen" oder auch zu "widerlegen". Der verallgemeinerbare Kern aus den Modellrechnungen, aus dem Empfehlungen abgeleitet werden können, ist daher beschränkt; Empfehlungen können vielfach nur bedingt abgegeben werden.

Der Kalkulationszinsfuß nimmt beim isolierten Vorteilsvergleich in natürlicher Weise eine zentrale Stellung ein. Die in Kapitel C alternativ mit dem inflationsunabhängigen (i = 8%) bzw. inflationsabhängigen (i = i(p)) Zinsansatz durchgeführten Berechnungen führen zu unterschiedlichen Ergebnistendenzen. Die Schlußfolgerungen hängen demnach vom Credo des Lesers zum Zinskonzept ab.

Aber auch bei der in der vorliegenden Untersuchung bevorzugten positiven Korrelation zwischen Zins und Inflation, hier erfaßt durch eine lineare Verknüpfung, verbleibt ein beachtlicher Spielraum beim Ansatz der Komponenten "Realzins" und "Überwälzungsfaktor".

Dies wirkt sich beim zinsempfindlichen Vorteilsvergleich zwischen Kapital und Rente so gravierend aus, daß es schwerfällt, bei der Rechtslage des Jahres 1992 eine allgemein gültige Empfehlung auszusprechen. Falls künftig die Gewerbesteuer in Wegfall kommen und/oder der Rechnungszins nach § 6a EStG erhöht werden sollte, dann könnte die Kapitalzusage eine attraktive Alternative zur Rentenzusage werden. Insofern "ist deshalb ein Unternehmen möglicherweise gut beraten, das sich im Hinblick auf die Zukunft offenhält, ob es seine betriebliche Versorgung in laufenden Rentenleistungen oder in Einmalbeträgen gewährt."[1]

Eine Empfehlung des Inhalts, sich Handlungsfreiräume offenzuhalten, findet leichter ein offenes Ohr, als der Ratschlag, sich im vorhinein verbindlich festzulegen, etwa mit der Zusage einer garantierten Rentenanpassung. Viele Unternehmer scheuen erfahrungsgemäß angesichts der unsicheren künftigen Umweltsituationen vor der Zusage einer Anpassungsgarantie für die laufenden Renten zurück, insbesondere wenn es darum geht, die garantierte Rentenanpassung für ein bereits bestehendes Versorgungswerk zusätzlich zuzusagen. Das ist verständlich, denn niemand kann heute sicher ausschließen, daß künftig länger andauernde Perioden mit nahezu stabilen oder gar deflationären Verhältnissen mit der Konsequenz von Mehrbelastungen durch die Anpassungsgarantie auftreten können.

Anders ist die Situation bei der Neueinführung eines Versorgungswerks. Obwohl hier die bei Stabilität aus einer angemessenen Anpassungsgarantie zu erwartende Mehrbelastung unter Einhaltung des vorgegebenen Dotierungsrahmens von vornherein eingerechnet - und damit auch

1) Vgl. Rauser, K.-D., (Alternative 1981), BB 1981, S. 1291

vorausfinanziert - werden kann[1], begegnet man zuweilen Bedenken, die somit eingegangene Bindung könne sich aufgrund künftiger Änderungen der rechtlichen Rahmenbedingungen zugunsten der Unternehmen im nachhinein als unnötiges Zuviel erweisen; genannt werden in diesem Zusammenhang Hoffnungen auf eine Änderung des Bilanzrechts in Richtung einer Trendberücksichtigung bei den Pensionsrückstellungen oder auf eine gesetzliche Entschärfung des § 16 Betriebsrentengesetz in der derzeitigen Auslegung durch das Bundesarbeitsgericht.

Unabhängig von der bilanzrechtlichen Problematik einer Trendberücksichtigung bei der Bewertung von Pensionsverpflichtungen[2] wird der Fiskus angesichts der sich mehr und mehr abzeichnenden Belastungen aus der Finanzierung der deutschen Einheit noch weniger als bisher bereit sein, das sozialpolitische Doppelziel einer Dynamisierung der Betriebsrenten und einer weiteren Ausbreitung der betrieblichen Altersversorgung durch trendbedingt erhöhte Pensionsrückstellungen zu fördern.

Damit steht man vor der Frage, ob der sozialpolitische Zielkonflikt zwischen der Dynamisierung und der weiteren Ausbreitung betrieblicher Versorgungsleistungen durch Abstriche bei der Anpassungsregelung des § 16 Betriebsrentengesetz entschärft werden kann.

Aus der Sicht der Arbeitgeber führt ein hälftiger Inflationsausgleich im gesetzlichen Drei-Jahres-Turnus zu einer klaren Reduktion des Anpassungsrisikos, verbunden mit einem deutlich verbesserten finanzwirtschaftlichen Ergebnis. Die Hälftelung kann allerdings bei längeren Rentenlaufzeiten mit einer dauerhaften Teuerung von durchschnittlich[3] 3% p.a. zu einem gravierenden[4] Kaufkraftverlust der Betriebsrenten und damit zu eben den Problemen führen, die das Bundesarbeitsgericht Anfang der siebziger Jahre zugunsten der Betriebsrentner entschieden hat.

Die Gefahr einer spürbaren Auszehrung der Betriebsrenten kann wesentlich verringert werden durch eine grundsätzliche Mindest-Anpassungsverpflichtung zwischen 80% und 90% der Inflation im gesetzlichen Drei-Jahres-Turnus, entsprechend der vorstehend untersuchten modellmäßigen "Anpassung nach BetrAVG". Mit dieser Regelung wäre eine übermäßige Auszehrung der lang laufenden Betriebsrenten nur im Falle eines gegenüber der Vergangenheit dauerhaft erhöhten Inflationsniveaus zu befürchten; gegenüber einem grundsätzlich vollen Inflationsausgleich wäre eine spürbare Verbesserung des finanzwirtschaftlichen Ergebnisses zu erwarten.

Vor allem aber würde damit ein Signal gesetzt: der Arbeitgeber müßte die Inflationsfolgen nicht mehr nahezu[5] allein tragen. Dieser psychologische Aspekt könnte von nicht zu unterschätzender Bedeutung sein.

Im Hinblick auf die Bereitschaft der Arbeitgeber zur Neueinführung einer betrieblichen Altersversorgung verbleibt allerdings das Problem der Unsicherheit. Unabhängig davon, ob die gesetzliche Anpassungsregelung einen grundsätzlich vollen oder teilweisen Ausgleich der Inflation beinhaltet, die Dynamisierung der Betriebsrenten stellt einen zusätzlichen Unsicherheitsfaktor dar.

Dazu haben die vorstehenden Untersuchungen ergeben, daß bei einer Koppelung der Beginnrenten an die Entwicklung der Brutto-Aktiveneinkommen das Risiko aus der Anpassung der

---

1) Vgl. Neuburger, E., (Anpassung 1980), BB 1980, S. 1646
2) Vgl. Abschn. B.I.4.4.2
3) Das ist der in der Vergangenheit (seit 1950) beobachtete Durchschnittswert. Vgl. Abschn. A.I.3
4) Vgl. Abschn. C.I.1.2
5) Die zeitliche Verzögerung der Anpassungen im gesetzlichen Drei-Jahres-Turnus geht - verglichen mit einer alljährlichen Anpassung - zu Lasten der Betriebsrentner.

laufenden Renten sogar in Einheiten der jeweiligen[1] Lohn- und Gehaltssumme ansteigen kann. Insofern sind - entgegen der sozialpolitischen Zielsetzung - statische Beginnrenten vorzuziehen, die von Fall zu Fall ohne rechtliche Verpflichtung zu geeigneten Zeitpunkten angehoben werden können.

Bei jeder Anhebung von statischen Beginnrenten lassen sich der Kapitalwert der mit dieser Maßnahme auf Dauer - im Beharrungszustand - zu erwartenden finanziellen Auswirkungen sowie die zugehörige gleichbleibende Annuität berechnen. Die langfristigen Nachsteuer-Auswirkungen eines betrieblichen Versorgungswerks können die Informationen aus einer detaillierten zeitlichen Fortentwicklung über die Aktivitätsdauer der vorhandenen Mitarbeiter hinaus ergänzen und dazu beitragen, das "lange Ende" von Pensionszusagen bei geeigneten Modifikationen der untersuchten Umweltsituationen transparent zu machen.

Den Unternehmen kann - kurz gefaßt - empfohlen werden, bei der Einrichtung eines allgemeinen Versorgungswerks bezügeabhängige Pensionszusagen zu vermeiden, eine von vorneherein eingerechnete angemessene garantierte Rentenanpassung zuzusagen sowie sich die Option einer Kapitalabfindung offenzuhalten.

Für ein bestehendes Versorgungswerk empfiehlt es sich, die Vorteile und Risiken einer angemessenen garantierten Rentenanpassung gründlich zu prüfen und eine Klausel mit der Möglichkeit der Kapitalabfindung - soweit nicht bereits vorhanden - bei passender Gelegenheit zu ergänzen.

Zur Frage "Kapital versus Rente" sollte die Entwicklung der steuerlichen Rahmenbedingungen und der eigenen Fremdfinanzierungs-Konditionen aufmerksam verfolgt werden.

---

1) Im Rechenmodell wächst die Lohn- und Gehaltssumme mit geometrischen Steigerungen an, was bei steigender Inflation im Zeitablauf zu einer deutlich überproportionalen Steigerung führt.

Literaturverzeichnis

ABA-Arbeitsgemeinschaft für betriebliche Altersversorgung e.V., (Insolvenzsicherung 1974): Die Insolvenzsicherung von Ruhegeldansprüchen auf dem Gebiet der betrieblichen Altersversorgung - Forschungsgutachten -, Heidelberg 1974

ABA-Arbeitsgemeinschaft für betriebliche Altersversorgung e.V., (Wirtschaftliche Lage 1980): Stellungnahme der ABA zur wirtschaftlichen Lage des Arbeitgebers im Rahmen der Anpassungsprüfung nach § 16 des Gesetzes zur Verbesserung der betrieblichen Altersversorgung (BetrAVG), BetrAV 1980, S. 156 - 163

ABA-Arbeitsgemeinschaft für betriebliche Altersversorgung e.V. (Hrsg.), (Handbuch 1988/92): Handbuch der betrieblichen Altersversorgung, Band II, Gesetze, Verordnungen, Richtlinien, Beispiele, 7., völlig neu bearbeitete und erweiterte Auflage, Wiesbaden 1992, einschließlich 27. Nachtrags-Lieferung zu Band II, abgeschlossen am 31. 03. 1992

ABA-Arbeitsgemeinschaft für betriebliche Altersversorgung e.V., (Anregungen 1989): Anregungen zur Reform der Unternehmensbesteuerung, Eingabe an den Bundesminister der Finanzen vom 30. 08. 1989, Anlage zum Mitglieder-Rundschreiben Nr. 11/89 vom 28. 09. 1989, S. 1 - 3

Adler, H. / Düring, W. / Schmaltz, K., (ADS 1968/71): Rechnungslegung und Prüfung der Aktiengesellschaft, Handkommentar, Band 1, Rechnungslegung, 4. Auflage, Stuttgart 1968/1971

Adler, H. / Düring, W. / Schmaltz, K., (ADS 1987): Rechnungslegung und Prüfung der Unternehmen, Kommentar zum HGB, AktG, GmbHG, PublG nach den Vorschriften des Bilanzrichtlinien-Gesetzes, 5. Auflage, völlig neu bearbeitet von Forster, K.H. u.a., Stuttgart 1987, nach dem Stand der 9. Teillieferung

Ahrend, P., (Merkmale 1980): Quantitative und qualitative Merkmale der betrieblichen Altersversorgung in der Bundesrepublik, Eine Analyse statistischer Erhebungen, in: Beratungs-GmbH für Altersversorgung Steuerberatungsgesellschaft Dr. Dr. Ernst Heissmann und Deutsches Institut für Betriebswirtschaft e.V. (Hrsg.), Betriebliche Altersversorgung im Umbruch, Berlin 1980, S. 37 - 67

Ahrend, P., (Bewährungsproben 1983): Bewährungsproben auch im Steuerrecht der betrieblichen Altersversorgung, in: Beratungs-GmbH für Altersversorgung Steuerberatungsgesellschaft Dr. Dr. Ernst Heissmann und Deutsches Institut für Betriebswirtschaft e.V. (Hrsg.), Neue Bewährungsproben für die betriebliche Altersversorgung, Wiesbaden 1983, S. 20 - 49

Ahrend, P., (Bewertung 1983): Betriebliche Versorgungslasten und ihre Bewertung, DStZ 1983, S. 331 - 339

Ahrend, P., (Tendenzen 1984): Neue Tendenzen in der Sozialpolitik - Analyse kontroverser Diskussionen -, in: Beratungs-GmbH für Altersversorgung Steuerberatungsgesellschaft Dr. Dr. Ernst Heissmann und Deutsches Institut für Betriebswirtschaft e.V. (Hrsg.), Tendenzwende im System der sozialen Sicherung, Situationsberichte und Initiativen, Wiesbaden 1984, S. 13 - 29

Ahrend, P., (Bilanzrichtlinien-Gesetz 1986): Die betriebliche Altersversorgung und das Bilanzrichtlinien-Gesetz - Veränderungen und Auswirkungen der neuen Gesetzgebung -, WPg 1986, S. 577 - 588

Ahrend, P., (Steuerliche Anreize 1986): Steuerliche Anreize zur Förderung der betrieblichen Altersversorgung, Bericht über Vorschläge des Fachausschusses Steuerrecht der ABA, BetrAV 1986, S. 126 - 131

Ahrend, P., (Fachausschuß Steuerrecht 1987): Aus der Arbeit des "Fachausschusses Steuerrecht", BetrAV 1987, S. 120 - 122

Ahrend, P., (Zukunftsperspektiven 1987): Betriebliche Altersversorgung - Aktuelle Fragen und Zukunftsperspektiven, VersW 1987, S. 1038 - 1051

Ahrend, P. / Dorow, S., (Betriebliche Altersversorgung 1978): Betriebliche Altersversorgung in der Bundesrepublik Deutschland, Strukturen, Umfang und Verbreitung sowie Aufwendungen und Vermögenswerte der betrieblichen Altersversorgung in der Bundesrepublik Deutschland im Jahre 1978, DB 1978, Beilage Nr. 19

Ahrend, P. / Förster, W., (Gesetz 1991): Gesetz zur Verbesserung der betrieblichen Altersversorgung, mit zivilrechtlichen, arbeitsrechtlichen, steuerrechtlichen Vorschriften und Erläuterungen, München 1991

Ahrend, P. / Rühmann, J., (Haftung 1982): Haftung ausgeschiedener Gesellschafter für betriebliche Versorgungsverpflichtungen, NWB 1982, Fach 26, S. 1759 - 1762

Ahrend, P. / Beucher, D. / Förster, W., (Hinterbliebenenversorgung 1985): Die Reform der Hinterbliebenenversorgung in der gesetzlichen Rentenversicherung und ihre rechtlichen und belastungsmäßigen Auswirkungen für die betriebliche Altersversorgung, DB 1985, Beilage Nr. 22

Ahrend, P. / Förster, W. / Rössler, N., (Anpassung 1978): Zur Anpassung betrieblicher Versorgungsleistungen - Kritische Auseinandersetzung mit dem Urteil des Bundesarbeitsgerichts vom 15. 09. 1977 - 3 AZR 654/76 -, BB 1978, Beilage Nr. 3

Ahrend, P. / Förster, W. / Rössler, N., (Prüfstand 1980): Rechtsprechung zur Anpassung von Betriebsrenten auf dem Prüfstand, - Kritische Analyse der Entscheidungen des Bundesarbeitsgerichts vom 17. 01. 1980 auf ihre rechtlichen und praktischen Konsequenzen -, BB 1980, Beilage Nr. 6

Ahrend, P. / Förster, W. / Rößler, N., (Bilanzrichtlinien-Gesetz 1986): Die Auswirkungen des Bilanzrichtlinien-Gesetzes auf die betriebliche Altersversorgung, DB 1986, Beilage Nr. 10

Ahrend, P. / Förster, W. / Rößler, N., (Steuerrecht 1992): Steuerrecht der betrieblichen Altersversorgung, mit arbeitsrechtlicher Grundlegung, unter Mitarbeit von Rühmann, J. / Nowak, U. / Meyer, H.-J., begründet von Heissmann, E., 3. Auflage, Köln 1992

Ahrend, P. / Förster, W. / Rühmann, J., (Betriebsvereinbarung 1987): Die abändernde und ablösende Betriebsvereinbarung, Instrumente zur Anpassung betrieblicher Versorgungsregelungen, Zugleich eine Besprechung des Beschlusses des Großen Senats des Bundesarbeitsgerichts vom 16. 09. 1986, BB 1987, Beilage Nr. 7

Ahrend, P. / Förster, W. / Walkiewicz, N., (Situationsanalyse 1990): Die betriebliche Altersversorgung in Bayern, Situationsanalyse - Anregungen, erstellt im Auftrag des Bayerischen Staatsministeriums für Arbeit und Sozialordnung (Hrsg.), München 1990

Almsick, J. van, (Rentenanpassung 1992): Rentenanpassung zum 1. 07. 1992 in den alten und neuen Bundesländern, DAngVers 1992, S. 229 - 239

Athans, M. / Dertouzos, M.L. / Spann, R.N. / Mason, S.J., (Computation 1974): Systems, Networks and Computation, Multivariable Methods, New York 1974

Baetge, J., (GoB 1986): Grundsätze ordnungsmäßiger Buchführung, DB 1986, Beilage Nr. 26

Bäumer, A.P., (Sicherung 1985): Neue Aufgabenverteilung zur Sicherung der Altersversorgung, VersW 1985, S. 759 - 768

Barth, S. / Hain, W., (Vorausrechnungen 1991): Demographie und Rentenversicherung - Langfristige Vorausrechnungen zu den Rentenfinanzen -, DRV 1991, S. 724 - 739

Barth, S. / Hain, W. / Müller, H.-W., (Sozio-demographische Kennziffern 1990): Vergleich von sozio-demographischen Kennziffern und ausgewählten Rentendaten der Bundesrepublik Deutschland und der Deutschen Demokratischen Republik, DRV 1990, S. 169 - 186

Bauer, H., (Wahrscheinlichkeitstheorie 1991): Wahrscheinlichkeitstheorie, 4., völlig überarbeitete und neugestaltete Auflage des Werkes: Wahrscheinlichkeitstheorie und Grundzüge der Maßtheorie, Berlin-New York 1991

Bauer, U., (Handbuch 1988/1991): Die zusätzliche Alters- und Hinterbliebenenversorgung für die Arbeitnehmer des öffentlichen Dienstes, in: ABA-Arbeitsgemeinschaft für betriebliche Altersversorgung e.V. (Hrsg.), Handbuch der betrieblichen Altersversorgung, Band I, Grundlagen und Praxis, Wiesbaden 1988/1991, S. 1 - 77

Bayerisches Landesamt für Statistik und Datenverarbeitung (Hrsg.), (Statistische Berichte 1992): Statistische Berichte des Bayerischen Landesamts für Statistik und Datenverarbeitung M I 3/S-j/91, Preisindizes für die Lebenshaltung im Bundesgebiet, Langfristige Zeitreihen, ausgegeben im Februar 1992

Bayerisches Statistisches Landesamt (Hrsg.), (Preisindexzahlen 1982): Zu den Preisindexzahlen der Lebenshaltung in Bayern und im Bundesgebiet, 2. Auflage, München 1982

Bayerische Versicherungskammer (Hrsg.), (Rechnungsgrundlagen 1979): Der Einfluß der Rechnungsgrundlagen auf die Situation einer Versichertengesamtheit im Beharrungszustand, Eine Untersuchung des Zentralbereichs Mathematik, München 1979

Becker, B., (Kapitalbildung 1981): Probleme der Kapitalbildung durch die Altersvorsorge, Frankfurt/Main 1981

Becker, H., (Jubiläumszuwendungen 1987): Die Rückstellung für Jubiläumszuwendungen, - Zum Grundsatzurteil des BFH vom 5. 2. 1987 IV R 81/84, DB 1987 S. 867 -, DB 1987, S. 854 - 856

Beckmann, H., (Einführung 1980): Die Einführung einer betrieblichen Altersversorgung und einer Mitarbeiter-Beteiligung in einem Großunternehmen, in: Beratungs-GmbH für Altersversorgung Steuerberatungsgesellschaft Dr. Dr. Ernst Heissmann und Deutsches Institut für Betriebswirtschaft e.V. (Hrsg.), Betriebliche Altersversorgung im Umbruch, Berlin 1980, S. 146 - 165

Behrens, H.-G., (Ausgleichsverfahren 1985): Ausgleichsverfahren, in: DGVM (Hrsg.), Methodik von Sterblichkeitsuntersuchungen, Schriftenreihe Angewandte Versicherungsmathematik, Heft 15, Karlsruhe 1985

Beisse, H., (Nominalwertprinzip 1975): Über Wesen und Tragweite des Nominalwertprinzips, FR 1975, S. 472 - 477

Beisse, H., (Handelsbilanzrecht 1980): Handelsbilanzrecht in der Rechtsprechung des Bundesfinanzhofs, Implikationen des Maßgeblichkeitsgrundsatzes, BB 1980, S. 637 - 646

Beisse, H., (Verhältnis 1984): Zum Verhältnis von Bilanzrecht und Betriebswirtschaftslehre, StuW 1984, S. 1 - 14

Beratungs-GmbH für Altersversorgung Steuerberatungsgesellschaft Dr. Dr. Ernst Heissmann und Deutsches Institut für Betriebswirtschaft e.V. (Hrsg.), (Altersversorgung 1989): Betriebliche Altersversorgung 1989 zwischen Renten- und Steuerreform, Innovative Sicherungskonzepte für Unternehmer und Führungskräfte, Wiesbaden 1989

Berens, E., (Betriebsrenten-Loch 1985): Das Betriebsrenten-Loch, Jede dritte Mark ist praktisch ungedeckt, SZ Nr. 125 vom 01./02. 06. 1985, S. 31

Berié, H., (Statistische Ergebnisse 1978): Neue Statistische Ergebnisse, Arbeits- und Sozialstatistik 1978, S. 135 - 140, 179 - 181

Berié, H. / Wiese, M., (Altersversorgung 1975): Arten und Ausmaß der betrieblichen Altersversorgung, BetrAV 1975, S. 173 - 180

Biedendieck, U., (Erfolgswirksamkeit 1984): Pensionsrückstellungen und die Erfolgswirksamkeit von Kündigungen, ZfB 1984, S. 569 - 588

Bieg, H., (Möglichkeiten 1983): Möglichkeiten betrieblicher Altersversorgung aus betriebswirtschaftlicher Sicht, StuW 1983, S. 40 - 54

Bieg, H., (Betriebliche Altersversorgung 1985): Die betriebliche Altersversorgung, - Das Steuerberater-Seminar, Betriebswirtschaftliche Steuerberatungspraxis in Einzeldarstellungen -, StB 1985, S. 163 - 178 (Teil I), S. 207-221 (Teil II)

Biener, H. / Berneke, W., (Bilanzrichtlinien-Gesetz 1986): Bilanzrichtlinien-Gesetz, Textausgabe des Bilanzrichtlinien-Gesetzes vom 18. 12. 1985 (Bundesgesetzbl. I S. 2355) mit Bericht des Rechtsausschusses des Deutschen Bundestages, Regierungsentwürfe mit Begründung, EG-Richtlinien mit Begründung, Entstehung und Erläuterung des Gesetzes, Düsseldorf 1986

Binz, H.-B. / Vogel, H., (Passivierungspflicht 1984): Die Passivierungspflicht von Pensionsrückstellungen in der Ertragsteuerbilanz, Eine Anmerkung zur neuen Kommentierung des § 6a EStG bei Hermann / Heuer / Raupach, BB 1984, S. 379 - 381

Blomeyer, W. (Wirtschaftliche Lage 1983): Gedanken zur Beurteilung der wirtschaftlichen Lage des Arbeitgebers bei der Rentenanpassung gemäß § 16 BetrAVG, RdA 1983, S. 152 - 156

Blomeyer, W., (Geänderte Rahmenbedingungen 1984): Geänderte Rahmenbedingungen für die betriebliche Altersversorgung, in: Blomeyer, W. (Hrsg.), Betriebliche Altersversorgung unter veränderten Rahmenbedingungen, Karlsruhe 1984, S. 1 - 19

Blomeyer, W. / Otto, K., (Kommentar 1984): Gesetz zur Verbesserung der betrieblichen Altersversorgung: Kommentar, München 1984

Bode, K.-J., (Auswirkungen 1978): Finanzielle Auswirkungen der neuen BAG-Maßstäbe zur Betriebsrentenprüfung, BetrAV 1978, S. 1 - 4

Bode, K.-J. / Grabner, E.R., (Anpassung 1974): Die Anpassung betrieblicher Ruhegelder an die Teuerung, Problemstellung und Lösungsfindung aus der Sicht der Rechtsprechung und der betrieblichen Praxis, DB 1974, Beilage Nr. 1

Bode, K.-J. / Grabner, E.R., (Anpassung 1979): Situationsbericht zur Anpassung der Betriebsrenten an die wirtschaftliche Entwicklung DB 1979, Beilage Nr. 16

Bode, K.-J. / Grabner, E.R., (Beitragsorientierte Versorgungszusagen 1980): Pensionsrückstellungen für beitragsorientierte Versorgungszusagen, DB 1980, S. 2151 - 2158

Bode, K.-J. / Grabner E.R., (Manövriermasse 1981): Pensionsrückstellungen - haushaltspolitische Manövriermasse? DB 1981, S. 2078 - 2079

Bode, K.-J. / Grabner, E.R., (Verwaltungskosten 1981): Steuerliche Rückstellungen für Verwaltungskosten der betrieblichen Altersversorgung, DB 1981, S. 2296 - 2298

Bode, K.-J. / Grabner, E.R., (Netto-Einkommensanstieg 1983): Der Netto-Einkommensanstieg als Maßstab für die Anpassung von Betriebsrenten - Eine Untersuchung zum Prüfungszeitraum 1981/1984 -, DB 1983, S. 2360 - 2362

Bode, K.-J. / Grabner, E.R., (Teuerungsanpassung 1992): Teuerungsanpassung der Betriebsrenten in 1992, - Anstieg von Lebenshaltungskosten und Netto-Einkommen im Zeitraum 1989/1992 als Richtgrößen -, DB 1992, S. 323 f.

Böcking, H.-J., (Verzinslichkeit 1988): Bilanzrechtstheorie und Verzinslichkeit, Wiesbaden 1988

Bordewin, A., (Drohende Verluste 1974): Zur Bemessung der Rückstellungen für drohende Verluste aus Lieferverpflichtungen, BB 1974, S. 973 - 976

Bordewin, A., (Bewertung 1992): Einzelfragen der Bewertung von Rückstellungen, DB 1992, S. 1533 - 1537

Bräuchle, G., (Anpassungsentscheidung 1987): Die Anpassungsentscheidung des Arbeitgebers nach § 16 BetrAVG, Diss. Tübingen 1987

Breidenbach, B., (Verstoß 1992): Urlaubsrückstellungen: Das Urteil des XI. BFH-Senats vom 08. 07. 1992 ein Verstoß gegen die Grundsätze ordnungsmäßiger Bilanzierung?, DB 1992, S. 2203 - 2205

Bretz, M., (Bevölkerungsvorausberechnungen 1986): Bevölkerungsvorausberechnungen: Statistische Grundlagen und Probleme, WiSta 1986, S. 233 - 260

Brockhaus, F.A., (Brockhaus 1978): Der Grosse Brockhaus, in zwölf Bänden, 18. Auflage, Wiesbaden 1978

Bronstein, I.N. / Semendjajew, K.A, (Taschenbuch 1979): Taschenbuch der Mathematik, 19. völlig überarbeitete Auflage, Leipzig 1979 bzw. Thun und Frankfurt/Main 1980

Brunner, G., (Änderung 1984): Die neunzehnte Änderung der Satzung der Versorgungsanstalt des Bundes und der Länder, BetrAV 1984, S. 141 - 144

Budde, W.D. / Clemm, H. / Pankow, M. / Sarx, M., (Bilanz-Kommentar 1990): Beck'scher Bilanz-Kommentar, Der Jahresabschluß nach Handels- und Steuerrecht, Das Dritte Buch des HGB, 2., neubearbeitete und erweiterte Auflage, München 1990

Bullinger, M., (Einfluß 1991): Der Einfluß der umgekehrten Maßgeblichkeit auf die Bilanzierung von Pensionsverpflichtungen, DB 1991, S. 2397 - 2401

Bundesvereinigung der Deutschen Arbeitgeberverbände (Hrsg.), (Gesetzesänderungen 1984): Überlegungen für Gesetzesänderungen zur betrieblichen Altersversorgung, hektographiertes Manuskript, Köln 1984

Busch, F.W., (Bilanzierung 1976): Grundsätze ordnungsmäßiger Bilanzierung für Pensionsverpflichtungen, Diss. Münster 1976

Busse von Colbe, W., (Bewertung 1984): Bewertung als betriebswirtschaftliches Problem, - Betriebswirtschaftliche Grundüberlegungen -, in: Raupach, A. (Hrsg.), Werte und Wertermittlung im Steuerrecht - Steuerbilanz, Einheitsbewertung, Einzelsteuern und Unternehmensbewertung -, Jahrbuch der Deutschen Steuerjuristischen Gesellschaft e.V., Köln 1984, S. 39 - 53

Busse von Colbe, W. / Laßmann, G., (Investitionstheorie 1986): Investitionstheorie, 2. Auflage, Berlin-Heidelberg-New York-Tokyo 1986

Clemm, H., (Verzinslichkeit 1984): Der Einfluß der Verzinslichkeit auf die Bewertung der Aktiva und Passiva, in: Raupach, A. (Hrsg.), Werte und Wertermittlung im Steuerrecht - Steuerbilanz, Einheitsbewertung, Einzelsteuern und Unternehmensbewertung-, Jahrbuch der Deutschen Steuerjuristischen Gesellschaft e.V., Köln 1984, S. 219 - 243

Coenenberg, A.G., (Aufwandsrückstellungen 1986): Aufwandsrückstellungen für Substanzerhaltung?, BB 1986, S. 910 f.

Dernberger, M. / Förster, W. / Rößler, N., (Steuerreform 1988): Auswirkungen der Steuerreform auf die betriebliche Altersversorgung, DB 1988, S. 1125 - 1131

Deutsche Bundesbank, (Gutachten 1977): Berücksichtigung der Geldentwertung bei der Besteuerung von Einkünften aus Kapitalvermögen, Gutachten der deutschen Bundesbank vom 22. 09. 1977 für das Bundesverfassungsgericht, Monatsberichte der Deutschen Bundesbank, 31. Jahrgang Nr. 8, S. 20 - 33

Deutsche Bundesbank, (Betriebliche Altersversorgung 1984): Betriebliche Altersversorgung in der Bundesrepublik Deutschland, Monatsberichte der Deutschen Bundesbank, 36. Jahrgang Nr. 8, S. 30 - 37

Deutsche Bundesbank, (Renditen 1991): Renditen inländischer Wertpapiere, Monatsberichte der Deutschen Bundesbank, 43. Jahrgang Nr. 2, Statistischer Teil, S. 57*

Deutscher Gewerkschaftsbund, Bundesvorstand, Sozialpolitik (Hrsg.), (Programm 1980): Sozialpolitisches Programm des DGB, Frankfurt/M. 1980

Dieterich, T., (Rechtsprechung 1985): Die jüngste Rechtsprechung des Bundesarbeitsgerichts zur betrieblichen Altersversorgung, BetrAV 1985,, S. 85 - 90

Dinter, H., (Bewertung 1986): Die Bewertung von Pensionsverpflichtungen nach dem Bilanzrichtlinien-Gesetz, BetrAV 1986, S. 118 - 121

Dirks, S., (Abwägung 1980): Abwägung der personalpolitisch positiven Impulse gegen die fortschreitende Reglementierung der Unternehmensentscheidungen in der betrieblichen Altersversorgung, in: Beratungs-GmbH für Altersversorgung Steuerberatungsgesellschaft Dr. Dr. Ernst Heissmann und Deutsches Institut für Betriebswirtschaft e.V. (Hrsg.), Betriebliche Altersversorgung im Umbruch, Berlin 1980, S. 118 - 130

Döllerer, G., (Grenzen 1977/78): Die Grenzen des Imparitätsprinzips, - Bilanzrechtliche Möglichkeiten, künftige Verluste vorwegzunehmen -, StbJb 1977/78, S. 129 - 152

Döllerer, G., (Bilanz 1979/80): Gedanken zur "Bilanz im Rechtssinne", JbFStR 1979/80, S. 195 - 208

Döllerer, G., (Bilanzierung 1982): Grundsätze ordnungswidriger Bilanzierung, Systematische Fehler in Bilanzen, BB 1982, S. 777 - 781

Döllerer, G., (Rechtsprechung 1984): Die Rechtsprechung des Bundesfinanzhofs zum Steuerrecht der Unternehmen, ZGR 1984, S. 629 - 654

Döllerer, G., (Bilanzrichtlinien-Gesetz 1987): Handelsbilanz und Steuerbilanz nach den Vorschriften des Bilanzrichtlinien-Gesetzes, BB 1987, Beilage Nr. 12

Dörner, W., (Unternehmensbewertung 1992): Die Unternehmensbewertung, in: IDW (Hrsg.), (WP-Handbuch 1992), Band II, Abschnitt A, S. 1 - 136

Doyé, T., (Kürzung 1989): Kürzung von Betriebsrenten bei Deflation, BB 1989, S. 155 f.

Drukarczyk, J., (Altersversorgungszusagen 1990): Was kosten betriebliche Altersversorgungszusagen?, DBW 1990, S. 333 - 353

Drukarczyk, J., (Finanzierung 1993): Theorie und Politik der Finanzierung, 2., völlig neugestaltete Auflage, München 1993

Dürkes, W., (Wertsicherungsklauseln 1992): Wertsicherungsklauseln, 10., neubearbeitete und erweiterte Auflage, Heidelberg 1992

Duve, W.-H., (Dynamisierung 1972): Die Dynamisierung der betrieblichen Ruhegelder, Diss. Göttingen 1972

Eibelshäuser, M., (Rückstellungsbildung 1987): Rückstellungsbildung nach neuem Handelsrecht, Ein Beitrag zur Auslegung von § 249 Abs. 1 Satz 1 HGB, BB 1987, S. 860 - 866

Eifler, G., (Rückstellungen 1976): Grundsätze ordnungsmäßiger Bilanzierung für Rückstellungen, Schriften der Schmalenbach-Gesellschaft, Band 5, Düsseldorf 1976

Ellger, W. / Glockner, R., (Versorgungsausgleich 1984): Zur Berücksichtigung der Dynamik von Versorgungsanrechten im Versorgungsausgleich nach der geänderten Barwert-Verordnung, FamRZ 1984, S. 733 - 736

Endres, W., (Betriebswirtschaftlicher Standpunkt 1957): Die Zukunftssicherung der Belegschaft vom betriebswirtschaftlichen Standpunkt, ZfhF 1957, S. 23 - 53

Engbroks, H., (Finanzielle Effekte 1986): Finanzielle Effekte der Vorausfinanzierung betrieblicher Altersversorgung, in: Wegweiser für die Altersversorgung, Festschrift für Georg Heubeck zum 75. Geburtstag, Stuttgart 1986, S. 121 - 135

Engbroks, H. / Fischer, H.-F., (Zufallsabhängigkeit 1986): Die Zufallsabhängigkeit von Rentenlast und Barwert einer Pensionsverpflichtung, in: Wegweiser für die Altersversorgung, Festschrift für Georg Heubeck zum 75. Geburtstag, Stuttgart 1986, S. 233 - 249

Engbroks, H. / Heubeck, K., (Vergleich 1981): Direktversicherung und Pensionszusage im wirtschaftlichen Vergleich, DB 1981, S. 2025 - 2030

Engbroks, H. / Heubeck, K., (Vergleich 1983): Nochmals: Direktversicherung und Pensionszusage im Vergleich, DB 1983, S. 953 f.

Fachvereinigung Mathematische Sachverständige der ABA-Arbeitsgemeinschaft für betriebliche Altersversorgung e.V., (Bewertung 1969): Bewertung von Pensionsverpflichtungen, Stellungnahme vom 07. 03. 1969 zu einer Anfrage des Herrn Bundesministers der Finanzen vom 07. 08. 1968 - IV B/1 - S 2176 - 12/68, BetrAV 1969, S. 70 - 75

Fenge, H., (Forumgespräch 1973): Referat in einem Forumgespräch am 16. 1. 1973, in: DB 1973, Beilage Nr. 2, S. 2 - 4

Feudner, B.W., (Widerruflichkeit 1984): Sicherheit und Widerruflichkeit von Betriebsrenten, DB 1984, S. 613 - 617

Fischer, G., (Anpassungsentscheidung 1985): Die Anpassungsentscheidung nach § 16 BetrAVG, - Grundprinzipien und Abwägungskriterien -, Diss. Osnabrück 1985

Fisz, M., (Wahrscheinlichkeitsrechnung 1965): Wahrscheinlichkeitstheorie und mathematische Statistik, 3. durchgesehene Auflage, Berlin 1965

Föcking, H.-D., (Langfristige Finanzierung 1960): Die langfristige Finanzierung durch Pensionsrückstellungen, Diss. Köln 1960

Förschle, G. / Klein, H.-G., (Bilanzierung 1987): Zur handelsrechtlichen Bilanzierung und Bewertung der betrieblichen Altersversorgungsverpflichtungen, DB 1987, S. 341 - 348

Förster, W., (Anpassung 1976): Die Anpassung von Betriebsrenten, in: Deutsches Institut für Betriebswirtschaft e.V. (Hrsg.), Perspektiven der betrieblichen Altersversorgung nach dem Betriebsrentengesetz, Berlin 1976, S. 65 - 78

Förster, W., (Anpassung 1980): Die Anpassung von Betriebsrenten, in: Beratungs-GmbH für Altersversorgung Steuerberatungsgesellschaft Dr. Dr. Ernst Heissmann und Deutsches Institut für Betriebswirtschaft e.V. (Hrsg.), Betriebliche Altersversorgung im Umbruch, Berlin 1980, S. 204 - 223

Förster, W., (Wirtschaftliche Lage 1985): Zur wirtschaftlichen Lage des Arbeitgebers bei der Anpassung der Betriebsrenten nach den BAG-Urteilen vom 23. 4. 1985, BB 1985, S. 2051 - 2055

Förster, W., (Möglichkeiten 1992): Möglichkeiten eines betrieblichen Altersversorgungssystems, in: Förster, W. / Rößler, N., (Diskussion 1992), S. 116 - 129

Förster, W., (Unterstützungskassen 1992): Konsequenzen und Gestaltungsmöglichkeiten bei Unterstützungskassen nach dem Steueränderungsgesetz, BetrAV 1992, S. 128 - 133

Förster, W. / Heger, H.-J., (Neuregelung 1992): Die gesetzliche Neuregelung der Unterstützungskassenfinanzierung, DStR 1992, S. 969 - 976

Förster, W. / Rößler, N. (Hrsg.), (Diskussion 1992): Altersversorgung in der Diskussion zwischen Praxis und Wissenschaft, Festschrift zum 60. Geburtstag von Peter Ahrend, Köln 1992

Förster, W. / Recktenwald, S. / Trevisany, M., (Auswirkungen 1990): Das Rentenreformgesetz 1992 und seine Auswirkungen auf betriebliche Versorgungssysteme, BB 1990, Beilage Nr. 29

Forster, J., (Renten 1987): Die Sicherheit der Renten muß teuer erkauft werden, Ein Gutachten der Versicherungsträger will kommende Probleme mit dem bisherigen System meistern, SZ Nr. 141 vom 24. 06. 1987, S. 4

Frank, G., (Zusatzbefragung 1983): Erste Ergebnisse der Zusatzbefragung zur Ermittlung der betrieblichen Altersversorgung im Rahmen der Lebenslagenstudie, Sonderforschungsbereich 3 der J.W. Goethe-Universität Frankfurt und Universität Mannheim (Hrsg.), Arbeitspapier Nr. 115, Frankfurt und Mannheim 1983

Frank, G., (Betriebliche Altersversorgung 1985): Betriebliche Altersversorgung - Umfang, Struktur und sozialpolitische Perspektiven, Sonderforschungsbereich 3 der J. W. Goethe-Universität Frankfurt und Universität Mannheim (Hrsg.), Arbeitspapier Nr. 179, Frankfurt/Mannheim 1985

Franke, G. / Hax, H., (Finanzwirtschaft 1988): Finanzwirtschaft des Unternehmens und Kapitalmarkt, Berlin-Heidelberg 1988

Franke, G. / Hax, H., (Steuerersparnisse 1989): Pensionsrückstellungen und Steuerersparnisse, - Erwiderung zu dem Beitrag von D. Schneider, DB 1989 S. 889 -, DB 1989, S. 1881 f.

Friederich, H., (Schwebende Geschäfte 1976): Grundsätze ordnungsmäßiger Bilanzierung für schwebende Geschäfte, Schriften der Schmalenbach-Gesellschaft, Band 4, 2., unveränderte Auflage, Düsseldorf 1976

Frisch, H., (Inflationstheorie 1980): Die Neue Inflationstheorie, Göttingen 1980

Fritzsche, H.-A., (Altersversorgung 1983): Altersversorgung - immer schlechter, DB 1983, Beilage Nr.3

Fürer, B. / Förster, W. / Rössler, N., (Anpassung 1974): Zur Anpassung von betrieblichen Ruhegehältern an die Geldentwertung, Schlußfolgerung aus den Urteilen des BAG vom 30.03.1973, DB 1974, S. 776 - 778

Funke, R., (Nachhaftungsbegrenzung 1992): Der Regierungsentwurf eines Nachhaftungsbegrenzungsgesetzes, DB 1992, S. 2177 f.

Gänssler, P. / Stute, W., (Wahrscheinlichkeitstheorie 1977): Wahrscheinlichkeitstheorie, Berlin-Heidelberg 1977

Gassen, H., (Prognoserechnungen 1980): Versicherungsmathematische Prognoserechnungen bei betrieblichen Versorgungsplänen, - Notwendigkeit - Aussagefähigkeit - Grenzen -, in: Beratungs-GmbH für Altersversorgung Steuerberatungsgesellschaft Dr. Dr. Ernst Heissmann und Deutsches Institut für Betriebswirtschaft e.V. (Hrsg.), Betriebliche Altersversorgung im Umbruch, Berlin 1980, S. 382 - 396

Gaugler, E., (Altersversorgung 1987): Die Rolle der betrieblichen Altersversorgung aus personalwirtschaftlicher Sicht, ZfbF 1987, S. 860 - 874

Genzke, J., (Gesetzliche Rentenversicherung 1989): Die Finanzen der gesetzlichen Rentenversicherung, Aktuelle Ergebnisse, mittelfristige und längerfristige Modellrechnungen vor dem Hintergrund einer Rentenreform 1992, DAngVers 1989, S. 182 - 189

Genzke, J. / Wilhelm, U., (Finanzierung 1990): Die Auswirkungen des RRG 1992 auf die künftige Finanzierung der Rentenversicherung, DAngVers 1990, S. 105 - 111

Geyer, O. / Genzke, J., (Situation 1983): Die finanzielle Situation der gesetzlichen Rentenversicherung, - Aktuelle Ergebnisse und längerfristige Überlegungen -, DAngVers 1983, S. 97 - 103

Gohdes, A.E., (Finanzierungsmethoden 1990): Versicherungsmathematische Finanzierungsmethoden für betriebliche Versorgungsverpflichtungen, Blätter DGVM 1990, S. 337 - 350

Grabner, E.R., (Versorgungsbedarf 1978): Der Versorgungsbedarf in der betrieblichen Altersversorgung - Abgrenzung und Ausfüllung, DB 1978, S. 2073 - 2080

Grabner, E.R., (Kostenorientierte Direktzusagen 1979): Kostenorientierte Direktzusagen in der betrieblichen Altersversorgung, DB 1979, S. 843 - 847

Griebeling, G., (Bestandsschutz 1992): Bestandsschutz und Billigkeitskontrolle in der betrieblichen Altersversorgung aus der Sicht des Bundesarbeitsgerichts, in: Förster, W. / Rößler, N., (Diskussion 1992), S. 208 - 220

Griebeling, G., (Entwicklung 1992): Die Alterssicherungssysteme im Spiegel der Entwicklung des Gleichbehandlungsgrundsatzes, BetrAV 1992, S. 148 - 152

Groh, M., (Abzinsung 1988): Abzinsung von Verbindlichkeitsrückstellungen?, BB 1988, S. 1919 - 1921

Groh, M., (Gemeinsamkeiten 1988): Verbindlichkeitsrückstellung und Verlustrückstellung: Gemeinsamkeiten und Unterschiede, BB 1988, S. 27 - 33

Grossmann, R., (Dynamisierung 1972): Preissteigerungen und Lohnerhöhungen als Maßstäbe bei der Dynamisierung betrieblicher Ruhegelder, BB 1972, S. 1193 - 1196

Hadrich, F., (Mitarbeiter-Kommunikation 1980): Zielgruppe Mitarbeiter, Mitarbeiter-Kommunikation über betriebliche Zusatzleistungen in den 80er Jahren, in: Beratungs-GmbH für Altersversorgung Steuerberatungsgesellschaft Dr. Dr. Ernst Heissmann und Deutsches Institut für Betriebswirtschaft e.V. (Hrsg.), Betriebliche Altersversorgung im Umbruch, Berlin 1980, S. 175 - 187

Haegert, L., (Unternehmensfinanzierung 1987): Besteuerung, Unternehmensfinanzierung und Betriebliche Altersversorgung, in: Schneider, D. (Hrsg.), Kapitalmarkt und Finanzierung, Schriften des Vereins für Socialpolitik, Gesellschaft für Wirtschafts- und Sozialwissenschaften, Neue Folge Band 165, Berlin 1987, S. 155 - 168

Haegert, L. / Schwab, H., (Subventionierung 1990): Die Subventionierung direkter Pensionszusagen nach geltendem Recht im Vergleich zu einer neutralen Besteuerung, DBW 1990, S. 85 - 102

Hahn, K., (Bewertung 1986): Die Bewertung von Rückstellungen mit Hilfe moderner Prognoseverfahren unter Berücksichtigung der Vorschriften des Bilanzrichtlinien-Gesetzes, BB 1986, S. 1325 - 1332

Hakelmacher, S., (Entsorgung 1988): Die bilanzielle Entsorgung für die 90er Jahre, WPg 1988, S. 101 - 105

Hanau, P. / Preis, U., (Rückwirkung 1991): Beschränkung der Rückwirkung neuer Rechtsprechung zur Gleichberechtigung im Recht der betrieblichen Altersversorgung, DB 1991 S. 1276 - 1284

Hanau, P. / Preis, U., (Altersversorgung 1992): Betriebsvereinbarungsoffene betriebliche Altersversorgung, in: Förster, W. / Rößler, N., (Diskussion 1992), S. 235 - 245

Hardes, W., (Bilanzpolitik 1984): Bilanzpolitik mit Pensionsrückstellungen, München 1984

Hartmann, E., (Innerbetriebliche Altersversorgung 1966): Die innerbetriebliche Altersversorgung in der Kostenrechnung und Kapitalwirtschaft, Diss. Kiel 1966

Hartmann, W., (Direktversicherung 1980): Betriebliche Altersversorgung : Direktversicherung mit flexiblen Zahlungsplänen, DB 1980, Beilage Nr. 19, S. 3 - 4

Hartmann, W. / Hole, W.D., (Nachsteuer-Modell 1978): Ein Nachsteuermodell der Direktversicherung, DB 1978, S. 207 - 209

Hartmann, W. / Hole, W.D., (Rückdeckung 1982): Liquiditätsneutrale Rückdeckung als Kompromiß zwischen Direktzusage und Direktversicherung, DB 1982, S. 803 - 805

Hartung, W., (Jubiläumsrückstellungen 1989): Zur Bewertung von Jubiläumsrückstellungen, BB 1989, S. 736 - 745

Hartung, W., (Ansatzwahlrecht 1992): Ist das Ansatzwahlrecht bei Pensionsrückstellungen für Altzusagen richtlinienkonform?, BB 1992, S. 1817 f.

Haueisen, P., (Gestaltungsformen 1983): Unmittelbare Versorgungszusage und Direktversicherung als Gestaltungsformen der betrieblichen Altersversorgung, Frankfurt am Main-Bern-New York 1983

Haueisen, P., (Beleihung 1985): Die Beleihung einer Direktversicherung als finanztechnische Gestaltungsmöglichkeit, BetrAV 1985, S. 31 - 37

Haueisen, P. / Hole, W.D. / Kulle, R.-D., (Refinanzierung 1984): Refinanzierung der betrieblichen Altersversorgung durch versicherungsmäßige Rückdeckung - Wirkungen des Verbundes von Direktzusage und Lebensversicherung -, DB 1984, S. 1838 - 1842

Hauptfachausschuß des IDW, (Pensionsverpflichtungen 1988): Stellungnahme HFA 2/1988: Pensionsverpflichtungen im Jahresabschluß, WPg 1988, S. 403 - 405

Heibel, R., (Erfolgsabhängige Verpflichtungen 1981): Die steuerliche Bilanzierung von bedingten erfolgsabhängigen Verpflichtungen, BB 1981, S. 2042 - 2048

Heissmann, E., (Ruhegeldverpflichtungen 1967): Die betrieblichen Ruhegeldverpflichtungen, 6. Auflage, Köln 1967

Held, T., (Bilanzierungsverhalten 1985): Pensionsrückstellungen bei erhöhtem Diskontierungszinsfuß, Das tatsächliche Bilanzierungsverhalten deutscher Industrieaktiengesellschaften nach der Zinssatzänderung, ZfB 1985, S. 59 - 68

Hemmer, E., (Altersversorgung 1984): Die betriebliche Altersversorgung, - Strukturen und Diskussionsschwerpunkte -, in: Institut der deutschen Wirtschaft (Hrsg.), Beiträge zur Wirtschafts- und Sozialpolitik Nr. 124, Köln 1984

Henscheid, M., (Maßgeblichkeit 1992): Ökonomische Wirkungen der umgekehrten Maßgeblichkeit, BB 1992, S. 1243 - 1248

Herb, F., (Prüfstand 1989): Der Einkommensteuertarif 1990 auf dem Prüfstand, - Eine Analyse der Tarifreform bei konstantem Geldwert -, DB 1989, S. 62 - 65

Herrmann, C. / Heuer, G. / Raupach, A., (HHR 1950/92): Einkommensteuer- und Körperschaftsteuergesetz, Kommentar, 20. Auflage, Köln 1950/92, einschließlich Ergänzungslieferung 170, September 1992

Herzig, N., (Rückstellungen 1985/86): Rückstellungen für Verbindlichkeiten aus Arbeitsverhältnissen, StbJb 1985/86, S. 61 - 112

Herzig, N. / Esser, K., (Erfüllungsrückstände 1985): Erfüllungsrückstände und drohende Verluste bei Arbeitsverhältnissen, - Wann sind Rückstellungen zu bilden? -, DB 1985, S. 1301 - 1306

Heubeck, G., (Neue Aspekte 1969): Betriebliche Altersversorgung unter neuen Aspekten, BB 1969, S. 413 - 416

Heubeck, G., (Forumgespräch 1973): Gesprächsleitung in einem Forumgespräch am 16.01.1973, in: DB 1973, Beilage Nr. 2

Heubeck, G., (Nürnberger Verfahren 1974): Pensionrückstellungen nach dem "Nürnberger-Verfahren", BB 1974, S. 362 - 364

Heubeck, G., (Gestaltung 1979): Kriterien für die Gestaltung der betrieblichen Altersversorgung, in: Goetzke, W. / Sieben, G. (Hrsg.), Betriebliche Altersversorgung der Arbeitnehmer, Bericht von der 6. Kölner BFuP-Tagung am 15. und 16. 03. 1979 in Leverkusen, GEBERA-Schriften, Band 6, Köln 1979, S. 11 - 25

Heubeck, G., (Bevölkerungsentwicklung 1981): Auswirkungen der Bevölkerungsentwicklung in der Bundesrepublik Deutschland auf die betriebliche Altersversorgung, Zeitschrift für die gesamte Versicherungswissenschaft 1981, S. 101 - 119

Heubeck, G., (Dotierungsrahmen 1985): Zum "Dotierungsrahmen" für die betriebliche Altersversorgung, in: Fachinstitut für Steuerberater e.V. (Hrsg.), Zivil-, Steuer- und Unternehmensrecht, Berlin-Heidelberg 1985, S. 44 - 56

Heubeck, G., (Handbuch 1988/1991): Die Pensionsrückstellungen, in: ABA-Arbeitsgemeinschaft für betriebliche Altersversorgung e.V. (Hrsg.), Handbuch der betrieblichen Altersversorgung, Band I, Grundlagen und Praxis, Wiesbaden 1988/1991, S. 1 - 104

Heubeck, G. / Fischer, K., (Hauptband Richttafeln 1959): Hauptband zu den Richttafeln für die Pensionsversicherung, 2. Auflage, Weissenburg 1959

Heubeck, G. / Höhne, G. / Paulsdorff, J. / Weinert, W., (Kommentar 1982): Kommentar zum Betriebsrentengesetz - Gesetz zur Verbesserung der betrieblichen Altersversorgung, Kommentar, Band I: Arbeitsrechtliche Vorschriften, 2. Auflage, Heidelberg 1982

Heubeck, G. / Schröder, W., (Finanzielle Aspekte 1973): Finanzielle Aspekte der Bundesarbeitsgerichtsurteile zum Teuerungsausgleich für Betriebspensionen, BB 1973, S. 755 760

Heubeck, K., (Kosten 1979): Die Kosten von Pensionszusagen, BetrAV 1979, S. 97 - 104

Heubeck, K., (4. EG-Richtlinie 1980): Zur Berücksichtigung von Pensionsverpflichtungen nach der 4. EG-Richtlinie, BetrAV 1980, S. 254 f.

Heubeck, K., (Rechnungszins 1981): Pensionsrückstellungen bei 6%-igem Rechnungszins, BB 1981, S. 1698 - 1702

Heubeck, K., (Richttafeln 1983): Richttafeln, Textband, Köln 1983

Heubeck, K., (Neues Bilanzrecht 1986): Betriebliche Versorgungsverpflichtungen nach dem neuen Bilanzrecht, WPg 1986, S. 317 - 328 (Teil I) und S. 356 - 364 (Teil II)

Heubeck, K., (Wirtschaftliche Lage 1986): Die wirtschaftliche Lage nach § 16 BetrAVG - ein aktualisiertes ABA-Modell zur Prüfung der Rentenanpassung -, BetrAV 1986, S. 94 - 97

Heubeck, K., (Auswirkungen 1986/87): Auswirkungen des Bilanzrichtliniengesetzes auf die steuerliche Behandlung der betrieblichen Altersversorgung, in: StbJb 1986/87, S. 235 - 252

Heubeck, K., (Ungewisse Verbindlichkeiten 1987): Pensionsrückstellungen als Rückstellungen für ungewisse Verbindlichkeiten, BFuP 1987, S. 332 - 347

Heubeck, K., (Turnover 1988): Turnover as an Actuarial Assumption on its own, in: International Association of Consulting Actuaries (Hrsg.), 11th Conference, Munich, Germany 3 - 8 July, 1988, Transactions Volume 2, S. 191 - 197

Heubeck, K., (Handbuch 1988/91): Betriebswirtschaftliche Fragen der betrieblichen Altersversorgung, in: ABA-Arbeitsgemeinschaft für betriebliche Altersversorgung e.V., (Hrsg.), Handbuch der betrieblichen Altersversorgung, Band I, Grundlagen und Praxis, Wiesbaden 1988/1991, S. 1 - 96

Heubeck, K., (Reform 1989): Reform der gesetzlichen Rentenversicherung - eine Herausforderung für die betriebliche Altersversorgung, BB 1989, S. 709 - 714

Heubeck, K., (Geschäftsführer 1991): Die Altersversorgung der Geschäftsführer bei GmbH und GmbH & Co., 3., völlig überarbeitete Auflage, Köln 1991

Heubeck, K. / Engbroks, H., (Übergang 1984): Der Übergang auf die neuen Richttafeln zur Berechnung von Pensionsrückstellungen, Hinweise für die Praxis, BB 1984, S. 1161 f.

Heubeck, K. / Uebelhack, B., (Versorgungsausgleich 1988): Betriebsrenten im Versorgungsausgleich, BetrAV 1988, S. 53 - 66

Heubeck, K. / Zimmermann, S., (Ausgleich 1981): Dynamische - teildynamische - statische private Versorgung und ihr Ausgleich bei Scheidung, BB 1981, S. 1225 - 1232

Heubeck, K. / Löcherbach, G., (Unternehmensbewertung 1982): Betriebliche Altersversorgung bei der Unternehmensbewertung, DB 1982, S. 913 - 918

Heubeck, K. / Löcherbach, G. / Rößler, N., (Wirtschaftliche Lage 1987): Berücksichtigung der wirtschaftlichen Lage des Arbeitgebers im Rahmen der Anpassungsprüfung nach § 16 BetrAVG, Die Weiterentwicklung des ABA-Modells von 1980 zum ABA-Modell von 1987, BB 1987, Beilage Nr. 3

Heubeck, K. / Rössler, N. / Sauerberg, W., (Wirtschaftliche Lage 1980): Die wirtschaftliche Lage des Arbeitgebers bei der Prüfung der Anpassung von Betriebsrenten nach § 16 BetrAVG, BB 1980, Beilage Nr. 13

Heubes, J., (Inflationstheorie 1989): Inflationstheorie, München 1989

Hieber, O.L., (Unternehmenswert 1986): Der Einfluß der betrieblichen Altersversorgung auf den Unternehmenswert, - Ein Beitrag zur Unternehmensbewertung -, Europäische Hochschulschriften, Reihe V, Volks- und Betriebswirtschaft, Band 655, Frankfurt am Main 1986

Hieber, O.L., (Ökonomische Analyse 1987): Ökonomische Analyse der Passivierungspflicht für Pensionsverpflichtungen nach neuem Bilanzrecht, - Zugleich ein Beitrag zur Unternehmensbewertung -, WPg 1987, S. 531 - 539

Hirte, E., (Langfristige Rückstellungen 1971): Die Bewertung langfristiger Rückstellungen, DB 1971, S. 1313 - 1318

Hirte, E., (Stichtagsprinzip 1975): Was bedeutet das Stichtagsprinzip?, DB 1975, S. 522 - 524

Höfer, R., (Betriebliche Altersversorgung 1973): Betriebliche Altersversorgung - Steuerliche und finanzielle Wirkungen, Wiesbaden 1973

Höfer, R., (Gutachten 1978): Die sozialpolitischen, wirtschaftlichen und rechtlichen Grundlagen der betrieblichen Altersversorgung sowie ihre mögliche Weiterentwicklung, Gutachten, Mühlheim a.d. Ruhr 1978

Höfer, R., (Zweckmäßigkeit 1979): Zweckmäßigkeit der betrieblichen Altersversorgung aus betriebswirtschaftlicher Sicht, in: Goetzke, W. / Sieben, G. (Hrsg.), Betriebliche Altersversorgung der Arbeitnehmer, Bericht von der 6. Kölner BFuP-Tagung am 15. und 16. 03. 1979 in Leverkusen, GEBERA-Schriften, Band 6, Köln 1979, S. 27 - 37

Höfer, R., (Durchführungswege 1984): Ein betriebswirtschaftlicher Vergleich der Durchführungswege der betrieblichen Altersversorgung, in: Helten, E. / Kaluza, B. (Hrsg.), Alterssicherung bei sich ändernden Rahmenbedingungen, Referate der Fachtagung des Bundesverbandes Deutscher Volks- und Betriebswirte e.V., Karlsruhe 1984, S. 133 - 155

Höfer, R., (Jubiläumsgelder 1987): Zur Berechnung von Rückstellungen für Jubiläumsgelder, BB 1987, S. 997 - 999

Höfer, R., (Pensionsverpflichtungen 1988): Pensionsverpflichtungen im Jahresabschluß, - Zur Stellungnahme 2/1988 des Hauptfachausschusses -, WPg 1988, S. 549 - 558

Höfer, R. / Abt, O., (Kommentar 1982): Gesetz zur Verbesserung der betrieblichen Altersversorgung, Kommentar, Band I: Arbeitsrechtlicher Teil, 2. Auflage, München 1982

Höfer, R. / Abt, O., (Kommentar 1984): Gesetz zur Verbessung der betrieblichen Altersversorgung, Kommentar, Band II: Steuerrechtlicher Teil, 2. Auflage, München 1984

Höfer, R. / Kemper, K., (Anpassung 1973): Zur Anpassung betrieblicher Versorgungsleistungen, DB 1973, S. 130 - 139

Höfer, R. / Lemitz, H.-G., (Neues Bilanzrecht 1986): Betriebliche Altersversorgung und das neue Bilanzrecht, BB 1986, S. 426 - 433

Höfer, R. / Reiners, S. / Wüst, H., (Kommentar 1992): Gesetz zur Verbesserung der betrieblichen Altersversorgung, Kommentar, Band I, Arbeitsrecht, 3. völlig neubearbeitete und erweiterte Auflage, München 1992

Höhne, G., (Handbuch 1968): Die betriebliche Alterversorgung, in: Arbeitsgemeinschaft für betriebliche Alterversorgung e.V. (Hrsg.), Handbuch der betrieblichen Altersversorgung, Band I, Grundlagen und Praxis, Heidelberg 1968, S. 1 - 21

Höhne, G. / Heubeck, G., (Anpassung 1975): Anpassung betrieblicher Ruhegelder nach dem Gesetz zur Verbesserung der betrieblichen Altersversorgung vom 19. 12. 1974, 2. Auflage, Heidelberg 1975

Hofbauer, H. / König, P. / Nagel, E., (Betriebszugehörigkeitsdauer 1974): Betriebszugehörigkeitsdauer bei männlichen deutschen Arbeitnehmern, MittAB 1974, S. 288 - 304

Hoffmann, R., (Betriebliche Altersversorgung 1969): Moderne Möglichkeiten der betrieblichen Altersversorgung, München 1969

Hoffmann, T., (Reform/Revolution 1987): Reform oder Revolution?, Diskussion um die Änderung der Struktur in der gesetzlichen Rentenversicherung 1990 - Materialauswahl -, Wissenschaftliche Dienste des Deutschen Bundestages, Materialie Nr. 98, Bonn 1987

Hütig, K., (Änderung 1978): Die arbeitsrechtlichen Möglichkeiten zur Änderung von betrieblichen Versorgungsregelungen, DB 1978, S. 693 - 697

Hüttemann, U., (Verbindlichkeiten 1976): Grundsätze ordnungsmäßiger Bilanzierung für Verbindlichkeiten, Schriften der Schmalenbach-Gesellschaft, Band 2, 2. unveränderte Auflage, Düsseldorf 1976

IDW (Hrsg.), (WP-Handbuch 1985/86): Wirtschaftsprüfer-Handbuch 1985/86, Handbuch für Rechnungslegung, Prüfung und Beratung, Band I, 9. Auflage, Düsseldorf 1985, und Band II, 9. Auflage, Düsseldorf 1986

IDW (Hrsg.), (WP-Handbuch 1992): Wirtschaftsprüfer-Handbuch 1992, Handbuch für Rechnungslegung, Prüfung und Beratung, Band I und II, 10. Auflage, Düsseldorf 1992

Ifo-Institut für Wirtschaftsforschung, (Fünftes Forschungsvorhaben 1990): Betriebliche Altersversorgung - Fünftes Forschungsvorhaben zur Situation und Entwicklung der betrieblichen Altersversorgung, Ergebnisse und Analyse einer im Juni/Juli 1990 durchgeführten Befragung in Industrie und Handel, München 1990

Infratest Sozialforschung, (Betriebliche Altersversorgung 1983): Betriebliche Altersversorgung, Der Beitrag betrieblicher Versorgungssysteme zur Alterssicherung der deutschen Bevölkerung, Erster Teilbericht, München 1983

Infratest Sozialforschung, (Alterssicherung 1986/92): Alterssicherung in Deutschland 1986 (ASID '86), Zusammenfassender Bericht, Forschungsprojekt im Auftrag des Bundesministers für Arbeit und Sozialordnung (Hrsg.), München 1992

Institut "Finanzen und Steuern" e.V. (Hrsg.), (Realsteuerhebesätze 1989): Entwicklung der Realsteuerhebesätze der Gemeinden mit mehr als 50.000 Einwohnern in 1989 gegenüber 1988, Grüner Brief Nr. 288

Isenbart, F. / Münzner, H., (Lebensversicherungsmathematik 1987): Lebensversicherungsmathematik für Praxis und Studium, 2., vollständig überarbeitete Auflage, Wiesbaden 1987

Issing, O., (Geldtheorie 1991): Einführung in die Geldtheorie, 8. Auflage, München 1991

Jacobs, O.H., (Rückstellungen 1988): Berechnung von Rückstellungen in der Steuerbilanz, DStR 1988, S. 238 - 247

Jäger, B., (Abzinsungsproblematik 1992): Zur Abzinsungsproblematik im Falle erwarteter Verpflichtungsüberschüsse aus Dauerschuldverhältnissen, WPg 1992, S. 557 - 570

Jäkel, H.K., (Wertsicherungsklauseln 1980): Die Bewertung von Kaufpreisrenten mit Wertsicherungsklauseln, BetrAV 1980, S. 103 - 108

Jakob, W., (Haftungslose Verbindlichkeiten 1986): Passivierung "haftungsloser Verbindlichkeiten", BB 1986, S. 972 - 983

Kamman, E., (Stichtagsprinzip 1988): Stichtagsprinzip und zukunftsorientierte Bilanzierung, Köln 1988

Kaukewitsch, P., (Verbreitung 1984): Verbreitung der betrieblichen Altersversorgung im Produzierenden Gewerbe, Ergebnisse der Arbeitskostenerhebungen, WiSta 1984, S. 705 - 714

Kemper, K. / Kisters-Kölkes, M., (Altersversorgung 1992): Betriebliche Altersversorgung, Beck'sche Musterverträge, Band 12, München 1992

Kern, K.D. / Braun, W., (Einfluß 1985): Einfluß wichtiger Todesursachen auf die Sterblichkeit und die Lebenserwartung, WiSta 1985, S. 233 - 240

Kleylein, D., (Unternehmensveräußerungen 1981): Bewertung von betrieblichen Versorgungsplänen bei Unternehmensveräußerungen - Betriebswirtschaftliche, steuerliche und versicherungsmathematische Aspekte -, DB 1981, S. 853 - 859

Klöckner, K. / Wenk, K., (Investitionshilfe 1983): Die Investitionshilfeabgabe nach dem Investitionshilfegesetz, DB 1983, S. 250 - 257

Kloß, H.-G., (Ergebnisse 1981): Schichtung der Arbeiterverdienste 1978, Erste Ergebnisse der Lohn- und Gehaltsstrukturerhebung, WiSta 1981, S. 576 - 587

Kloß, H.-G., (Ergebnisse 1983): Löhne und Gehälter, Schichtung der Angestelltenverdienste 1978, Weitere Ergebnisse der Gehalts- und Lohnstrukturerhebung, WiSta 1983, S. 140 - 156

Knepper, K.H., (Ausweis 1984): Der Ausweis betrieblicher Versorgungszusagen, BB 1984, S. 466 - 468

Knobbe-Keuk, B., (Steuerrecht 1985): Bilanz- und Unternehmenssteuerrecht, 5. überarbeitete und erweiterte Auflage, Köln 1985

Knobbe-Keuk, B., (Steuerrecht 1991): Bilanz- und Unternehmenssteuerrecht, 8., völlig überarbeitete und erweiterte Auflage, Köln 1991

Koenen, S., (Gestaltungsalternativen 1990): Betriebliche Altersversorgung: Gestaltungsalternativen und ihre steuerlichen Wirkungen, DB 1990, S. 1425 - 1431

Kolb, R., (Gesetzliche Rentenversicherung 1983): Gesetzliche Rentenversicherung (Arbeiterrentenversicherung, Angestelltenversicherung, knappschaftliche Rentenversicherung, Handwerkerversicherung), in: Sachverständigenkommission Alterssicherungssysteme, Darstellung der Alterssicherungssysteme und der Besteuerung von Alterseinkommen, Berichtsband 2, Stuttgart 1983, S. 7 - 126

Kolb, R., (Vergleich 1983): Vergleich der Alterssicherungssysteme für Selbständige, in: Sachverständigenkommission Alterssicherungssysteme, Vergleich der Alterssicherungssysteme und Empfehlungen der Kommission, Berichtsband 1, Stuttgart 1983, S. 85 - 139

Kolb, R. / Ruland, F., (Rentenversicherung 1990): Die Rentenversicherung in einem sich einigenden Deutschland, DRV 1990, S. 141 - 153

Kolb, R. / Maydell, B. von / Schneider, H.-P. / Zacher, H.F., (Vergleich 1983): Vergleich der Alterssicherungssysteme für abhängig Beschäftigte, in: Sachverständigenkommission Alterssicherungssysteme, Vergleich der Alterssicherungssysteme und Empfehlungen der Kommission, Berichtsband 1, Stuttgart 1983, S. 25 - 84

Krahnen, J.P. / Meran, G., (Pension 1991): Lohn, Pension und Besteuerung, Ein Entscheidungsmodell zur betrieblichen Altersversorgung, ZfbF 1991, S. 119 - 129

Krebs, R. / Rößler, N., (Wirtschaftliche Randbedingungen 1979): Die Abhängigkeit der Versorgungswerke und der daraus resultierenden Belastungen von den wirtschaftlichen Randbedingungen, in: Beratungs-GmbH für Altersversorgung Steuerberatungsgesellschaft Dr. Dr. Ernst Heissmann und Deutsches Institut für Betriebswirtschaft e.V. (Hrsg.), Betriebliche Altersversorgung im Strukturwandel, Erfahrungsberichte, Optimierungsgrundsätze, Wiesbaden 1979, S. 104 - 128

Kreyszig, E., (Statistische Methoden 1968): Statistische Methoden und ihre Anwendungen, 3. durchgesehene Auflage, Göttingen 1968

Krips, U., (Aussagefähigkeit 1980): Zur Aussagefähigkeit einiger Preisindizes, VersW 1980, S. 184 f. und S. 242

Kruhl, A., (Procedere 1992): Das Procedere um das Steueränderungsgesetz 1992 - Änderungen/Nachbesserungen in der Schlußphase -, DB 1992, S. 649

Kruschwitz, L., (Entscheidungsregeln 1987): Klassische Entscheidungsregeln bei Risiko, WISU 1987, S. 81 - 85

Kruschwitz, L., (Investitionsrechnung 1990): Investitionsrechnung, 4., bearbeitete Auflage, Berlin-New York 1990

Küting, K., (Jubiläumszuwendungen 1988): Rückstellungen für Jubiläumszuwendungen in der Handels- und Steuerbilanz, BB 1988, S. 2280 - 2286

Küting, K. / Weber, C.-P., (Neues Bilanzrecht 1987): Das neue Bilanzrecht: Eine Herausforderung an die deutsche Bilanzierungspraxis, - 30 Thesen zum neuen Bilanzrecht -, DB 1987, S. 1 - 10

Kunz, D., (Preisindizes 1975): Aussagegehalt und Genauigkeit von Preisindizes für die Lebenshaltung, BetrAV 1975, S. 71 - 76

Kupsch, P., (Rückstellungen 1989): Neuere Entwicklungen bei der Bilanzierung und Bewertung von Rückstellungen, DB 1989, S. 53 - 62

Labus, O., (Anmerkung 1976): Anmerkung zum BFH-Urteil vom 13. 11. 1975 - IV R 170/73, BB 1976, S. 300

Lauffer, H.-M., (Pensionsrückstellung 1969): Die Pensionsrückstellung als Gestaltungsform der betrieblichen Altersversorgung in Deutschland (BRD) im Wandel der Beurteilung, Schweizerische Zeitschrift für Volkswirtschaft und Statistik 1969, S. 211 - 228

Leffson, U., (GoB 1987): Die Grundsätze ordnungsmäßiger Buchführung, 7. Auflage, Düsseldorf 1987

Leitherer, S., (§ 16 BetrAVG 1983): Die Belange des Versorgungsempfängers in § 16 des Gesetzes zur Verbesserung der betrieblichen Altersversorgung, Berlin 1983

Lemitz, H.-G., (Selbstfinanzierung 1967): Geplante Selbstfinanzierung durch betriebswirtschaftlich ausgerichtete Versorgungsmaßnahmen, in: Deutsche Gesellschaft für Betriebswirtschaft (Hrsg.), Die Unternehmung im Strukturwandel der Wirtschaft, Referate des 20. Deutschen Betriebswirtschafter-Tages, Berlin 1967, Band III, S. 35 - 48

Lemitz, H.-G., (Auswirkungen 1970): Betriebswirtschaftliche Auswirkungen der Unverfallbarkeit und Dynamisierung betrieblicher Pensionsverpflichtungen, DB 1970, S. 1497-1506 (Teil I) und S. 1549 - 1555 (Teil I*)

Lemitz, H.-G., (Durchführungswege 1978): Die Durchführungswege und Leistungsformen der betrieblichen Altersversorgung im finanz- und ertragswirtschaftlichen Vergleich, BFuP 1978, S. 400 - 417

Lemitz, H.-G., (Ausweis 1981): Der Ausweis der Versorgungsverpflichtungen nach künftigem Bilanzrecht - Änderung des HGB, DB 1981, S. 2133 - 2138, 2188 - 2195, 2240 - 2249

Lemitz, H.-G., (Bewertung 1982): Bewertung von Versorgungsverpflichtungen bei Veräußerung oder Erwerb von Betrieben, BB 1982, Beilage Nr. 8

Lindeiner-Wildau, H.-C. von, (Wertsicherungsklausel 1977): Auswirkungen einer indexbezogenen Wertsicherungsklausel auf die Passivierung langfristiger Verbindlichkeiten in Handels- und Steuerbilanz, DB 1977, S. 132 - 135

Löcherbach, G., (Zinssatzerhöhung 1982): Betriebswirtschaftliche Auswirkungen der Zinssatzerhöhung bei Pensionsrückstellungen, BB 1982, S. 1833 - 1836

Löffler, F. / Theurer, C., (Teildynamische Versorgungen 1981): Zur Bewertung teildynamischer Versorgungen im Versorgungsausgleich: eine (vermeidbare?) Lücke der Barwertverordnung, FamRZ 1981, S. 8 - 12

Lubnow, M., (Gleichbehandlung 1992): Die Rechtsprechung zur Gleichbehandlung von Teilzeitbeschäftigten in der betrieblichen Altersversorgung - Folgen und Fragen, in: Förster, W. / Rößler, N., (Diskussion 1992), S. 273 - 294

Ludyk, G., (Dynamische Systeme 1977): Theorie dynamischer Systeme, Berlin 1977

Lübeck, E., (Demografische Komponente 1983): Die demografische Komponente bei der Finanzierung der Rentenversicherung, DRV 1983, S. 134 - 147

Luik, H., (Pensionsverpflichtungen 1987): Aktuelle Fragen zur Behandlung von Pensionsverpflichtungen im Jahres- und Konzernabschluß, WPg 1987, S. 733 - 744

Lukowsky, H. / Zühlke, K. / Rössler, N., (Betriebswirtschaftliche Effekte 1971): Betriebswirtschaftliche Effekte bei der Bildung von Pensionsrückstellungen am Beispiel eines Modellunternehmens, Bundesarbeitsblatt 1971, S. 594 - 598

Maul, K.-H., (Aufwandsrückstellungen 1986): Aufwandsrückstellungen im neuen Bilanzrecht, BB 1986, S. 631 - 635

Maydell, B. von, (Über-/Unterversorgung 1978): Basisversorgung (Beamtenpension und Altersruhegeld der gesetzlichen Rentenversicherung) und Ergänzungsversorgungen (Zusatzversorgungung im öffentlichen Dienst und in der gewerblichen Wirtschaft einschließlich der Privatversicherung), in: Deutscher Sozialgerichtsverband (Hrsg.), Über- und Unterversorgung bei der Alterssicherung, Band XVII, o.O. 1978, S. 24 - 53

Maydell, B. von, (Betriebliche Altersversorgung 1983): Betriebliche Altersversorgung, in: Sachverständigenkommission Alterssicherungssysteme, Darstellung der Alterssicherungssysteme und der Besteuerung von Alterseinkommen, Berichtsband 2, Stuttgart 1983, S. 243 - 281

Maydell, B. von, (Rechtsprechung 1990): Die neuere Rechtsprechung des Bundesarbeitsgerichts zur betrieblichen Altersversorgung, - Verfassungsrechtliche Aspekte und Auswirkungen -, BetrAV 1990, S. 151 - 156

Meilicke, H., (Versicherungsschutz 1983): Umfang des Versicherungsschutzes des Pensions-Sicherungs-Vereins bei Betriebsrenten, DB 1983, S. 2191 - 2199

Meilicke, H., (Kürzung 1983): Kürzung von Betriebsrenten, Vorbehalt gleichbleibender Verhältnisse - Anpassung nach unten gemäß § 16 BetrAVG, BB 1983, S. 73 - 79

Meinhardt, H., (Personalpolitik 1992): Betriebliche Altersversorgung - ein wesentliches Element der Personalpolitik, Ein Beitrag zur künftigen Entwicklung von Stellung und Aufgabe der Altersversorgung im Unternehmen, in: Förster, W. / Rößler, N., (Diskussion 1992), S. 310 - 318

Meinhold, H., (Demographische Entwicklung 1983): Alterssicherung unter Berücksichtigung der wirtschaftlichen und demographischen Entwicklung, DRV 1983, S. 209 - 215

Mellwig, W., (Bilanzrechtsprechung 1983): Bilanzrechtsprechung und Betriebswirtschaftslehre, Zu einigen Grundlagen der steuerlichen Bilanzrechtsprechung und ihrer betriebswirtschaftlichen Kritik, BB 1983, S. 1613 - 1620

Meyer, C., (Kirchensteuerübersicht 1987): Kirchensteuerübersicht 1987, NWB 1987, Fach 12, S. 1297 - 1326

Meyer, C., (Kirchensteuersätze 1992): Kirchensteuersätze 1991, NWB 1992, Fach 12, S. 1363 - 1368

Meyer, K. / Paul, C., (Sterbetafel 1991): Allgemeine Sterbetafel 1986/88, WiSta 1991, S. 371 - 381

Mittelbach, R., (Pensionsrückstellungen 1982): Pensionsrückstellungen im Steuerrecht, Köln 1982

Möser, H.D., (Investitionsplanung 1987): Sind Investitionsrechnungen obsolet geworden? - Investitionsplanung als operative und strategische Aufgabe, DB 1987, S. 2053 - 2056

Moser, C., (Beiträge 1926): Beiträge zur Darstellung von Vorgängen und des Beharrungszustandes bei einer sich erneuernden Gesamtheit, Mitteilungen der Vereinigung schweizerischer Versicherungsmathematiker 1926, S. 1 - 24

Moxter, A., (Rückstellungskriterien 1979): Rückstellungskriterien nach neuem Bilanzrecht, BB 1979, S. 433 - 440

Moxter, A., (Rückstellungsbilanzierung 1982): Einschränkung der Rückstellungsbilanzierung durch das Haushaltsbegleitgesetz 1983?, BB 1982, S. 2084 - 2087

Moxter, A., (Fremdkapitalbewertung 1984): Fremdkapitalbewertung nach neuem Bilanzrecht, WPg 1984, S. 397 - 408

Moxter, A., (Bilanzrechtsprechung 1986): Ulrich Leffson und die Bilanzrechtsprechung, WPg 1986, S. 173 - 177

Müller, H.-W., (Finanzentwicklung 1985): Zur demografischen Komponente als Indikator für die Finanzentwicklung der Rentenversicherung, DRV 1985, S. 725 - 744

Müller, H.-W., (Finanzielle Auswirkungen 1989): Finanzierungsvorschriften und finanzielle Auswirkungen des Rentenreformgesetzes 1992, DRV 1989, S. 841 - 859

Müller, N.E., (Pensionsversicherung 1973): Einführung in die Mathematik der Pensionsversicherung, München 1973

Muhr, G., (Gewerkschaftliche Sicht 1980): Rückblick und Ausblick auf die betriebliche Altersversorgung aus gewerkschaftlicher Sicht, in: Beratungs-GmbH für Altersversorgung Steuerberatungsgesellschaft Dr. Dr. Ernst Heissmann und Deutsches Institut für Betriebswirtschaft e.V. (Hrsg.), Betriebliche Altersversorgung im Umbruch, Berlin 1980, S. 93 - 106

Muscheid, G., (Übergangsvorschriften 1986): Übergangsvorschriften des Bilanzrichtlinien-Gesetzes für den Einzelabschluß, Eine Übersicht, BB 1986, S. 355 - 362

Muth, R., (Bewährungsprobe 1983): Bemerkungen zur Insolvenzsicherung der betrieblichen Altersversorgung aus Anlaß der gegenwärtigen Bewährungsprobe, BetrAV 1983, S. 105 - 108

Naumann, K.-P., (Bewertung 1989): Die Bewertung von Rückstellungen in der Einzelbilanz nach Handels- und Ertragsteuerrecht, Düsseldorf 1989

Nehm, H., (Sozialverpflichtungen 1984): Rückstellungen für Sozialverpflichtungen, - Zugleich Stellungnahme zum BFH-Urteil zur Rückstellungsbildung für Gratifikationen -, DB 1984, S. 949 - 954

Neuberger, O., (Messung 1974): Messung der Arbeitszufriedenheit, Verfahren und Ergebnisse, Schriftenreihe Sozioökonomie, Band 8, Stuttgart-Berlin-Köln-Mainz 1974

Neuburger, E., (Modell 1972): Ein wahrscheinlichkeitstheoretisches Modell der diskontinuierlichen Lebensversicherungsmathematik, Blätter DGVM 1972, S. 439 - 450

Neuburger, E., (Entwicklung 1974): Zur Entwicklung sich erneuernder Bestände (1. Teil), Blätter DGVM 1974, S. 533 - 552

Neuburger, E., (Einkommenstrend 1979): Kann ein zukünftiger Einkommenstrend bei Pensionsrückstellungen berücksichtigt werden?, Zugleich eine Einordnung der "Kostenorientierten Zusage", BB 1979, S. 1461 - 1465

Neuburger, E., (Prognoseverfahren 1979): Prognoseverfahren zwischen Theorie und Praxis, Was können Vorausschätzungen in der betrieblichen Altersversorgung leisten?, BetrAV 1979, S. 104 - 108 und S. 152 - 156

Neuburger, E., (Anpassung 1980): Lassen sich im Rahmen der derzeitigen Rechtslage zur Anpassung wirtschaftlich vertretbare Pensionszusagen geben?, BB 1980, S. 1643 - 1647

Neuburger, E., (Prognoseverfahren 1982): Prognoseverfahren in der Personenversicherung, in: Fleischmann, B. / Bloech, J.F. / Fandel, G. / Seifert, O. / Weber, H. (Hrsg.), Operations Research Proceedings, Vorträge der 10. Jahrestagung der Deutschen Gesellschaft für Operations Research e.V. 1981, Berlin/Heidelberg/New York 1982, S. 127 - 139

Neuburger, E., (Verantwortung 1982): Von der Verantwortung eines Mathematikers bei Prognoseberechnungen, Bemerkungen zu anwenderfreundlichen Prognosen, Blätter DGVM 1982, S. 319 - 343

Neuburger, E., (Prognoseverfahren 1983): Prognoseverfahren der Personenversicherungsmathematik am Beispiel der betrieblichen Altersversorgung, Blätter DGVM 1983, S. 245 - 265

Neuburger, E., (Rechenverfahren 1983): Moderne Rechenverfahren für Pensionsrückstellungen und ihre Überprüfung, Die steuerliche Betriebsprüfung 1983, S. 129 - 142

Neuburger, E., (Rückstellungen 1985): Ansatz der Rückstellungen für Verpflichtungen aus Vorruhestandsregelungen, Ein Beitrag zur Bewertung von ungewissen Verbindlichkeiten, BB 1985, S. 767 - 776

Neuburger, E., (Bewertung 1988): Zur Bewertung von Pensionsverpflichtungen, BB 1988, S. 173 - 177

Neuburger, E., (Prognoseverfahren 1988): Prognoseverfahren in der Personenversicherungsmathematik, in: Farny, D. / Helten, E. / Koch, P. / Schmidt, R. (Hrsg.), Handwörterbuch der Versicherung HdV, Karlsruhe 1988, S. 569 - 573

Neuburger, E., (Prüfung 1992): Bericht zur Prüfung 1992 über Pensionsversicherungsmathematik, Blätter DGVM 1993, S. 159 - 165

Neuburger, E. / Chossy, R. von, (Stochastische Simulation 1986): Zur stochastischen Simulation in der Personenversicherungsmathematik, Blätter DGVM 1986, S. 515 - 525

Nicolas, M., (Finanzmathematik 1959): Finanzmathematik, Sammlung Göschen Band 1183/1183a, Berlin 1959

o.V., (Aktuelle Fragen 1986/87): Aktuelle Fragen aus der Betriebsprüfung, JbFStR 1986/87, 1. Generalthema, S. 79 - 157

o.V., (Meinungsspiegel 1980): Meinungsspiegel, BFuP 1980, S. 556 - 574

o.V., (Begrenzung 1990): Faltlhauser will eine Begrenzung der Anpassungsverpflichtung durchsetzen, Handelsblatt vom 27. 03. 1990, S. 3

Pauksztat, R., (Bemerkungen 1983): Bemerkungen zum Aufwand und zu Effekten von Direktversicherung und Direktzusage, DB 1983, S. 608 - 610

Paulsdorff, J., (Großschäden 1983): Die Leistungsfähigkeit des Pensions-Sicherungs-Vereins bei Großschäden - dargestellt am Fall der AEG Telefunken AG -, BetrAV 1983, S. 29 - 34

Perlet, H., (Rückstellungen 1986): Rückstellungen für noch nicht abgewickelte Versicherungsfälle in Handels- und Steuerbilanz, Karlsruhe 1986

Pfleger, G., (Bilanzierungsprobleme 1981): Bilanzierungsprobleme bei der Bildung von Rückstellungen für Rekultivierungsverpflichtungen, DB 1981, S. 1686 - 1691

Pilzweger, K., (Prognoseprobleme 1983): Über Prognoseprobleme bei Beständen der Personenversicherungsmathematik, Blätter DGVM 1983, S. 221 - 243

Pilzweger, K., (Prognoseprobleme 1984): Methoden zur Behandlung von Prognoseproblemen der Personenversicherungsmathematik, Blätter DGVM 1984, S. 423 - 445

Pilzweger, K. / Chossy, R. von, (Bestandsentwicklung 1977): Analyse einer Bestandsentwicklung bei verallgemeinerter Ausscheideordnung, Blätter DGVM 1977, S. 129 - 144

Pinkos, E., (Auswirkungen 1992): Steueränderungsgesetz 1992: Auswirkungen auf die betriebliche Altersversorgung, DB 1992, S. 802 - 806

Pohl, R., (Inflation 1981): Theorie der Inflation, Grundzüge der monetären Makroökonomik, München 1981

Pophal, R., (Ablösung 1987): Die Ablösung unmittelbarer betrieblicher Versorgungsverpflichtungen durch Direktversicherungen, Arbeits- und insolvenzrechtliche Aspekte, DB 1987, S. 834 - 841

Post, M., (Stille Beteiligung 1975): Die stille Beteiligung am Unternehmen der Kapitalgesellschaft - Recht, Steuer, Betriebswirtschaft, Bielefeld 1975

Proebsting, H., (Entwicklung 1984): Entwicklung der Sterblichkeit, WiSta 1984, S. 13 - 24

Proebsting, H., (Bevölkerungsvorausschätzungen 1985): Bevölkerungsvorausschätzungen, DAngVers 1985, S. 413 - 420

Proebsting, H., (Lebenstafel 1987): Die Lebenstafel 1983/85, DAngVers 1987, S. 35 - 39

PROGNOS AG, (Entwicklungen 1987): Gesamtwirtschaftliche Entwicklungen und gesetzliche Rentenversicherung vor dem Hintergrund einer schrumpfenden Bevölkerung, Textband, Untersuchung im Auftrag des Verbandes Deutscher Rentenversicherungsträger, Basel 1987

PSVaG, (Geschäftsbericht 1991): Bericht über das Geschäftsjahr 1991, Köln 1992

Rasch, H.-G., (Neuberechnung 1990): Zur Neuberechnung des Preisindex für die Lebenshaltung auf Basis 1985, WiSta 1990, S. 47 - 51

Rau, H.-G., (Steuerrechtliche Vorschriften 1974): Die steuerrechtlichen Vorschriften des Entwurfs eines Gesetzes zur Verbesserung der betrieblichen Altersversorgung, BB 1974, S. 1081 - 1087

Rau, H.-G. / Heubeck, G. / Höhne, G., (Kommentar 1978): Kommentar zum Betriebsrentengesetz - Gesetz zur Verbesserung der betrieblichen Altersversorgung, Band II: Steuerrechtliche Vorschriften und Übergangs- und Schlußvorschriften, Heidelberg 1978

Rauser, K.-D., (Alternative 1981): Einmalkapitalbeträge anstelle laufender betrieblicher Rentenzahlungen - eine sinnvolle Alternative nach § 16 Betriebsrentengesetz?, BB 1981, S. 1287 - 1291

Rauser, K.-D., (Kostenvergleich 1982): Direktversicherung oder rückversicherte Direktzusage?, Kostenvergleich einer mit Sicherheitsabstand gesteuerten betrieblichen Altersversorgung, BB 1982, S. 1499 - 1503

Rauser, K.-D., (Schließung 1983): Die Schließung betrieblicher Versorgungssysteme für neueintretende Arbeitnehmer, BB 1983, Beilage 15

Reichel, G., (Unabhängige Verbleibswahrscheinlichkeiten 1983): Gibt es "unabhängige" Verbleibswahrscheinlichkeiten in der Personenversicherungsmathematik?, Blätter DGVM 1983, S. 205 - 220

Rhiel, R., (Prognoseverfahren 1986): Prognoseverfahren in der Personenversicherung am Beispiel der betrieblichen Altersversorgung, Blätter DGVM 1986, S. 329 - 352

Rhiel, R., (Prognoserechnungen 1987): Betriebswirtschaftlich-versicherungsmathematische Prognoserechnungen für Planungen und Unternehmensbewertungen, WPg 1987, S. 573 - 583 (Teil I) und S. 605 - 612 (Teil II)

Rhiel, R., (Betriebliche Altersversorgung 1990): Betriebliche Altersversorgung: Betriebswirtschaftlich-versicherungsmathematische Prognose- und Vergleichsrechnungen der einzelnen Durchführungswege für Planungen und Unternehmensbewertungen, in: Koch, G. (Hrsg.), Münchener Blätter zur Versicherungsmathematik, Heft 15, November 1990

Richter, G., (Gestaltungsformen 1982): Kombinierte Gestaltungsformen unter besonderer Berücksichtigung der Direktversicherung, BetrAV 1982, S. 120 - 128

Richter, G., (Überwachung 1985): Die laufende betriebswirtschaftlich-mathematische Überwachung einer über Pensionsrückstellungen durchgeführten betrieblichen Altersversorgung, BB 1985, S. 900 - 904

Richter, G., (Wertansatz 1986): Der Wertansatz von Pensionsverpflichtungen nach dem Bilanzrichtlinien-Gesetz, BB 1986, S. 2162 - 2166

Riedlbauer, E., (Altersversorgung 1975): Die betriebliche Altersversorgung, Ihre Eingliederung in ein Gesamtversorgungssystem in der BRD, Karlsruhe 1975

Rössler, N., (Betriebswirtschaftliche Effekte 1972): Betriebswirtschaftliche Effekte bei der Bildung von Pensionsrückstellungen, in: Beratungs-GmbH für Altersversorgung Steuerberatungsgesellschaft Dr. Dr. Ernst Heissmann (Hrsg.), Betriebliche Altersversorgung in der Reform, Wiesbaden 1972, S. 106 - 122

Rössler, N., (Forumgespräch 1973): Referat in einem Forumgespräch am 16.1.1973, in: DB 1973, Beilage Nr. 2, S. 11 - 12

Rössler, N., (Versorgungsrisiken 1980): Mit System gegen Versorgungsrisiken, in: Beratungs-GmbH für Altersversorgung Steuerberatungsgesellschaft Dr. Dr. Ernst Heissmann und Deutsches Institut für Betriebswirtschaft e.V. (Hrsg.), Betriebliche Altersversorgung im Umbruch, Berlin 1980, S. 330 - 339

Rössler, N., (Wirtschaftliche Lage 1986): Die wirtschaftliche Lage nach § 16 BetrAVG - ein aktualisiertes ABA-Modell zur Prüfung der Rentenanpassung -, BetrAV 1986, S. 98 - 101

Rößler, N., (Sicherungssysteme 1987): Verläßliche Sicherungssysteme ohne Gefährdung der Unternehmensexistenz, in: Beratungs-GmbH für Altersversorgung Steuerberatungsgesellschaft Dr. Dr. Ernst Heissmann und Deutsches Institut für Betriebswirtschaft e.V. (Hrsg.), Betriebliche Altersversorgung 1987, Die Zukunft der Sicherheit, Wiesbaden 1987, S. 57 - 75

Rössler, N. / Gassen, H., (Belastungen 1972): Belastungen für den Betrieb durch Pensionsverpflichtungen, BB 1972, S. 126 - 129

Rössler, N. / Förster, W. / Nowak, U., (Bewährung 1973): Betriebliche Altersversorgung in der Bewährung, - Die Reformen und ihr Preis -, Sozialer Fortschritt 1973, S. 145 - 151

Rorarius, M., (Langfristige Entwicklung 1983): Modellrechnungen zur langfristigen Entwicklung der Rentenbestände und Rentenausgaben der ArV und AnV, - Aktuelle Ergebnisse -, DAngVers 1983, S. 262 - 273

Rose, G., (Steuerbelastung 1973): Die Steuerbelastung der Unternehmung, Grundzüge der Teilsteuerrechnung, Wiesbaden 1973

Rose, G., (Zinssatzfragen 1973/74): Verachtet mir die Zinsfüß' nicht!, Zinssatzfragen in der Steuerpraxis, StbJb 1973/74, S. 301 - 348

Rose, G., (Teilsteuerrechnung 1979): Einführung in die Teilsteuerrechnung, BFuP 1979, S. 293 - 324

Rose, G., (Teilsteuersätze 1984): Teilsteuersätze ab 1. Januar 1984, DB 1984, S. 16 f.

Rudolph, K., (Sozialfonds 1956): Finanzierung mittels Steuerersparnis durch Sozialfonds, DB 1956, S. 945 - 947

Rühmann, J., (Mitbestimmung 1980): Die Mitbestimmung bei betrieblichen Versorgungswerken nach ihrer Einordnung in den Katalog mitbestimmungspflichtiger Angelegenheiten, in: Beratungs-GmbH für Altersversorgung Steuerberatungsgesellschaft Dr. Dr. Ernst Heissmann und Deutsches Institut für Betriebswirtschaft e.V. (Hrsg.), Betriebliche Altersversorgung im Umbruch, Berlin 1980, S. 224 - 232

Ruppert, W., (Erhebungen 1985): Verliert die betriebliche Altersversorgung an Bedeutung?, ifo-schnelldienst 9/85, S. 12 - 23

Sachverständigenkommission Alterssicherungssysteme, (Vergleich 1983): Vergleich der Alterssicherungssysteme und Empfehlungen der Kommission, Berichtsband 1, Stuttgart 1983

Salzmann, J., (Optimierungsansätze 1980): Optimierungsansätze für die Finanzierung betrieblicher Versorgungsleistungen, in: Beratungs-GmbH für Altersversorgung Steuerberatungsgesellschaft Dr. Dr. Ernst Heissmann und Deutsches Institut für Betriebswirtschaft e.V. (Hrsg.), Betriebliche Altersversorgung im Umbruch, Berlin 1980, S. 340 - 363

Sauer, O., (Fester Nennbetrag 1975): Pensionszusagen mit festem Nennbetrag, BB 1975, S. 1473 - 1476

Saxer, W., (Versicherungsmathematik 1955): Versicherungsmathematik, Erster Teil, Berlin-Göttingen-Heidelberg 1955

Saxer, W., (Versicherungsmathematik 1958): Versicherungsmathematik, Zweiter Teil, Berlin-Göttingen-Heidelberg 1958

Schaich, E. / Köhle, D. / Schweitzer, W. / Wegner, F., (Statistik II 1982): Statistik II, 2. Auflage, München 1982

Schaich, E. / Köhle, D. / Schweitzer, W. / Wegner, F., (Statistik I 1987): Statistik I, 3. Auflage, München 1987

Schanz, T., (Auswirkungen 1986): Die Auswirkungen der verschiedenen Formen der betrieblichen Altersversorgung auf die Vermögens-, Finanz- und Ertragslage einer Kapitalgesellschaft, Diplomarbeit Mannheim 1986

Schanz, T., (Verfahren 1989): Verfahren der Investititonsrechnung in der betrieblichen Altersversorgung, - Eine kritische Bestandsaufnahme -, BetrAV 1989, S. 220 - 225

Schanz, T., (Risikobewältigung 1992): Risikobewältigung in der betrieblichen Altersversorgung mittelständischer Unternehmen, Eine betriebswirtschaftliche Untersuchung zur Vorteilhaftigkeit der Integration von Versicherungskomponenten, Frankfurt am Main-Berlin-Bern-New York-Paris-Wien 1992, zugleich Diss. Bayreuth 1991

Schaub, G., (Sicherung 1992): Die Sicherung der Versorgungszusage gegen Änderung und Aufhebung, BB 1992, S. 1058 - 1062

Schaub, G. / Schusinski, E. / Ströer, H., (Altersvorsorge 1976): Altersvorsorge, Betriebliche Altersversorgung - Sozialversicherung - Eigenvorsorge, Systematische Darstellung und Nachschlagewerk, München 1976

Schaub, G. / Schusinski, E. / Ströer, H., (Altersvorsorge 1989): Erfolgreiche Altersvorsorge, Alles Wichtige zur - Rentenversicherung - betrieblichen Altersversorgung - Alterssicherung im öffentlichen Dienst, 3. neubearbeitete Auflage, München 1989

Scheffler, W., (Betriebliche Altersversorgung 1990): Betriebliche Altersversorgung, Ein EDV-System zur Unterstützung unternehmerischer Entscheidungen, Wiesbaden 1990

Schmähl, W., (Alterssicherungspolitik 1983): Tendenzen und Aufgaben der Alterssicherungspolitik in Ländern Westeuropas, DRV 1983, S. 348 - 366

Schmidt, A., (Versorgungsrisiken 1988): Versorgungsrisiken betrieblicher Ruhegeldzusagen, Die Bedeutung von Versorgungsrisiken für die langfristige Sicherung betrieblicher Ruhegeldzusagen, Witterschlick/Bonn 1988

Schneider, D., (Bilanzrechtsprechung 1980): Bilanzrechtsprechung und wirtschaftliche Betrachtungsweise, BB 1980, S. 1225 - 1232

Schneider, D., (Investition 1980): Investition und Finanzierung, Lehrbuch der Investitions-, Finanzierungs- und Ungewißheitstheorie, 5., neu bearbeitete Auflage, Wiesbaden 1980

Schneider, D., (Aufwandsvorwegnahme 1989): Steuerersparnisse bei Pensionsrückstellungen allein durch die Aufwandsvorwegnahme?, - Replik zu der Erwiderung von Franke / Hax, DB 1989 S. 1881 -, DB 1989, S. 1883 - 1887

Schneider, D., (Kapitalbildung 1989): Steuerfreie Kapitalbildung in dreistelliger Milliardenhöhe durch Pensionsrückstellungen?, DB 1989, S. 889 - 895

Schneider, D., (Investition 1992): Investition, Finanzierung und Besteuerung, 7., vollständig bearbeitete und erweiterte Auflage, Wiesbaden 1992

Schneider, H.-P., (Zusatzversorgung 1983): Zusatzversorgung der Arbeitnehmer im öffentlichen Dienst, in: Sachverständigenkommission Alterssicherungssysteme, Darstellung der Alterssicherungssysteme und der Besteuerung von Alterseinkommen, Berichtsband 2, Stuttgart 1983, S. 207 - 241

Schoden, M., (Betriebliche Altersversorgung 1986): Betriebliche Altersversorgung, Leitfaden und Kommentar für die Praxis, 2. völlig überarbeitete und erweiterte Auflage, Köln 1986

Schroeder, K.U., (Abzinsung 1990): Abzinsung von Rückstellungen und Verbindlichkeiten in der Steuerbilanz, Bergisch Gladbach-Köln 1990

Schulin, B., (Betriebsbezogene Dynamisierung 1979): Fragen der Anpassung von Betriebsrenten, insbesondere das Problem der betriebsbezogenen Dynamisierung, ZfA 1979, S. 139 - 182

Schulin, B., (Änderung 1984): Änderung von betrieblichen Ruhegeldzusagen, DB 1984, Beilage Nr. 10

Schulte, K.-W., (Berichterstattung 1984): Die Berichterstattung über Pensionsverpflichtungen nach dem Bilanzrichtlinie-Gesetz, BB 1984, S. 2099 - 2107

Schulte, K.-W., (Rechnungszinsfußerhöhung 1985): Steuerliche Rechnungszinsfußerhöhung und handelsrechtliche Bilanzierung von Pensionsrückstellungen, Ergebnisse einer empirischen Untersuchung, BB 1985, S. 702 - 710

Schulte, K.-W., (Deckungsgrad 1987): Zum Deckungsgrad der Direktzusagen durch Pensionsrückstellungen, AG 1987, S. 201 - 204

Schulte, K.-W., (Bilanzrecht 1989): Betriebliche Altersversorgung und neues Bilanzrecht, Ergebnisse einer empirischen Untersuchung, BB 1989, S. 659 - 663

Schumann, H.-H., (Bestandskraft 1990): Wie sicher ist die Betriebsrente, - Zur Bestandskraft betrieblicher Versorgungsversprechen -, DB 1990, S. 2118 - 2122 (Teil I) und S. 2165 - 2170 (Teil II)

Schusinski, E. / Stifel, M., (Anpassung 1978): Kostenanalyse zur Anpassung laufender Betriebsrenten, Die wirtschaftliche Tragbarkeit von Anpassungsmaßnahmen durch EDV errechenbar, BB 1978, S. 158 - 160

Schwab, H., (Modell 1988): Die Betriebliche Altersversorgung - ein praktisches Modell für die Planung und Gestaltung, Hamburg 1988

Schwarz, R., (Gewinnabhängige Verbindlichkeiten 1986): Die steuerliche Passivierung gewinnabhängiger Verbindlichkeiten, Zugleich ein Beitrag zum BFH-Beschluß vom 10. 10. 1985, BB 1986, S. 1608 - 1612

Sieber, R. / Schmahl, D., (Pensionspläne 1970): Betriebliche Pensionspläne - neu analysiert, BB 1970, S. 539 f.

Sieber, R. / Schmahl, D. / Vinneman, K., (Steuervorteile 1975): Echte Steuervorteile durch Pensionsrückstellungen?, DB 1975, S. 6 - 10

Siebke, J. / Willms, M., (Zinsniveau 1972): Zinsniveau, Geldpolitik und Inflation, Kredit und Kapital 1972, S. 171 - 205

Sieg, K., (Alterssicherung 1984): Alters- und Hinterbliebenensicherung in der sozialen Marktwirtschaft, Bestandsaufnahme und Kritik, BB 1984, S. 2013 - 2015

Siegel, T., (Aufwandsrückstellungen 1986): Echte Aufwandsrückstellungen und der Wandel des Gesellschafterschutzes im neuen Bilanzrecht, BB 1986, S. 841 - 844

Siepe, G., (Rückstellungen 1992): Keine Rückstellungen für künftige Beiträge an den Pensionssicherungsverein wegen unverfallbarer Anwartschaften aus zurückliegenden Insolvenzen?, DB 1992, S. 2308 - 2310

Sigloch, J. / Haueisen, P., (Vergleich 1983): Direktversicherung und Pensionszusage im wirtschaftlichen Vergleich, - Anmerkungen zum gleichlautenden Beitrag von H. Engbroks und K. Heubeck -, DB 1983, S. 349 - 353

Sobol, I.M., (Monte-Carlo-Methode 1971): Die Monte-Carlo-Methode, Berlin 1971

Sonne, R., (Anpassung 1978): Die Anpassung betrieblicher Ruhegelder, Eine Untersuchung über die Dynamisierung von Betriebsrenten unter besonderer Beachtung von § 16 des Gesetzes zur Verbesserung der betrieblichen Altersversorgung, Diss. München 1978

Statistisches Bundesamt (Hrsg.), (Gehalts- und Lohnstrukturerhebung 1978/1982): Gehalts- und Lohnstrukturerhebung 1978, Arbeiter- und Angestelltenverdienste im Produzierenden Gewerbe, im Groß- und Einzelhandel, bei Kreditinstituten und im Versicherungsgewerbe, Fachserie 16, Wiesbaden 1982

Statistisches Bundesamt (Hrsg.), (Statistisches Jahrbuch 1989): Statistisches Jahrbuch 1989 für die Bundesrepublik Deutschland, Stuttgart 1989

Statistisches Bundesamt (Hrsg.), (Statistisches Jahrbuch 1992): Statistisches Jahrbuch 1992 für die Bundesrepublik Deutschland, Stuttgart 1992

Steiner, J., (Gewinnsteuern 1980): Gewinnsteuern in Partialmodellen für Investitionsentscheidungen, Barwert und Endwert als Instrumente zur Steuerwirkungsanalyse, Berlin 1980

Steinmann, G., (Inflationstheorie 1979): Inflationstheorie, Paderborn-München-Wien-Zürich 1979

Stollenwerk, A., (Steuerbilanzpolitik 1987): Steuerbilanz und Steuerbilanzpolitik auf der Grundlage der Handelsbilanz neuen Rechts, DB 1987, S. 1053 - 1059

Strobel, W., (Entscheidungsproblem 1977): Die betriebliche Altersversorgung als Entscheidungsproblem, DB 1977, S. 781 - 787

Strobel, W., (Steuerlehre 1977): Steuerlehre, betriebswirtschaftliche, in: Albers, W. u.a. (Hrsg.), HdWW, 5./6. Lieferung, Stuttgart-Tübingen-Göttingen 1977, S. 270 - 294

Strobel, W., (Betriebsrenten 1978): Betriebsrenten als Problem der Unternehmensplanung und der Bilanzierung, ZfbF 1978, S. 71 - 88

Strobl, E., (Bewertung 1984): Die Bewertung von Rückstellungen, in: Raupach, A. (Hrsg.), Werte und Wertermittlung im Steuerrecht - Steuerbilanz, Einheitsbewertung, Einzelsteuern und Unternehmensbewertung -, Jahrbuch der Deutschen Steuerjuristischen Gesellschaft e.V., Köln 1984, S. 195 - 218

Stuhrmann, G., (Anmerkung 1984): Anmerkung zum BMF-Schreiben vom 9. 4. 1984 - IV B 1 - S 2176 - 42/84, BB 1984, S. 832 f.

Stuhrmann, G., (Steuerrechtliche Auswirkungen 1986): Steuerrechtliche Auswirkungen des Bilanzrichtlinien-Gesetzes auf die Bewertung von betrieblichen Versorgungsverpflichtungen, BB 1986, S. 2239 - 2242

Stumpf, A., (Wirtschaftliche Lage 1985): Die wirtschaftliche Lage des Arbeitgebers in § 16 des Gesetzes zur Verbesserung der betrieblichen Altersversorgung, Diss. Erlangen-Nürnberg 1985

Sturm, M. / Forster, E. / Steinmüller, H., (Finanzierungsverfahren 1977): Die Finanzierungsverfahren der Altersversorgung, Zeitschrift für Versicherungswesen 1977, Sonderdruck aus Heft 10 - 14, S. 1 - 17

Sturm, N., (Betriebliche Altersrenten 1980): Die Entscheidung über die Einführung betrieblicher Altersrenten, Göttingen 1980

Tautorus, G., (Rückstellungen 1977): Zur Bemessung der Rückstellungen für Rekultivierungsverpflichtungen, WPg 1977, S. 319 - 323

Theurer, C., (Gewerbesteuer 1983): Pensionszusage und Gewerbesteuer, Finanzwirtschaftliche Wirkungen der ab 1983 veränderten Hinzurechnungsvorschriften, BB 1983, S. 1717 - 1723

Thieme, W., (Über-/Unterversorgung 1978): Über- und Unterversorgung bei der Alterssicherung - Die Versorgung im öffentlichen Dienst -, in: Deutscher Sozialgerichtsverband (Hrsg.), Über- und Unterversorgung bei der Alterssicherung, Band XVII, o.O. 1978, S. 54 - 78

Thoma, H., (Rentenschulden 1983): Betriebliche Rentenschulden und die Wahrheit der Bilanzen, Gesetzgebung und Rechtsprechung im Licht der AEG-Misere, DStR 1983, S. 97 - 100

Thümmler, H., (Betriebsprüfung 1984): Steuerliche Zweifelsfragen aus der Sicht der Betriebsprüfung, BetrAV 1984, S. 168 - 172

Thullen, P., (Methoden 1977): Mathematische Methoden der Sozialen Sicherheit, Systeme der Invaliden-, Alters- und Hinterbliebenenversicherung, Karlsruhe 1977, überarbeitete deutsche Übersetzung des in französischer Sprache 1973 in Genf erschienenen Originals

Thullen, P., (Dynamische Bedingungen 1982): Die Mathematik der sozialen Rentenversicherung unter dynamischen Bedingungen (Einführung mit Anwendungen in der Praxis), in: DGVM (Hrsg.), Schriftenreihe Angewandte Versicherungsmathematik, Heft 13, Karlsruhe 1982

Thurmayr, G., (Pensionsrückstellungen 1992): Vorsichtsprinzip und Pensionsrückstellungen, Wiesbaden 1992

Tipke, K., (Steuerrecht 1987): Steuerrecht, Ein systematischer Grundriß, 11., völlig überarbeitete Auflage, Köln 1987

Trevisany, M., (Leistungsplangestaltung 1976): Zeitgemäße Leistungsplangestaltung in der betrieblichen Altersversorgung, in: Deutsches Institut für Betriebswirtschaft e.V. (Hrsg.), Perspektiven der betrieblichen Altersversorgung nach dem Betriebsrentengesetz, Berlin 1976, S. 37 - 63

Uebelhack, B., (Handbuch 1988/1991): Die betriebliche Alterversorgung, in: ABA-Arbeitsgemeinschaft für betriebliche Alterversorgung e.V. (Hrsg.), Handbuch der betrieblichen Altersversorgung, Band I, Grundlagen und Praxis, Wiesbaden 1988/1991, S. 1 - 78

Uelner, A., (Steuerrecht 1984): Folgerungen aus der arbeitsrechtlichen Entwicklung für das Steuerrecht - Möglichkeiten und Grenzen, in: Beratungs-GmbH für Altersversorgung Steuerberatungsgesellschaft Dr. Dr. Ernst Heissmann und Deutsches Institut für Betriebswirtschaft e.V. (Hrsg.), 10 Jahre Betriebsrentengesetz, Gravierende Mehrbelastungen und weiterhin offene Finanzierungsfragen, Wiesbaden 1984, S. 55 - 68

Ulmer, P., (Haftung 1983): Die zeitliche Begrenzung der Haftung von Gesellschaftern beim Ausscheiden aus einer Personenhandelsgesellschaft sowie bei der Umwandlung in eine Kapitalgesellschaft, Ein Gesetzesvorschlag mit Begründung, BB 1983, S. 1865 - 1873

Unger, H., (Kosten 1954): Was kostet eine Pensionszusage?, BB 1954, S. 23 f.

Vonalt, J., (Aspekte 1983): Liquiditäts- und finanzierungspolitische Aspekte der betrieblichen Altersversorgung, DBW 1983, S. 271 - 276

Weber, J., (Prognoseverfahren 1986): Prognoseverfahren in der betrieblichen Altersversorgung, in: Wegweiser für die Altersversorgung, Festschrift für Georg Heubeck zum 75. Geburtstag, Stuttgart 1986, S. 251 - 263

Weihrauch, H., (Pensionsrückstellungen 1962): Pensionsrückstellungen als Mittel der Finanzierung, Stuttgart 1962

Weihrauch, H., (Finanzierungseffekt 1970): Finanzierungseffekt der Rückstellungen, insbesondere der Pensionsrückstellungen, in: Janberg, H. (Hrsg.), Finanzierungshandbuch, 2. Auflage, Wiesbaden 1970, S. 319 - 345

Weitkemper, F.-J., (Pensionsrückstellungen 1977): Finanzierung durch Pensionsrückstellungen, DB 1977, S. 1709 - 1712

Wenger, E., (Optimierungsproblem 1989): Besteuerung und Kapitalbildung als intertemporales Optimierungsproblem, in: Hax, H. / Kern, W. (Hrsg.), Zeitaspekte in betriebswirtschaftlicher Theorie und Praxis, Stuttgart 1989, S. 279 - 295

Werner, G.-A. / Hagen, W.,(Altersversorgung 1989): Betriebliche Altersversorgung, 8. überarbeitete Auflage, München 1989

Wewers, O., (Einheitsbewertung 1992): StÄndG 1992: Änderung bei der Einheitsbewertung des Betriebsvermögens, DB 1992, S. 1795 - 1802

Witte, E., (Finanzplanung 1983): Finanzplanung der Unternehmung, 3. Auflage, Opladen 1983

Woerner, L., (Dauerschuldverhältnisse 1984/85): Passivierung schwebender Dauerschuldverhältnisse in der Bilanz des Unternehmers, - Bestandsaufnahme - Probleme - Tendenzen -, StbJb 1984/85, S. 177 - 200

Wolff, K.-H., (Versicherungsmathematik 1970): Versicherungsmathematik, Wien-New York 1970

Wysocki, K. von, (Jahresabschluß 1988): Pensionsrückstellungen im handelsrechtlichen Jahresabschluß, Interpretation der Stellungnahme des IdW, BetrAV 1988, S. 237 - 243

Zacher, H.F., (Beamtenversorgung 1983): Versorgung der Beamten, Richter und Soldaten, in: Sachverständigenkommission Alterssicherungssysteme, Darstellung der Alterssicherungssysteme und der Besteuerung von Alterseinkommen, Berichtsband 2, Stuttgart 1983, S. 127 - 206

Zimmermann, J., (Versorgungsmodelle 1983): Neue Versorgungsmodelle - Aktuelle Gedanken zur Systemgestaltung -, in: Beratungs-GmbH für Altersversorgung Steuerberatungsgesellschaft Dr. Dr. Ernst Heissmann und Deutsches Institut für Betriebswirtschaft e.V. (Hrsg.), Neue Bewährungsproben für die betriebliche Altersversorgung, Wiesbaden 1983, S. 109 - 128

Rechtsquellenverzeichnis

Datum	Aktenzeichen	Fundstelle
1. Bundesverfassungsgericht		
12.03.1975	1 BvL 15 / 71, 19 / 71, 32 / 73; 1 BvR 297 / 71, 315 / 71, 407 / 72, 37 / 73	DB 1975, S. 598 - 601
19.12.1978	1 BvR 335, 427, 811 / 76	BStBl. II 1979, S. 308 - 322
06.11.1984	2 BvL 19 / 83, 20 / 83; 2 BvR 363 / 83, 491 / 83	DB 1984, S. 2436 - 2439
24.06.1992	1 BvR 459 / 87, 467 / 87	BStBl. II 1992, S. 774 - 778
2. Bundesarbeitsgericht		
30.03.1973	3 AZR 26 / 72	BB 1973, S. 522 - 525
30.03.1973	3 AZR 34 / 72	BB 1973, S. 705 f.
01.07.1976	3 AZR 791 / 75	DB 1976, S. 1435 - 1437
01.07.1976	3 AZR 37 / 76	DB 1976, S. 1724 f.
16.12.1976	3 AZR 795 / 75	BB 1977, S. 96 - 99
15.09.1977	3 AZR 654 / 76	BB 1977, S. 1550 - 1554
30.08.1979	3 AZR 381 / 78	DB 1979 S. 2330 f.
17.01.1980	3 AZR 614 / 78	BB 1980, S. 263 f.
19.05.1981	3 AZR 308 / 80	DB 1981, S. 2333 - 2335
11.08.1981	3 AZR 395 / 80	DB 1981, S. 2331 - 2333
22.03.1983	3 AZR 574 / 81	DB 1983, S. 1982 f.
03.05.1983	3 AZR 1263 / 79	BB 1983, S. 1539 - 1542
31.01.1984	3 AZR 514 / 81	BB 1984, S. 2270 f.

Datum	Aktenzeichen	Fundstelle
23.04.1985	3 AZR 156 / 83	DB 1985, S. 1642 - 1645
23.04.1985	3 AZR 548 / 82	DB 1985, S. 1645 f.
03.12.1985	3 AZR 577 / 83	BB 1986, S. 2340
16.09.1986	GS 1 / 82	BB 1987, S. 265 - 272
03.02.1987	3 AZR 330 / 85	DB 1987, S. 2046
17.03.1987	3 AZR 64 / 84	DB 1987, S. 1639 - 1641
14.02.1989	3 AZR 191 / 87	BB 1989, S. 1902 - 1904
14.02.1989	3 AZR 313 / 87	BB 1989, S. 1554 - 1556
28.04.1992	3 AZR 142 / 91	DB 1992, S. 2401 f.
28.04.1992	3 AZR 244 / 91	BB 1992, S. 2292 - 2295
28.04.1992	3 AZR 356 / 91	BB 1992, S. 2296

3. Bundesfinanzhof

Datum	Aktenzeichen	Fundstelle
03.02.1969	Gr. S. 2 / 68	BB 1969, S. 477 f.
20.11.1969	IV R 22 / 68	BStBl. II 1970, S. 309 f.
13.11.1975	IV R 170 / 73	BStBl. II 1976, S. 142 - 150
18.01.1979	IV R 194 / 74	BB 1979, S. 460 f.
17.01.1980	IV R 156 / 77	BStBl. II 1980, S. 434 f.
28.10.1981	I R 100 / 78	BStBl. II 1982, S. 126 - 128
07.10.1982	IV R 39 / 80	BStBl. II 1983, S. 104 - 106
07.07.1983	IV R 47 / 80	BStBl. II 1983, S. 753 - 755
05.02.1987	IV R 81 / 84	BStBl. II 1987, S. 845 - 848

Datum	Aktenzeichen	Fundstelle
13.11.1991	I R 102 / 88	BStBl. II 1992, S. 336 - 342
08.07.1992	XI R 50 / 89	BStBl. II 1992, S. 910 - 912

4. Bundesgerichtshof

28.05.1973	II ZR 58 / 71	BB 1973, S. 996 - 998
19.05.1983	II ZR 129 / 81	DB 1983, S. 2096
19.05.1983	II ZR 207 / 81	DB 1983, S. 1714
19.05.1983	II ZR 49 / 82	DB 1983, S. 1440 - 1442
19.05.1983	II ZR 50 / 82	DB 1983, S. 1437 - 1440
03.05.1985	V ZR 23 / 84	DB 1985, S. 1694 - 1696
10.07.1985	IV b ZB 836 / 80	FamRZ 1985, S. 1119 - 1123
18.09.1985	IV b ZB 15 / 85	FamRZ 1985, S. 1235 f.
09.07.1986	IV b ZB 32 / 83	FamRZ 1986, S. 976 - 978
12.04.1989	IV b ZB 146 / 86	FamRZ 1989, S. 844 - 847

5. LAG Berlin

06.01.1986	12 Sa 37 / 85	DB 1986, S. 804

6. LAG Hamm

07.09.1982	6 Sa 423 / 82	BB 1983, S. 380 f.
29.08.1989	6 Sa 294 / 89	BB 1990, S. 1131 - 1133
19.03.1991	6 Sa 697 / 89	BB 1991, S. 1126

Datum	Aktenzeichen	Fundstelle
7. LAG Köln		
15.09.1982	2 Sa 353 / 82	DB 1983, S. 398 - 400
8. FG Hamburg		
26.02.1988	II 224 / 85	EFG 1988, S. 407 - 409
24.01.1990	II 87 / 87	BB 1990, S. 746 - 750
9. FG Nürnberg		
15.05.1973	V 94 / 71	BetrAV 1974, S. 91 f.
16.05.1975	III 7 / 73	BetrAV 1976, S. 21 f.
10. OLG Celle		
17.10.1984	18 UF 163 / 83	FamRZ 1985, S. 297 f.
11. BMF-Schreiben		
17.12.1982	IV C 2 - 0 2256 - 89 / 82 IV B 6 - S 2361 - 67 / 82	BStBl. I 1982, S. 913 - 926
23.11.1983	IV C 2 - 0 2256 - 237 / 83 IV B 6 - S 2361 - 123 / 83	BStBl. I 1983, S. 515
09.04.1984	IV B 1 - S 2176 - 42 / 84	BB 1984, S. 832
13.03.1987	IV B 1 - S 2176 - 12 / 87	DB 1987, S. 716
29.08.1989	IV C 2 - 0 2256 - 74 / 89 IV B 6 - S 2361 - 14 / 89	BStBl. I 1989, S. 330 - 344

Inhalt des Anhangs

Anhang 1

Blatt 1

Preisindex für die Gesamtlebenshaltung[1])
4-Personen-Haushalte von Arbeitern
und Angestellten mit mittlerem Einkommen
1985 = 100

Jahr	Index 1985=100	prozentuale Veränderung	umgerechneter Index auf 1950=100
1950	33,0	-	100,0
1951	35,5	7,6 %	107,6
1952	36,3	2,3 %	110,0
1953	35,6	-1,9 %	107,9
1954	35,7	0,3 %	108,2
1955	36,3	1,7 %	110,0
1956	37,2	2,5 %	112,7
1957	38,0	2,2 %	115,2
1958	38,8	2,1 %	117,6
1959	39,1	0,8 %	118,5
1960	39,7	1,5 %	120,3
1961	40,7	2,5 %	123,3
1962	41,8	2,7 %	126,7
1963	43,1	3,1 %	130,6
1964	44,1	2,3 %	133,6
1965	45,6	3,4 %	138,2
1966	47,2	3,5 %	143,0
1967	47,9	1,5 %	145,2
1968	48,5	1,3 %	147,0
1969	49,5	2,1 %	150,0
1970	51,1	3,2 %	154,8
1971	53,7	5,1 %	162,7
1972	56,6	5,4 %	171,5
1973	60,4	6,7 %	183,0
1974	64,5	6,8 %	195,5
1975	68,4	6,0 %	207,3
1976	71,5	4,5 %	216,7
1977	73,9	3,4 %	223,9
1978	75,8	2,6 %	229,7
1979	78,7	3,8 %	238,5

1) Vgl. Bayerisches Landesamt für Statistik und Datenverarbeitung (Hrsg.), (Statistische Berichte 1992), S. 14

Anhang 1

Blatt 2

Jahr	Index 1985=100	prozentuale Veränderung	umgerechneter Index auf 1950=100
1980	82,8	5,2 %	250,9
1981	88,1	6,4 %	267,0
1982	92,7	5,2 %	280,9
1983	95,8	3,3 %	290,3
1984	98,0	2,3 %	297,0
1985	100,0	2,0 %	303,0
1986	99,8	-0,2 %	302,4
1987	99,9	0,1 %	302,7
1988	101,0	1,1 %	306,1
1989	103,9	2,9 %	314,8
1990	106,7	2,7 %	323,3
1991	110,5	3,6 %	334,8

Anhang 2

Blatt 1

Index der durchschnittlichen Bruttowochenverdienste der Arbeiter in der Industrie[1)]
1985 = 100

Jahr	Index 1985=100	prozentuale Veränderung	umgerechneter Index auf 1950=100
1950	9,7	-	100,0
1951	11,0	13,4 %	113,4
1952	11,9	8,2 %	122,7
1953	12,5	5,0 %	128,9
1954	12,9	3,2 %	133,0
1955	13,9	7,8 %	143,3
1956	15,0	7,9 %	154,6
1957	15,8	5,3 %	162,9
1958	16,5	4,4 %	170,1
1959	17,4	5,5 %	179,4
1960	19,0	9,2 %	195,9
1961	20,9	10,0 %	215,5
1962	23,1	10,5 %	238,1
1963	24,6	6,5 %	253,6
1964	26,6	8,1 %	274,2
1965	29,3	10,2 %	302,1
1966	30,9	5,5 %	318,6
1967	30,7	-0,6 %	316,5
1968	32,8	6,8 %	338,1
1969	36,4	11,0 %	375,3
1970	41,9	15,1 %	432,0
1971	45,6	8,8 %	470,1
1972	49,2	7,9 %	507,2
1973	54,3	10,4 %	559,8
1974	58,7	8,1 %	605,2
1975	61,3	4,4 %	632,0
1976	66,5	8,5 %	685,6
1977	71,3	7,2 %	735,1
1978	75,1	5,3 %	774,2
1979	80,2	6,8 %	826,8

1) Vgl. Statistisches Bundesamt (Hrsg.), (Statistisches Jahrbuch 1992), S. 582, Tab. 22.1

Anhang 2

Blatt 2

Jahr	Index 1985=100	prozentuale Veränderung	umgerechneter Index auf 1950=100
1980	84,4	5,2 %	870,1
1981	88,1	4,4 %	908,2
1982	91,2	3,5 %	940,2
1983	93,7	2,7 %	966,0
1984	96,8	3,3 %	997,9
1985	100,0	3,3 %	1030,9
1986	103,1	3,1 %	1062,9
1987	106,4	3,2 %	1096,9
1988	110,7	4,0 %	1141,2
1989	114,8	3,7 %	1183,5
1990	119,6	4,2 %	1233,0
1991	125,7	5,1 %	1295,9

Anhang 3

Blatt 1

Arbeitsrechtliche Ausgangslage für die "Stellungnahme der ABA zur wirtschaftlichen Lage des Arbeitgebers"[1])

Auszug aus der Stellungnahme der ABA:

"Das Bundesarbeitsgericht (BAG) hat sich in seinen Urteilen vom 15. 9. 1977 (3 AZR 654/76 = AP Nr. 5 zu § 16 BetrAVG, BB 1977 S. 1550, BetrAV 1977 S. 224; 3 AZR 543/76 = BB 1977 S. 1763, BetrAV 1978 S. 10) und vom 17. 1. 1980 (3 AZR 1107/78 = BB 1980 S. 417, DB 1980 S. 499, BetrAV 1980 S. 42; 3 AZR 614/78 = BB 1980 S. 263, DB 1980 S. 306, BetrAV 1980 S. 38; 3 AZR 1018/78 = BB 1980 S. 419, BetrAV 1980 S. 44) mit den Belangen des Versorgungsempfängers auseinandergesetzt. Zu der Frage, ob und inwieweit die wirtschaftliche Lage des Arbeitgebers eine Anpassung zuläßt, hat das BAG in seinen Urteilen vom 15. 9. 1977 nur einige allgemeine Aussagen gemacht:

1. "Die wirtschaftliche Lage des Arbeitgebers ist nicht gleichzusetzen mit der wirtschaftlichen Notlage, die nach der Rechtsprechung zu einem Widerruf der Versorgungsleistungen berechtigt."

2. "Bei der wirtschaflichen Lage muß es als entscheidend angesehen werden, daß vorrangig der Betrieb und seine Arbeitsplätze erhalten bleiben."

3. Die Betriebspensionäre müssen Rücksicht nehmen auf ihren früheren Betrieb und seine aktiven Arbeitnehmer, die die Erträge erwirtschaften, die notwendig sind, um u.a. auch die Leistungen der betrieblichen Altersversorgung erbringen zu können.

4. "Ebenso ist zu berücksichtigen, daß auch für eine gesunde Weiterentwicklung, die Arbeitsplätze schaffen und erhalten kann, der Arbeitgeber seine wirtschaftliche Mittel einsetzen muß."

In seinen Urteilen vom 17. 1. 1980 hat das BAG diese Aussagen im Grundsatz wiederholt. Damit hat es Kriterien vorgegeben, die es gestatten, mit Hilfe anerkannter betriebswirtschaftlicher Methoden die wirtschaftliche Lage eines Unternehmens im Zusammenhang mit einer Anpassungsprüfung darzustellen und zu beurteilen."[2])

---

1) Vgl. ABA-Arbeitsgemeinschaft für betriebliche Altersversorgung e.V., (Wirtschaftliche Lage 1980), BetrAV 1980, S. 156 - 163

2) Vgl. ebd., S. 156

Anhang 4

Blatt 1

Zusammenstellung[1] wichtiger Leitsätze aus LAG- und BAG-Urteilen seit dem Jahr 1981 mit Feststellungen zur wirtschaftlichen Lage des Arbeitgebers, zur betrieblichen Übung, zur Verjährung und zur Nachholung bei der Anpassung der Betriebsrenten nach § 16 BetrAVG

A. BAG-Urteil vom 19. 5. 1981 - 3 AZR 308/80:

"1. Die wirtschaftliche Lage eines Arbeitgebers kann eine Anpassung der Betriebsrenten an die Kaufkraftentwicklung gem. § 16 BetrAVG ausschließen, und zwar auch dann, wenn noch keine Notlage gegeben ist.

2. Die Zahlung von Weihnachtsgratifikationen an aktive und pensionierte Arbeitnehmer schließt nicht aus, daß der Arbeitgeber eine Anpassung nach § 16 BetrAVG ablehnen darf.

3. Gehört der Arbeitgeber einem Konzern an, so hängt es von den Umständen des Falles ab, inwieweit bei der Würdigung der wirtschaftlichen Lage auch die Lage anderer Konzerngesellschaften zu berücksichtigen ist. Zurechnungstatbestände können sich u.a. aus der Versorgungszusage, der Konzernform und der Konzernpolitik ergeben."[2]

B. LAG Hamm, Urteil vom 7. 9. 1982 - 6 Sa 423/82:

"Leitsätze:
Der Arbeitgeber ist dafür darlegungs- und beweispflichtig, daß seine wirtschaftliche Lage eine Anpassung der Betriebsrenten nach § 16 BetrAVG nicht zuläßt. Bleibt er beweisfällig, ist dem Anpassungsbegehren in Höhe des Kaufkraftverlustes zu entsprechen.

---

1) Angeordnet nach der zeitlichen Abfolge der Urteilsverkündung
2) Vgl. DB 1981, S. 2333 - 2335

Anhang 4
Blatt 2

Es ist dem Arbeitgeber überlassen, auf welche Weise er seiner Darlegungs- und Beweislast genügen will. Weigert er sich, die wirtschaftlichen Verhältnisse seines Unternehmens durch Vorlage von Bilanzen sowie von Gewinn- und Verlustrechnungen offenzulegen, wird für das Gericht zumeist bereits aus diesem Grunde nicht feststellbar sein, ob ein Jahresüberschuß ausschließlich für die Substanzerhaltung erforderlich ist oder noch Mittel für eine Anpassung der Betriebsrenten zur Verfügung stehen."[1)]

C. LAG Köln, Urteil vom 15. 9. 1982 - 2 Sa 353/82:

Aus den Gründen:
"Als betriebswirtschaftliche Kriterien, die bei der Beurteilung der wirtschaftlichen Lage eines Unternehmens im Rahmen der Anpassungsprüfung nach § 16 BetrAVG von Bedeutung sind, kommen insbesondere in Frage die Entwicklung der Gewinne, der Umsätze sowie der Rentabilität, wobei es sich dabei um das Verhältnis von Gewinn zu Umsatz oder von Gewinn zum Eigenkapital - oder Gesamtkapitaleinsatz handeln kann (Höfer, BetrAVG, 2. Aufl., a.a.O., Randanm. 178 f.)."[2)]

"Bei der in § 16 BetrAVG ebenso vorgesehenen Berücksichtigung der wirtschaftlichen Lage des Arbeitgebers muß es nämlich für entscheidend angesehen werden, daß vorrangig der Betrieb und seine Arbeitsplätze erhalten bleiben."[1)]

---

1) Vgl. BB 1983, S. 380 f.
2) Vgl. DB 1983, S. 398 - 400

Anhang 4
Blatt 3

D. BAG-Urteil vom 31. 1. 1984 - 3 AZR 514/81:

"Leitsätze:

1. Nach § 16 BetrAVG bilden "laufende Leistungen" der betrieblichen Altersversorgung den Gegenstand der Anpassungsprüfung. Das bedeutet nicht, daß auch der Teuerungsausgleich nur rentenförmig geleistet werden dürfte. Einmalige Zahlungen sind zulässig, wenn die wirtschaftliche Lage des Arbeitgebers eine Anpassung nur in dieser Form erlaubt.

2. Die wirtschaftliche Lage des Arbeitgebers läßt sich nicht beschränkt auf einen Stichtag erfassen. Die maßgebenden Daten können nur im Zeitablauf gewürdigt werden.

3. Als Belange des Versorgungsempfängers dürfen nur solche Umstände berücksichtigt werden, die durch die Teuerung seit Eintritt des Versorgungsfalles bedingt sind. Besondere Verdienste oder persönliche Opfer während des aktiven Arbeitsverhältnisses müssen außer Betracht bleiben."[1)]

E. BAG-Urteil vom 23. 4. 1985 - 3 AZR 156/83:

"1. Die Anpassung von Betriebsrenten an die Kaufkraftentwicklung kann nach § 16 BetrAVG ganz oder teilweise abgelehnt werden, wenn und soweit dadurch eine übermäßige Belastung des Unternehmens verursacht würde.

---

1) Vgl. BB 1984, S. 2270 f.

2. Als übermäßig ist die Belastung dann anzusehen, wenn es mit einiger Wahrscheinlichkeit unmöglich sein wird, den Teuerungsausgleich aus dem Wertzuwachs des Unternehmens und dessen Erträgen in der Zeit nach dem Anpassungsstichtag aufzubringen.

3. Die dazu erforderliche Prognose muß auf die Unternehmensentwicklung der zurückliegenden Zeit gestützt werden. Hat sich die Anpassungsentscheidung verzögert oder findet eine gerichtliche Nachprüfung statt, so darf die positive oder negative Entwicklung nach dem Anpassungsstichtag nicht außer Betracht bleiben.

4. Die Einschränkung des Personalbestandes erlaubt für sich betrachtet keine Voraussagen für die Unternehmensentwicklung. Ebenso können negative Bilanzergebnisse in einzelnen zurückliegenden Jahren nur in Verbindung mit anderen Daten aussagekräftig sein.

5. Soweit das Unternehmen Versorgungsrückstellungen in seiner Bilanz ausweist, sind die steuerlichen und wirtschaftlichen Vorteile, die sich auf diese Weise erzielen lassen, bei der Anpassungsprüfung zu berücksichtigen."[1)]

F. BAG-Urteil vom 23. 4. 1985 - 3 AZR 548/82:

"1. Wird eine Anpassung von Betriebsrenten nach § 16 BetrAVG mit der Begründung abgelehnt, sie würde zu einer übermäßigen wirtschaftlichen Belastung führen, so trägt der Arbeitgeber insoweit die Darlegungs- und Beweislast.

---

1) Vgl. DB 1985, S. 1642 - 1645

2. Die Mitteilung von Verlusten, mit denen einzelne Handelsbilanzen oder Betriebsergebnisberechnungen abgeschlossen haben, reicht als Vortrag nicht aus. Solche Ergebnisse erlauben Rückschlüsse auf die wirtschafliche Lage eines Unternehmens in der Regel nur in Verbindung mit den übrigen Bilanzdaten, also ihren Berechnungsgrundlagen.

3. Kann der Arbeitgeber seiner Darlegungslast nur genügen, indem er Betriebs- oder Geschäftsgeheimnisse preisgibt, muß ihn das Gericht mit den Mitteln des Prozeßrechts schützen. In Betracht kommen: Der zeitweise Ausschluß der Öffentlichkeit (§ 52 ArbGG, § 172 GVG) und strafbewehrte Schweigegebote (§ 174 Abs. 2 GVG)."[1]

G. BAG-Urteil vom 3. 12. 1985 - 3 AZR 577/83:

"1. Hat ein Arbeitgeber schon vor Inkrafttreten des § 16 BetrAVG Betriebsrenten in regelmäßigen Zeitabständen an die Lohn- und Preisentwicklung angepaßt, obwohl seine Versorgungsordnung das nicht vorsah, so kann dadurch eine betriebliche Übung entstanden sein. Die daraus folgende Bindung geht jedoch im Zweifel nicht weiter als die Anpassungspflicht nach § 16 BetrAVG, ist also von der wirtschaftlichen Lage des Unternehmens abhängig.

---

1) Vgl. DB 1985, S. 1645 f.

Anhang 4
Blatt 6

2. Gerät der Arbeitgeber in wirtschaftliche Schwierigkeiten, ist er an die bisher bestehende Anpassungsübung nicht mehr gebunden. Auch den Pensions-Sicherungs-Verein trifft keine Anpassungspflicht, wenn er die Erfüllung der Betriebsrenten in einem solchen Fall übernehmen muß."[1])

H. LAG Berlin, Urteil vom 6. 1. 1986 - 12 Sa 37/85:

"1. Angesichts der wirtschaftlichen Komplexität einer Unternehmensbewertung und der Notwendigkeit, die Anpassungsprüfung durchschaubar und praktikabel zu gestalten, bedarf es zur Darstellung der wirtschaftlichen Lage des Arbeitgebers gemäß § 16 BetrAVG nicht zwangsläufig eines systematisierten und ausdifferenzierten Bewertungsmodells, das den anerkannten Grundsätzen der Betriebswirtschaftslehre zur Unternehmensbewertung folgt. Insoweit bietet die Entscheidung nach billigem Ermessen eine ausreichende Grundlage für notwendige Vereinfachungen.

2. Dementsprechend genügen zur Beurteilung der wirtschaftlichen Lage einer Aktiengesellschaft regelmäßig die jährlichen Geschäftsberichte einschließlich Handelsbilanz sowie Gewinn- und Verlustrechnung. Die Aussagekraft der danach maßgeblichen Kennzahlen kann durch das körperschaftssteuerpflichtige Einkommen (ohne Verlustvortrag), durch das Betriebsergebnis entsprechend der von der Deutschen Vereinigung für Finanzanalyse und Anlageberatung (DVFA) entwickelten Formel und durch einen Vergleich mit entsprechenden Kennzahlen anderer Unternehmen der Branche überprüft bzw. abgesichert werden.

---

1) Vgl. BB 1986, S. 2340

3. Als Prognosezeitraum kommen nur die nächsten drei Jahre ab dem Termin der Anpassungsprüfung in Betracht.

4. Als finanzielle Belastungen der Anpassung ist nicht nur die Summe der jeweiligen Rentenerhöhungen für die nächsten drei Jahre, sondern die buchmäßige Belastung (Rückstellungsbedarf) anzusehen.

5. Das Interesse der Aktionäre an einer angemessenen Kapitalrendite geht dem Anpassungsbegehren der Betriebsrentner nicht uneingeschränkt vor.

6. Die völlige Verweigerung der Anpassung kann jedenfalls dann nicht mit der notwendigen Substanzerhaltung begründet werden, wenn die Aktiengesellschaft nahezu ihren gesamten Bilanzgewinn an die Aktionäre ausschüttet und deren Kapitalrendite dabei nur unwesentlich unter dem Branchendurchschnitt liegt.

7. Der Hinweis auf das nicht ausreichende Deckungskapital der Unterstützungskasse rechtfertigt die völlige Verweigerung der Anpassung jedenfalls dann nicht, wenn der Arbeitgeber der Unterstützungskasse schon seit vielen Jahren keine Beiträge mehr zugeführt und die Betriebsrenten praktisch aus dem Ertrag bezahlt hat."[1)]

---

1) Vgl. DB 1986, S. 804

I. BAG-Urteil vom 3. 2. 1987 - 3 AZR 330/85:

"1. Überprüft ein Arbeitgeber die laufenden Ruhegeldzahlungen in regelmäßigen Abständen, um sie an die Lohn- und Preisentwicklung anzupassen, obwohl seine Versorgungszusagen das nicht vorsehen, so dann dadurch eine betriebliche Übung entstehen (Bestätigung des Urteils vom 3. 12. 1985 - 3 AZR 577/83 = DB 1986 S. 2551).

2. Wie weit die daraus folgenden Pflichten reichen, hängt von der Art Anpassungspraxis ab:
   a) Ist es nur üblich, nach billigem Ermessen zu prüfen, ob eine Anpassung der Betriebsrenten möglich ist, so geht die Anpassungspflicht nicht weiter als § 16 BetrAVG. Das ist der Regelfall.
   b) Denkbar ist aber auch, daß die Übung ausnahmsweise dahin geht, die Betriebsrenten unter feststehenden Voraussetzungen an bestimmte Bezugsgrößen anzupassen; in diesem Falle entsprechen die entstandenen Pflichten denjenigen einer Spannenklausel.

3. Im Insolvenzfall muß der PSV die Anpassungspflicht nur dann übernehmen, wenn diese auf einer Spannenklausel oder einer entsprechenden betrieblichen Übung beruht (ständige Rechtsprechung)."[1)]

J. BAG-Urteil vom 14. 2. 1989 - 3 AZR 191/87:

"1. Der Arbeitgeber kann die Anpassung der Betriebsrenten an die gestiegenen Lebenshaltungskosten nach § 16 BetrAVG

1) Vgl. DB 1987, S. 2046

Anhang 4
Blatt 9

verweigern, soweit dadurch das Unternehmen übermäßig belastet würde. Die Substanz des Unternehmens muß erhalten bleiben, seine gesunde wirtschaftliche Entwicklung darf nicht verhindert und die Arbeitsplätze dürfen nicht durch eine langfristige Auszehrung in Gefahr gebracht werden (Bestätigung von BAGE 48 S. 272 = AP Nr. 17 zu § 16 BetrAVG = BB 1985 S. 1731).

2. Bei der Beurteilung der wirtschaftlichen Lage des Unternehmens kommt es auf seine Ertragskraft im ganzen an. Der Arbeitgeber ist nicht schon dann zu einer Anpassung der Betriebsrenten verpflichtet, wenn einzelne positive Bilanzposten den Umfang der Anpassungslast übersteigen.

3. Wegen der wirtschaftlichen Verflechtung von Konzerngesellschaften kann es bei der Beurteilung der Ertragskraft auf die wirtschaftliche Lage des Konzerns ankommen. Voraussetzung ist eine enge wirtschaftliche Verknüpfung der Unternehmen.

4. Besteht zwischen der Konzernobergesellschaft und dem in Anspruch genommenen Unternehmen ein Beherrschungs- oder Gewinnabführungsvertrag, kommt es in der Regel auf die wirtschaftliche Lage der Konzernobergesellschaft an.

5. Das ist ausnahmsweise dann nicht der Fall, wenn das in Anspruch genommene Unternehmen entweder wirtschaftlich unbeeinflußt handeln konnte oder trotz der wirtschaftlichen Einbindung in den Konzern so gehandelt hat, wie es unter Wahrung der eigenen Interessen als selbständige Gesellschaft gehandelt hätte."[1)]

---

1) Vgl. BB 1989, S. 1902 - 1904

K. LAG Hamm, Urteil vom 29. 8. 1989 - 6 Sa 294/89:

"1. Die in einem Dreijahresturnus vom Arbeitgeber nach § 16 BetrAVG vorzunehmende und vom Versorgungsberechtigten akzeptierte Anpassungsprüfung und -entscheidung hat streitbeendenden Charakter. Der Wortlaut des Gesetzes sowie der Sinn und Zweck und die Entstehungsgeschichte der Bestimmung verbieten es, länger als drei Jahre zurückliegende Zeiträume, in denen kein voller Ausgleich der indexierten Steigerung der Lebenshaltungskosten erfolgt ist, zu berücksichtigen.

2. Wird vom Arbeitgeber keine gebündelte Anpassungsprüfung durchgeführt, ist der Entscheidung der Kaufkraftverlust zugrunde zu legen, der exakt in dem vor dem Prüfungstermin liegenden Dreijahreszeitraum entstanden ist; ein Abstellen auf die durchschnittliche Teuerung eines Jahres kommt nicht in Betracht."[1)]

L. LAG Hamm, Urteil vom 19. 3. 1991 - 6 Sa 697/89:

"Unterläßt es der Arbeitgeber, die laufenden Leistungen der betrieblichen Altersversorgung gemäß § 16 BetrAVG anzupassen oder widerspricht seine Entscheidung, nach der die Steigerung der Lebenshaltungskosten nicht voll ausgeglichen werden, billigem Ermessen, unterliegen die Ansprüche des Versorgungsempfängers auf Erhöhung der Betriebsrente der zweijährigen Verjährung nach § 196 Abs. 1 Nr. 8 BGB. Der Beginn

---

1) Vgl. BB 1990, S. 1131 - 1133

der Verjährung wird nicht dadurch gehemmt, daß der Arbeitgeber es unterläßt, dem Versorgungsempfänger das Ergebnis der Anpassungsprüfung und -entscheidung mitzuteilen.

Zur Mitteilung und Begründung der Anpassungsentscheidung ist der Arbeitgeber nur aufgrund eines entsprechenden Auskunftsbegehren des Versorgungsempfängers verpflichtet."[1])

M. BAG-Urteil vom 28. 4. 1992 - 3 AZR 142/91:

"1. Der in § 16 BetrAVG für die Anpassung von Betriebsrenten vorgeschriebene Dreijahresturnus zwingt nicht zu starren, individuellen Prüfungsterminen. Der Arbeitgeber kann die in einem Jahr fälligen Anpassungsprüfungen gebündelt zu einem bestimmten Zeitpunkt innerhalb oder am Ende des Jahres vornehmen.

2. Wurde in der Vergangenheit kein voller Geldwertausgleich gewährt, ist bei Folgeprüfungen der Kaufkraftverlust seit Rentenbeginn und nicht erst seit den letzten drei Jahren zu berücksichtigen (nachholende Anpassung). Das folgt aus dem Zweck des § 16 BetrAVG. Diese Bestimmung soll durch Ausgleich des Kaufkraftverlustes dazu beitragen, die Gleichwertigkeit von Leistung und Gegenleistung aufrechtzuerhalten. Der Arbeitnehmer kann aufgrund der zuvor erbrachten Leistungen erwarten, daß ihm der volle wirtschaftliche Wert der Gegenleistung während des Bezugs der Rente erhalten bleibt.

---

1) Vgl. BB 1991, S. 1126

Anhang 4
Blatt 12

3. Die Anpassung von Betriebsrenten an die Kaufkraftentwicklung kann nach § 16 BetrAVG ganz oder teilweise abgelehnt werden, soweit das Unternehmen übermäßig belastet würde. Die Belastung ist übermäßig, wenn es mit einiger Wahrscheinlichkeit unmöglich sein wird, den Teuerungsausgleich aus dem Wertzuwachs des Unternehmens und dessen Erträgen in der Zeit nach dem Anpassungsstichtag aufzubringen (Bestätigung von BAGE 48 S. 272 = DB 1985 S. 1642 = AP Nr. 17 zu § 16 BetrAVG).

4. Diese Grundsätze gelten auch, wenn der Arbeitgeber in der Vergangenheit keinen vollen Geldwertausgleich gewährt hat und deshalb eine nachholende Anpassung zu prüfen ist. Da in diesem Fall die Gefahr besteht, daß der Anpassungsstau den wirtschaftlich wieder gestärkten Arbeitgeber überfordert, ist seine Leistungsfähigkeit besonders sorgfältig zu prüfen"[1)]

N. BAG-Urteil vom 28. 4. 1992 - 3 AZR 244/91:

"1. Bei der Anpassung von Betriebsrenten an die Kaufkraftentwicklung nach § 16 BetrAVG ist von einem Anpassungsbedarf in Höhe des Kaufkraftverlustes seit Rentenbeginn und nicht von einem Anpassungsbedarf lediglich der letzten drei Jahre auszugehen (vgl. Urteil des Senats vom 28. April 1992 - 3 AZR 142/91, zur Veröffentlichung bestimmt).

2. Die Anpassung von Betriebsrenten kann ganz oder teilweise

---

1) Vgl. DB 1992, S. 2401 f.

abgelehnt werden, soweit dadurch eine übermäßige Belastung des Unternehmens verursacht würde.

3. Wegen der wirtschaftlichen Verflechtung von Konzerngesellschaften kann es bei der Beurteilung der wirtschaftlichen Leistungsfähigkeit auf die wirtschaftliche Lage des Konzerns ankommen. Voraussetzung ist eine enge wirtschaftliche Verknüpfung der Unternehmen (Bestätigung von BAGE 61 S. 94 = AP Nr. 22 zu § 16 BetrAVG).

4. Eine solche enge wirtschaftliche Verknüpfung kann auch ohne Abschluß eines Beherrschungs- oder Gewinnabführungsvertrages bei einem qualifiziert faktischen Konzern vorliegen. Voraussetzung dafür ist, daß das herrschende Unternehmen die Geschäfte des beherrschten Unternehmens dauernd und umfassend geführt hat (im Anschluß an BGHZ 95 S. 330, 346 - Autokran; BGHZ 107 S. 7, 15 - Tiefbau und BGH, Urteil vom 23. September 1991 - II ZR 135/90 - Video, AP Nr. 1 zu § 303 AktG)."[1]

O. BAG-Urteil vom 28. 4. 1992 - 3 AZR 356/91:

"1. Bei der Anpassung von Betriebsrenten an die Kaufkraftentwicklung nach § 16 BetrAVG ist von einem Anpassungsbedarf in Höhe des Kaufkraftverlustes seit Rentenbeginn und nicht von einem Anpassungsbedarf lediglich der letzten drei Jahre auszugehen (vgl. Urteil des Senats vom 28. April 1992 - 3 AZR 142/91, zur Veröffentlichung bestimmt = BB 1992 S. 2152).

---

1) Vgl. BB 1992, S. 2292 - 2295

2. Der Anpassungsbedarf ist auch dann mit dem Kaufkraftverlust ab Rentenbeginn zu berechnen, wenn der Arbeitgeber die Betriebsrente zunächst stärker erhöht hatte, als er nach § 16 BetrAVG verpflichtet war. Der Arbeitnehmer kann nicht verlangen, daß die Teuerung auf der Grundlage einer überhöhten Rentenzahlung ausgeglichen wird.

3. Bei der ersten durch § 16 BetrAVG vorgeschriebenen Anpassung der betrieblichen Versorgungsleistung zum 1. Januar 1975 muß sich der Arbeitnehmer mit dem hälftigen Ausgleich des Kaufkraftverlustes begnügen (BAGE 29 S. 294 = AP Nr. 5 zu § 16 BetrAVG = BB 1978 Beil. 3). Für die nachfolgenden Anpassungsprüfungen entspricht eine Anhebung der Pension im Umfange der seit 1. Januar 1975 eingetretenen Verteuerung billigem Ermessen im Sinne von § 16 BetrAVG (BAGE 32 S. 303 = AP Nr. 7 zu § 16 BetrAVG = BB 1980 Beil. 6)."[1]

[1] Vgl. BB 1992, S. 2296

Anhang 5
Blatt 1

Leitsätze des BAG zur reallohnbezogenen Obergrenze und Auszug aus den Gründen des BAG-Urteils vom 11. 8. 1981 - 3 AZR 395/80

A. BAG-Urteil vom 11. 8. 1981 - 3 AZR 395/80, Leitsätze:

"1. Bei der dreijährigen Überprüfung von Betriebsrenten gem. § 16 BetrAVG muß die Dynamik der Sozialversicherungsrenten grundsätzlich außer Betracht bleiben. Auch wenn sich das Verhältnis der Gesamtversorgung eines Rentners im Vergleich zu den Nettoverdiensten vergleichbarer Arbeitnehmer verbessert, reicht das allein nicht aus, um die Ablehnung eines Teuerungsausgleichs zu rechtfertigen.

2. Wenn die aktive Belegschaft keinen vollen Teuerungsausgleich erhält, müssen sich auch die Betriebsrentner mit einer entsprechend geringeren Anpassungsrate begnügen. Deshalb widerspricht es nicht der Billigkeit, wenn der Arbeitgeber die durchschnittliche Steigerungsrate der Reallöhne als Maßstab bei der Anpassung der Betriebsrenten verwendet.

3. Beziehen die Betriebsrentner zusätzlich anstelle eines früheren Kohlebezugsrechtes eine Abgeltungsrente, die mit den maßgebenden Tariflöhnen steigt und fällt, so handelt es sich um eine zweckbegrenzte Versorgungsleistung. Diese kann bei der Anpassungsprüfung gem. § 16 BetrAVG mit der Betriebsrente zusammengefaßt bewertet werden.

4. Werden Betriebsrenten wegen einer strukturellen Änderung der Altersversorgung angehoben, so ist bei den folgenden

Anhang 5
Blatt 2

Anpassungsprüfungen von dem erhöhten Betrag auszugehen. Der Arbeitgeber kann die Erhöhung dann nicht als vorweggenommenen Teuerungsausgleich behandeln."[1)]

B. BAG-Urteil vom 11. 8. 1981 - 3 AZR 395/80, Auszug aus III. 3. der Gründe:

"3. Dennoch hält der Senat an seiner Auffassung fest, daß die Entwicklung der Arbeitseinkommen bei der Anpassung der Betriebsrenten berücksichtigt werden kann. Unbillige Ergebnisse sind nur dann zu erwarten, wenn die Sozialversicherungsrenten und deren Dynamik in die Vergleichsberechnung einbezogen werden. Hingegen erscheint es durchaus sachgerecht, die Wertentwicklung allein der Betriebsrenten mit der Reallohnentwicklung zu vergleichen, die sich für die aktive Belegschaft in dem Unternehmen ergibt, das die Versorgung aufbringt. Die Reallohnentwicklung ist aufschlußreich für die wirtschaftliche Lage des Arbeitgebers und kennzeichnet den sozialen Zusammenhang, in dem die Anpassungsprüfung stattfindet. Wenn sogar die aktive Belegschaft auf deren Arbeitskraft das Unternehmen dringend angewiesen ist, keinen vollen Teuerungsausgleich erhalten kann, wenn also die Nettoverdienste im Durchschnitt weniger ansteigen als der Preisindex für die Lebenshaltung, müssen sich auch die Betriebsrentner mit einer entsprechend geringeren Anpassungsrate begnügen. Eine Bevorzugung der Versorgungsberechtigten würde auf Unverständnis der aktiven Belegschaft stoßen und wäre in der Regel mit der wirtschaft-

---

1) Vgl. DB 1981, S. 2331 - 2333, insbesondere S. 2331

Anhang 5
Blatt 3

lichen Lage des Unternehmens schwer vereinbar. Eine reallohnbezogene Obergrenze kann daher der Billigkeit entsprechen.

Will ein Arbeitgeber bei der Anpassungsprüfung gemäß § 16 BetrAVG den Kaufkraftverlust der Betriebsrenten aus den vorstehend beschriebenen Gründen nicht voll ausgleichen, so muß er eine Vergleichsberechnung vornehmen.

Einerseits muß er den Anpassungsbedarf mit Hilfe des Preisindexes für die Lebenshaltung von Vier-Personen-Arbeitnehmerhaushalten mit mittlerem Einkommen feststellen (DB 1977, 117 = AP Nr. 4 zu § 16 BetrAVG), auf der anderen Seite ist zu ermitteln, wie sich der Nettoverdienst der aktiven Belegschaft im gleichen Zeitraum entwickelt hat. Dabei kann es in der Regel nicht auf die Einkommensverhältnisse einzelner Arbeitnehmer ankommen, auch wenn sie vergleichbare Arbeit leisten. Aufschlüsse über die Lage des Unternehmens und die denkbaren Reaktionen der noch im Berufsleben stehenden Arbeitnehmer werden sich nur den Durchschnittsverdiensten innerhalb eines Unternehmens oder eines typischen Teils der Belegschaft entnehmen lassen. Deshalb kommt es auch für die Ermittlung der Nettolöhne nicht auf die individuellen Steuer- und Beitragssätze einzelner Arbeitnehmer, sondern nur auf Durchschnittsbeträge an, wie sie in der Fachpresse veröffentlicht werden (vgl. K. Heubeck, DB 1979, 1652; DB 1981, 642; Laux, BB-Beilagen 5/1979; 2/1980 und 7/1981)

Für die Einzelheiten wird die Praxis Modelle entwickeln müssen, die eine praktikable und sachgerechte Anpassungsprüfung ermöglichen."[1)]

---

1) Vgl. DB 1981, S. 2333

Anhang 5
Blatt 4

C. BAG-Urteil vom 14. 2. 1989 - 3 AZR 313/87, Leitsätze:

"1. Bei der dreijährigen Überprüfung von Betriebsrenten gemäß § 16 BetrAVG widerspricht es nicht der Billigkeit, wenn der Arbeitgeber die Renten nur bis zur durchschnittlichen Steigerungsrate der Reallöhne der aktiven Arbeitnehmer anpaßt. Die Belange der Versorgungsempfänger sind schon dann ausreichend berücksichtigt, wenn die Renten bis zur "reallohnbezogenen Obergrenze" angehoben werden. (Bestätigung von BAGE 36 S. 39 = AP Nr. 11 zu § 16 BetrAVG = BB 1981 S. 1469, 1835).

2. Der Arbeitgeber ist nicht verpflichtet, bei der Anpassung auf die individuelle Belastung eines Rentners mit überdurchschnittlich hohen Steuern und mit einem Krankenkassenbeitrag Rücksicht zu nehmen."[1]

[1] Vgl. BB 1989, S. 1554 - 1556

Anhang 6
Blatt 1

Bestands-Kombinationsmöglichkeiten in Abhängigkeit von ganzzahligen Altern und Eintrittsaltern sowie vom Geschlecht

Vorausgesetzt sei

das Beginnalter mit 20 Jahren;
das Pensionierungsalter mit 63 Jahren;
das Alter des (Modell-)Unternehmens betrage
mindestens 62 - 20 = 42 Jahre.

Es bezeichne

x_o := das Eintrittsalter in ganzen Jahren,
x := das Alter in ganzen Jahren.

Damit sind die verschiedenen Kombinationsmöglichkeiten bestimmt durch die Bedingung

$$20 \le x_o \le x \le 62.$$

Zu jedem festen x gibt es genau (x - 19) verschiedene x_o-Möglichkeiten, also insgesamt

$$\sum_{x=20}^{62} (x - 19) = \sum_{k=1}^{43} k$$

$$= (43 \times 44)/2$$

$$= \text{946 verschiedene Möglichkeiten.}$$

Unabhängig von der Alters-/Eintrittsalterskombination tritt noch das Geschlechtsmerkmal hinzu, womit sich die verschiedenen Möglichkeiten pro Person noch verdoppeln.

Anhang 7
Blatt 1

Darstellung und Konvergenz des Endwerts V_T der Periodenliquiditäten PL_t auf das Ende der Periode T bei Verwendung der "Methode der geschlossenen Kollektive"[1)]

1. Bezeichnungen und Prämissen

Es mögen bezeichnen:

g := (Perioden-)Wachstumsfaktor der Beginnrenten

q_s := Nettozinsfaktor gemäß Definition 9 in Abschnitt B.II.1.4.3

z := q_s/g gemäß Definition 16 in Abschnitt B.II.3.2.4

K := Symbol für ein geschlossenes Kollektiv, das ab der Ausgangsperiode "t = 0" betrachtet wird

${}_K PL_t$:= Periodenliquidität der Periode t, die durch das geschlossene Kollektiv K verursacht wird

${}_K W_T$:= Endwert der ${}_K PL_t$ mit $t = 0, 1, \ldots, T$ zum Ende der Periode T

1) Diese Herleitung ergänzt den Text von Abschn. B.II.3.2.6. Sie stimmt (mit veränderter Symbolik) in wesentlichen Kernpunkten mit den Formeln von Sturm überein. Vgl. Sturm, N., (Betriebliche Altersrenten 1980), S. 315 - 318, 360 - 370

Anhang 7
Blatt 2

${}_{A}W_{T}$:= ${}_{K}W_{T}$ für das geschlossene Kollektiv des Ausgangsbestandes (ohne die Neuzugänge)

${}_{N}W_{T}$:= ${}_{K}W_{T}$ für das geschlossene Kollektiv der Neuzugänge der Ausgangsperiode "t = 0"

W_{T} := ${}_{N}W_{T}$ in abgekürzter Schreibweise

Das Symbol "W" anstelle von "V" für den Endwert zusagebedingter Periodenliquiditäten soll verdeutlichen, daß hier ausschließlich die Entwicklung eines geschlossenen Kollektivs betrachtet wird, nicht jedoch der aus der Überlagerung der geschlossenen Kollektive resultierende Gesamtbestand.

Vorausgesetzt sei ein beliebig vorgegebener Ausgangsbestand und ein beliebig, jedoch stationär vorgegebenes Kollektiv an Neuzugängen. Das Versorgungswerk soll in der Ausgangsperiode "t = 0" neu eingeführt werden.

2. Endwerte der geschlossenen Kollektive

In dem durch die verwendete Ausscheideordnung vorgegebenen "Schlußalter für Rentner"[1)] scheidet jeder Rentenempfänger mit Sicherheit, also mit einer Wahrscheinlichkeit von Eins aus; die Periodenliquidität aller Folgeperioden wird durch den ausgeschiedenen Rentenempfänger nicht mehr verändert.

Bei der Betrachtung eines geschlossenen Kollektivs ab der Ausgangsperiode "t = 0" mit den Periodenliquiditäten ${}_{K}PL_{t}$

---

1) Vgl. Heubeck, K., (Richttafeln 1983), S. 17

und den zugehörigen Endwerten ${}_{K}W_{t}$ gemäß Gleichung[1])

$$(21) \quad {}_{K}W_{t} = q_{s}\;{}_{K}W_{t-1} + {}_{K}PL_{t} \quad \text{für } t = 0,\ 1,\ 2\ \ldots$$

gilt demnach für die auf das Ausscheiden des letzten Rentenempfängers bzw. Hinterbliebenen in der Periode t_o folgenden Perioden:

$${}_{K}PL_{t} = 0 \qquad \text{für } t = t_o + 1,\ t_o + 2,\ \ldots.$$

Damit verkürzt sich Gleichung (21) zu

$${}_{K}W_{t} = q_{s}\;{}_{K}W_{t-1} \qquad \text{für } t = t_o + 1,\ t_o + 2,\ \ldots,$$

woraus unmittelbar folgt:

$${}_{K}W_{t} = q_{s}^{t-t_o}\;{}_{K}W_{t_o} \qquad \text{für } t = t_o,\ t_o + 1,\ \ldots$$

Es genügt also, ${}_{K}W_{o}$, ${}_{K}W_{1}$, ..., ${}_{K}W_{t_o}$ gemäß Gleichung (21) zu berechnen; für alle $t > t_o$ kann dann ${}_{K}W_{t}$ unmittelbar aus ${}_{K}W_{t_o}$ berechnet werden.

Betrachtet man mehrere unterschiedliche geschlossene Kollektive, so wählt man zweckmäßigerweise das größte t_o; mit diesem t_o gelten die o.a. Beziehungen für alle betrachteten Kollektive.

In der nachstehenden Herleitung soll der anschaulicheren Darstellung halber $t_o = 85$ angenommen werden[2]); die Allge-

---

1) Vgl. Gl. (21) in Abschn. B.II.1.4.3
2) Vgl. auch Abschn. B.III.1.2

meingültigkeit der Herleitung wird dadurch nicht eingeschränkt.

3. Darstellung von V_T anhand der Methode der geschlossenen Kollektive

Der in den Perioden t = 0, 1, 2, ..., T zum Ende der Periode T aufgelaufene Endwert V_T der Periodenliquiditäten PL_t des Gesamtbestands kann mit Gleichung (21) berechnet werden.

Bei der Bestandsentwicklung eines beliebig vorgegebenen Ausgangsbestandes in der Periode "t = 0" mit stationär vorgegebenen Neuzugängen in den Perioden t = 0, 1, 2, ..., T kann V_T denknotwendig auch als Summe über die zum Ende der Periode T aufgelaufenen Endwerte aller in einer der Perioden t = 0, 1, 2, ..., T eingetretenen geschlossenen Kollektive dargestellt werden.

Wegen der Stationarität der Neuzugänge und dem stationären Ansatz von g und q_s ergibt sich unter Beachtung der Definition von $z = q_s/g$ folgende Zusammenstellung für die Endwerte der Neuzugänge zum Ende der Periode T:

<u>Anhang 7</u>
Blatt 5

Neuzugänge in der Periode t =		Endwert zum Ende der Periode T			umgeformter Endwert
T	:	g^{T}	W_{o}	=	$g^{T}\ W_{o}\ g^{o}$
T-1	:	g^{T-1}	W_{1}	=	$g^{T}\ W_{1}\ g^{-1}$
⋮			⋮		⋮
T-84	:	g^{T-84}	W_{84}	=	$g^{T}\ W_{84}\ g^{-84}$
T-85	:	g^{T-85}	W_{85}	=	$g^{T}\ W_{85}\ g^{-85}$
T-85-1	:	g^{T-85-1}	$W_{85}\ q_{s}^{1}$	=	$g^{T}\ W_{85}\ g^{-85}\ z^{1}$
T-85-2	:	g^{T-85-2}	$W_{85}\ q_{s}^{2}$	=	$g^{T}\ W_{85}\ g^{-85}\ z^{2}$
⋮			⋮		⋮
T-85-n	:	g^{T-85-n}	$W_{85}\ q_{s}^{n}$	=	$g^{T}\ W_{85}\ g^{-85}\ z^{n}$
⋮			⋮		⋮
2 = T-85-(T-85-2)	:	g^{2}	$W_{85}\ q_{s}^{T-85-2}$	=	$g^{T}\ W_{85}\ g^{-85}\ z^{T-85-2}$
1 = T-85-(T-85-1)	:	g^{1}	$W_{85}\ q_{s}^{T-85-1}$	=	$g^{T}\ W_{85}\ g^{-85}\ z^{T-85-1}$
0 = T-85-(T-85-0)	:	g^{o}	$W_{85}\ q_{s}^{T-85}$	=	$g^{T}\ W_{85}\ g^{-85}\ z^{T-85}$

Dabei möge hier mit T > 90 gelten: 2 < n < T - 85 - 2

Die geeignet umgeformte rechte Spalte läßt sich leicht aufaddieren und noch um den Endwert ${}_{A}W_{T}$ des Ausgangsbestandes der Periode "t = 0"

$$
\begin{aligned}
{}_{A}W_{T} &= {}_{A}W_{85}\ q_s^{T-85} \\
&= g^{T}\ {}_{A}W_{85}\ g^{-85}\ z^{T-85}
\end{aligned}
$$

ergänzen:

$$
\begin{aligned}
V_T = g^T\ ((W_o\ g^o + W_1\ g^{-1} + \ldots + W_{85}\ g^{-85}) &+ \\
+ W_{85}\ g^{-85}\ (z + z^2 + \ldots + z^{T-85}) &+ \\
+ {}_{A}W_{85}\ g^{-85}\ z^{T-85})&
\end{aligned}
$$

$$
= g^T\ (\sum_{t=o}^{85} g^{-t}\ W_t + g^{-85}\ W_{85} \sum_{t=1}^{T-85} z^t + g^{-85}\ {}_{A}W_{85}\ z^{T-85}) \qquad (*)
$$

Diese Darstellung gilt für beliebige Werte von $g \neq 0$, q_s und damit auch von z für alle $T > 84$.

4. Relative Konvergenz von V_T

Aus der mit (*) bezeichneten Darstellung von V_T ergibt sich unmittelbar das Konvergenzverhalten von V_T. Dabei spielt der zentrale Dynamikfaktor z die entscheidende Rolle.

4.1 In der Modellsituation ***A*** mit $z > 1$ konvergiert die Folge der q_s-relativen Endwerte $q_s^{-T} V_T$ gegen die Hilfsgröße G, d.h. der Kapitalwert C_o aller künftigen Periodenliquiditäten[1] auf das Ende der Periode "t = 0" existiert:

$$C_o := \lim_{T \to \infty} q_s^{-T} V_T$$

$$= \lim_{T \to \infty} z^{-T} \left(\sum_{t=o}^{85} g^{-t} W_t + g^{-85} W_{85} z \frac{1 - z^{T-85}}{1 - z} + \right.$$

$$\left. + g^{-85} {}_A W_{85} z^{T-85} \right)$$

$$= 0 + g^{-85} \left(W_{85} \frac{z}{1 - z} \lim_{T \to \infty} \frac{1 - z^{T-85}}{z^T} + \right.$$

$$\left. + {}_A W_{85} z^{-85} \right)$$

$$= g^{-85} \left({}_A W_{85} z^{-85} + W_{85} \frac{z}{1 - z} (-z^{-85}) \right)$$

$$= q_s^{-85} \left({}_A W_{85} + W_{85} z/(z - 1) \right) =: G$$

4.2 In der Modellsituation ***B*** mit $z = 1$ stimmt der Kapitalwert $C_o(T) := q_s^{-T} V_T$ mit dem g-relativen Endwert $g^{-T} V_T$ wegen $g = q_s$ überein. Eine Konvergenz dieser Größen kommt nur für den Spezialfall $W_{85} = 0$ in Frage:

---

1) Vgl. Abschn. B.II.3.2.5

$$\lim_{T \to \infty} q_s^{-T} V_T = \lim_{T \to \infty} g^{-T} V_T$$

$$= \sum_{t=o}^{85} g^{-t} W_t + \lim_{T \to \infty} g^{-85} W_{85} (T-85) + g^{-85} {}_A W_{85}$$

$$= \begin{cases} + \infty & \text{für } W_{85} > 0 \\ g^{-85} {}_A W_{85} + \sum_{t=o}^{84} g^{-t} W_t & \text{für } W_{85} = 0 \\ - \infty & \text{für } W_{85} < 0 \end{cases}$$

4.3 In der Modellsituation ***C*** mit $z < 1$ konvergiert die Folge der g-relativen Endwerte $g^{-T} V_T$ gegen die Hilfsgröße F, d.h. es existiert ein g-relativer Niveauwert V:

$$V := \lim_{T \to \infty} g^{-T} V_T$$

$$= \sum_{t=o}^{85} g^{-t} W_t + g^{-85} W_{85} \frac{z}{1 - z} \lim_{T \to \infty} (1 - z^{T-85}) +$$

$$+ g^{-85} {}_A W_{85} \lim_{T \to \infty} z^{T-85}$$

$$= \sum_{t=o}^{85} g^{-t} W_t + g^{-85} W_{85} z/(1 - z) + 0$$

$$= \sum_{t=o}^{84} g^{-t} W_t + g^{-85} W_{85}/(1 - z) =: F$$

Erwartungsgemäß spielt hier der Ausgangsbestand keine Rolle mehr; der Niveauwert V hängt ausschließlich von den Neuzugängen ab.

5. Zusammenhang zwischen den Grenzwerten

Für $z \neq 1$ lassen sich die Hilfsgrößen F und G entsprechend den Ergebnissen in 4.1 und 4.3 formal darstellen, unabhängig davon, ob $z > 1$ oder $z < 1$ gilt. Damit folgt aus der mit (*) bezeichneten Darstellung von V_T für $z \neq 1$ und $T > 84$:

$$g^{-T} V_T = \sum_{t=o}^{85} g^{-t} W_t + (g^{-85} W_{85} z/(1 - z)) (1 - z^{T-85})$$

$$+ g^{-85} {}_AW_{85} z^{T-85}$$

$$= \sum_{t=o}^{85} g^{-t} W_t + g^{-85} W_{85} z/(1 - z) -$$

$$- (g^{-85} W_{85} z/(1 - z)) z^{T-85} + g^{-85} {}_AW_{85} z^{T-85}$$

$$= F + z^T (q_s^{-85} {}_AW_{85} + q_s^{-85} W_{85} z/(z - 1))$$

$$= F + z^T G$$

Aus dieser einfachen Beziehung können zunächst auf elegante Weise die Konvergenzaussagen von 4.1 und 4.3 bewiesen werden. Darüber hinaus lassen sich durch äquivalente Umformung interessante Zusammenhänge ablesen:

a) für den Endwert:

$$V_T = g^T F + q_s^T G$$

b) für den Abstand der g-relativen Endwerte vom Niveauwert V in der Modellsitutation ***C*** mit V = F:

$$g^{-T} V_T - V = z^T G$$

c) für die Entwicklung der Kapitalwert-Folge in der Modellsituation ***A*** mit $C_o = G$:

$$C_o(T) - C_o = z^{-T} F$$

d) für die Entwicklung des Dauerschuldenstandes $\tilde{V}_T$, falls ein Ausgangskapital $VV_{-1} = -q_s^{-1} G$ zum Ende der Periode "t = -1" vorausgesetzt wird, mit dem annahmegemäß Dauerschulden abgebaut oder aufgestockt werden:

$$\begin{aligned} \tilde{V}_T &= V_T + q_s^{T+1} (-q_s^{-1} G) \\ &= V_T - q_s^T G \\ &= g^T F \end{aligned}$$

Wie in Abschnitt B.II.3.2.4 kann hieraus für die Modellsitutation ***A*** gefolgert werden, daß sich das finanzielle Gesamtsystem im g-relativen BHZ befindet, wenn man diesen Ausgangs-Dauerschuldenstand VV_{-1} voraussetzt. Der Kapitalwert jeder Größe dieses Systems konvergiert allerdings gegen Null.

e) für das Konvergenzverhalten des bilanziellen Eigenkapitals in der Modellsituation ***A*** bei $C_o = G$:

$$q_s^{-T} EK_T - C_o = q_s^{-T} (V_T - R_T) - C_o$$

$$= q_s^{-T} V_T - q_s^{-T} g^T R - C_o$$

$$= C_o(T) - C_o - z^{-T} R$$

$$= z^{-T} F - z^{-T} R$$

$$= z^{-T} (F - R)$$

$$= z^{-T} \text{const}(T)$$

f) für das Konvergenzverhalten des bilanziellen Eigenkapitals in der Modellsituation ***C*** bei $V = F$:

$$g^{-T} EK_T - EK = g^{-T} V_T - g^{-T} R_T - (V - R)$$

$$= g^{-T} V_T - g^{-T} g^T R - V + R$$

$$= g^{-T} V_T - V - R + R$$

$$= g^{-T} V_T - V$$

$$= z^T G$$

$$= z^T \text{const}(T)$$

g) für den Vergleich des bilanziellen Eigenkapitals bei unterschiedlichen finanziellen Wachstumsfaktoren (Dominanzkriterium):

Man betrachte zwei Modellrechnungen 1 bzw. 2 mit den stationären finanziellen Wachstumsfaktoren ${}_1g$ und ${}_1q_s$ bzw. ${}_2g$ und ${}_2q_s$, wobei auch unterschiedliche Pensionszusagen, Personenbestände oder Rentenanpassungen zugelassen sind, sofern die Neuzugänge wie bisher stationär vorgegeben sind. Aus a) kann für j = 1, 2 gefolgert werden:

$$ {}_jEK_T = {}_jV_T - {}_jR_T $$

$$ = {}_jg^T \, ({}_jF - {}_jR) + {}_jq_s^T \, {}_jG \quad \text{für } T \geq 85 $$

Wenn nun einer der vier finanziellen Wachstumsfaktoren die übrigen drei echt dominiert und die zugehörige Konstante $({}_jF - {}_jR)$ bzw. ${}_jG$ von Null verschieden ist, dann hängt es allein vom Vorzeichen dieser Konstanten ab, ob das zugehörige bilanzielle Eigenkapital auf die Dauer, d.h. für schließlich alle $T \geq t_o$ mit einem festen t_o, zunehmend größer (vorteilhafter) ausfällt (Dominanzkriterium). Bei positivem Vorzeichen ist Vorteilhaftigkeit gegeben. Denn es gilt, falls etwa ${}_1g$ dominierend und ${}_1F - {}_1R > 0$ ist:

(1) $\quad {}_1EK_T > {}_2EK_T \qquad \Longleftrightarrow$

(2) $\quad {}_1g^T \, ({}_1F - {}_1R) + {}_1q_s^T \, {}_1G > {}_2g^T \, ({}_2F - {}_2R) + {}_2q_s^T \, {}_2G \quad \Longleftrightarrow$

Anhang 7
Blatt 13

$$(3)\quad 1 > \underbrace{({}_2g/{}_1g)^T}_{\substack{\longrightarrow 0 \\ T \longrightarrow \infty}} \underbrace{({}_2F - {}_2R)/({}_1F - {}_1R)}_{const}$$

$$+ \underbrace{({}_2q_s/{}_1g)^T}_{\substack{\longrightarrow 0 \\ T \longrightarrow \infty}} \underbrace{{}_2G/({}_1F - {}_1R)}_{const} + \underbrace{({}_1q_s/{}_1g)^T}_{\substack{\longrightarrow 0 \\ T \longrightarrow \infty}} \underbrace{{}_1G/({}_1F - {}_1R)}_{const} .$$

Wegen der Dominanz von ${}_1g$ konvergiert die rechte Seite dieser Ungleichung gegen Null, d.h. es existiert ein t_o, so daß (3) für alle $T \geq t_o$ erfüllt ist.

Falls ${}_1g$ echt dominierend und ${}_1F - {}_1R < 0$ gilt, so folgt dieselbe Schlußkette mit "<" in (1) und (2) bei unverändertem (3).

Anhang 8
Blatt 1

Übergangswahrscheinlichkeiten zur Bestandsfortschreibung

1. Ausgangspunkt

Nach dem "Grundschema der Personengesamtheiten für die Fortentwicklung des Bestands"[1] hat man die Statusgruppen der Aktiven (A), der Unverfallbaren (U), der Rentner (R), der Witwen/Witwer (W) sowie der Personen ohne Anspruch (O).

Die im "Graph der Übergangswahrscheinlichkeiten"[2] aufgeführten Übergänge zwischen den Statusgruppen können unter Ausklammerung des Neuzugangs in der nachstehenden Matrix systematisch erfaßt werden:

Abgang von	Zugang zu					
	A	U	R	W	O	
A	p^{AA}	p^{AU}	p^{AR}	p^{AW}	p^{AO}	$p^{A.} = 1$
U	0	p^{UU}	p^{UR}	p^{UW}	p^{UO}	$p^{U.} = 1$
R	0	0	p^{RR}	p^{RW}	p^{RO}	$p^{R.} = 1$
W	0	0	0	p^{WW}	p^{WO}	$p^{W.} = 1$
O	0	0	0	0	p^{OO}	$p^{O.} = 1$

---

1) Vgl. Übersicht 12
2) Vgl. Abb. 2

Anhang 8
Blatt 2

Die Randverteilung der Zeilen betrifft ein sicheres Ereignis, womit $p^{X.} = 1$ für jeden Status X gilt; dies kann zur Kontrolle der vollständigen Erfassung der Übergangsmöglichkeiten benutzt werden.

Die Übergangswahrscheinlichkeiten unterhalb der Hauptdiagonale sind Null, da eine "Reaktivierung" annahmegemäß ausgeschlossen ist.

Geht man von den biometrischen Grundwerten der Richttafeln[1] aus, und nimmt man die aus den in Tabelle 4 abgeleiteten[2] Fluktuationswahrscheinlichkeiten f_{xm} hinzu, so kann man das folgende System von einjährigen stationären Übergangswahrscheinlichkeiten entwickeln[3], wobei x bzw. y das versicherungsmathematische Alter und m die Dienstjahre der betrachteten Statusperson zu Beginn einer beliebigen Periode t bezeichnen. Soweit sich m nicht auswirkt, wird es weggelassen. Ansonsten gilt die Bezeichnungsweise der Richttafeln[4]; abweichend davon bedeutet z_A das "Schlußalter für Aktive"[4] sowie z_R das "Schlußalter für Rentner"[4].

"Angegeben sind jeweils die Formeln, die in Bezeichnungsweise und Diktion auf Männer abgestimmt sind; die entsprechende Darstellung für Frauen ergibt sich durch Austausch von x und y in den Formeln."[5]

---

1) Vgl. Heubeck, K., (Richttafeln 1983), S. 18 und 20
2) Vgl. Abschn. B.III.2.1.1
3) Vgl. auch Rhiel, R., (Prognoseverfahren 1986), Blätter DGVM 1986, S. 336 f.
4) Vgl. Heubeck, K., ebd., S. 17
5) Vgl. Heubeck, K., ebd., S. 35

2. Verbleibenswahrscheinlichkeiten

In der Hauptdiagonale der obigen Matrix sind die Wahrscheinlichkeiten für das Verbleiben der Statusperson im Ausgangsstatus enthalten:

$$2.1 \quad p_{xm}^{AA} := \begin{cases} 1 - (q_x^a + i_x)(1 - 0{,}5\, f_{xm}) - f_{xm} & \text{für } x < z_A - 1 \\ 0 & \text{für } x = z_A - 1 \end{cases}$$

$$2.2 \quad p_x^{UU} := \begin{cases} 1 - q_x^a - i_x & \text{für } x < z_A - 1 \\ 0 & \text{für } x = z_A - 1 \end{cases}$$

$$2.3 \quad p_x^{RR} := \begin{cases} 1 - q_x^i & \text{für } x < z_A \\ 1 - q_x & \text{für } z_A \leq x < z_R - 1 \\ 0 & \text{für } x = z_R - 1 \end{cases}$$

$$2.4 \quad p_y^{WW} := \begin{cases} 1 - q_y & \text{für } y < z_R - 1 \\ 0 & \text{für } y = z_R - 1 \end{cases}$$

$$2.5 \quad p_x^{00} := 1$$

Anhang 8
Blatt 4

3. Einfacher Übergang

In der ersten oberen Nebendiagonale der obigen Matrix sind die Wahrscheinlichkeiten für den Übergang der Statusperson "ohne Umweg" über einen oder mehrere andere Status enthalten:

3.1 $$p_{xm}^{AU} := \begin{cases} f_{xm}\,(1 - 0{,}5\,(q_x^a + i_x)) & \text{für } x < z_A-1 \text{, falls die Fristen für den Erwerb einer unverfallbaren Anwartschaft zur Periodenmitte erfüllt sind} \\ 0 & \text{sonst} \end{cases}$$

3.2 $$p_x^{UR} := \begin{cases} i_x\,(1 - 0{,}5\,q_x^i) & \text{für } x < z_A-1 \\ 1 - q_x^a - i_x\,0{,}5\,q_x^i & \text{für } x = z_A-1 \end{cases}$$

3.3 $$p_x^{RW} := \begin{cases} q_x^i\,h_{x+1/2}\,(1 - 0{,}5\,q_y) & \text{für } x < z_A \\ q_x\,h_{x+1/2}\,(1 - 0{,}5\,q_y) & \text{für } x \ge z_A \end{cases}$$

3.4 $$p_y^{WO} := \begin{cases} q_y & \text{für } y < z_R-1 \\ 1 & \text{für } y = z_R-1 \end{cases}$$

4. Mehrfacher Übergang

In der zweiten oberen Nebendiagonale der obigen Matrix sind die Wahrscheinlichkeiten für einen Doppelübergang der Statusperson während der betrachteten Periode enthalten:

4.1 Zur Angabe von p_{xm}^{AR} untersucht man zweckmäßigerweise zwei Fälle:

4.1.1 Die Fristen für den Erwerb einer unverfallbaren Anwartschaft sind bis zur Periodenmitte noch nicht erfüllt; dann resultiert ein Einfachübergang A ⟶ R:

$$p_{xm}^{AR} := \begin{cases} i_x\,(1 - 0{,}5\, f_{xm})(1 - 0{,}5\, q_x^i) & \text{für } x < z_A - 1 \\ i_x\,(1 - 0{,}5\, f_{xm})(1 - 0{,}5\, q_x^i) + \\ + 1 - (q_x^a + i_x)(1 - 0{,}5\, f_{xm}) - f_{xm} & \text{für } x = z_A - 1 \end{cases}$$

4.1.2 Die Fristen für den Erwerb einer unverfallbaren Anwartschaft sind bis zur Periodenmitte erfüllt; dann tritt zu dem in 4.1.1 beschriebenen Übergang der Doppelübergang A ⟶ U ⟶ R hinzu:

$$p_{xm}^{A(U)R} := \begin{cases} f_{xm}\; 0{,}5\; i_x\,(1 - 0{,}5\, q_x^i) & \text{für } x < z_A - 1 \\ f_{xm}\; 0{,}5\; i_x\,(1 - 0{,}5\, q_x^i) \\ + f_{xm}\,(1 - 0{,}5\,(q_x^a + i_x)) & \text{für } x = z_A - 1 \end{cases}$$

Die Addition dieser Hilfsgröße zu dem in 4.1.1 wiedergegebenen Ausdruck liefert das Ergebnis:

$$p_{xm}^{AR} := \begin{cases} i_x \ (1 - 0{,}5 \ q_x^i) & \text{für } x < z_A - 1 \\ 1 - q_x^a - i_x \ 0{,}5 \ q_x^i & \text{für } x = z_A - 1 \end{cases}$$

Man vergleiche oben das Ergebnis von 3.2.

4.2 $p_x^{UW} := (q_x^a + i_x 0{,}5 \ q_x^i) \ h_{x+1/2} \ (1 - 0{,}5 \ q_{y(x)})$ für $x < z_A$

4.3 $$p_x^{RO} := \begin{cases} q_x^i \ (1 - h_{x+1/2} \ (1 - 0{,}5 \ q_{y(x)})) & \text{für } x < z_A \\ q_x \ (1 - h_{x+1/2} \ (1 - 0{,}5 \ q_{y(x)})) & \text{für } z_A \le x < z_R - 1 \\ 1 & \text{für } x = z_R - 1 \end{cases}$$

Obwohl in der dritten und vierten oberen Nebendiagonale der obigen Matrix auch Dreifachübergänge und ein Vierfachübergang auftreten, bleiben die Formeln relativ übersichtlich:

4.4 Zur Angabe von p_{xm}^{AW} sind wiederum zwei Fälle zu unterscheiden:

4.4.1 Die Fristen für den Erwerb einer unverfallbaren Anwartschaft sind bis zur Periodenmitte noch nicht erfüllt:

$$p_{xm}^{AW} := (q_x^a + i_x \ 0{,}5 \ q_x^i)(1 - 0{,}5 \ f_{xm}) \ h_{x+1/2} \ (1 - 0{,}5 \ q_{y(x)})$$

für $x < z_A$

4.4.2 Falls die Fristen für den Erwerb einer unverfallbaren Anwartschaft bis zur Periodenmitte erfüllt sind, so sind die in 4.4.1 beschriebenen Übergänge noch zu ergänzen um

$$f_{xm}\ 0{,}5\ (q_x^a + i_x\ 0{,}5\ q_x^i)\ h_{x+1/2}\ (1 - 0{,}5\ q_{y(x)}) \quad \text{für } x < z_A$$

Die Summe liefert dann das bereits in 4.2 enthaltene Ergebnis:

$$p_{xm}^{AW} := (q_x^a + i_x\ 0{,}5\ q_x^i)\ h_{x+1/2}\ (1 - 0{,}5\ q_{y(x)}) \quad \text{für } x < z_A$$

4.5 $p_x^{UO} := (q_x^a + i_x\ 0{,}5\ q_x^i)\ (1 - h_{x+1/2}\ (1 - 0{,}5\ q_{y(x)}))$

für $x < z_A$

4.6 p_{xm}^{AO} hängt wiederum von den Fristen für den Erwerb einer unverfallbaren Anwartschaft ab:

4.6.1 Die Fristen sind zur Periodenmitte noch nicht erfüllt; dann führt das Ausscheiden durch Fluktuation zu einem Übergang A —> 0:

$$p_{xm}^{AO} := f_{xm} + (q_x^a + i_x 0{,}5\ q_x^i)(1-0{,}5\ f_{xm})(1-h_{x+1/2}(1-0{,}5\ q_{y(x)}))$$

für $x < z_A$

4.6.2 Falls die Fristen zur Periodenmitte erfüllt sind, so tritt an die Stelle von f_{xm} zu Beginn der Formel von 4.6.1 der Term

$$f_{xm}\ 0{,}5\ (q_x^a + i_x 0{,}5\ q_x^i)(1-h_{x+1/2}\ (1-0{,}5\ q_{y(x)}))\quad \text{für } x < z_A$$

Das Resultat deckt sich wiederum mit dem in 4.5 enthaltenen Ergebnis:

$$p_{xm}^{AO} := (q_x^a + i_x 0{,}5\ q_x^i)(1-h_{x+1/2}\ (1-0{,}5\ q_{y(x)}))\quad \text{für } x < z_A$$

5. Berücksichtigung einer Wartezeit

Will man - wie in der vorliegenden Arbeit - nur diejenigen Rentner und Witwen berücksichtigen, bei denen der Eintritt eines Versorgungsfalles zur Zahlung einer Betriebsrente führt, so ist zusätzlich zu prüfen, ob die vorgesehene Wartezeit bis zur Periodenmitte erfüllt ist. Für den hier betrachteten Fall einer Wartezeit, die stets vor der Erfüllung der Fristen für den Erwerb einer unverfallbaren Anwartschaft erfüllt ist, gilt dann vor Erfüllung der Wartezeit $p_{xm}^{AR} = p_{xm}^{AW} = 0$, während sich p_{xm}^{AO} um die in 4.1.1 und 4.4.1 angegebenen Übergangswahrscheinlichkeiten erhöht, was zu

$$p_{xm}^{AO} := \begin{cases} (q_x^a + i_x)\ (1 - 0{,}5\ f_{xm}) + f_{xm} & \text{für } x < z_A - 1 \\ 1 & \text{für } x = z_A - 1 \end{cases}$$

führt.

6. Spezifikationen

Generell gilt in der vorliegenden Arbeit:

$$z_A := \begin{cases} 63 \text{ für Männer} \\ 60 \text{ für Frauen} \end{cases}$$

Abweichend von den Richttafeln wurde gesetzt:

$$z_R := 100$$

$$\left.\begin{array}{lll} y(x) & := & x - 5 \\ x(y) & := & y + 2 \end{array}\right\} \text{Das bedeutet eine konstante Altersdifferenz.}$$

Anhang 9
Blatt 1

Teilwertberechnung nach § 6a EStG

1. Bezeichnungsweise

Die Symbole für die biometrischen Grundwerte, die Kommutationswerte und für die Renten- bzw. Anwartschaftsbarwert-Faktoren sind den Richttafeln[1] entnommen, soweit nicht im folgenden eine eigene Definition erfolgt. "Nachfolgend werden jeweils die Formeln für Männer angegeben; die entsprechenden Frauenwerte erhält man durch Austausch von x und y in allen Formeln."[2]

Die Renten werden nach den hier untersuchten Pensionszusagen stets monatlich vorschüssig gezahlt, so daß auf eine diesbezügliche Kennzeichnung der Barwertfaktoren verzichtet werden kann: a_x bedeutet stets $^{(12)}a_x$.

Soweit eine garantierte Anpassung der laufenden Renten zugesagt ist, wird dies durch den Zusatzindex g beim Rentenbarwert-Faktor zum Ausdruck gebracht: ${}_ga_x$ tritt an die Stelle von a_x.

Im einzelnen sollen bedeuten:

B_x := "Barwert der künftigen Pensionsleistungen"[3] im Alter x

---

1) Vgl. Heubeck, K., (Richttafeln 1983) S. 17 sowie 22 - 25
2) Vgl. ebd., S. 22
3) Vgl. § 6a Abs. 3 Satz 2 Nr. 2 EStG

$B_{x'}$:= "Barwert der künftigen Pensionsleistungen"[1] im Dienstеintrittsalter x' (mit $x' \geq 30$)

RZ_x := Jahresrentenanspruch des Aktiven bei Eintritt des Versorgungsfalles im Alter $x + ½$

L_x := Erwartungswert der für einen x-jährigen Aktiven benötigten Deckungsmittel, falls der Versorgungsfall im Alter $x + ½$ eintritt

p_x := $1 - q_x^a - i_x$ einjährige Überlebenswahrscheinlichkeit eines x-jährigen Aktiven

Für die Formeln der Rentenbarwert-Faktoren bei garantierter Rentenanpassung werden folgende Operatoren benötigt: für eine beliebige nichtnegative reelle Zahl $a \geq 0$ sei:

$[a]$:= die größte ganze Zahl, die kleiner oder gleich a ist

$]a[$:= $a - [a]$

$\langle a \rangle$:= $3\ ]a/3[$

g_R := jährlicher[2] Steigerungsfaktor der laufenden Renten, der nach der Pensionszusage als Mindestanpassung garantiert ist

---

1) Vgl. § 6a Abs. 3 Satz 2 Nr. 2 EStG
2) Exakter: der rechnerisch auf ein Jahr entfallende Steigerungsfaktor, wenn die Anpassung im Drei-Jahres-Rhythmus erfolgt.

2. Rechnungsgrundlagen und -methoden

Die Berechnungen basieren auf den Grundwerten der Richttafeln[1] mit einem Rechnungszinsfuß von 6%. Hinterbliebenenrentenanwartschaften werden nach der kollektiven Methode[2] bewertet.

3. Formeln für Aktive[3]

Barwert der künftigen Pensionsleistungen für einen x-jährigen Aktiven:

$$B_x = RZ_x \, (a_x + 0{,}6 \, a_x^w) \qquad \text{für } x = z$$

$$B_x = RZ_x \, L_x + vp_x \, B_{x+1} \qquad \text{für } x < z$$

Für einen mit unverfallbarer Anwartschaft Ausgeschiedenen gilt[4] der - mit den m/n-gekürzten Rentenleistungen RZ_x berechnete - Barwert als Teilwert gemäß § 6a EStG. Für einen aktiven Mitarbeiter gilt[4] als Teilwert

$$_{x-x'}V_{x'} = B_x - B_{x'} \, a_x^a \, (a_{x'}^a)^{-1}$$

1) Vgl. Heubeck, K., (Richttafeln 1983), S. 18 - 22
2) Vgl. ebd., S. 25 und S. 35
3) Vgl. Neuburger, E. (Rechenverfahren 1983), Die steuerliche Betriebsprüfung 1983, S. 133
4) Vgl. § 6a Abs. 3 Satz 2 EStG

4. Formeln für die Rentenbarwert-Faktoren bei garantierter[1]) Rentenanpassung

Unter dem Gesichtspunkt der Nachvollziehbarkeit ist es sinnvoll, die Anwartschaft auf Witwenrente getrennt darzustellen.

Für den hier ausschließlich behandelten Fall eines dreijährigen Anpassungsrhythmus kommen drei Fälle in Betracht, die mit der Variablen u beschrieben werden sollen: die letzte Anpassung liege zurück:

0 Jahre:	$u = 0$
1 Jahr:	$u = 1$
2 Jahre:	$u = 2$

Nach drei Jahren wird erneut angepaßt, so daß u zyklisch die Werte 0, 1, 2 durchläuft.

Dann gilt für den Rentenbarwert-Faktor eines x-jährigen Rentners bei fixiertem u mit $0 \le u \le 2$ die folgende Formel (*):

$$^{(u)}_{g}a_x = (D_x)^{-1} \sum_{j\ge 0} g_R^{3[(u+j)/3]} D_{x+j} \left(1-k^{(12)}(1-D_{x+j+1}/D_{x+j})\right)$$

Dabei ist zu beachten, daß für $x < z$ bzw. $x+j < z$ anstelle der Gesamtbestands-Kommutationen D_x bzw. D_{x+j} die Kommutationen des Invalidenbestands D_x^i bzw. D_{x+j}^i zu verwenden sind. Für $x < z$ schreibt man daher $^{(u)}_{g}a_x^i$ anstelle von $^{(u)}_{g}a_x$.

---

1) Vgl. Neuburger, E., (Prüfung 1992), Blätter DGVM 1993, S. 161 - 163

Für die Ermittlung des Barwertfaktors der Anwartschaft auf Witwenrente werden zunächst für u = 0, 1, 2 die gemäß der Formel (*) unter durchgehender Verwendung der Gesamtbestands-Kommutationen berechneten Rentenbarwert-Faktoren für die Witwen benötigt. Sodann ist für u = 3 die formale Definition zweckmäßig:

$$ {}^{(3)}_{\;g}a_y := g_R^3 \; {}^{(0)}_{\;g}a_y $$

Bei Eintritt des Rentnertodes zum Jahresbeginn folgt, daß für u = 0, 1, 2 die nächstfolgende garantierte Anpassung nach 3 - u Jahren erfolgt, und von da ab nach jeweils drei weiteren Jahren. Damit erhält man zunächst die folgende Hilfsgröße, wobei abkürzend $y_1 := y + 3 - u$ gesetzt wird:

$$ {}^{(u)}_{\;g}\hat{a}_y := a_y - 1/24 + g_R^3 \, D_{y_1} \, D_y^{-1} \, ({}^{(0)}_{\;g}a_{y_1} - g_R^{-3} \, a_{y_1}) $$

Schließlich wird mit der üblichen Näherung eines Todeszeitpunkts in der Mitte des Jahres gesetzt[1]:

$$ {}^{(u)}_{\;g}\hat{a}_{y+1/2} := ({}^{(u)}_{\;g}\hat{a}_y + {}^{(u+1)}_{\;g}\hat{a}_{y+1})/2 $$

---

1) Hier wird die obige Definition von ${}^{(3)}_{\;g}a_y$ benötigt, nämlich dann, wenn u = 2 gilt.

Damit kann dann der Barwertfaktor für die Anwartschaft auf Witwenrente nach der kollektiven Methode wie folgt für u = 0, 1, 2 angegeben werden:

$$^{(u)}_{g}a_x^{w} = (D_x)^{-1} \sum_{j\geq 0} g_R^{3[(u+j)/3]} D_{x+j}\, q_{x+j} h_{x+j+1/2}\, v^{1/2\,(<u+j>)}\, {}_{g}\hat{a}_{y(x+j)+1/2}$$

Wiederum ist zu beachten, daß für $x < z$ bzw. $x + j < z$ anstelle der Gesamtbestands-Kommutationen D_x bzw. D_{x+j} die Kommutationswerte des Invalidenbestands D_x^i bzw. D_{x+j}^i zu verwenden sind. Für $x < z$ schreibt man $^{(u)}_{g}a_x^{iw}$ anstelle von $^{(u)}_{g}a_x^{w}$.

Der schlußendlich anzuwendende Rentenbarwert-Faktor für die laufende Rente einschließlich der Anwartschaft auf eine 60%-ige Witwenrente errechnet sich dann für festes u = 0, 1, 2 mit

$$^{(u)}_{g}a_x^{A60w} := {}^{(u)}_{g}a_x + 0{,}6\ {}^{(u)}_{g}a_x^{w} .$$

Für die Beginnrente gilt stets u = 0.

5. Tabellen mit den Rentenbarwert-Faktoren bei garantierter Rentenanpassung mit g_R = 1,03

Auf den Folgeseiten sind die vollständigen Tabellenwerte für die Alter von 20 bis 110 ausgedruckt. Blatt 7 bis 9 enthalten die Männer-Tabellen, Blatt 10 bis 12 die Frauen-Tabellen.

Anhang 9
Blatt 7

5.1 Rentenbarwert-Faktoren mit g_R = 1,03 bei garantierter Anpassung, wirksam alle 3 Jahre

Männer

	$^{(u)}_{g}a^{i}_{x}$			$^{(u)}_{g}a^{iw}_{x}$		
x	u=0	u=1	u=2	u=0	u=1	u=2
20	17.8176	18.3230	18.8725	4.8095	4.9537	5.1024
21	17.6747	18.1758	18.7209	5.0178	5.1684	5.3234
22	17.5337	18.0305	18.5713	5.2209	5.3775	5.5389
23	17.3946	17.8873	18.4237	5.4160	5.5784	5.7458
24	17.2573	17.7459	18.2781	5.5998	5.7678	5.9409
25	17.1219	17.6064	18.1344	5.7702	5.9433	6.1217
26	16.9882	17.4688	17.9926	5.9245	6.1023	6.2854
27	16.8563	17.3329	17.8527	6.0630	6.2448	6.4322
28	16.7262	17.1989	17.7146	6.1859	6.3715	6.5627
29	16.5979	17.0667	17.5785	6.2927	6.4814	6.6760
30	16.4714	16.9364	17.4443	6.3857	6.5772	6.7746
31	16.3469	16.8082	17.3122	6.4657	6.6597	6.8595
32	16.2246	16.6822	17.1824	6.5336	6.7296	6.9316
33	16.1045	16.5586	17.0551	6.5900	6.7877	6.9914
34	15.9871	16.4376	16.9305	6.6354	6.8344	7.0396
35	15.8726	16.3197	16.8090	6.6700	6.8701	7.0763
36	15.7612	16.2050	16.6909	6.6941	6.8949	7.1019
37	15.6535	16.0940	16.5765	6.7077	6.9089	7.1163
38	15.5496	15.9870	16.4664	6.7065	6.9076	7.1150
39	15.4500	15.8844	16.3607	6.6937	6.8945	7.1015
40	15.3549	15.7865	16.2598	6.6692	6.8693	7.0755
41	15.2644	15.6933	16.1638	6.6330	6.8319	7.0370
42	15.1785	15.6047	16.0726	6.5847	6.7822	6.9858
43	15.0968	15.5207	15.9860	6.5246	6.7203	6.9221
44	15.0190	15.4405	15.9034	6.4531	6.6466	6.8462
45	14.9441	15.3633	15.8239	6.3706	6.5616	6.7587
46	14.8711	15.2881	15.7464	6.2778	6.4660	6.6602
47	14.7985	15.2134	15.6695	6.1758	6.3609	6.5520
48	14.7248	15.1374	15.5913	6.0657	6.2476	6.4352
49	14.6480	15.0583	15.5097	5.9488	6.1272	6.3113
50	14.5659	14.9738	15.4227	5.8267	6.0014	6.1817
51	14.4764	14.8816	15.3278	5.7006	5.8715	6.0479
52	14.3771	14.7793	15.2223	5.5718	5.7389	5.9113
53	14.2655	14.6645	15.1041	5.4416	5.6047	5.7731
54	14.1396	14.5347	14.9705	5.3112	5.4705	5.6348
55	13.9973	14.3881	14.8195	5.1823	5.3377	5.4981
56	13.8366	14.2227	14.6491	5.0565	5.2081	5.3646
57	13.6563	14.0368	14.4577	4.9355	5.0835	5.2362
58	13.4548	13.8293	14.2439	4.8212	4.9657	5.1149
59	13.2309	13.5988	14.0065	4.7060	4.8471	4.9927
60	12.9838	13.3442	13.7443	4.6001	4.7380	4.8803
61	12.7126	13.0649	13.4565	4.5044	4.6395	4.7789
62	12.4165	12.7599	13.1425	4.4113	4.5435	4.6800

5.2 Rentenbarwert-Faktoren mit g_R = 1,03 bei garantierter Anpassung, wirksam alle 3 Jahre

	$^{(u)}{}_{g}a_x$		Männer	$^{(u)}{}_{g}a_x^w$		
x	u=0	u=1	u=2	u=0	u=1	u=2
63	12.0949	12.4286	12.8013	4.3293	4.4592	4.5931
64	11.6819	12.0032	12.3631	4.3060	4.4351	4.5683
65	11.2708	11.5798	11.9270	4.2739	4.4021	4.5343
66	10.8629	11.1597	11.4943	4.2325	4.3594	4.4904
67	10.4596	10.7442	11.0663	4.1814	4.3068	4.4362
68	10.0617	10.3345	10.6442	4.1206	4.2441	4.3717
69	9.6703	9.9314	10.2290	4.0500	4.1715	4.2968
70	9.2860	9.5355	9.8212	3.9703	4.0893	4.2123
71	8.9091	9.1474	9.4214	3.8690	3.9849	4.1048
72	8.5400	8.7671	9.0298	3.7580	3.8707	3.9871
73	8.1787	8.3950	8.6464	3.6386	3.7476	3.8604
74	7.8253	8.0311	8.2715	3.5116	3.6168	3.7257
75	7.4798	7.6752	7.9050	3.3787	3.4799	3.5847
76	7.1422	7.3275	7.5467	3.2416	3.3387	3.4393
77	6.8122	6.9876	7.1966	3.1022	3.1952	3.2915
78	6.4901	6.6559	6.8549	2.9630	3.0517	3.1437
79	6.1765	6.3329	6.5221	2.8260	2.9106	2.9984
80	5.8722	6.0195	6.1993	2.6703	2.7502	2.8332
81	5.5785	5.7170	5.8876	2.5175	2.5928	2.6711
82	5.2967	5.4268	5.5886	2.3691	2.4400	2.5137
83	5.0277	5.1498	5.3032	2.2266	2.2931	2.3625
84	4.7719	4.8863	5.0317	2.0916	2.1542	2.2194
85	4.5291	4.6362	4.7740	1.9401	1.9981	2.0587
86	4.2987	4.3991	4.5296	1.7969	1.8506	1.9068
87	4.0800	4.1738	4.2975	1.6648	1.7145	1.7666
88	3.8721	3.9597	4.0768	1.5199	1.5652	1.6128
89	3.6742	3.7559	3.8668	1.3882	1.4296	1.4732
90	3.4855	3.5617	3.6666	1.2468	1.2839	1.3231
91	3.3056	3.3765	3.4756	1.0944	1.1270	1.1614
92	3.1338	3.1995	3.2932	0.9556	0.9840	1.0142
93	2.9695	3.0304	3.1189	0.8087	0.8327	0.8583
94	2.8124	2.8687	2.9521	0.6764	0.6964	0.7179
95	2.6623	2.7142	2.7928	0.5404	0.5564	0.5736
96	2.5191	2.5668	2.6407	0.4018	0.4136	0.4265
97	2.3827	2.4264	2.4959	0.2800	0.2882	0.2972
98	2.2530	2.2930	2.3582	0.1660	0.1708	0.1763
99	2.1299	2.1664	2.2276	0.0683	0.0702	0.0725
100	2.0133	2.0464	2.1037	0.0000	0.0000	0.0000
101	1.9029	1.9329	1.9864	0.0000	0.0000	0.0000
102	1.7983	1.8253	1.8754	0.0000	0.0000	0.0000
103	1.6991	1.7232	1.7699	0.0000	0.0000	0.0000
104	1.6038	1.6255	1.6688	0.0000	0.0000	0.0000
105	1.5108	1.5298	1.5702	0.0000	0.0000	0.0000
106	1.4162	1.4322	1.4690	0.0000	0.0000	0.0000
107	1.3098	1.3242	1.3566	0.0000	0.0000	0.0000
108	1.1727	1.1822	1.2127	0.0000	0.0000	0.0000
109	0.9587	0.9587	0.9798	0.0000	0.0000	0.0000
110	0.5320	0.5320	0.5320	0.0000	0.0000	0.0000

5.3 Rentenbarwert-Faktoren mit g_R = 1,03 bei garantierter Anpassung, wirksam alle 3 Jahre

Witwen

y	$^{(u)}_{g}a_y$ u=0	u=1	u=2	y	$^{(u)}_{g}a_y$ u=0	u=1	u=2
20	27.1272	27.9119	28.7492	65	13.1082	13.4723	13.8764
21	26.9544	27.7338	28.5658	66	12.6445	12.9947	13.3845
22	26.7767	27.5508	28.3773	67	12.1784	12.5146	12.8899
23	26.5939	27.3625	28.1834	68	11.7110	12.0332	12.3941
24	26.4059	27.1689	27.9840	69	11.2439	11.5521	11.8985
25	26.2126	26.9698	27.7788	70	10.7785	11.0727	11.4048
26	26.0136	26.7648	27.5678	71	10.3165	10.5969	10.9146
27	25.8088	26.5539	27.3505	72	9.8595	10.1261	10.4297
28	25.5980	26.3368	27.1269	73	9.4090	9.6622	9.9518
29	25.3812	26.1134	26.8968	74	8.9665	9.2064	9.4823
30	25.1582	25.8837	26.6603	75	8.5334	8.7603	9.0228
31	24.9291	25.6478	26.4172	76	8.1108	8.3251	8.5745
32	24.6941	25.4057	26.1679	77	7.7000	7.9019	8.1386
33	24.4530	25.1574	25.9121	78	7.3017	7.4917	7.7160
34	24.2059	24.9029	25.6500	79	6.9168	7.0953	7.3076
35	23.9526	24.6420	25.3812	80	6.5457	6.7132	6.9139
36	23.6930	24.3746	25.1058	81	6.1890	6.3458	6.5354
37	23.4267	24.1003	24.8233	82	5.8469	5.9934	6.1724
38	23.1536	23.8171	24.5336	83	5.5194	5.6561	5.8249
39	22.8737	23.5307	24.2366	84	5.2065	5.3339	5.4929
40	22.5867	23.2351	23.9322	85	4.9080	5.0265	5.1762
41	22.2928	22.9324	23.6204	86	4.6236	4.7336	4.8744
42	21.9920	22.6226	23.3012	87	4.3529	4.4548	4.5871
43	21.6843	22.3056	22.9748	88	4.0953	4.1896	4.3138
44	21.3698	21.9817	22.6411	89	3.8506	3.9375	4.0541
45	21.0483	21.6506	22.3001	90	3.6182	3.6983	3.8075
46	20.7200	21.3124	21.9518	91	3.3978	3.4714	3.5736
47	20.3846	20.9670	21.5960	92	3.1891	3.2564	3.3520
48	20.0421	20.6142	21.2326	93	2.9915	3.0530	3.1422
49	19.6924	20.2540	20.8616	94	2.8047	2.8607	2.9440
50	19.3355	19.8863	20.4829	95	2.6285	2.6793	2.7569
51	18.9711	19.5110	20.0963	96	2.4625	2.5085	2.5807
52	18.5992	19.1280	19.7018	97	2.3065	2.3480	2.4151
53	18.2198	18.7372	19.2993	98	2.1603	2.1976	2.2599
54	17.8328	18.3386	18.8888	99	2.0235	2.0568	2.1146
55	17.4383	17.9323	18.4702	100	1.8957	1.9253	1.9788
56	17.0363	17.5182	18.0437	101	1.7763	1.8026	1.8520
57	16.6268	17.0965	17.6093	102	1.6650	1.6882	1.7338
58	16.2101	16.6672	17.1672	103	1.5611	1.5814	1.6234
59	15.7863	16.2307	16.7176	104	1.4637	1.4815	1.5199
60	15.3555	15.7870	16.2605	105	1.3714	1.3866	1.4220
61	14.9177	15.3363	15.7963	106	1.2816	1.2942	1.3262
62	14.4739	14.8789	15.3252	107	1.1873	1.1983	1.2264
63	14.0238	14.4153	14.8477	108	1.0740	1.0812	1.1070
64	13.5683	13.9462	14.3645	109	0.9007	0.9007	0.9189
				110	0.5320	0.5320	0.5320

Anhang 9
Blatt 10

5.4 Rentenbarwert-Faktoren mit g_R = 1,03 bei garantierter Anpassung, wirksam alle 3 Jahre

Frauen

	$^{(u)}_{\ g}a^{i}_{y}$			$^{(u)}_{\ g}a^{iw}_{y}$		
y	u=0	u=1	u=2	u=0	u=1	u=2
20	19.4932	20.0489	20.6502	4.1309	4.2548	4.3825
21	19.5334	20.0903	20.6928	4.2150	4.3415	4.4717
22	19.5643	20.1221	20.7256	4.2754	4.4036	4.5358
23	19.5855	20.1439	20.7480	4.3110	4.4403	4.5736
24	19.5964	20.1552	20.7596	4.3215	4.4511	4.5847
25	19.5966	20.1554	20.7599	4.3056	4.4347	4.5678
26	19.5860	20.1445	20.7486	4.2680	4.3960	4.5280
27	19.5647	20.1225	20.7260	4.2128	4.3392	4.4695
28	19.5334	20.0903	20.6928	4.1450	4.2693	4.3975
29	19.4922	20.0479	20.6491	4.0694	4.1914	4.3173
30	19.4412	19.9953	20.5950	3.9896	4.1093	4.2326
31	19.3805	19.9328	20.5306	3.9079	4.0251	4.1459
32	19.3100	19.8602	20.4558	3.8253	3.9400	4.0583
33	19.2296	19.7773	20.3705	3.7382	3.8503	3.9659
34	19.1391	19.6841	20.2745	3.6496	3.7591	3.8720
35	19.0384	19.5804	20.1676	3.5597	3.6664	3.7765
36	18.9280	19.4667	20.0506	3.4682	3.5722	3.6775
37	18.8097	19.3448	19.9250	3.3747	3.4759	3.5803
38	18.6858	19.2173	19.7937	3.2784	3.3767	3.4781
39	18.5593	19.0869	19.6594	3.1784	3.2737	3.3720
40	18.4326	18.9564	19.5249	3.0736	3.1658	3.2609
41	18.3078	18.8279	19.3926	2.9630	3.0518	3.1435
42	18.1866	18.7031	19.2640	2.8458	2.9311	3.0191
43	18.0706	18.5836	19.1409	2.7208	2.8024	2.8866
44	17.9607	18.4704	19.0243	2.5925	2.6703	2.7505
45	17.8566	18.3631	18.9139	2.4566	2.5303	2.6063
46	17.7575	18.2611	18.8087	2.3139	2.3833	2.4550
47	17.6628	18.1636	18.7083	2.1654	2.2302	2.2973
48	17.5701	18.0681	18.6099	2.0132	2.0735	2.1358
49	17.4750	17.9701	18.5090	1.8607	1.9165	1.9741
50	17.3732	17.8653	18.4011	1.7111	1.7623	1.8153
51	17.2601	17.7487	18.2810	1.5674	1.6144	1.6629
52	17.1322	17.6170	18.1453	1.4317	1.4747	1.5190
53	16.9863	17.4668	17.9906	1.3058	1.3450	1.3854
54	16.8231	17.2987	17.8175	1.1892	1.2248	1.2617
55	16.6433	17.1134	17.6266	1.0812	1.1136	1.1472
56	16.4451	16.9094	17.4165	0.9823	1.0117	1.0421
57	16.2254	16.6830	17.1833	0.8931	0.9199	0.9476
58	15.9765	16.4267	16.9193	0.8162	0.8407	0.8660
59	15.6889	16.1305	16.6143	0.7542	0.7768	0.8002

5.5 Rentenbarwert-Faktoren mit g_R = 1,03 bei garantierter Anpassung, wirksam alle 3 Jahre

	${}^{(u)}_{g}a_y$		Frauen	${}^{(u)}_{g}a_y^w$		
y	u=0	u=1	u=2	u=0	u=1	u=2
60	15.3555	15.7870	16.2605	0.7084	0.7296	0.7515
61	14.9179	15.3363	15.7963	0.6978	0.7187	0.7403
62	14.4739	14.8789	15.3252	0.6850	0.7055	0.7267
63	14.0238	14.4153	14.8477	0.6711	0.6913	0.7120
64	13.5683	13.9462	14.3645	0.6562	0.6758	0.6961
65	13.1082	13.4723	13.8764	0.6399	0.6591	0.6789
66	12.6445	12.9947	13.3845	0.6222	0.6409	0.6601
67	12.1784	12.5146	12.8899	0.6030	0.6211	0.6398
68	11.7110	12.0332	12.3941	0.5823	0.5997	0.6177
69	11.2439	11.5521	11.8985	0.5578	0.5745	0.5918
70	10.7785	11.0727	11.4048	0.5314	0.5474	0.5638
71	10.3165	10.5969	10.9146	0.5034	0.5184	0.5341
72	9.8595	10.1261	10.4297	0.4737	0.4879	0.5026
73	9.4090	9.6622	9.9518	0.4429	0.4562	0.4699
74	8.9665	9.2064	9.4823	0.4113	0.4236	0.4364
75	8.5334	8.7603	9.0228	0.3795	0.3908	0.4026
76	8.1108	8.3251	8.5745	0.3479	0.3583	0.3692
77	7.7000	7.9019	8.1386	0.3172	0.3267	0.3366
78	7.3017	7.4917	7.7160	0.2850	0.2935	0.3024
79	6.9168	7.0953	7.3076	0.2543	0.2619	0.2698
80	6.5457	6.7132	6.9139	0.2255	0.2323	0.2393
81	6.1890	6.3458	6.5354	0.1990	0.2049	0.2111
82	5.8469	5.9934	6.1724	0.1748	0.1800	0.1855
83	5.5194	5.6561	5.8249	0.1530	0.1575	0.1624
84	5.2065	5.3339	5.4929	0.1315	0.1354	0.1396
85	4.9080	5.0265	5.1762	0.1123	0.1156	0.1192
86	4.6236	4.7336	4.8744	0.0953	0.0981	0.1011
87	4.3529	4.4548	4.5871	0.0804	0.0828	0.0853
88	4.0953	4.1896	4.3138	0.0676	0.0696	0.0718
89	3.8506	3.9375	4.0541	0.0557	0.0573	0.0591
90	3.6182	3.6983	3.8075	0.0458	0.0471	0.0486
91	3.3978	3.4714	3.5736	0.0379	0.0390	0.0403
92	3.1891	3.2564	3.3520	0.0322	0.0332	0.0342
93	2.9915	3.0530	3.1422	0.0273	0.0281	0.0289
94	2.8047	2.8607	2.9440	0.0237	0.0244	0.0252
95	2.6285	2.6793	2.7569	0.0209	0.0215	0.0222
96	2.4625	2.5085	2.5807	0.0188	0.0193	0.0199
97	2.3065	2.3480	2.4151	0.0167	0.0172	0.0178
98	2.1603	2.1976	2.2599	0.0142	0.0146	0.0151
99	2.0235	2.0568	2.1146	0.0109	0.0112	0.0116
100	1.8957	1.9253	1.9788	0.0075	0.0077	0.0080
101	1.7763	1.8026	1.8520	0.0042	0.0043	0.0045
102	1.6650	1.6882	1.7338	0.0017	0.0017	0.0018
103	1.5611	1.5814	1.6234	0.0002	0.0002	0.0002
104	1.4637	1.4815	1.5199	0.0000	0.0000	0.0000
105	1.3714	1.3866	1.4220	0.0000	0.0000	0.0000
106	1.2816	1.2942	1.3262	0.0000	0.0000	0.0000
107	1.1873	1.1983	1.2264	0.0000	0.0000	0.0000
108	1.0740	1.0812	1.1070	0.0000	0.0000	0.0000
109	0.9007	0.9007	0.9189	0.0000	0.0000	0.0000
110	0.5320	0.5320	0.5320	0.0000	0.0000	0.0000

Anhang 9
Blatt 12

5.6 Rentenbarwert-Faktoren mit $g_R = 1{,}03$ bei garantierter Anpassung, wirksam alle 3 Jahre

	$^{(u)}_{g}a_x$	Witwer			$^{(u)}_{g}a_x$		
x	u=0	u=1	u=2		u=0	u=1	u=2
20	25.8927	26.6403	27.4395	65	11.2708	11.5798	11.9270
21	25.7053	26.4473	27.2407	66	10.8629	11.1597	11.4943
22	25.5110	26.2471	27.0346	67	10.4596	10.7442	11.0663
23	25.3096	26.0397	26.8209	68	10.0617	10.3345	10.6442
24	25.1009	25.8248	26.5995	69	9.6703	9.9314	10.2290
25	24.8850	25.6024	26.3704	70	9.2860	9.5355	9.8212
26	24.6618	25.3724	26.1336	71	8.9091	9.1474	9.4214
27	24.4312	25.1350	25.8890	72	8.5400	8.7671	9.0298
28	24.1934	24.8900	25.6367	73	8.1787	8.3950	8.6464
29	23.9483	24.6376	25.3767	74	7.8253	8.0311	8.2715
30	23.6961	24.3778	25.1091	75	7.4798	7.6752	7.9050
31	23.4368	24.1108	24.8341	76	7.1422	7.3275	7.5467
32	23.1707	23.8366	24.5517	77	6.8122	6.9876	7.1966
33	22.8978	23.5555	24.2622	78	6.4901	6.6559	6.8549
34	22.6182	23.2676	23.9656	79	6.1765	6.3329	6.5221
35	22.3322	22.9729	23.6621	80	5.8722	6.0195	6.1993
36	22.0396	22.6716	23.3518	81	5.5785	5.7170	5.8876
37	21.7408	22.3638	23.0347	82	5.2967	5.4268	5.5886
38	21.4357	22.0496	22.7110	83	5.0277	5.1498	5.3032
39	21.1244	21.7290	22.3808	84	4.7719	4.8863	5.0317
40	20.8071	21.4022	22.0442	85	4.5291	4.6362	4.7740
41	20.4838	21.0692	21.7012	86	4.2987	4.3991	4.5296
42	20.1547	20.7301	21.3520	87	4.0800	4.1738	4.2975
43	19.8196	20.3850	20.9966	88	3.8721	3.9597	4.0768
44	19.4789	20.0341	20.6351	89	3.6742	3.7559	3.8668
45	19.1325	19.6773	20.2676	90	3.4855	3.5617	3.6666
46	18.7806	19.3148	19.8943	91	3.3056	3.3765	3.4756
47	18.4233	18.9468	19.5151	92	3.1338	3.1995	3.2932
48	18.0606	18.5732	19.1303	93	2.9695	3.0304	3.1189
49	17.6925	18.1941	18.7399	94	2.8124	2.8687	2.9521
50	17.3192	17.8096	18.3438	95	2.6623	2.7142	2.7928
51	16.9406	17.4196	17.9422	96	2.5191	2.5668	2.6407
52	16.5567	17.0242	17.5349	97	2.3827	2.4264	2.4959
53	16.1676	16.6234	17.1221	98	2.2530	2.2930	2.3582
54	15.7736	16.2177	16.7041	99	2.1299	2.1664	2.2276
55	15.3752	15.8073	16.2814	100	2.0133	2.0464	2.1037
56	14.9728	15.3928	15.8545	101	1.9029	1.9329	1.9864
57	14.5671	14.9749	15.4241	102	1.7983	1.8253	1.8754
58	14.1587	14.5543	14.9908	103	1.6991	1.7232	1.7699
59	13.7481	14.1314	14.5553	104	1.6038	1.6255	1.6688
60	13.3360	13.7069	14.1180	105	1.5108	1.5298	1.5702
61	12.9227	13.2812	13.6796	106	1.4162	1.4322	1.4690
62	12.5088	12.8549	13.2404	107	1.3098	1.3242	1.3566
63	12.0949	12.4286	12.8013	108	1.1727	1.1822	1.2127
64	11.6819	12.0032	12.3631	109	0.9587	0.9587	0.9798
				110	0.5320	0.5320	0.5320

Anhang 9
Blatt 13

6. Probeberechnungen für Anwärter

In Anlehnung an Neuburger[1]) wurde der erweiterte Aufbau der nachfolgenden Probeausdrucke gewählt:

6.1 Pensionszusage Typ 2 ohne garantierte Rentenanpassung

Es sei x' = 30. Dann folgt:

x	a_x^a	B_x	RZ_x	Schema	L_x^{aiA60w}
63	0.0000	45333.51	3960.00	330.00	-
62	1.0000	42590.02	3840.00	320.00	1.365140
61	1.8495	40217.35	3720.00	310.00	1.085485
60	2.5832	38118.56	3600.00	300.00	1.025531
59	3.2712	36141.12	3480.00	290.00	0.754552
58	3.9327	34249.88	3360.00	280.00	0.550336
57	4.5564	32462.77	3240.00	270.00	0.459843
56	5.1503	30764.98	3120.00	260.00	0.383093
55	5.7190	29146.89	3000.00	250.00	0.319542
54	6.2659	27601.33	2880.00	240.00	0.265107
53	6.7918	26126.21	2760.00	230.00	0.222278
52	7.2983	24718.07	2640.00	220.00	0.185683
51	7.7842	23377.34	2520.00	210.00	0.158909
50	8.2493	22102.74	2400.00	200.00	0.138268
49	8.6948	20891.30	2280.00	190.00	0.120233
48	9.1206	19741.48	2160.00	180.00	0.106387
47	9.5271	18650.94	2040.00	170.00	0.095205
46	9.9154	17616.62	1920.00	160.00	0.084997
45	10.2859	16636.16	1800.00	150.00	0.076561
44	10.6403	15706.56	1680.00	140.00	0.068282
43	10.9794	14825.34	1560.00	130.00	0.060501
42	11.3038	13990.36	1440.00	120.00	0.053606
41	11.6132	13199.36	1320.00	110.00	0.048672
40	11.9081	12451.65	1200.00	100.00	0.044323
39	12.1894	11743.60	1080.00	90.00	0.040272
38	12.4580	11073.63	960.00	80.00	0.036086
37	12.7158	10439.90	840.00	70.00	0.030973
36	12.9612	9840.73	720.00	60.00	0.028342
35	13.1741	9274.27	600.00	50.00	0.026587
34	13.4166	8727.75	0.00	0.00	0.023469
33	13.6287	8215.22	0.00	0.00	0.020975
32	13.8297	7733.63	0.00	0.00	0.019738
31	14.0215	7281.66	0.00	0.00	0.017341
30	14.2044	6857.34	0.00	0.00	0.014946

Rekursive Überprüfung von B_{50}:

$$B_{50} = RZ_{50}\,L_{50}^{aiA60w} + vp_{50}\,B_{51}$$

$$= 2.400,00 \; 0,138268 + 0,943396 \; 0,987159 \; 23.377,34$$

$$= 331,84 + 21.770,90$$

$$= 22.102,74$$

=========

1) Vgl. Neuburger, E., (Rechenverfahren 1983), Die steuerliche Betriebsprüfung 1983, S. 138 - 142

6.2 Pensionszusage Typ 2 mit g_R = 1,03 bei garantierter Rentenanpassung, wirksam alle 3 Jahre

Es sei x' = 40. Dann folgt:

x	a_x^a	$_gB_x$	RZ_x	Schema	$_gL_x^{aiA60w}$
63	0.0000	40551.22	2760.00	230.00	-
62	1.0000	38057.28	2640.00	220.00	1.761088
61	1.8495	35884.28	2520.00	210.00	1.410878
60	2.5832	33938.73	2400.00	200.00	1.342186
59	3.2712	32108.11	2280.00	190.00	0.994689
58	3.9327	30363.39	2160.00	180.00	0.730675
57	4.5564	28711.55	2040.00	170.00	0.614365
56	5.1503	27142.08	1920.00	160.00	0.515249
55	5.7190	25647.47	1800.00	150.00	0.432593
54	6.2659	24222.47	1680.00	140.00	0.361207
53	6.7918	22864.96	1560.00	130.00	0.304761
52	7.2983	21572.45	1440.00	120.00	0.256159
51	7.7842	20343.98	1320.00	110.00	0.220545
50	8.2493	19177.61	1200.00	100.00	0.193026
49	8.6948	18070.96	1080.00	90.00	0.168815
48	9.1206	17021.80	960.00	80.00	0.150209
47	9.5271	16027.56	840.00	70.00	0.135150
46	9.9154	15085.81	720.00	60.00	0.121296
45	10.2859	14194.08	600.00	50.00	0.109816
44	10.6403	13303.07	0.00	0.00	0.098433
43	10.9794	12476.76	0.00	0.00	0.087646
42	11.3038	11709.09	0.00	0.00	0.078029
41	11.6132	10993.72	0.00	0.00	0.071170
40	11.9081	10326.26	0.00	0.00	0.065096

Rekursive Überprüfung von B_{50}:

$$B_{50} = RZ_{50}\ {}_gL_{50}^{aiA60w} + vp_{50}\ {}_gB_{51}$$

= 1.200,00 0,193026 + 0,943396 0,987159 20.343,98

= 231,63 + 18.945,98

= 19.177,61

=========

7. Tabelle der Rentenbarwert-Faktoren für Männer im Pensionierungsalter von z = 63 Jahren unter Einschluß einer Witwenrentenanwartschaft von 60% bei garantierter Rentenanpassung im Drei-Jahres-Rhythmus

---

Es sei d_R definiert mit $d_R := g_R - 1$ als garantierter Anpassungssatz, der rechnerisch auf ein Jahr entfällt. Angepaßt wird demnach alle drei Jahre mindestens mit dem Faktor g_R^3. Damit gilt die in Blatt 16 wiedergegebene Tabelle.

Eine Fortsetzung der Tabelle in zwei großen Schritten liefert atemberaubende Werte:

für d_R = 50% beträgt der Rentenbarwert-Faktor für 1 DM Beginnrente ab Alter 63 bereits 215.485 DM;

für d_R = 100% stößt man an die Grenzen der Rechnergenauigkeit mit einem Barwert-Faktor von fast 100 Milliarden DM (das Rechnerergebnis beträgt 99.889.321.150 DM).

Anhang 9

Blatt 16

Tabelle

der Rentenbarwert-Faktoren bei garantierter Rentenanpassung

d_R	g_R	$^{(0)}_{g}a^{A60w}_{63}$	prozentuale Steigerung zum Fall g_R = 1 um
0,0%	1,000	11,4479	0,0%
0,5%	1,005	11,8980	3,9%
1,0%	1,010	12,3803	8,1%
1,5%	1,015	12,8975	12,7%
2,0%	1,020	13,4529	17,5%
2,5%	1,025	14,0500	22,7%
3,0%	1,030	14,6925	28,3%
4,0%	1,040	16,1315	40,9%
5,0%	1,050	17,8101	55,6%
7,5%	1,075	23,4047	104,4%
10,0%	1,100	31,9761	179,3%
12,5%	1,125	45,4895	297,4%
15,0%	1,150	67,3831	488,6%
17,5%	1,175	103,7672	806,4%
20,0%	1,200	165,6542	1.347,0%

Anhang 10

Blatt 1

Schichtung der Bruttomonatsverdienste gemäß der Lohn- und Gehaltsstrukturerhebung 1978[1]

Vollbeschäftigte Arbeitnehmer in allen erfaßten[2] Wirtschaftszweigen im Oktober 1978 nach Bruttomonatsverdienstklassen

Klassen-Nr.	Klassenbreite 1978 (DM)	Anzahl[3]	%	geschätzte Klassenbreite 1983 (DM)
1	bis unter 800	18.189	0,19	bis unter 1.000
2	800 bis unter 1.000	44.149	0,47	1.000 bis unter 1.250
3	1.000 bis unter 1.200	163.764	1,74	1.250 bis unter 1.500
4	1.200 bis unter 1.400	325.453	3,45	1.500 bis unter 1.750
5	1.400 bis unter 1.600	534.941	5,67	1.750 bis unter 2.000
6	1.600 bis unter 1.800	789.311	8,37	2.000 bis unter 2.250
7	1.800 bis unter 2.000	1.008.599	10,70	2.250 bis unter 2.500
8	2.000 bis unter 2.200	1.148.022	12,18	2.500 bis unter 2.750
9	2.200 bis unter 2.400	1.125.740	11,94	2.750 bis unter 3.000
10	2.400 bis unter 2.600	966.060	10,25	3.000 bis unter 3.250
11	2.600 bis unter 2.800	750.943	7,96	3.250 bis unter 3.500
12	2.800 bis unter 3.000	609.113	6,46	3.500 bis unter 3.750
13	3.000 bis unter 3.200	463.591	4,92	3.750 bis unter 4.000
14	3.200 bis unter 3.400	334.724	3,55	4.000 bis unter 4.250
15	3.400 bis unter 3.600	255.414	2,71	4.250 bis unter 4.500
16	3.600 bis unter 3.800	201.686	2,14	4.500 bis unter 4.750
17	3.800 bis unter 4.000	151.924	1,61	4.750 bis unter 5.000
18	4.000 bis unter 4.200	120.732	1,28	5.000 bis unter 5.250
19	4.200 bis unter 4.400	90.461	0,96	5.250 bis unter 5.500
20	4.400 bis unter 4.600	70.092	0,74	5.500 bis unter 5.750
21	4.600 bis unter 4.800	52.430	0,56	5.750 bis unter 6.000
22	4.800 bis unter 5.000	42.465	0,45	6.000 bis unter 6.250
23	5.000 bis unter 5.200	36.421	0,39	6.250 bis unter 6.500
24	5.200 bis unter 5.400	26.687	0,28	6.500 bis unter 6.750
25	5.400 bis unter 5.600	21.513	0,23	6.750 bis unter 7.000

---

1) Vgl. Kloß, H.-G., (Ergebnisse 1981), WiSta 1981, S. 576 - 587; ders., (Ergebnisse 1983), WiSta 1983, S. 140 - 156

2) "Produzierendes Gewerbe, Groß- und Einzelhandel, Kreditinstitute und Versicherungsgewerbe"; vgl. ebd., S. 140

3) Aufsummierte Anzahlen aus drei Tabellen: vgl. ebd., S. 140, Tab. 1; ders., (Ergebnisse 1981), WiSta 1981, S. 578, Tab. 1, und S. 581, Tab. 3

Anhang 10

Blatt 2

Schichtung der Bruttomonatsverdienste gemäß der Lohn- und Gehaltsstrukturerhebung 1978[1)]

Vollbeschäftigte Arbeitnehmer in allen erfaßten[2)] Wirtschaftszweigen im Oktober 1978 nach Bruttomonatsverdienstklassen

Klassen-Nr.	Klassenbreite 1978 (DM)	Anzahl[3)]	%	geschätzte Klassenbreite 1983 (DM)
26	5.600 bis unter 5.800	14.643	0,16	7.000 bis unter 7.250
27	5.800 bis unter 6.000	12.101	0,13	7.250 bis unter 7.500
28	6.000 bis unter 6.200	12.932	0,14	7.500 bis unter 7.750
29	6.200 bis unter 6.400	9.049	0,10	7.750 bis unter 8.000
30	6.400 bis unter 6.600	6.992	0,07	8.000 bis unter 8.250
31	6.600 bis unter 6.800	5.625	0,06	8.250 bis unter 8.500
32	6.800 bis unter 7.000	5.333	0,06	8.500 bis unter 8.750
33	7.000 bis unter 7.200	4.684	0,05	8.750 bis unter 9.000
34	7.200 bis unter 7.400	3.717	0,04	9.000 bis unter 9.250
35	7.400 bis unter 7.600	1.305	0,01	9.250 bis unter 9.500
Summe:		9.428.805	100,00	

Die Klassen 4 bis 14 enthalten 85,45% der erfaßten Bruttomonatsverdienste.

1) Vgl. Kloß, H.-G., (Ergebnisse 1981), WiSta 1981, S. 576 - 587; ders., (Ergebnisse 1983), WiSta 1983, S. 140 - 156

2) "Produzierendes Gewerbe, Groß- und Einzelhandel, Kreditinstitute und Versicherungsgewerbe"; vgl. ebd., S. 140

3) Aufsummierte Anzahlen aus drei Tabellen: vgl. ebd., S. 140, Tab. 1; ders., (Ergebnisse 1981), WiSta 1981, S. 578, Tab. 1, und S. 581, Tab. 3

Anhang 11
Blatt 1

Beispiele zu den Brutto-/Netto-Rechnungen[1] für die Ermittlung der Steigerung der Netto-Aktiveneinkommen

1. Prämissen: vgl. Abschnitt B.III.3.3.2

2. Ausgangsbetrag des Brutto-Monatseinkommens: 3.000,00 DM
(1 = Brutto-Steigerungsfaktor)

		Kalenderjahr		
		1983	1984	
			1=1,03	1=1,10
		DM	DM	DM
Brutto-Monatseinkommen		3.000,00	3.090,00	3.300,00
(1) Lohnsteuer	./.	374,10	392,00	433,60
(2) Kirchensteuer	./.	33,66	35,28	39,02
Arbeitnehmerbeiträge				
(3) Rentenversicherung	./.	277,50	285,82	305,25
(4) Arbeitslosenversicherung	./.	75,00	77,25	82,50
(5) Krankenversicherung	./.	180,00	185,40	198,00
(6) Erhöhung von (3)	./.	0,00	4,63	4,95
Gesamtabzüge	./.	940,26	980,38	1.063,32
Netto-Monatseinkommen		2.059,74	2.109,62	2.236,68
Netto-Anstieg in %:			+ 2,42%	+ 8,59%
Verhältnis zum Brutto-Anstieg: (Kürzungsfaktor)			0,8072	0,8590

1) In Anlehnung an Bode, K.-J./Grabner, E.R., (Netto-Einkommensanstieg 1983), DB 1983, S. 2361, Tab. 2

Anhang 11
Blatt 2

Beispiele zu den Brutto-/Netto-Rechnungen[1] für die Ermittlung der Steigerung der Netto-Aktiveneinkommen

1. Prämissen: vgl. Abschnitt B.III.3.3.2

2. Ausgangsbetrag des Brutto-Monatseinkommens: 6.000,00 DM
(1 = Brutto-Steigerungsfaktor)

	Kalenderjahr 1983	1984	
		1=1,03	1=1,10
	DM	DM	DM
Brutto-Monatseinkommen	6.000,00	6.180,00	6.600,00
(1) Lohnsteuer	./.1.195,30	1.263,10	1.425,00
(2) Kirchensteuer	./. 107,57	113,67	128,25
Arbeitnehmerbeiträge			
(3) Rentenversicherun	./. 462,50	476,37	508,75
(4) Arbeitslosenversicherung	./. 125,00	128,75	137,50
(5) Krankenversicherung	./. 225,00	231,75	247,50
(6) Erhöhung von (3)	./. 0,00	7,72	8,25
Gesamtabzüge	./.2.115,37	2.221,36	2.455,25
Netto-Monatseinkommen	3.884,63	3.958,64	4.144,75
Netto-Anstieg in %:		+ 1,91%	+ 6,70%
Verhältnis zum Brutto-Anstieg: (Kürzungsfaktor)		0,6367	0,6700

[1] In Anlehnung an Bode, K.-J./Grabner, E.R., (Netto-Einkommensanstieg 1983), DB 1983, S. 2361, Tab. 2

Anhang 12
Blatt 1

Vergleich der durchschnittlichen Steigerung der Netto-Aktiveneinkommen 1983/84 und 1990/91

Prämissen: vgl. Abschnitt B.III.3.3.4

Bezeichnungen: l := Steigerungsfaktor der Brutto-Aktiveneinkommen

d_A := Steigerungssatz der Brutto-Aktiveneinkommen (d.h. $d_A = l - 1$)

d_A in %	Kürzungsfaktoren: Verhältnis der Netto- zur Bruttosteigerung in %		
Verdienst-Niveau:	1983	1983	1990
Lohnsteuer-Tabellen:	1990/91	1983/84	1990/91
0,5	41,1	42,9	41,4
1,0	63,4	63,1	63,0
1,5	71,0	71,3	70,6
2,0	74,7	74,3	73,9
2,5	76,7	76,5	76,0
3,0	78,0	77,5	77,6
3,5	79,0	79,1	78,3
4,0	79,6	79,6	79,2
4,5	80,2	80,0	79,5
5,0	81,0	80,7	80,1
5,5	81,2	80,9	80,3
6,0	81,5	81,4	80,7
6,5	81,7	81,4	80,8
7,0	82,0	81,7	81,0
7,5	82,1	81,9	81,2
8,0	82,5	82,1	81,5
8,5	82,3	82,2	81,4
9,0	82,5	82,2	81,5
9,5	82,5	82,3	81,5
10,0	82,8	82,4	81,6

Anhang 12

Blatt 2

Kürzungsfaktoren:
Verhältnis der Netto- zur Bruttosteigerung in %

d_A in %	Verdienst-Niveau: Lohnsteuer-Tabellen:	1983 1990/91	1983 1983/84	1990 1990/91
10,5		82,8	82,3	81,6
11,0		82,8	82,5	81,7
11,5		82,8	82,5	81,7
12,0		82,9	82,6	81,9
12,5		82,9	82,6	81,8
13,0		82,9	82,7	81,9
13,5		82,9	82,7	81,8
14,0		82,9	82,6	81,8
14,5		83,0	82,6	81,9
15,0		83,0	82,7	81,8
15,5		83,0	82,7	81,8
16,0		83,0	82,6	81,8
16,5		83,0	82,6	81,8
17,0		83,1	82,6	81,8
17,5		83,0	82,7	81,8
18,0		83,0	82,6	81,7
18,5		83,1	82,6	81,8
19,0		83,1	82,6	81,8
19,5		83,0	82,6	81,8
20,0		83,1	82,6	81,8
20,5		83,0	82,5	81,7
21,0		83,0	82,5	81,7
21,5		82,9	82,5	81,7
22,0		82,9	82,5	81,6
22,5		82,9	82,4	81,6
23,0		83,0	82,4	81,7

Springer-Verlag und Umwelt

Als internationaler wissenschaftlicher Verlag sind wir uns unserer besonderen Verpflichtung der Umwelt gegenüber bewußt und beziehen umweltorientierte Grundsätze in Unternehmensentscheidungen mit ein.

Von unseren Geschäftspartnern (Druckereien, Papierfabriken, Verpackungsherstellern usw.) verlangen wir, daß sie sowohl beim Herstellungsprozeß selbst als auch beim Einsatz der zur Verwendung kommenden Materialien ökologische Gesichtspunkte berücksichtigen.

Das für dieses Buch verwendete Papier ist aus chlorfrei bzw. chlorarm hergestelltem Zellstoff gefertigt und im ph-Wert neutral.

L E B E N S L A U F

Name:	Claudius Walther T h e u r e r
Geburtsdatum:	6. März 1946
Geburtsort:	München
Eltern:	Richard Theurer, Kammermusiker a.D. Bernhardine Theurer, geb. Klein, Hausfrau
Schule:	1952 - 1956 Volksschule in der Schulstraße, München 1956 - 1965 Wittelsbacher Gymnasium, München
Wehrdienst:	01.10.1965 - 30.09.1968
Studien:	Studium der Mathematik an der Ludwig-Maximilians-Universität in München (WS 1968/69 - SS 1973) Studium der Betriebswirtschaftslehre an der Ludwig-Maximilians-Universität in München (WS 1970/71 - WS 1971/72 und WS 1973/74 - WS 1977/78)
Examina:	30.10.1973 Diplom-Mathematiker 21.12.1977 Diplom-Kaufmann 18.06.1978 Zulassung als Rechtsbeistand für die betriebliche Altersversorgung durch den Präsidenten des Amtsgerichts München 13.04.1984 Aufnahme als Mitglied des IVS-Instituts der Versicherungsmathematischen Sachverständigen für Altersversorgung e.V.
Tätigkeiten nach den Examina:	15.11.1973 bis 31.08.1979 Mitarbeiter im Gutachterbüro Prof. Dr. Edgar Neuburger seit 01.09.1979 Geschäftsführer der Prof. Dr. E. Neuburger & Partner Institut für Wirtschaftsmathematik und betriebliche Altersversorgung GmbH

GPSR Compliance

The European Union's (EU) General Product Safety Regulation (GPSR) is a set of rules that requires consumer products to be safe and our obligations to ensure this.

If you have any concerns about our products, you can contact us on ProductSafety@springernature.com

In case Publisher is established outside the EU, the EU authorized representative is:

Springer Nature Customer Service Center GmbH
Europaplatz 3
69115 Heidelberg, Germany

Batch number: 10815974

Printed by Printforce, the Netherlands